조선총독부의 공업정책

일제침탈사연구총서
경제
23

조선총독부의 공업정책

동북아역사재단 일제침탈사 편찬위원회 기획
김인호 지음

동북아역사재단
NORTHEAST ASIAN HISTORY FOUNDATION

| 발간사 |

　일본이 한국을 침탈한 지 100년이 지나고 한국이 일본의 지배로부터 벗어난 지 70년이 넘었건만, 식민 지배에 대한 청산은 이루어지지 못하고 있다. 일본의 독도영유권 주장은 도를 넘어섰다. 일본은 일본군'위안부', 강제동원 등 인적 수탈의 강제성도 인정하지 않고 있다. 일본군'위안부'와 강제동원의 피해를 해결하는 방안을 놓고 한·일 간의 갈등은 최고조에 이르고 있다. 역사문제를 벗어나 무역분쟁, 안보위기 등 현실문제가 위기국면을 맞고 있다.

　한·일 간의 갈등은 식민 지배의 역사를 어떻게 볼 것인가 하는 역사 인식에서 기인한다. 역사는 현재와 과거의 대화이며 이를 기반으로 미래로 나아갈 수 있다. 과거 침략의 역사를 미화하면서 평화로운 미래를 말하는 것은 불가능하다. 식민 지배와 전쟁발발의 책임을 인정하지 않고 반성하지 않으면 다시 군국주의가 부활할 수 있고 전쟁이 일어날 위험성도 배제할 수 없다. 미래지향적 한일관계를 형성하고 나아가 동아시아의 평화와 번영의 기틀을 조성하기 위해 일본은 식민 지배의 책임을 인정하고 그 청산을 위해 노력해야 할 것이다.

　식민 지배의 역사를 청산하기 위해서는 식민 지배는 어떻게 이루어졌는지 그 실상을 명확하게 규명하는 일이 긴요하다. 그동안 일본제국주의에 맞서 조국의 독립을 위해 헌신한 독립운동가들의 활동을 찾아내고

역사적으로 평가하는 일에는 상당한 성과를 거두었다. 반면 일제 식민침탈의 구체적인 실상을 규명하는 일에는 충분한 노력을 기울이지 못했다. 제국주의가 식민지를 침탈했다는 것은 너무나 당연한 사실로 여겨졌기 때문에, 굳이 식민 지배에서 비롯된 수탈과 억압, 인권유린을 낱낱이 확인할 필요가 없었는지도 모른다. 그러는 사이 일본은 식민 지배가 오히려 한국에 은혜를 베푼 것이라고 미화하고, 참혹한 인권유린을 부인하는 역사부정의 인식을 보이는 데까지 이르고 있다. 일제의 통치와 침탈, 그리고 그 피해를 종합적으로 조사하고 편찬할 필요성이 여기에 있다.

일제침탈사를 체계적으로 정리하는 일은 개인이 감당하기 어렵다. 이에 우리 재단은 한국학계의 힘을 모아 일제침탈사 편찬위원회를 꾸렸다. 편찬위원회가 중심이 되어 일제의 식민지 침탈사를 정치·경제·사회·문화 모든 방면에 걸쳐 체계적으로 집대성하기로 했다. 일제 식민침탈의 실체를 파악하기 위해 2020년부터 세 가지 방면으로 사업을 추진하고 있다. 하나는 일제침탈의 실상을 구체적이고 생생한 자료를 통해서 제공하는 일로서 〈일제침탈사 자료총서〉로 편찬한다. 다른 하나는 이들 자료들을 바탕으로 연구한 결과물을 〈일제침탈사 연구총서〉로 간행한다. 그리고 연구의 결과를 대중들이 이해하기 쉽게 〈일제침탈사 교양총서〉를 바로알기 시리즈로 간행한다. 자료총서 100권, 연구총서 50권,

교양총서 70권을 기본 목표로 삼아 진행하고 있다.

〈일제침탈사 연구총서〉는 일제침탈의 실태를 정치·경제·사회·문화 분야로 대별한 뒤 50여 개 세부 주제로 구성했다. 국내외 학계 전문가들이 현재까지 축적된 연구 성과를 반영하면서 풍부한 자료를 활용하여 집필했다. 연구자뿐만 아니라 교육 현장에서도 활용되고 일반 독자들도 이해할 수 있도록 집필하기 위해 노력했다. 연구총서 시리즈가 일제침탈의 역사적 실상을 규명하고 은폐된 역사적 사실을 기억하고 왜곡된 과거사에 대한 인식을 바로 잡음으로써 역사인식의 차이로 인한 논란과 갈등을 극복하는데 기여하는 디딤돌이 되기를 바란다.

2021년
동북아역사재단 이사장

| 편찬사 |

　1945년 한국이 일제 지배로부터 해방된 지 76년의 세월이 지났다. 그럼에도 불구하고 일본 사회 일각에서는 여전히 일제의 한국 지배를 합리화하고 미화하는 주장이 나오고 있으며, 최근에는 한국 사회 일각에서도 일제 지배를 왜곡하고 옹호하는 주장이 나오고 있다. 이는 한국과 일본 사회, 한일 관계와 동아시아 국제관계의 미래를 위해서도 결코 바람직하지 않은 일이다.
　이에 동북아역사재단은 일제의 한국 침략과 식민 지배에 대한 학계의 연구 성과를 총정리한 〈일제침탈사 연구총서〉를 발간하기로 하였다. 이에 따라 2019년 9월 학계의 전문가를 중심으로 편찬위원회를 구성하였으며, 편찬위원회는 학계의 연구 성과를 토대로 정치·경제·사회·문화 부문에서 일제의 침탈이 어떻게 이루어졌는지 정리하여 연구총서 50권을 발간하기로 하였다.
　주지하듯이 1905년 일제는 러일전쟁에서 승리한 뒤, 한국에 군대를 주둔시키면서 한국의 외교권을 빼앗고 통감부를 두어 내정에 간섭하였다. 1910년 일제는 군사력으로 한국 정부를 강압하여 마침내 한국을 강제 병합하였다. 이후 35년간 한국은 일제의 식민 통치를 받았다.
　일제는 한국의 영토와 주권을 침탈하였을 뿐만 아니라, 군사력과 경찰력으로 한국을 지배하면서, 정치·경제·사회·문화의 모든 부문에서 한국인의 권리와 자유, 기회와 이익을 박탈하거나 제한하였다. 정치적으로는 군사력과 경찰력, 각종 악법을 동원하여 독립운동을 탄압하고, 한국인의 정치활동을 억압하고 참정권을 박탈하였으며, 집회와 결사의 자유를 억압하였다. 경제적으로는 일본자본이 경제의 주도권을 장악하고, 일본인 위주의 경제정책을 수행했으며, 식량과 공업원료, 지하자원 등을 헐값으로 빼앗아 갔고, 농민과 노동자 등 대다수 한국인의 경제생활을 어렵게 하였다. 사회적으로는 한국인들을 차별적으로 대우하고, 한국인의 교육의 기회를 제한하고, 한국인으로서의 정체성을 박탈하여 결국은 일본의 2등 국민으로 만들고자 하였다. 문화적으로는 표현과 창작의 자유, 종교와 사상의 자유를 억압하고, 한글 대신 일본어를 주로 가르치고, 언론과 대중문화를 통제하였다. 중일전쟁, 아시아태평양전쟁을 도발한 뒤에는 인적·물적 자원을 전쟁에 강제동원하고, 많은 이들을 전장에 징집하여 생명까지 희생시켰다.

〈일제침탈사 연구총서〉는 침탈, 억압, 차별, 동화, 수탈, 통제, 동원 등의 단어로 요약되는 일제의 침략과 식민 지배의 실상과 그 기제를 명확히 밝히고자 하였다. 이를 통해 일제의 강제 병합을 정당화하거나 식민 지배를 미화하는 논리들을 비판 극복하고, 더 나아가 일제 식민 지배의 특성이 무엇이었는지, 식민 통치의 부정적 유산이 해방 이후에 어떤 영향을 미쳤는지를 밝히고자 하였다.

편찬위원회는 연구총서와 함께 침탈사와 관련된 중요한 주제들에 관하여 각종 법령과 신문·잡지 기사 등 사료들을 정리하여 〈일제침탈사 자료총서〉도 발간하기로 하였다. 아울러 일반인과 학생들이 보다 쉽게 읽을 수 있는 〈일제침탈사 교양총서〉를 바로알기로 발간하기로 하였다.

일제의 한국 침략과 식민 지배의 역사는 광복 후 서둘러 정리해냈어야 했지만, 학계의 연구가 미흡하여 엄두를 내기 어려웠다. 이제 학계의 연구가 어느 정도 축적되어 광복 80주년을 맞기 전에 이와 같은 작업을 할 수 있게 된 것을 다행으로 생각한다. 한일 양국 국민이 과거사에 대한 올바른 역사인식을 갖고 성찰을 통해 미래를 향해 함께 나아갈 수 있기를 기대하면서 삼가 이 책들을 펴낸다.

2021년
동북아역사재단 일제침탈사 편찬위원회

차례

발간사 4

편찬사 7

일러두기 12

서론 조선총독부의 공업정책을 어떻게 볼 것인가?
1. 공업정책 연구의 필요성   18
2. 기존 연구에 대한 이해   23

제1장 「회사령」하 은사수산산업의 전개와 공장의 활황
1. 「회사령」과 풍선효과   78
2. 은사수산산업의 성장   84
3. 공장 증가와 그 의미   100
4. 소결: 위무와 특수   107

제2장 산미증식계획 시기, 소극적 공업정책과 민간공업의 증가
1. '비공업화 노선'과 은사수산산업의 퇴조   110
2. 민간공업의 확대와 조선인 공장의 운명   130
3. 소결: 중농정책과 공업 진흥   162

제3장 '9·18사변(만주사변)' 이후 '독자적 공업화 정책' 구상
1. 독자적 공업진흥론의 대두   166
2. 중소공업의 조직화 정책   192
3. 소결: 독자와 순응   196

| 제4장 | 중일전쟁 시기 '본토본위 증산'정책과 제1차 생산력 확충 |

1. 제1차 생산력확충계획 입안 　　　　　　　　　　　200
2. 본토본위 증산정책의 추진 　　　　　　　　　　　218
3. 중일전쟁과 조선 북부의 공업 확장 　　　　　　　267
4. 소결: 전쟁과 공단 　　　　　　　　　　　　　　327

| 제5장 | 태평양전쟁 전후 '대륙전진병참기지' 정책과 중점주의 공업 생산 |

1. 북방 엔블록의 물동기지, 조선 　　　　　　　　　334
2. 제2차 생산력확충계획 추진과 본토기업의 조선 이주 　347
3. 중요산업의 일원적 통제와 시장가격의 파괴 　　　422
4. 소결: 시장의 확대와 파괴 　　　　　　　　　　　442

| 제6장 | '결전' 시기 '초중점' 증산 정책과 공업 파탄 |

1. '초중점' 증산 정책의 추진 　　　　　　　　　　448
2. 공업생산의 파국 　　　　　　　　　　　　　　　472
3. 공업시설의 붕괴 　　　　　　　　　　　　　　　507
4. 소결: 파탄과 내핍 　　　　　　　　　　　　　　534

| 결론 | '파탄과 왜곡과 차별과 희생' 위에 선
전쟁 편승의 비극적 공업화 　　　　　　　　　　　539 |

부록 553

참고문헌 573

찾아보기 576

| 일러두기 |

가. 당시 사용된 용어의 현대적인 의미

각의(閣議): 일본본토의 각료회의

내지(內地): 일본본토

대동아전쟁(大東亞戰爭): 태평양전쟁

만주(滿洲): 중국 동북

물동(物動): 물자동원계획

배급절부(配給切付): 배급증, 배급전표

북지(北支): 화북(華北)지방

비시국산업(非時局産業): 비군수산업 혹은 비중요산업

원역(圓域): 엔블록

생확(生擴): 생산력확충

스프: 스테이블파이버(인조혼방)

사매업(卸賣業): 도매업

인견(人絹): 레이온

일급(日給): 일당

일·만·지(日滿支): 일본·만주·중국

지나(支那): 중국

총후(銃後): 후방

취체(取締): 단속

현지조변(現地調辨): 현지조달

나. 특수용어

가변자본율: 자본금에 대한 임금의 비율로 필요노동의 규모를 간접적으로 보여 주는 지표로 사용함.

개항통관: 물건과 상품이 선적되는 항구에서 통관하는 것.

고철(古鐵): 폐기된 철물.

기업소개(企業疏開): 1945년 4월 1일부터 연합군의 폭격에 대비해 도시 지역의 주요 공장의 건물·인원·의료(衣料)를 바깥 지역으로 대피시키는 정책.

기업정비(企業整備): 1944년 초반부터 전국 단위에 걸쳐서 군수동원을 위해 비군수계열의 중소기업을 대대적으로 통폐합한 정책.

단발배급증제도(單發配給證制): 총독부가 전체 일용품이나 생필품에 대한 필요 배급량을 일률적으로 책정하여 일괄 배급증을 할당함으로써 배급량을 절대적으로 제한하려 한 조치.

대동아(大東亞): 동아, 즉 동북아시아에 대만, 몽강(내몽고), 버마, 동인도, 필리핀, 인도차이나, 말레이, 싱가폴 등 남방권까지 포함한 권역.

동아(東亞): 일·선·만·중국 등 동북아 권역.

북방권(北方圈, 북방 엔블록): 조선, 화북, 내몽고, 만주국, 사할린 등 중일전쟁 권역.

비시국산업(非時局産業): 비군수산업(非軍需産業). 일본본토나 총독부가 군수공업이나 생산력확충계획 대상 산업으로 지정하지 않은 사업. 방직공업 등 외형상 경공업이라도 군수공업인 경우도 있음.

상품가치율: 생산액에 대한 임금의 비율로 상품 내 포함된 노동력 가치의 수준을 보여줌으로써 시장에서 상품생산의 역할을 보여 주는 지표.

생산증강(生産增强): 현재의 생산설비·원료자원·노동력 등을 가장 적절히 이용함으로써 가능한 다량의 생산물을 낸다는 것.

설철(屑鐵): 쇠분말·분말야금용 쇳가루.

승입(繩叺): 새끼·가마니.

외지(外地): 9·18사변(만주사변) 이전부터 일본제국에 편입된 일제의 직할 식민지. 조선, 사할린, 만주, 관동주 등.

은사수산(恩賜授産)사업: 일왕이 한국병합을 '축하'한다면서 부여한 은사금 3,000만 원 중 지방은사금 1,738만 원의 5% 이자(88만 원가량)를 매년 두차례 받아서 지역별로 기업(機業), 잠업, 어업, 제지, 김, 조선(造船) 등의 전습소를 설치하여 실업교육을 실시하거나 수산장을 만들어 제조활동에 나선 것.

이윤: 총생산액-총자본금.

이출(移出): 일본본토에 대한 수출.

제1차 가공산업: 원자재 가공산업으로 중간재 생산적 성격을 가진 공업.

제2차 가공산업: 반제품·중간재를 완성품·소재품·자본재 등으로 재가공한 산업.

발착지(發着地)통관: 상품이 출발하는 창고나 공장에서 통관하는 것.

파철(破鐵, scrap): 원료·시설의 재활용·전용 차원에서 기존의 공장·기계를 해체하는 작업.

평균이윤: (총생산액-총자본액)/총자본액.

제3국(第三國): 엔블록 이외의 외국.

초중점산업(超重點産業): 철강·경금속·조선·석탄·전력 등 1943년 이후 엔블록에서 집중 육성된 산업.

흉겸비(凶歉費): 흉년으로 구제가 필요할 때 방출하는 재원.

다. 업체 구분

가내공업: 공장공업 기준 이하의 영세공업. 전적으로 수공(手工)에 의존하는 가내 수공업과 일정한 기계를 사용하는 공장제 가내공업 등으로 구분할 수 있음.

개인영업체: 공장공업 가운데 개인공업과 가내공업은 물론 수선소·세탁소 등 개인이 운영하는 모든 업체.

중소공업(중소공장공업): 기본적으로 5인 이상의 노동자를 항시 고용하거나 그만한 노동력을 사용하는 설비를 가진 공장으로 최대 노동자 규모가 100인 미만인 공장을 일반적으로 지칭. 그리고 중소공장 중 소공장은 5인 이상 30인 미만, 중공장은 30인 이상 100인 미만인 공장.

라. 인명 표기

본문에서 일본인의 인명은 원음으로 표기하며, 창씨한 조선인은 국어음으로 표기한다.

예) 다나카 다케오(田中武雄), 김택수남(金澤秀男)

서론
조선총독부의 공업정책을 어떻게 볼 것인가?

1. 공업정책 연구의 필요성

그동안 일제강점기 공업정책연구는 주로 ① 제1차 세계대전, 세계대공황, 침략전쟁[9·18사변(만주사변), 중일전쟁, 태평양전쟁] 등 세계사적 계기와 ② 식민지 물자의 안정적 공급망 확보라는 본토경제의 요구, ③ 엔블록에서 조선의 역할을 강화하려는 조선총독부의 입장 그리고 ④ '현실' 앞에 길항하는 조선인 자본의 진로 등을 중심으로 입체적으로 조명해 왔다. 그런 입장에서 ① 1910년대=「회사령」에 기반한 엄격한 기업설립 통제, ② 1920년대=본토의 상품수출시장 확보, ③ 1930년대=공황 타개와 민족운동 위기에 대응한 원료 확보용 공업화 추진, ④ 1940년대=병참기지화를 통한 전면적인 물자동원 등의 논지로 공업정책이 가지는 수탈적이고 기만적 성격을 밝히는 데 연구 역량을 집중해 왔다.

그런데 1980년대 후반부터 경제란 정책보다는 시장(市場) 논리에 더 민감한 바, 시장구조와 메커니즘을 이해하지 않은 채 정책만능론 위에서 '수탈과 동원' 일변도의 해석을 일삼는 연구만으로 식민지 공업 실상을 제대로 파악할 수 있는지 의문을 표하는 연구경향이 대두하였다. 그동안 역사학계는 총독부가 목적을 가지고 구상한 정책 내용과 수탈 실상에 관심을 집중하였기에 실제 작동했던 시장 흐름이나 산업 연관 혹은 산업의 재생산구조 및 시장메커니즘에 대한 접근은 빈약할 수밖에 없었고, 근대화의 지표를 보여 주는 각종 데이터를 폄훼하거나 무시하기도 했다. 조선에서 공산품 자급률이 상승하는 데이터를 봐도 눈을 감았고, 소비시장의 확대가 주는 영향에도 관심을 두지 않았다. 각종 중간재 생산이 증가하고, 하청화를 비롯하여 산업 연관이 증가하는 것도 대수롭지 않게 여겼다. 한결같이 지역 간 차등과 산업구조의 탈구만을 보여 주는 고 전적인 지표만을 숭앙하고 구체적인 시장 동향 속으로 들어가는 계량적 수고를 기꺼워하지 않았다.

'정치적으로 식민지이면 경제적으로도 완전한 수탈체제'라는 기계론적 입장이 우대받았고 총독부란 의심 없이 본토의 입장만 대변하고 재조 일본인 본위의 정책만 추진한 약탈적 권력으로 이해되었다. 이에 총독부의 정책적 차별이나 자원·인력 수탈에는 무척 예민하였고, 시장제도나 축적 구조, 경영합리화 등 변화의 실상을 이해하는 데는 관대하지 않았다. 희망과 염원과 목적이 앞선 역사인식을 전면에 내세우면서 민족해방의 당위성을 설명하려는 도식이 증가하였다. 이는 필연적으로 '과잉해석'을 불렀다.

이 틈을 비집고 시장기구와 시장경제를 수반하는 각종 제도에 대한 계량적 분석을 무기로 하여 '정책결정론'적 연구의 약점을 파고든 개발론은 별반 건질 것 없는 정책사나 제도사 중심의 연구 풍토나 수탈담론이 깔린 문구에 매달린 채 민족해방의 대의를 선양하면서 비분강개하는 연구에 반대하였다. 대신 '근대화의 길을 여는 최고의 스승'이라는 시장요소의 이식과 시장제도의 축적 방면에서 연구를 심화하였다. 식민지 치안문제나 민족운동의 연장에서 공업사를 보려는 기존 역사학계의 경제사 연구에 대항하였고, 결국 총독부를 식민지 지배를 위해서 본토와 실랑이를 벌이면서 식민지 현실을 반영하고자 노력하는 '조정자'와 같은 모습으로 보려는 경향까지 대두하였다. 다시 말해 총독부를 일본본토에 대해서 상대적으로 독자성이나 자율성을 가지고, 식민지의 시장제도 발전에 애쓴 존재로 보기 시작한 것이다. 그리고 항간에 정설화한 것같이 일상적으로 차별받고 억압받는 조선인 자본이 아니라 차별에도 불구하고 그것을 인내하며 시장경제 제도에 적응하는 모습으로 부각하는 데 관심을 기울였다. 급기야 일제강점기가 마치 자유로운 시장제도가 창출·확충되고 산업 연관이나 사회적 분업이 일층 고도화되면서 근대적 공업화 기운이 넘치는 모습으로 묘사하기에 이르렀다.

이들은 그동안 역사학계가 '정책사=수탈사' 일변도에 머물면서 시장에 대한 몰이해로 식민지 수탈성을 강제로 추출하는 지점을 예리하게 파고들었다. 자본주의적으로 평균화된 시장경제 요소에 대한 계량적 연구 성과를 확산시키면서 식민지 경제의 다양한 자유주의적 측면을 부각하였다. 그리고 공업사 연구가 기원과 염원이 아니라 실제 경제의 움직임과 닿아서 맥락이 있고 정밀한 연구로 거듭나는 데 영향을 주었다. 실제로 그 방면으로 많은 성과도 내었다.

그렇지만 "일본자본주의 발전이 조선공업화의 원형이 되었다"는 함의 아래서 본토와 식민지가 시장시스템과 국제 분업망을 통하여 수미일관하게 통합된 근대 경제였다는 입론에는 여전히 의문이 남는다. 그렇다고 당대 조선공업이 시장기구의 불안정 위에 형성되고, 지역적 산업 연관과는 상관없이 오로지 본토가 필요한 자원이나 요소만을 획일적으로 생산한 식민지 경제라는 이해도 완벽하지 않다.

그래서 본 저작은 식민지 공업화에 대한 개발론 측의 시장결정론적 인식과 역사학계의 정책결정론적 시각이 가지는 다양한 제약들에 관해서 고민하였다. 개발론에서 비록 1930년대까지 조선 내 공산품 시장의 활성화와 산업 연관의 고도화라는 중요한 성과를 축적한 공로가 보이지만 정작 조선공업의 급속한 흥기는 정상적인 시장 기능이 작동하던 시기가 아니었다는 점도 중요한 과제였다. 이 점은 여러모로 경제메커니즘이 식민지경제가 본토경제와 서로 사뭇 다를 수 있다는 개연성을 열어 두는 지점이었다. 역사학계가 자주 개발론에 대하여 '개발편집증'만으로 감당할 수 없는 실재의 역사가 있다고 지적하는 이유도 바로 고상한 이론을 넘어 실재하는 역사적 사실에 대한 믿음이 있었기 때문이었다. 개발론에서 기존 역사학계가 보고 싶은 것만 보고 선별한 역사라고 비판했듯이 개발론 스스로도 심각한 '개발편집증'에 빠져서 그간 많은 연구자들이 쌓은 연구 성과를 무시하는 오만에 빠진 점도 새겨야 한다.

물론 본 저작에서는 개발론의 실증적이고 계량적인 성과는 가감 없이 반영하려고 노력하였다. 수탈과 차별에 입각한 일본인 본위의 공업정책이든, 개발과 확보를 위한 증산정책이든 '정책결정론' 관점만 일방적으로 관철되는 연구로는 공업 실상을 일관성 있게 복원하기 어렵다고 본다. 따라서 본 저작은 이러한 점에 대한 솔직한 고민과 이해를 담았고, 총독부의 공업정책사를 중심으로 하지만 이념을 배제한 개발론의 시장제도에 관한 실증적 연구 성과도 가능한 많이 참고하려고 한다.

본 저작은 총독부의 식민지 공업정책의 흐름을 다음의 6단계로 구분하여 서술하였다.

〈표 1〉 시기별 총독부의 공업정책 추이

구분	시기	기간	주요 정책	비고
제1기	무단 정치	1910.10~ 1920.4.	- 회사령 - 은사수산사업 육성 - 농촌 부업 육성	- 선별적인 회사 설립 허가 - 은사수산사업을 통한 전통공업의 근대적 재편 - 조선인 자본의 풍선효과
제2기	문화 통치	1920.5~ 1931.9.	- 은사수산사업 축소 - '비공업화' 노선과 공장 설립 지원 정책	- 산미증식계획과 농산가공업 증대 - 산업경제조사위원회의 비공업화 노선 - 유휴자본 진출과 공산품 시장의 확대
제3기	대공황 시기	1931.10~ 1936.10.	- 본토자본 유치운동 - 농공병진 정책	- 재벌 주도 지하자원 가공업 확대 - 산업경제조사회: 독자적 농공병진 구상

제4기	중일 전쟁	1936.10~ 1940.10.	- 시국산업육성정책 - 생산력확충계획 - 중소기업육성정책	- 시국대책조사회: 독자적 증산노선의 변경과 좌절 - 조선경제 과소평가와 본토순응 증산노선 - 산업물자 및 폐품류 회수
제5기	태평양 전쟁	1940.10~ 1943.2.	- 제2차 생산력확충계획 - 중소기업조직화정책	- 북방권의 맹주론과 북방권 물자동원기 지화 - 엔블록 의존형 증산체제 강요 - 물자 및 금속류 회수 강화
제6기	결전기	1943.2~ 1945.8.	- 초중점 생산증강정책 - 중소기업정비정책 - 도시 및 기업소개 정책	- 비철금속 및 설비회수, 시설공출, 기업소개 확대 - 생산의 파국과 산업구조의 파행

혹자는 기존의 무단정치기, 문화정치기, 민족말살정치기라는 시기 구분이 있는데 굳이 6단계로 구분하는지 묻곤 한다. 그런데 격동하는 세계사적 변화 혹은 일본본토의 요구나 엔블록의 경제상황 등 조선공업을 둘러싼 다양한 영향력을 고려하고, 무엇보다도 자율적 산업화 능력 배양이 거부된 식민지 현실을 생각한다면 대략 6단계 정도의 격렬한 변화상이 나타난다고 할 수 있다. 이에 각 시기의 변곡점을 제대로 파악해야 당대 공업 변화의 핵심을 제대로 읽어 낼 수 있다는 것이다.

요컨대 본 저작은 '전쟁 물자가 긴급한 현실의 요구에 부응하고, 땅 짚고 헤엄치려던 자본과 시장의 교활한 요구에 대해서도 적극적으로 반응하면서도, 제국에 충성을 다하려 했던 조선총독부의 공업정책'에 대한 그동안의 고민을 충실히 정리하는 것을 목적으로 한다. 이를 위하여 시기별 총독부의 '공업정책'을 일련의 정책구상과 입안과정, 실행내용, 추진전략 등으로 해부하여 그것이 가지는 역사적 위상을 분별하고, 그 속에서 조선공업의 실상을 지역별, 업종별 산업별로 확인하고자 한다. 이런 고민을 통하여 궁극적으로 자립적 공업 진흥을 홍보하며 증산과 개발의 가면을 쓰면서도 실제로는 본토의 지시에 순응하여 조선인의 희생(犧牲)과 내핍(耐乏)에 기반한 물자 염출에 몰두함으로써 조선인의 피폐는 물론이고 해방 후 조선경제의 재건에 고난의 단초를 심은 총독부 공업정책의 '진상(眞相)'(본토 위주 공업화, 전쟁 편승 공업화, 대체품 중심 증산, 중소기업·조선인 및 시장 희생 기반 공업화)을 명확히 보이고자 한다.

2. 기존 연구에 대한 이해

가. 조선공업화의 이론: 파탄론과 개발론

(1) 공업 파탄론: 구조적 파행, 산업연관 탈구, 조선인 무관 공업화, 비지이론 등

일제강점기부터 조선의 식자층들은 조선에 있는 공업시설은 모국인 일본제국주의 금융자본의 이윤실현 시장이므로 조선의 내실 있는 공업 발전은 이론상 혹은 실제상으로 그다지 가망이 없다는 생각이 일반적이었다.

조선의 존재의의가 모제국주의금융자본벌(母帝國主義金融資本閥)의 이윤실현 시장으로써 잉여자본의 투하시장으로써만 존재할 수 있는 까닭이다. 그럼으로 조선의 공업발전은 이론상으로나 실제상으로 보아 가망이 업는 바이다. 그런데 일방으로 볼 때에는 산업혁명의 과정에서 방황하고 있는 것만큼 모든 선진제국이 밟은 궤도로 아(我) 자본주의의 최후 단계인 제국주의 금융자본의 실(實)세력까지는 진출될 것이라고 보는 자가 전무할 것은 아니다. 그는 조선의 뿔조아지가

다 모제국주의금융자본벌과 야합한다면 반드시 최후의 단계에까지 진출될 것을 몽상하고 있으며 또는 그에 이르지 못할지라도 접근할 수 있다고까지는 보는 바이다.[1]

공업의 성격에 관해서도 ① 일제 금융자본의 조선공업 독점, ② 중공업의 낙후와 예속성, ③ 경공업의 낙후와 식민지적 예속성, ④ 광업과 공업의 불균형, ⑤ 공업과 농업의 불균형, ⑥ 공업 배치의 지역적 편중성, ⑦ 기술 수준의 저열, ⑧ 민족자본의 완전한 낙후 등을 중요한 특징으로 보았고,[2] 이구동성으로 조선공업이 이미 일제강점기부터 조선 내 산업 연관과 안정적인 시장 토대가 상실된 채 파행적으로 운영된 사실을 지적하였다.

이러한 생각은 해방 이후에도 이어졌다. 해방 후 연구자들은 "일본에서 온 자본가들이 본토의 지령을 받은 조선총독부의 도움을 받아서 군수공업화를 주도했으며, 국내 재생산구조와 전혀 상관없이 공업생산력을 고스란히 본토로 이전하여 조선인의 궁핍을 촉진하였다"는 생각을 금과옥조(金科玉條)처럼 새겨 왔다. 이른바 조선과 상관없는 조선공업화론, 즉 '비지론(飛地論)'[3]이다.

1960년대에 들어서자 민족경제론적인 인식이 진작되었다. 식민지 공

---

1 洪忓夏, 1930.12, 「朝鮮工業의 現段階」, 『벌건곤』 35호, 『식민지자료총서』, 제6권, 465쪽.
2 전석담, 최윤규, 1958, 『조선근대사회경제사』(김인호 역, 2000, 『근대조선경제의 진로』, 아세아문화사), 320쪽.
3 이런 입장은 小林英夫, 1984, 「1930년대 조선공업화 정책의 전개과정」, 『한국근대경제사연구』, 사계절, 484쪽; 김철, 1965, 『韓國の人口と經濟』, 岩波書店, 제8장 등에서 잘 드러난다.

업은 일본공업의 재생산 과정에 예속된 형태로서 중소기업의 몰락을 바탕으로 한 것이었고,[4] 궁극적으로 "민족경제와 국민경제 간의 괴리를 심화시켜 경제기반마저 파탄"시키는 것일 뿐이었다는 것이다.[5] 토대와 상부구조가 늘 조응해야 한다는 신념 위에 1930년대 조선에서 공업의 증가 현상은 인정하되, 이것은 일본공업의 단순한 이식일 뿐이라 하였다. 조선인 중소기업과 가내공업 등 민족경제 영역은 일본인 자본의 힘이 미치지 않는 곳에서나 잔존하다가 점차 파괴되었으며, 일부 연구자는 이러한 민족자본의 검출을 위해 독자적인 시장권을 기반으로 성장한 경쟁적인 토착자본의 검출에 집중하기도 했다.[6]

'비지론'이나 '민족경제론'은 조선인 자본의 독자적 영역을 강조하면서도 본토자본의 침투나 축적 메커니즘, 잉여유출 실상 등을 검토하고, 그러한 수탈을 촉진하는 총독부 공업정책의 기만성을 폭로하려고 했다. 생산 수단, 생산 부문, 고급 기술 등 자본과 기술이 철저히 일본인에 의해 독점된 점, 나아가 일부 소비물자를 공급하는 전통적 부문만 근대적 부문과 무관하게 존립한 점 등 식민지 공업의 '이중적 파행구조'를 설명하는 데 기여하였다. 여기에 일본인 자본에 의한 수탈성을 강조하고, 그것을 타개하려는 조선인 부르주아의 정치적·경제적 민족운동 여부에 관심을 집중하였다.[7]

---

4 최윤규, 1986, 『조선 근대 및 현대경제사, 19세기 중엽~1945』, 돌무지.
5 박현채, 1988, 『민족경제와 민중운동』, 창작사, 18쪽.
6 장시원, 1984, 「식민지반봉건사회론」, 『한국자본주의론』, 까치; 정진상, 1986, 「일제하 한국인 토착자본의 성격」, 『한국근대 농촌사회와 일본제국주의』, 문학과 지성. 두 사람의 연구사는 오미일, 2002, 『한국 근대 자본가 연구』, 한울 아카데미, 15쪽 참고.
7 오미일, 2002, 『한국 근대 자본가 연구』, 한울 아카데미; 배성준, 1998, 「일제하 경성지역 공업 연구」, 서울대 박사학위논문.

그런데 이들 이론은 '식민지경제의 질(質)'(=모순구조와 역사성)을 해명하는데 일정하게 기여한 것은 사실이지만 조선인과 일본인, 근대와 전통, 수탈과 개발이라는 '이분법'적인 전망이나 가치평가에 갇히면서 '실제 있었던 공업 실상'을 면밀하게 입증하지 못한다는 비판에 직면하였다. 호리 가즈오(堀和生)가 "명목의 국민경제를 형성하지 못한 식민지의 국민경제론은 자칫 당시의 민족해방운동 속에서 경제적 양성론만 높게 평가하거나 민족경제론과 같은 보이지 않는 가공의 경제권만을 설정하게 한다"라고 비판한 것도 민족경제론이 가지는 한계를 여실히 지적한 것이었다.[8]

실증적으로도 일본인과 조선인 자본이 서로 결합하지 못했다는 '이중구조론(二重構造論)'을 뒷받침할 증거는 실로 빈약하였다. 오히려 조선인과 일본인 자본이 무역과 시장에서 실타래처럼 얽혀 있는 모습이 더 자주 포착되었다.[9] 또한 본토 출신 기업과 연계한 조선 내 각종 사업체의 실상이나 독점자본에 예속화하거나 하청한 조선인 기업에 대한 심층적 연구도 잘 이뤄지지 않았다.[10] 전석담, 김한주 등 일제강점기 식자층이 그랬듯이 당대 공업의 성격을 파행성, 불균형성, 예속성 일변도로 보려했고, 공업정책에 등장하는 총독부의 흑심을 밝히는데 역량을 집중하려고 했다. 이런 '단순화'로 인해 계량 중심의 개발론 공세에 효과적으로 대응하기 어려웠고, 늘 주장했던 '조선인의 삶과 전혀 관련을 맺지 못한 가혹한 수탈적 공업 실상'을 증명하는 일도 쉽지 않았다. 물론 김준보처

---

8 호리 가즈오 저, 주익종 역, 2003, 『한국 근대의 공업화』, 전통과 현대, 5쪽.
9 호리 가즈오 저, 주익종 역, 2003, 위의 책, 6쪽.
10 오미일은 『한국근대자본가연구』(2002, 한울아카데미)에서 조선인 자본가층 형성 과정을 세밀하게 실증한 성과가 있지만, 아쉽게도 1920년대에 머물렀다.

럼 정책 변동이나 지배 자본의 동태와 같은 지배 조건 이외에도 당시 민중이 처하고 있던 피지배 조건, 즉 노동문제나 토착경제의 피동성 등에도 주목하라는 지적[11]은 의미가 있었다. 그러나 조선인과 일본인이 별개라는 이중구조론적 인식이 강고한 상황에서 실증적인 결과를 도출하기란 쉽지 않았다.

(2) 개발론: 공산품시장 확대론, 사회적 분업 확산론, 공업수요 확장론

기존 역사학계의 연구가 보여 주는 공업정책에 대한 지배적인 시각은 ① 일제시기의 공업화는 조선사회의 내재적 자본주의화 가능성을 짓밟은 것이고, ② 남북한의 산업구조를 분절시켜서 해방 후에 분단에 기여하였다는 점이었다.[12] 하지만 1980년대 이후 대두한 개발론자들은 조선사회 자체가 '내재적 자본주의화의 가능성'이 있었다는 역사학계의 주장은 허구이며, 공업은 일본으로부터 수용되었고, 경제 동향면에서도 일방적인 수탈만으로 설명할 수 없는 현상이 많다고 하면서, 역사학계에서 제기한 수탈론은 '이자대항적 결론'[13]을 내포하면서 궁극적으로 계량방식으로 빚어진 신념과 열망의 '민족 차별적 경제사'일 뿐이라고 비판하였다.

물론 개발론자들은 처음에는 기존 역사학계의 논의에 대해 그다지 낯선 비판을 보이지 않았다. 단지 조선공업이 조선사회와 무관하게 전개된 것이 아니며, 재생산구조는 일본에 강하게 종속되었지만 조선 내

---

11 金俊輔, 1974, 『韓國資本主義史硏究』 제1권, 一潮閣, 7쪽.
12 李庭植, 1992, 「일제 말기 병참기지화정책의 유산」, 『水邨朴永錫敎授華甲紀念韓國史總』 下.
13 김낙년, 1993, 「近代朝鮮工業化의 硏究 서평」, 『경제사학』 17호, 196쪽.

분업도 심화되어 갔다는 점, 그리고 공업시설 등 물적 자원이 해방 후 경제발전에 크게 기여하지 못한 사실을 지적하거나 교육 등에서 일부 인적 자원의 축적이 이뤄져 해방 후 연속되었다는 점 등을 간간이 제기하는 정도였다.[14] 이런 신중함은 그들 주장이 나온 초창기부터 1990년대까지의 일이었다.

그러다 호리 가즈오가 "조선의 공업화는 단순한 외삽이 아니라 일본 자본에 포섭되는 동시에 조선 내부의 사회적 분업의 확산(비군수산업의 확대, 시장에 의한 전상품화된 가내공업 생산 확산)이나 공업의 지역적 특성화 등과 같은 특수상황이 결합하여 독특한 공업구조로 전환되었다"는 주장[15]을 제기한 이후 조선공업화가 가져다준 식민지 개발 효과에 대한 개발론 차원의 연구가 봇물을 이루었다. 호리의 주장에 고무된 개발론자들은 그동안 조심스러웠던 '사회분업 확대론', '공산품 시장 확장론' 등을 전면에 내세우기 시작하였다. 특히 김낙년은 1930년대 이후 대일(對日) 이입 의존도가 낮아진 것은 조선 내 공산품 시장과 공업생산이 크게 진작된 결과였다고 보고, 이것은 공산품 시장이 공업생산을 추동한 결과라 파악하여 호리의 입장을 전폭 수용하였다.[16] 그리고 이런 경험들이 축적되어 해방 후 한국경제의 유래없는 성장을 촉발한 이른바 '캐취-업

---

14 정진성, 1995, 「식민지기 공업화와 그 유산」, 『광복50주년 기념논문집』, 경제사학회, 346쪽.

15 堀和生, 1993, 「1930年代 사회적 분업의 재편성」, 『近代朝鮮의 공업화 연구』, 일조각 및 1989, 「1930년대 조선공화의 재생산조건」, 『近代朝鮮의 經濟構造』, 비봉출판사, 1989, 313쪽.

16 김낙년, 1993, 「일본의 자본수출과 식민지 조선의 공업화」, 『한국경제발전의 역사적 인식』 제17호, 경제사학회, 78쪽(호리 가즈오 토론문 80쪽).

(catch-up)' 경제가 발아하였다고 주장하기에 이르렀다.[17]

이후 개발론자들은 해방 후 한국경제의 신흥공업국화(NIEs)에 따른 역사적 배경으로 식민지 공업의 개발 측면을 부각하면서 식민지의 '공업화'는 일본에 의한 것이기는 하지만 일방적 수탈로만 설명할 수 없다는 입장을 계속해서 쏟아내었다. 오히려 독점자본의 활약에 고무된 조선인 자본도 공업화 과정에서 후발성의 이익을 체득하여 압축적 발전을 이루었고, 장차 민족경제의 주역이 될 준비를 하고 있었다고 하면서[18] 이러한 공업화 경험이 해방 후 '한국공업'의 발전을 견인하였다는 주장까지 나아가고 말았다.[19] 그러면서 식민지 시기 조선사회의 변용을 식민지 정책과의 관련 속에서만이 아니라 그 이전의 조선사회 본래의 특질이나 해방 후 한국경제와의 관련이라는 보다 긴 역사적 맥락 속에서 그들의 상호규정 관계를 추구할 필요가 있다고 하였다. 또한 식민지하의 조선인을 단순히 일제의 지배대상이나 식민지 체제에 대한 저항 주체로 서술하는데 그치지 않고 식민지 왜곡을 내포하면서도 근대 민족으로서 자신을 형성해 가는 측면도 중시해야 한다고 하였다.[20] 이처럼 시장론과 분업론에 기반한 조선공업화론이 정식화하는 상황에서 자본주의 마인드로 훈련된 일본인 주도의 공업화가 조선인 삶의 외연적 성장에 기여했다는 주장[21]이 제기되었다. 이를 비롯하여 공업정책 수립과정에서 본

---

17 김낙년, 2008, 「식민지기 공업화의 전개」, 『새로운 한국경제발전사』, 나남, 312~314쪽.
18 오진석, 2002, 「일제하 朴興植의 기업가 활동과 경영이념」, 『동방학지』 제118호.
19 安秉直·中村哲, 1994, 『近代朝鮮工業化의 硏究』, 一潮閣, 2쪽.
20 安秉直·中村哲, 1994, 위의 책, 서문 7쪽.
21 김낙년, 2008, 「일제시기 우리나라 GDP의 도별 분할」, 『경제사학』 제45호; 김낙년, 2013, 「식민지기 조선의 소득불평등, 1933~1940: 소득세 자료에 의한 접근」, 『경제사

토 정부의 조치에 대한 '총독부의 상대적 자율성'과 '독자적 시정 능력'을 강조하는 견해 등도 등장하였다.[22]

물론 이러한 연구가 진행되면서 농업 잉여에서 출발한 조선인의 폭발적 공산품 수요[23]와 그것에 대응한 조선인 자본의 '능동적' 활약상을 비롯하여 그동안 경성방직 이외 제대로 밝히지 못했던 지주자본(地主資本)의 공업 방면 참가, 내구 생산재와 건설자재의 투자 증가에 의한 조선 내 자본축적의 확대, 가내공업 등 토착경제의 실상과 생산 및 판매 구조 등 그동안 소략하게 다루어졌던 조선인 자본의 실태나 자본축적 구조에 대한 이해를 높이는 계기를 만들었다. 특히 공업화의 내재적 계기로서 조선 내 공산품 수요 확장과 공업제품 시장의 형성도 개발론에서 추진한 연구 성과 중에서 괄목할 만한 것이다.[24]

초창기 개발론은 공업의 양적인 팽창에 가려진 토착경제의 파탄상이나 고통 속에 빠진 조선인의 '일상(日常)'을 해명하는 데 인색하다는 비판을 자주 받았다. 그래서인지 최근에는 음식, 노동, 체력 등 '식민지 국민 만들기' 과정에서 조성된 각종 일상에 대한 해명 단계로 나아가고 있다. 무엇보다도 공업화 본래의 의미에서 보는 주체적인 공업화 기획

학』제55호; 정안기, 2002, 「朝鮮紡織의 戰時經營과 資本蓄積의 전개」, 『經濟史學』제32호; 정안기, 2005, 「戰時期 조선방직의 對滿洲投資와 營口紡織」, 『역사와 경계』제48호.

22 전상숙, 2017, 「전시 일본 국토계획과 대동아공영권 그리고 조선국토계획」, 『사회이론』제51호.

23 김낙년, 1993, 「일본의 자본수출과 식민지조선의 공업화」, 『한국경제발전의 역사적 인식』제17호, 경제사학회, 60쪽.

24 김낙년, 2008, 「식민지기 공업화의 전개」, 『새로운 한국경제발전사』, 나남, 293쪽; 김낙년, 1993, 「近代朝鮮工業化의 硏究 서평」, 『경제사학』제17호, 198쪽.

능력과 상품 순환의 내포성과 같은 생산력 측면의 실증도 상당하게 진척된 것으로 보인다.

전체적으로 수탈과 억압이라는 명제와 민족정기의 회복, 민족해방운동에 대한 의미 부여에 매인 일제강점기 연구에 조선인 자본가와 노동자들의 생존논리를 설정하고, 노동자, 자본가의 자본주의적 경험축적과 같은 조선인의 능동적 흡수 능력에 대한 검토를 통하여 개발론이 식민지 조선인의 '피동성' 위주 담론을 변화시키는 데에 기여한 것은 나름의 공로였다. 특히 기존 연구가 정책사 중심으로 실제적인 메커니즘에 대한 성찰 없이 특정한 정치적 함의와 담론에 침윤된 데 대한 비판으로서 개발론자들의 역할은 무척 의미 있었다.

하지만 개발론은 여전히 거시적인 부가가치, GDP와 같은 현란한 통계 뒤에서, 구체적인 역사적 맥락과 정밀한 소비자 층위 분석을 달성하지 못한 채 통계적 평균에 의존하는 거시 담론에 머물러 있다. 이러한 평균적 계량주의에 입각한 개발론의 일부에서는 "공업화와 사회적 분업의 확산에 따라 27년간 1인당 소득 연 성장률이 2.3%, 소비지출 연 증가율이 1.9%에 달했으며, 영양 상태도 그다지 나쁘지 않아서 신장이 오히려 커지거나 감소하지 않는 등 삶이 질적으로 향상하였다"[25]는 것처럼 마치

---

25 주익종은 식민지 시기 출생한 사람들이 전시체제기를 제외하고는 전반적으로 키가 작아지지 않았고, 이는 영양 상태가 좋지 않아 신장이 감소했다는 기존의 주장이 잘못된 것이라고 주장하였다(주익종, 2008, 「식민지기 조선인의 생활수준」; 『새로운 한국경제발전사』, 나남, 340~341쪽). 그러나 이 책의 〈표 10-5〉에서 그는 식민지기 조선인의 신장이 지속적으로 증가한 사실을 통계적으로 증명하고자 했지만 전체적으로 신장의 변화는 없다고 보는 것이 맞다. 또한 신장 추세를 볼 때 오히려 생활이 악화된 해방 후에 오히려 키가 커진 것은 신장의 변화가 단순히 영양상태만이 아니라 국민적 식습관이나 문화적 요소, 예를 들어 조선시대 조선인 남자들은 고봉밥이 기본이었을 정도로 밥에 대한 선호가 높았던 것처럼, 오히려 소득이 높았던 근세 일본의 경우 조선인보다 키가 작

'식민지 지배를 찬양'하는 듯한 언술을 주저하지 않게 되었다. 그러다보니 각종 연구에서 식민지라는 맥락은 사라지고, 일제강점의 역사가 황홀한 비현실적 회복과 승리의 역사인양 왜곡함으로써 급기야 극우세력의 정치적 수단으로 활용되기도 했다. 불확실한 상황의 연속에 대한 맥락을 짚어내는 데 무척 소홀한 계량역사학의 총체적인 모순이 실제의 역사를 심각하게 왜곡함에도 삶의 현실과 계량의 횡포가 지니는 불확정한 영역에 대한 충실한 숙고는 제대로 보이지 않았다.

그나마 김낙년은 "1920년대 수요는 이입에 의존한 바 크고, 1930년대 수요도 생산력확충계획과 같은 본토의 요구에 부응한 수요"[26]라고 인정한 적이 있다. 사실 산업 연관의 확대에 기반한 수요가 공업화를 추동한 것은 일부 사실이라 하더라도 전체 공업사의 외압적 성격이나 공업화의 파행적, 외삽적 성격을 넘어서는 것은 아니었다. 이처럼 개발론이 진전되려면 좀더 정밀해져야 하고, 좀더 불확정한 영역이나 문화적 전통, 관습 등과 삶의 질 영역에서 맥락이 더해진 이해를 보다 확대해야 한다.

개발론에 입각한 조선공업 연구를 보면, 관변자료로는 해결할 수 없는 '기만적 통치 행정'이나 실질적인 조선인 차별 실상이나, 친일조선인 경제인의 반역사적 침략주의 편승 등에 대한 이해는 미미하기 그지없었다. 특히 공업화 계기로 중요시하는 공산품 시장 문제나 공업제품 소비 확대 등의 요인을 정밀하게 볼 때, 과연 수요(需要)의 주체가 조선인

왔다는 것은 신장 크기만으로 삶의 질 향상 문제를 곧바로 등치시킬 수 없다는 사실이 자명하다.
26 김낙년, 1993, 「일본의 자본수출과 식민지조선의 공업화」, 앞의 책, 60쪽.

인지 여전히 의문스럽다. 호리 가즈오를 계승한 김낙년의 연구가 '공산품 시장의 확대에 기반한 공업화 추동'이라는 연구사적 의미를 넘어서 더이상 진척되지 못한 것도 그런 이유 때문은 아닐까 한다. 실제 조선인 각층의 소비 능력에 대한 정확한 분석이 토대가 되어야 가능할 이야기들이다.

나. 시기별 공업정책의 이해: 억압과 확장, 자율과 타율의 길항

(1) 회사령 체제하의 공업 동태

기왕의 연구에서 1910년대 총독부의 공업정책을 보는 시각은 주로 「회사령」=조선인 산업 자본화 저지=비공업화론이었다. 이런 입장은 고바야시 히데오(小林英夫), 손정목, 이한구, 박경식 등 수많은 연구의 대체적인 경향이었다.[27] 「회사령」(제1조와 제4조)은 "조선에서(또는 조선 외에서) 회사 설립 및 외국에서 세워진 회사 중에서 조선에 본점이나 지점을 세우고자 할 때는 반드시 총독부의 허가를 받아야 한다"[28]고 하였다. 이렇게 총독부가 엄격한 허가주의를 택한 것에 대하여 기존의 연구는 독점자본의 침투 이전에 미리 성장 개연성이 높은 조선인 공업이 등장하는 것을 저지하려는 '비(非)공업화 법제'라는 논의가 일반적이었다.[29] 예

---

27 小林英夫 編, 1994, 『植民地への企業進出-朝鮮會社令の分析』, 柏書房; 손정목, 1984, 「회사령연구」, 『한국사연구』 제45호; 朴慶植, 1973, 『日本帝國主義의 朝鮮支配』 上, 青木書店, 105~106쪽; 이한구, 1989, 『日帝下韓國企業設立運動史』, 青史, 69~73쪽.

28 「회사령」, 『매일신보』, 1911.2.9~10.

29 통감부 시절에도 조선인 자본은 이른바 「각종인가의 효력 및 기간에 관한 건」(1906.10.1 칙령 제62호) 등의 회사 설립 허가주의 방침 아래서 회사 설립이 엄격히 차단되고 있었다(小林英夫, 1975, 「會社令研究ノート」, 『海峽』 제3호, 朝鮮問題研究所, 22~23쪽).

를 들어 권태억, 김성수 등의 연구에서도 당시 일제의 공업정책은 '상품시장화'에 어긋나지 않는 공업이나 본토 공업에 경합 관계에 있는 공업을 제외한 조선의 소공업, 원료가공업 등에 대해서만 관용을 베풀고 있었다고 보았다.[30]

반대로 「회사령」은 본토자본의 무분별한 진출을 저지하려는 조치라는 주장도 있다.[31] 그러나 1911년 초 총독부가 조선피혁(주)의 설립을 종용·유치한 것을 비롯하여 미쓰비시제철(三菱製鐵), 오지제지(王子製紙), 다이니혼제당(大日本製糖), 오노다(小野田)시멘트 및 겸이포제철소(兼二浦製鐵所)가 설립되는 등 많은 재벌기업이 적극적으로 조선에 진출한 사실은 그런 주장이 설득력이 없음을 증명한다.[32]

한편, 조선인 기업발흥과 관련하여 허수열은 '1910년대 공업 불발'이라는 기존 논의를 비판하면서 식민지 여건 속에서도 능동적으로 대응하여 공장을 적극 설립했던 조선인의 모습을 부각하였고, 1916년을 중요한 기업발흥의 터닝 포인트로 인식하였다.[33] 이어서 오미일은 1910년대 중후반 국내산 원료를 이용한 정미업, 식품공업, 요업, 제지업, 직물업 등의 증가에 주목하면서, 그 요인으로 쌀 수출에 따른 쌀값 상승으로 농업 중심이지만 전반적으로 구매력이 증가한 점, 지주층이 미곡 판매로 상당한 자본을 축적하여 제조업에 투자할 수 있게 된 점, 그리고 제1차 세계대전으로 수입품이나 이입품이 감소하여 국내시장에 대체품 수요가 증

---

30 김성수, 1987, 『한국경제사론-식민지 공업의 발달과 그 성격-』, 경진사; 권태억, 1989, 『한국근대면업사연구』, 일조각, 244쪽.
31 鈴木武雄, 1942, 『朝鮮の經濟』, 日本評論社, 86쪽.
32 손정목, 1984, 「회사령연구」, 『한국사연구』 제45호, 95쪽.
33 허수열, 1993, 「일제하 조선인 공장의 동향」, 『근대조선의 공업화 연구』, 일조각.

가한 점 등을 지목하였다.³⁴ 하지만 그러한 움직임은 조선인을 위한 것이라기보다 재조 일본인 중심의 정책이 작동한 결과였다고 했다. 그는 1910년대 평양 지역 소공업과 가내공업의 구성을 분석하면서 「회사령」 아래서도 일본인 대기업인 사이토주조(齊藤酒造, 자본금 23만 원), 조선상공업(자본금 44만 원), 다이니혼제당(자본금 2,040만 원) 등이 들어오면서 1917년 평양 지역 공장 총투자자본의 24%를 차지했던 조선인 공장이 1920년경에는 0.9%로 급락하였으며, 진출한 일본인 공장은 대개 조선인 공장과 중복되는 양조, 장유, 요업, 비누, 인쇄 등으로 마찰과 경쟁이 불가피한 영역이었음을 확인하였다.³⁵

한편, 1910년에도 은사수산(恩賜授産)사업의 확장이나 세계시장의 수용에 따른 공업시설이 확장한 사실에 주목한 연구가 있다. 김인호는 은사수산사업이 그동안 천황의 은혜라는 명목으로 이뤄진 기만적인 공업화 제스처라고 보았으나 실제로는 기업(機業), 잠업, 어업을 중심으로 확장적인 재정팽창과 초기 농촌을 베이스로 한 공업 진흥에서 어느 정도 성과가 있었다고 수정하였다.³⁶ 본 사업의 전체 흐름을 개괄한 배민재³⁷에 이어서, 이 자금이 지방 사업비에 많이 할애된 점에 의거하여 임시은사금과 지방 재정과의 연관성을 검토한 연구도 이어졌다. 오히려 총독부

---

34 오미일, 2008, 『한국독립운동의 역사-경제운동』 제36권, 독립기념관 한국독립운동사연구소, 53쪽.
35 오미일, 1994, 「1910~1920년대 공업발전 단계와 조선인 자본가층의 존재양상」, 『한국사연구』 제87호, 210~213쪽.
36 김인호, 2010, 「합방의 콩고물, 임시은사금」, 『인간과 문화 연구』 제17호, 동의대 인문사회연구소.
37 배민재, 2008, 「1910년대 조선총독부 임시은사금사업의 운영 방향과 그 실제」, 서울대 국사학과 석사학위논문.

특별예산과 임시은사금을 기반으로 지역별 잠업(蠶業)양성이나 기업(機業)전습을 중심으로 하는 은사수산사업 육성전략이 주요한 과제였고, 실제로 많은 총독부 재원이 들어갔다는 사실도 확인되었다.[38]

정리하면, 현재 연구가 진척될수록 총독부의 정책 여부와 상관없이 조선공업이 '쇠락'보다는 '확장'되던 상황이라는 인식이 힘을 받는 듯하다. 그런데 「회사령」 아래서 회사 설립은 억압되지만 공장은 비약적으로 증가하였다. 따라서 이 법령은 일면 조선인 자본의 조직화를 저지하면서도 민족운동의 대두에 대응해서 조선인에 대한 경제적 재분배를 어느 정도 용인한 결과라는 해석이 지지폭을 넓히고 있고, 또한 당대 조선인 공장의 증가는 '회사화=조선인 자본의 조직화'를 저지하다 발생한 '풍선효과'라는 관점도 호소력이 있어보인다. 그런데 어느 것이든 적극적인 공업 진흥책의 결과가 아니라 위무와 개량일 뿐이었다는 점은 대체로 논의가 일치하고 있다.

(2) 비공업화론과 과잉자본탈출론의 길항

스즈키 다케오(鈴木武雄)는 산미증식계획의 실시에 따른 "조선의 미곡 단종 경작형 산업구조의 확립은 상업, 금융, 운수 각 유통 부문을 미곡 중심으로 재편성하게 만들었다. 또한 본토에서 볼 수 없는 자본주의적 공장공업으로서 정미공업의 발달을 중심으로 하는 주조공업, 기타 식료품 공업 등의 발달을 촉진하였다"고 하였다. 아울러 1920년대 매년 출초(出超)를 이룬 원동력이 미곡 이출이었고, 많은 자금이 조선으로 흘러

---

38 김인호, 2020.3, 「일제강점기 경기도 배당 임시은사금의 지방비 전환에 관한 연구」, 『한국민족운동사연구』 102.

들어 와서 각종 산업을 진작시키는 기능을 하였다고 피력하였다.[39] 이른바 '산미증식계획=식료품공업 촉진'을 초래했다는 것이다

해방 후 역사학계에서는 산미증식계획으로 조선이 미곡 단작지대화되면서 그나마 성장하던 조선인 공장은 다시 정체하였으며, 농업 수익은 일정하게 증가하였으나 공업투자 의지는 총독부의 비공업화 노선으로 극도로 저해되었다는 견해가 지배적이었다. 김광운은 1920년대 식민지 수탈의 일차적 대상이 토지와 농업 지배였기 때문에 "일제는 공업 분야에 대해서는 식민지 수탈체제를 확립하는 데 필요한 분야(일제의 농산물과 원료의 약탈에 종속된 공업 부문)만 선별적으로 육성할 뿐이었다"고 했다.[40] 또한 오미일은 제1차 세계대전 특수(特需)에 기반한 자본축적이 어느 정도 실현될 수 있었지만, 영세한 조선인 공장주의 경우는 낮은 생산성으로 가격경쟁력이 낮은 상황에서 구관세제도 유보 기간이 만료되면서 주류와 직물류를 제외한 상품에 관세가 철폐되어 오히려 큰 타격을 받았다고 하였다.[41] 김인호는 1920년대 이후 미곡 단작화 상황에서 "전통적인 기술과 능력에 신기술과 자본을 결합하여 추진한 은사수산사업이 된서리를 맞아 잠업을 제외한 농촌공업(기업, 어업, 축산) 등 각종 공업화의 배경이 될 만한 농산물 가공형 공업이 전면 후퇴하였다"고 보았다. 총독부로서도 은사수산사업에 들어가는 재원을 지방비로 돌리면서 수산사업의 확대 재생산이 어려웠고, 그나마 예산 부족으로 공업화

---

39 鈴木武雄, 1942, 『朝鮮の經濟』, 日本評論社, 89쪽.
40 김광운, 1990, 「1930년 전후 조선의 자본·임노동관계와 일제의 노동통제정책」, 『國史館論叢』 38, 182쪽.
41 오미일, 2008, 『한국독립운동의 역사-경제운동』 제36권, 독립기념관 한국독립운동사연구소, 53~54쪽.

지원 정책은 답보상태가 되었다고 하였다.[42]

개발론 측에서도 김낙년은 "1920년대 총독부가 추진한 공업정책으로 볼 만한 것은 수력(水力)조사를 통하여 대규모 전원(電源)개발의 가능성을 발견한 것 정도에 불과하다"[43]고 하였다. 박섭은 1920년대 전반기 부산 지역 제조업 회사의 자본구성을 분석하면서 "제1차 세계대전 이후 엔블록 수요의 격감으로 부산의 공산액도 1920년 이후 추세선 아래로 내려가고, 부산의 제조업 회사도 뚜렷하게 이에 대응되는 변화가 통일적으로 보이지 않는다"[44]고 하여, 당시 공업화에 필요한 시장 여건이 별로 진작되지 못한 사정을 보여 주었다.

이처럼 1920년대는 총독부 차원의 볼 만한 공업정책이 없었다는 전제하에 엔블록 수요의 감퇴에 따라 본토자본이 '불황'을 피해 새로운 시장인 조선으로 적극 진출하는 시기였다는 견해가 지배적이었다. 이와 연관하여 '조선인 틈새 성장론'이나 '본토자본 진출의 부수적 이익'에 주목하여 직물업 등에서 공업화가 진전되었다는 연구도 대두하였다. 오미일은 1910년대 과도적 단계로나마 성장하던 조선의 공업은 세계대전 이후 불황으로 크게 위축되고, 다만 본토의 수요에 기반한 일부 정어리업이나 생사업, 조선 내 수요에 기반한 메리야스, 고무신업 등에서 성장이 나타났다고 보았다.[45] 권태억은 제1차 세계대전 직후 이어진 불황으로

---

42 김인호, 2020, 「일제강점기 경기도 배당 임시은사금의 지방비 선환에 관한 연구」, 『한국민족운동사연구』 제102호, 284쪽.
43 김낙년, 2008, 「식민지기 공업화의 전개」, 『새로운 한국경제발전사』, 나남, 293쪽.
44 박섭, 2010, 『부산의 기업과 기업가단체』, 해남, 91~92쪽.
45 오미일, 2008, 『경제운동』(한국독립운동의 역사 제36권), 독립기념관 한국독립운동사연구소, 53쪽.

국내 직물업자들이 대대적으로 타격을 받았고, 이에 총독부는 「회사령」 철폐를 통하여 식민지 조선에 본토의 과잉자본을 투자하도록 길을 열었다고 보았다. 이에 3·1운동으로 분출된 조선인의 저항을 무력화하기 위하여 '일·선(日鮮)자본가의 연휴(連携)'를 내세워 조선인 지주·자본가에게 대자본 회사 설립을 허용하였다고 했다. 김인호는 은사사업의 한계는 분명했지만 1920년대 관세철폐, 본토의 과잉자본 진출, 본토산 중간재·생산재의 수이입 확대 등으로 인해 조선인 공업에도 기계화, 동력화 등 생산구조의 고도화가 뚜렷해졌다고 하였다. 그로 인해 종래 숙련노동에 기초하던 과도기적·절대적 잉여 획득 구조 아래서 미숙련노동자의 저임금에 기반한 기계제 공장이 늘었다고도 하였다.[46]

1980년대 이후에는 비공업화론, 과잉자본탈출론을 비판하면서 공산품 시장 확대 가능성을 제기하는 연구가 등장하였다. 호리 가즈오는 이러한 단작화에 따른 공산품 시장 파괴설에 대하여, 오히려 쌀 수출로 미곡 가격이 올랐고, 거기서 생긴 잉여가 공산품 시장을 확장시켰으며, 이에 본토자본의 유인력이 형성되어 공업화 기운이 높아진 것으로 보았다.[47] 이후 김낙년, 주익종 등 개발론 계열의 연구자들은 호리의 공산품 시장 확대 모델을 대체로 수용하면서 연구를 진척하였다.

정리하면, 그동안 1920년대 공업사 연구는 산미증식계획으로 인한 미곡 단작화의 역사적 귀결이 공산품 시장을 확대하고 공업화의 기운을 촉진한 것이었다는 주장과, 이와반대로 전통적인 조선 내적 공업 역량

---

[46] 김인호, 2000, 「조선공업의 '이행기'적 특성」, 『식민지 조선경제의 종말』, 신서원, 39~40쪽.
[47] 堀和生, 1989, 「1930년대 공업화의 재생산 조건」, 『近代朝鮮의 經濟構造』, 비봉출판사, 313쪽.

을 소멸하고 조선인 자본의 몰락을 촉진하였다는 견해가 대립하였다. 하지만 전체적으로 미곡 단작화 자체만으로는 공업화를 촉진하기 어려우며, 빈약한 총독부의 공업화 추진 능력으로 인해 더더욱 본토 의존에 기반한 공업화 방향에서는 공업신장을 제대로 도모할 수 없었다는 입장이 대세였다.

(3) 우가키 공업화 구상의 진실성

스즈키 다케오는 "우가키 가즈시게(宇垣一成) 총독이 통치하던 시기는 만주사변 후 소위 준전시체제의 진행, 금본위제 재(再)정지, 환율하락을 토대로 한 원료자원의 수입난과 채산 악화 그리고 금값의 등귀 등이 반도의 자원 가치를 높였고, 그 가운데 미증유의 골드러시가 반도를 풍미하게 되었는데, 이것은 또한 각종 지하자원의 개발을 촉진하는 것과 함께 반도 경기 향상의 큰 요소가 되었다"고 하였다.[48] 그러면서 이것이 조선공업화 혹은 산업혁명의 중요한 개시 요인이었다고 평가하였다.

이런 입장은 일본의 패망과 함께 거의 사라졌다. 해방 후 일본인 연구는 고바야시 히데오의 언급처럼 주로 "일본본토의 공황 탈출 통로로서 일본의 제국주의 팽창 그리고 일본적 합리화나 일본산업의 군사적 재편성 혹은 식민지 정책의 강화와 같은 구조재편 과정에서 조선의 공업화가 시작되었다"[49]는 입장이 지배적이었다.

1990년대가 되어서야 역사학계에서도 조선공업화에 대한 입장이 정립되기 시작하였다. 먼저, 허수열은 우가키 총독의 공업 진흥책에 따라

---

48 鈴木武雄, 1940.12, 「半島産業發達の現段階」, 『朝鮮實業』, 13쪽.
49 小林英夫, 1967, 「1930年代朝鮮工業化 政策の展開過程」, 『朝鮮史研究會論文集』 제3호.

공업생산액이 급증하면서 1932년 이후에는 공업제품의 자급률도 높아졌다고 보았다.[50] 특히 광공업 종사자의 증가, 공장제 시스템의 보편화, 대공장으로의 집중, 중화학공업화의 진행 등을 주목하면서, 그러한 변화의 전기로서 1933년을 주목하는 이른바 '1933년 전환설 혹은 제2차 기업발흥 포인트'를 강조하였다.[51] 허수열이 '1930년대 공업화 추진설'을 통계적으로 확인했다면, 이승렬은 공업화 추진의 이유에 대해서 연구하였다. 그는 우가키 총독이 가지고 있었던 '일·선·만(日·鮮·滿) 블록 구상' 혹은 '엔블록 참여 구상'에 관심을 기울였다. 그러면서 그 구상은 '단지 군수산업 육성만을 목적으로 한 것이 아니며, 미국·영국과의 타협 위에서 그들과 대항할 수 있는 일본자본주의의 실력 양성을 위한 일련의 과정'으로 파악하였다. 침략적 의미는 전혀 변함이 없는 것이며, 그러면서도 제도와 법적 통제 아래에 있는 일본과 만주경제와는 다르며, 조선은 '본토자본 유치'를 통하여 독점자본에 의한 공업화를 추진하려는 전략에 따라 임한 것으로 보았다.[52] 이상의도 "일·선·만 블록 안으로 조선경제를 위치 지우고자 일본자본을 최대한 유치하고, 만주와 적극적으로 무역을 확장함으로써 그런 구상을 실제적으로 실천하려는 의지가 있었다"고 보았다.[53] 김경남도 대공황을 탈출한 재벌계 면방직공업의 조선 진출 상황을 분석하면서 조선공업화에서 독점자본의 역할을 정밀하

---

50 허수열, 2005, 『개발 없는 개발』, 은행나무, 133~149쪽.
51 허수열, 1992, 「일제하 조선의 산업구조」, 『국사관논총』 제36호, 270~275쪽.
52 이승렬, 1996, 「1930년대 전반기 일본군부의 대륙침략관과 '조선공업화'정책」, 『국사관논총』 제67호, 195쪽.
53 이상의, 2007, 「1930년대 조선총독부 殖産局의 구성과 공업화정책」, 『한국근현대사연구』 제40호, 111쪽.

게 분석하였다.[54] 최근 구축한 『한국근대회사 100년사 데이터베이스』에서도 같은 결과가 나왔다. 회사 설립 및 자본금 데이터를 전수 조사한 결과, 미나미 총독 재임 시기보다 우가키나 고이소(小磯) 총독 재임 시기에 회사의 설립이 훨씬 빈번했고 자본금 규모가 컸다.[55] 이렇듯 허수열, 이승렬, 이상의, 김경남, 배석만 등은 한결같이 1930년대 우가키식 자본 유치운동에 따라 진출한 독점자본이 공업화 과정에 나름의 역할을 했다는 점에 주목하였다. 한편, 지수걸, 김인호 등은 본토의 '공황 타개책'과 조선 내 노동운동·농민운동의 격화에 대응한 식민통치 안정 문제와 주로 관련지우고자 했다.[56]

개발론 입장에서는 기존 역사학계에서 주장하는 1930년대 공업화론은 정책결정론적인 편향으로 인해 실제의 사실을 제대로 이해하거나 분석하는데 제약이 많았고, 총독부 주도의 공업화도 실제 구현될 여건이 없었다는 점을 강조하였다. 먼저, 김낙년은 1920년대 이후 산미증식계획이 추진되던 기간은 비록 공산품 시장이 확대하였더라도 미곡에서 무역흑자에 의존하면서 공산품의 수이입 의존도가 상승하는 상황이었고, 이것은 조선 내 공업생산이 그만큼 낙후된 상태였음을 말한다고 했다.[57] 또한 우가키 총독 시기에도 곧바로 공업화 정책이 본격화되지 못했으

---

54 김경남, 1994, 「1920·30년대 면방대기업의 발전과 노동조건의 변화-4대 면방대기업을 중심으로-」, 『역사와 경계』 제25호; 김경남, 1996, 「1930·40년대 면방직공업 재편성의 본질」, 『지역과 역사』 제2호, 부경역사연구소.
55 허수열, 배석만 등, 2017, 『한국근대회사 100년사 데이터베이스-통계편-』, 지식산업사.
56 金仁鎬, 1993, 「1930年代 前半期 '朝鮮人工業化'에 관한 硏究」, 『史叢』 제42호, 高大史學會.
57 김낙년, 1993, 「일본의 자본수출과 식민지조선의 공업화」, 『한국경제발전의 역사적 인식』 제17권, 60쪽.

며, 공업 진흥에 대한 뚜렷한 정책도 보이지 않았다는 것이다. 특히 공채 발행 등 독자적으로 공업화를 전개할 재정적인 수단을 가지지 못한 상태에서 공업화 정책을 주도하기란 어려웠다고 보았다.[58] 주익종도 산미증식계획이 중단된 1934년 이후에도 농업보조금은 감소했지만 공업보조금이 전반적으로 증가하거나 중공업 등 특정 공업에 국가가 직접투자하고, 특정 공업제품에 고율의 보호관세를 부과하는 일은 전혀 없었다고 하였다.[59] 반대로 김두얼은 1910년대부터 공장생산(생산성)은 이미 급속히 증대되었다고 보았다. 그리고 이러한 증대는 조선인 기업가들이 운영한 기업에서도 나타났다고 하면서, 이는 이들 기업이 총독부의 보호와 지원이 아니라 생존경쟁을 통해 이룬 결과라고 하였다.[60]

한편, 호리 가즈오는 1930년대 공업생산에서 종래 압도적이던 소비재 대신에 생산재 부문이 우위를 점하는 것에 주목하면서 당시 조선에서 산업간 분업이 확대되었고, 공업생산이 고도화되고 있던 사정을 증명하고자 했다.[61] 이런 상황의 기저에는 민간 소비시장의 급속한 확대가 있었다고 하면서, 조선 내 공업제품 소비의 자급률이 1930년대 후반 들어 특히 생산재 부분의 자급률이 100%를 넘었다고 하였다. 그리하여 조선 내 생산 증가로 본토로의 생산재 공급이 증가하고 중국으로도 소비 수단의 공급이 증가하였다고 했다.[62] 이처럼 호리는 조선의 공업화가

---

58 김낙년, 2008, 「식민지기 공업화의 전개」, 『새로운 한국경제발전사』, 나남, 295쪽.
59 주익종, 2003, 「일제하 한국의 식민정부, 민간기업 그리고 공업화」, 『경제사학』 제35호, 71쪽.
60 김두얼, 2017, 『한국경제사의 재해석; 식민지, 1950년대. 고도성장기』, 해남.
61 堀和生 저, 주익종 역, 2003, 『한국 근대의 공업화』, 전통과 현대, 51쪽.
62 堀和生 저, 주익종 역, 2003, 위의 책, 54쪽.

'산업 연관과 시장분업의 전체적인 확장'에서 비롯되었다고 하면서 이미 1920년대 이후 이런 경향이 지속되었다고 하였다. 특히 1930년대 초반부터 공업이 급격히 발전했다고 하면서 허수열이 주장한 '1933년 전환점' 논의를 적극적으로 지지하였다.[63]

류상윤은 "대공황은 오히려 조선의 직물업에 긍정적 영향을 주었으며, 특히 미국 견직물 수요가 증가하면서 조선에서 견직물업이 크게 성장할 수 있었다고" 했다. 아울러 '제2차 생사(生絲) 공황'에도 대구, 영변의 중소 견직물 공장들이 등장하였고, 결국 이들이 20세기 후반 한국 중소직물업 발전의 기초가 되었다고 평가하였다.[64] '대공황'이라는 세계사적 계기를 중시하는 정안기는 목포의 조면업 동향을 분석하면서 총독부도 일본인 조면업자의 이해만 지지하는 것은 아니었다는 점, 그리고 조면업 통제가 세계시장의 조건과 식민지의 내재적 조건에 영향 받을 수밖에 없었던 점을 강조하였다. 특히 총독부가 이 지역 면화유통에 개입한 것은 과당경쟁의 부작용을 해소하여 시장질서를 회복하려는 노력으로 파악하였다.[65]

요컨대, 전통적인 역사학계는 1930년대 독점자본에 의해 조선이 공업화되었다고 보고, 이에 수반한 민족해방운동 노선의 변화상에 주목하였다. 반면 개발론에서는 중일전쟁 시기 이전의 공업 진흥은 사실상 '총독부 능력 밖의 일'로서 본토자본 유치에 기반한 공업화 전략이 구상되

---

63 堀和生 저, 주익종 역, 2003, 앞의 책, 전통과 현대, 56쪽.
64 류상윤, 2009, 「대공황의 충격과 식민지 조선의 잠사견직물업의 재편」, 『경제사학』 제45호, 72쪽.
65 정안기, 2010, 「1920~30년대 일제의 면업 정책과 목포 조면업」, 『경제사학』 제49호, 111쪽.

는 정도였다는 견해와, 이미 1910년대부터 공업화는 시작되었고 조선인도 생산성을 급속히 높여 왔다는 입장으로 나뉜다. 게다가 일방적으로 일본인만을 위한 (차별적인)공업화 정책이 아니었다는 주장도 간간이 나왔다. 어느 경우든 1930년대 이후 조선공업화의 실재는 인정하는 모습이지만 시점과 촉발 요인에 대해선 정책주도론 혹은 시장확장론 관점 등으로 이견이 많다.

(4) 전시공업화와 총독부의 역할: 총독부 주도론(독자성론), 본토 주도 군수 공업화론(순응론), 타율적 대용품 공업화론(복종론)

스즈키 다케오는 당시 조선산업경제조사회(1936)에서 "원시산업 중심 방책에서 다종 광범한 산업의 전면적인 발전으로 전환할 것을 강조한 농공병진 혹은 …(중략)… 광공업의 그 비약적 진흥을 기(期)하는「조선산업개발에 관한 일반방침」을 결정한 것은 종래 자연발생적 공업화 운동을 정리하고 반도산업개발의 근본방침을 확립하며 조선산업의 합리적 재출발을 도모"하는 바로서, 그야말로 총독부 주도의 공업화가 시작된다는 신호탄이었다고 평가하였다.[66] 이후 공업화 방향은 "그동안의 비약적 발전으로 대륙의 어디에 내놔도 뒤지지 않는 황국신민화와 물심양면의 우위성을 확인한 조선에 부하된 대륙전진병참기지화"라고 하였다.[67] 말하자면 조선은 대륙전진기지의 사명을 감당할 만큼 공업화 추진의 기초 체력이 만들어졌고, 이 조선산업경제조사회 답신안 이후로 총독부가 주도한 독자적인 공업화가 진행되기 시작했다는 것이다. 김낙년

---

66 鈴木武雄, 1942, 『朝鮮の經濟』, 日本評論社, 97~98쪽.
67 鈴木武雄, 1942, 위의 책, 100쪽.

도 스즈키의 이해를 반영하여 실질적으로 조선의 공업 진흥이 일본제국 전체의 정책 속에서 명기되는 것은 1936년 10월에 개최된 조선산업경제조사회부터였으며, 이는 세계경제의 블록화 속에서 일본경제권을 강화할 필요성이 대두된 상황을 배경으로 한 것으로, 여기에서 농공병진이라는 형태로 공업진흥론이 제기되었다고 하였다.[68]

사실 일제강점기 전시체제기에 비로소 조선의 공업이 크게 확장되었다는 연구는 오래전부터 있었다. 허수열도 일본인 공업과 조선인 공업과의 산업 연관은 부정적으로 보지만 중일전쟁 이후 '군수공업화론'에 지지를 보내면서, 특별히 1930년대 10%대였던 군수공업 생산이 1940년에는 31%에 달한 점을 중요시하였다.[69] 김인호는 1941년 「(개정) 국가총동원법」이 적용되던 시점부터 본토의 전쟁국책에 따라 비약적으로 공업시설이 확장되었다고 하였다.[70] 나머지 대부분의 연구는 중일전쟁 이후 추진된 조선공업화를 1930년대 우가키 시대 공업화의 연장(延長)[71]으로 보거나 혹은 '특수한 시기에 있었던 특별한 현상'[72]으로 다루는 경우가 많았다.

그런데 개발론에서는 그동안 시장경제와 시장확충과 사회적 분업의 확장이 공업화의 중요한 준거라고 주장했지만, 정작 침략전쟁시기 정책적 동기가 공업화를 촉발하는 중요한 지렛대가 되던 상황에 대한 분석

---

68 김낙년, 2008, 「식민지기 공업화의 전개」, 『새로운 한국경제발전사』, 나남, 295쪽.
69 허수열, 1996, 「식민지적 공업화의 특징」, 『공업화의 제유형』Ⅱ, 경문사, 187~190쪽.
70 김인호, 1998, 『태평양전쟁기 조선공업연구』, 신서원.
71 河合和男・尹明, 1991, 『植民地期の朝鮮工業』, 未來社.
72 橋谷弘, 1990, 「1930・40年代朝鮮社會の性格をめぐって」, 『朝鮮史研究會論文集』 제27호.

은 그다지 없다.[73] 그 이유는 당연히 공산품 시장 확대, 산업 연관 강화 주장을 증명할 증거의 확보가 여의치 않기 때문일 것이다. 실제로 당시 조선의 공산품 시장은 외적 팽창에도 불구하고 강력한 국가적 혹은 정책적 요구에 종속된 기형적 시장이었고, 가격 형성에서도 수급의 적정성이 아니라 강제적이고 반(反)시장적인 지정가격이 지배하던 상황이었다. 이 시기 시장은 수요와 공급의 상호작용에 따른 자율적 확장이 아니라 정책적 동기에 깊이 침윤된 상황에서 명맥이 유지되었다. 총독부는 시장에서 국가적 수급목표를 확인하기 위하여 강력한 명령체계를 운영하였고, 각종 통제기구를 증설했다. 급기야 건달까지 동원하여 시장의 불안을 강제적으로 억누르고자 했다. 이런 상황을 자세히 본다면 종래 개발론에서 말하는 수미일관한 내적 연관의 확장에 따른 조선 공산품 시장 확대와 공업 시설 확충 주장이 해방 직전까지 이어갈 수 없다는 사실을 확인할 수 있게 된다.

한편, 전시체제기 공업 연구에서 풀어야 할 또 하나 과제는 바로 공업화 주체와 수행 실상에 대한 것이다. 당시 공업화가 본토에 대해 '상대적 자율성'을 가진 엔블록 병참기지화를 겨냥한 총독부 주도의 공업화였는지 아니면 본토 입장에 전적으로 조응하는 군수공업화 혹은 대용품 공업화였는지 여전히 실증적으로 입증되지 못하고 있다. 특히 2000년대 이후 연구 성과에서 총독부가 본토 정부의 요구에 회피와 협력을 반복하면서 조선공업화를 '독자성' 있게 추진하려 했다는 이른바 '총독부의 상대적 자율성론', '독자적 공업화 구상론'이 자주 등장하였다. 김낙년은

---

[73] 기존 군수공업론, 병참기지론에 대한 '식민지근대화론' 입장의 비판은 김낙년, 2000, 「식민지기 대만과 조선의 공업화 비교」, 『경제사학』 제29호; 김낙년, 2003, 「식민지기 조선공업화에 관한 제 논점」, 『경제사학』 제35호, 경제사학회.

1938년 8월 총독부가 시국대책조사회준비위원회의 자문안으로 작성한 「군수공업 확충에 관한 건」은 조선의 각종 공업, 특히 군수공업의 비약적 진흥을 도모하겠다는 총독부의 굳은 결의였다고 평가하고, 이것을 기점으로 총독부 주도의 증산이 본격화되어 조선공업화의 중요한 계기를 열었다고 보았다.[74] 또한 시국대책조사회의 생산력확충계획 입안 이후 총독부의 자율적 병참기지화 전략이 주효하면서 전체적으로 조선의 대일 수입의존율이 줄어들고 자급률이 상승하였다고 했다.[75]

한편, 전상숙은 실제로 "조선이 전시경제 아래서 적극적인 공업화 정세로 돌변한 것은 본토의 「기본국책요강」(1940.7.26)이 발표되어 총독부의 대응이 한층 다양해지면서 가능해졌다"고 했다.[76] 이런 이해는 총독부가 추진한 공업정책이 본토의 요구를 적절히 회피하면서도 조선의 경제현실을 적극적으로 반영했다는 개발론 측의 인식과 맥락을 같이 한다. 김제정은 "조선의 특수성론은 시기와 사안에 따라 총독부가 본토의 무리한 요구에 맞서 조선이라는 지역의 이해관계를 관철하려는 논리로 기능하였다"고 하면서도, 조선인들에게는 차별과 동화의 불균형한 양날의 칼이자 총독부 정책 정당화의 편의적 수단으로 작용하였다는 점을 강조하였다.[77] 이상의도 총독부가 일본정부와의 줄다리기 속에서 산업통제에 대한 조선의 '상대적인 독자성'을 통하여 본토자본을 유치하고자 하

---

74 김낙년, 2008, 「식민지기 공업화의 전개」, 『새로운 한국경제발전사』, 나남, 296쪽.
75 김낙년, 1993, 「일본의 자본수출과 식민지조선의 공업화」, 『한국경제발전의 역사적 인식』 제17권, 81쪽.
76 전상숙, 2017, 「전시 일본 국토계획과 대동아공영권 그리고 조선국토계획」, 『사회이론』 제51호.
77 김제정, 2018, 「식민지기 조선총독부의 조선특수성론」, 『지역과 역사』 제43호, 부경역사연구소, 342쪽.

였다고 보았다. 특히 총독부 식산국 상공과가 「공장법」 도입에 반대한 것도 그러하며, 나아가 「중요산업통제법」의 조선 적용이 확정된 이후에도 크게 변화되지 않았다고 보았다.[78]

하지만 김인호는 우가키 총독 시기에 일부 보였던 '독자적인 공업화 구상'은 그 실천적 시도가 산업경제조사회 시점에 조금 나타났으나 그것으로 끝이었다고 보았다. 그는 중일전쟁 이후 오히려 본토의 요구로 시국대책조사회가 구성되었고, 일부 조선의 현실을 반영한 「시국산업확충계획」 등이 제안되었지만 본토 기획원은 조선의 요구를 무시하고 본토 본위의 생산력확충만 강요되었다고 보았다. 따라서 총독부의 독자적 공업화 구상은 실현이 요원했으며, 그 내용도 본토의 요구에 순응하기 위한 '외지(外地, 식민지 및 점령지) 간의 경쟁 유발책' 이상으로는 보기 힘들다는 것이다.[79] 배석만도 "식민지 공업화 파행성의 유력한 근거로 드는 전시체제기 제철업의 모습은 일제가 처음부터 정책으로 유도한 결과는 아니었다"고 하였다. "오히려 일본제국의 각 경제행위 주체들 간 불일치와 정책적 시행착오, 국책과 영리의 대립, 엔블록 경제력의 한계, 식민지 권력의 한계가 상호작용하면서 역사적으로 결과한 것"이라고 하였다.[80] 이상의는 중일전쟁 이후 본토의 요구를 견제하고, 조선 자체의 목적에 기반한 공업화는 오히려 불가능해졌다고 하였다. 당시 공업화가

---

78 이상의, 2007, 「1930년대 조선총독부 殖産局의 구성과 공업화정책」, 『한국근현대사연구』 제40호, 111쪽.
79 김인호, 2000, 「조선에서의 제2차 생산력확충계획과 그 실상」, 『한국민족운동사연구』 제26호.
80 배석만, 2010.9, 「조선제철업 육성을 둘러싼 정책조율과정과 청진제철소 건설(1935~1945)」, 『동방학지』 제151호.

'전쟁지향 공업화'이자 대외적 성격을 더욱 강화하는 상황이었기 때문에 총독부의 자율적 개입 여지는 더더욱 줄었다고 보았다.[81] 그는 실제로 당대 식산은행조사부조차도 태평양전쟁 이후 "노동력 및 원자재 부족, 기계기구 수입단절 문제가 겹치면서 조선의 특수상황을 기반으로 한 생산력확충계획은 더이상 유지될 수 없었다"[82]고 보았다. 또한 스즈키 다케오도 "「국가총동원법」의 발동 아래 완전히 내선일체 통제의 한가운데로 말려들면서 이전부터 해 오던 것과 같은 특수성에 입각하여 독자성을 주장하던 여지는 사라지게 된 것"[83]이라고 하였다.

'시국대책조사회 시점론'이든 '국민총력운동 시점론'이든 '공업조합령 계기론'이든 총독부의 공업화 정책이나 생산력확충 성과는 중요한 검토 대상이었다. 그러나 여전히 조선의 생산력확충계획이나 생산증강에 대한 심도 있는 연구는 부족하다. 단지 그동안 일본인 연구자들이 본토의 생산력확충계획을 분석하면서 부수적으로 조선 내 상황을 살핀 것을 활용하는데 그치고 있다.[84] 다만 2000년 이후 김인호가 조선의 증산정책이 제1차 생산력확충계획과 제2차 생산력확충계획 그리고 결전기의 '설비 한도 내의 단기적 생산증강' 노선으로 전환하였고, 각 과정은 증산을 통한 동원을 기약했으나 실제로 달성하지 못하고 내핍을 통해서 달성할

---

81 이상의, 2007, 앞의 책, 115쪽.
82 『殖銀調査月報』, 1943.11, 29쪽.
83 鈴木武雄, 1942, 『朝鮮の經濟』, 日本評論社, 99쪽.
84 본토의 생산력확충계획 관련 연구로 山崎志郎, 1995, 「戰時工業動員體制」, 『日本ノ戰時經濟』, 東京大學出版會; 山崎志郎, 1987, 「生産力擴充計劃展開過程」, 『戰時經濟』, 近代日本硏究會; 小林英夫, 1975, 『「大東亞共榮圈」の形成と崩壞』, 御茶の水書房 등을 들 수 있다.

수밖에 없었던 사정에 관한 연구를 내놓았다.[85] 하지만 여전히 생산력확충의 실상을 이해하는 데는 부족한 실정이다.

(5) 태평양전쟁과 조선공업의 위상: 대륙전진병참기지론, 엔블록 연관론, 북방권의 맹주론

조선에서 '대륙전진병참기지화'라는 용어는 언제부터 사용되었을까. 다나카 다케오(田中武雄, 아베 총독 시기 정무총감)의 기억에 의하면 "적어도 고이소 총독이 부임하기 전까지 이 용어는 당시 신문·잡지들이 만든 용어였고, 일부 총독부가 가용한 것은 실제적인 내용을 담은 것이 아니라 정치적 용어로 이용한 것에 불과하다"고 하였다.[86] 이 말은 적어도 고이소 총독 시기에 와서야 본격적으로 엔블록 차원의 공업화 계획 아래 조선공업이 나름의 위상을 가지기 시작했다는 말로도 들린다.

엔블록 내 조선공업의 위상에 관한 연구는 오랫동안 일본인 연구자들이 주도해 오던 영역이었다. 먼저, 하라 아키라(原朗)는 본토와 식민지·점령지의 '물류'를 점검하면서 엔블록의 운영원리와 공영권 지배논리를 검토하고 조선경제의 역할에 관해 일부 설명하였다.[87] 고바야시 히데오도 '대동아' 전역에 걸쳐 일제가 자행한 공영권 수립 공작과 그것에 대한 식

---

85 김인호, 2002, 「조선에서의 제2차 생산력확충계획과 실상(1942~1945)」, 『한국민족운동사연구』 제26호. 한국민족운동사학회; 김인호, 2004, 「태평양전쟁시기 조선에서의 생산증강 정책과 그 실상」, 『역사와 경계』 제52호, 부산경남사학회.
86 田中武雄, 1960, 「小磯總督時代の統治槪觀」, 『朝鮮近代史料硏究集成』 제3권, 朝鮮史料硏究會, 215쪽.
87 原朗, 1976, 「大東亞共榮圈の經濟的實態」, 『土地制度史學』 제71호; 原朗 編, 1995, 『日本の戰時經濟』, 東京大出版會.

민지 조선의 대응과 저항 문제를 해명하는 성과를 발표했다.[88] 또한 야마모토 유조(山本有造)는 엔블록 전반에 걸친 자원 배분 관계와 생산력 구조를 살피면서 엔블록 내 생산체제의 파행성과 대외 의존성, 식민지 일반의 무제한적 생산 약탈에 관한 분석을 시도하였다.[89] 그런데 이런 연구는 당시 엔블록 차원에서 등장하는 조선경제의 위상에 대한 이해는 높였으나 주로 기획자인 본토의 입장을 중심으로 파악하였다는 점에서 엔블록 차원에서 조선경제의 위상이나 조선인 자본가들의 역할 등에 관해 제대로 접근할 수 없었다. 더불어 그동안 한국학계에서도 황국신민화나 민족말살 등 본토와 조선 간의 수탈사적 관계에 관심을 집중하다보니 엔블록에서 조선경제의 위상이나 역할에 대한 정치한 분석은 상대적으로 뒤처질 수밖에 없었다.

    이런 상황에서도 몇몇 연구가 진행되었다. 우선 김인호는 식민지 조선을 중심에 놓고 '엔블록의 자급체제 구축'이라는 과제 아래 조선공업화를 ① 중일전쟁과 대용품 공업화 단계, ② 태평양전쟁과 중점산업 육성단계 그리고 ③ 결전단계의 기업정비와 초중점 생산증강 단계 등 3단계로 나누어 변화상을 살폈다.[90] 방기중은 1940년 본토의 신체제운동 과정에서 총독부의 입장 변화에 주목하였다. 또한 송병권은 1940년 이후 본토의 입장에서 동북아 경제 전략을 검토하고 조선의 역할론을 이해하려고

---

88 小林英夫, 1975, 『「大東亞共榮圈」の形成と崩壞』, 御茶の水書房.
89 山本有造, 1991, 『日本植民地經濟史研究』, 名古屋大學出版會; 山本有造, 1995, 「"大東亞共榮圈'とその構想構造」, 『近代日本のアジア認識』, 東京大學人文科學研究所.
90 김인호, 1998, 『태평양전쟁기 조선공업연구』, 신서원; 김인호, 2002, 「태평양전쟁기 조선공업과 북방 엔블록간의 경제적 연관에 관하여」, 『한국민족운동사연구』 제30호.

하였다.[91]

결전기 공업 실태는 식민지경제의 역사적 귀결을 보여 주는 중요한 연구대상이었다. 김인호는 「오노(大野)문서」, 「육해군성문서」 등을 활용하여 결전 단계의 조선공업의 실상을 검토하였다. 그 결과 결전기 조선공업은 "설비의 확장이나 기계화에 의한 것보다는 예전의 설비로써 수량적 증산만을 강요하는 공업정책이 작동하였다고 보았다. 그러면서 북방엔블록으로 물자유출을 확대하기 위하여 병기공업과 더불어 생필품공업(주로 방직공업)도 육성하려고 했지만 결국 모든 것이 실패했다는 점과 1944년을 기점으로 기업설비·시설 정비 및 기업소개(企業疎開) 등을 시도하면서 조선공업이 전면 파탄 상황에 내몰렸다"는 점을 확인하였다.[92] 그럼에도 침략전쟁시기 조선총독부가 주도한 대륙전진병참기지 정책과 현지자급 정책이 실제로 조선경제의 외연적 확장과 내포적 연관의 충실을 촉발했는지 여부와 산업구조의 안정성과 국민경제의 질을 실제로 높였는지 여부 등 국민경제에 미친 영향력에 대한 실증적 연구가 필요한 상황이다.

---

91 방기중, 2007, 「1940년 전후 조선총독부의 '신체제' 인식과 병참기지강화정책: 총독부 경제지배시스템의 특질과 관련하여」, 『동방학지』 제138호; 송병권, 2013, 「1940년대 전반 일본의 동북아지역 정치경제 인식:동아광역경제론을 중심으로」, 『사총』 제80호; 김인호, 2000, 「1940년대 조선공업의 대외적 성격과 조선인 자본의 중국침략」, 『한국독립운동사연구』 제15호.
92 김인호, 2002, 「태평양전쟁시기 조선총독부의 생필품 정책과 그 성격」, 『한국독립운동사연구』 제19호.

다. 조선인 자본의 역사성

(1) 조선인자본 소멸론과 일본인자본 공멸론

조선인자본이 어떻게 존재했으며, 그들에게 조선공업화가 어떠한 의미였는지 분석하는 것은 당시 공업의 성격을 이해하는 것은 물론이고 해방 이후 '한국경제'의 재편 방향을 이해하는 중요한 실마리다. 특히 1960년대 이후 한국경제의 '신흥공업국화'와 관련하여 외향적 수출공업화의 내적 동력으로서 일제강점기 조선인 기업의 증가, 노동력의 질적 성장에 접근하려는 연구풍토가 확산되면서 그것을 직접적으로 매개하는 당시 중소공업의 존재에도 관심이 커지고 있다.[93]

전통적으로 민족경제론적인 관점은 대륙침략과 연관된 일본자본의 운동권인 '제국주의 경제권'과 한국민족의 생존과 저항의 근거가 되는 '민족경제권'을 구분하고 양자의 대항으로 이 과정으로 이해하는 것을 논지로 했다.[94] 조기준에 의하면 당시 조선인 경영자의 대부분은 총독부 권력과 일본인으로부터 동시에 수탈을 받는 공동의 피해자였기에 독점자본에 저항하면서도 한편으로는 축적토대의 취약성과 생존을 위해 어쩔 수 없이 예속적인 자세를 견지할 수밖에 없었다고 하였다. 그럼에도 이들이 "근검저축형의 건실한 자본가이자 민족자본으로서 한국근대화

---

93 小林英夫, 1990, 「近代東亞細亞史像の再檢討」, 『歷史評論』 제482호; 李大根, 1995, 『韓國貿易論-한국경제, NIEs화의 길-』, 법문사; 橋谷弘, 1991, 「朝鮮史における近代と反近代」, 『歷史評論』 제500호; 橋谷弘, 1992, 「NIEs都市ソウルの形成」, 『朝鮮史研究會論文集』 제30호.
94 박현채, 1983, 「해방전후의 민족경제의 성격」, 『한국사회연구』, 한길사.

의 견인차였다"고 하였다.[95] 가지무라 히데키(梶村秀樹)는 역사적 조건에 따라 평양 메리야스가 민족해방의 정치적 존재로서의 성격에서 벗어나 점차 예속자본으로 변절해 가는 과정을 살폈다.[96] 박현채는 "민족해방의 경제적·물질적 존재로서 민족자본적 성격을 가진 중소기업 등이 일제에 의해 자립적 토대를 갖지 않은 공업화와 그로 인한 산업구조의 파행으로 인해 그 존립이 크게 위협받았다"고 하였다. 또한 공업자본이 숨 쉴 수 있는 국지적 시장권에 기초한 공업화가 이뤄지지 못한 상황에서 결국 일제강점기 이래 한국자본주의에서 국민경제와 민족경제 간의 괴리를 확장했다고 보았다.[97]

그런데 이렇듯 민족경제에 토대를 둔 민족자본에 대한 탐구는 1980년대 이후 예속과 변절로 점철된 친일자본가의 실태가 드러나면서 상당한 충격을 받았다. 그럼에도 민족적 자본을 검출하겠다는 의지는 사라지지 않았다. 오히려 "조선인 자본은 제국주의 일본인 자본의 침윤에 초기에는 저항을 하였으나 전시체제기 이후에는 일부 예속자본을 제외하면 전체적으로 몰락의 길을 걸었다"는 '조선인 자본의 전면몰락' 이론으로 꾸준히 계승되었다.

이러한 '전면몰락론'은 해방 이전부터 연합군전략폭격연구소에서 근무했던 J. B. 코헨(J. B. Cohen)이 해방 당시 조선의 사정을 목도하면서 조선인의 공업화 참가가 엄격히 제한되고, 조선인의 3%에 불과한 일본인이 조선 내 공업자산의 80% 이상을 독점하였다는 증언 등으로 힘을 얻

---

95 조기준, 1973, 『한국자본주의 성립사론』, 대왕사, 444쪽.
96 梶村秀樹, 1984, 「日本帝國主義下의 조선자본가층의 대응」, 「民族資本과 隸屬資本」, 『韓國近代經濟史硏究』, 사계절.
97 박현채, 1983, 「해방 전후 민족경제의 성격」, 『한국사회연구』 제1호, 한길사, 369쪽.

었다.⁹⁸ 이후 한국인 연구자들도 대체로 이런 관점에서 1930년대 공업화로 일정하게 성장하다 태평양전쟁 돌입 즈음 거의 모든 조선인 경제 영역이 파탄상태가 되었다는 프레임으로 이해하는 경우가 일반적이었다. 1930년대까지 독자적인 영역을 가지고 존립했던 조선인 자본에 관심을 둔 호리 가즈오조차 1941년 이후 조선인 자본의 쇠퇴는 역으로 본격적인 군수공업화에 따른 역사적 귀결이라 파악할 정도였다.⁹⁹

사실 본토에서는 1940년 초반부터 기업정비로 '거의 모든 기업이 폐쇄되어 버렸고, 섬유산업 등 설비의 대부분이 스크랩(SCRAP, 파철화)되어 철강 생산에 사용'되었다.¹⁰⁰ 이에 가지무라도 1941년 이후 각종 물자 통제 및 기업정비, 미쓰비시(三菱)·기미코시(郡是) 등 독점자본에 의한 합병 등으로 평양 메리야스는 '전업(轉業)'과 '기업합동'으로 질식 단계에 접어들었으며, 폭압적인 정비에도 불구하고 조선인 자본은 어떠한 저항도 보이지 않았다고 하였다.¹⁰¹ 다만, 전시 이후 조선인 중소공업이 증가한 이유에 대해서 "종래 본토로부터 여러 가지 상품이 공급되었지만 전시 이후 군사수요가 팽창하면서 그쪽으로 일본자본주의 자체가 배치되는 상황이 됨으로써 조선 내 시장으로의 공급이 공백 상태에 빠지고, 그것에 대응한 무언가의 새로운 처방이 필요한 상황이 되었다"고 하여, 조선인 중소공업의 증가는 본토의 군수산업 강화에 따라 부가적으로 파생

---

98 J. B. Cohen저, 大內兵衛역, 1950, 『戰時戰後日本經濟』上, 岩波書店, 50쪽.
99 堀和生, 1993, 「1930년대 사회적 분업의 재편성」, 『근대조선 공업화의 연구』, 一潮閣.
100 中村隆英, 1986, 『昭和經濟史』, 岩波書店, 140쪽.
101 梶村秀樹, 1983, 「일본제국주의하 조선자본가층의 대응」, 『韓國近代經濟史硏究』, 四季節, 472쪽.

된 결과로 파악하고 있다.[102]

김인호는 일련의 기업정비, 기업합동, 전업, 기업소개, 시설회수, 금속회수 등의 실상을 점검하면서 1944년 기업정비와 1945년 기업소개로 인해 대부분의 조선인 자본은 '침략전쟁의 첨병화'하거나 전면적인 몰락을 택하는 양자택일을 강요받았고, 조선인 영세 중소기업 다수가 완전히 몰락하였다고 보았다.[103] 이런 파멸적 정책이야말로 이른바 침략전쟁의 물적 인적 동원을 확대하기 위한 '식민지판 구조조정 과정'이며, 그 과정에서 조선인 자본은 그나마 생존 영역조차 완전히 사라졌다는 기존 역사학계의 견해[104]를 계승하였다. 또한 개발론의 주창자였던 안병직도 당시 기업정비 등은 '조선인 자본에 대한 일대 타격'[105]이라고 이해한 점은 매일반이었다.

다만, 정안기는 "일제 말 기업정비 국면에서 조선인 자본의 전면적인 붕괴라는 기존 인식은 잘못이며, 실제로 기업정비에서 일본인 자본이 더 큰 충격을 받았다"고 하였다. 그는 "1945년 8월 조선중요물자영단의 운영자산이 1943년 12월 예정했던 1억 5,000만 원과 달리 8,800만 원에 그

---

102 梶村秀樹, 1988, 「토론: 植民地期の勞動者とブルジョワジ-」, 『近代朝鮮の歷史像』, 181쪽.

103 김인호, 1998, 「태평양전쟁기 일제의 조선 기업정비 정책」, 『한국근현대사회연구』; 김인호, 2004, 「1945년 부산지역의 都市疏開정책」, 『한국민족운동사연구』 제41호, 한국민족운동사학회; 김인호, 2008, 「중일전쟁시기 조선에서의 폐품회수정책」, 『한국민족운동사연구』 제57호; 김인호, 2010, 「태평양전쟁시기 조선에서의 금속회수정책의 전개와 실적」, 『한국민족운동사연구』 제62호.

104 朴玄埰, 1987, 「한국자본주의와 민족자본」, 『한국의 사회경제사(한국역사강좌 권5)』, 한길사, 143쪽.

105 安秉直, 1995, 「한국에 있어서의 경제발전과 근대사 연구」, 『제38회 역사학대회 발표요지』, 134쪽.

쳤던 사실을 고려할 때 1944~45년의 기업정비도 당초 계획과 달리 지지부진하였다"[106]고 하면서 어유비(魚油肥)업, 정미업, 양조업의 기업정비 상황을 볼 때도 "기업정비의 충격은 조선인 자본이 아니라 자본의 대규모성과 경영의 근대성을 특징으로 하는 일본인 자본에게 보다 크게 작용하였다"고 주장하였다.[107] 그런데 정안기의 연구에서도 경화유업은 일본인 대기업이 주도한 반면, 어유비업은 조선인이 주도한 것을 인정하고 있다. 따라서 논지에서 어유비업의 대대적인 정리를 논하면서 일관되게 '기업정비(企業整備)=일본인 타격'을 등식화하는 점은 수미가 일관되지 않다. 양조업에 대해서도 조선주가 아니라 소주업에 국한한 제한적 상황만 분석했다는 점, 더구나 양조업이나 정미업에서는 실제 정비 결과에 대한 명확한 검증이 없다는 점도 문제였다.

(2) 조선인 자본의 생존방법 : 틈새시장론, 이중구조론, 수직분업론, 연고성장론, 민족주의결합론

1930년대 당시 경제학자인 홍성하는 "조선경제가 본토에 예속되어 원료공급기지 혹은 자본투하 시장인 이상 조선의 공업발전은 가망이 없는 것으로 보아 나름대로 식민지산업의 한계가 분명하다"고 하였다. 그러나 "다만 조선의 부르주아가 금융자본과 적극 협력한다면 조선공업은 나름의 발전, 나아가서 제국주의 단계까지 발전이 가능하다"[108]고 하여,

---

106 정안기, 2017, 「1940년대 식민지군수동원과 기업정비」, 『한일경상논집』 제75호.
107 정안기, 2020, 「1940년대 기업정비 3대 업종의 연구」, 『경영사연구』 제35-2호(통권 94호), 139쪽.
108 洪性夏, 1930.12, 「朝蘚工業의 現段階」, 『별건곤』 제35호, 『식민지자료총서』 제6권, 465쪽.

당시 조선인 자본이 성장 열망을 가진 것이 분명하지만 실현할 여건은 여전히 부정적이라고 보았다.

1980년대 이후 연구에서도 이러한 조선인 자본의 전면몰락에 관한 이해가 일반화되었다. 허수열은 "1930년대까지 조선인 지주자본의 산업자본화, 중규모 공장이 증가하였지만 전시 이후 조선인 중규모 공장의 생산액은 전반적으로 정체하였다"[109]고 하며, 침략전쟁기에 조선인 공업이 대대적으로 몰락한 사정을 증명하고자 했다. 다만, 니노 유타카(新納豊)[110]는 식민지 경제 저변에서 정기장시(定期場市) 등에 참가한 조선인 자본의 자급적 재생산 조직이 강력하게 자리잡고 있었다고 하였다. 권태억은 조선인 직물업이 본토자본이 침투하지 못하는 '틈새시장'을 이용하여 강고하게 재생산되고 있었다고 보았다.[111] 권혁태는 1940년대에도 '제국경제에 대한 물적 공헌'과 '의료(衣料) 자급'이라는 2개의 정책 아래서 농촌직물업의 일부인 자급용 수방면포 생산이 유지될 수 있었다고 믿었다.[112]

1990년 이후는 조선인 자본의 생존동력에 대한 연구로 시야가 확대되었다. 허수열은 당시 공업을 조선인 공업과 이식 공업으로 나누어서 산업 연관을 따지는 것은 현실적이지 않다고 하면서 오히려 '이식 공업은 본토 공업과의 연관관계가 중심이므로 여전히 포령(enclave, 고립)적

---

109 허수열, 1989, 「日帝下 朝鮮人會社 및 朝鮮人 重役의 分析」, 『近代朝鮮의 經濟構造』, 비봉출판사.

110 新納豊, 1983, 「植民地下の「民族經濟」をめぐつて」, 『朝鮮史研究會論文集』 제20호, 朝鮮史研究會.

111 權泰檍, 1989, 『韓國近代綿業史研究』, 一潮閣.

112 權赫泰, 1991.3, 「日本帝國主義と植民地朝鮮の蠶絲業」, 『朝鮮史研究會論文集』 제28호; 권혁태, 1996, 「일제하 조선의 농촌직물업의 전개와 특질」, 『한국사학보』 제1호.

인 존재에 가까운 것'으로 보았다.[113] 또한 기왕에 조선인 자본의 특징으로 지적되어 온 약체성, 영세성, 저기술성, 공극성(空隙性), 전근대성 등은 일본인에 대비해 그럴 뿐이고 반드시 추세적으로 입증될 수는 없다고 했다. 그러므로 조선인 자본은 '몰락'의 관점이 아닌 '대응'이라는 시각에서 조망할 필요가 있다고 하였다. 실제로 그는 관변 통계를 활용하여 1930년대는 조선인 자본이 이전과 달리 급속히 성장한 사실을 실증하였다.[114] 그는 성장의 동인을 통상 독점자본이나 대자본과의 예속이나 하청화 등의 결과로 보는 것보다는, 오히려 어유비업, 제지업(製紙業) 등과 같이 일본인 대자본과 이해관계를 달리한 측면에서 찾고자 하였다.[115]

이승렬도 이미 1930년대 말부터 총독부의 정비계획이 있었고, 조선에서의 기업정비로 조선인 고무자본이 대거 도태되었지만 예속적 자세를 견지한 일부 조선인 자본이 생산력확충과 관련하여 성장하였다고 보았다.[116] 이홍락도 경북 영천군의 가내공업 상황이나 제지업 실상을 분석하면서 "독점자본의 수탈에서 독립된 가내공업 등에서 생존을 위한 최

---

113 허수열, 1996, 「식민지적 공업화의 특징」, 『공업화의 제유형(Ⅱ)』, 경문사, 187~190쪽.
114 허수열, 1993, 「식민지기의 조선인 자본의 성장」, 『한국경제발전의 역사적 조건』, 경제사학회, 36쪽.
115 허수열, 1994, 「植民地經濟構造의 變化와 民族資本의 動向」, 『한국사』 제14권, 한길사, 130~133쪽; 허수열, 1983, 「일제하 한국에 있어서 식민지적 공업에 관한 연구」, 서울대 경제학과 박사학위논문. 이 점과 관련하여 정안기는 조선인 어유비업은 오히려 경화유 공업이라는 일본인대공업과 긴밀한 산업 연관을 가지고 있었다는 연구 성과를 내었다 [정안기, 2020, 「1940년대 기업정비 3대 업종의 연구」, 『경영사연구』 제35-2호(통권 94호)].
116 이승렬, 1990, 「일제하 조선인 고무공업자본」, 『역사와 현실』 제3호. 그런데 이 연구에서 조선인 자본이 어떤 영역에서 생산력확충계획의 일원이 되었고, 이익을 향유했는지에 대해서는 설명이 없다.

소한도의 재생산 활동이 지속되었다"고 하였다.[117] 허수열[118]과 이승연[119]은 조선인의 참가가 많았던 주조업 등을 분석하여, 조선인 공장이 적어도 중일전쟁 시기까지 지속적으로 증가했던 사실을 보여 주었다. 오미일은 한말·일제강점기 조선인 자본가의 형성과정에 주목하면서, 이들의 경제적 존재 형태와 그 변화를 이해하는 데 머물지 않고 시기별 민족운동 흐름에서의 역할과 활동을 검토하였다. 아울러 민족주의의 경제적 전망을 분석하면서, 특히 민족주의 우파가 '생산력지상주의' 경향을 보였고, 조선과 일본의 공생협력을 특별히 강조하였던 사실을 입체감 있게 복원하였다.[120]

1990년을 전후하여 개발론에서는 조선 내 공산품 시장 및 사회적 분업이 확대되었고, 산업 연관 강화론 등에 기반한 조선인 자본의 성장담론이 대두하였다. 먼저, 호리 가즈오는 "새로운 자본주의적 생산력에 의해 농촌을 포함한 조선 내부의 사회적 분업이 급속히 재편되고, 그 과정에서 시장조건의 변화가 발생하며 그것은 독점자본에 의해서 발전하고 있던 기계제 공업과 직접 경합하지 않는 분야, 다양한 수요에 대응하지 않으면 안 되는 업종에서 이러한 조선인 공업이 발전하였다"고 하였다.[121] 주익종도 "가지무라 히데키가 지적한 전시 이후 평양 메리야스

---

117 李洪洛, 1995, 「日帝下朝鮮民衆の再生産活動とその經濟的基盤」, 神奈川大學經濟學博士學位論文.
118 허수열, 1994, 「植民地經濟構造의 變化와 民族資本의 動向」, 『한국사』 제14권, 한길사.
119 이승연, 1994, 「1905~1930년대 초 일제의 주조업 정책과 조선주조업의 전개」, 『한국사론』 제32호.
120 오미일, 2002, 『한국근대자본가연구』, 한울아카데미.
121 堀和生, 허수열, 1989, 「1930年代 朝鮮工業化의 再生産條件」, 『近代朝鮮의 經濟構造』, 비봉출판사

업의 '질식'은 사실이 아니며 조선인 자본의 자발적인 대응으로 정비 위기에 몰리면서도 매도 거부 등 저항을 보였다고 하고, 총독부도 굳이 강제적으로 통폐합하지 않았다"고 하였다.[122] 아울러 서울의 조선인 고무업계는 1910년대 전통적인 신발 제조 능력에 양화(洋靴)의 장점을 보완한 경제화 제작 기술을 기반으로 1920년대 이후 반도고무, 대륙고무 등 전통적인 기술력·경험·경제력을 갖춘 조선인 업체가 성장하였고, 평양에서도 매년 업체가 신설되면서 1924년경에는 이입품을 완전히 구축하고 제품을 타지역으로 반출할 정도로 성장하였다고 하였다.[123] 장시원도 조선인 대지주 명부와 『조선은행회사조합요록』에 수록된 전체 회사의 대주주 및 중역 명부를 대조하는 작업을 통하여 대지주의 농외투자 상황을 검토하였다.[124] 같은 자료를 활용한 김낙년도 공히 지주자금의 산업자본화 실태에 관한 연구 등으로 상당수의 대지주가 회사주주화한 사실을 확인하였다.[125] 또한 그는 "시장의 급속한 확대로 인해 1930년대 이후 일본에서 민간자본의 진출을 유인하였고, 본토자본과 경쟁해야 하는 불리한 상황에서도 조선인 자본이 끈질기게 성장할 수 있는 여지를 주었다"고 하였다.[126] 이처럼 호리와 김낙년, 주익종 등 개발론 측에서는 한결같이 민족경제론적 가치를 비판한 위에 공산품 시장의 확장을 기대한 본

---

122 그 결과 해방까지도 200여 명이 평양 메리야스 공업 조합원의 자격을 유지했다고 보았다. 주익종, 1994, 「일제하 평양 메리야스업에 관한 연구」, 서울대 경제학과 박사학위논문, 229쪽.
123 주익종, 1997, 「식민지조선에서의 고무공업의 전개」, 『경제사학』 제22호, 92~93쪽.
124 장시원, 1989, 「일제하 대지주의 존재형태에 관한 연구」, 서울대 경제학과 박사학위논문.
125 김낙년, 2003, 『일제하의 한국경제』, 해남.
126 김낙년, 2008, 「식민지기 공업화의 전개」, 『새로운 한국경제발전사』, 나남, 293쪽.

토자본의 유입과 조선 내 사회적 분업 및 산업 연관의 확장에서 조선인 공업도 발전할 여지가 커졌다는 입장을 유지하였다.

수탈사적 인식이든, 개발론적 이해든 간에 1990년대 이후 연구 성과는 조선공업화 과정에서 조선인 자본이 증가한 사실에는 대체로 인식을 같이 하고 있다. 다만 개발론에서는 "시장과 분업 여건에 편승하여 적극적으로 근대적 성장이 목격된다"고 보는 반면, 역사학계에서는 궁극적으로 조선인 자본의 건실한 성장은 좌절되었으며, 일부 예속 대자본을 제외하면 전면적인 몰락의 길이 불가피했다고 보았다.

2000년 이후에는 대륙 침략에 동참한 조선인 자본가상(像)에 대한 연구가 확대되었다. 지수걸은 '만주사변' 이후 '만주붐'을 타고 만주로 진출한 사례를 분석하였으며,[127] 손과지는 중일전쟁 이후 중국 관내에서 홍아원(興亞院)이나 위안소 등과 협력한 조선인 경제인에 대한 연구[128]를 진척하였다. 김인호는 중일전쟁 시기 조선에서 중소기업이 정책적으로 육성될 수밖에 없는 대내외적 원인을 분석하였다.[129] 중일전쟁이 장기화하면서 일제는 조선을 '북방권의 중핵'으로 지칭하면서 적극적인 조선인 자본의 전시공업화 참가를 독려했고, 실제로 많은 조선인 자본이 특혜를 받으면서 중국 관내나 만주 혹은 동남아 지역으로 진출한 사실도

---

127 池秀傑, 1994, 「1930년대 前半期 부르주아 民族主義者의 '民族經濟建設戰略'」, 『國史館論叢』 제51호.

128 김인호, 2007, 「해외친일조선인의 반서구 반제국주의 담론과 침략편승의 유형」, 『한국민족운동사연구』 제53호, 한국민족운동사학회; 김인호, 2006, 「太平洋戰爭時期朝鮮人資本家的中國侵略」, 『抗日戰爭硏究』 제2006-1호, 抗日戰爭史學會; 손과지, 1998, 『일제시대 상해 한인사회 연구』, 고려대 사학과 박사학위논문.

129 김인호, 2003.6, 「일제 말기 조선총독부의 중소기업 육성정책의 전개와 그 성격」, 『한국민족운동사연구』 제35호.

확인하려고 했다.¹³⁰ 선우성혜는 색다르게 미시사적인 방법으로 동래읍 면 단위 자본가 한성홍과 그 집안을 대상으로 전시체제에 급변하는 경제 환경에서도 가족투자, 혈연관계와 지연관계 등으로 정미·양조·인쇄업 등의 주식회사화를 실현하는 모습을 밝혔다. 다시 말해 연고를 기반으로 한 조선인 소자본의 '성장기'를 밝혔다는 점에 각별한 의미가 있다.¹³¹

(3) 개발론 입장에서 보는 조선인 기업: 기업역량론, 자율성장론, 과잉성장론

카터 에커트(Carter Eckert)와 에릭 홉스봄(Eric Hobsbawm)이 언급한 '조선공업화'는 조선인 공업의 후발적 성격을 강조하는 개발론 측 주장에 큰 힘을 실어 주었다. 특히 에커트는 "일본이야말로 사실상 같은 시기 한국의 사회경제적 변화의 원동력이었으며, 1876년은 근대기술이 들어오는 원년으로 한국자본주의의 기원이다"¹³²라면서 당시 조선인 공업을 '조·일 자본의 합작이 만든 성과'로 보려 하였다. 그는 고창 김씨가 (金氏家) 등 수많은 한국인 자본가들은 일제강점기 내내 일본의 기술과 경험을 배우면서 태동했다는 입장이었다. 그러면서 경제에 대한 국가의 중추적 기능, 소수 대기업 집단이나 재벌 수중으로의 민간 경제력의 집중, 수출의 강조, 경제성장에 대한 자극제로서의 전쟁 위협 등 당시 일본

---

130 김인호, 2000.12, 「일제 말 조선공업의 대외적 성격과 조선인 자본가의 중국침략」, 『한국독립운동사연구』 제15호, 한국독립운동사연구소; 김인호, 2002, 「태평양전쟁기 조선공업과 북방엔블록 간 의 경제연관에 관하여」, 『한국민족운동사연구』 제30호, 한국민 족운동사학회.

131 선우성혜, 2020, 「일제강점기 동래지역자본가 한성홍의 경제활동과 연고결속」, 『지역과 역사』 제47호, 부경역사연구소.

132 Carter J. Eckert, 1991, *Offspring of Empire*, University of Washington Press, pp.5-6; 에릭홉스봄 저, 이용우 역, 2007, 『극단의 시대(상)』, 까지글방, 297쪽.

의 경제정책에서 비롯된 역사적 경험이 현 한국 자본주의의 원형이 되었다고 하였다. 하라 아키라도 침략전쟁 이후 시장은 민간보다는 일부 가내공업의 재생산권을 제외하면 대부분 총독부의 정책에 의해 규정되었고, 물가(物價)면에서도 본토조차 "시장에 의한 가격조정 능력이 완전히 정지된 상황"[133]으로 보았다. 이처럼, 토착경제의 재생산은 총독부의 '경제정책'에 기본적으로 종속되었다는 것이 그동안 일반적인 통설이었다. 즉 '타율적 정책결정론' 입장이었다.

반면, 정책만으로 해결할 수 없는 조선인 기업의 경영능력, 기업역량에 대해 주목해야 한다는 개발론적 사고도 확대되었다. 서문석은 일제하 조선에서 배출된 고급 섬유기술자인 경성고등공업학교 방직학과 졸업생을 분석하였다. 그는 이들이 일본에서 배출된 일본인 고급섬유기술자들과 별 차이 없이 최고 수준으로 양성되었고, 소수의 졸업생들은 대규모 면방직 공장에 진출하여 현장경험을 쌓음으로써 해방 후 대규모 면방직 공장의 생산공정을 책임지고 운영할 수 있는 역량을 가졌다는 점을 밝히고자 했다.[134] 이런 연구 성과는 경성방직이나 평양 메리야스 등 한국의 제1세대 근대적 기업이 불굴의 의지와 도전, 갖가지 시행착오와 실패를 겪으면서 단련되었다는 것, 그러한 기업 및 기업가는 예속자본이나 친일파라고 간단히 폄훼될 존재가 아니라는 것, 그리고 일제하에서의 기업적 훈련이 있었기에 오늘날의 세계적 대기업이 등장할 수 있었다는 이른바 조선인 자본의 자기학습론 및 자율적 흡수론과 맥락을 같이

133　原朗, 1995, 「日本の戰時經濟」, 『日本の戰時經濟』, 東京大學出版會, 5쪽.
134　서문석, 2003, 「일제하 고급섬유기술자들의 양성과 사회진출에 관한 연구」, 『경제사학』 제34호, 113쪽.

한다.[135]

에커트 방식의 타율적 순응론이나 자기학습에 기반한 주도적 흡수론(기업역량론)과는 다르게, 실제를 반영하는 감각이 없는 방만하고 불철저한 조선인 경제인의 모습을 복원하려는 연구도 있었다. 정안기는 1939년 말 경성방직의 남만방적 설립을 평가하면서, 만주에서 방적업의 과잉경쟁 문제가 불거지고 원면(原綿) 부족 사태가 벌어져도 경성방직이 무모하게 진출하였다고 했다. 그러면서 이런 행각은 경성방직의 자본과 경영능력을 크게 넘어서는 것이었고, 결국 막대한 은행차입을 불가피하게 했으며, 불필요한 과잉성장을 촉발하게 하여 투자금 손실과 경영실패로 귀착되게 만들었다는 것이다. 특히 경영진의 폐쇄적이고 무모한 경영 정책, 일천한 경영 능력으로 조선방직과 극히 대비되는 '조선인 자본 실패의 본보기'를 시연했다는 것이다.[136] 반대로 국책회사인 일본무연탄제철을 경영했던 백낙승은 경성방직과 대비되는 조선인 자본가였다. 정안기는 백낙승의 전시협력 혹은 정경유착(政經癒着)의 비즈니스 경험에 주목하면서 일본무연탄제철의 전시경영은 자본은 물론이고 경영 리스크마저 정부가 부담하게 하는 이른바 땅 짚고 헤엄치기식의 군수(軍需)비즈니스를 실현함으로써 지속적으로 성장 가능했다고 평가하였다.[137]

정리하면, 경성방직 사장 김연수의 '무능'이든 전시경제에 협력하여

---

135 주익종, 2008, 『대군의 척후대군의 척후, 일제하의 경성방직과 김성수·김연수』, 푸른역사.
136 정안기, 2005, 「식민지기 경성방직의 전시경영과 만주투자-제국의 첨병 조선방직과 비교경영의 관점에서-」, 『경제사학』 제38호, 200쪽.
137 정안기, 2014, 「일제의 군수동원과 조선인 자본가의 전시협력」, 『동북아역사논총』 제46호, 272쪽.

많은 자산을 확보한 백낙승의 '유능'이든 조선인 경영의 역사성은 일본 본토의 공업정책과 자본의 요구에 기민하게 반응할 경우 유능해질 가능성이 높았다는 것을 보여 준다. 그 귀착점은 조선인은 강력한 일제의 전시경제체제 재편과 기업의 병영화, 군사화 과정에서 '진충보국(盡忠報國)'하는 근대적 객체로 거듭날 수 있었다는 점이었다. 그리고 이들이 해방 후 대한민국을 수호하는 '간성(干城)'이 되었다는 것이다.[138]

라. 회사사, 기업사, 지역사 연구의 확대: 질적역사, 정밀사, 심층사

(1) 회사사의 활성화

2000년대 이후 공업사 연구에서 특별히 주목할 만한 것은 빅데이터에 기반한 회사사 연구가 크게 활성화되었다는 점이다. 박이택, 장지용, 정이근 등은 『조선은행회사조합요록』, 『조선총독부관보』, 『조선총독부통계연보』 등을 활용하여 전체적인 회사 신설, 해산, 중역, 주주 통계 등 회사 동향을 거시적으로 분석함으로써 기업 소유의 구조, 경영진의 구성, 경영의 성과배분 등의 지표를 확인하였다. 이를 통해 민족별 회사의 기업지배 구조를 이해하고 한국인 회사의 성장 상황을 파악하려는 연구경향이 확대되었다.[139] 이어서 허수열은 『조선공장명부』나 『조선은행회사조합요록』 등을 이용하여 지주자본의 공업진출이나 중규모 공장의

---

[138] 정안기, 2018, 「1930년대 육군특별지원병제의 성립사 연구」, 『한일관계사연구』 제61호.

[139] 박이택, 2010.2, 「식민지 조선에 있어 회사 자본금의 성장률에 대한 통계적 고찰」, 『한국학연구』 제35호, 고려대학교 한국학연구소; 장지용, 정이근, 2010.3, 「식민지기 부산지역 회사자료의 정리와 분석-『釜山府勢要覽』 자료를 중심으로-」, 『한국민족문화』 제36호 등.

증가, 그 밑천으로서 가내공업의 확대 등 조선인 자본의 끈질긴 생명력을 추적하는 연구를 하였다.[140] 김두얼은 『조선총독부통계연보』를 중심으로 각종 시계열 자료를 활용하여 1910년부터 1944년까지 조선의 총 회사(신설, 해산, 잔존회사)를 조사하였다. 그러면서 당시 조선경제가 연평균 13~14% 정도 성장한 사실을 확인하였다.[141] 박이택은 같은 자료에서 한국인 회사의 최대주주 지분율과 자본납입률이 취약했고, 결산기에 기업정보를 제대로 제공하는 조선인 기업이 적었으며, 일본인 기업에 비해 배당률이 낮았다는 등의 결론을 얻기도 했다.[142] 또한 홍제환은 『조선경제잡지』에 나오는 회사등기 기록을 검토하여 '콕스(Cox)의 비례해저드 모형'을 활용하여 그 생존요인을 타진한 결과 조선인들의 강력한 흡수 능력과 자기 역량 축적에 대한 열망이 모여 일본인 기업보다 생존율이 높았다는 결론을 보여 주었다.[143]

하지만 회사사 연구의 진척에도 불구하고 기술, 자금, 시장 등의 질적인 요소에 대한 연구는 소략했다. 정병욱은 총독부의 정책적 동기에 충실할수록 도를 넘는 금융지원이 가능했던 조선인 기업의 사례를 정리하였다. 대흥무역은 원유 등 해외 수입을 위한 외화획득이 가능하다는 계산에서, 그리고 조선비행기주식회사는 긴급한 비행기 수요를 댈 수 있

---

140 허수열, 1993, 「日帝下 朝鮮人工場의 動向」, 『近代朝鮮공업화의 연구』, 일조각; 허수열, 1989, 「日帝下 朝鮮人會社 및 朝鮮人 重役의 分析」, 『近代朝鮮의 經濟構造』, 비봉출판사.
141 김두얼, 2014, 「식민지 조선의 회사 수」, 『경제사학』 제56호, 164쪽.
142 박이택, 2010.12, 「식민지 조선의 기업지배구조 한국인회사와 일본인 회사의 비교」, 『경제사학』 제49호.
143 홍제환, 2013, 「식민지기 회사의 생존력, 1917~1944 조선경제잡지의 회사등기 자료 분석」, 『경제사학』 제54호.

고, 내선일체를 지향한다는 홍보효과 등에서 대규모 자금지원이 가능했다고 보았다. 또한 경성방직은 1942년 증자에 맞춰 식산은행이 군수 피복류 제작 등 병참기지화에 일익을 담당하기에 주식을 인수하게 되었다고 했다.[144] 또한 김낙년은 본토에서 이전된 주식투자액 등 공업화 자금 흐름, 조선 내 본점회사의 영업이익이 재투자되는 상황 및 동양척식회사를 제외한 지점회사 투자 형태로 유입된 자금 등을 검토하여 회사의 동태를 자본의 운동 측면에서 규명하고자 하였다.[145]

최근에는 해방 전후의 공업상황에 대한 연구가 진척되고 있다. 예를 들어 1945년 8월 12일 자 조선에서 수탈한 일본국가기관의 자산상황을 점검하여 잉여유출의 실상을 검토하려는 시도[146] 그리고 『재외재산등보고서』 등을 활용한 해방 직전 조선공업의 실태를 규명하는 연구,[147] 나아가 그것의 해방 후 연속성[148]을 검토하려는 연구들이 그것이다.

이상의 연구에도 불구하고 총독부 당국의 공업화 자금 조달 과정이나 수산비나 권업비, 사업비 등의 활용 실상 등 실제 공업화 소요자금의

---

144 정병욱, 2003, 「일제말(1937~1945) 戰時金融과 조선인 자본가의 존재방식」, 『한국사연구』 제120호, 227~230쪽.

145 김낙년, 2004, 「식민지기 조선의 국제수지 추계」, 『경제사학』 제37호; 김낙년, 2008, 「식민지기 공업화의 전개」, 『새로운 한국경제발전사』, 나남, 306쪽.

146 김인호, 2015, 「일제강점기 조선에서 수탈한 일본 국가기관의 자산 실태-재외재산보고서를 중심으로-」, 『한국민족운동사연구』 제82호, 한국민족운동사학회.

147 허수열, 2003, 「해방 시점에 있어서 조선의 일본인 자산에 대한 분석: 경상남도 지역의 귀속사업체를 중심으로」, 『지역사회연구』 제11호, 한국지역사회학회; 허수열, 2015.12, 『해방 직후 한국 소재 일본인 자산 관련 자료』, 한국학중앙연구원 편, 선인.

148 김대래, 배석만, 2002, 「귀속사업체의 연속과 단절, 1945~1960: 부산지역을 중심으로」, 『경제사학』 제32호; 서문석, 2003, 「일제하 고급 섬유기술자들의 양성과 사회진출에 관한 연구-京城高等工業學校 紡織學科 卒業生을 中心으로-」, 『경제사학』 제34호.

염출이나 지출 실상에 대한 연구가 이뤄지지 않은 아쉬움이 있다.

(2) 업종 베이스의 기업사 연구[149]

외형적인 회사별, 기업별 경영 내용을 분석하는 것도 중요하지만, 업종별, 영역별 생산 및 경영실태도 식민지 공업사 연구의 중요한 연구대상이다. 현재까지 소금, 석탄, 설탕, 철강, 전력 등의 업종에 대한 연구가 진척되었고, 그에 수반한 기업사 연구도 활발하게 진행되었다.

김은정은 조선에서 조선인 노동자의 고행(苦行)으로 석탄 생산이 1911년 대비 1940년에 49배 증가했으나 조선인은 오히려 「석탄배급통제령」으로 만져볼 수조차 없었다고 보았다. 또한 대부분의 석탄이 철도, 선박, 화학공업 등에 일방적으로 사용되거나 1940년대 관청소비의 팽창에서 보듯이 군대와 관청, 형무소, 경찰소 등의 소비에 집중되는 등 체제 유지용으로 사용될 뿐이라고 하였다.[150] 이은희는 식민지 제당업이 지역별 제반 조건이나 총독부의 성향에 따라 그 위상이 달랐다고 보았다. 즉

---

[149] 전성현, 2006, 「日帝下 朝鮮商業會議所聯合會의 産業開發戰略과 政治活動」, 동아대 사학과 박사학위 논문; 배성준, 2004, 「경성지역 식민지 공업의 형성」, 『한국사학보』 제18호; 배석만, 2010, 「조선제철업 육성을 둘러싼 정책조율과정과 청진제철소 건설(1935~1945)」, 『동방학지』 제151호; 배석만, 2010, 「태평양전쟁기 조선제철주식회사의 설립과 경영(1941~1945)」, 『사학연구』 제100호; 배석만, 2006, 「日中戰爭期朝鮮重工業株式會社의 設立と經營」, 『朝鮮史研究会論文集』 제44호, 朝鮮史研究会; 배석만, 2006, 「朝鮮重工業株式會社의 戰時經營과 해방 후 재편과정」, 『역사와경계』 제60호, 부산경남사학회; 김승, 2015, 「식민지시기 부산지역 주소입의 현황과 의미」, 『역사와 경계』 제95호; 배석만·김동철, 2011, 「일제시기 일본경질도기주식회사의 기업경영 분석」, 『지역과 역사』 제29호; 吳美一, 2010.6, 「자본주의 생산체제의 변화와 공간의 편성-일제말기 인천지역을 중심으로-」, 『한국근현대사연구』 제53호; 박영구, 2005, 『근대부산의 제조업, 1900~1944』, 부산발전연구원.

[150] 김은정, 2007, 「일제의 한국 석탄산업 침탈 연구」, 이화여대 사학과 박사학위논문.

대만은 일본 내수용으로, 조선은 수출용, 만주는 자급자족형으로 수직분업적 위계 아래 존재하였다고 평가하였다. 특히 조선총독부는 다이니혼제당 조선 지점과 결탁해 사탕무를 원료로 하는 첨채당업(甛菜糖業)에 정성을 들였으나 농민의 재배유인책이나 기술력 등의 부재로 인해 실패했고, 결국 원료를 수입하여 가공하는 정제당산업(精製糖産業)으로 획일화되어 수출에 주력하는 구조로 전환되었다는 것이다.[151]

현재 전시통제경제 시기의 업종사나 기업사 연구는 극히 부족하다. 이런 점에서 배석만은 조선중공업의 변화상이나[152] 조선기계제작소의 성격 변화 등을 분석하여 조선공업화가 가지는 '파행적 성격'을 증명하고자 하였다. 그는 조선기계제작소(1936년 설립)가 겨우 8년이라는 단기간에 광산용 기계제작소에서 결전용(決戰用) 병기 생산공장으로 급히 변모했는데, 이런 과정이 애초부터 안정된 조선 내 시장을 기반으로 한 것이 아니라 제국 차원의 시국과 전쟁특수에 기반을 둔 결과로 이해하였다. 그러다 보니 끊임없이 시장을 강제로 개발해야 하는 처지에 몰렸고, 기업의 유지를 위해선 점점 군수공업적인 성격을 강화할 수밖에 없었다고 보았다.[153]

정안기는 일본강관, 가네보그룹, 이원철산 등 조선 내 시장과 상관없이 변화무쌍한 전쟁특수에 기대서 과잉성장과 좌절을 겪었던 일본인 기

---

151 이은희, 2011, 「일제하 조선·만주의 제당업정책과 설탕유통」, 『동방학지』 제153호.
152 배석만, 2006, 「日中戰爭期朝鮮重工業株式会社の設立と経営」, 『朝鮮史研究会論文集』 제44호, 朝鮮史研究会論; 배석만, 2006, 「朝鮮重工業株式會社의 戰時經營과 해방 후 재편과정」, 『역사와경계』 제60호, 부산경남사학회.
153 배석만, 2009, 「일제시기 조선기계제작소의 설립과 경영(1937~1945)」, 『인천학연구』 제10호, 189쪽.

업을 분석하였다.[154] 가네가후치방직 조선공장은 본토 본사의 통괄 기능이 번번이 군부의 경영개입으로 무력화되었다고 하였다. 그러면서 전시체제기 내내 군부와 심각한 갈등을 빚었으며, 중일전쟁 시기는 비교적 지원과 협력을 내용으로 하는 대정부 관계를 유지했으나 1940년대부터는 정부의 개입과 반발이라는 길항적 관계가 형성되었다고 하였다.[155] 불요불급으로 지목된 재벌의 전시하 운명에 관한 흥미로운 분석이었다. 또한, 가네보실업의 평양제철소는 불요불급의 산업 경영체였던 가네가후치방직이 경영다각화 차원에서 설립한 무연탄제철로 설립 추진단계부터 이미 「육군특별제철계획」의 영향을 받아 전면적인 수정이 불가피했다고 하면서, 설립 이후에도 경영은 군부의 적극적인 지원과 일본강관의 기술지도로 가능했다고 하였다. 그런데 심각한 물자부족과 비합리적인 정책 아래서 부진을 면치 못했으며, 기업집단 차원의 군수적 다각화와 넝쿨식 방만투자가 가중되었고, 군부의 경영개입으로 경영조직의 비대화와 함께 사업현장에 대한 통괄 기능마저 형해화(形骸化)되었다고 하였다.[156] 또한 급격한 광공업 개발과 군수 붐에 편승하여 설립된 유력 기계회사인 홍중상공(弘中商工)은 1938년 부평공장 건설 과정에서 경영 위기를 자초했으며, 총독부가 군수품 발주 등으로 지원하고자 했으나 '변태 증자'나 '3고(高) 경영'의 파탄 등 방만한 경영이 지속되었다고 했다. 1942년 부평공장 매각과 자본금 감자 등에 이어 1943년부터 서울공장을 중심으로 철도용품과 군수품제조에 주력하면서 상사 부문을 강화해

---

154 정안기, 2011, 「戰時期 日本鋼管(주)의 조선 투자와 경영」, 『경제사학』 제51호; 정안기, 2012, 「전시기 조선철광업의 구조와 利原鐵山(주)」, 『한일경상논집』 제56호.
155 정안기, 2005, 「식민지 전시기업론 서설」, 『아세아연구』 제48-4호, 260쪽.
156 정안기, 2011, 「戰時期 鐘紡그룹의 多角化 戰略과 平壤製鐵所」, 『경영사학』 제26-3호.

서 겨우 경영재건에 성공하였다고 했다.[157]

요컨대, 전시체제기 일본인 기업사 연구에서 배석만은 정책적 동기에서 비합리적 통제, 억압 그리고 과도한 동원에 따른 기업 경영의 파탄상이나 왜곡상을 드러내고자 했다. 반면 정안기는 일본인 기업이라도 총독부의 지원만으로 성장한 것이 아니며, 당시 기업경영의 성패는 차별과 배제와 독점이 아니라 경영역량과 능력이 좌우하고 있었다는 점을 증명하고 싶어 했다.

(3) 지역별 기업체 연구

2010년 이후 연구는 특이하게 전쟁 국면에서 부하된 생산력 분담체제의 하부단위로서 조선 내 각 지방도시의 공업화 실상을 밝히는 데 모아졌다. 현재까지 부산,[158] 마산,[159] 인천, 용산,[160] 평택, 수원, 청진,[161] 대구, 평양 등의 지방도시에서의 공업화 연구가 진척되었다. 중소기업사 연구도「전력증강중소기업정비요강」공포 이후 하청화된 중소기업 문제

---

157 정안기, 2012,「전시기 흥중상공(주)의 성장전략과 경영역량-성장, 위기, 재건을 중심으로」,『경제사학』제53호.
158 박섭, 장지용 편, 2010,『부산의 기업과 기업가단체』, 해남; 장선화, 2000,「1920~30년대 부산의 공업발전과 도시구조의 변화」,『지역과 역사』제6호; 박영구, 2005,『근대 부산의 제조업 1900~1944: 통계와 발전』, 부산발전연구원; 김승, 2015.6,「식민지시기 부산지역 주조업의 현황과 의미」,『역사와 경계』제95호; 배석만·김동철, 2011,「일제시기 일본경질도기주식회사의 기업경영 분석」,『지역과 역사』제29호; 선우성혜, 2020,「일제강점기 동래지역 조선인경제인의 경제활동과 연고결속」, 동의대 사학과 박사학위논문.
159 허정도, 2005,『전통도시의 식민지적 근대화-일제강점기의 마산-』, 신서원; 김예슬, 2019, 「일제강점기 마산지역 사업체와 조선인경제인 연구」, 동의대 사학과 박사학위논문.
160 김인호, 2018.3),「일제강점기 군도 용산, 공도 용산」,『전쟁과 유물』제9호, 전쟁기념관.
161 송규진, 2013,「식민도시 청진 발전의 실상」,『사학연구』제13호, 2013.

에 대해서[162] 혹은 지역별로 일본인 자본가 등에 대한 분석이 활발히 진행되었다.[163] 흥미롭게도 지역 기반의 경제인 연구는 주로 그들이 생존할 수 있는 (틈새)시장, 자본, 원료 등의 생산 요소를 중심으로 피치 못할 좌절의 운명을 예언하는 방식으로 진행되었다. 배석만은 거상이었던 백낙승과 1940년대 신흥자본가인 이종회의 기업가 활동에 주목해서 해방 전후 조선인 자본가들의 활동과 그 귀결을 검토해 그들의 "전시경제 협조는 자본축적의 실패를 불가피하게 했다"는 사실을 밝혔다.[164] 정안기는 "백낙승이 전시협력의 결과, 투자액의 약 8배에 달하는 서울공장을 현물자산으로 축적할 수 있었고, 해방 후 자본축적과 기업가 활동의 물적 기반이 되었다"고 하였다.[165]

일찍이 가지무라, 주익종 등이 일본자본과 경쟁하면서 나름의 민족경제 영역을 형성한 평양 메리야스에 대한 분석을 진행하였고, 이후 오랫동안 평양에 상응하는 조선인 독자의 민족경제권 검출에 노력했지만 성과를 내기 어려웠다. 하지만 일제강점기 지역사회의 공업화 실상을 분석하다보면 강고하게 조선인 경제인들이 지연과 혈연을 주무기로 일본

---

162 전우용, 1990, 「1930년대 조선공업화와 중소기업」, 『한국사론』 제23호; 김선웅, 2015, 「1930년대 조선공업화 정책과 조선인 중소공업의 변동양상」, 경북대학교 사학과 석사학위논문.

163 김동철, 2005, 「부산의 유력자본가 香椎源太郎의 자본축적 활동과 사회활동」, 『역사학보』 제186호; 배석만, 2009, 「일제시기 부산의 대자본가 香椎源太郎의 자본축적활동」, 『지역과 역사』 제25호; 전성현, 2013, 「식민지와 조선-일제시기 大池忠助의 지역성과 식민자로서의 위상」, 『한국민족문화』 제49호; 이가연, 2015, 「부산의 '식민자' 후쿠나가 마사지로의 자본축적과 사회활동」, 『석당논총』 제61호.

164 배석만, 2008, 「일제말 조선인 자본가의 경영활동 분석」, 『경제사학』 제45호.

165 정안기, 2014, 「일제의 군수동원과 조선인 자본가의 전시협력」, 『동북아역사논총』 제46호, 270쪽.

인과 경쟁하는 모습이 나타나고 있으며, 실제로 강고한 전통적 연고(지연과 혈연)관계가 기업경영에도 중요한 역할을 한 것으로 나타난다. 실제로 자본을 축적하는 방식도 혈연적, 지연적 연고와 깊은 연계를 통하여 지속성을 가지고 생존했다는 이해가 확대되고 있었다. 이에 선우성혜는 동래군의 경제인, 김예슬은 마산부의 경제인 그리고 김인호는 평택지역의 경제인을 중심으로 연구 분석을 진행하여, 연고와 혈연관계로 조선인의 강고한 풀뿌리 경제 영역을 지탱했던 사례를 대거 확인하였다.[166]

먼저, 선우성혜는 동래군의 사업체 동향을 분석하면서 지역 자본가들이 획기적 성장도 못하지만 그렇다고 맥없이 사멸하지도 않는 묘한 생존논리를 확인하고 그 원인을 분석하였다. 그 결과, 당시 동래군의 경제인들은 기업이 비록 영세하더라도 남평문씨, 추계추씨 등 세거 성씨나 기영회, 경오구락부 같은 근대적 지연(地緣)기구 혹은 가족 등 혈족체계를 기반으로 강고한 경제활동을 이어갔다고 하였다. 그러면서 이들은 기업 성장의 꿈보다는 지역에서 행세하는 이른바 '사회적 지위 유지 수단'으로 기업을 활용하려는 경향이 강했음도 지적하였다.[167]

김예슬은 마산부가 1915년 통제항이 된 이후 일본인에게 위축당하는 것과는 전혀 다르게 오히려 조선인 경제인이 맹위를 떨치는 기현상에 주목하였다. 그러면서 마산의 조선인들은 전통적으로 마산항 주변에서 미리 상권을 선점하였기에 통제항이 되어도 신마산의 일본인들이 쉽사리 진출하기 힘들었다고 하였다. 이런 현상에는 근대 이후 발생한 조

---

166 김인호, 2018.4, 「일제강점기 평택 지역의 조선인 경제인 실태」, 『지역과 역사』 제42호, 부경역사연구회.

167 선우성혜, 2020.2, 「일제강점기 동래지역 조선인경제인의 경제활동과 연고결속」, 동의대 사학과 박사학위논문.

선인의 지연기구(학교, 단체)의 역할이 컸다는 점을 강조하였다.[168]

요컨대, 혈연이든 지연이든 연고에 기반한 기업들은 자본주의적 기업 마인드의 성숙이 어렵고, 자주 자신의 경제력을 지역사회에서 체통과 신분을 유지하는 매개체로 이해하면서 기업 성장에 장애를 주기도 했다. 그렇지만 이는 오히려 군(郡) 이하 지역사회에서 조선인 경제인들이 강고하게 생존할 수 있었던 기반이기도 했다는 점에서, 이른바 동전의 양면과 같은 것이기도 했다.

---

168 김예슬, 2019.8, 「일제강점기 마산지역 사업체와 조선인경제인 연구」, 동의대 사학과 박사학위논문.

제1장
「회사령」하 은사수산사업의 전개와 공장의 활황

1. 「회사령」과 풍선효과

대한제국 정부는 1905년 용산인쇄국, 1906년 서울공업전습소와 마포 연와제조소(煉瓦製造所)에 이어 1909년에는 공덕리 주류양조시험소 등 관영 공장을 설치하였다. 특히 1908년 「공업소유권 보호법」을 통하여 투자자산에 대한 보호제도를 확립하여 공업투자를 용이하게 하고자 했다. 이런 투자유치 의지는 대한제국 시기 높아진 자강의지를 반영한 조치였고, 병합이 되면서 오히려 총독부의 조치는 투자통제 기조로 옮겨 갔다.

이를 위하여 총독부는 1910년 12월 전문 20개조의 「회사령」을 공포하였는데, 제1조에는 회사 설립은 반드시 "총독의 허가를 얻어야 한다"고 규정하였고, 제2조에는 특히 '조선 외 회사'가 조선에 본·지점을 설립하고자 할 때도 그렇게 하도록 했다. 또한 제5조에는 "본령 및 이에 근거한 명령에 위반할 때 그리고 선량한 풍속을 위반하는 행위가 있을 때에는 사업을 정지 또는 금지하고 회사의 폐쇄 또는 해산을 명할 수 있다"고 하여 총독의 허가권이 가지는 무소불위한 성격을 강조하였다.

제9조, 제10조 및 제11조는 회사의 성격을 규정하고, 영리를 목적으로 하는 사단법인은 모두 회사로 간주하며, 회사가 아닌 것은 그 명칭에 「회사(會社)」라는 문자를 사용하지 못하게 하였다. 대한제국 시기 면허를 받고 사업을 계속하여 영위하고 있는 회사는 「회사령」으로 설립된 것으로 간주하여 기존 일본인 회사의 유지를 인정하였다. 또한 회사가 일본 상법이 분류한 회사 종류에도 맞지 않으면 가장 유사한 회사에 관한 규정을 준용(準用)하도록 했다.

허가주의와 함께 조선인 기업의 성장을 막는 것은 '까다로운 설립 요건'이었다. 「회사령 시행세칙」(제1조 6항)에서 "대규모 자본집적이 가능한 주식회사 설립의 경우 신고시 발기인 성명, 주소, 인수주식 수, 이익과 보수, 금전 이외 재산으로써 출자하는 이의 이름, 출자재산의 내용·종류·평가, 설립 비용 등을 신고해야 하며", 세칙 3조에서 "주소 변동이나 사업 이외 목적을 가진 회사는 엄격히 단속"한다고 하는 등 기업설립과 자본금 항목에 대한 「실명제 방식의 신고 규칙」을 제정함으로써 회사재원의 출처를 명확히 파악하고자 하였다.

이러한 '허가주의 원칙'에 대한 총독부의 입장을 보면 다음과 같다.

예부터 조선인은 대체로 법률 및 경제상의 지식이 부족하고 복잡한 회사조직의 사업을 경영할 수 있는 자가 적고 또 사업의 전도에 대해서도 판단명확을 결하고 왕왕 교활한 자의 감언에 유혹되어 불의의 손실[損]을 받을 위험이 있다. <u>또 본토[內地] 자본가로서는 조선의 실정에 통하지 못하기 때문에 사실 적절한 사업에 방자하고 또는 유리한 사업에 경쟁 투자하는 등으로 예측치 못한 손해를 보게 되는 일이 없다고 보장할 수 없다.</u> 이러한 투자자의 손해는 나아가서 조선산업 일반의 발전을 저해함에 이를 것이므로 이를 미연에 방지하고 주도한 주의감독을 가하여 조선산업의 건전한 발달을 기할 필요를 인정하고 조선 내에서의 회사 설립 및 조선 외에서 설립된 회사가 조선에 본점 또는 지점을 설치함에 관해서는 당분간 허가주의를 채택하기로 하였다(밑줄은 필자).[169]

---

169 朝鮮總督府, 1935, 『施政二十五年史』, 116~117쪽(국사편찬위원회, 1984, 『한국사』 제21권 근대편, 64쪽).

아울러 언제든지 회사재산, 업무상황을 총독에게 보고하도록 하거나 총독부가 조사할 수 있도록 하는 조항을 명시하고 있다(시행세칙 4조). 이런 조치는 '허가주의'라는 원칙 아래 회사자본의 비경제적 사용(예를 들어 독립운동자금화)을 저지하는 데 목적이 있었다.

회사 설립 과정에 대한 무단적인 간섭에 관해서는 1914년 한반도와 만주 지방을 여행한 나카노 세이고(中野正剛)의 견문록에서 잘 나타난다.

회사 창립의 원서는 대개 지방행정청에서 각하(却下)되는 것이 일반이다. 다행히 이 난관을 돌파하여 총독부에 '서류'가 회부되면 여기서부터 기업가는 또 한 차례 까다로운 탐정정책(探偵政策)의 시험을 경유해야 한다. 우선 총독부는 기업가의 본적지인 경찰서에 위탁하여 과거의 신원조서를 받는다. 다음에는 현 주소지를 관할하는 경무부장에게 명하여 기업자의 현재 상황을 정탐토록 한다. 그러고는 재산 혹은 품행이나 신용 등을 탐색하는 헌병이 그에 관한 상식이 없어 잘못된 보고서를 작성한다는 사례가 많음은 널리 알려진 바이다(밑줄은 필자).[170]

단속 대상은 조선인이 많았다. 「회사령」 이후 1912년 3월 말까지 회사 설립을 신청한 70건 중 허가는 47건(자본금 876만 원),[171] 그중 조선인 회사 14개소(자본금 96만 9,000원), 일본인 회사 27개소(334만 8,000원)

---

170 中野正剛, 『我か見たる滿鮮』 42쪽(손정목, 1984, 「회사령연구」, 『한국사연구』 제45호에서 재인용).
171 朝鮮總督府, 1912, 『朝鮮總督府施政年報』 제3권, 299쪽.

였다. 조선인 회사의 3.5배이다. 조일합동회사는 같은 기간 6건에 불과했으나 자본금은 876만 4,000원으로 조선인회사의 9배, 일본인 회사의 2.6배였다. 그 중에서 공업회사는 12건(자본금 155만 1,000원), 상업은 17건(201만 6,000원)인 반면, 농업은 2건(4만 1,000원)이었다. 농업회사 설립이 적었던 것은 농업이 고리대나 봉건적 지대의 수탈처로 기능할 뿐 본격적인 자본투하의 여건을 가지지 못한 때문이었다. 같은 기간 총 14건이 불허였고, 보류 9건, 해산명령도 6건이 있었다. 불허나 해산을 명령받은 회사는 주로 조선인 소유였다. 이것에 대해 총독부는 "조선인 회사의 일반적인 폐해로서 관청의 허가를 받은 것을 마치 사업의 독점권을 얻는 것처럼 선전하여 우민을 속이고 부정한 이득을 탐하는 것 또는 사업의 목적이 불확실하고 도저히 성공 가능성이 보이지 않았기"[172] 때문이라고 하면서 책임을 조선인 자체의 문제로 돌렸다.

   지방에서도 마찬가지였다. 〈표 2〉는 마산 지역 사례이다. 마산부는 합병을 전후하여 조선인 들이 적극적으로 회사를 설립하여 일본인과 경쟁하던 곳이었다. 그럼에도 「회사령」 시기에는 조선인 회사 설립이 전혀 없고 일본인 회사만 4건 허가되었다.

〈표 2〉 일제강점기 마산의 회사 설립 추이 (지점 포함)

구분	원마산		중앙마산		신마산		주소 불명		민족 불명	합계
	조	일	조	일	조	일	조	일		
1기(1910~1918)	-	-	-	1	-	2	-	1	-	4(2.6%)
2기(1919~1927)	7	3	-	6	-	4	-	-	-	20(12.9%)

---

172 朝鮮總督府, 1912, 앞의 책, 297쪽.

3기(1928~1936)	23	19	2	10	1	6	-	-	-	61(39.3%)
4기(1937~1945)	17	22	-	13	-	9	-	-	1	62(40%)
연도 불분명	-	-	-	3	-	1	-	3	1	8(5.2%)
합계	47	44	2	33	1	22	0	4	2	155

출처: 『朝鮮銀行會社組合要錄』, 東亞經濟時報社, 각 연도판; 『朝鮮總督府官報-登記』; 朝鮮總督府 殖産局, 『朝鮮工場名簿』, 朝鮮工業協會, 각 연도판; 張在洽, 1927, 『朝鮮人會社·大商店辭典』, 副業世界社, 287~290쪽; 平井斌夫, 1911, 『馬山と鎭海灣』, 濱田新聞店; 諏方史郎, 1926, 『馬山港誌』, 朝鮮史談會; 岡庸一, 1914, 『馬山案內』, 마산상업회의소; 松岡美吉編, 1941, 『躍進馬山の全貌』, 馬山名勝古蹟保存會; 마산시사편찬위원회, 1997, 『馬山市史』, 마산시사편찬위원회(김예슬, 2019, 「일제강점기 마산지역 사업체와 조선인경제인 연구」, 동의대 사학과 박사학위논문, 47쪽에서 재인용).

    1910년대 조선인 공업은 직물, 도자기, 제지, 양조 등에서 일부 강세를 보였으나 대부분 가내공업이거나 농촌 부업(副業) 수준이었고, 개항 이래 토착한 일본인공장도 아직은 광역의 조선시장보다는 일본인 거류지에서 기호품·필수품을 생산하거나 지역별로 조선인 수요에 맞춘 경우가 많았다. 그렇지만 「회사령」이 적용되던 시기임에도 몇몇 대기업이 본토에서 유치되기도 했다. 예를 들어 1911년 초 총독부가 조선피혁(주)을 유치한 이래, 미쓰비시제철, 오지제지, 다이니혼제당, 오노다시멘트 등 재벌기업도 적극 유치하였다.[173]

    그렇지만 이들은 조선 내 산업과는 그다지 긴밀한 연관을 맺지 않는 '본토 수요 의존형' 회사였다. 예를 들어 1917년 황해도에 건설된 미쓰비시제철 겸이포제철소는 제선용 고로2기(150톤급), 제강용 평로2기(50톤급)를 보유한 '선강일관생산시설(銑鋼一貫生産施設)'을 갖추었고, 인근 황해도 재령(載寧), 은율(殷栗) 등에서 생산되는 철광석을 겨냥한 것이었다.

---

173 손정목, 1984.6, 「회사령연구」, 『한국사연구』 제45호, 95쪽.

연간 10만 톤의 선철을 생산하였는데, 일부는 선철인 상태로, 나머지는 제강하여 일본본토에 공급하였다. 당시 겸이포에서 생산하는 선철의 80~90%가 일본으로 이출되었다.[174] 특히 제1차 세계대전으로 특수(特需)를 겨냥하였지만 전후에 곧바로 불황을 맞았고, 1921년 11월 워싱턴회의 이후 일본 해군의 군축 방침이 결정되면서 종래 해군함정용으로 공급되던 군수용 강재 수요가 크게 위축되었다. 결국 1922년 4월부터 강재 생산을 중단하고 선철만 생산하였다.

〈그림 1〉 조선경질도자기 주식회사(1917)

출처: 한국향토문화전자대전

이렇게 조선인 자본의 집적을 방해하던 「회사령」은 1918년 6월 26일 (제령 12호) 개정에서 허가대상이 종래 '조선 외에서 설립된 회사'에서 '외국회사'로 변경되었다. 그 결과 종래 '조선 외 회사'에 포함되었던 일본본토의 기업체가 진출하는 데 장애물이 사라지게 되었다. 1920년 4월 1일에는 마침내 「회사령」 자체가 철폐되었다고 이후 모든 회사는 「조선민사령」이 정한 법령에 따라서 설립되었다. 물론 무진업(1922년 4월 22일 폐지), 회사조직의 거래소(1931년 5월 20일까지), 유가증권업(1943년 9월 10일까지) 등은 이후에도 「회사령」에 따른 총독의 허가를 받아야 했다. 또한, 외국에서 설립된 회사가 조선에 존재할 때 혹은 외국회사의 조선 본점 및 지점은 계속 허가대상이었다.

---

174 堀和生, 1989, 「1930년대 조선공업화의 재생산조건」, 『近代朝鮮의 經濟構造』, 비봉출판사, 314쪽.

2. 은사수산산업의 성장

가. 사업의 추진

 은사수산사업은 이미 대한제국시기부터 착수되었다. 먼저 1907년에는 종래 금위영 옛터에 공업전습소를 설치하여 염직과, 도기과, 금공과, 목공과 등 6과를 두고 수공업 전습을 실시했다. 1909년에는 대구, 담양, 광주 등지에 직물업을 가르치는 전습소(傳習所)를 설립하였다. 1910년에는 순회교사제도를 설하고 기기를 개량하는 사업에도 관심을 기울였다.[175] 그러다 한국병합이 되면서 임시은사금이 부여되자 은사수산사업이 본격적으로 전개될 여건이 조성되었다. 먼저 1910년 10월 1일 데라우치 마사타케(寺內正毅) 총독은 훈시를 통해 "신영토[조선]의 질서를 유지하고 부원(富原)을 개발하여 새로 온[新附] 인민들을 부양하여 치평(治平)의 은택(恩澤)을 입게 하는 것이 긴급한 과제"라고 하면서 "인정세태(人情世態)를 잘 살피고 본말(本末)을 헤아려서 사업이 잘 진척되도록 노력"[176]할 것이라고 하여 신영토 조선의 질서 유지와 부원 개발을 위한 사업 착수를 예고하였다.

 이어서 1910년 10월 8일 일본 천황가에서 지불보증한 3,000만 원의 임시은사금 공채가 배여되었다. 먼저 친일왕족, 관료 및 유족, 환과고독(홀애비, 과부, 독거, 고아), 유림에게는 개인은사금이라고 하여 1,290만 2,000원을 지급하였고, 각 지방에는 지방은사금이라 하여 총 1,709만

---

175 朝鮮總督府, 1940, 『施政30年史』, 51쪽.
176 데라우치 총독 훈시, 1910.10.1, 「朝鮮總督府訓令」 제44호, 『朝鮮總督府官報』.

8,000원[177]을 인구비례에 따라 배분하였다. 매년 공채액의 5% 이자인 85만 4,900원을 3월과 9월에 각 부군에서 수령하여 각종 은사사업에 활용하였다. 은사사업 중에서 수산사업은 지방은사금이 가장 많이 투하된 영역이었다. 그런데 공채증서를 배여하던 당일에 행한 데라우치 총독의 훈시를 보면 "양반 유생과 같이 안정된 생업[恒産]이 없는 자에게 산업을 수여하는 것을 본뜻으로 한다"[178]고 하면서, "종이제작(漉紙) 및 양잠 등은 경영이 쉽고 노력한 보람이 잘 나오기에 이들이 먹고 살기에 족하다"고 하여,[179] 처음부터 본 사업이 '양반에 대한 시혜'임을 분명히 했다.

〈표 3〉 1911년 현재 지방별 임시은사금사업별 배여액

구분	배여액 (원)	이자액 (원)	비중 (%)	사업비별 배역 내역			
				수산비(원)	비중(%)	교육비(원)	흉겸구제비(원)
경기도	2,644,500	132,225	15	79,335	60	39,667	13,222
충청북도	794,000	39,700	5	23,820	60	11,910	3,970
충청남도	1,457,700	72,885	8	43,731	60	21,865	7,288
전라북도	1,314,800	65,740	8	39,441	60	19,722	6,574
전라남도	1,694,000	84,700	10	50,820	60	25,410	8,470
경상북도	2,041,300	102,065	12	61,239	60	30,619	10,206
경상남도	1,577,700	78,885	9	47,331	60	23,665	7,888
황해도	1,094,000	54,700	6	32,820	60	16,410	5,470
평안남도	1,046,000	52,300	6	31,380	60	15,690	5,230

---

177 통계청, 「광복이전 통계자료(http://kosis.kr/nsportal/feature/feature_03List.jsp)」.
178 데라우치 총독 훈시, 1910.10.8, 『朝鮮總督府訓令』 제46호, 『朝鮮總督府官報』.
179 朝鮮總督府, 1911, 『(朝鮮各道府郡)臨時恩賜金由來及基ノ事業槪要』, 20쪽.

평안북도	1,149,000	57,450	7	34,470	60	17,235	5,745
강원도	1,146,000	57,300	7	34,380	60	17,190	5,730
함경남도	883,000	44,150	5	26,490	60	13,245	4,415
함경북도	556,000	27,800	3	16,680	60	8,340	2,780
총계	17,398,000	869,900	100	521,940	60	260,970	86,990

출처: 『조선총독부통계연보』, 1918년판.

〈표 3〉은 1911년 도별로 분여된 임시은사금 합계이다. 인구비례인 만큼 당시 경기도, 경상북도, 전라남도 순으로 배여액이 정해졌다. 도(道)가 아닌 부군 단위로 지급된 것은 은사수산사업을 주로 부군 단위로 기획했기 때문이었다. 그러다 1933년부터 도비(道費) 회계로 일원화되었다. 1911년에는 1910년에 발생한 30만 원의 이자가 추가되어 1,739만 8,000원(기금이자 86만 9,900원)으로 늘었다. 각 도는 기금이자에 각종 수익(기금 편입금+각종 조려금+생산물 매각대+잡수익 등) 등을 더하여 세입이 설정되었고, 세출은 주로 경상비 사업으로 지출되는데, 6:3:1 비율로 수산사업, 교육사업, 흉겸구제비(홍수, 가뭄, 질병을 구제하는 자금) 등으로 급여되었다.

〈표 4〉는 1910년 당시 은사금 부군 공동사업 세입출 내역이다.

〈표 4〉 1910년 은사금 부군 공동사업 세입·세출 현황(단위: 원)

도별	세입						세출		
	합계	부군 분담금	비중	예금이자	생산품 매각대	불용품 매각대	합계	경상부	임시부
전국	219,466	217,075	99	898	1,481	12	219,466	207,604	11,862
경기	62,427	60,984	28	-	1,443	-	62,427	55,205	7,222

충북	19,016	19,016	9	-	-	-	19,016	16,076	2,940
충남	11,750	11,600	5	100	38	12	11,750	11,750	
전북	30,308	30,308	14	-	-	-	30,308	30,308	
전남	5,373	5,373	2	-	-	-	5,373	5,373	
경남	42,872	42,162	19	711	-	-	42,872	42,872	
황해	12,537	12,537	6	-	-	-	12,537	10,837	1,700
평남	6,054	6,054	3	-	-	-	6,054	6,054	
평북	3,000	3,000	1	-	-	-	3,000	3,000	
강원	8,856	8,768	4	88	-	-	8,856	8,856	
함남	17,272	17,272	8	-	-	-	17,272	17,272	

출처: KOSIS(朝鮮總督府統計年報, 1910년 통계) https://kosis.kr/statHtml/statHtml.do?orgId=999&tblId=DT_999N_483K1010&conn_path=I2

　1910년 10월에 은사금 이자가 답지되자마자 각 부군에서 총 21만 9,466원을 모아 사업을 진행하였다. 인구비례로 보면 경기도(15), 경북(12), 전남(10) 순이지만, 공동사업분담금은 경기(28), 경남(19), 전북(14)에서 많이 염출하였다. 자금은 도장관 관리 아래서 각 부군 내무과에서 관리하였고, 내무과장이 통장에 은사금 이자를 넣고 필요할 때 인출하였다. 그러다 1917년부터 은사금 회계는 지방비 회계에 편입되었다. 편입 후에도 통장은 각 부군 내무과에서 관리하였다.

나. 정책추진기관 운영과 수산공장의 실태

(1) 상공과 설치와 중앙시험소의 운영

　한국병합 이전인 1907년 4월 27일 통감부 훈령 제10호에 따라 농상

⟨그림 2⟩ 조선총독부 중앙시험소 청사 전면 및 평면도

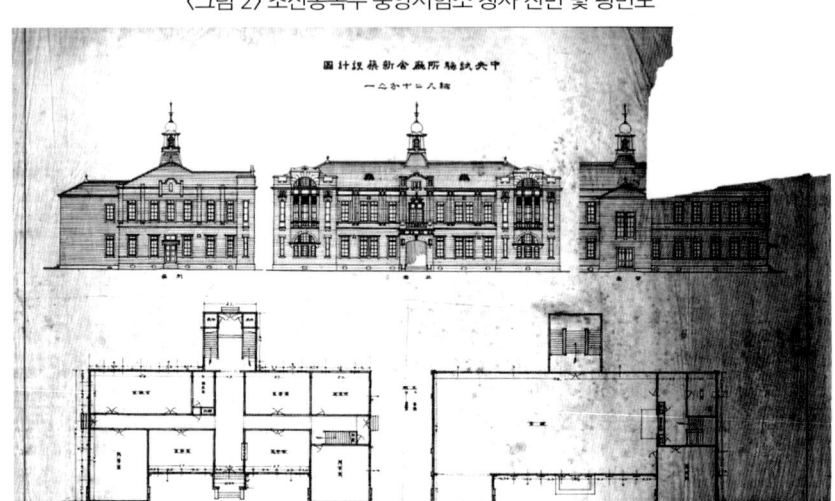

출처: 국가기록원

공부에 상공과, 농림과, 수산과, 광무과가 설치되었고, 상공과에서 ① 상공업 관련, ② 이민(移民) 보호 관련, ③ 도량형기 관련, ④ 교통운수 관련 사항을 담당하게 하였다.[180] 이어서 총독부가 설치되자 1910년 9월 30일 칙령 제354호 「조선총독부소속관서 관제」를 통하여 농상공부에 상공국이 신설되었으며, 1912년에는 식산국이 상공국을 대체하였다. 1915년에는 식산국이 없어졌고, 1919년 8월에는 농상공부가 없어지고 식산국이 부활하였다. 이런 상위 조직의 변화에도 불구하고 항상 상공과가 공업 분야를 주무하였다.

1912년에는 기초공업 실험을 위하여 「중앙시험소 관제」(1912.4.1)를 공포하여 옛 공업전습소 자리에 식산국 소속 중앙시험소를 설치하고 탁

---

180 統監府訓令 第10號, 「統監府事務分掌規程」, 『公報』, 1907.5.21 및 6.14.

지부 소관 양조시험소(1909)의 양조시험[181]과 농상공부 소관의 공업시험 및 분석 및 감정 업무와 응용화학시험, 염직시험, 요업시험 등을 이관하여 실시하였다.[182] 1912년 12월에는 시험소 본관, 분석실, 요업실험실 및 기타 부속 건물이 준공되었고, 1913년 12월에는 염직시험실, 응용화학시험실, 요장(窯場) 창고 및 부속 건물이 건립되었다. 제반 설비가 완비된 1914년 이후에는 염직부, 요업부 및 응용화학부 업무가 본격적으로 개시되었다. 1916년에는 법랑유기시험 요장과 시험실, 유리시험장, 위생시험실 등이 만들어졌다.

중앙시험소는 은사수산산업이던 경성부의 공업전습소 활동도 지원하였다. 또한 공업전습소 옆에는 1916년에 경성공업전문학교가 설립되었다. 이 학교는 1915년 3월에 발표된 「조선총독부공업전습소특별과규정」에 따라 기존의 공업전습소에 수업연한 3년의 특별과(염직과, 잠업과, 응용화학과)가 설치된 것에서 시작되었다. 수업연한은 3년이었고, 1918년에는 요업과, 토목과, 건축과가 신설되었다. 당시 수업연한 2년인 공업전습소에는 토목과, 금공(金工)과, 직물과, 화학제품과, 자기과 등을 두었다. 1922년에 경성공업고등학교로 변경되었고, 중앙시험소 소장이 교장을 겸직하였다.

---

181 1909년 대한제국 정부는 주류의 제조방법을 개량하고 품질 향상을 위한 연구기관으로 양조시험소(釀造試驗所)를 설립하였고, 1910년에는 원산재무감독국 시험장을 개설하였다. 병탄 직후인 10월에는 함경남도로 이관하여 소주(燒酒)를 시험하였다. 함경남도 시험소는 1912년 관제 개정으로 중앙시험소에 합병되었다. 1923년의 행장정리로 폐지되고 시험소의 일부가 경기도로 이관되었다. 細井亥之助, 1935, 『朝鮮酒造史』, 54~55쪽(정태헌, 「일제하 주세제도의 시행과 주조업의 집적 집중과정에 대한 연구」, 『國史館論叢』 제40호, 193쪽).

182 『朝鮮總督府官報』, 1912.3.28.

(2) 공동은사수산장의 전개

은사금이 배여되자 경기도는 경성부(서울)내 3곳에다 수산장을 건설하였다. 먼저, 은사수산장은 1910년 8월 칙령 329호로 "경성부와 인천부에 배여된 임시은사금으로 이 지역의 양반부녀자를 공녀로 하여 기직(機織)업을 하도록 한다"는 취지[183]에 입각하여 1911년 4월 1일부로 경성부에 5만 원, 인천부에 2,660원의 수산비를 모아서 경성부 운니동 옛 금위영 관유부지를 임대하여 설립되었다.[184] 개설을 경축하는 의미에서 6월 16일에는 순종황제비(王妃)가 은사수산장(恩賜授産場)을 관람하였다.[185] 이어서 종로 4가 단성사(團成社) 인근 묘동 56번지에도 은사수산장이 개설되었고, 인천에는 인천부에 배여된 은사금으로 경성수산장 분장을 두었다.

둘째, 1916년 3월 31일부로 조선총독부 경기도 고시 11호로 은사수산장이라는 명칭이 폐지되었고, 대신 경기도고시 제13호로 경성은사수산기업장이라는 명칭으로 불리게 되었다.[186] 경성은사수산기업장에는 1916년 말 현재 동력직기 13대, 족답직기 29대를 설치하고 있었고, 인천부에는 분장을 설치하여 족답기 8대가 있었다. 기업장장은 기수에서 임명하였고, 기수는 조선인 1명 일본인 2명이었다. 기업부(機業部)에서는

---

183 朝鮮總督府京畿道訓令 第12號, 「京城恩賜授産機業場規程」, 『朝鮮總督府官報』, 1916.9.30.
184 금위영은 1885년 폐지되었고 1908년 군대 해산이후에 이 자리는 은사수산장(恩賜授産場)으로 사용하였다. 이후 수산장이 다른 곳으로 옮겨가면서 1926년에는 이왕직 아악부에서 사용하였으며 광복 후에는 대한독립촉성회중앙총본부에서 사용하다가 국립국악원에서 사용하기도 하였다.
185 『순종실록』 부록 2권, 순종 4년(1911년) 6월 16일.
186 朝鮮總督府京畿道告示 第11號, 「恩賜授産場ハ大正5年3月31日限リ之ヲ廢止ス」(1916. 3.31), 『朝鮮總督府官報』, 1916.4.21.

〈그림 3〉 1917년경 경성은사수산기업장 모습

출처: 서울역사아카이브

경성부에서 50명, 인천부에서 15명을 모집하여 교육했는데, 공녀(工女)는 갑종수산공녀(2년 이상 근속자로 가사를 돌보지 않는 공녀)와 을종수산공녀(은사수산장기업부를 수료한 자)로 구분되었고, 갑종은 30명 정도 선발하여 공임과 식비를, 을종은 공임만 제공하였다. 반드시 연대보증인이 있어야 하고, 하루 12시간 작업할 수 있어야 했다.[187] 생산된 면사는 조선인 의복용으로 판매되었다.

셋째, 1914년 5월 1일 경기도고시 제28호로 경성은사제사장의 명칭과 위치가 공시되었다. 1915년 6월 1일에는 은사수산제사장이 설립되

---

[187] 朝鮮總督府京畿道訓令 第17號, 「京城恩賜授産機業場受産工女規程」『朝鮮總督府官報』, 1916.12.15.

고, 공장도 독립문 인근의 임시은사금 소속지가 있던 행촌동(杏村洞)으로 이전하였다.[188] 1916년 4월 1일부터 기존의 은사수산장 기업부가 은사수산경성기업장이 되면서 1916년 4월 27일부로 「경기도임시은사금 사업 및 경리방법」에 따라 은사수산제사장의 명칭이 은사수산경성제사장으로 변경되었다. 총 인원은 96명으로 기업장보다 많았고, 제사장장과 상의원은 명예직으로 조선인이 맡았으며, 일본인 기수 2명(그중 실질적 책임자 주간 1명)과 조수 3명이 실무를 맡았다. 교육받는 공녀(工女)는 매일 15전 이내의 식비를 받았다.[189] 원료인 누에고치는 소속 공녀들이 생산한 것을 우선으로 구매하였고, 판로는 조선은 물론 일본본토까지였다.

넷째, 1914년 권업모범장에 원잠종제조소가 설치되었고, 이후 전국 각지에 원잠종제조소와 강습소가 설립되었다. 경기도는 경기도 고시 제14호(1916.4.1)로 은사금을 기반으로 한 은사수산원잠종제조소를 양주군 미금면 금곡리에 설치하려했다. 그러다 1917년 4월에 경성부 동대문 밖 원동적전(元東籍田跡)의 국유지를 무상임차하여 은사수산경기도원잠종제조소를 설립하였다. 소장은 기수가 맡았고, 기수는 일본인 1명, 조수는 조선인 1명이 있었다. 잠업지식을 가지고 있거나 뽕밭, 잠실, 잠구 기타 상당한 자금력을 가진 사람을 잠사부에서 1년간 교육하도록 하였고, 교육 중에는 매일 15전의 식비가 지급되었다.[190] 이러한 잠업제조장이 만들어지면서 은사수산경기도잠업강습소도 운영했는데, 1911년 친일파 송병준이 자신의 별장인 용인군 내사면 추계리에 세운 잠업강습소를 개

---

188 朝鮮總督府京畿道告示 第27號, 『朝鮮總督府官報』, 1915.6.8.
189 朝鮮總督府京畿道訓令 第17號, 「京城恩賜授産機業場受産工女規程」, 『朝鮮總督府官報』, 1916.12.15.
190 朝鮮總督府京畿道訓令 第16號, 「京城恩賜授産製絲場ノ名稱」, 『朝鮮總督府官報』, 1917.4.27.

조한 것이었다. 1917년 4월 1일부로 용인군 내사면(內四面) 양지(陽智)리에 있는 민유지 및 건물, 뽕밭을 차입하여 매년 4월부터 10월까지 각군에서 강습생 1명씩 총 20명을 모아서 생산자로 양성하였다.[191]

한편, 〈표 5〉처럼 경기도에서는 1911년 5월 7일부터 히가키 나오스케(檜垣直右) 경기도 장관이 도내 8개소에 군별 공동은사수산장을 지정하였다. 여기에 경기도 수산비(7만 9,335원)의 72%인 5만 7,040원이 들어갔다.

〈표 5〉 1911년 경기도 8개 지역 공동 은사수산장 현황(경성부 제외)

공동 은사수산장	참가 부군	수산장 위치
수원군 외 3군	수원군, 남양군, 진위군, 안산군	수원군 남부면 남창동
양지군 외 6군	양지군, 양성군, 여주군, 음죽군, 죽산군, 이천군, 안성군	양지군 주동면 추계리
광주군 외 3군	광주군, 과천군, 양평군, 용인군	광주군 언주면 저자도
양주군 외 3군	양주군, 고양군, 포천군, 가평군	양주군 하도면 우치리
부평군 외 4군	부평군, 인천부, 시흥군, 양천군, 김포군	부평군 석천면 중리
강화군 외 3군	강화군, 통진군, 풍덕군, 교동군	강화군 부내면 동문동
개성군 외 3군	개성군, 교하군, 장단군, 파주군	개성군 동부면 동문동
연천군 외 4군	연천군, 삭녕군, 영평군, 적성군, 마전군	연천군 군내면 내리북동

출처: 조선총독부 경기도 고시 제15號 明治43年10月8日朝鮮總督府令第26號臨時恩賜金管理規則ニ依リ京城府以外ニ左記ノ通授産場ヲ設置シ孰レモ明治44年5月7日ヨリ其ノ事業ヲ開始セリ, 『朝鮮總督府官報』(1911.5.26).

191　朝鮮總督府京畿道訓令 第16號, 위의 책, 1917.4.27.

<표 6> 1911년 경기도 임시은사금 각군 공동사업비 세입세출
(제1차 1911.5.23. / 제2차 1911.10.28)(단위: 원)

지역	기금 이자 (A)	수산비추정 (B)	8개 지역 공동 은사수산장 (C)	B/C (%)	37개 부군 제1차 공동은사수산 사업비(D)	D/B (%)	37개 부군 제2차 공동 은사수산 사업비(E)	E/B (%)
경성부	50,000	30,000	*	0	54	0	24.5	0
인천부	2,660	1,596	1,915.20	120	54	3	47	3
고양군	2,170	1,302	1,562.40	120	54	4	24.5	2
수원군	3,660	2,196	2,635.20	120	54	2	439	20
경기도	132,370	79,422	57,040.00	72	1,998	3	3,991	5

출처: 「明治44年度京畿道仁川府外36郡臨時恩賜金歲入歲出豫算」, 『朝鮮總督府官報』(1911.5.23) 및 「明治44年度京畿道임시은사금 각군공동사업비세입세출」, 『朝鮮總督府官報』(1911.10.28).
비고: 1911년 경성부의 경우, 공동 은사수산장 사업에는 공동참여를 하지 않았음.

<표 6>처럼 각 군 공동사업에서는 각 부군이 각각 54원을 균등하게 사업비를 분담하였고, 1911년 10월 28일 제2차 사업에서는 군 단위로 부담하는 액수가 달랐다. 수원 등 수산장이 있는 군에서 많이 부담하여 20%에 달하고 있다. 정리하면 공동은사수산장 사업에 5만 7,040원, 제1차 부군공동사업 1,998원, 제2차 부군공동사업 3,991원 등 모두 6만 3,029원이 공동사업에 투하되었던 바, 법정 수산비(7만 9,422원)의 72%에 달하는 금액이었다. 공동사업은 다른 지방에서도 진행되었는데, 같은 해 경상남도에서도 진주군 외 25개 군이 참가하는 공동사업을 전개하였다.[192]

각 지역별로도 각 군은 자기 몫의 수산비를 공동부담하여 특정 지역에 (원)잠종제조소나 기업전습소 등 교육 및 공장시설을 건설하고 부가시설로 종묘장 등을 두고 순회교사(巡廻敎師)를 초빙하여 전습생을 공동

---

192 朝鮮總督府, 1911, 『(朝鮮各道府郡)臨時恩賜金由來及基ノ事業槪要』, 73쪽.

운영하였다. 전습소에서는 주로 농림업과 소공업인 기업, 잠업, 제지, 승입, 어업 등 5개 부분의 교육이 진행되었다. 통영처럼 전습소를 새로 짓지 못하는 경우는 통영칠기(주)가 나전칠기 전습교육을 위탁받았던 것처럼 민간기업이 위탁 교육하였다.[193] 이들 공동사업이 진행될 때는 각군이 자금을 공동부담하는 만큼 군별로 이익이 대립하는 것을 막고자 했다. 예를 들어 각지에서 전습생들을 선발할 때는, 반드시 군(郡)별로 파견할 정원을 균등배당하도록 하였으며, 또한 잠업, 기업, 종이, 새끼·가마니[繩叭], 김 제조 전습은 '양반 유생'[194]을 중심으로, 어로전습은 어촌이나 포구[漁村浦]의 무직자나 궁민(窮民) 그리고 조선공(造船工)은 어촌포선공(漁村浦船工) 중 빈곤자를 중심으로 하게끔 하였다. 이처럼 전습내용을 주로 잠업, 기업, 종이, 새끼·가마니, 김 제조 등에 관한 것으로 양반유생에 대한 위무(慰撫)적인 성격이 확연하였다.

〈표 7〉은 1914년 이후 1922년까지 설립된 공업전습소 현황이다.

〈표 7〉 업종별 지방 공업전습소 113개소의 인원과 경비(1914~1922)

지방공업전습소별	1914		1916		1918		1920		1922	
	전습생(명)	경비(원)	전습생(명)	경비(원)	전습생(명)	경비(원)	전습생(명)	경비(원)	전습생(명)	경비(원)
합계	525	98,363	271	47,213	312	63,972	115	84,385	131	76,646
염직	376	77,244	222	37,974	182	47,298	-	-	-	-
제지	34	9,255	17	3,860	27	10,273	10	14,853	-	-

---

193 하훈, 2018, 「근대 통영지역 나전칠기 산업 연구」, 동의대 사학과 박사학위논문, 41~43쪽.
194 朝鮮總督府, 1911, 『(朝鮮各道府郡)臨時恩賜金由來及基ノ事業槪要』, 73쪽.

염직 및 제사	-	-	-	-	-	-	82	64,210	117	73,377
죽세공	-	-	28	4,254	-	-	-	-	-	-
제세공	-	-	-	-	98	5,494	23	-	14	3,269

출처: https://kosis.kr/statisticsList/statisticsListIndex.do?vwcd=MT_CHOSUN_TITLE& menuId=
M_01_04_01#content-group
비고 : 5개 분야만 정리했으므로 소계와 합계가 다소 차이 남.

한국병합 이전부터 전습소가 설립되곤 했지만 전체적으로 확인되는 건 1914년부터다. 1914년 현재 총 113개소의 전습소에 525명의 전습생이 염직이나 제지 교육을 받고 있고, 1916년부터 죽세공, 제세공 전습소도 운영되었다. 그런데 전습생은 1914년 이후 계속 줄어 1922년에는 131명에 불과하였다. 죽세공이나 제세공 전습도 오래가지 못했고, 1922년경에 모두 종료되었다.

전습소에서는 잠업 교육이 강조되었다. 데라우치 총독도 잠업은 "보통의 사민부녀(士民婦女)도 용이"[195]하며 "능히 조선의 풍토에 적합하고 빈부고하를 막론하고 최고로 쉽고[簡易] 적절한 부업으로 특히 양반 유생에게 적당한 생업"[196]이라고 하면서 강력한 육성정책을 예고하기도 했다. 전통적인 조선 양잠도 있었으나 '유치'하다고 하면서 전습소에서는 주로 '일본식 개량 양잠법'을 보급하고자 하였다.[197] 잠업의 육성을 위해선 우량잠종의 보급, 치잠(稚蠶)공동사육소의 설치, 여성의 잠업 장려, 산견(産繭) 판

---

195 朝鮮總督府, 1914,「朝鮮統治三年間成績」,『朝鮮統治三年間成績』, 23쪽.

196 朝鮮總督府, 1914,「附錄:蠶業獎勵ニ付道長官及勸業模範場長ニ對スル訓示」,『朝鮮統治三年間成績』, 57~59쪽.

197 「韓國蠶業에 對흔 意見(續)」,『大韓興學報』제3호(1909.5.20).

매의 알선 등이 특별히 강조되었는데,[198] 이러한 조치로 전습소가 활발히 설립되어 경남에만도 14개의 잠업전습소가 운영되었다. 수산비를 받아 운영하는 전습소는 3개소, 개인비용으로 운영되는 곳은 11개소였다.

1912년 경상남도의 은사수산장 예산을 보면 설비비 8,400원(8.4%) 직원경비 2만 5,900원(25.9) 수산자경비 4만 3,500원(43.5), 사업비 1만 4,300원(14.3), 수용비 1,200원(1.2%), 예비비 6,700원(6.7%) 등 총 10만 원이었다.[199] 당시 경상남도에 분여된 수산비 예산이 4만 7,331원인 것을 감안하면, 나머지는 국고보조금 등에서 충당한 것을 알 수 있다.

〈표 8〉 1915년도 경남 임시은사금 수산비 세출 결산 (단위: 원, 전)

	과목	1915년 결산	기금이자 대비	세출 대비
1관	수산비(1916)	61,027.17	76.0	65.1
1항	농사순회교사비	15,654.34	19.5	16.7
2항	진주잠업전습소비	5,774.81	7.2	6.2
3항	밀양잠업전습소비	6,092.39	7.6	6.5
4항	거창잠업전습소비	4,888	6.1	5.2
5항	원잠종제조소비	1,453.77	1.8	1.6
6항	마산기업전습소비	4,668.30	5.8	5.0
7항	기업위탁전습비	6,972.55	8.7	7.4
8항	기업순회교사비	1,749.32	2.2	1.9
9항	제지순회교사비	3,532.88	4.4	3.8
10항	어로전습비	3,724.54	4.6	3.9
11항	해태제조전습비	294.88	0.4	0.3

---

198 朝鮮總督府, 1914, 앞의 책, 57~59쪽.
199 「臨時恩賜金의 授産事業」, 『매일신보』, 1912.2.20.

12항	종계비	1,412.57		1.8	1.5
13항	농사장려비	4,908.32		6.1	5.2
합계	세출	93,630.34			1

출처: 朝鮮總督府慶尙南道告示第68號, 大正4年度慶尙南道臨時恩賜金歲入出決算(1916.10.27), 『朝鮮總督府官報』(1916.11.28).
비고 : 합계는 수산비 이외 흉겸비, 교육비 등을 포함한 금액

〈표 8〉은 경상남도의 1915년도 수산비 세출결산인데, 당시 수산비 지출 기준이 기금이자의 60%(1911년 기준 4만 7,331원)였음에도 6만 1,027원이 세출이었다. 전년도에 사용하지 않은 이월금 덕분이었다.

그런데 『경상남도 은사금세출 누년표』에서 1915년 수산비 세출예산은 7만 1,439원이었다.[200] 따라서 예산과 결산(6만 1,027원 17전) 차이는 무려 14.6%에 달한다. 해마다 수산비 예산이 증액되고 있지만 책정한 예산은 실제로 제대로 집행되지 않았다는 말이다. 그것은 공채기금이자가 1년에 2차례 본토로부터 도착하는 상황에서 필요할 때 적시에 공급되지 않아서 실제 활용하는 데 장애가 되었다는 점, 제도의 미비로 실제 운영은 구상만큼 제대로 되지 않았다는 점 등이 원인이었다.

수산비 내역을 보면, 1911년에는 양잠, 기업, 제지업, 새끼, 김전습, 어로전습, 조선공(造船工) 등의 기술전습, 순회교사 파견, 종묘·종축(種畜)·종계(種鷄) 배부, 차량 대여, 농업보조, 고구마 묘포 등 다양한 항목에서 지출이 이뤄졌다. 그런데 〈표 8〉에서 1915년 상황을 보면, 진주잠업전습소, 밀양잠업전습소, 거창잠업전습소 등의 잠업전습비(20.9%)와 마산기업전습소비(5.8%), 순회교사비(6.6), 어로전습비(4.6), 농사장려비

---

[200] 김인호, 「조선총독부의 꽁돈 경상남도 배당 지방 임시은사금 연구」, 『지역과 역사』, 제46호, 부경역사연구소, 181쪽.

(6.1), 해태(김)제조전습비(0.4) 등에 그쳐서[201] 초기의 열의가 점차 식어 가는 것을 보여 준다. 그나마 1915년도 교육비 이외 실제 공장운영비인 원잠종제조소비는 배여액의 1.8%에 불과했다.

전체적으로 60% 기준의 수산비 투자는 이후에도 잘 지켜졌다. 예를 들어 경남에서는 1915년 수산비는 기금이자의 76%였고, 1933년에도 은사금수입의 70% 이상이, 1935년에는 69%가 수산비로 지출되었다. 그런데 독자적인 은사수산비 회계는 1916년으로 끝나고, 이후는 지방비 회계에 포함되어 계산되었다. 지방비가 되면서 전년도 편입금이 사라지면서 해마다 수산비가 급증하는 현상은 사라졌다.

은사금사업 이외에 총독부가 주도한 국비보조사업이 있었다. 그런데 1911년도 국비보조 총액은 7,300원으로 은사비 예산에 비해 크게 적었고, 당시로 직기 55대 정도를 보급하는 수준이었다. 이후 경성부와 각 지방에 은사수산장이 설립되면서 은사수산비보다 많은 규모의 국고보조금이 투하되었고, 각 전습소에도 국고보조가 확대되어 종래의 기수(技手, 기술자) 인원을 증가시키거나 일반 공장에 대해서도 지도장려를 확대하였다.[202] 이렇듯 1910년 대에는 은사수산사업과 국비보조금사업 등을 기반으로 농촌소공업이 일정하게 증가하였다. 특히 농가 중에서도 겸업농 증가가 두드러졌는데, 1913년의 전업농 대비 겸업농은 15.4%였으나 1919년에는 21.3%로 증가하였다.[203]

---

201 김예슬에 따르면, 1918년까지 경남 지역에 총 26개소의 수산사업 관련 전습소가 설치되었다고 한다(김예슬, 2020.4,「1910년대 조선총독부의 수산산업전습소 설치와 운영」, 부산경남사학회 발표논문).

202 「京畿工業調査, 工業의 狀況, 工業의 指導獎勵」,『매일신보』, 1916.8.2.

203 朝鮮總督府, 1929,『朝鮮의 小作慣習』, 26쪽.

3. 공장 증가와 그 의미

가. 공업회사 설립의 어려움과 공장의 팽창

〈표 9〉는 1929년까지 각종 회사, 공장 상황을 정리한 것이다.

〈표 9〉 조선인 회사 및 제조회사 대비 조선인 공장 비율

구분/연도	조선인단독회사 개사	조선인단독회사 자본금(천원)	조·일합자회사 개사	조·일합자회사 자본금(천원)	조선인 공업회사 (괄호 합자회사) 개사	조선인 공업회사 (괄호 합자회사) 자본금(천원)	조선인 공장 개소	조선인 공장 자본금(천원)
1911	27	2,742	16	8,104	4(3)	79(117)	66	637
1912	34	4,448	19	16,780	7(3)	145(142)	98	941
1915	39	5,067	29	23,375	7(5)	174(208)	205	1,038
1916	-	-	-	-	-	-	416	-
1917	37	5,871	13	1881	6	309	605	1,883
1918	39	7,315	18	5,891	8(1)	379(6)	815	4,599
1919	63	11,404	22	10,982	13(3)	808(28)	956	7,589
1920	99	19,203	31	11,733	18(3)	1,444(181)	943	-
1921	123	25,949	39	27,696	17(3)	1,790(331)	1,088	7,752
1923	137	23,419	67	79,223	28(14)	2,393(3,065)	1,602	10,195
1924	131	21,015	56	12,938	28(14)	1,622(3,248)	1,768	_
1926	184	22,581	113	36,819	52(16)	3,401(3,359)	2,013	-
1928	283	21,455	126	47,933	102(27)	4,403(7,461)	2,751	25,321
1929	362	19,878	165	95,785	143(24)	4,746(2,028)	-	-

출처: 1) 李如星 金世鎔, 1932, 『숫자조선연구』 제2호, 373~8쪽.
    2) 『朝鮮總督府統計年報』 각 연도.
    3) 殖銀調査課, 1934, 『昭和9年 朝鮮における工業會社の資本構成調査』, 170쪽.

먼저, 1910년대는 「회사령」으로 공업회사 설립이 억제된 상황이었음에도 개인 공장은 1915년 이후 매년 300개 이상 신설되고 있다. 또한, 자본금도 1917년부터 급증세였다. 공장은 1920년까지 2,000여 개가 신설되어 1911년 대비 8.29배, 자본금은 15.15배가 증가하였다.

공장증가의 원인 등을 제1차 세계대전의 영향으로 본토에 의존하던 생필품 등을 자체적으로 해결해야 하는 상황과 관련된다.

특별히 구주(歐洲) 전역 후 재계 미증유의 호황에 의하여 조선에서 공업에 투자하는 일이 많아지고 점차 그 면목을 혁신하는 지경으로 향하고 있다. 이것은 본래 일반 기업심의 발흥에 기반하는 것은 당연한 결과인데 유래 조선에서 공업원료가 풍부한 것도 일대(一大) 원인이라 할 수 있다.[204]

여기에 은사공채를 받아 쥔 조선인 관료 귀족들의 투자열이나 공업전습소에서 다수의 전습생이 배출된 상황도 한몫을 했다. 전습생들은 수료와 함께 기민하게 제1차 세계대전의 특수에 반응하였다. 아울러 민간 지주, 금융업 방면의 자본가들에 의한 '공장 설립 붐'도 일어났는데,[205] 당시 '소작료와 고리대금업, 금융업, 선물중매 또는 무역업을 통해서 성장한 조선인 자본이 제1차 세계대전이라는 특수 환경에서 기민하게 산업자본으로 전환'[206]하고 있었고, 또한 "본토에서도 조선을 신천지(新天

---

204 朝鮮總督府, 1940, 『施政三十年史』, 113쪽.
205 오미일, 「1910~1920년대 공업발전 단계와 조선인 자본가층의 존재양상」, 『한국사연구』 제87호, 205쪽.
206 오미일, 2002, 『한국근대자본가연구』, 한울아카데미, 157쪽.

地)로 보고 투자 열기가 뜨거웠다"[207]. 당시 평양에서는 이런 특별한 수요에 대응하여 전통적인 가내수공업장을 공장화하는 움직임도 보였다.

그러나 이러한 공장의 폭증은 회사 신설이 엄격히 차단된 상황에서 개인공장으로 결집한 정황을 대변한다. 1911년 조선인공장의 자본금은 63만 7,000원인데도 공업회사의 자본금은 7만 9,000원에 불과하였다. 1919년에도 공장(956개소) 자본금은 758만 9,000원인데, 회사(28개사)는 80만 8,000원이었다. 공업회사 자본금에 비해 공장 자본금은 평균 8~9배였다. 1920년에는 이런 추세가 더욱 심화되었고, 1928년경에는 조선인 공장이 2,751개소로 1911년 대비 42배, 자본금도 2,532만 1천원(40배)에 달하였다. 반면 1928년 현재 조선인공업회사 자본금은 공장총자본의 10%에 불과하였다. 이렇듯 조선인 중소공업의 경우 「회사령」이든 아니든 1920년대까지 공업자본의 결집은 쉽지 않았다. 공장이 크게 증가했지만 조선인 공장이 지속적으로 비교우위를 점할 수는 없었다.[208] 『매일신보』조차 1918년 당시 조선공업의 현상을 지극히 낙후된 것으로 보았다. 특히 조선인 공장은 "주요 품목인 수입대체상품의 국내시장이 협소하고 국내 분업의 발전이 왜곡되었기 때문에 그 재생산 기반도 협

---

207 배성준, 2004, 「경성지역 식민지 공업의 형성」, 『한국사학보』 제18호, 147쪽; 전우용, 1997, 『19세기 말 20세기 초 한인회사 연구』, 서울대학교 국사학과 박사학위논문, 287~289쪽.

208 "조선으로 말(言)ᄒ면 이같은[此等]의 목부(牧夫)가 많(多ᄒ)다 ᄒ리라. 공업의 원료가 조선의 산(山)이나 바다(海)에 충만하다 ᄒ것만은 이(此)로써 조선 특산의 공업품을 제작(製作)ᄒ얏다ᄒ는 것은 듣지(聞치)못ᄒ얏노라. 공업품과 제작은 고사(姑舍)ᄒ고 그[其] 공업의 원료만이라도 이[此]를 배양증식케 ᄒ다ᄒᆷ은 듣지못ᄒ얏노라."「京城橫竪說, 공업, 공업, 공업」, 『매일신보』, 1918.5.29.

소"하다고 평가하였다.[209]

〈표 9〉에서 조선인·일본인 간 합자회사는 1911년 조선인 단독회사의 2.95배, 1915년은 4.61배에 달하는 것을 볼 수 있다. 회사당 자본금은 1911년에 조선인 단독회사의 5배(50만 6,000원)였고, 1915년에는 6.2배(80만 6,000원)로 커졌다. 그만큼 조선인의 자본은 조·일합자회사에 몰리고 있었다. 조선인은 일본인과 합자하여 시장에서의 차별을 극복하거나 고급 신기술을 전수 받는 통로로 활용하려는 것인 반면, 일본인은 전통적인 수요층에 침투하는 데 조선인들을 활용하려는 의도가 있었다.

나. 1910년대 공장자본의 구성

〈표 10〉은 1910년대 조선 내 공장 자본의 외형적 구성이다.

〈표 10〉 1910년대 공장자본의 외형적 구성

구분	공장 수		자본금		*1일 임금		**1년 총임금 추계		노동자		기관수	마력		생산액	
연도	개소	지수	천 원	지수	원/일	지수	천 원/년	지수	인	지수	대	증가율	마력	증가율	천 원	증가율
1911	252	100	10,613	100	48.26	100	2,181	100	14,575	100	148	100	6,058	100	19,639	100
1912	328	130	13,121	124	50.12	104	2,700	124	17,376	119	205	139	8,069	133	29,362	150
1913	532	211	17,478	165	48.8	101	3,182	146	21,032	144	319	216	9,908	164	26,066	133
1914	654	260	17,371	164	47.9	99	3,113	143	20,963	144	319	216	13,278	219	32,754	167
1915	782	310	21,253	199	46.29	96	3,521	161	24,539	168	405	274	16,252	268	45,931	234

---

209 오미일, 2002, 『한국근대자본가연구』, 한울아카데미, 541쪽.

1916	1,075	427	24,613	232	50.16	104	4,454	204	28,646	197	459	310	17,460	288	59,026	301
1917	1,358	539	39,038	368	53.14	110	6,844	314	41,543	285	619	418	26,170	432	98,972	504
1918	1,700	675	48,309	455	76.53	159	11,091	509	46,749	321	714	482	26,151	432	156,801	798
1919	1,900	754	129,378	1,219	124.66	258	18,821	863	48,705	334	822	555	37,501	619	225,404	1,148
1920	2,087	829	160,744	1,515	152.71	316	26,177	1,200	55,279	380	871	589	80,766	1,333	179,318	913

출처:『朝鮮總督府統計年報』, 해당 연도판(김인호, 2000, 『식민지 조선경제의 종말』, 신서원, 32쪽).
비고: 1) 임금 통계는 공업광산 농업노동자를 제외한 일반노동자의 1인당 명목임금종합(허수열, 1981,
「일제하 實質賃金(변동)추계」, 『경제사학』 제5호, 244~245쪽 참조).
2) 1년 총임금 추계는 종업원수×노동일(310일 기준)×1일 임금.

먼저, 공장 증가율은 자본금 증가율보다 높고, 자본금 증가율은 노동자 증가율보다 빠르다. 영세공장이 급증하였더라도 임노동자 창출이 그만큼 지체되고 있다는 것이다. 이런 상황에서 기능인을 양산할 필요가 커졌고, 은사수산사업에서 잠업 및 기업전습소를 통하여 양질의 기능인을 양성하려는 것도 이러한 임노동 수요와 관련된 것이었다.

둘째, 공장생산액증가율이 자본금증가율에 버금가고 노동자증가율을 상회하였다. 이는 당시 노동력이 비록 전근대적이고 영세한 공장의 임노동력이지만 생산성이 뛰어난 숙련노동력임을 보여 주는 증거이다. 실제로 『조선총독부통계연보』(1918)에서 업종별 기계사용 현황을 보면, 조사대상 21개 업종 중에 ① 무동력 업종은 피혁 및 피혁제품업(조), 제지업(일, 조), 제유업(조) 등 11개 업종이었고, ② 10마력 이하 동력사용 업종은 염직업(일) 등 10개 업종이었다. 동력사용도가 10마력 이하의 영세 업종은 18개 업종이었다. 기계 사용의 불균등도 심각하여 정련업과 전기가스업만도 당시 조선공장에서 총사용동력(마력) 2만 6,000마력의 50% 이상이었다. 이러한 사실은 당시 공장이 기계충용보다는 '숙련'을 토대로 노동시간이나 노동강도의 강화 등 '절대적 잉여 착취'에서 축적 기반을 만들었다는 것을 말한다.

〈표 11〉은 공장자본의 유기적 구성인데, 그러한 특징이 더욱 확연하다.

〈표 11〉 1910년대 공장자본의 유기적 구성

구분 연도	*가변자본율		**상품 가치율		노동자당 생산액		***이윤	평균이윤 추계	평균이윤 증가율
	%	지수	%	지수	원	지수	천 원	%	지수
1911	20.55	100.0	11.1	100	1,347	100	9,026	85%	100
1912	20.58	100.1	9.2	82.8	1,690	125.4	16,241	117	180
1913	18.21	88.6	12.21	109.9	1,239	92	8,588	140	95
1914	17.91	87.2	9.5	85.6	1,562	116	15,383	154	170
1915	16.66	81.1	7.67	68.9	1,872	139	24,798	225	275
1916	18.1	88.1	7.55	67.9	2,060	153	34,412	74	381
1917	17.53	85.3	6.92	62.3	2,382	177	59,934	116	664
1918	22.96	111.7	7.07	63.7	3,354	248.9	108,492	-7	1,202
1919	14.55	70.8	8.35	75.2	4,628	343.5	96,026	-11	1,052
1920	16.28	79.2	14.6	131.5	3,243	240.7	18,574	36	206

출처: 〈표 10〉과 같음(김인호, 2000, 『식민지 조선경제의 종말』, 신서원, 34쪽에서 인용-).
비고: *가변자본율: 총임금/총자본금
　　　**상품가치율은 총임금/총생산액
　　　***이윤: 총생산액-총자본금
　　　****평균이윤 추계는 (총생산액-총자본액)/총자본액

먼저, 이윤율만 보면 당시 경기는 호황이었다. 특히 1915년 이후 이윤증가폭이 크다. 그러나 1인당 노동생산액(1919년 지수 343)은 평균이윤율증가율(1919년 지수 1,052)보다 훨씬 낮았다. 이는 당시 생산이 비록 숙련에 기반했지만 숙련노동력에 대한 가공할 노동 강도가 더해지는 힘겨운 상황임을 보여 준다. 1910년대에 아직 숙련공 중심의 공업생산이 지배적이었던 사실은 〈표 10〉에서 1일 임금이 1911년 대비 1919년은 258%, 1920년은 316%로 높아진 것에서도 유추된다.

둘째, 총자본금에 대한 총임금 비율인 가변자본율도 1911년 대비 1918년은 112%로 높아졌다. 물론 1910년대 내내 근소하게 떨어졌어도 전체적으로 평균 80%선을 유지하였다. 이것은 공장의 자본구성에서 노동력 가치(임금)가 아직 중요한 비중을 점하고 있다는 것을 말한다. 마찬가지로 총생산액 대비 임금 비중을 보여 주는 상품가치율도 9~12%에서 등락하였다. 가변자본율보다 상품가치율이 떨어진다는 의미는 숙련노동력 우대 분위기에서도 시장에서 노동력 가치하락을 초래하는 각종 압박이 심한 사정을 반영한다.

셋째, 노동자 1인당 생산액은 1911년 1,347원에서 1919년에 4,628원(약 3.4배)으로 증가하였다. 이윤율도 높아서 1911년에도 85%를 상회하고, 1918년에는 225%로 정점에 달했으며, 1920년에도 115%에 이른다. 이처럼 유기적 구성이 별반 고도화되지 못하였는데도 이윤이 고공행진을 보인 것은 1910년대 공업이 고정자산의 소모보다는 노동력 소모(노동강도 강화)에 기반을 두고 있다는 사실을 잘 보여 준다.

4. 소결: 위무와 특수

「회사령」은 1910년대 일정 규모 이상의 조선인 자본의 결집을 저지하는 중요한 지렛대였다. 또한 정치적 함의에서 '독립운동자금화'를 저지하기 위한 '실명제적 자금통제'도 포함하였다. 이런 상황에도 조선인 개인공장은 꾸준히 증가하였고, 총독부의 은사수산사업 방면의 자금 투하와 수산장 건설, 각종 전습소 활동 및 농촌부업 지원 등 소공업 장려정책이 있었다. 특히 공업화의 기초연구를 진행하는 중앙시험소가 설치되어 염직, 요업, 응용화학 그리고 양조 분야에서 중소 규모 공업의 성장을 견인하려는 움직임도 있었다. 이런 중소산업 육성정책에는 지배 권력의 변화에 따른 충격을 위무하기 위해 조선인에 대한 '경제적 재분배'를 선전하고, 궁극적으로 산업화를 통하여 통치기반을 확보하려는 의도가 반영된 것이었다. 그 과정에서 뜻하지 않게 제1차 세계대전 특수나 경기 호황이 나타나 중소공장이 성장하는 촉매가 되었다.

은사수산사업은 1917년부터 지방 은사금을 지방비 회계로 전환하면서 지방비 일부가 되어 항목별(수산비, 교육비, 흥겸비)로 지출되었고, 각군, 각도별 전습소나 수산사업을 중심으로 기금이자의 60% 이상이 투하되었다. 상당수의 전습소가 식민지 말기까지 유지되면서 조선인 기능 인력이나 경제인 형성에 나름의 큰 영향을 미친 것은 사실이었다. 그런데 면사나 목면(木綿), 기계사 제작 등의 근대적 기초 기술 분야는 그다지 인력이 배가되지 않았고, 기술적 고도화도 어려웠다. 특히 생산재 수입이나 중요물자 이입에는 여전히 제약이 많았다. 조선 내 공장 자체도 여전히 무동력 상태에서 수공업적 생산공정이 지배적이었다. 당시 은사사업이나 경제정책을 두고 '속임수'니 '기만 통치'니 하는 표현이 유행한 것도 이런 이유였다.

그나마 1910년대 공업 진흥책으로 주목할 만했던 은사금도 1917년부터 지방비화, 1933년부터 도비회계화하면서 일반 경상부 수입, 임시부 지출 항목에서 수산비 활용 상황이 제대로 드러나지 않게 되거나 급기야 일본인 기업에 장기고리 대출금을 대신해서 융자하는 '총독부의 쌈짓돈'이 되기도 했다.

1910년대 공장이 급증하였고, 특히 1915년 이후에는 매년 300개 이상이 신설되었다. 자본금도 1917년 이후 급증세였다. 이것은 회사로 자본결집을 하지 못하는 상황에서 개인공장으로 뿜어져 나온 결과였다. 1915년 이전에는 조·일 합자 방식의 회사 설립이 비교적 많았다. 회사화, 대규모화를 저지하는 정책적 차별에서 탈피하려는 것이었고, 또한 자본축적을 초래할 각종 일본인의 고급 정보에 대한 염원 등이 착종된 것이었다. 1918년 이후 「회사령」에서 규제되었던 '조선 외 회사'가 '외국회사'로 완화되면서 본토의 자본이 초과이윤을 겨냥하여 진출하면서 공업회사가 늘었다. 공업생산에서도 아직은 숙련노동력의 강도 높은 활용과 평균이윤 증가 이하의 노동력 활용이라는 '절대적 잉여 획득' 방식이 주된 동력이었다.

이처럼 1910년대 조선공업은 개인공장 위주 증가나 축적의 토대도 기계보다는 노동력의 숙련도 여하에 위치했다는 점에서 그것의 자본주의 이행의 '과도적' 성격을 확인할 수 있다. 이러한 축적 구조는 조선인 자본계급과 노동자 간의 계급적 긴장을 어느 정도 완화할 수 있었다. 나아가 「회사령」을 필두로 한 일제의 식민지 억압정책에 대응하여 일어난 거국적인 3·1 운동 전개의 경제적 토대가 되기도 했다.

제2장
산미증식계획 시기, 소극적 공업정책과 민간공업의 증가

1. '비공업화 노선'과 은사수산산업의 퇴조

가. 산업조사위원회의 공업 인식

「회사령」이 철폐된 지 얼마 후 이입세까지 철폐되면서 시장 상실을 우려한 조선인 업자들은 심각한 위기감에 휩싸였고, 일본제품 이입에 대항할 대책이 필요하였다. 이에 총독부도 이미 1919년부터 산업조사회를 설치하여 앞으로의 산업정책에 대한 자문을 구하려고 했고, 『조선산업에관한계획요항참고서』(1920)을 작성하여 원료, 제품, 노동력, 시장, 판로 등에 대해 면밀히 조사하고 소공업 지도 설비를 확충하겠다는 전략을 수립했다.

> 조선공업의 성립 및 발달을 원조하는 방법은 대개 두 가지가 있어야 한다. 즉 한편에 있어서는 관세를 안배(按排)하여 소극적으로 외국상품을 견제하고 기업을 용이하게 함과 더불어, 다른 한편에 있어서는 재정이 허하는 한 적절한 방법을 강구하여 적극적으로 이의 조장에 노력하는 것이다. 적극적 조장의 방법으로는 원료·제품·노동력·시장·판로 등에 관한 시험 및 조사에 노력하여 계획실시의 자료를 제공하며, 기술자 및 직공(職工)의 양성에 노력하여 조업(操業)의 편리를 도모하며, 특히 소공업(小工業)에 대해서는 실지의 지도·설비의 원조·경영의 편리를 도모하는 것과 같은 것으로써 그 요지로 삼아야 한다(밑줄은 필자).[210]

---

[210] 조선총독부, 『朝鮮産業ニ關スル計劃要項參考書』(국사편찬위원회 소장자료. 수집번호 :

따라서 이 시점에는 총독부도 종래의 은사수산사업 육성처럼 조선 공업의 점진적 확대와 기업 확대를 위한 인프라 구축에 노력하려는 의지를 피력하고 있다. 1920년 조선인들도 관세철폐가 예견되는 시점에서 위기 해소를 위한 방안을 모색하는 상황이었고, 그 일환으로 1921년 6월 임시조선인산업대회를 발기하였다. 7월에 창립대회가 열렸고 곧이어 9월 12일 총회가 열렸다. 결의문에서 주최 측은 "산업의 발달 여부는 사회의 흥망성쇠를 결정하는 기초문제이다. 이제 우리는 조선인의 생존권을 확충하여 그 발달을 확보해야 한다"고 하고, 다음 강령을 결의하고 총독부에 건의하였다.

1. 조선인 본위의 산업정책을 확립하되 소수 유산계급의 이익을 목적 하지 말고 일반 다수 민중의 행복을 목표로 할 것.
1. 농업을 토대로 하여 상공업의 발달을 기하되 보호정책을 채용하여 경쟁의 참화를 제거할 것.[211]

임시조선인산업대회 사무실은 경성부 견지동 88번지에 소재하던 조선경제회 건물 내에 두었다. 그러면서 주최 측은 『동아일보』를 통해서 조선산업조사위원회의 심의를 받고자 총독부가 조사하려는 4가지 사항에 대한 조선인의 의견을 수렴하였다. 당시 총독부가 조사하기로 한 안건은 다음과 같다.

04041270, 2004) 및 高橋龜吉, 1935.4.21, 『現代朝鮮經濟論』, 千倉書房, 352~353쪽.
[211] 「산업대회 결의안」, 『동아일보』, 1921.9.14.

각지의 산업을 농·상·공·광·임·수산업으로 나누어 조사하되, 1. 금융관계에 대한 실정, 결함과 희망 2. 교통관계에 대한 실황, 결함과 희망 3. 교육기관에 대한 실황, 결함과 희망, 4. 기타 법률적 경제적으로 관찰한 각업의 실황, 결함과 발전에 대한 희망[212]

『동아일보』도 산업조사위원회의 개막에 즈음하여 수차에 걸친 사설을 통해 '조선인 본위의 산업정책'을 촉구하는 사설을 실었다.[213] 그런데 문제는 조선인산업대회에서 제시한 조사내용이 조선인 본위의 산업 분야로 금융, 교통, 교육에 집중되고 공업과 관련해서는 농업을 토대로 하여 상공업 발달을 기하자는 정도가 제시될 뿐으로 공업화에 대한 뚜렷한 요구는 보이지 않았다. 조선인조차도 조선에서 공업발달에 대한 심도 있는 논의를 진척시키지 못하고 있었다.

이런 상황에서 그동안 차일피일 개최를 미루던 제1회 조선산업조사위원회가 1921년 9월 15일부터 20일까지 개최되었다. 목적은 "총독의 자문에 응하여 조선산업에 관한 중요사항을 조사, 심의"(「조선산업조사위원회규정」제1조)한다는 것이었다. 정무총감을 위원장으로 하여 본토 측에서 20명(관료 4, 학자·전문가 5, 실업가 11), 조선 측에서 27명(관료 8, 일본인 실업가 10, 조선인 실업가 9) 등 총 47명의 위원으로 구성하였다. 본래 조선인은 10명으로 한상룡, 권기태 등 경기도 2명, 각도 1명 정도로 배정하였으나 1명이 줄어서 9명이 참가하였다.

조선산업조사위원회의 답신에는 「조선산업에 관한 일반방침」 항목이

---

212 「朝鮮産業調査委員會, 産業調査事項의 材料募集」, 『동아일보』, 1921.7.6.
213 국사편찬위원회, 2001, 『신편한국사』 제48권, 59쪽.

있었고, 여기서 추후 공업의 취급방법에 대한 기본방침을 담고자 하였다.

> 조선의 산업은 시정 이래 진보의 흔적이 현저하였더라도 그 진보는 필경 초창(初創)의 초기에 속하고 그 기초가 박약하여 전도발전의 요건을 빠트린바 적지 않으며, 따라서 장래 더욱 지식 기능의 향상 발달을 촉진하여 근면 협동의 관습을 조장하여 산업제반의 조직 및 교통 통신 기관을 정비하여 자력의 충실 및 금융의 소통을 도모하고 내선인급 내선의 관계 연락을 일층 밀접하게 하는 방법을 강구하여 조선 경제력의 진보와 내선 공동의 복리 증진을 기하지 않으면 안 된다. <u>조선산업에 관한 제반 정책 실행에 관해서는 이미 내지 및 인접지와의 관계 조선 내부의 사정 및 재정상의 관계 등을 고려하여 그 규모를 정하여 경중을 헤아려서 원급을 안배할 것이 필요함</u>(밑줄은 필자).[214]

「일반방침」이 정하는 것은 "내(본토)·선(조선)인 및 내선의 관계 연락을 밀접히 한 바탕 위에 조선경제력의 진보와 내선 공동의 복리 증진"을 도모한다는 것이었다. 여기서 "조선산업에 관한 제반 실행을 일본본토와 인접지와의 관계 등을 고려한다"고 점이 주목되는데, '본토와의 마찰'을 가능한 회피하려는 의도라 할 수 있다.[215] 이는 총독부가 조선만의 독자적인 공업화 혹은 비약적인 공업화를 도모할 뜻이 없음을 분명히 보여 준 대목이었다. 1920년에 작성된 총독부의 『조선산업에 관한 계획

214　鈴木武雄, 1942, 『朝鮮の經濟』, 日本評論社, 86쪽.
215　鈴木武雄, 1942, 위의 책, 211쪽.

요항참고서』보다 공업증진책이 상당히 후퇴한 사정을 보여 주었다. 특히 답신안 중 「조선산업에 관한 계획요항」에서는 "산미(産米)의 개량증식에 관한 일이 …(중략)… 조선의 부력을 증진하고 제국의 식량 충실에 공헌한다"고 하여 식량증산을 조선산업의 가장 중요한 임무임을 재확인하여 공업에 대한 소극적 입장을 다시 한번 천명하였다.

당시 스즈키 다케오가 조선경제가 "원시산업 지역이어야 하고 공업제품에 관해서는 내지의 판매시장이어야 한다는 것이 외지(外地) 조선에 대한 당시 본토 산업정책의 근간"[216]이었다고 한 것도 그러한 이유로 볼 수 있다. 따라서 산업조사위원회 개최 단계에서도 여전히 총독부는 공업화를 추진할 의지나 특별한 해결방법을 가지지 않았던 것이 자명하였다. 오히려 조선인 자본가들의 기대와는 달리 "일·선(日鮮)의 산업연락을 우선시한다"는 이 입장에서 일본본토 본위 정책을 강조할 뿐이었다.[217]

이렇듯 조선산업조사위원회에서는 조선의 산업정책이 일본제국의 산업방침에 순응해야 함을 분명히 하였으며, 산미증식과 철도건설을 중점사업으로 제시한 총독부의 산업정책을 추인하였다. 산업정책의 대강이 확정되자 일본인이 중심이 된 각지의 상업회의소는 1921년 9월 20일 경성부공회당에서 전선실업자간담회를 개최하여 총독부 당국과 연결하여 지방산업의 육성에 필요한 자금 확충 문제 등을 논의하였다.[218] 또한

---

216 鈴木武雄, 1942, 『朝鮮の經濟』, 日本評論社, 211쪽.
217 사설 「산업조사회의 결의안-조선인 본위의 반대로 일본인 본위의 정책」, 『동아일보』, 1921.9.23(박찬승, 「일제하 '실력양성론' 연구」, 서울대 국사학과 박사학위논문, 125~127쪽 재인용).
218 「실업가대회 20일 경성에서 개최」, 『동아일보』, 1921.9.3.

1922년 2월에는 임시조선상업회의소연합회를 개최하여 철도건설, 이입세 철폐, 산미증식, 수산개발 등 '산업개발 4대 요항'의 실천을 일본본토 정부와 의회에 촉구하였다.[219]

스즈키 다케오가 조선공업화의 출발점으로 조선질소비료공장의 설립과 우가키 총독의 부임을 기점으로 지적하면서 이후를 '조선의 산업혁명'으로 불렀는데, 개시 이유 중 하나가 바로 '미곡 단작형 산업정책의 파탄'[220]을 지목할 정도로 1920년대 산미증식계획이 조선공업화의 중대한 걸림돌이었던 것은 당대에서도 인정하는 바였다. 조선산업조사위원회의 답신안은 "그저 조선과 일본 간의 관세장벽을 철폐하고 이런 방침 아래 조선공업은 가능한 보호"한다는 입장이었다. 총독부도 기본적으로 중농(重農)정책을 취하면서도 치안대책을 주안으로 해 식료품공업을 추진하는 '농공병진(農工竝進)'을 선언하는 정도에서 멈추었다.[221]

> 빈약한 총독부 예산으로는 산업의 진흥을 생각할 형편이 못 되었다. …(중략)… 장래를 위해 자원을 조사해 둘 필요는 있었고, 그래서 조선산업위원회가 설치되었다. 즉 농업은 실적이 많기 때문에 이것을 어떻게 개량 추진해 갈 것인가가 과제였지만, 다른 산업은 그 산업을 영위할 기초가 될 자원의 조사 연구가 주였다.[222]

---

219 국사편찬위원회, 2001, 『신편한국사』 제48권, 59쪽.
220 鈴木武雄, 1942, 『朝鮮の經濟』, 日本評論社, 220쪽.
221 鈴木武雄, 1942, 위의 책, 211~212쪽.
222 穗積眞六郞, 1974, 『わが生涯を朝鮮に』, 友邦協會, 91쪽(주익종, 2003, 「일제하 한국의 식민정부, 민간기업 그리고 공업화」, 『경제사학』 제35호, 67쪽에서 재인용).

나. 소극적 공업정책의 추진

총독부는 3·1운동 이후 통치체제의 면모를 일신하고자 1919년 8월 19일에 「총독부관제개정」(칙령 제386호)을 발표하여 농상공부를 폐지하고 대신 식산국을 설치해 농무과, 산림과, 수산과, 상공과, 광무과 등 5과를 두는 한편, 상공과가 공업 업무를 주무하도록 한 바 있었다. 1922년 10월에는 광업의 발달과 개발 촉진을 명분으로 조선총독부훈령 제50호(1922.10.13)로 「조선총독부사무분장규정」을 개정하여 식산국 산하에 연료선광연구소를 설치하였다. 여기서는 ① 탄전(炭田) 조사 ② 석탄 이용방법 조사연구 ③ 기타 연료 조사연구 ④ 선광제련시험 등의 사업을 주무하도록 했다.[223] 1930년대 광산 개발이 성행하면서, 분석의뢰 건수가 증가하였고, 각종 광산 업무에 종사할 전문가를 양성하기 위해 1년 과정의 실습생교육을 실시하였다.

그런데 1920년 이후 경기 불황이 노골화되면서 거래 부진, 가격 하락, 구매력 하락 등으로 폐점하거나 전업하는 사례가 속출하였다. 1923년에는 주류와 직물류를 제외한 조선에서 거두는 이입세가 철폐되었다. 이러한 조치는 결정적으로 일본상품의 진출을 촉진하였고, 조선 내 공업자본가들의 위기감을 높여주었다. 이에 총독부는 이러한 위기감을 잠재울 정책이 필요했고, 1923년 5월 15일 도지사회의에서 아리요시(有吉) 정무총감은 "조선경제가 진작하려면 기업(企業)을 장려해야 하는데, 현실적으로 자본이 없다'고 하고 이를 타개하기 위하여 '생산과 무역 확대를 통한 본토자금의 유입"을 주문하기도 하였다.

---

[223] 「朝鮮總督府訓令」 제50호, 『朝鮮總督府官報』, 1922.10.13.

금일 조선에서 가장[最히] 급요(急要)흔 문제는 그 경제상 발달을 도모홈에 있슴(在홈)니다. 경제의 발달을 도모ㅎ기에 필요한 사항은 자본을 윤택케 ㅎ는 것과 확실흔 기업을 장려ㅎ는 두 가지 길[兩途]에 귀착ㅎ는 것이나 조선은 종래 수이입이 초과ㅎ는 지방인 고로 자금은 별로히 방법을 강구치 아니ㅎ면 항상 타에 흡수되는 것이니 고로 총독부 개설 이래로 혹은 국고보충금과 혹은 민간기업자금과 혹은 차입금으로 각종 방법으로써 본토(내지)자금 흡수의 길을[途를] 강구ㅎ얏슴에 불구ㅎ고 1910년(明治 43)부터 1921년(大正 10)에 지ㅎ는 간에 자금의 수이입액은 10억 9천여만 원에 달ㅎ얏스나 화물의 대상으로 지출흔 금액은 14억 4천여만 원에 상(上)ㅎ얏스니 결국 12년간에 2억 5천여만 원의 자금을 유출흔 상황인즉 금후에도 선내 자금의 충실을 도모[圖]홈에는 일방으로는 일층 생산을 증가ㅎ고 수이출을 왕성케 ㅎ는 동시에 타방으로는 확실한 제종의 계화을 수립ㅎ야 자본을 초치홀 방도를 강구ㅎ는 것이 긴요홈니다.[224]

물론 아리요시가 '공업생산'을 증강하라고 꼭 집어서 말한 것은 아니었지만 기업(企業) 장려와 같은 종래와는 자못 결이 다른 '기업육성론'을 천명하고 있었다. 이런 의도의 일환으로, 총독부는 1923년 10월 15일부터 24일간 조선 내 1만 8,800여 점, 조선 외 4,900여 점의 부업품을 출품한 농촌부업품공진회를 개최했는데 관람인원이 39만 5,600명에 달하였다. 그러나 일본인 본위의 공진회라는 비판을 면치 못했다.

---

224 「有吉政務總監訓示」, 『朝鮮總督府官報』, 1923.5.19.

순로[路順]대로 제2참고관에 드러가니 그 건너편으로 중앙시험소의 방직도 조선인 사업과는 무용(無用)이다. 이 속에 족답기계(足踏機械)로 무명 짜는 부인은 백미(白米)의 「뉘-」라 할가…(중략)… 잠사관(蠶絲舘)에를 드러가니 문 어구에 은사수산장(恩賜授産場)의 출품인 부국환(富國丸)에는 '일본 무역의 양대종(兩大宗)'이란 목면을 걸고 '생사수출 연 육억원', '면화수입이 연 사억원'이라 하엿다. 면화수입이 연 사억원이라고 하지마는 실상 그것은 모다 직포(織布)가 되어 연연히 우리의 피를 말려가는 것이다. 생사를 미국에 수출하는 총액이 연 육억 원이라 하고 조선도 양잠에는 적당한 땅이라 하니 연 일억 원만 조선인의 생사를 외국시장에 내여노앗스면 좀 살기가 나련만은 공론(空論)뿐이야 무슨 소용이 잇스랴! 잠사(蠶絲)로는 조선제사회사의 제품이 유일한 조선인측 출품인 듯 하다. 그리고는 울긋붉긋 차린 일본여자인형(日女人形)의 잠종광고(蠶種廣告)가 굉장하다.[225]

1925년 12월에는 정무총감 명의로 각도에 조선산 제품 사용을 요구하는 통첩을 내기도 했다.[226] 또한 총독부는 소극적이지만 본토자본 유치정책을 지속하였고 그 결과 노구치, 미쓰비시 등 일부 재벌자본이 자회사 혹은 본점회사 및 공장을 옮겨왔다. 특히 본토의 생사 수출이 호조를 보이자 조선의 생사업도 덩달아 활황을 보이는 등 본토 수요에 기반한 잠사공업이 특화되어 성장하기도 하였다. 이런 공업 촉진 분위기 속에서도 1924년 12월 1일에는 중앙시험소의 양조부와 위생부, 분석부가

---

[225] 有狂熱, 「나 亦 求景의 榮光을 입던 니약이」, 『개벽』 제41호, 1923.11.1.
[226] 朝鮮總督府, 1940, 『施政三十年史』, 184~185쪽.

폐지되고[227] 인원을 감축하는 조치도 이어졌다. 급기야 1931년에는 "존립할 가치가 없다"고 하여 폐지될 뻔도 했으나 공업단체들의 반대로 겨우 모면하였다. 이후 중앙시험소는 요업원료, 공업용수 및 유지원료 방면의 자원조사 연구로 중점을 바꾸었다.

다. 은사수산산업의 퇴조

합방 직후 조선총독부는 3,000만 원의 임시은사금을 활용하여 조선의 전통사업을 근대화하겠다고 홍보하였고, 당시 근대화에 목마른 조선의 자산가들에게 기대감을 높였다. 그리하여 1910년대에는 은사금 회계도 매년 평균 30% 이상 팽창하였고 많은 제조소, 전습소가 생겼다. 이 사업은 여지없이 '조선에 대한 시혜'를 홍보하는 수단이 되었다. 특히 1915년 경복궁에서 개최된 조선물산공진회에서는 제2호관을 임시은사금사업부라고 하여 지난 5년간 은사수산사업 진보와 각종 시설 및 그 성적을 홍보하였다.[228]

그런데 이미 1911년부터 지방관청 일각에서는 은사금이 현금(現金)으로 활용하기 좋다고 여겨서 다른 용처로 전용하려는 움직임이 일었다. 그러면서 틈만 나면 은사금 회계를 지방비 회계에 편입하려고 책동하였다. 총독부로서도 은사금이 3월과 9월 두 번 도착하면서 관리 감독이나 운영면에서 여러 장애가 발생한다고 보아 1917년부터 은사금 회계

---

227 칙령 제423호에 따라 중앙시험소 관제가 개정되어 技師 專任 9명을 6명으로, 屬 專任 2명을 1명으로, 技手 專任 14명을 9명으로 減員하였다 (『朝鮮總督府官報』, 1925.1.4).
228 배민재, 2008, 「1910년대 조선총독부 임시은사금사업의 운영 방향과 그 실제」, 서울대 국사학과 석사학위논문, 61쪽.

<그림 4> 恩賜事業廢止

출처: 『매일신보』, 1922.2.3.

를 완전히 지방비 회계로 전환하였다. 그러자 초기에 그나마 활발하던 은사수산산업은 크게 위축되었으며, 지방비가 되면서 일본인 본위의 지출에 사용되는 경우가 증가하였다.[229] 게다가 조선을 면직물 시장으로 만들려는 본토의 요구가 거세지는가 하면, 그나마 제1차대전 특수도 사라지면서 사업전개가 지지부진하였다. 따라서 종래와 같은 면직물업 중심의 은사수산산업을 전면 수정할 필요가 커졌다.

1917년 이후 지방비 회계로 전환하면서도 각지에서 수산장 운영이 지속되었으나 인력난, 원료난, 여자직공 임금상승 등으로 〈그림 5〉처럼 폐점하는 경우가 속출하였다. 이런 상황에서 경기도는 제사장을 조선인 유지가 주도하는 민영기업으로 전환하려는 움직임을 보였으나 결국 실패하고 말았다. 1920년 4월 경기도는 「은사금수산사업 및 경리방법」을 개정하여 종래 보통 농업, 잠업, 임업 등 3개 분야에서 농업과 임업의 경리는 폐지하고 잠업만 유지하도록 했고,[230] 경성부에 세운 은사수산경성제사장, 은사수산경성기업장, 은사수산경기도원잠종제조소와 경기도에 세운 은사수산경기도잠업강습소, 잠업 관련 수산시설만 재정을 투하할 수 있도록 했다. 이리하여 면주종묘·감자·고구마 공동구입 보조, 미곡

---

[229] 김인호, 2020, 「'조선총독부의 꽁돈', 경상남도 배당 지방 임시은사금 연구」, 『지역과 역사』 제46호, 부경역사연구소.

[230] 『동아일보』, 1920.4.18.

조제 개량 보조, 단기농사 강습 보조 등은 폐지하거나 지방비 사업으로 옮겨 갔다. 1923년 3월 경기도 도 평의회에서는 현재 경기도 소관이었던 은사수산장의 기업장 및 잠종제조장을 경성부로 이관하도록 결의하였다.[231] 이유인즉, 기계방적이 시장을 독점하여 수산장에서 생산하는 수직제품이 더 이상 설자리 없기 때문이라고 하였다.

> 경기도가 부업 장려의 견지에서 선녀(鮮女) 일반의 면포수직을 습득케 하고 가정의 부업을 왕성케 할 주지에 기하야 존치한 것으로 습득자에게는 각기 기기를 여(與)할 실적이 있으나 차 계획도 보기조케 대자본주의 기계방적에 전도(轉倒)되야 기계제품이 시장(市場)을 독점하야 수직(手織)제품과 가튼 것은 거의 가치가 업됨에 호황시대의 난조로 인하야 경성(京城)서도 기계공장 신설이 되고 도당국도 시대 변화에 답하야 당초의 방침을 변경하고, 방직공녀양성책(紡織工女養成策)을 채용하게 되엇으나 점차 불황시대의 습래로 부내의 기업장도 점차 감소하게 되야 공녀 양성의 필요가 업슴으로 경성부에 양도하엿다.[232]

이런 애로가 중첩되면서 수산장 사업은 적자경영에 허덕이게 되었다. 결국 1924년 3월 31일 경기도는 경기도고시 제11호로 제사장과 기업장을 폐지하기로 하고, 기업장은 경성부에서 잔존업무를 처리하고, 제사장은 경기도특별회계로 완전 폐장까지 관리하였다. 그런데 경

---

231 『동아일보』, 1923.4.13.
232 「京城府機業授産場發止, 年三千圓 欠損」, 『동아일보』, 1923.4.13.

성기업장은 사정은 더욱 여의치 않았다. 1924년에는 경성부가 기업장에서 발생한 약 3,000원의 결손을 보충해야 하는 상황에 이르렀다. 1925년 2월 경성부는 사회적 시설임에도 이러한 결손을 보충하는 상황이 되었다면 더 이상 존속할 이유가 없다고 하면서 경기도청과 협의하여 은사수산경성기업장을 폐지하는 쪽으로 합의하였다.[233] 폐지 당시 경성 수산장에는 기사, 기계공, 염공 등 4명의 직원과 공녀 약 20여명이 있었고, 연 생산고는 2만 원 정도였다. 아울러 10년대와 같은 각군 공동사업을 폐지하였고, 1933년부터는 아예 부와 군에 지급되던 은사금이 도비(道費)로 일원화되어 총독부가 언제든 도를 통하여 활용하기 쉽게 바꾸었다. 이미 1920년대 후반에는 은사금 운영방식도 언제든 변경할 수 있도록 규정개정을 완료하였다.

〈표 12〉는 1923년 이후 1932년간 공업전습소 현황이다.

〈표 12〉 각 지방별 주요 공업전습소 운영 현황(1923~1932)

지방공업 전습소별	1923		1924		1926		1928		1930		1932	
	전습생 (명)	경비 (원)	전습생 (명)	경비 (원)	전습생 (명)	경비 (원)	전습생 (명)	경비 (원)	합계 (명)	경비 (원)	합계 (명)	경비 (원)
포백가공 전습소	240	3,789	-	-	-	-	76	3,000	30	3,000	50	2,000
공주실업협회	10	4,328	10	4,420	-	-	-	-	-	-	-	-
기류세공 강습소	7	1,428	-	-	-	-	-	-	-	-	-	-
공업전습소	6	1,793	-	-	-	-	-	-	-	-	-	-
세도여자기업 전습소	-	-	20	1,710	47	2,000	30	5,200	-	-	-	-

---

233 「京城府機業授産場廢止, 年三千圓 欠損」, 『동아일보』, 1923.4.13.

상주기업조합 부설기업 전습소	-	3,592	10	3,591	30	7,036	-	-	-	-
울릉도기업 전습소	20	735	-	-	-	-	-	-	-	-
경상남도 기업전습소	30	7,990	32	7,732	30	5,736	-	-	-	-
창녕군기업 전습소	-	-	5	500	-	-	-	-	14	500
함양군기업 전습소	-	-	-	600	16	1,692	19	2,609	15	600	4	36
평안남도기업 전습소	30	9,884	-	9,404	-	-	-	-	-	-
영변군기업 전습소	8	5,300	-	-	-	-	-	-	-	-
춘천기업 전습소	8	20,137	-	-	-	-	-	-	-	-
강원도기업 전습소	-	-	21	18,604	-	-	-	-	-	-
함흥기업 전습소	15	1,570	-	1,000	-	-	-	-	-	-
함경남도기업 전습소	25	7,537	-	-	-	30	8,200	30	5,829	40	4,703
함경남도제사 기업전습소	-	-	29	8,122	-	-	-	-	-	-
문천군 기업전습소	-	2,100	30	2,400	40	521	15	1,226	-	-
신흥군 기업전습소	15	3,797	15	2,813	13	1,646	28	1,400	31	1,100
단천기업 전습소	-	605	-	-	-	-	-	-	-	-
청주군 포백가공 전습소	-	-	215	2,926	-	-	-	-	-	-

청주군 기류세공 전습소	-	-	4	1,600	-	-	-	-	-	-
통영군 공업전습소	-	-	2	1,515	7	770	-	-	-	-
신의주녹로 세공전습소	-	-	8	2,200	-	-	-	-	-	-
주안기업 전습소	-	-	-	-	6	2,000	8	800	-	-
산청군농회 기업전습소	-	-	-	-	30	1,000	19	2,000	-	-
거창군 기업전습소	-	-	-	-	20	2,000	4	630	-	-
정수포백가공 전습소	-	-	-	-	50	2,200	-	-	-	-
창성군 기업전습소	-	-	-	-	-	-	25	1,176	52	1,750
서흥군 기업전습소	-	-	-	-	-	-	-	-	37	5,438
청양군 기업전습소	-	-	-	-	-	-	35	2,344	47	840
***기업 전습소	-	-	-	-	17	2,651	18	1,800	20	1,014	-	-
여자 기업전습소	-	-	-	-	27	3,899	-	-	-	-
강계군 기업전습소	-	-	-	-	20	4,510	-	-	-	-
부여군 기업전습소	-	-	-	-	21	250	-	-	-	-
정주군향교 기업전습소	-	-	-	-	15	3,014	10	250	-	-
산십제사 주식회사 춘천기업 조사전습소	-	-	-	-	55	23,500	-	-	-	-

함경남도제사 기업전습소	-	-	-	54	10,287	52	10,059	43	8,120	40	7,187
청양기업 전습소	-	-	-	-	-	26	1,100	-	-	-	-
산청군신등면 기업전습소	-	-	-	-	-	6	400	-	-	-	-
신흥기업조합 기업전습소	-	-	-	-	-	51	10,130	-	-	-	-
북진간이기업 전습소	-	-	-	-	-	-	-	26	728	-	-
박천군 기업전습소	-	-	-	-	-	-	-	18	900	-	-
지전제시 전습소	-	-	-	-	-	-	-	-	-	25	1,044
거창군 기업전습소	-	-	-	-	-	-	-	12	380	-	-
평안남도 기업강습소	-	-	-	-	-	-	-	43	11,874	-	-
장진군 기업전습소	-	-	-	-	-	-	-	19	1,067	-	-
자선제시 전습소	-	-	-	-	-	-	-	32	1,600	-	-
남산제사 전습소	-	-	-	-	-	-	-	17	114	-	-
단흥군 기업전습소	-	-	-	-	-	-	-	56	9,271	-	-
공주군 기업전습소	-	-	-	-	-	-	-	-	-	21	210
합계	414	74,585	401	69,137	498	74,712	392	48,804	452	49,117	330	23,708
**운영 중인 전습소	13		13		18		16		17		11	

출처: https://kosis.kr/statHtml/statHtml.do?orgId=999&tblId=DT_999N_010C6023&conn_path=I3

이 시기 지방공업전습소는 총 51개소인데, 〈표 7〉에서 1914~1922년까지 113개소가 설립된 것과 비교하면 절반 이상이 사라졌다. 1923년 총 414명에게 전습경비 7만 4,585원이 지출되었는데, 포백(布帛)가공전습소에 유난히 전습생(240명)이 많았다. 이후에는 감소하여 1932년에는 50명에 불과하였다. 또한, 1920년대 중반까지 전습소는 증가하지만 전습경비는 1928년 4만 8,804원, 1932년 2만 3,708원으로 급감하였다. 그만큼 지방별 공업전습소의 운영이 어려웠다는 것이다. 전습소 중에서 1923년부터 1932년까지 지속적으로 운영된 경우는 창녕, 함안, 신흥 기업전습소였고, 나머지는 대부분 경리 상황이 몇 년을 넘기지 못하였다.

라. 1920년대 공장자본의 구성

〈표 13〉은 1920년대 공장자본 외형이다.

〈표 13〉 1920년대 공장공업의 외형적 구성

구분	공장 수		자본금		일당 임금		**총임금		노동자		기관수		마력		생산액	
연도	개소	지수	천 원	지수	원/일	지수	천 원/년	지수	인	지수	대	증가율	마력	증가율	천 원	증가율
1920	2,087	829	160,744	1,515	152.71	316	26,177	1,200	55,279	380	871	589	80,766	1,333	179,318	913
1921	2,384	946	179,142	1,688	126.6	262	19,349	887	49,302	338	944	638	86,490	1,428	166,414	847
1922	2,900	1,150	183,570	1,730	123.12	255	20,869	957	54,677	375	1,216	822	91,011	1,502	163,488	832
1923	3,499	1,388	177,985	1,677	121.96	253	26,243	1,203	69,412	476	1,670	1128	90,008	1,486	242,788	1,236
1924	3,845	1,526	166,940	1,573	113.06	234	25,650	1,176	73,184	502	1,972	1332	98,412	1,624	293,946	1,497
1925	4,238	1,682	265,853	2,505	110.56	229	27,547	1,263	80,375	551	2,370	1601	23,949	2,046	337,249	1,717
1926	4,293	1,704	319,171	3,007	106.93	222	27,662	1,269	83,450	573	2,623	1772	28,805	2,126	365,849	1,863
1927	4,914	1,950	542,646	5,113	105.48	219	29,148	1,337	89,142	612	3,186	2153	17,732	1,943	369,639	1,882

| 1928 | 5,342 | 2,120 | 549,722 | 5,474 | 108,89 | 226 | 33,603 | 1,541 | 99,547 | 683 | 3,404 | 2300 | 153,896 | 2,540 | 392,533 | 1,999 |

출처: 『朝鮮總督府統計年報』, 해당 연도판.
비고: 1) 임금 통계는 공업광산 농업 노동자를 제외한 일반 노동자의 1인당 명목임금종합(허수열, 1981, 「일제하 實質賃金(변동)추계」, 『경제사학』 5, 244~45쪽 참조).
2) 총임금 통계는 종업원 수×노동일(310일 기준)×일당 임금

    1910년대와는 달리 1920년대는 자본금 증가율 및 기계 증가율이 공장 증가율이나 노동자 증가율을 상회하고 있었다. 이는 자본금의 확대가 공장의 확대보다는 기계 확대와 관련을 맺은 것을 말하는데, 10년대 숙련노동력 중심의 영세 소경영이 점차 기계와 동력을 사용한 중규모 경영으로 변화하는 모습을 상징한다. 그럼에도 저변에는 다수 영세공장이 포진하고 있었다. 물론 단편적인 자본구성의 변화이지만, 엄밀한 의미에서 조선의 공업생산은 1920년대부터 본격적인 자본주의적 축적 메커니즘이 작동한다고 해도 무방하다.

    〈표 14〉는 1920년대 공장자본의 유기적 구성 상황이다.

〈표 14〉 1920년대 공장 자본의 유기적 구성

구분	*가변자본율		**상품 가치율		노동자당 생산액		***이 윤	평균이윤 추계	평균이윤 증가율
연도	%	지수	%	지수	원	지수	천 원	%	지수
1920	16.28	79.2	14.6	131.5	3,243	240.7	18,574	36	206
1921	10.8	52.6	11.63	104.9	3,375	250.5	- 12,728	76	- 141
1922	11.37	55.3	12.76	115	2,990	221.9	- 20,082	27	- 223
1923	14.74	71.7	10.81	97.3	3,498	259.6	64,803	16	717
1924	15.36	74.8	8.73	78.6	4,017	298.1	127,006	- 32	1,407
1925	10.36	50.4	8.17	73.4	4,196	311.4	71,396	124	791

1926	8.67	42.2	7.56	68.1	4,384	325.4	46,678	49	506
1927	5.37	26.1	7.89	71	4,147	307.7	173,007	89	1,917
1928	6.11	29.7	8.56	77.1	3,943	292.6	157,189	-29	1,741

출처 및 비고: 〈표 11〉과 같음.

가변자본율은 1911년 20.55%에서 1920년 16.28%(지수로는 100에서 79.2)로 4.27%p 하락하였으나, 1928년은 6.11%로 1911년에 비해서 14.44%p, 1920년에 비해선 10.17%p 하락하였다. 노동자당 생산액은 1920년 3,243원에서 1928년 3,943원으로 700원 상승하였는데, 임금은 연 152원 71전에서 108원 89전으로 43원 82전 하락하였다. 다시 말해 21.5%의 노동생산액이 증가했음에도 임금은 오히려 하락하여 가변자본율을 6.11%까지 추락하게 했다는 것이다. 가변자본율과 더불어 상품가치율도 1920년 14.6%에서 1928년 8.56%까지 하락하였다. 가변자본율보다 상품가치율의 하락이 완만한 것은 아직 시장에서는 노동가치에 대한 존중이 남아 있다는 것이기도 하다.

또한 이윤율도 1920년 115%에 1928년에는 -28.6% 상황으로 영락하였다. 가변자본율, 상품가치율, 이윤율 등이 동시에 하락했다는 점을 생각할 때, 주목되는 것은 1920년대는 기계충용비율이 증가하여 자본의 유기적 구성이 고도화되었지만 정작 각 상품의 적정가격을 형성할 만한 시장이 아직 협소하여 기업 환경이 아직 어려운 상황이었음을 보여 준다. 기계화에 따른 미숙련 노동력의 증가와 시장가격 형성의 제약 등으로 명목임금 지수도 1920년 316에서 계속 하락하여 1928년에는 219였다. 명백히 숙련노동이 대우받던 1910년대와는 반대상황이었다. 이는 1920년대에 들어서 자본의 노동력에 대한 절대적 지배(가변자본율 및 명목임금의 급락)가 강화되었다는 말이기도 한데, 그 결과 1인당 노동생산액은 1920~1929년 사이 약 700원 증가하여 21.5% 상승하였다.

공장당 기계화율을 보면 1911년 기관당 마력이 40.9마력이었음에 반해 1920년에 일시적으로 상승하다가 1920년대 말경에는 다시 1911년 수준으로 하락하였다. 아울러 1922년 이후 1인당 마력수가 하락하고 있다는 점도 영세한 조선인 공장의 진출과 소규모 기계사용이 급증한 사정을 대변하고 있다.

정리하면, 1910년대 공장의 양적 팽창의 주역은 영세공장이며, 생산방식은 전근대적 생산과정에 숙련노동력을 접목한 방법이었다. 하지만 1920년대 자본가들은 자본과 기계의 확산과 비숙련 저임금 노동력의 확대를 통하여 불황을 타개하고자 하였다. 이러한 상황은 '이윤 절벽'에 선 자본가와 노동생산성을 높인 노동자들의 기대치가 서로 갈등하게 하는 동인이었다. 통계상으로 볼때, 1910년대에는 노동숙련도에 기반한 잉여배분구조로 인해 3·1운동이라는 거족적 운동이 촉발되었다면, 1920년대에는 이윤하락(불황)과 노동생산성 증대가 심화되면서 노자간의 갈등(계급갈등)도 그만큼 악화될 가능성을 보여 주고 있다.

2. 민간공업의 확대와 조선인 공장의 운명

가. 직물업의 다원화와 시설 확장

(1) 면직물업의 동향

전통적으로 면포, 마포, 저포, 견포 교직물을 주로 소비하였다. 중류 이하는 면포를, 중류 이상은 견포 및 교직물을, 마포는 상중하 전체에 걸쳐서 수요되고 있었다.[234] 이 중에서 면직물이 가장 중요했다. 그런데 문제는 이러한 직물류를 근대적 공정으로 생산할 수 없었다는 점이다. 대부분은 농촌의 가내 수공업을 통하여 생산되었다.

> 조선이 경영하는 공업에는 아직도 가내공업이 가장 중요한 지위를 점하였고, 가내공업 가운데는 농가에서 부업으로 경영하는 기업이 또한 그 으뜸이 되어 있다.[235]

당시 총독부는 중앙시험소 염직부를 두어 염직 실험을 진행하고, 은사수산제사장, 제조소 등을 통하여 공장생산을 진척시켰다. 1910년대 '반짝 특수' 가운데 서울에서는 김덕창의 중곡염직공소, 낭대호의 선창호염직소, 노홍석의 경성염직소, 최규익의 한양염직공장, 경성직뉴(京城織紐), 직물조합 등 비교적 규모 있는 6개소의 공장이 들어섰지만 이들조차도 역직기는 1대도 없었고, 모두 족답기(足踏機), 수직기로 생산하

---

[234] 권태억, 1989, 『한국근대면업사연구』, 일조각, 209쪽.
[235] 『동아일보』, 1934.12.25(권태억, 1989, 위의 책, 210쪽 재인용).

였다. 이 중에는 개량수직기도 있었으나 전통적인 재래식 수직기가 많았다. 이들 중 일부는 중산계급에 속할 만큼 성장하고 있었다는 기록도 있지만 대부분 영세한 업자였다.[236]

방직업은 수확한 목화를 조면(繰綿)으로 가공하는 조면업, 조면을 가공하여 면사를 생산하는 면방적업, 면사를 짜서 면직물을 생산하는 면직물업으로 나누어지는데, 조선에서는 조면업만 발달하였을 뿐 면방적업은 거의 없었다. 면직물업도 수공업 형태로 겨우 명맥을 유지하였다. 이러한 상황에서 조선에서 생산된 목화는 조면공장에서 가공되어 일본으로 반출되며, 이렇게 반출된 조면이 본토의 방적공장과 면방직공장을 거치면서 면사로 가공된 후 면제품으로 만들어졌다. 면제품은 다시 조선에 이입되어 조선의 면제품시장을 지배하였다.[237] 따라서 조선산 면제품은 본토산 면직물의 위세에 눌리고, 상대적으로 투하자본이나 설비, 노동력 나아가 시장 등의 조건이 여의치 않았다.

그나마 은사수산사업 중 기업전습소 사업도 1920년을 전후하여 잠업을 제외하고는 사실상 폐지되었다. 특히 제1차 세계대전 특수가 끝나면서 경영난에 처해 1918년 70개소이던 직물업소는 1920년 24개소로 줄어들었다. 더불어, 가내공업이나 면사 수요도 급감하였다. 이 시기에는 "때때로 면사 시세(市勢) 고저로 인하여 직물 원료인 면사 대금보다 (면직물) 가격이 저렴한 경우가 없지 않았다."[238]

---

236 권태억, 1989, 『한국근대면업사연구』, 일조각, 209쪽.
237 국사편찬위원회, 2001, 『신편한국사』 48, 70쪽.
238 권태억, 1989, 위의 책, 253쪽.

면사 수입액을 보면 1910년 155만 5,000원(수입액의 3.91%)에서 1919년에는 390만 8,000원(1.39%)으로 상승했으나, 면직물 수입 증가율보다 훨씬 낮았다. 그나마 '특수' 기간인 1915년에는 면사 수입이 243만 6,000원, 1918년에는 314만 6,000원으로 증가했다. 또한 이입 면사 가격도 1915년 근(斤)당 32전이던 것이 1917년 61전, 1918년 95전, 1919년 1원 25전으로 급등하였다. 하지만 주요 원료인 조선산 면화의 생산능력은 늘 자급률 이하에 머물거나 자급률 이상으로 본토로 이출되었다. 거꾸로 일본본토의 면화가 조선으로 이출되는 경우가 많았다.

경기 불황에 대응하여 1919년 김덕창, 최규익, 이창림 등 11명이 통합하여 자본금 50만 원의 동양염직주식회사를 설립하였다. 경성직뉴도 설립 초기 경영이 활기를 보여서 15%까지 배당할 정도였다. 하지만 근대적인 학생복과 양장의 보급에 따라 점차 댓님[紐] 수요가 감소하면서 경영난에 빠졌다. 그러자 김성수가 인수하여 한양목(漢陽木), 소창(小創), 소폭목면 등을 생산하는 공장으로 바꾸었다.

1923년 관세철폐 당시에도 총독부는 면포에 대한 관세율을 종가 7.5%로 유지하여 조선 내 직물업자의 불만을 막거나 경성방직의 불황에 보조금을 주어 지원하기도 했다. 하지만 값싼 일본산 면포가 조선을 석권하던 1920년대 말에는 종가 5%로 관세율을 낮추는 등 조선산 제품에 대한 보호정책은 완화 일로였다. 이런 상황에서 조선인 면직물업자들은 소폭 백목면(白木棉)은 물론 여기에 변화를 가한 색목면, 지변목면 등을 생산하는가 하면, 특수한 가공 섬유인 보통방적사, 가스사, 실켓(silket) 등을 이용하여 각종 능지(綾地) 등의 제품을 개발했다. 이것이 어느 정도 성공하면서 조선인 직물업은 조금씩 성장하고 이후의 불경기에도 존속할 수 있었다.²³⁹ 1920년대 말 이후 점차 본토 방적자본이 조선시장에 대한 관심을 줄이면서 조선산에 대한 견제도 약화되었다.²⁴⁰

(2) 누에고치, 견사 그리고 견직물업

누에고치는 1916년부터 이미 공동판매제를 실시하여 대규모 제사업체의 편의를 봐주기 시작하였다. 공판(共販)은 군 단위로 양잠조합이나 농회(農會)의 알선으로 이뤄졌다. 공동판매 기간을 제외한 시기에는 개인판매도 가능하였다. 이어서 총독부는 「조선잠업령시행규칙」(부령 제80호, 1919.4.29)을 공포하여 잠종제조자면허제를 실시하여 도장관에게 보고하도록 하는 한편, 조선산 누에고치의 품종을 통일하고 춘잠견의 매매 시기를 관청에서 정하도록 하였다. 또한 1920년부터 총독부는 은사수산사업에서 기업 대신 잠업을 육성하기로 하고 은사수산경기도원잠종제조소 및 은사수산경기도잠종강습소를 설치하는 한편, 기존 제사장을 증설하고 기술자와 강사 및 잠종기술원을 증강하였다. 더불어 잠업보조사업[잠업강습회 개최, 순회교사 설치, 상원품 품평회 개최, 건견장(乾繭場) 건축] 등도 추진하였다.²⁴¹ 이렇게 잠업의 육성을 표방한 데는 1910~1920년대 일본산 생사가 총수출액의 40%를 차지할 정도였고, 주로 미국(美國) 시장에 수출되어 각광을 받았던 상황 때문이었다.²⁴² 생산

---

239 조선총독부, 1913, 『조선상공업』, 35쪽(권태억, 앞의 책, 255쪽 재인용).
240 권태억, 1989, 『한국근대면업사연구』, 일조각, 252쪽.
241 京畿道告示 第59號(1925.6.12), 「京畿道臨時恩賜金事業及京吏方法改正」, 『朝鮮總督府官報』; 京畿道告示 第20號(1921.3.31), 「京畿道臨時恩賜金事業及經理方法改正」, 『朝鮮總督府官報』(1921.5.21).
242 김선웅, 2016, 「1930년대 조선인 중소공업의 수직적 분업구조와 식민지적 특징」, 『한일관계사연구』 제54호, 448쪽.

시장의 확대로 원료인 누에고치 확보가 시급하자 가타쿠라(片倉)제사와 같은 일본의 대규모 제사(製絲)회사가 진출하여 우량한 누에고치를 확보하려고 하였다.

한편, 총독부는 기존 은사금이 3월과 9월 두 차례에 걸쳐서 불규칙하게 들어와 예산집행이 어렵다면서, 1924년 3월부터는 기존 은사수산경성제사장의 독자적인 은사금 회계를 중지하고 지방비 사업으로 전환하였다.[243] 1925년에는 「산견(産繭)100만석증식계획」을 수립하여 누에고치생산량을 높이려 하였다. 1926년에는 「조선잠업령」을 개정하여 누에고치 판매는 수의계약에 의한 특매제(特賣制)로 하게끔 강제하였다. 또한 '도지사가 견(繭)매매업자를 허가'하도록 했다.

개정령에 따라 누에고치 출회기가 다가오면 총독부는 기준가격을 발표하였는데, 군농회의 위임을 받은 도농회와 수의계약자(도내 제사업자 우선)들이 도청에 모여서 기준가격을 토대로 가격협상을 벌였다. 이렇게 계약이 성립하면 공동판매 기일에 수의계약자가 각 군의 공동판매소에 가서 등급 안에 드는 누에고치를 현금을 지불하고 구입하였다. 이런 특매제 덕분에 대공황 상황에서 잠업농가가 위기를 벗어나는데 기여한 효과도 있었지만 지정 제사업자의 독점적 이익을 보장하고 조선인 중매상인은 시장에서 배제하는 한계도 있었다.[244]

한편, 1910년대 말에 야마지(山十)제사 등 대규모 제사(생사)회사가 들어오면서 기존의 누에고치와 더불어 새롭게 잠사(생사) 수요가 증대하

---

243 京畿道告示 第6號(1924.3.7), 「京畿道臨時恩賜金事業及經理方法中改正」, 『朝鮮總督府官報』(1924.3.7).
244 류상윤, 2008, 「대공황의 충격과 식민지 조선의 잠사 견직물업의 재편」, 『경제사학』 제45호, 56쪽.

자 가격도 상승하여 잠사업이 급증하였다. 그런데 조선에서 잠사가 생산되면 미국으로 바로 수출되는 것이 아니라 일본본토로 일단 이출되었다가 요코하마나 고베의 수출검사소를 거쳐서 미국으로 반출되었다.[245]

이런 상황에서 제사업 분야에 자본이 급속히 집적하였고, 생산액도 크게 증가하였다.

〈표 15〉 1920년대 직물업 공장 및 생산가액

업종별	국적	1922			1924			1926			1928		
		공장(개소)	자본금(원)	생산고(원)	공장(개소)	자본금(원)	생산고(원)	공장(개소)	자본금(원)	생산고(원)	공장(개소)	자본금(원)	생산고(원)
직물업합계	합계	2,900	183,570,167	163,458,610	3,845	166,940,946	293,946,580	4,293	319,181,485	365,848,317	5,342	549,122,364	392,533,876
	관공서	-	-	-	-	-	-	72	15,410,254	48,534,300	73	8,963,517	53,679,960
	조선인	1,336	9,779,786	21,905,808	-	-	-	2,013	21,956,072	83,197,357	2,751	25,320,546	90,051,929
	일본인	1,525	162,550,031	136,698,081	-	-	-	2,138	270,342,059	229,278,843	2,425	499,409,576	244,496,466
염직업	조선인	36	945,250	396,290	-	-	-	-	-	-	-	-	-
	일본인	8	128,500	307,655	-	-	-	-	-	-	-	-	-
제사업	조선인	1	1,000,000	244,606	-	-	-	-	-	-	-	-	-
	일본인	7	1,150,500	2,666,460	-	-	-	-	-	-	-	-	-
제면업	합계	-	-	-	60	3,794,750	12,794,951	-	-	-	-	-	-
	관공서	-	-	-	-	-	-	1	1,000	320	4	3,676	14,992
	조선인	9	56,500	229,404	-	-	-	7	221,000	352,909	15	231,300	893,020
	일본인	15	2,430,000	3,660,261	-	-	-	34	5,153,400	5,675,716	35	7,897,200	4,434,511
면사업	조선인	-	-	-	-	-	-	-	-	-	2	7,000	17,150
	일본인	-	-	-	-	-	-	4	*4,556,000	*6,281,116	7	24,200	119,970

---

245 류상윤, 2008, 앞의 책, 52, 53쪽.

업종	구분										
연사업	합계	-	-	-	2	50,500	8,656	-	-	-	-
생사업	합계	-	-	-	16	2,862,010	5,623,702	-	-	-	-
	관공서	-	-	-	-	-	-	1	982,015	370,224	-
	조선인	-	-	-	-	-	-	6	1,042,500	900,760	10	1,586,500	1,300,245
	일본인	-	-	-	-	-	-	39	3,508,378	7,143,995	61	18,696,520	11,624,147
염색업	합계	-	-	-	4	23,000	34,980	-	-	-	-
	조선인	-	-	-	-	-	-	1	15,000	24,928	4	4,000	69,000
	일본인	-	-	-	-	-	-	2	6,100	15,007	4	12,100	27,500
직물업	합계	-	-	-	53	3,345,481	1,899,394	-	-	-	-
	관공서	-	-	-	-	-	-	17	286,829	633,190	19	264,834	771,771
	조선인	-	-	-	-	-	-	47	1,234,639	1,735,425	44	1,668,907	1,820,246
	일본인	-	-	-	-	-	-	11	509,000	734,775	18	5,697,030	6,459,809
재봉업	합계	-	-	-	62	1,012,000	1,582,176	-	-	-	-
	관공서	-	-	-	-	-	-	2	686,575	247,378	-	-	-
	조선인	36	222,580	437,204	-	-	-	24	104,300	245,527	-	-	-
	일본인	40	870,469	1,895,369	-	-	-	66	589,463	1,148,720	-	-	-
포백가공품업	합계	-	-	-	19	81,500	215,583	-	-	-	-
	관공서	-	-	-	-	-	-	-	-	-	5	729,276	578,541
	조선인	-	-	-	-	-	-	11	28,500	63,164	30	115,000	285,581
	일본인	-	-	-	-	-	-	3	14,000	62,895	66	742,775	1,474,036
편조물업	합계	-	-	-	8	124,000	152,832	-	-	-	-
	관공서	-	-	-	-	-	-	2	-	41,264	2	1,500	41,590
	조선인	21	193,400	564,350	-	-	-	3	13,000	15,600	52	295,350	1,577,883
	일본인	-	-	-	-	-	-	3	129,000	144,597	11	261,100	641,359

출처: 통계청, 과거중지통계- 광공업- 공장(공장수 및 가액별) (http://asq.kr/TJSRyhMDIGGhw)
비고: ① 직물업합계와 소계의 합이 다른 것은 외국인 통계가 빠졌기 때문임.
② 면사업 1926년 통계의 *표시는 1928년에 비해 유난히 고액임. 원통계의 오류로 추정됨.

〈표 15〉는 1920년대 직물업 공장 및 생산가액이다. 먼저, 1928년 당시 생사업 상황을 보면, 업종별 가액에서 단연 1위를 차지하였다. 조선인 공장도 1920년 1개소에서 1926년 6개소, 1928년 10개소로 증가하였다. 그런데 자본금은 1920년 100만 원에서 158만 6,500원으로 58% 증가할 뿐이었고, 그런데도 생산액은 24만 4,606원에서 130만 245원으로 무려 5.3배로 증가하였다. 일본인 공장도 1920년 7개소에서 1928년 61개소로 증가했고, 자본금은 115만 500원에서 1,869만 6,520원으로 9.5배로 증가했다. 생산액은 266만 6,460원에서 1,162만 4,147원으로 4.5배 증가했다. 자본금 증가에 비해 생산액은 그다지 진작되지 못했다. 정리하면, 조선인 공장은 저비용·고효용, 일본인 공장은 고비용·저효용의 생산구성을 보여준다는 것이었다. 또한 〈표 15〉를 보면 1925년을 기점으로 제사업 통계가 생사업으로 전환하고 생사업의 생산이 급증하고 있다. 이것은 '1920년대 중반 들어 중국산 견포(絹布) 수입이 격감한 틈을 비집고 역직기를 이용한 공장이 확대되면서 생산액이 급증한'[246] 결과였다.

한편, 가내공업 생산의 경우, 당시 조선인 공장 중에서 100가마 이상의 규모가 제법 큰 공장도 등장하였지만 아직도 공장생산보다 가내공업(양잠호)에서 생산하는 공장이 압도적이었다. 양잠호는 1920년 32만 호, 생산량은 13만 3,000석이었는데, 1930년에는 72만 1,000호에, 55만 5,000석 그리고 1940년은 84만 1,000호에 72만 7,000석에 달하였다. 특히 기기에 의하지 않은 사업자수는 1920년 3만 8,000호(3만 9,000가마), 1930년 24만 호(23만 7,000가마), 1940년 32만 1,000호(31만 6,000가마)로

---

246 류상윤, 2008, 「1910~20년대 경성의 직물업」, 『서울학연구』 제30호, 214쪽.

서, 호당 1가마 정도에 불과한 영세한 가내공장이 압도적이었다.[247] 견포 방면에서도 1920년까지 가내공업이 압도적이어서 당시 공장생산액은 가내공업 5%에도 못 미쳤다. 여기에서는 평견(平絹)뿐만 아니라 생견포(生絹布), 축면(縮緬), 바짓감[袴地], 우이중(羽二重), 명선(銘仙), 여(侶), 사(紗), 기타 교직물 등 다양한 제품을 만들어 냈다.[248] 이러한 현상은 1939년까지 지속되었고, 1940년부터 비로소 공장 생산이 앞서기 시작하였다. 견포제조호수는 1924년 11만 6,000호에서 1935년 27만 5,000호로 지속 증가하였고, 조선인 가내공장은 나름 본토산 이입 견포와 경쟁하면서 소비자의 기호에 맞춘 특수제품을 생산하는 등 고급품으로서의 역할을 톡톡히 하였다.

이러한 움직임에 대해 총독부는 가내공업의 조직적 관리에 착수했는데, 1928년 5월 총독부는 "산업의 개량 발달을 위하여 매년 지방비 예산이 정하는 범위에서 공공단체, 산업조합 또는 도지사가 적당하다고 인정하는 단체에 산업장려금을 주기"로 결정하였다.[249] 이에 견포업종에도 보조금이 지급되었는데, 이들 가내공업자들이 결집한 조합이나 기업 등에 공동작업장 설치를 지원하려는 것이었다. 1939년의 경우 각지의 조합, 기업계 등의 10개소 공동작업장 설치를 보조하기 위해 1만 900원을 지출했다고 했는데, 이 중 8개소가 견포를, 1개소가 견포 및 교직물 그리고 나머지 1개소가 마포였다.[250]

---

247 堀和生, 1989, 「1930년대 조선공업화의 재생산조건」, 『近代朝鮮의 經濟構造』, 비봉출판사, 332쪽.
248 堀和生, 1989, 위의 책, 334쪽.
249 京畿道告示 第53號(1928.5.1), 「京畿道臨時恩賜金事業及經理方法中改正」, 『朝鮮總督府官報』(1928.5.12).
250 권태억, 1989, 『한국근대면업사연구』, 일조각, 204쪽.

(3) 전체 직물업의 동향

1910년대 조선에서 공장 증가를 이끈 동력은 역시 직물업이었다. 경성방직 등 조선인 공장은 표백, 가공 등의 고급재 생산이 어려웠다. 이에 거친 면포인 조포(粗布) 등을 중점적으로 생산하여 일본본토의 수요에 대응하였다. 그리고 본토에서는 고급 면직물을 해외로 수출하였다.[251] 어쨌든 수요가 증가하는 상황에서 〈표 16〉처럼 조선인 직물업이 기형적으로 증가하였는데, 1923년까지도 자본금 면에서 일본인의 3배에 달하고, 1918년에 비하여 자본금도 2.5배 이상 증가하였다.

〈표 16〉 조선 내 국적별, 업종별, 직물업 자본금 구성

구분		소비재 부문		생산재 부문		
연도	국적	염직물업	제봉업	제면업	면사업	제사업
1911	일	11,000	-	750,000	-	-
	조	67,816	-	-	-	463,000
1918	일	22,500	82,000	5,467,404	-	-
	조	361,253	372,020	105,000	-	*2,315,510
1923	일	342,852	752,208	4,004,500	4,030,500	-
	조	1,006,020	91,000	527,350	-	*108,696,520
1928	일	5,961,264	-	7,900,876	-	1,586,500
	조	1,668,907	-	231,300	7,000	

출처: 『朝鮮總督府統計年報』
비고: *는 생사업.

---

251 安秉直·中村哲, 「식민지 공업화의 역사적 조건과 그 성격」, 『近代朝鮮工業化의 硏究』, 一潮閣; CarterJ.Eckert, 1991, "*Offspring of Empire*", University of Washington Press, pp.46-48.

생사업은 1918년경 자본금이 46만 3,000원이었지만 1928년에는 1,869만 7,000원으로 무려 23.5배 증가하였다. 전체적으로 조선인은 염직물업에서 우세하였고, 재봉업을 독점하였다. 반면 일본인은 1910년대 제면업과 면사업에서, 1923년에는 면사업, 제사업 등에서 독점적인 위상을 가졌다. 1928년경이면 재조일본인의 염직물업마저도 조선인을 압도하였다. 반면 조선인은 1920년대에 제면업이 역성장하고, 염직물업에서 일본인에게 우세를 빼앗기는 상황이었다. 당시 조선인 자본에 대한 정책적 차별은 보조금 지급 내역에서도 드러나는데, 1936년까지 총 288만 원의 총독부 공업보조금이 지원되었다. 이 중 조선방직이 압도적이어서 169만 원, 조선견직 5만 원, 경성방직은 25만 원이었다.[252]

1910년대는 본토산 고급면포 이입이 급증하였다. 1910년 생금건(표백하지 않은 옥양목) 및 생시팅(표백하지 않은 깔개용 시트) 수이입액은 448만 6,000원(총수입의 11.28%)이었고, 1919년에는 3,111만 8,000원(11.08%)으로 1910년 대비 6.95배가 증가하였다. 또한 쇄금건(晒金巾, 표백 등 가공한 옥양목)과 쇄시팅(표백 등 가공한 깔개용 시트) 수입액은 1910년 167만 6,000원에서 1919년 1,237만 7,000원으로 수이입에서 4% 정도를 차지하였으나, 1910년에 비해 금액상으로는 7.38배로 증가하였다.[253]

〈표 17〉은 1910~1929년까지 설립된 방직회사 64개사 상황을 정리한 것이다.

---

252 당시 농업보조금 중 토지개량사업에만 투하된 국고보조금 액수는 1920~1925년에만 1,387만 원에 달했고, 1926~1929년은 1,181만 원, 1930~1933년은 1,580만 원, 1934~1937년 874만 원 등에 달했다.(주익종, 2003, 「일제하 한국의 식민정부, 민간기업 그리고 공업화」, 『경제사학』 제35호, 68·69쪽).

253 朝鮮總督府, 『朝鮮貿易年表』(1910~1919) 중 '1910년대 품목별 무역통계표' 참조(송규진, 1998, 『일제하 조선의 무역정책과 무역구조』, 고려대 사학과 박사학위논문).

〈표 17〉 조선 내 주요 방직공업회사(1910~1929) (단위: 개소, 원)

본·지점	회사명(회사유형)	설립	공칭자본금	불입자본금	소재지	출처
本	京城織紐2	1911 (3개사)	100,000	100,000	京城府	要錄
本	中央商工2		1,000,000	1,000,000	京城府	追加
本	天平棉業2		250,000	250,000	木浦府	官報
本	統營製織2	1913	25,000	6,250	統營郡	官報
支	東洋紡績2	1914	72,725,000	72,725,000	京城府	要錄
本	朝鮮紡織2	1917	10,000,000	7,500,000	釜山府	官報
本	京城製絲2	1918 (7개사)	500,000	125,000	京城府	官報
本	光州棉業2		100,000	50,000	光州郡	要錄
本	東亞蠶絲2		1,000,000	250,000	京城府	京商
支	滿蒙毛織2		30,000,000	25,000,000	京城府	官報
本	木浦棉業2		150,000	120,000	木浦府	官報
支	松居織工場2		400,000	400,000	京城府	京商
支	日本울羅紗2		100,000	40,000	始興郡	官調
本	京城紡織2	1919 (8개사)	13,000,000	10,500,000	京城府	官報
支	斐鮮蠶業2		170,000	76,500	成川郡	要錄
本	西鮮繰綿2		1,000,000	300,000	鎭南浦府	追加
本	齋藤製絲社4		30,000	30,000	京城府	官報
支	帝國織布2		300,000	120,000	平壤府	官報
本	朝鮮生絲2		750,000	600,000	大邱府	追加
支	朝鮮蠶絲2		250,000	250,000	京城府	要錄
本	朝鮮蠶絲2		5,000,000	1,250,000	京城府	追加
本	內外絹布2	1920 (7개사)	100,000	25,000	京城府	官報
本	東洋機業2		5,000,000	5,000,000	大邱府	京商

本	東洋染織2		50,000	50,000	京城府	追加
本	全北蠶絲4		100,000	100,000	全州郡	追加
本	朝鮮絹物工業2		150,000	?	京城府	京商
本	朝鮮製絲2		1,000,000	250,000	京城府	京商
本	忠淸綿花2		250,000	250,000	大田郡	京異
本	靴下織造共信3	1921	100,000	100,000	平壤府	京異
本	橋本吳服店4	1922	4,000	4,000	金泉郡	京商
本	吉岡京染店4	1923 (4개사)	5,000	5,000	京城府	京商
本	大邱製絲4		12,000	12,000	大邱府	京商
支	日韓産業4		12,000	12,000	蔚山郡	京商
本	朝鮮絹織2		500,000	500,000	京城府	追加
本	大昌織物2	1924 (6개사)	250,000	250,000	京城府	要錄
本	澁谷吳服店4		19,500	19,500	會寧郡	京商
本	朝鮮染織3		50,000	50,000	平壤府	追加
本	朝鮮製綿2		150,000	150,000	京城府	追加
本	澤田製絲場3		61,500	61,500	益山郡	追加
本	海東織物2		250,000	250,000	京城府	追加
本	宮崎吳服店3	1925 (3개사)	10,000	10,000	大邱府	京商
本	西京屋吳服京染店3		5,000	5,000	京城府	京商
本	朝鮮布木漂白4		12,600	12,600	高陽郡	京商
本	全南道是製絲2	1926 (4개사)	2,000,000	1,000,000	光州府	官報
本	井上製絲傳習所4		30,000	30,000	京城府	要錄
本	忠南製絲2		500,000	125,000	禮山郡	要錄
本	平壤製絲所3		5,500	5,500	平壤府	京異

本	共盛蠶絲3	1927 (3개사)	30,000	30,000	義州郡	要錄
本	山一製絲場4		5,000	5,000	燕岐郡	追加
本	全州製絲2		50,000	50,000	全州府	要錄
本	京城綿花3	1928 (4개사)	2,000	2,000	京城府	京商
支	藤野製綿2		500,000	500,000	京城府	追加
本	順天織物2		32,000	8,000	順天郡	要錄
本	全南製綿4		3,000	3,000	木浦府	京商
本	京城綿花3	1929 (10개사)	2,000	2,000	京城府	京商
本	南鮮製絲2		250,000	62,500	公州郡	追加
本	大鍾商事2		150,000	37,500	仁川府	京商
本	東洋製絲2		2,400,000	2,400,000	京城府	要錄
本	東海製絲場4		10,000	10,000	京城府	追加
本	森田吳服店4		1,500	1,500	仁川府	京商
本	松高實業場2		200,000	200,000	開城府	官報
本	李蘭秀製絲工場2		250,000	62,500	公州郡	京商
本	朝鮮메리야스3		30,000	30,000	釜山府	京商
本	晋州製絲工場3		18,000	18,000	晋州府	追加

출처: 허수열 등, 『한국근대회사 100년사 데이터베이스』, 한국연구재단 기초학문자료센터.
비고: ① 출처에서 京異=경성상업(공)회의소월보 중 조선에 있어서 회사의 이동, 官報=『조선총독부 관보』의 상업등기, 鮮會=『조선은행조사월보』의 회사조, 鮮月=『조선은행조사월보』의 회사 이동표, 年報=『朝鮮總督府統計年報』중 제 회사 상황표, 要錄=동아경제시보사편, 『조선은행회사 조합요록』, 追加=존재하지 않는 자료이지만, 논리적으로 해석하여 추가한 레코드. ② 상호 끝에 달린 숫자: 1=자본금 1만 원 이하 회사, 2=주식회사, 3=합명회사, 4=합자회사. ③ 음영은 지점회사 표시.
지역 코드: 경기(A)-충북(B)-충남(C)-전북(D)-전남(E)-경북(F)-경남(G)-황해(H)-평남(I)-평북(J)-강원(K)-함남(L)-함북(M)

「회사령」이 엄격히 적용되던 1910~1917년 사이에 경성직뉴, 중앙상공, 천평면업, 통영제직, 동양방적(지점), 조선방직 등 6개소만 설립 가능하였다. 하지만 1918~1920년 3년간 22개사가 신설되어 활발한 증가세를 보였다가 1921~1922년은 3개소에 불과하고, 1923부터는 매년 4개사 내외가 설립되더니 1929년 갑자기 1년에 무려 10개사가 설립되었다. 정리하면, 1920년대 회사설립이 의외로 부진했다는 것이다. 1929년에 갑자기 증가한 것은 대공황 아래 위기국면을 벗어나려는 일본본토의 민간자본이 러시한 덕분이었다. 그런데 모두 본점 자본이었는데, 본토의 비재벌계 자본이 진출한 경우가 대부분이었다.

지점은 총 9개사였다. 1920년 이전에 이미 7개사가 설립되었다. 「회사령」에서 조선 외에 소재한 회사가 조선 지점을 낼 때 엄격한 허가조건을 맞추어야 한다고 했지만 정작 이 시기에 지점 설립이 많은 것은 그만큼 「회사령」이 가지는 '민족차별'적 성격이 드러난 것이었다. 지역별로는 서울(경성부)이 30개사로 압도적인데 평양 5개사, 대구 3개사, 부산 3개사, 광주 2개사, 공주 2개사, 인천 2개사로 대부분 서울과 조선남부에 소재하였다. 공칭자본금은 동양방적(1914년 설립, 7,272만 5,000원), 만몽모직(1918년 설립, 3,000만 원), 경성방직(1919년 설립, 1,300만 원), 조선방직(1917년 설립, 1,000만 원), 조선잠사(1919년 설립, 500만 원), 동양기업(1920년 설립, 500만 원) 등 5개사가 상위였고, 주로 1917~1920년 사이에 설립되었다.

나. 전통적 기술에 새로운 아이디어 고무공업

1920년대에는 조선인 고무공업의 성장이 두드러졌다. 고무공업에서는 주로 고무신을 제조하는 업종이 많았는데, 고무신 소비량은 1921년 60만 켤레, 1925년 830만 켤레, 1930년 2,200만 켤레, 1937년 3,700만 켤레로 해마다 급증하였다.[254] 초기 수요는 대부분 이입품으로 충당하였으나 조선에서 고무신 생산이 늘면서 이입량이 감소하더니, 1933년에는 급기야 이입은 사라지고 100% 조선산 제품으로 대체되었다.[255]

고무공장은 1920년대 전반에 가장 많이 신설되었고, 후반에는 일본인 공장이 늘었다. 공장수를 보면 1921년도에 2개소에서, 1933년경 72개소로 정점을 이루었고, 1937년에는 58개소로 줄었다가 1940년 62개소가 되었다. 1938년에 조선인 공장은 50개소, 일본인 공장은 11개소였다. 지역적으로는 서울에 28개소, 부산에 9개소, 평양에 13개소였다. 이렇게 1930년대는 주로 조선인 공장을 중심으로 증가세가 뚜렷했다.[256] 업체도 대형화하여 공장당 평균노동자가 1925년 63명이었는데, 1933년은 95명, 1937년에는 140명으로 증가하였다. 그리고 1934년부터는 공장이 감소하였는데 이는 총독부 상공과에서 산업통제의 일환으로 65개소 공장의 총생산능력을 6,000만 족에서 2,000만 족으로 축소하는 고무신통제를 개시했기 때문이었다.[257]

고무공업 생산액은 경기, 경남, 평양이 생산을 삼분했는데, 처음에는

---

254 주익종, 1997, 「식민지조선에서의 고무공업의 전개」, 『경제사학』 제22호, 85쪽.
255 주익종, 1997, 위의 책, 87쪽.
256 주익종, 1997, 위의 책, 90쪽, 〈표〉 고무공장 추이 참조.
257 『동아일보』, 1934.1.26.

경기도가 많았으나 점차 경남의 비중이 증가하였다. 이는 경남이 동남아(남방)산 고무원료를 확보하는 데 유리했기 때문이었다. 민족별 생산액을 보면, 서울은 조선인이 일본인보다 우세했고, 평양은 그보다 더 조선인이 압도하였다. 하지만 부산은 처음에는 조선인이 우세하다가 일본인이 차츰 우세해졌다.[258]

조선인 고무신 공업이 시장을 석권한 것은 창의성, 경제성과 가격경쟁력 등의 이점이 있었기 때문이었다. 그 출발점이 '경제화(經濟靴)'였다. 경제화는 조선인 제화업자들이 전통 신발류를 제조하다가 양화나 구두 같은 서양식 신발이 출시되면서 이것도 제조하였다. 경제화는 편리화(便利靴), 경편화(輕便靴) 등으로 불리면서 바닥은 양화와 같고 윗부분은 조선화를 본떠 모직, 우단, 후포 가죽 등의 재료로 만들었다. 처음에는 바닥이 가죽이었지만, 1910년 말에는 바닥을 고무로 만들었으며, 1920년 대륙고무에서 몸체도 고무로 만들기 시작하였다(순고무경제화).[259]

순고무경제화가 출시된 이후 서울에서 고무신공장이 급증하였고, 반도고무(고중희, 1922.5), 동경고무(길영식, 1922.12), 상평고무(김연연, 1924), 경화고무(전재근, 1926.5), 서울고무(백성환, 1924.12), 태창호(김태룡) 등도 고무신 기술을 확보하였다.[260] 이들 중에는 조선고무(1922.9)의 박영근, 서울고무의 장두현, 정완규, 육합고무의 김응환, 김영고무의 김태진 등 고무신 이입판매상 출신도 있었다.[261] 또한 대륙고무의 이하영, 경성직뉴의 김연수 등 거물급도 고무공업에 진출하였다.

---

258 주익종, 1997, 앞의 책, 91쪽.
259 주익종, 1997, 앞의 책, 92~93쪽.
260 주익종, 1997, 앞의 책, 94쪽.
261 이승렬, 1990, 「일제하 조선인 고무공업」, 『역사와 현실』 제3호, 225쪽.

〈표 18〉 1920년대 평양의 고무공장

공장명	설립 시점	설립 자본(원)	형태	설립자
東亞고무	1921.10	-	5인 조합	李時重, 金正商(약매업), 金貞瑞, 金冕瑞(정미업), 眞鍋某(일)
內德고무	1924.2	30,000	개인경영	內德吉次郞(고무신 이입판매상 일)
西鮮고무	1922.11	20,000	개인경영	李承斗(정미업)
久田고무	1926.	30,000	개인경영	久田茂次
正昌고무	1922.10	20,000	5인 조합	李炳斗, 崔亨俊, 崔圭鳳(고무신판매상), 崔昌煥, 李根成,
大同고무	1923.5	25,000	6인 조합	韓容鎬(도매업, 목제품공장), 李春燮(포목상), 康昌稷, 尹基豊(신발상), 金永鎬, 張震燮
平安고무	1924.3	50,000	2인 동업	金東元, 李泳夏
西京상공	1925.12	100,000	11인 조합	方潤(양말업), 李昌淵(양말업), 禹濟順, 宋錫燦, 金麗植, 崔峻恒(포목상), 鄭泰元(정미업, 양말업), 金正商, 李時重, 朴寅煌, 崔昌煥(양말업에 출자)
東洋고무	1926.5	134,000	7인 조합	吳元善(신탄상), 李東悅(대금업), 韓錫鳳(대금업), 金文健(상업), 金秀天, 金晶潤, 朴聖植
世昌고무	1927.6		개인경영	朴台泓
金剛고무	1929.1	40,000	몇 사람 조합	金仲燮(금물상), 金允聲, 蔡文範 등
國際고무	1929.12	100,000	-	禹敬模

출처: 주익종, 1997, 「식민지조선에서의 고무공업의 전개」, 『경제사학』 22, 96쪽에서 재인용.

    평양에서는 1910년대 고려고무나 양말직조소 등에서 경제화를 제조했으나 서울과 달리 경제화 제조에 경험이 없는 판매상이나 각종 상업 종사자, 대금업자, 정미업자, 양말 공업자들이 주도하였다.[262] 처음에는

---

262 주익종, 1997, 앞의 책, 95쪽.

서선(西鮮)고무의 이승두처럼 일본인 고무업자의 공장을 인수하거나 일본 고무공장에서 일을 해 본 경험자들이 사업을 시작하였다.

부산에서는 1920년대 중반까지 일영고무(김일수, 1923) 한 곳뿐이었고, 일본 고베 출신 고무업자 요네쿠라(米倉)가 이입제품을 판매하면서 지역 상권을 장악하였다. 1920년대 후반부터 부산에 공장이 늘기 시작하여 1926년 김영준이 와다나베(渡邊)고무공장을 설립하고, 1928년에는 수입상 요네쿠라가 마루타(丸大)고무를 설립하였다. 그리하여 부산의 고무공장은 1930년 6개소, 1932년 9개소, 1938년에는 10개소에 달하였다.

다. 산미증식계획의 최대 수혜, 도정업

개항기 시기부터 쌀 이출에 기여하며 성장한 정미업은 일제강점기에도 기형적으로 증가하였다. 1911년 공장 532개소 중에서 119개소(22.4%)가 도정공장인데, 1919년에는 1,900개소 중에서 440개소(23.2%)에 달했다. 그중에서 조선인 도정공장은 1911년 조선인 공장 139개소 중에서 30개소(21.6%), 1919년에는 965개소 중에서 228개소(23.6%)였다.[263] 1920년대에도 도정공장은 전체생산액의 2/3가량을 차지하였다.

---

263 『朝鮮總督府統計年報』, 각 연도판.

<표 19> 1920년대 정곡업의 변화

구분	사업주	1922 공장(개소)	1922 자본금(원)	1922 생산고(원)	1924 공장(개소)	1924 자본금(원)	1924 생산고(원)	1926 공장(개소)	1926 자본금(원)	1926 생산고(원)	1928 공장(개소)	1928 자본금(원)	1928 생산고(원)
전체공장	합계	2,900	183,570,267	163,458,610	3,845	166,940,946	293,946,580	4,293	319,181,485	365,848,317	5,342	549,122,364	392,533,876
전체공장	관공서	-	-	-	-	-	-	72	15,410,254	48,534,300	73	8,963,517	53,679,960
전체공장	조선인	1,336	9,779,786	21,905,808	-	-	-	2,013	21,956,072	83,197,357	2,751	25,320,546	90,051,929
전체공장	일본인	1,525	162,550,031	136,698,081	-	-	-	2,138	270,342,059	229,278,843	2,425	499,409,576	244,496,466
정곡업	합계	533	14,719,862	74,414,343	1,058	19,547,205	150,140,148	1,189	24,285,832	192,206,135	1,770	23,849,510	183,515,253
정곡업	조선인	257	1,816,564	13,041,595	-	-	-	727	6,134,453	61,332,730	1,241	8,014,645	61,405,065
정곡업	일본인	276	12,903,298	61,373,338	-	-	-	462	18,151,379	130,873,405	529	15,834,865	122,110,188

출처: 통계청, 공장 수(https://kosis.kr/statisticsList/statisticsListIndex.do?menuId=M_01_01&vwcd=MT_ZTITLE&parmTabId=M_01_01#SelectStatsBoxDiv)
비고: 전체 합계와 소계의 합이 차이가 나는 것은 외국인 사업주 소유를 제외한 것 때문임.

<표 19>는 1920년대 정곡업의 변화상이다. 도정업은 1922년 총 2,900개 공장 중에서 533개소(18.4%)를 차지하고, 자본금도 1,471만 9,862원(8%)이었다. 자본금비중이 공장비중보다 낮은 것으로 영세공장이 유난히 많이 생긴 것을 말한다. 영세공장은 1928년에는 전체 5,342개 공장 중에 1,770개소(33.1%)로 1922년(18.4%)에 비해 3.32배 증가하였다. 자본금은 5억 4,912만 2,364원 중에 2,384만 9,510원(4.3%)으로 1922년에 비해 1.62배 증가하였다. 다만 전체공장자본금에 대한 정곡업의 비중은 1922년 8%에서 4.3%로 하락하였다. 공장당으로 환산하면 1922년은 2만 7,617원인데, 1928년은 1만 3,474원으로 급락하여 중소규모 공장이 상대적으로 증가한 사실을 보여 준다.

1920년대 중소 공장이 지배적인 상황에서 조선인업자들은 석유발동기를 동력원으로 하여 전기를 활용하는 고급 정미기의 사용이 어려웠다.

그래서 무연료(무동력) 정미기 발명이 잇달았는데 설치 가격이 연료사용 기기보다 저렴했고, 인력·축력·수력 등 농촌 내부에서 동원 가능한 자원으로 운용할 수 있어서 주목을 받았다. 하지만 당시 연료사용기기가 이미 농촌사회에도 상당히 보급된 상황에서 확장력은 그다지 없었다.[264]

라. 정책도 못 말리는 조선 주조업

(1) 조선주 정리와 일본주조자본의 침투

1909년 「주세법」이 공포되었으나 통감부가 40만 개소에 달하던 조선인 주조업자를 구체적으로 파악하기 어려웠다. 한국병합 이후 총독부는 「주세령(酒稅令)」(1916.7.25)을 공포하여 총독부와 각도에 주류기술관을 파견하여 영세주조업의 정리와 시장질서 확립을 했다. 또한 최소 제조석수(製造石數)를 설정하여 영세주조업을 정리하고자 했다.[265] 그럼에도 아직은 "조선 재래의 광범한 주조관습을 완전히 무시할 수 없다(舊慣尊重)"고 하면서 막걸리 등 자가용주 정리는 유보하고, 일부 자가용주의 제조도 허용하였다. 1916년경 자가용주 제조면허자는 30만 7,000호, 영업용은 12만 2,000호에 달하였다.

「주세령」에서 자가용 조선주 정리는 유보했지만 대신 엄격한 통제와 제조상의 제한은 두기로 했다. 법령 제23조에서 제조석수는 1인 1개소에 한하여 1주조년도에 탁주 또는 약주는 2석 이하, 소주는 1석 이하로

---

264 이민재, 2019, 「식민지 조선의 연료 이용 정미기 보급과 1920~1930년대 무연료 정미기 발명」, 『민속학연구』 44, 239쪽.
265 정태헌, 1992, 「일제하 주세제도의 시행과 주조업의 집적 집중과정에 대한 연구」, 『國史館論叢』 제40호, 193쪽.

제한하여 제조면허를 주었다. 제한석수를 초과할 때는 제39조에 따라 초과석수에 대해 세율을 부과하고, 주세의 5배에 상당하는 벌금이나 과태료를 물도록 하였다.

자가용주 단속에는 다른 주종보다 자가용 제조가 쉬운 탁주를 주로 단속하였다. 당시 자가용주 면허인원의 95% 이상이 탁주였는데, 자가용주에 대한 세율은 5차례에 걸쳐 개정되었고, 1석당 2~6원가량을 내었다. 당시 영업용 탁주의 세율(70전)과 비교하면 높은 세율이었다. 특히 1919년에는 탁주와 소주 50%, 약주는 100% 정도 증세하였고, 1920년에는 약주에 대해 62.5%를 증세하였다. 1922년에는 석수 구분을 없애고 주종별로 일률적으로 과세하는 제도로 바꾸고 세율도 높였다.[266]

영업용으로 세금을 내지 않는 영세한 조선주 제조장(탁주·소주)은 계속 정리하려고 했고, 일반 영업장에게는 제한석수 인상과 제조장 집중화를 추진하였다. 「주세령」 시행 전인 1915년 탁주의 제조장당 평균석수는 3.6석이었다. 「주세령」 제5조와 제6조는 제조장별 주조년도의 주종별 제한석수를 정하였는데, 처음에는 공장당 청주는 100석 이상, 맥주는 500석 이상, 조선주인 소주는 2석 이상, 탁주 또는 약주는 5석 이상으로 정하였다. 당시 조선주 제조장에서 제한석수 5석 미만의 제조장은 전체의 95.8%(세액 비중은 91.4%)에 달하고 있었다.[267] 사실상 조선주 탁주 제조장을 대부분 강제 정리하자는 것이었다. 게다가 조선주(탁주, 소주, 약주)에 대해서 1919년부터 제한석수를 10석(소주는 5석)으로 인상하였고, 1927년에는 조선주에서 주종별 구분을 없애고 모든 조선주에 대해

---

266 정태헌, 1992, 앞의 책, 196쪽.
267 정태헌, 1992, 앞의 책, 198쪽.

일률적으로 제한석수를 20석으로 높였다. 총독부도 이러한 인상폭이 너무 갑자기 높아졌다고 하면서 기제조면허자에게는 3년을 유예하기로 하였다.[268]

이리하여 각종 제조장은 점차 합동의 길로 갔고, 그나마 자가용 제조장은 정리가 본격화하였다. 그 결과 1915년에 39만여 개소이던 제조장이 1930년대 초에는 4,000여 개소로 정리되었다. 그중 자가용 면허자는 1918년 37만 6,000명을 정점으로 하여, 1925년 13만 4,000명이었다가 1930년에는 불과 11명으로 사실상 사라지고 말았다. 이런 상황에도 자가용주 생산은 멈추지 않아서 1937년까지도 밀주단속으로 검거된 건수가 2만 건에 달했다.[269] 각종 법적 압박에도 자가용주 제조의 명맥은 그만큼 강하였다.

〈표 20〉은 불입금 5만 원 이상의 주조회사 내역을 정리한 것이다.[270]

〈표 20〉 1929년까지 설립된 주조회사(불입자본금 5만 원 이상) (단위: 개소, 원)

본지점	회사명	설립	공칭자본금	불입자본금	소재지	대표이사국적	출처
本	辻酒造2	1911	195,000	195,000	釜山府	J	追加
支	櫻麥酒2	1912	5,000,000	5,000,000	京城府	J	要錄

---

268 정태헌, 1992, 앞의 책, 194쪽.

269 堀和生, 1989, 「1930년대 조선공업화의 재생산조건」, 『近代朝鮮의 經濟構造』, 비봉출판사, 342쪽.

270 정안기에 따르면 1933년 당시 2만 원 미만의 주조회사의 민족별, 자본별 규모는 조선인 자본이 전체의 69.1%를 차지하는 것으로 나타난다. 여기서는 일본인이 압도적인 것으로 보이는 불입금 5만 원 이상만을 분석하였다. 그러나 뜻밖의 결과가 나온다 (정안기, 2020, 「1940년대 기업정비 3대 업종의 연구」, 『경영사연구』 제35-2호(통권 94호), 133쪽).

支	本嘉納商店3	1913	500,000	500,000	釜山府	j	年報
本	朝鮮酒造2G1	1914	50,000	50,000	釜山府	K	官報
支	大塚3	1915	300,000	300,000	京城府	J	要錄
本	三巴酒造2	1916	100,000	100,000	京城府	J	要錄
本	淸水釀造場4	1917	150,000	150,000	馬山府	J	要錄
本	讚岐酒造2	1918 (3개소)	75,000	60,000	尙州郡	J	追加
本	齋藤酒造3		1,000,000	1,000,000	平壤府	J	要錄
支	本嘉納商店2		3,000,000	2,500,000	釜山府	J	官報
本	朝日釀造2	1919 (10개소)	1,000,000	1,000,000	仁川府	J	要錄
本	朝鮮燒酒2		500,000	300,000	平壤府	J	鮮月
本	元山酒造2		300,000	120,000	元山府	J	追加
本	宇惠喜醬油2		200,000	60,000	京城府	J	官報
支	山邑酒造2		3,000,000	1,500,000	京城府	J	官報
本	北鮮醬油2		300,000	144,000	鏡城郡	J	要錄
本	木浦醬油2		200,000	68,000	木浦府	J	要錄
本	大邱酒造2		250,000	107,150	大邱府	K	追加
本	南鮮釀造2		200,000	50,000	馬山府	K	追加
本	光州酒造2		200,000	120,000	光州府	J	追加
本	惠山鎭釀造2	1920 (6개소)	300,000	75,000	甲山郡	J	京異
本	中央醬油釀造2		200,000	50,000	京城府	J	要錄
本	嶺南酒造2		200,000	50,000	密陽郡	J	官報
本	新義州酒造2J2		125,000	125,000	新義州府	K	京商
本	北鮮商事2L1		300,000	93,000	甲山郡	J	官報
本	群山酒造2		600,000	150,000	群山府	J	京商

本	平壤醬油釀造2	1921 (2개소)	300,000	75,000	平壤府	J	京異
本	羅南酒造3		500,000	500,000	鏡城郡	J	京商
本	柳原釀造所4	1923	100,000	100,000	鎭南浦府	J	追加
本	咸興酒造4		60,000	60,000	咸興郡	K	要錄
支	野田醬油2		30,000,000	26,250,000	仁川府	J	要錄
本	松岡酒造4	1924 (5개소)	60,000	60,000	京城府	J	追加
本	島崎醬油4		50,000	50,000	元山府	J	京商
本	難波酒造場4		60,000	60,000	京城府	J	要錄
本	日本醬油2		700,000	287,500	仁川府	J	京商
本	順興釀造所4	1925 (3개소)	60,000	60,000	京城府	K	要錄
本	開城釀造2		400,000	400,000	開城府	K	追加
本	太平釀造2I		1,000,000	1,000,000	平壤府	J	追加
本	東亞釀造2A	1926 (4개소)	250,000	62,500	京城府	K	京商
本	宮川商店4I		100,000	100,000	平壤府	J	京商
本	江界釀造2		350,000	112,000	江界郡	K	要錄
本	平壤釀造2		500,000	125,000	平壤府	J	京異
支	宅3		500,000	500,000	仁川府	J	京異
本	增田屋商店2		330,000	165,000	仁川府	J	追加
本	中央釀造2		60,000	60,000	京城府	K	追加
本	御崎酒造3	1927 (9개소)	50,000	50,000	統營郡	J	追加
本	安康釀造2		60,000	50,000	慶州郡	J	要錄
本	三巴酒造4		180,000	180,000	京城府	J	要錄
本	不二釀造3		50,000	50,000	京城府	K	要錄
支	麒麟麥酒2		10,800,000	8,300,000	京城府	J	京商
本	嘉納釀造2		330,000	330,000	仁川府	J	要錄

本	浦項釀造2		100,000	75,000	迎日郡	K	追加
本	朝鮮麴子製造3		75,000	75,000	大邱府	J	京商
本	濟州酒造2		180,000	180,000	濟州島	J	官報
本	前田商店2		250,000	125,000	京城府	J	京商
本	手塚酒造4	1928 (16개소)	50,000	50,000	全州郡	J	京商
本	西鮮飮料2		80,000	60,000	平壤府	J	要錄
本	福島商店2		100,000	100,000	迎日郡	J	追加
本	木浦酒造2		100,000	60,000	木浦府	J	要錄
本	明治興産2		500,000	125,000	京城府	K	追加
本	金泉酒造2		120,000	60,000	金泉郡	K	官報
本	慶州釀造2		120,000	120,000	慶州郡	K	追加
本	慶安釀造2		50,000	50,000	安東郡	K	要錄
本	慶山酒造2		112,500	59,063	慶山郡	J	要錄
本	居昌製酒2		150,000	60,000	居昌郡	K	追加
本	江陵酒造2		100,000	50,000	江陵郡	J	京商
本	江陵酒造2		100,000	50,000	江陵郡	J	要錄
本	蔚珍酒造2		100,000	75,000	蔚珍郡	K	追加
本	水原釀造2		200,000	50,000	水原郡	K	京商
本	昭和酒類2		1,500,000	750,000	馬山府	J	要錄
本	筏橋麴子製造2	1929 (7개소)	195,000	75,000	寶城郡	J	要錄
本	木浦釀酒2		100,000	50,000	木浦府	K	要錄
支	大日本酒類釀造2		3,980,000	3,980,000	釜山府	J	京商
本	論山麴子2		160,000	64,000	論山郡	K	京商

출처: 허수열 등, 『한국근대회사 100년사 데이터베이스』, 한국연구재단 기초학문자료센터.
비고: 〈표 17〉과 같음

먼저, 1917년까지 설립된 주조회사는 7개소에 불과하다. 그나마 사꾸라(櫻)맥주(주), 혼가노(本嘉納)상점(합자), 오츠카(大塚)(합자) 등 규모가 큰 곳은 지점회사였다. 소재지는 서울 3개소, 부산부 3개소, 마산 1개소였고, 조선인 회사는 부산부의 조선주조(불입금 5만 원) 1개소뿐이었다. 따라서 이 시점의 주조회사는 주로 부산부와 경성부에 거주하는 일본인을 대상으로 생산하는 주조회사라고 할 수 있다.

둘째, 1918년부터 일본인들의 진출이 본격화되었다. 〈표 20〉에 따르면 양조회사는 1918년 3개소, 1919년 10개소, 1920년 6개소로 3년간 19개소가 설립되었다. 일본인 회사가 16개소, 조선인 회사가 3개소인데, 조선인 회사는 주로 대구부, 마산부, 신의주부에 있었다. 이곳들은 아직 일본인들의 이주가 적어서 조선인 상권이 우세한 대도시였다. 그러다 1921년부터는 설립이 뜸해져 평균 3~5개소였다가 1927년에 10개소, 1928년에 16개소로 정점에 달했다. 흥미로운 것은 1919~1920년경에는 주로 대도시인 부(府)에 설립된 것이 많았던 반면, 1927~1928년경에는 군 단위에 설립된 것이 많았다. 일본인 주조회사가 대도시 외에도 점차 지방으로 진출한 정황을 보여 준다.

이렇게 정리가 일단락되자 총독부는 1931년부터 파견 주조기술관 일부를 총독부 주류시험실로 귀속시켜서 주조방법의 연구와 주조업자의 지도사무를 맡겼고, 1934년 '제2차 세제개혁' 이후 주조기술관을 각 세무감독국으로 옮겨서 주류의 감정 및 주조업의 지도 사무를 맡도록 하였다.

(2) 조선주 업자의 생명력

1920년 당시 주세를 내는 영업자의 생산고를 보면, 청주는 4만 3,000석,

소주는 12만 석인데, 조선주는 1,145만 석으로 압도적이었다. 1930년에도 청주는 5만 6,000석, 소주는 26만 5,000석으로 약간 증가했지만 조선주는 125만 3,000석으로 급감하였다. 조선주 영업자도 1916년 9만 3,419호에서 1920년 5만 6,285호로 줄었고, 1930년에는 4,279호에 불과하였다.[271] 제조호가 줄고 조선주의 감산에도 불구하고 다른 주류에 비해선 압도적이었다. 조선인 공장은 1925년 20개소에서, 1928년 119개소(일본인 14개소), 1939년에는 197개소(일본인 45개소, 기타 12개소)로 증가했는데, 1920년대 후반부터 일본인이 적극 진출하는 모습이었다.

전통 소주도 일본본토와 생산방식이 달랐으나 조선주처럼 자가주조를 막고 「주세령」의 통제 아래 두는 정책이 추진되었다. 그러다보니 제한석수가 상승하여 탁주처럼 영업장의 감소가 불가피하였다. 제조자는 1916년 2만 8,404호에서 1920년 5,057호로, 1930년에는 491호로 급감하였다. 감소한 만큼 통폐합이 이뤄져서 공장 규모가 커졌지만 이제는 오히려 과잉생산 상황에 빠졌다. 즉 1929년 신식소주는 7만 4,000석의 주조량을 기록했지만, 구식소주의 압박으로 '자멸(自滅) 위기'에 처했다. 그래서 1928년 총독부는 「주세령시행규칙」을 개정해서 양조장의 신규 면허와 함께 주조량 증액도 허가제로 전환하였다.

1931년 신식소주 6개소(조일양조, 증수양조, 대선양조, 소화주조, 대평양조, 칠성양조)는 '신식소주업자연합회'를 결성하였다. 또한 미쓰이(三井)물산의 금융지원을 배경으로 공동판매제를 실시해서 시장거래의 안정성과

---

[271] 堀和生, 1989, 「1930년대 조선공업화의 재생산조건」, 『近代朝鮮의 經濟構造』, 비봉출판사, 343쪽.

수급균형을 꾀하였다.[272] 공장 수는 1925년 조선인 114개소(일본인 28개소), 1928년에는 조선인 240개소(일본인 47개소)였다가 1937년 정리통폐합이 이뤄져 175개소(일본인 32개소)가 되었다. 이러한 정리과정을 거치면서 다시 수요가 증가하여 생산이 계속 증가하였다.[273]

반면, 생산이나 세액에서 비중이 낮았던 약주는 조선주로 분류되었다. 그래서 탁주나 소주 또는 청주 제조장에서 약주 제조를 겸하는 경우가 많았다. 그러나 고급주에 속하였기 때문에 단속이 그다지 심하지 않았다. 「주세령」으로도 제한석수가 100석 이상이었고, 이후 제한석수가 인상된 적이 없었다. 그래서 약주도 청주에 준(準)하여 제조법과 설비 증설이 이루어졌고, 일본인 수요도 증가하면서 제조장 규모와 상관없이 상당 부분 유지되었다. 전반적으로 청주업체 제조장 감소율은 완만하였으며, 지속적으로 소비시장이 커지는 추세였다.[274]

마. 전통 가내공업의 결집, 담뱃대 공업

개항기 일본과의 교역을 통해 기술혁신이 이뤄진 담뱃대 가내공업이 1920년대까지 예로부터 군사주둔지였던 안성군이나 동래군에서 주로 전직 무임층 가계를 중심으로 증가했다. 『동래안내』(1917)를 보면 "동래

---

272 정안기, 2020, 「1940년대 기업정비 3대 업종의 연구」, 『경영사연구』 제35-2호(통권 94호), 132쪽.
273 堀和生, 1989, 「1930년대 조선공업화의 재생산조건」, 『近代朝鮮의 經濟構造』, 비봉출판사, 344쪽.
274 정태헌, 1992, 「일제하 주세제도의 시행과 주조업의 집적 집중과정에 대한 연구」, 『國史館論叢』 40, 199쪽.

산출의 담뱃대[煙管]는 고래 조선의 특산물의 하나로 전국적인 판로가 있고 해외에도 수출"한다고 할 정도였다.[275] 1916년도 동래군의 담뱃대 생산고는 9만 148조(組)였고, 생산액은 2만 4,918원에 달하였다.[276]

1917년 4월에는 김형찬 등 10명의 동래읍 유지들이 담뱃대 사업의 쇠퇴를 우려하면서 군내 60여 곳 공장을 결집하여 연관제조동업조합을 설립하였다. 참가한 유지들은 "1주에 50원씩 1,000주로 하고, 10명이 각 50주씩 부담하여 5만 원의 자본금을 적립"하였다.[277] 그리고 60여 곳의 공장에서 공인 700여 명을 활용할 수 있게 했다.[278] 1922년 무렵에는 조합 소속 직공이 수천 명에 달할 정도로 성장하였다.[279]

생산자 중 숙련노동자인 공인의 역할이 컸는데, 이들은 담뱃대뿐만 아니라 금·은·동 세공품 100여 종을 제작할 수 있었고, 평양, 개성, 황해도 등 조선 각지에 판매하였다. 조합원들은 조합 설립 10개월이 채 되지 않아 "이미 10만 원 이상의 수익을 내었으며, 만주까지 판로를 넓혔다"고 할 정도였다.[280] 이 시기 1년 생산액이 많을 때는 30만 원에 달하기도 했다.[281] 조합 설립 이전의 연관공장은 가내수공업 형태로 독립적으로 운영되었지만 수요 증가와 판로 확대로 대량생산이 필요함에 따라 가내수공업이면서도 각 부분의 기술적 분업체계를 이루면서 수요에 응하는

---

275 東萊郡, 1918, 「工業」, 『동래안내』, 23쪽.
276 東萊郡, 1918, 「東萊郡工業及林産物表」, 『동래안내』, 24쪽.
277 「東萊: 煙管(담뱃대)組合好況」, 『매일신보』, 1918.2.10.
278 「烟管組合好況」, 『매일신보』, 1918.1.12.
279 「東萊煙管組合問題解決, 위선 사업은 진행키로」, 『동아일보』, 1922.3.24.
280 「東萊: 煙管(담뱃대)組合好況」, 『매일신보』, 1918.2.10.
281 「순회탐방: 생산은 부족한데 人多地狹! 敎育은 매우普及」, 『동아일보』, 1926.12.25.

기민함도 있었다.

<표 21>은 1921년 현재 동래연관조합 산하 동래면 소재 연관조합공장 9개소의 내역이다.

<표 21> 1921년 동래면 내 연관조합공장

위치	공장주 성명	창업 년월	공장 건평수	자본금	종업자 수				1개년 취업 일수	생산품			연료	
					조선인		계			종류	수량	가격	종류	수량
					남	여	남	여						
東萊面 校洞	韓允奎	1897. 3.	12	180?	8	-	8	-	260	연관	8,400	1,680	목탄	260
〃	裵學瑞	1917. 4.	50	700	10	-	10	-	230	연관	12,000	2,500	목탄	250
〃	金英鎭	1899. 8.	10	2,500	8	-	8	-	230	연관	15,000	3,000	목탄	220
〃	徐亨伯	1917. 4.	50	2,500	5	-	5	-	230	연관	6,000	1,200	목탄	250
〃	朴允實	1917. 4.	7	1,500	5	-	5	-	250	연관	12,600	8,520	목탄	200
〃	朴在春	1917. 4.	5	800	8	-	8	-	250	연관	-	-	목탄	250
校洞, 壽安洞	安斗守	1917. 4.	7	700	5	-	5	-	250	연관	12,000	2,400	목탄	230
壽安洞	李圭祚	1911. 7.	6	700	10	-	10	-	250	연관	17,000	2,500	목탄	210
壽安洞	梁興贊	1917. 4.	8	1,000	5	-	5	-	240	연관	15,000	2,250	목탄	200
총계											98,000	24,050		

출처: 慶尙南道廳, 1921, 『慶尙南道統計年報』(선우성혜, 2020, 「일제강점기 동래지역 조선인경제인의 경제활동과 연고결속」, 동의대 사학과 박사학위논문, 69쪽에서 재인용).
비고: 원 통계에서 일본인 및 중국인 직공, 원동력 등 기재 내용이 없는 부분은 제외함.

가장 오래된 공장은 1897년 3월에 설립된 한윤규 공장이었다. 1899년 8월에 설립된 김영진 공장과 1911년 7월 설립된 이규조의 공장을 제외한 나머지 7곳은 1917년 4월 동래연관조합이 설립될 무렵 창업하였다. 공장 건평은 큰 것이 50평 정도이고 작은 것은 5평 정도였다. 당시 9개 공장의 생산고가 9만 8,000개로 2만 4,050원이었다. 따라서 담뱃대 1개당 대략 24.5전 정도로 공장가격이 계산된다. 1935년경 대중용 연관의 소매가격은 1개에 15~30전 정도였고, 고급담뱃대는 1개에 1~5원 정도 하는 것도 있었다.[282] 따라서 가격 여건은 점차 악화되고 있다는 것을 알 수 있다. 판매는 부산보다 서울이 활발했고, 1932년경 직공은 일급으로 80전에서 1원 20전 정도를 받았다.[283]

1910년대 호황을 누리던 담뱃대 제조는 1920년대 이후 「연초전매령」의 영향으로 소비가 위축되면서 실직자가 크게 늘었다.[284] 특히 '권련(卷煙)이 유행하면서 담뱃대 소비가 감소'하였다.[285] 그럼에도 1930년대에도 '현재 종업원 100여 명(동래읍 성내 5개 동) 약 100호'의 제조인구가 있다고 보도될 정도로 여전히 적지 않은 가내수공업장이 존재하였다.[286] 『조선은행회사조합요록』에 따르면 1935년에도 연관 생산이 10만 개에 달했으며 생산가격은 5만 원 정도였다고 한다. 1937년에는 담뱃대 판매기록이 나오지만 1938년에는 공산물 생산표에서 담뱃대 항목이 사라졌다. 궐련의 유행과 담뱃대 흡연자의 감소, 금속 공출의 확대 등의 원인이 복합된 것으로 추정된다.

---

282 崔凡鄕, 1980, 「東萊名産 담뱃대·유기공업」, 『東萊와 海雲臺』, 102쪽(선우성혜, 앞의 글, 동의대 사학과 박사학위논문, 70쪽).
283 「직업별임금」(통계청 광복 이전 통계).
284 「순회탐방: 생산은 부족한데 人多地狹! 敎育은 매우 普及」, 『동아일보』, 1926.12.25.
285 「東萊煙管組合問題解決, 위선 사업은 진행키로」, 『동아일보』, 1922.3.24.
286 「우리 곳 名産과 特産(五)」, 『매일신보』, 1935.9.11.

3. 소결: 중농정책과 공업 진흥

　1910년대에는 '제국의 당근'으로서 은사수산사업이 정책적으로 활성화되면서 개항기 이래 성장하던 근대적 공장도 활기를 얻기 시작하였고, 특히 제1차 세계대전의 특수에 기반한 자본 축적도 상당히 진척되었다. 그러나 1920년을 기점으로 전통적인 기술과 능력에 신기술과 자본을 결합하려던 은사수산사업이 된서리를 맞아 미국 수요에 영향을 받은 잠업을 제외한 농촌공업(기업, 어업, 축산) 등 공업화에 필요한 각종 기초 산업들이 전면 후퇴하였다. 총독부로서도 제대로 운영되지 않는 은사수산사업 자금을 지방비로 돌려서 수산사업을 정비했으나 그나마 예산 부족으로 1910년대만큼 활기찬 공업 지원 정책을 기대하기 어려웠다. 게다가 일본본토의 요구에 따라서 미곡 일변도의 단작화가 강행되면서 농가에서는 일정한 농업 수익은 발생했으나 공업 투자 의지는 더욱 약화되었다. 따라서 1910년대에 과도적 단계로나마 성장하던 조선에서의 공업시설은 1920년대 크게 위축되었다. 그런데 산미증식계획에 의한 미곡 증산과 관련하여 정미업, 주조업이 성장하였고, 일본본토 수요에 기반한 일부 정어리업이나 국제수요에 따른 생사업 그리고 조선인 생활의 근대화에 따른 메리야스, 고무신업 등에서 상당수의 조선인 기업이 증가하였다.

　총독부가 공업화에 미적거렸던 것은 조선의 시장을 장악하려는 본토 상공업자들의 불만을 희석함과 동시에 본토 경제가 요구하는 상품시장 기능에 충실해야 했기 때문이었다. 특히 관세철폐로 인해 일본본토의 소비재가 대거 조선으로 유입되면서 면업(綿業), 직물업 방면에서 큰 타격이 예상되었다. 그러나 총독부가 이 방면의 관세는 유예하고, 상황에 따라 보조금 정책을 쓰면서 경쟁력은 약하나 연명할 정도의 생산은 유지할 수 있는 상황이었다.

또한 지방공업육성대책이나 상품박람회 등 소극적인 공업화 정책도 간간이 추진되었으나 본격적인 공업 확충계획은 요원하였다. 이렇게 산미증식계획이 본격화되어 관개가 정비되고, 농업기술이 향상되면서 그동안 집약화하던 농촌 노동력 일부가 유휴화되었다. 이들 인구는 공업화를 통해서 수렴해야 했다. 하지만 겨우 연명하는 공업시설만 남은 상황에서 미숙련노동자의 지속적인 증가와 저임금을 촉발하고, 그나마 일자리가 없는 경우 부랑자나 해외로 탈출하는 경우가 증가하였다. 일본본토에서 갈 곳을 잃은 과잉자본들이 그나마 조선으로 눈길을 돌리려 했으나 직접 투자까지는 어려웠다. 게다가 그러한 눈길을 받아줄 총독부의 정책적 배려는 자금 문제를 필두로 언제나 부족하였다.

1918~1920년 사이 '반짝 경기'를 타고 본토 민간자본의 진출이 증가하였다. 1918년의 「회사령」 개정에서 '조선 이외 회사'가 '외국회사'로 바뀌면서 본토자본이 자유롭게 조선에 회사를 설립할 수 있는 길이 열린 것도 한몫을 했다. 그 결과 조선 내 공업은 자본, 기술, 시설 면에서 본토자본의 영향으로 질적 구성이 고도화되어 갔다. 관세철폐 이후에는 일본본토로부터 중간재, 생산재의 수입도 쉬워졌다. 이에 이윤율 하강 국면에서도 공업시설의 확장은 꾸준하게 진행되었다. 또한 종래 숙련 노동에 기초하던 '자본주의 과도기적 잉여 획득 구조'에서 벗어나기 시작하여 광범한 미숙련노동자의 저임금에 기반한 기계제 공장이 증가하면서 '상대 잉여의 확장' 국면이 가시화되었다. 이런 변화는 여전히 민간영역, 특히 일본인 공장이 주도하는 영역이었고 많은 조선인 공장은 1910년대보다 영세해지고 있었다. 근대 공업으로 상승하려는 간절함과

그것을 받쳐주지 못하는 총독부의 소극적인 공업화 노선이 극렬하게 충돌하고 있었다.

정리하면, 1910년대 공장의 양적 팽창은 영세공장이 주도하였으며, 생산방식은 전근대적 생산과정에 숙련노동력을 접목한 방법이었다. 그런데 1920년대에는 본토의 대규모 자본과 기계 도입이 현실이 되고 그 위에 비숙련 저임금의 노동력이 확대되면서 공업 생산이 진작되었다. 그런데 이들 자본은 1920년 이후 시장 위축에 따른 불황으로 인해 이윤 절벽과 마주해야 했다. 이들은 자구책을 강화하면서 그동안 지속적으로 노동생산성 향상의 주역이었던 임금노동자와도 새로운 힘겨루기를 시작하였다. 이때 자본가들에게 전기와 기계 도입은 힘겨루기할 때 중요한 무기가 되었다. 이러한 전기 사용과 기계 도입에 따라 종래 숙련노동력에 기반한 가내공업이나 중소공업자들은 심각한 경영난에 처했다.

제3장
'9·18사변(만주사변)' 이후 '독자적 공업화 정책' 구상

1. 독자적 공업진흥론의 대두

가. 일·선·만 경제블록 구상

우가키 총독(1931.6.17~1936.8.5)은 취임 이후 "조선을 갱생시키고 조선을 통해서 모국(일본본토)의 약점을 보정하고 조선으로 모국의 위난(危難)을 구제하고 조선을 이끌어 모국의 진운에 공헌하려"[287] 한다면서 농촌진흥운동을 기반으로 일본이 추구하는 블록경제에 참여하여 조선의 경제적 역할을 높여간다는 공업화 구상을 자주 피력하였다.[288] 이러한 공업화 필요성 주장은 우가키 총독 취임 이전에 이미 마츠무라 마츠모리(松村松盛) 식산국장이 1931년 5월 27일 제2회 조선공업협회 총회에서 조선의 '사상과 생활의 안정'을 위해 '농업의 개선, 증산만으로는 어려워 공업을 발달'시켜야 함을 역설한 데서도 확인할 수 있다.

마츠무라의 연설에 조선 내 기업가들도 조선 내 공업을 발달시키기 위해 기존의 저렴한 전력공급과 저리의 금융지원을 계속하면서 앞으로 더욱더 현재 불리한 여건인 자본집적의 결여와 우수한 기술 부족을 해결할 방책을 요구하고, 경쟁에서 밀리는 '조선산 애용(愛用)운동을 통해 조선의 산업을 보호해 주기'를 총독부에 요청하였다.[289] [290]

---

287 『宇垣一成日記』제2권. 1936.6.23.
288 전상숙, 2010, 「우가키 총독의 내선융화 이데올로기와 농공병진 정책: 우가키 조선 총독정치의 지배정책사적 의미에 대한 재고찰」, 『현상과 인식』 제34-4호, 45쪽.
289 松村松盛, 1931.7, 「發達을 期待さる朝鮮의 工業」, 『朝鮮工業協會會報』 제5호(이승렬, 1996, 「1930년대 전반기 일본군부의 대륙침략관과 '조선공업화' 정책」, 『국사관논총』 제67호, 169쪽에서 재인용).
290 宇垣이 대리총독으로 부임할 때쯤 '소규모 공업이나마 시작하라(鮮一紙物株式會社의

따라서 우가키가 부임하면서 공업화가 비로소 천명된 것은 아니고, 전체적인 총독부의 분위기도 조선 내 공업 육성방안에 관심을 돌리던 차에 우가키 총독이 부임했던 것이다. 취임 직후인 7월 2일에는 천황을 만난 자리에서 '조선사회의 동요를 막는 비책'으로 앞으로 '일본인과 조선인의 융합일치를 진전시킬 것과 조선인에게 적당한 빵을 제공할 것' 등의 소감을 밝히기도 했다.[291]

또한 우가키 총독은 동해를 중심으로 동심원을 그릴 수 있는 엔블록 경제권 구축을 예견하면서 '일본해 중심론'을 내세우는가 하면, 당시 본토 정부가 추진하던 '일·만 블록' 구상에 조선경제를 포함하고, 일본과 만주를 잇는 고리 역할을 하는 이른바 '일·선·만 블록' 구축을 구상하기도 하였다.

> 일본의 블록 분업적 입장에서 말하면 일본을 정공업(精工業) 지대로 하고 조선을 조공업(粗工業) 지대로, 만주를 농업 지대·원료 지대화하면 삼자가 상호 협력하는 것이 차제 상호의 대립관계를 최소화하고 상호의 의존관계를 가장 긴밀하게 하고, 더구나 삼자 각각 특징과 이익을 최선으로 보호하고 보증할 수 있는 진보적 방법이다. …(중략)… 일본경제의 전국적 발전으로부터 말하면, 이것에 의해 <u>일본경제는 현 상태에서 조만간 없어질 조공업을 영속시킬 수 있다. 그 위에 조선에서의 공업 발전이 그 경쟁력을 갖추게 된다면 안일에 빠져</u>

金玉鉉)', '自覺과 勉强에 충실하라(漢成銀行의 韓相龍)', '無직업동포를 구제하기 위하여 산업에 투자하라(韓一銀行 閔大植)' 등 당시 조선인 기업가들의 공업화론 등이 현대평론 등의 잡지에 기고되고 있었다. 『식민지시대자료총서』 제5권, 416~420쪽.
[291] 『宇垣一成日記』 제2권, 1936.7.2.

버리려는 본토 공업계에 항상 청신한 분투노력의 자극을 주어 일본 공업이 대성(大成)하는 데 기초 공작의 역할을 계승하게 된다(밑줄은 필자).²⁹²

말하자면 일본을 정(精)공업, 조선을 조(粗)공업, 만주를 농업·원료지 대로 삼아 대립은 최소화하고 의존은 긴밀히 하자는 방안이었다. 이러한 '블록 분업론'은 성패 여부를 떠나 조선에서 처음으로 총독부가 독자적인 공업화를 전망하고 그 실현을 모색하려 한 점에서 의미가 있었다. 실제로 이러한 구상의 실현을 위하여 우가키 총독은 각종 공적자금이 투하되는 농촌진흥운동, 북선개척, 남면북양, 산금장려 등을 활용하여 일본본토와 연관한 공업 확장을 도모하였다. 스즈끼 다케오가 '우가키식 자유주의 정책'이라 불렀던 공업화 촉진정책으로 인해 조선북부에서 소재공업이 촉진되는 등 공업화 기운이 고양되었다.

당시 총독부의 공업화 열의에 대하여 스즈키 다케오는 이렇게 말하였다.

일본본토 공업자본의 반도 유입에 대해 당국이 하등의 억제를 하지 않았기에 경기 정책적 통제하에 있었던 일본본토와는 달리 '반도는 자본의 자유로운 낙토(樂土)'라는 인상을 주게 되고, 조선의 소위 아웃사이드적인 지위가 중앙으로부터 억제[難詰]되어진 경우 당국은 일본본토 사정 때문에 저지하려던 미곡 생산 대신으로 반도에 주어

---

292 鎌田澤一郎, 1937, 『宇垣一成』, 中央公論社, 409쪽(이승렬, 1996, 「1930년대 전반기 일본군부의 대륙침략관과 '조선공업화' 정책」, 『국사관논총』 제67호, 171쪽에서 재인용).

진 산업은 공업일 수밖에 없게 되고, 그리하여 공업발달의 단계가 본토와는 다른 까닭에 본토와 마찬가지의 통제를 조선반도에까지 미칠 필요가 없었다,라고 하는 이유로 인해서 강경히 대항하게 되었다. 이것은 오히려 반도공업화에 대한 당국의 굳건한 열의를 보여주는 것이라고 할 수 있다.[293]

일단 실현은 불투명했던 구상이었지만 그런 의지를 담아 1931년 4월 1일에는 조선총독부훈령 제18호로 상공장려관을 설치하였고,「상공장려관규칙」에 따라 상품의 개량 및 판로의 확장에 관한 사무를 관장하도록 하였다.[294] 종래에는 식산국에 농무과를 통하여 농림, 농무 사무도 포괄하였지만 1932년 7월 27일 조선총독부훈령 제46호로 식산국에서 농림국으로 분리하였다.[295] 이제 식산국 산하에는 상공과, 광무과, 수산과 등 3과만 두었다.[296] 식산국 상공과 업무도 ① 상공업 관련 ② 상공회의소, 중요물산동업조합, 산업조합 및 거래소 관련 ③ 박람회 및 공진회 관련 ④ 도량형 ⑤ 중앙시험소 관련 사항 등으로 확장되었다. 식산국 상공과에서 통괄하게 된 중앙시험소는 이 시기 큰 위기에 봉착했는데, 1920년대 이후 계속된 감원에 더하여 이번의 개편에서도 기사 및 기수 5명을 감원해야 했다.[297]

---

293 鈴木武雄, 1942,『朝鮮の經濟』, 日本評論社, 98쪽.
294 『朝鮮總督府官報』, 1931.4.1
295 『朝鮮總督府官報』, 1932.7.27.
296 이상의, 2007,「1930년대 조선총독부 식산국의 구성과 공업화정책」,『한국근현대사연구』제40호, 93쪽.
297 『朝鮮總督府官報』, 1932.7.23.

〈그림 5〉 궁민구제사업 자금으로 건설한 부산대교(영도대교) 준공식(1934)

출처: 부산역사문화대전

1934년 2월에는 농사시험장, 중앙시험소, 주류실험실 등이 연합한 미화학연구소(米化學硏究所)를 설립하여 "고급알코올 제조, 알코올 연료화, 주류원료재검토, 전분제조 등 공업용의 화학실험"에 관한 사업계획을 세우고 본토 농림성에 예산을 신청하기도 했다.[298]

당시 총독부로서는 공업화를 추진하는데 원료 확보나 경기부양에 더하여 공업화에 필요한 자본과 설비가 극히 부족했다. 우가키 총독은 취임한 이후 궁민구제사업(1931~1933년 3개년 대규모 토목, 위생 사업), 농촌진흥운동(1932년 농촌진흥위원회 개설, 자작농지창설사업, 소작령, 1933년 농가갱생계획, 1934 조선농지령, 1935년 농가갱생10개년계획) 등을 위한 자금 확보에 여념이 없었다. 특히 궁민구제사업에만 6,500만 원이라는 거금을 본토에서 겨우 조달하였던 상황에서 공업화 자금을 별도로 들여오기란 쉽지 않았다.[299] 따라서 우가키의 이러한 장기적 공업화 구상에도 불구하

---

298 『동아일보』, 1934.2.21.

299 이 궁민구제사업 자금을 확보하는데도 본토에서 엄청난 정치적인 우여곡절을 겪어야 했다. 정치적 물타기로 겨우 돈을 마련할 수 있었던 조선총독부는 이러한 거금과 별도로 본토 정부로부터 공업화 자금을 마련하기가 대단히 어려운 상황이었다(이준영,

고 조선은 여전히 일본본토의 민간자본 유치를 통해서 부족한 자본, 설비, 기술 문제를 해결할 수밖에 없었다.

나. 본토 재벌자본과 공업시설 유치 성과

우가키 총독은 총독부가 독자적인 자금확보능력(공채발행권 등)이나 독자적인 기술을 가지지 못한 상황에서 조선 주도의 공업화가 어렵다고 생각하였다. 이에 본토의 자본가가 본토 정부의 통제에서 벗어나 안전하게 값싼 조선의 노동력을 이용해 이윤을 확보할 수 있도록 이른바 '본토자본 유치 전략'을 추진하였다. 실제로 조선공업화는 일본본토의 시설과 자본의 유치를 통하여 구현되었고, 이는 8·15광복까지 가장 영향력이 있는 방법이었다.

총독부는 먼저, 유치할 공단 확보를 위해서 「조선시가지계획령」(1934.6)을 통해 지역 및 지구의 지정과 건축물 등의 제한 그리고 토지구획정리 사업을 위한 법적 절차를 확립하였다. 공단부지 조성을 위하여 기존 시가지의 확장과 신시가의 창설을 도모하는 한편, 공단 수용지에 대한 토지가격 통제정책을 실시하고, 세금과 운반비를 인하하고 입주하면 보조금을 주는 유인책을 쓰기도 했다.[300] 특히 원료 방면의 문제를 해결하기 위하여 남면북양(南綿北羊)(1933년 면화증식10개년계획, 공동판매제, 1934년 면양장려계획), 북선개척(1932년 북선개척15개년계획, 9개 영림서 건설,

---

2019, 「조선총독부 재무국장 하야시 시게죠의 궁민구제사업과 부산대교 건설」, 『한국민족운동사연구』 제101호, 314쪽). 그러니 본토 정부의 자금 지원보다는 민간자본의 직접 진출이 조선공업화에 훨씬 유용한 방안임을 깨달았을 가능성이 크다.

300 河合和男·尹明憲, 1991, 『植民地期の朝鮮工業』, 未來社, 23쪽.

백무선 가설), 산금(産金)장려(1932년 4월「금광업조장에 관한 건」, 1932년 금탐광 장려금제도, 1933년「조선광업령」개정), 전기 통제(1932년 2월「조선전기사업령」제정) 등의 조치를 취하였다. 이렇듯 일련의 정책은 본토자본에 최저이윤을 보장하고, 시장접근성을 높여 조선으로의 이주를 촉진하려는 의도가 있었다.

<표 22> 조선 내 산업설비자본의 투하 비율

	총계(%)	소계(%)	(%)
일본 산업자본의 직접 진출	74		
미쓰이계		4	2.96
미쓰비씨계		6	4.44
쓰미토모계		2	1.48
닛치쓰계		36	26.64
동척계		11	8.14
닛산계		12	8.88
가네보계		6	4.44
다이닛본보계		2	1.48
도요방계		2	1.48
닛데쓰계		4	2.96
**기타 주요 산업자본		15	11.10
조선 내 주요 산업자본계	18		
특수회사		17	3.06
식은계		29	5.22
기타 일본인계		48	8.64
조선인계		6	1.08

기타 일반 조선 내 재적회사		8	
	일본인계	50	4.00
	조선인계	50	4.00
합계		100	100.00

출처: 「朝鮮産業の共榮圈參加體制」, 『年刊朝鮮』, 1942年版 創刊號, 26~34쪽.
비고: 기타 주요 산업자본: 대천계, 대교계, 왕자제지계, 조선석유, 일전계, 이연계, 중외산업계, 편창계, 친화기업계, 천야계, 우부흥산계, 횡산계(조기), 일조계, 제섬계, 수중공, 일본차량, 삼계, 일면계, 대일본맥주, 암정계(경성화학), 일당, 삼흥계, 동방전력계, 임겸천남공업, 기타.

여기에 식산국장과 상공과장 등이 수시로 일본에 가서 일본인 자본가들과 상공성·육군성·해군성 등의 관료를 만나고 조선으로 이들을 초청하여 간담회를 마련하였다. 당시 호즈미 신로쿠로(穗積眞六郎) 식산국장은 일본에 가서 본토자본가들과 상공성·육군성·해군성 등의 관료를 만나면서 "조선은 만주에 비해 치안이 안정되어 있고 당장 이용할 수 있는 자원이 풍부하다는 점, 기업을 통제하지 않기 때문에 일본에 비해 사업을 하기에 유리하다는 점, 수력전기 등 동력이 풍부하다는 점, 따라서 전기공업과 맥주·섬유공업, 경금속과 금·철·석탄 등의 광업, 수산업의 채산성이 크다는 점" 등을 들어서 "부디 한 번 조선을 방문할 것"을 권하기도 하였다.[301] 이러한 조치와 더불어 수력발전을 기반으로 한 전력개발과 통제를 통한 전력 공급체계를 확보하는가 하면, 1936년 말까지도 본토에서 실시하던 「중요산업통제법」의 적용을 회피하였다.

한편 본토재벌자본 입장에서도 조선으로 진출할 이유가 충분히 있

---

301 穗積眞六郎, 1935.3, 『朝鮮經濟事情に就いて』, 東京商工會議所, 商工資料 제19호(이상의, 2007, 「1930년대 조선총독부 殖産局의 구성과 공업화정책」, 『한국근현대사연구』 제40호, 106쪽에서 재인용).

었다. 1920년대 만성적인 불황과 대공황으로 본토 대자본들은 과잉자본의 해소처를 해외에서 찾고자 했다. 조선은 지리적으로 가까울 뿐만 아니라, 특히 조선북부에는 철광석, 석탄을 비롯하여 각종 희귀 지하자원이 많아서 원자재 확보에도 유리했고, 토지가격이나 노동력이 저렴하였다. 또한 1920년대 이후 지속적으로 대형 수력발전소를 기반으로 한 전력생산이 증가하고 공업단지를 비롯하여 철도나 항만 등의 인프라가 확장되고 있었다. 「중요산업통제법」이나 「공장법」이 적용되지 않은 상태에서 저금리가 지속되어 자금을 손쉽게 구할 수 있다는 조건도 있었다.

조선은 만주국에 비해서 이미 초등교육의 보급이 20년을 전진하였스며 또 현재 진행중인 초등교육 보급계획이 완전히 실시될 때(昭和 21, 1946년)에는 약 200만의 아동 수용력을 가진 학교가 증설될 터임으로 이 점은 확실히 본토[內地]자본에 대한 유리한 조건이 아닐 수 없다. 왜 그러냐 하면 노동능률의 견지에서 볼 때에는 조선은 머지 않는 장래에 본토를 따라갈 수 있지만 노동 임금[賃銀]의 견지에서 볼 때 조선의 임금은 아직 이러한 전망을 가지지 못하고 있기 때문이다. 이것은 <u>물론 조선 노동자의 일반생활 정도가 본토에 비해서 저렴하다는 데도 기인되지만, 공장법 실시의 문제와도 관계가 된다.</u> 본토자본을 유치하기 위한 우원(宇垣) 경제정책이 소극적 방법의 하나로서 공장법의 조선 내 실시를 극력 회피한 이유도 여긔에 잇다(밑줄은 필자).[302]

---

[302] 印貞植, 1939.6, 「朝鮮社會의 基本的 分折」, 『삼천리』 제11-7호, 84쪽.

〈그림 6〉 1934년에 설립된 부산 삼화고무주식회사

출처: 부산역사문화대전

 나아가 '만주공업화' 초기에는 관동군이 본토 재벌에 대한 적대감을 가지고 있는 상황에서 본토자본의 만주 유치를 환영하지 않았고, 본토자본도 만주국의 치안상태가 불안하여 진출을 서두르지 않았다.
 이러한 총독부의 노력과 독점자본의 이해가 맞물리면서 미쓰이계 북선제지를 시작으로 재벌계 기업이 조선으로 진출하였다. 특히 남면북양정책이 진행되자 도요(東洋)방직, 가네가후치(鐘淵)방직 등 대자본이 조선에 공장을 세웠고, 이후 미쓰이, 미쓰비시, 스미토모(住友), 야쓰다(安田) 등 기존 재벌은 주로 광산업, 방직, 기계공업 방면에 투자하였다. 그 외 우가키 총독과 깊은 친분을 과시하던 신흥재벌 닛치쓰(日窒)의 노구치 시타가우(野口遵)가 총독부의 각종 특혜를 받아 조선북부에 대규모 비료, 경화유, 화약 등을 생산하는 화학공장과 장전강수전 등 발전시설을 설립하였다.
 〈표 23〉은 1942년 현재 조선에 투하된 산업자본의 비율이다. 본토자

본이나 재벌자본의 지배율은 74%에 달했고, 그중 닛치쓰계가 36개사(26.64%)로 단연 수위였다.[303] 그런데 재벌자본 중에는 기존 조선 내 산업과 상충되는 경우도 있었다. 예를 들어 미쓰이는 조공업제품을 생산하는 방직 부문에 많이 투자했고, 고무공업에도 관심을 가져서 1934년에는 조선 내 공장 14개소를 합동하여 삼화(三和)고무주식회사를 설립하고 자본금 85만 5,000원 중 20만 원을 출자하였다. 또한 미쓰이물산(株) 내에 소주계를 두어 주정소주 등 소주자본이 진출해서 전국적인 소주판매망을 구축하도록 하였다. 그 결과 1934년경에는 조선 토착 소주업자가 전부 도산하고 조선소주도 자취를 감추고 말았다. 한편, 미쓰비시도 쇼와기린맥주와 같은 양조업과 중공업에 진출하였다.[304]

이렇게 총독부가 '본토자본 유치'를 통한 공업화 구상을 구현하려고 하자, 1934년 10월 부산상공회의소는 부산부 산업조사회 및 공업구락부와 제휴하여 '부산부 내 공장현세조사'를 기반으로 하여, 공장진단행사를 벌이는가 하면 2주간을 예정으로 북규슈에 있는 '선진적인 공장' 시찰을 결의하는 등[305] 지역적으로 본토 시찰이나 공업조사 횟수가 증가하였다. 물론 전시체제기에는 더욱 빈도가 잦아졌다.

본토자본 유치를 통한 공업화 분위기가 비등하자 조선인들의 공업에 대한 인식도 종래 토산품 애용론을 넘어서 새롭게 '조·일공생공영론'으로 변화하였다. 또한 조선인과 일본인 합자도 빈번하여 1930년

---

303 「朝鮮産業の共榮圈參加體制」,『年刊朝鮮』, 1942년판 創刊號, 26~34쪽.
304 이승렬, 1996, 「1930년대 전반기 일본군부의 대륙침략관과 '조선공업화' 정책」,『국사관논총』제67호, 172쪽.
305 「부산 공업의 공장 진단과 공업 시찰」,『부산일보』, 1934.9.29.

〈그림 7〉 부산상공회의소의 일본행 공업시찰단 파견

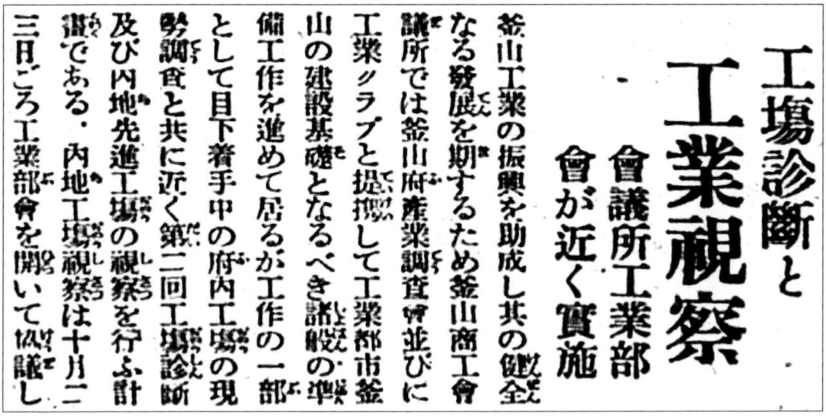

工場診斷と工業視察
會議所工業部會が近く實施

釜山工業の振興を助成し其の健全なる發展を期するため釜山府產業調査會並びに議所では釜山府產業調査會並びに工業クラブと提携して工業都市釜山の建設基礎となるべき諸般の準備工作を進めて居るが工作の一部として目下着手中の府內工場の現勢調查と共に近く第二回工場診斷及び內地先進工場の視察を行ふ計畫である・內地工場視察は十月二三日ごろ工業部會を開いて協議し

출처:『부산일보』, 1934.9.2.

774개사[306]였던 조·일합자회사는 1939년에는 2,377개사로 3배나 증가하였고 1944년 4월에는 2,528개사에 달하였다.[307] 이리하여 해방 후 약 2,500~3,000개 귀속업체 가운데 조선인이 출자한 회사가 751개사,[308] 특히 지분 50% 이상은 303개사였다. 이처럼 해방 직전 조선인이 일본인 회사의 40%에서 지배주주로 활동하고 있었다. 그만큼 조·일합자회사는 조선인들이 선호했고, 일본인도 조선에 밀착하는데 혈연, 연고가 있는 조선인을 통하는 게 유리했던 것이다.[309]

---

306 陳榮喆, 1931.5, 「外來資本主義의 朝鮮안에서의 發展」, 『혜성』, 『植民地時代資料叢書』 5, 581쪽.

307 京城商議, 『經濟月報』, 1944년 5월호 부록(김인호, 1998, 『태평양전쟁기 조선공업연구』, 신서원, 387~391쪽).

308 朝鮮銀行調査部, 1949, 『經濟年鑑』 III, 79 및 147쪽.

309 일제강점기 전 시기에 걸쳐서 평택 지역 조선인들과 일본인들이 함께 참여한 조합, 회사 등의 경제인 동향을 살펴본 결과 일본인과 함께 한 조선인들의 지위는 주로 관료나

<표 23> 조선 내 공업회사 및 불입자본금 증가 상황(단위 :천원)

연도 \ 구분	본점			지점		
	수	불입액	사당불입	수	불입액	사당불입
1932	540	128,376	338	30	286,060	9,535
1935	672	141,627	211	32	355,567	11,111
1938	1,186	257,820	217	44	1,137,382	25,850
1941	1,187	390,269	329	39	605,057	15,514
(A)1932~1935	+132	+13,251	-127	+2	+69,507	+1,576
(B)1938~1941	+1	+132,449	+112	-5	-532,325	-10,336
(C)1932~1941	+647	+261,893	-9	+9	+318,997	+5,979

출처: 『總督府 統計年報』, 각 연도판.
비고: 가스전기업은 제외

〈표 23〉은 시기별 공업회사의 불입자본금이다. 이는 시기별로 본토 자본의 투하 방식이 어떻게 달라지고 있는지 보여 준다. 먼저, (C)(1932~1941년) 구간은 전체 동향이다. 공업회사 본점은 647개소 증가했고, 지점은 9개소 증가에 머물러 본점회사 증가율이 더 높다. 본점 불입자본금은 1932년 1억 2,837만 6,000원에서 1941년에는 3억 9,026만 9,000원으로 증가하였는데, 특히 (B)(1938~1941년)구간에서 두드러진다. 이 중 (A)

면장, 읍장 등이었다. 지역에서 나름 행세하고 지역 정서에 정통한 인물인데, 일본인들은 이들을 자신들 회사의 일원으로 참여시켰다. 지역에 정통한 정서, 인맥, 연고 등에 대한 일본인들의 기대감의 반영으로 평가하였다(김인호, 2018, 「일제강점기 평택 지역의 조선인 경제인 실태」, 『지역과 역사』 제42호, 447~484쪽). 마산의 경우도 마산수산(주), 경남목재 등 일본인 회사에서 조선인 공무원 출신의 역할이 드러나고 있었다(김예슬, 2019, 「일제강점기 마산지역 사업체와 조선인경제인 연구」, 동의대 사학과 박사학위 논문. 157~159쪽).

(1932~1935년) 구간은 우가키 재임기간만을 뽑았는데, 본점 132개소, 지점 2개소가 증가하고, 전체 불입액은 1,325만 1,000원이 증대한 반면, 본점당 불입액은 127원 감소하였다.

(B)구간은 미나미 재임기간으로 본점은 1개소 증가, 지점은 5개소가 감소하였다. 따라서 대부분의 본점이 우가키 총독 재임기간에 설립된 것을 보여 준다. 본점이 증대한 것은 주로 중견 규모의 자본이 본토에서 조선으로 진출한 결과로 보이는데, 미나미 재임기간인 (B) 구간은 본점 증가가 미미하다. 이는 「공업조합령」, 「기업허가령」 등 개인·중소기업에 대한 통제가 강화되고, 본토 위주의 증산 정책이 전개되면서 진출이 어려워진 사정을 보여 준다.

흥미로운 것은 (A) 구간에 공업회사 지점의 자본금이 압도적으로 많다는 점이다. 지점자본이니 본토 사정 여하에 따라 달라지겠지만 이는 일단 우가키 시기에 본토 재벌자본의 투하가 상당히 활발했다는 것을 말한다. (B)는 오히려 본점설립은 정체되었지만 본점당 자본 규모가 확대되었다. 통제와 정비로 인한 기업집중(기업합동, 기업정비 등)의 결과로 보인다.

정리하면, (A) 시기, 즉 우가키 총독 재임기간에 조선에 대규모 본점회사가 크게 늘었고, 지점도 크게 늘었다. 반면, 미나미 시기는 조선 내 기업에 대한 통폐합으로 단위 규모는 커졌지만 정작 본토시설이나 자본의 진출은 제한적이었다. 물론 1943년경에는 일본본토에서 기업이 대거 이주하였다. 일단 기존의 논의에서 주로 중일전쟁 시기에 일본본토 기업이 이주한 것으로 추정했지만 실은 우가키 총독 시기에도 많은 이주가 있었다. 이후 미나미 총독이 재임한 중일전쟁 시기에는 오히려 조선으로 일본인 기업의 이주가 축소되었다. 이는 중일전쟁 단계에서 오히려 본토가 진두지휘하는 전시특수에서 조선공업계가 배제되는 분위기 였다는 점을 보여 준다.

다. 산업경제조사회의 답신과 '독자적' 생산계획 입안

　우가키 총독이 추진한 남면북양 혹은 산금장려(産金獎勵)는 어느 것도 "자원개발이지 의식적이고 적극적인 공업화 정책은 아니었다".[310] 오히려 당시 총독부 공업정책의 핵심은 일본계 대공장이 조선으로 진출을 편리하게 하기 위한 조건을 유지하거나 만드는 데 있었다.[311] 실제로 그가 재임기간 중에 실행한 산업정책을 보면 조선산업간담회(1933.5.13~14) 및 산업단체통일정비(1933년), 조선산업박람회(1935년)[312] 등에 불과하고 전면적인 병참공업정책은 미나미(南次郞) 총독 시기에 들어서야 하였다. 그러한 우가키 구상의 첫 단계가 바로 우가키식 독자적 공업화 구상을 총체적으로 정리한 산업경제조사회준비위원회자문안을 완성하는 일이었다.

　우가키 총독은 1936년 4월 초에 조선산업경제조사준비위원회를 설치하고 「조사회에 제출할 의안 개요」(1936.4.15)[313]를 작성하였고, 미나미 총독이 부임하자 「조사회에 제출할 의안참고서」(1936.9.15)를 작성하여 '산업구조의 재편을 위한 일반방침'을 제안하였다. 두 의안의 핵심은 '국책상 중요공업의 확대'를 위하여 일차적으로 그것에 필요한 기반시설을 구축하자는 것이었는데, 주목할 것은 총독부가 스스로 공업화 계획을 천

310　鈴木武雄, 1942, 『朝鮮の經濟』, 日本評論社, 91~92쪽.
311　鈴木正文, 1938, 『朝鮮經濟の現段階』, 帝國地方行政學會, 207쪽(주익종, 2003, 「일제하 한국의 식민정부, 민간기업 그리고 공업화」, 『경제사학』 제35호, 72쪽에서 재인용).
312　朝鮮總督府, 1940, 『施政30年史』, 309쪽.
313　「朝鮮産業經濟調査會に提出すべき議案槪要」, 『朝鮮産業經濟調査會關係書類』(총무처 마이크로필름 자료 제99권), 1936.4.15.

명하고 나섰다는 점이다. 그리하여 1936년 10월 20일에 총독부는 조선산업경제조사회를 소집하여 산업시책을 전반적으로 재검토하고, 향후 조선 경제의 발전 방향을 자문하였다. 조사회에는 일본본토, 총독부, 만주국의 관리와 각지의 자본가, 학자 등 76명이 모여 '자문안'을 보면서 향후 조선의 산업정책에 대해 답신하였다. 이러한 총독부의 움직임에 대해 당시 일본본토는 그다지 달가워하지 않았던 것같다. 그렇지만 우가키 총독 이래 총독부의 지속적인 공업화 추진 의지가 피력되는 상황에서 일본본토도 어느 정도 총독부가 요구하는 공업화 계획을 인정하는 수밖에 없었다.

당시 조선산업경제조사회준비위원회자문안[314]에 나오는 일반적인 시설계획은 시험조사기관이나 발명장려기관 공업심의회 등 공업화에 필요한 준비기관을 구축하는 일이었다. 구체적인 시설계획으로는 기본적으로 "국책상 중요한 공업에 대해서는 특별한 진흥책을 강구한다"고 하면서 석탄액화, 액체주정, 경금속, 제철, 조선 등의 증강을 제안했다. 그러면서 이에 필요한 공업의 합리적 분포에 관한 시설계획(공업지대 설정, 공업의 지방분산)이나 중소공업의 진흥과 대기업 간의 조정적 발달계획(공업조합제도의 설정, 자금융통손실보상제의 설정, 조성시설 확충) 등을 통하여 조선 내 안정된 지역과 부문의 산업 연관을 기반으로 중소공업과 대기업을 상호 연관한 내포적이면서 '독자적인' 공업화를 추진하겠다는 의지를 피력하였다. 그러면서 석탄액화, 액체주정 등 의 증산을 표방한 것은 대체로 일본본토가 요구하는 물자(대체품 공업)의 증산을 통한 공업화를 지향한다는 것, 다시 말해 총독부의 공업진흥책이 궁극적으로 '본토 의존형 조선공업 증강 구상'의 일환으로 기획된 것이며 여기에는, 본토의

---

314 「朝鮮産業經濟調査會に提出すべき議案參考書」, 1936.9.15, 121~123쪽.

도움 없이 공업화는 힘들다는 총독부 당국자의 현실인식이 반영되었다는 것을 보여 준다.

총독부의 자문안에 대한 조선산업경제조사회(1936.10.20~10.24) 답신안에서는 기본적으로 "국책상 조선이 담당해야 할 중책에 비추어 종래와 같이 생산 증가에만 시종하는 것에는 환경이 상당히 복잡할 뿐만 아니라 내부적으로도 획기적으로 선처할 이유가 적지 않다"고 하면서 이제는 계획적 증산을 가능하게 하는 획기적인 공업정책의 수립이 필요하다는 총독부안에 전폭적인 지지의사를 표명하였다.[315] 그러면서 총독부가 제시한 일반 방침에 몇 가지 요구사항을 얹어서 답신하였다. 조사회 답신안을 항목별로 정리하면 〈표 24〉와 같다.[316]

〈표 24〉 산업경제조사회 답신안의 주요 내용

자문안	답신안
1 공업통제에 관한 시설	「산업통제법」 실시로 해결
2. 국책상 중요한 공업(석탄액화, 액체주정, 경금속, 제철, 조선) 진흥에 관한 시설	(1) 장려금교부, 동력요금, 운임경감, 운수시설 정비, 원료 확보 용수조사 등 각종 특전과 편의 부여
	(2) 토지수용권의 부여, 조세특전 및 보호관세 설정
3. 공업의 합리적 분포에 관한 시설계획 (공업지대 설정, 공업의 지방분산 등)	(1) 공업지대의 지가폭등 억제, 교통운수·전력·용수·산업교육 등에 관한 집약적 합리적 지원
	(2) 종목별·지역별 필요사항에 관한 조사연구 강화
4. 중소공업 진흥 및 대공업과의 조정발달 계획(공업조합 설정, 자금융통손실보상제, 조성시설 확충 등)	자문안과 동일

---

315 「產業經濟調查會の答申と當協會」, 『朝鮮工業協會會報』, 1936년 11월호, 2~3쪽.
316 「產業經濟調查會の答申と當協會」, 『朝鮮工業協會會報』, 1936년 11월호, 2~3쪽.

5. 노동능률 향상 및 노자협조 관련 시설 계획(공장노동조사, 노자협조기관 설치 등)	자문안에 더하여 노동자의 자율정신 함양에 노력할 것

조사회는 '본토 의존형 증산'을 요구한 자문안에 대해서 실질적으로 조선 내 유입되는 자본에 대한 장려금, 동력요금, 운임, 운수, 원료, 토지 수용권, 조세특전, 보호관세 등 지원책을 강구하자고 주문하였다. 여기서 보호관세 등을 통하여 조선 내 공업을 보호하자는 논의는 주목할 만했다. 왜냐하면 답신안을 통하여 그동안 풍미했던 구호 중심의 공업화 선전이 아니라 진짜로 공업의 계획적 육성이 표방될 것이라는 공감대를 확인할 수 있기 때문이었다. 그러면서도 '내·외지·만주국 사이의 산업통제에 관한 연락협의회'를 강화해야 한다고 함으로써 각 지역 관청 간의 협조관계를 특별히 강조하였다. 당장은 우가키 공업화 구상이 적용되어 조선의 특수성이 인정되고 독자적 성격이 존중되었다고 하더라도 언제든지 일본본토의 통제에 적응하는 구조로 전환할 수 있다는 점을 분명히 한 것이었다. '국책상 중요한 공업'에 대한 항목에서 '국책상 특히 국방상의 견지에 중요하다고 인정되는 공업'으로 국방의 의미가 강화되었고 아울러, 원안에 없던 '자동차 및 비행기 조립수리공업 기타 기계공업'의 진흥항목이 추가되었다.[317]

그리고 답신안을 보면 〈표 25〉와 같이 당시 조선 내 산업자본가의 요구를 반영한 측면도 있었다.

---

317 이승렬, 1996, 「1930년대 전반기 일본군부의 대륙침략관과 '조선공업화' 정책」, 『국사관논총』 제67호, 191쪽.

〈표 25〉 '조사회' 답신안에 반영된 민간자본가의 요구사항

답신안 내용	답신안 항목	민간자본가 요구 시기
자원조사기관 설치	제2항 (1)	1933년12월 제1회 공업자 대회
공업교육기관 공업시험기관 확충	제8항 (2)	제2회 공업자 대회
공업조합령 발표	제3항 (1)(4)	제1·2회 공업자 대회
직공학교 설립	제7항 (1)	제2회 대회
공예공업전습소	제7항 제3항 (4)	제3회 대회
중소공업 금융손실보상제 등 발명장려기관 설치	제8항 (3)	제3회 대회
중요 지역 중등공업학교 설치	제7항 (1)	제3회 대회
간이학교 확충	제7항 (2)	제3회 대회

출처: 「産業經濟調査會の答申と當協會」, 『朝鮮工業協會會報』, 1936.11, 36~38쪽.

    총독부의 '적극적인 공업화 전략'에는 일본본토의 도움이 절실했으나 일본본토로서는 그다지 적극적으로 나서고 싶지 않았다.[318] 일본본토 측 위원은 조선산업경제조사회 회의 때에도 '내외지(조선과 일본) 간의 일원적 통제'를 중시하면서 일본본토의 요구에 순응하는 조선공업화 계획의 필요성을 강조한 바 있었다. 결국 답신안에서는 총독부의 계획을 받아들이는 듯했지만 본토 측 위원들은 그동안 총독부가 준비했던 증산계획에 자신들의 요구를 일방적으로 반영하였다. 즉 형식적으로만 총독부의 공업화안을 참고하고는 배제한 것이다. 당장 공채발행권이 없었던 총독부는 공업화 계획에 필요한 자본과 기술을 본토정부나 독점자본의 유치를 통해서 마련해야 했지만 본토정부의 지원은 미미하였고, 민간자본을 유치하는 전략만 일부 효과를 보았다. 그런데 주목할 것은 자문안 원안에 없던 '자동차 및 비행기 조립수리공업 기타 기계공업'의 진흥이

---

[318] 전상숙, 2017, 「전시 일본 국토계획과 대동아공영권 그리고 조선국토계획」, 『사회이론』 제51호, 296쪽.

추가되면서 조선기계제작소와 조선중공업주식회사의 설립이 가시화되었다는 점이다.

특히 조선기계제작소는 일본본토가 군비확장과 생산력확충에 의한 수입의 급증으로 국제무역 결제수단인 금(金) 확보가 중요시되는 상황에서 조선 내 산금 증산을 추동하는 광산용 기계제작을 도모하려는 목적에서 설립되었다. 당시 총독부도 '제국의 방침'에 따라 「산금증산5개년계획」(1938~1942)을 전개하던 중이었다. 조선산업경제조사회가 개최된 지 8개월만인 1937년 6월 4일 한성은행 집회소에서 자본금 50만 원의 조선기계제작소 창립총회가 개최되었다. 총회에서 인천 만석정(萬石町)에 공장을 건설하며 본사는 서울에 두기로 했다. 또한 미쓰비시중공업의 지원으로 조선중공업주식회사가 설립되었다. 이리하여 이 두 회사는 이후 식민지 조선에서 취약했던 기계공업의 정책적 육성을 상징하는 회사로 주목받았다.[319]

라. 「중요산업통제법」의 절충

1931년 일본본토에서 「중요산업통제법」이 실시되자 이를 조선에도 연장하려고 했다. 이는 본토자본의 적극적인 유치를 기반으로 공업화 분위기를 진작하려는 '우가키 구상'에 정면으로 배치되었다. 이에 호즈미 식산국장도 일찌감치 이런 통제 기운을 우려하고 조선산업의 희생을 예견하면서 신중한 태도를 보였다.

---

319 배석만, 2009, 「일제시기 조선기계제작소의 설립과 경영(1937~1945)」, 『인천학연구』 제10호, 169~170쪽.

최근 내지의 경제정책을 보면 수년 전의 생산자본위정책, 즉 '칼텔' 강화 등의 종용에 의하야 현저히 보호되어 있다. 이것을 소비자계급의 보호정책으로 환원하는 점에 있어 소위 중요산업통제법으로 생산자계급을 견제하고 잇으며 조선의 경제사정은 그와는 현저하게 그 취지를 달리하야 현재의 처지로서는 생산자본위의 정책에 기우러지는 것은 어쩔 수 없는 사실이다. 만약 일본내지와 같이 소비자본위의 정책을 취하면 모처럼 아생(芽生)하는 조선의 산업은 희생할 것이 필연한 사실이다.[320]

소비자 본위의 「중요산업통제법」이 조선에 적용될 경우 우가키식 공업전략과 조선공업화의 싹이 크게 훼손될 것이라는 우려였다. 산업경제조사회준비위원회의 자문안(1936.4.15)에는 공업통제에 대해선 구체적인 내용을 달지 않았다. 하지만 조사회의 심의과정에서 격렬한 토론이 있었다. 이처럼 「중요산업통제법」의 조선 적용 검토 단계부터 '적용불가론(시기상조론)'과 '적용가능론' 그리고 '신중적용론' 등이 대두하여 다양한 논쟁이 있었다.

먼저, '적용불가론'은 산업경제조사회에 참가한 총독부 관료와 조선 내 민간자본가의 입장을 대변하였다. 조사회 회의석상에서 당시 호즈미 식산국장은 "조선은 산업발달이 매우 유치"하여 「중요산업통제법」이 "필요 이상으로 진행되면 조선산업의 발달을 크게 저해한다"고 했고, 다른 관료들도 "아직 전 일본 차원의 통제방침이 결정되지 않았기에 본법을 조선에 적용하는 것은 불합리하며, 조선의 특수성을 전혀 고려하지 않

---

[320] 『동아일보』, 1935.2.17.

은 것"[321]이라 반대하였다. 또한 조선에 사업의 근거를 두고 있는 자본가들은 더욱 강한 어조로 전면 실시를 비판하였다. 특히 경성방직의 김연수나 한상룡 등도 "「중요산업통제법」은 일본본토에서 진출한 대자본이 조선경제를 독점하는 데 기여할 뿐으로 조선경제의 발달에는 도움이 안 된다"고 하였다. 나아가 조선의 "생산력은 아직 통제할 만큼 과잉 상태가 아니라고 했고, 설사 과잉이라 하더라도 통제대상이 아니라 수출을 적극적으로 모색하여 제국의 경제구조가 가지는 취약점을 보완하는데 오히려 기여해야 할 것"이라고 하였다.[322] 이러한 입장은 독점자본의 본격적인 진출에 대응한 조선 현지자본의 입장이었고, 현실적 위기감의 반영이었다.

둘째, '적용가능론'은 주로 조사회에 참가한 조선 이외(일본본토나 관동주·만주 측의 관리나 민간자본) 인사나 조선군의 입장이었고, 일본본토자본가의 이해를 대변하고 있었다. 회의석상에서 조선 내 노구치 재벌 등 중화학공업 회사의 대표들은 「중요산업통제법」 적용에 그다지 반대하지 않았다. 본토 상공성 관리들은 한발 나아가 조선에서 생산되는 상품들과 경쟁관계에 있는 본토자본가의 이해를 대변하고 엔블록 차원의 물자동원이 절박한 상황에서 「중요산업통제법」을 적극적으로 옹호하면서 내외지 산업의 일원적 통제를 강조하였다.[323] 또한 조선군 대표도 '내외지 일원적 통제'와 '자동차 및 비행기 조립수리공업'의 필요성을 강조하였다.

조선공업화의 향방을 정할 「중요산업통제법」 실시를 놓고도 이렇게 일본본토와 조선총독부 당국의 의견이 극명한 대비를 보였다. 총독부 주

---

321 「朝鮮に重要産業統制法を施行するの是非に就て」, 『朝鮮工業協會會報』, 1936.5, 4쪽.
322 이승렬, 1996, 「1930년대 전반기 일본군부의 대륙침략관과 '조선공업화' 정책」, 『국사관논총』 제67호, 188쪽.
323 이승렬, 1996, 위의 글, 186쪽.

장을 보면, 산업경제조사회 단계에도 아직 우가키식 공업화 구상이 남아 있음을 보여 준다. 스즈키 다케오도 "1937년 3월에는 일찍이 현안이던 「중요산업통제법」의 조선 적용이 결정되고, 만주국도 중요산업 5개년계획 중에서 제1차년도 계획이 시작됐으며 일본본토에서도 2·26사건 이후 준(準)전시경제의 급속화를 반영하여 일찍이 유휴과잉에 번뇌하던 생산력은 점차 완전 조업상태가 되면서 생산력확충·물자·물가의 조정이 필요하게 되었다"[324]라고 하여 본법이 적용됨으로써 조선경제가 발전하리라 보았다.

셋째, 신중한 적용론도 제기되었다. 조사회 답신안에서 조선공업은 '육성' 차원에서 통제해야 하며 만약 실시된다 하더라도 조선의 현실을 감안하여 '조합에 의한 자치통제'를 해야 한다고 요구하였다. 특히 조선공업은 "아직 발전도상이기에 곧바로 본토공업처럼 일률적으로 통제할 수 없다는 것을 전제하고 다만 조선의 특수성을 감안하여 생산능력이 수요를 충족하거나 초과하는 것, 일본본토와 조선에서 일원적인 통제가 필요한 것부터 순차적으로 지정하도록 하자"는 것이었다.

절충안은 우선 일본의 업종과 심각한 모순관계가 아닌 것[맥주·제지·조면·마그네슘·유치(幼稚)공업·전매품·전기·가스]은 법적용을 하지 않고 현재는 문제가 없어도 장래에 문제가 있을 것(製麻·석유판매업)은 법조항의 일부 또는 전부를 특수사정에 따라 실시하며, 현재 대립관계가 생기는 것(시멘트·석탄·방적·제분·법랑유기·전구)은 조만간 통제한다는 것이다. 마지막으로 조선 내에서 생산이 포화상태인 것(시멘

---

324 鈴木武雄, 1940.12, 「半島産業發達の現段階と其發展の展望」, 『朝鮮實業』, 13쪽.

트·고무신·양말) 가운데 시멘트는 급속히 통제하고 고무신은 공업조합을 통해 통제하기로 하였다. 그리고 통제방법은 업종 상황에 따라 과잉시설을 정비하거나 조업단축 등이었다.[325]

신중론은 '적용가능론'을 주장하는 일부에서도 제기되었다. 즉 조선공업은 일본본토의 공업과 '상극'이기에 양 지역의 산업관계를 고려하여 신중히 통제해야 한다는 논리로 '신중론'을 제기하는 위원이 있었고, 총독부 관료 측에서도 이러한 입장이 자주 등장하였다. 갑론을박 끝에 부분 적용이 결정되었고, 마침내 1937년 3월「중요산업통제법」이 조선에도 적용되었다.

적용된 법은 일본본토와는 다음과 같은 차이가 있었다. 우선, 총독부는 "조선이 본토의 일부인 이상 그 취지에 따라야 하지만 일본본토와 같은「중요산업통제법」을 실시하는 것은 시기상조"라고 하여 전면적인 실시는 유예하고, 대신 부분 적용을 결정하였다.[326]

둘째, 총독부는 조선 자체의 법령으로 중요산업을 통제하려고 했으나 일본본토의 반대로 좌절되었고, 종합적인 통제기관으로 통제위원회를 설치하려고 했으나 총독부가 직접 수행하는 것으로 결론이 났다. 생산제한율·판매가격협정 등도 일본본토와는 구별하였으며, 통제명령도 실정에 따라 실시하기로 하였다.[327] 또한 만주국의「중요산업통제법」은 중

---

325 「朝鮮に重要産業統制法を施行するの是非に就て」,『朝鮮工業協會會報』, 1936.5, 6~7쪽.
326 穗積眞六郎(總督府 殖産局長),「重要産業統制法に就て」,『朝鮮工業協會會報』, 1936.11, 2·5쪽.
327 『朝鮮年鑑』, 1939년판, 376쪽.

요산업에 대한 허가제를 채택하고 허가업종은 모두 특수회사나 준특수회사가 경영[328]하는 것이었지만 조선은 독점자본에 의한 통제 방식을 견지하였다.[329] 즉 재벌과 본토자본을 활용한 통제방식이었다.

셋째, 통제는 시멘트 업종만 적용하기로 하였다. 당시 조선에서 시멘트 생산이 포화상태였고, 일본본토의 시멘트 공업과도 경쟁이 격화되었던 시점이었다.[330] 그러나 실제로 1938년 이후 압록강수력발전소 건설·철도공사·생산력확충계획 실행 등으로 시멘트가 부족해지면서 이런 통제는 유명무실하게 되었다. 실제로 1940년 8월 모리노(狩野) 오노다시멘트 사장은 이렇게 말했다.

> 최근 조선의 산업 약진은 현저한데 아마 시멘트 수요만도 일본본토보다 2배 증가한 것으로 여겨진다. 자급자족의 의미에서 보아도 생산력의 확충은 긴요한 것으로 생산제한이라는 것은 조선에서는 명목뿐이고 거의 풀가동을 하고 있다.[331]

오노다시멘트의 조업율은 1938년 3~5월 당시 47%로 전기의 단축률인 63%보다 16%가 줄었고, 1938년 9~11월은 24%, 1939년 3월에는

---

328 「滿洲經濟事情特輯」, 『殖銀調査月報』, 1940.4, 3쪽.
329 이승렬은 조선에서 독점자본 중심의 통제를 유지하겠다는 점 등에서 아직도 조선총독부가 우가키총독의 공업구상 혹은 정책적 흐름을 상당히 관철시키고 있다고 보았다(이승렬, 1996, 앞의 글, 『국사관논총』 제67호, 185쪽).
330 鈴木武雄, 1942, 『朝鮮の經濟』, 227~228쪽.
331 『殖銀調査月報』, 1940.10, 128쪽.

21%로 떨어졌다.[332]

　이처럼「중요산업통제법」은 일본본토 상공성 강력한 의지로 조선 적용을 예고했지만 조선총독부를 비롯하여 조선 내 자본가들의 심각한 반대로 절충할 수밖에 없었다. 당시는 미나미 총독 재임 초기로서 여전히 조선공업은 여전히 일본본토의 요구를 충족할 만한 여건이 안 된다고 하던 상황이었다. 이처럼 총독부를 비롯해 조선 내 자본가들이 본토 상공성을 상대로 조선경제의 특수사정을 강조하면서 적용 유예를 고집한 것을 두고 과연 조선총독부가 일본본토에 대해 상대적·정치적 자립성을 가지고 있다는 표현인지, 아니면 엔블록 경제의 일원화에 적응할 객관적 여건이 조성되지 않았던 것인지 여부는 조금 정밀하게 살펴볼 대목이다.

　스스키 다케오가 이 법을 "조선 관민이 일체가 되어 반대했다"고 증언하듯이,[333] 실제로 반통제파 정서를 가진 우가키식 정책구상이 유지된 결과, 그러한 '반대 제스처'가 확장된 것으로 보인다. 결국 본토의「중요산업통제법」이 조선에서도 실행되었지만, 시멘트업에 국한하는 등 사실상 법 적용을 회피하면서 통제를 피한 본토자본의 진출 확대를 견인하였다. 그러나 당시 대체적인 총독부의 정책방향은 오히려 일본본토의 입장을 비호하고 재편 요구에 적극 순응하는 것이 1차적이었고, 단지 그 위에 조선의 현실을 감안하는 모양새였다. 그런 의미에서 볼 때 이런 중요산업 통제를 둘러싼 논쟁은 일본본토와 총독부 사이의 모순에서 발생한 것이라기보다 당시 조선경제의 수위에 대한 양측의 해석 차이에서 비롯된 것이라고 할 수 있다.

332　『朝鮮年鑑』, 1939년판, 377쪽; 1940년판, 195쪽.
333　鈴木武雄, 1942,『朝鮮の經濟』, 日本評論社, 93쪽.

2. 중소공업의 조직화 정책

가. '소공업' 육성 구상

　농업에서 지주(地主) 중심의 중농주의 농정(산미증식계획)은 지주제 강화를 수반한 농업경제의 파국, 민생의 파탄을 초래하였다. 더구나 농업공황 이후 미가 하락, 일본본토로의 수출 악화 등은 중농주의적인 정책의 한계를 맞게 했다. 그러자 조선인 자본가층 사이에서 '조선경제 위기론'이 발생하는가 하면 '분산적 소공업화론' 등 공업화의 필요성을 제기하는 논의가 확산되었다.[334] 우가키 총독도 이러한 요구를 수용함으로써 조선인 부르주아 계급의 동요를 일소하고 비타협적인 민족운동 세력을 체제 내로 흡수할 수 있는 공업화의 필요성을 절감하게 되었다.
　1931년 6월 총독으로 부임한 우가키는 종래의 「산미증식계획」을 중지하고, 「소작조정령」, 「조선농지령」, 「자작농창정계획」 등과 「농촌진흥운동」을 전개하는가 하면 토막민이나 실업자 문제를 해결하는 각종 구제산업을 동시 다발로 추진하였다. 우가키는 토착자본가에게 종래 지주소작제 중심의 농업구조에 기생하여 각종 고리대, 부동산 투기 등으로 재산증식을 꾀하던 관행을 벗어나서 고수익을 보장하는 제도금융이나 산업자본, 즉 예금이나 유가증권 취득, 산업투자 등에 나설 것을 주문하였다. 이러한 우가키식 중소공업 대책은 역시 1936년 10월 산업경제조사회 자문안과 답신안에 고스란히 담겨 있다. 회의석상에서 위원들은 총

---

[334] "현하 조선의 공업이라 할 만한 것은 극히 적다. 따라서 장차 일어나야 할 것은 (전기동력에 입각한) 분산적 공업이라는 생각이 긴요하다. 이에 전기료의 인하를 첫 번째로 생각하지 않으면 안 된다"(宇垣一成, 1927.8.9, 『宇垣一成日記』).

독부가 제시한 '중소공업의 진흥 및 그것의 대공업과의 조정적 발달에 관한 시설계획'을 수용하면서 공업조합제도 설정, 「자금융통손실보상제」설정, 조성시설 확충 등 일반방침의 원안을 그대로 수용하였다. 이후 이러한 답신안에 따라 「공업조합령」(1938.9)이 공포되고, 「중소상공업진흥자금대여요강」(1938.9), 「중소상공업융자손실보상제」(1939.8.23), 「소득세령」(1940.4. 개정)을 비롯한 각종 중소공업조직화 및 육성대책이 전개되었다.

나. 중소공업의 현황

1930년대에도 조선인 중소공장은 확장일로였다. 이들은 본토자본과 재조일본인 자본과 더불어 3중 구조를 이루면서 공업계의 저변에 자리하였다. 민족별 구분은 알 수 없지만 〈표 26〉에서 공업회사와 공장 수를 비교하면 80~90%를 차지한다. 회사법인 하나에 여러 공장이 포진할 수 있어 산술적인 비교는 어렵지만 일단 중소형 개인공장이 여전히 다수라는 사실은 확실하다.

〈표 26〉 공업회사 및 공장 수 대조(단위: 개소, 천 원, %)

구분	공장 수	총생산액	공업회사	공업회사 불입자본	회사당불입	공업회사 수/공장 수
1929	4,015	327,007	469(16)	66,737(159,038)	142	11.7
1938	6,624	1,142,597	1,086(44)	257,820(1,137,382)	237	16.4

출처: 『朝鮮總督府統計年報』, 각 연도판.

〈표 27〉처럼 제조업 영업세 과세(주업) 인원은 1930년대 초반 5,186명에서 1942년 6,639명으로 18%p.정도 증가하였다. 또한 〈표 28〉처럼 공장이 크게 증가하여 1940년 7,142개소에 달하고「기업정비령」(1942.6) 등 중소공업에 대한 통제가 개시되었던 1943년 말에는 1만 3,293개소에 달했으며, 1944년에는 남조선에만 공장이 9,323개소에 이르렀다. 조선 내 공장은 1938년 중일전쟁시기보다는 1940년 이후에 상당히 증가하였다. 제1차 생산력확충기간에 조선공업의 외연적 확장은 오히려 크지 않았다는 것을 다시 한번 보여 준다. 일단 1940년대에 공장 증가가 확연한데, 이 중에서 조선인 기계공장 증가가 두드러졌다.

〈표 27〉 제조업체 영업세 추징일람(단위: 명, 원)

구분 연도	총수				제조업			
	주업	겸업	세액	주업당 세액	주업	겸업	세액	주업당 세액
1933	52,219	3,789	1,345,252	26	5,186	248	168,648	33
1942	146,794	6,980	11,686,672	80	6,639	253	1,815,482	273
증가율	281	184	869	308	118	102	1076	741

출처:『總督府統計年報』, 1942년판.

〈표 28〉 1940년대 조선 내 공장의 증가상

연도	공장 수(개소)	증가율(%)	노동자 수(명)	증가율(%)
1940	7,142	100	294,971	100
1941	10,889	152	301,752	102
1942	12,699	178	331,181	112
1943	13,293	186	362,953	123

출처:『조선경제통계요람』, 1949, 69~70쪽.

〈표 29〉를 보면, 1943년 당시 기계기구업은 1939년 613개소, 생산액 5,322만 5,000원이었는데, 1943년에는 1,354개소, 생산액 1억 1,500만 원으로 공장 수, 생산액 모두 2배 이상(순증가율 121%p., 116%p.) 성장하였고, 전체 조선인 중소공업 중에서도 42%를 차지할 정도가 되었다. 그런데 공장당 직공은 48명에서 36명으로 25%p. 감소하였고 공장당 생산도 2%p. 감소하였다. 1947년 남조선 귀속공장의 규모를 보면, 전국적으로 약 5,500개소 중 1,551개소뿐이고, 나머지 3,959개소는 비귀속공장으로 남아 있었다.[335]

〈표 29〉 중소 기계기구업의 발전

연도	공장 수(개소)	직공 수(명)	생산액(천 원)	공장당 직공(명)	공장당 생산(%)
1939	613	29,579	53,225	48.25	86.8
1943	1,354	47,821	115,000	36.31	84.9
순증감률(%)	121	62	116	-25	-2

출처: 조선은행조사부, 1948, 『朝鮮經濟年報』, 공업항의 기계공업 통계(김인호, 2000, 『식민지 조선경제의 종말』, 신서원, 70쪽에서 수정).

---

335 조선은행조사부, 1948, 『朝鮮經濟年報』 I, 324쪽.

3. 소결: 독자와 순응

우가키 총독은 부임하자마자 조선인의 부[富力]를 증진할 필요성을 강조하는가 하면, 특별히 엔블록의 경제개발계획에 밀착한 공업화의 필요성도 자주 피력하였다. 하지만 현실은 그리 녹록치 않았다. 여전히 독자적 공채발행권이 없는 총독부로서는 자본, 기술, 설비가 드는 대규모 장치산업을 스스로 일으키기 어려웠다.

그러자 총독부는 재정문제를 해결하고자 일본본토로부터 채권발행 허가권를 확보하고자 노력하면서 각종 공적자금이 투하되는 궁민구제사업, 농촌진흥운동, 남면북양사업 등을 착수하였다. 하지만 당장 공채발행권은 용인되지 않았고, 총독부는 공업화 계획에 필요한 자본과 기술을 확보할 수 없었다. 직접 일본정부나 독점자본의 유치를 통해서 마련해야 할 상황이었다. 그런데 당시 궁민구제사업 자금도 정치적인 줄타기를 통해 겨우 들어오는 상황이어서 본토 정부의 지원으로 공업화하기란 원천적으로 어려웠다. 유일한 통로는 본토의 민간자본이나 공업시설을 적극적으로 유치하는 전략을 통하여 공업화를 진척시키는 것이었다.

이에 총독부는 전력개발과 통제를 통한 전력공급체계의 확보, 토지가격 통제와 보조금 지급,「중요산업통제법」과「공장법」회피 등 본토자본가들이 안심하고 투자하며 본토 정부의 통제에서 벗어나 값싼 조선의 노동력을 이용해 고이윤을 지원하는 각종 혜택을 기획하고 실시하였다. 지방관청에서도 '자본유치' 경쟁을 벌였고, 일부 지역에서는 과열 현상까지 보였다. 또한 공장 유치운동으로 시설이 입주할 공단 부지 확보를 위하여 지역별로 시가지 확장과 신시가지 창설에 중점을 둔「조선시가지계획령」(1934)을 제정하기도 하였다.

1935년에는 그동안 구상으로 떠돌던 일·선·만을 연결하는 경제블록 건설과 그에 수반한 조선의 공업화 구상을 본격적으로 추진하였다. 이런 구상은 우가키 총독 퇴임 이후였지만 총독부가 '준비위원회'를 설치하여「산업구조의 재편을 위한 일반방침」을 담은 조선산업경제조사회준비위원회의 자문안으로 집약되었다. 자문안의 핵심은 '국책상 중요공업의 확대'를 위하여 일차적으로 그것에 필요한 기반시설을 구축하자는 것이었다. 비로소 총독부가 정책적으로 스스로 공업화 계획을 천명하고 나선 것이었다.

1936년 10월 조선산업경제조사회가 소집되었고, 독자적인 계획 증산을 도모하는 공업화 전략이 거국적으로 논의되기 시작하였다. 이러한 총독부의 공업화 방침이 당시 일본본토로서는 달가운 일이 아니었다. 그런데 이런 공업화 분위기에 찬물을 끼얹은 것이「중요산업통제법」적용 문제였다. 산업경제조사회 회의석상에서도 신중론, 반대론, 절충론 등 여러 가지 의견이 제시되었다. 당시 총독부는 일본본토의 요구에도 불구하고 전례없이 조선 적용에 대항하였다. 우여곡절 끝에 답신안을 통하여「중요산업통제법」을 적용하는 데는 동의했지만 시멘트업에 국한하는 등 사실상 법 적용을 회피할 수 있었다.

총독부의 '적극적인 공업화 전략'에는 일본본토의 도움이 절실했으나 일본본토로서는 그다지 적극적으로 나서고 싶지 않았다. 본토 정부는 '내외지의 일원적 통제'를 중시하면서 일본본토의 요구에 순응하는 조선공업화를 요구했으며, 결국 형식적으로만 총독부의 공업화안을 참고하였고 실제로는 배제하였다.

당시 공장의 동향에서 주목할 만한 것은 우가키 총독 재임기간 공장 수, 회사 수 및 자본금 증가폭이 미나미 총독 재임기간보다 높았다는 것이다. 그리고 고이소 총독 시기에 비약적으로 다시 증가하여 전체적으로 V모양을 그리며 변동했다. 물론 이러한 증가 현상은 2가지 동인이 복합된 것으로 ① 일본본토 공장과 시설의 이주와 ② 조선인 공장의 확대가 촉발한 것이었고, 대규모 회사 및 공장은 주로 일본인, 중소 규모는 주로 조선인이 진출한 결과였다. 중소기업도 상층은 일본인 공장이 많았다. 이에 힘입어 1940년 공장은 7,142개소였고, 중소공업에 대한 정리가 준비되던 1943년 말에는 1만 4,000개소를 돌파하였다. 미나미 총독 시기 조선공업의 진흥이 제창되고, 떠들썩하게 시국대책조사회 등도 열렸으며 대륙병참기지화라는 구호가 만연했지만 조선공업의 외연적 확장은 크지 않았다.

제4장
중일전쟁 시기
'본토본위 증산' 정책과
제1차 생산력 확충

1. 제1차 생산력확충계획 입안

가. 일본본토의 제1차 생산력확충계획 수립

2·26사건 이후 하야시 센주로(林銑十郞) 내각은 「군부대신현역임용제」(1936.5.18)를 부활하여 군부의 정치적 접근을 촉진하고 "동아시아 대륙에서 제국의 지위를 확보하는 동시에 남방 해양에 진출, 발전"을 도모한다는 「국책기준」(1936.8.11)을 각료회의에서 결정하였다. 그리고 이를 위하여 국책의 수행에 필요한 산업과 중요한 무역의 진흥을 기하고, 항공과 해운 사업의 약진을 추구하며, 국방 및 산업에 필요한 중요 자원과 원료에 대해 자급자족 방책의 확립을 촉진한다는 구체적인 요강을 제시하였다. 그리고 각의결정(1936.8.28)으로「총동원계획설정처리업무요강」(1929.6.18)에 근거하여 식량, 농림·축산원료, 철금속, 비철금속, 공업약품, 공작기계, 석탄, 석유, 선박, 항만, 자동차, 통신설비 등 총 12개 항목에 걸친 「제2차총동원기간계획강령」을 발동하였다. 나아가 육군성도 자체적으로 「제국군수공업확충계획」(1936.11) 및 「군수품제조공업5개년계획요강」(1937.6) 등을 입안하였고, 상공성 공무국은 「산업5개년계획」(1937.4), 「생산력확충5개년계획」(1937.4)을 입안하였다.

이러한 군비증강을 위해서는 무엇보다 군수공업을 확장하여, 항상적인 물자동원구조를 구축할 필요가 있었다. 하지만 본토만으로는 과대한 재정지출 및 인플레, 물자부족을 감당할 수 없었다. 이에 무역, 금융 방면의 통제와 더불어 비시국산업에 대한 물자통제, 자금 유입 제한을 개시하고 '일·만 블록' 차원의 공업화를 추진하고자 하였다.[336] 이에 만주에서도 관동군과 만철(滿鐵)조사부가 합심하여 계획을 입안한 결과「만주산업개발5개년계획강요」(1937.1)를 공포하여 5년 동안 철강 1,150만 톤, 석탄 2,700만 톤, 알루미늄 2만 톤, 마그네슘 2,000톤을 증산하고, 이에 총 25억 원의 소요자금을 책정하였다. 이 계획에서는 특별히 만주 자체의 중화학공업화가 강조되었다.[337] 또한 일본 정부는 일·만재정경제위원회를 구성하여「일·만군수공업확충계획」(1937.5)을 입안하였다.

이러한 다발적인 생산력확충계획은 중일전쟁이 발발하면서 물동(物動)계획이 급속하게 진행되는 상황에서 연기되었다. 당시 대장상인 가야 오키노리(賀屋興宣)가 "국내에서 생산이 확충될 때까지 물자 수입은 불가피하다"[338]고 한 것처럼 당시 일본은 단기간 내 종래의 대외 의존적 물동구조를 벗어날 수 없었던 것이다. 다만 군수, 비군수를 가리지 않고 공급되던 수입물자를 군수산업에 집중하고 그 공백을 증산(생산력확충)으로 보충하자는 정도였다.

중일전쟁 직전 제1차 고노에 후미마로(近衛文麿) 내각(1937.6.4~1939.1.5)이 출범하였다. 출범 직후 생산력확충, 국제수지 균형, 물자수급의 적합 등 이른바 '재정경제 3원칙'을 발표하였다. 그것은 침략전쟁에 필요한

---

[336] 「국책기준」제1절 3항에는 "만주국의 건전한 발전과 일본과 만주의 국방상 안전을 기하고 북방의 소련의 위협을 제거하는 동시에 영미에 대해 일본, 만주, 중국 3국의 긴밀한 제휴를 구현하여 우리의 경제를 발전시키는 것을 대륙에 대한 정책의 기조로 삼는다"(「국책기준」, 1936.8.11)라고 하여 일·만·중 블록 차원의 경제계획을 주문하고 있었다.

[337] 小林英夫, 1979,「總力戰體制と植民地」,『十五年戰爭と亞細亞(體系·日本現代史 제2권)』, 73쪽.

[338] 賀屋 國務大臣 연설, 1937.7.28,『帝國議會衆議院議事速記錄』8, 太山, 1991, 49쪽.

물자동원을 위하여 만주와 일본을 일체로 수급권을 형성하고, 일본본토에 의존하던 엔블록의 수요를 규제하며, 블록 내에서 계획적 증산으로 국제수지를 개선하고 유사시 필요한 물자를 자급하도록 한다는 것이었다.

그러다 중일전쟁이 발발하자 본토 내각에서는「북지사변(중일전쟁)에 적용할 국가총동원계획 요강」(1937.9.4)을 결정하여 생산력확충이나 산업물자 사용제한 나아가 배급조치 대상물자를 지정하였다. 먼저 생산 촉진 또는 생산력확충이 긴요한 중요물자로 ① 금, ② 철강 및 제철용 원광, ③ 동·납·아연·주석·니켈·안티몬·수은·알루미늄·마그네슘 등 비철금속류, ④ 벤젠 및 톨루엔, ⑤ 페놀, ⑥ 황산암모늄, ⑦ 펄프, ⑧ 공작기계, ⑨ 석탄, ⑩ 석유 및 석유대용품, ⑪ 철도차량 및 선박, ⑫ 화물자동차, ⑬ 항공기 등 총 13개 품목을 지정하였다. 또한 사용제한 및 대용품 사용을 촉진할 물자로 ① 강재(鋼材), ② 동·백금·납·아연·주석·니켈·안티몬, ③ 고무, ④ 피혁, ⑤ 면화, ⑥ 양모, ⑦ 종이류, ⑧ 목재, ⑨ 연료, 특히 석유 및 석유대용품, ⑩ 전력 등 10개 품목을 지정하였다. 또한 배급통제에 긴요한 물자로 ① 쌀·보리 및 사료, ② 철강, ③ 화학비료, ④ 공작기계, ⑤ 석탄, ⑥ 석유, ⑦ 주요 수입물자 등 7개 품목을 지정했다. 이어서 물자회수품목도 ① 고철, ② 동, ③ 납, ④ 주석, ⑤ 알루미늄, ⑥ 고무, ⑦ 면화, ⑧ 양모, ⑨ 종이 등 9개 품목을 지정하였다.

「국가총동원법」(1938.4 일본, 1938.5 조선) 공포는 이러한 총동원계획을 법적으로 완성한 의미일 뿐이었다. 1937년 9월 10일에는 칙령 제88호로「군수공업동원법의 적용에 관한 법률」이 공포되어 전시상황에 따라「군수공업동원법」(1918.4.17)을 다시 부활함으로써 앞서의 총동원계획 업무를 촉진하고자 하였다. 1938년 1월 20일 본토 각의는「국책대강」을 발표하면서 "향후 4년을 목표로 중요산업의 진흥을 꾀하고 생산력의 종합적 확충을 위해 일본, 만주 외에 중국 북부 등을 더하여 전체적인 계획을 확립하고 제국의 경제력 충실을 기한다"라는 일·만·중국 연계 생산력확충안을 발표하였다. 그러면서 생산력확충을 위한 광공업 방면 소요자금으로 기존 12억 23만 원을 48억 원으로 크게 증액하였다.[339] 이러한 각의의 결정에 따라 본토 기획원은「생산력확충4개년계획」을 입안하였는데, 시국대책조사회에서 결정된 조선의「시국산업확충계획」(1938.8)과 만주의「중요산업 5개년 계획」을 참작하여 계획안을 수정하였다(1938. 10). 결국「1938년도 물자동원계획」(1938.6.23)보다 반년이나 늦은 1939년 1월에「생산력확충계획대강」이 각의에서 결정되었다.

본래 물자동원계획은 1938년 6월 23일에 제1차 계획이 추진되었지만 '탁상논리'라고 하여 연말에 종료하였다. 그리고 1939년도부터 제2차 계획을 추진하였다. 이 계획은 중일전쟁의 장기화에 대비한 계획으로 생산력확충계획과 긴밀히 연동되도록 했다.[340]「1939년도 국가총동원실시계획」(1938. 9. 13)은 1939년 4월 1일부터 1940년 3월 31일까지 적용해 실시하도록 계획이 설정되었고, 11월 말까지 중요물자의 동원계획을 중심으로「물자동원계획대강」을 완성하였다.「대강」에 의하면 자급자족을 위하여 "중요한 국방산업 및 기초산업에 관하여 1941년을 기한으로 일·만·중국을 아우른 생산력의 종합적 확충계획을 확립하며", "필요한 경우 법령을 제정하거나「국가총동원법」을 발동한다"고 하여 궁극적으로 생산력확충을 위해 법적으로 강제할 것을 분명히 했다.[341]

---

339 小林英夫, 1969,「1930年代'滿洲工業化'政策の展開過程」,『土地制度史學』제44호, 26쪽,〈표 7〉참조.

340 『朝鮮經濟年報』, 1940, 116쪽.

341 小林英夫, 1975,『「大東亞共榮圈」の形成と崩壞』, 御茶の水書房, 117쪽.

본토의 제1차 생산력확충계획 대상품목(=계획산업)은 ① 철강-보통강 강재(지수 160), 특수강강재(200), 강괴(160), ② 석탄(130), ③ 경금속-마그네슘(1,000), ④ 비철금속-납(190), 아연(170) 동(180), 석(200), ⑤ 석유 및 그 대용품-자동차 가솔린(천연 130, 인조 3,000), 중유(140, 인조 900), 무수(無水)알코올(1,300), ⑥ 소다 및 공업염-소다회(120), 가성소다(140), 공업염(650), ⑦ 유안(140), ⑧ 펄프-제지용(120), 인견용(310), ⑨ 금(120), ⑩ 공작기계(260), ⑪ 철도차량-기관차(130), 객차(170), 화차(150), ⑫ 선박, ⑬ 자동차(500), ⑭ 양모(340), ⑮ 전력 등 총 15개 품목이었다(괄호 안은 1938년을 100으로 하여 41년까지의 증산 목표를 구한 것).[342] 여기에 지정되는 기업은 경영상으로 일정 기간 면세, 증자-사채 모집에 대한 상법상의 제한 완화, 설비확충 시「토지수용법」적용, 장려금-조성금 교부, 이익 보장-보조금 교부, 기계기구 대여, 철도운임 경감 등의 특전이 주어졌다. 자금 면에서는「임시자금조정법」에 기반한 '우선 취급'과 계획산업에 대한 특별 융자를 담당하는 특수금융기관의 설립 등 조성책이 가해졌다.[343]

나. 총독부의 시국산업확충계획과 시국대책조사회의 답신

일본본토는 1937년 9월 18일 칙령 제505호「군수공업동원법의 적용에 관한 법률을 조선, 대만, 화태(樺太; 사할린)에 시행하는 건」을 공포하였고, 9월 20일에는 칙령 제 508호로 시국산업의 육성에 필요한 제철의

342　1939년 3월 7일 제74회 의회에서 한 기획원 총재의 발표문 중에서,「事變の進展と朝鮮經濟の動向」,『朝鮮經濟年報』, 1940년판, 117~118쪽.
343　山崎志郎,「戰時工業動員體制」,『日本の戰時經濟』, 46~49쪽.

수급을 위하여 「제철사업법」을, 1938년 1월 22일에는 칙령 제44호로 인조석유의 긴급한 증산을 위하여 「인조석유제조사업법」을 조선에 적용하기로 하였다.

일본본토의 '거친' 요구에 직면한 미나미 총독(1936.8.5~1942.5.29)은 1938년 초반 '조선의 특수성'을 고려하여 생산력을 최고로 확대할 수 있는 병참기지화 대책을 검토하도록 했고, 산업경제조사회에서 추진한 '독자적 공업화' 구상을 전면적으로 전환하여 '조선의 특수성'을 고려하되 일본본토의 요구에 적응할 증산대책을 검토하도록 지시하였다. 사실 미나미가 말한 '조선의 특수성'은 중의적인 의미였다. 종래 조선산업경제조사회 당시 추진하려던 '조선 독자의 공업화 기획'은 '본토본위'를 요구하는 본토 관료들에 의해서 무시되면서 이에 대한 반감일 수 있었다. 또는 반대로 '조선의 특수성' 일부만 배려하고 나머지는 전적으로 일본본토의 요구에 충실한 기획을 만들려는 진심일 수도 있었다. 이러한 총독의 속내는 1938년 4월 19일 도지사회의에서 오노 료쿠이치로(大野綠一郎) 정무총감이 한 훈시에서도 대변되고 있었다.

> 비상시 재정경제에 대한 국민협력의 요항(要項)으로서 들 수 있는[擧할] 것은, 중요물자의 절약, 자원의 애호, 폐품의 회수·해외불(외화)의 절약, 국산품의 애용, 저축의 역행, 매석매점의 자제 등 광범한 사항에 미치고 있다. …(중략)… 조선에 있어서는 작년 말 중요물자의 절약운동에 손을 대었고, …(중략)… 이상 절약 저축 등 소극적 사항 외에 또 생산을 왕성케 하는 적극 방면이 있음은 물론이다. 특히 수입품 및 수입품을 원료로 하는 제품의 사용을 가급적으로 피하고 국산품 사용의 장려에 노력하여서 국내산업의 진흥을 촉진하고, 나아가

수출산업을 조장하여 국제수지의 적합에 기여함과 같음[如함]은, 그(其) 긴요함을 느낀[感한]다. …(중략)… 事變(중일전쟁) 이래 계속 직접 간접 군용(軍用)에 쓰이는[供하는] 군수물자의 수량은 방대한 것으로 금후 성전(聖戰)의 지속상 더더욱[益益] 그것[此의] 필요함은 두말 할 것이 없다[再言을 要치 않는다]. 이 같은[如斯한] 군수의 조변(調辨)을 원활히 하고 한편으로[他方] 이로 인하여[此로 因하여] 제한을 受한 민수(民需)의 범위내에서 가급적으로 此의 배급을 원활히 하기 위하여 필요한 통제를 행함은 부득이한 조치이다.[344]

결국 일본본토가 위기에 처하여 중요물자 절약을 비롯하여 다양한 조치를 취하고 있으니, 조선도 군수물자의 현지조달을 원활히 하고 수입품 원료를 가능한 회피하며, 국산품 사용을 장려하는 조치로 나가야 한다는 것이었다. 특히 1938년 5월 「국가총동원법」이 조선에도 적용되면서 제2조에 제시된 총동원물자의 증산이 총독부가 수행해야 할 중요한 당면 과업이 되었다.[345]

이에 총독부는 이미 본토의 「총동원계획요강」에 이은 「국가총동원법」에 제시된 물자동원대책에 부응하여 관제를 개편하였다. 먼저, 1937년 9월 관방자원과를 설치했고, 식산국 소속 중앙시험소를 확대하여 서무

---

344 「道知事會議 政務總監 訓示要旨」, 『朝鮮總督府官報』, 1938.4.20.
345 여기서 총동원 물자는 ① 병기, 함정, 탄약, 기타 군용물자, ② 국가총동원에 필요한 피복, 식량, 음료 및 사료, ③ 필요한 의약품, 의료기계 기구, 기타 위생용 물자 및 가축위생용 물자, ④ 필요한 선박, 항공기, 차량, 말, 기타 수송용 물자, ⑤ 필요한 통신용 물자, ⑥ 필요한 토목건축용 물자 및 조명용 물자, ⑦ 필요한 연료 및 전력, ⑧ 지정 물품의 생산, 수리, 배급 또는 보존에 필요한 원료, 재료, 기계기구, 장치, 기타 물자, ⑨ 칙령으로 지정한 물자 등이었다.

과 기존 염직부, 요업부에 이어서 화학공업부가 설치되었다.[346] 1938년 4월 1일에는 식산국에 도량형소를 설치하여 ① 도량형기 및 계량기의 제작, 판매 및 수이입 ② 도량형기 및 계량기의 검정 및 단속 등을 담당하였고, 5월에는 식산국에 산금과와 착암공양성소를, 1938년 8월에는 식산국에 임시물자조정과(1939년 11월에 기획부로 변경)와 연료과를 차례로 설치하였다. 여기서 임시물자조정과는 물자동원계획과 생산력확충계획에 따른 물자수급 관련 업무를 담당했으며, 연료과는 연료자원 개발과 연료정책 수립에 관한 업무를 그리고 관방자원과는 주로 물동계획, 생확계획 등을 관장하였다. 1940년 2월에도 물자조정과가 설치되었고, 경제경찰과도 계(係)에서 과(課)로 승격되었다. 전시체제로 전환하면서 중앙시험소도 기존의 요업원료, 공업용수 및 유지원료 조사 업무에 더하여 새롭게 대용품 개발에 매진하도록 하였다.[347]

본토의 요구가 거세지면서 종전 산업경제조사회에서 본토 관료나 조선군 등의 전쟁본위, 본토본위 증산계획을 우회하여 예의 설득하면서 겨우 입안한 '독자적 공업 확충 계획'은 개편이 불가피하였다. 특히 중일전쟁은 이러한 '본토본위' 요구를 더욱 정당화하는 계기가 되었다. 더구나 전쟁 물자 확보를 위하여 일본본토가 일·만·중국을 종합한 '생산력확충계획'을 추진하면서, 조선의 증산정책도 종래까지 주된 압력의 이유였던 일본의 경제사정뿐만 아니라 새롭게 '대륙전진병참기지'니 '장기건설의

---

346 『朝鮮總督府官報』, 1937.9.6.
347 이러한 대용품 시험으로 몇 가지 유명한 대용품 생산이 가능했는데, 예를 들어 『매일신보』(1942.1.6)에 따르면 "中央試驗所 技士 安東赫이 鯷油(정어리) 기름의 脂肪酸으로부터 「케톤」二鹽基酸 「아미드」 등을 제조하는 데 성공했다고 하고, 朴定煥은 美國에만 의존하였던 浮游選鑛藥品의 本體와 合成法을 발명하여 자급자족하게 했다"는 기사가 나오는 등 대용품공업 육성에 중앙시험소의 역할이 있었던 것을 보여 준다.

고도국방국가건설'이니 하는 엔블록 차원의 규제를 받아야 할 처지였다. 이런 상황에서 총독부도 종래 산업경제조사회의 답신안에 나오는 '독자적인 공업화 기획'을 수정해야 했다. 이를 위해 시국대책조사회가 소집되었고, '본토의존형 공업화로의 전환'을 구상한 자문답신안을 요구하였다.

일단 시국대책조사회를 소집하기 6개월 전 본토의 기획원에서는 「생산력확충계획대강」(1938.2)이 공포되었다. 상황을 주시하던 총독부는 관방자원과(1937.9 설립)를 중심으로 시국대책준비위원회를 구성하여 조선에서 수행할 생산력확충의 방향을 정한 「시국산업확충계획」(1938.2)을 입안하였다. 특히 오노 정무총감을 위원장으로 하여 시국대책준비위원회(1938.2.8)를 설치하고, 6월 하순까지 기초안의 작성이 종료되었으며, 7월에는 총독부 각국 대표 및 관방간사로 구성된 소간사회에서 기초안에 대한 조사, 심의가 이루어졌다. 8월 19일 마지막 준비위원회에서는 조사회에서의 의사, 자문사항, 분과회 구성 등에 관하여 최종 결정이 이루어졌다. 그리고 그동안 관방자원과에서 준비한 「시국산업확충계획」이 「조사회에 제출할 의안참고서」(1938.8)에 올려졌다. 이어서 1938년 8월 26일 자로 「조선총독부 시국대책조사회관제」(칙령 제601호)가 공포되어 "총독부가 희망하는 일본(内), 조선(鮮), 만주(滿), 중국[支] 각 방면의 권위자를" 위원으로 선정, 발령하였다고 한다.[348]

이 시점에서도 총독부로서는 종래 견지하던 '조선의 특수성' 문제를 거론하지 않을 수 없었다. 본토의 일방적 요구에 대한 정치적 카드로도 읽힐 수 있겠지만 대체로 우가키 총독 이래로 진행된 '독자적 공업화 구

---

348 미쓰이 다카시, 「조선총독부 시국대책조사회(1938년) 회의를 통해 본 '내선일체(内鮮一體)' 문제-제1분과회를 중심으로」, 『일본공감』 제14호, 80쪽.

상'의 잔영(殘影)으로서 조선인들의 동요를 막고자 하는 '위무용 공업화 의지'가 반영된 것이기도 했다. 그러한 입장은 『시국대책조사회보고사항』에서 "비록 인조석유, 유안 등 기초소재공업을 증강한다고 해도 중소상공업 및 비군수산업도 적극 진흥한다"는 대목에서도 잘 드러난다. 본토와 비교하여 상대적인 것이겠지만 비군수산업의 진흥 문제가 강조되는 점은 눈여겨볼 부분이다.

> (조선)경제의 제지표는 대체 발전도상에 있음이 증명된다. …(중략)… 시국산업(군수산업, 계획산업)의 증대는 당연 평화산업의 위축을 불가피하게 하며 소위 파행상태를 필연화하는 것이 일반적이다. 그런데 조선에서는 이 파행상태가 표면적으로 크게 드러나지 않는다. 물론 평화산업은 생산, 배급 양 부분에 걸친 희생이 강요되고 있지만 평화산업 자체의 발달이 불충분하여 항차 그 경제상 지위는 본토처럼 크지 않기에, 다행히도 파행현상은 시국산업의 발달이라는 그림자에 가려져 있다. 여기에 조선경제가 전시적 파열을 크게 일으키지 않고 발전상만이 나타나는 원인이 있는 것이다.[349]

마침내 시국대책준비위원회의 자문안을 심사할 시국대책조사회(1938.9.6~9.7)가 소집되었다. 조사회는 총독부가 보낸 자문안을 약간 수정한 채 자원대체형 그리고 대용품 중심의 공업 발흥을 기조로 하는 답신안을 총독부에 제출하였다. 사실상 본토본위 공업정책의 거수기 역할을 한 것이다.

---

[349] 「事變の進展と朝鮮經濟の動向」,『朝鮮經濟年報』, 1940년판, 122쪽.

다. 조선에서의 생산력확충계획 수립

〈표 30〉에서 보듯이 시국대책조사회에서 공업 분야는 주로 제2분과에서 (1)북중국, 중중국 경제개발과 조선의 경제개발 연계, (2)해외무역의 진흥, (3)군수공업의 확충, (4)지하자원의 적극적인 개발, (5)축산 장려, (6)미곡증산 등 산업일반에 걸친 사항을 담당하여 심의하고 답신하였다. 그 밖에 3분과의 북선의 특수성에 대응할 방책, 해운의 정비, 항공시설의 정비, 육상교통기관의 정비 등도 공업정책과 긴밀한 관계가 있었다.

〈표 30〉 시국대책조사회 자문사항 및 배당 분과

항목	자문사항	분과
第一	내선일체의 강화철저	第一
第二	**북선(北鮮)의 특수성에 대응 방책**	第三
第三	조선, 만주, 북중국간 사회적 연계(聯携) 촉진	第一
第四	재중국 조선인 보호지도	第一
第五	**북중국, 중중국 경제개발과 조선의 경제개발 연계**	第二
第六	**해운의 정비**	第三
第七	라디오를 포함한 통신기관 정비	第三
第八	**항공시설 정비**	第三
第九	**해외무역 진흥**	第二
第十	반도민중 체력향상 및 생활 쇄신	第一
第十一	농산어촌진흥운동 확충 강화	第一
第十二	사회시설 확충	第一
第十三	**노무조정 및 실업(失業) 방지·구제**	第一
第十四	**군수공업 확충**	第二

第十五	지하자원의 적극적 개발	第二
第十六	미곡증산	第二
第十七	육상 교통기관 정비	第三
第十八	적극적인 축산장려	第二

출처: 조선총독부, 『朝鮮總督府時局對策調査會官制 · 議事規則 · 會議日程 · 名簿』, 京城: 朝鮮總督府, 1938, 1~3, 55~56, 197~198, 379~380쪽에서 작성[미쓰이 다카시(三ツ井崇), 「조선총독부 시국대책조사회(1938년) 회의를 통해 본 '내선일체(內鮮一體)' 문제-제1분과회를 중심으로」, 『일본공간』 제14호, 101쪽].

비고: 굵은 글씨는 제2분과 항목에 더하여 다른 분과 중 공업 관련 사항.

    총독부는 1939년 11월 28일 칙령 제793호와 총독부 훈령 제65호를 통하여 자원과와 임시물자조정과를 없앴고, 대신 국가총동원의 계획 및 수행을 위한 종합사무를 담당한다고 하면서 기획부(企劃部)를 신설해 아래에 3개 과를 두었다. 기획부 제1과는 「국가총동원법」시행의 종합, 물자·노무·교통·전력·자금 등 동원계획과 생산력확충계획의 설정 및 수행, 기술자 할당, 자원조사 등을 담당하였다. 제2과에서는 철류, 비철금속, 비금속광물, 기계류에 관한 물자동원계획의 설정 및 배급조정 등을 담당하였다. 제3과는 섬유, 피혁, 생고무 및 목재, 연료, 공업약품, 화학품류, 비료 및 의약품, 식료, 수입잡품 등의 물자동원계획 설정 및 배급조정을 담당하도록 하였다.[350]

    그런데 각종 증산 계획은 본토의 계획 자체가 우왕좌왕하면서 함께 요동을 쳤다. 더구나 당시 미나미 총독은 조선의 병참기지화야말로 "전쟁 이후 조선도 엔블록에서의 조선의 위상을 높이기 위한 조선 개발을 전망하며 추진된 것"이라고 주장하였지만 현실에서 조선총독부가 추진

---

350 「朝鮮總督府事務分掌規程(府訓令65號) 개정」, 『朝鮮總督府官報』, 1939.11.29.

하려는 병참기지화 정책은 본토로부터 제대로 인정받지 못하였다. 그저 일·만·중국 생산력확충계획의 종속적 위치에 있는 조선의 증산계획 정도로 취급될 뿐이었다.[351]

당시 본토가 「국가총동원법」을 통하여 필요한 물자동원과 생산확충을 조선에 절실히 강요하는 상황이었고, 일본본토의 요구와 총독부의 입장이 여러 차례 충돌하는 과정이 발생했다. 하지만 결국 본토의 요구에 충실할 수밖에 없었던 총독부는 기획부를 통하여 본토의 요구를 대부분 수용하는 태도를 취하였다. 이렇게 설치된 기획부는 종래 조선산업경제조사회가 자문한 '일반방침'의 핵심인 독자적 공업화의 기조를 해체하고, 일본본토 요구에 부응하는 증산계획을 지속적으로 입안하였다.

그러한 변덕과 요동의 과정이 고스란히 생산력확충계획 추진과정에 나타났다. 〈표 31〉은 총독부의 시국산업육성계획과 시국대책조사회의 증산안 그리고 기획원의 제1차 생산력확충계획을 비교한 것이다. 이들의 안을 살펴보면 생산력확충계획 입안 당시 주체별로 복잡한 이해관계를 엿볼 수 있다.

〈표 31〉 제1차 생산력확충계획안 비교

업종	단위	총독부안				조사회안	기획원안 (제1차 생확계획 중 조선분)		본토의 전체 계획 (조선 포함)	
		1938	1939	1940	1941	1941	1939	1941	1938	1941
알루미늄	천 톤	-	4	5.5	27.5	28	2.3	3	19	126.4(74)
마그네슘	톤	186	1,200	2,400	3,750	4,000	468	380	-	(3,900)

---

351 전상숙, 2017, 「전시 일본 국토계획과 대동아공영권 그리고 조선국토계획」, 『사회이론』 제51호, 295~296쪽.

휘발유	천 배럴	100	152	249	355	485	-	-	-	-
중유	〃	72.5	104.8	150.6	189	236	-	-	-	-
기계유	〃	32.5	39.5	46.5	58.5	58	-	-	-	-
소다회	천 톤	10.5	17.5	35	35	35	14	3.35	-	-
가성소다	〃	14	14	28	42	40	12	12	-	(141)
유안	〃	420	450	550	650	850	455	505	1,510	(258.5)
공작기계	천 원	-	1,000	3,000	5,000	5,000	-	-	-	2,039(1,835)
화물차	대	400	1,000	2,000	4,000	*6,000	-	-	-	-
승용차	대	100	500	1,000	2,000	-	-	-	-	-
기관차	대	9	12	12	12	65	-	14	-	-
객차	대	72	72	72	72	20	109	145	-	-
화차	대	580	1,804	1,804	1,804	3,600	3,350	5,197	-	-
선박	톤	5,500	8,300	12,300	23,600	23,000	4,900	7,090	-	-
발동유	마력	2,000	4,000	11,000	18,000	-	-	-	-	-
항공기	백만 원	-	-	-	-	30	-	-	-	-
피혁	천 매	-	-	-	-	400	-	-	-	-
보통강강재	천 톤	98	89.4	-	80	-	-	-	4,615	7,260(4,700)
철광석	〃	750	1,100	-	2,100	-	-	-	2,250	5,700(3,700)
보통강강괴	〃	173	111	-	-	-	-	-	6,310	9,950
보통선	〃	320	311	(250)	-	-	-	-	3,300	6,362(4,700)
전력	천 kw	766	781	-	-	-	-	-	-	-
석탄	천 톤	(3,646)	(4,732)	(6,800)	(7,000)	-	-	-	-	-
알코올	KL	-	-	-	(1,500)	-	-	-	-	(73,000)
동	천 톤	-	-	-	(3.5)	-	-	-	-	(75.5)
연	〃	-	-	-	(9)	-	-	-	-	(24)

아연	〃	-	-	-	(6,5)	-	-	-	-	(61,5)
텅스텐	〃	-	-	-	(5,4)	-	-	-	-	(6)
시멘트	〃	-	-	-	(1,240)	-	-	-	-	(7,100)
석면	〃	-	-	-	(2)	-	-	-	-	(2,5)
운모	〃	-	-	-	(0,16)	-	-	-	-	(0,16)
형석	〃	-	-	-	(42)	-	-	-	-	(42,8)
토상흑연	〃	-	-	-	(20)	-	-	-	-	(20)
인상흑연	〃	-	-	-	(73)	-	-	-	-	(73)

출처: ① 朝鮮總督府, 『朝鮮總督府時局對策調查會諮問案參考書』, 軍需工業ノ擴充ニ關スル件, 1938.9. ② 朝鮮總督府, 『朝鮮總督府時局對策調查會諮問答申書』, 軍需工業ニ關スル件, 1938.9. ③ 企劃部, 「生產力擴充計劃產業別豫定實績對比表」, 1941.10.31, 『大野綠一郞 關係 文書』 5, 81~83쪽. ④ 철강 부문(1940년까지): 「生產力擴充計劃產業別實績對照表」, 『日本陸海軍省文書』 32; 1941년은 『大野綠一郞 文書』, 81~83쪽. ⑤ 본토 생활목표; ( ) 부분은 오노 문서, 그렇지 않은 부분은 小林英夫 『大東亞共榮圈の形成と崩壞』, 116쪽에서 인용, 수치 차이는 생활계획이 수정을 거치면서 수정된 것이 자료별로 혼재된 결과로 보임(김인호, 2000, 『식민지 조선경제의 종말』, 신서원, 137쪽에서 수정).
비고: ( )는 1940년의 수정계획

우선, 1941년도 예상 목표를 보면 시국대책조사회안과 총독부안은 차이가 거의 없었다. 다만 시국대책조사회안은 기관차, 유안, 화차나 휘발유, 중유 등에서 총독부안보다 목표량이 커진 반면, 객차, 선박, 가성소다, 기계유 등은 적어졌다. 당시 민간자본들이 현실적으로 총독부안을 감당하기 어렵다는 사실을 이런 방식으로 보여 준 것으로 보인다.

둘째, 1939년도 본토 기획원안 중 조선 부분을 총독부안과 비교하면 계획량에서 차이가 있다. 이는 조사회안이나 총독부안이 본토의 제1차 생산력확충계획에 거의 반영되지 못한 사정을 말한다. 여기서 주목되는 것은 기획원안에는 조선에서의 증산능력을 조사회나 총독부보다 과소평가했던 점이다. 예를 들어 알루미늄의 경우 조사회안은 조선의 명반석, 반토항암을 이용하여 1941년까지 알루미늄 2만 8,000톤, 마그네슘 4,000톤 증산을 장담했지만 기획원안은 조사회안에 대해 "조선의 명반석으로 고급 알루미늄을 제조하는 것은 의문"이라 하여 알루미늄 생산 계획량을 1941년까지 3,000톤, 마그네슘은 380톤으로 국한하였다. 이처럼 조선의 「시국산업확충계획」은 생산력확충계획상의 계획산업 분야였다. 조선 나름의 현실성을 기반으로 한 계획을 수립한 것이지만 본토의 자재·자금 배분 문제와 상충되었고, 그들의 요구에 따라 어긋난 계획이 많았다. 그래서 중앙정부의 허가를 받지 못했으며, 결국 본토 기획원의 「생산력확충계획안」에 일방적으로 편입되고 말았다.[352]

셋째, 경금속·마그네슘·선박·소다류의 생산량은 총독부안에서, 객차, 화차, 유안의 생산은 기획원안에서 높게 책정되었다. 이는 일본본토가 주로 수송, 화학공업 등 주로 국책에 필요한 공업을 조선에 요구한 반면, 조선은 당시 민간자본들이 현실적으로 총독부안을 감당하기 어렵다는 사실을 지하자원을 초보로 가공하는 정도의 공업 능력밖에 없었다는 점에서 생긴 괴리였다.

넷째, 본토의 생산력확충계획에서 조선의 비중은 물자별로 차이가 크지만 철광석이나 유안을 제외하면 대체로 10% 미만이었다. 특히 철강의 경우 조선은 일본본토와는 반대로 선철이나 철광석의 목표치가 높은 반면, 강재나 강괴 등의 목표는 매우 낮았다. 〈표 31〉을 보면 1938년 일본의 생산목표는 보통선 330만 톤 대 보통강강재 461만 5,000톤으로 선강 비율이 1대 1.4인 반면, 조선은 각각 32만 톤 대 9만 8,000톤으로 1대 0.3에 불과하다. 1941년의 경우는 말할 것도 없다. 이 또한 당시 조선에서 물자

---

[352] 『朝鮮經濟年報』, 1940년판, 122·135쪽.

동원 능력이 완제품보다는 철저히 원자재 중심이었다는 점을 보여 준다.

1939년 당시 조선 금융기관의 공업 부문 설비자금 투하총액은 6,037만 8,000원으로 총 대부의 43%를 차지하고, 광업은 2,294만 원으로 18.5%였다.[353] 〈표 32〉에서 자금조정 표준별 설비자금 대부상황을 보면, 1938년도 갑종 사업(군수공업품) 대부는 9,758만 원(68%)인 반면, 을종 사업(주로 원료, 대체품사업)은 3,269만 6,000원(23%)으로, 갑종(군수공업품) 대부에 집중되었다. 물론 대체품 공업이 증가하면서 1939년에는 5,338만 원(37%)으로 증가했다.[354] 갑종 대부에 집중된 것은 본토도 마찬가지였다. 1937년 9월부터 1940년 6월까지 본토의 사업설비 대부 130억 원 중 공업이 64.5%, 광업은 12.8%를 차지했으며, 그 대부분은 갑종 대부였다.[355]

〈표 32〉 조선 금융기관의 자금조정 표준별 대부상황(단위: 천 원)

구분	갑종				을종					병종		합계
	1	2	소계	비율	1	2	3	소계	비율	소계	비율	
1937	6,913	350	7,263	40	3,292	6,344	173	9,809	54	1,040	5.7	18,112
1938	92,408	5,172	97,580	68	11,370	20,271	1,055	32,696	23	12,706	8.9	142,982

---

353 『朝鮮經濟年報』, 1940년판, 140쪽. 당시 만주의 「임시자금통제법」에 근거한 대부액 (1938.10~1939.3)은 광업 4억 1,528만 원, 공업 3억 3,974만 원으로 그 비중이 광업 43%, 공업 34%였다(小林英夫, 1969, 「1930年代'滿洲工業化'政策の展開過程」, 『土地制度史學』 제44호, 29쪽, 〈표 9〉 참조). 즉 조선은 공업 방면에, 만주는 광업 방면에 대부가 많은 것을 알 수 있다. 그것은 당시 엔블록 산업구조가 일본=군수정밀공업, 조선=대체품 공업, 만주=원자재생산광업으로 분업화된 것을 나타낸다.

354 김인호, 1998, 『평양전쟁기 조선공업연구』, 신서원, 556쪽(표 1-2-6참조).

355 中村隆英, 1994.3, 「統制三法」, 『昭和經濟史』 上, 日本經濟新聞社, 208쪽.

| 1939 | 82,178 | 2,586 | 84,764 | 59 | 6,318 | 43,491 | 3,563 | 53,372 | 37 | 5,766 | 4 | 143,902 |
| 합계 | - | - | 169,607 | 62 | - | - | - | 95,885 | 31 | 19,512 | 6.4 | 305,005 |

출처: 1937년도는 殖銀調査部, 1938.8,『殖銀調査月報』, 24쪽; 小林英夫, 1983,「1930년대 朝鮮工業化政策의 전개과정」,『韓國近代經濟史研究』, 사계절, 492쪽.(합계는『施政30年史』, 1940, 726~727쪽.)

비고: 각 비율은 합계 대비.

    갑종-금·은·철·석유 등의 채광업, 자동차·항공·병기·유안 제조업 등 군수공업 또는 그것과 밀접한 관계를 갖는 것(1은 최우수 군수산업, 2는 다음으로 중요한 것).

    을종-인조섬유·펄프·제재 등 군수산업과 관계가 다소 희박한 것. 또 원료공급·대체품공급 등과 관계 있는 것.

    병종-평상시 국방상 또는 국민생활상 필수품이 아니거나 '중점산업'이라 해도 현재 생산력과잉으로 생산을 제한한 것.

    합계 표시는 1937.10.15~1939.12.31일까지의 합계임(김인호, 1998,『태평양전쟁기 조선공업연구』, 신서원, 56쪽에서 인용-).

그러나 조선은 1938년 9월의 「임시자금조정법」 개정으로 인해 허가한도가 인하되는 등 자금공급력은 증가해도 갑종보다는 을종 대부 증가율이 높았다. 다시 말해 대체품 공업에 투입되던 자금이 대체로 을종 자금이었기 때문이다.

2. 본토본위 증산정책의 추진

가. 제1차 생산력확충계획의 실적

생산력확충계획에도 불구하고 1940년을 전후하여 본토경제는 기존 산업구조로는 확대 재생산이 어려운 지경이었다. 원인은 무엇보다도 본토경제의 구조적 모순과 증산 여정의 차질이었다.[356] 예를 들어 1939년도 본토의 실적은 계획의 80%에 불과하였다. 반면, 조선의 제1차 생산력확충계획은 대체로 예상 목표를 초과하여 본토와 대비되었다.

<표 33> 조선의 제1차 생산력확충계획과 실적 (단위: 톤)

연도 구분	1938			1939			1940 상반기			1941		
	계획	실적	실적률	계획	실적	실적률	계획	실적	실적률	계획	실적	실적률
유안	420,000	438,661	104.5	455,000	468,974	103.1	205,330	197,011	95.9	505,000	-	-
마력(kw)	766,000	619,468	80.8	781,450	765,450	98	942,700	668,113	70.8	-	-	-
보통강강재	98,000	91,728	93.6	89,400	75,262	84.2	35,800	36,368	101.6	80,000	-	-
철광석	750,000	770,664	102.7	1,100,000	939,886	85.4	572,200	622,923	108.9	2,100,000	-	-
유연탄	3,197,000	3,245,060	101.5	2,226,000	2,262,332	101.6	1,103,800	1,244,508	112.7	2,900,000	2,854,000	98.4
무연탄	-	-	-	2,525,000	2,909,165	115.2	1,941,200	1,610,925	83	4,100,000	3,948,000	96.2
보통선	320,000	295,373	92.2	311,000	286,693	92.2	102,300	104,968	102.6	250,000	-	-
알루미늄	-	-	-	2,300	3,120	136	930	491	32.8	3,000	-	-
특수강강재	-	-	-	11,500	3,317	28.8	3,944	5,225	131.9	-	-	-
보통강강괴	173,000	103,279	59.6	111,000	93,602	84.3	46,300	44,963	97.1	-	-	-

출처: ① 企劃部, 1941.10.31, 「生產力擴充計劃產業別豫定實績對比表」, 『大野綠一郎 關係 文書』 5, 81~83쪽.

---

356 藤井茂, 1942, 「輸出市場の變動と中小工業」, 『中小企業の將來性』 제3호, 有斐閣, 150~151쪽.

② 「生産力擴充計劃産業別實績對照表」, 『日本陸海軍書』 32.
③ 「生産力擴充計劃」 「太平洋戰下の朝鮮」 (3), 36쪽(김인호, 2000, 『식민지 조선경제의 종말』, 신서원, 137쪽에서 인용-).

〈표 33〉은 조선의 제1차 생산력확충 계획과 실적을 정리한 것이다. 우선, 1939년 실적은 계획의 90%에 접근했고, 1940년 상반기에는 몇몇 부문에서 계획을 초과달성하였다. 그런데 자세히 보면 해마다 수정의 수정을 거쳤고, 낮춘 수정치에 실적을 맞춤으로써 실적률을 높인 결과였다. 예를 들어 유안의 경우 1938년 계획은 42만 톤이었으나 실적은 43만 8천 톤이었다. 1939년은 계획과 실적 모두 상향이었다. 그런데 1940년 상반기는 20만 5,330톤으로 계획이 줄었고, 실적도 20만 톤 이하였음에도 95.9%라는 높은 실적률을 보였다. 여기서 1939년의 증산은 일시적으로 산업물자를 집결한 결과 나타난 일시적 증산이었다는 점과 1940년 이후 생산 감퇴가 심각해지는 상황임을 동시에 보여 준다. 보통강강괴도 1938년 계획은 17만 3,000톤이었는데, 1940년에는 4만 6,000톤으로 절반 이하로 감소하였다. 대부분 물자가 1940년에 들어서 계획 자체가 축소되었지만 실적률은 여전히 고공행진을 하는 눈속임이 연출되었다.

〈표 34〉에서 일본본토의 조선에 대한 생산력확충용 강재할당 상황을 보면, 1940년 철강 분야는 1939년 배당에 비해서 31% 감소했고, 경금속은 49%, 석유 및 대용품은 33%, 금속 및 비철금속 방면은 11% 각각 감소했다. 반면 유안은 264%, 펄프는 74%, 선박은 29% 증가하였다. 이는 강재를 경금속, 석유제품, 금속방면 생산력확충에 할당하기보다 당면한 식량 증산을 위한 유안 증산에 집중 할당하는 상황을 의미한다. 물론 본토 자체의 물자부족이 원인이겠지만 더불어 이 시점에 본토가 조선의 생산력확충에 대한 기대감이 크게 위축된 사정도 보여 준다. 후술하겠

지만 이 시기 일·만·중국을 중심으로 한 엔블록 국토계획이 추진되면서 조선을 '홀대(ignored)'하는 분위기와도 일치한다.

〈표 34〉 1939~1940년도 조선의 생산확충용 강재 할당(단위 : 톤)

생산품목	1939년 배당량 (A)	비중 (%)	1940년 요구량 (B)	비중 (%)	1940년 할당 (C)	감소량 (톤)	증감률 (%)	비중 (%)
철강	50,568	15.8	88,642	17.6	34,986	-15,582	-31	12.9
석탄	27,858	8.7	52,975	10.5	30,981	3,123	11	11.4
경금속	21,711	6.8	38,425	7.6	11,020	-10,691	-49	4.1
금속 및 비철금속	60,147	18.7	71,945	14.3	53,500	-6,647	-11	19.7
석유 및 대용품	37,099	11.6	34,067	6.8	24,890	-12,209	-33	9.2
소다 및 공업염	681	0.2	5,572	1.1	830	149	22	0.3
유안	2,200	0.7	15,015	3	8,000	5,800	264	2.9
펄프	339	0.1	791	0.2	590	251	74	0.2
철도차량	8,774	2.7	17,609	3.5	8,348	-426	-5	3.1
선박	3,500	1.1	17,670	3.5	4,500	1,000	29	1.7
자동차	749	0.2	5,492	1.1	0	-749	-100	0
전력	107,415	33.5	155,960	30.9	94,300	-13,115	-12	34.7
합계	321,041	100	504,163	100	271,945	-49,096	-15	100

출처: 박기주, 2010, 昭和十五年度生産擴充計劃; 昭和十五年度生産擴充實施計劃總括表, 16~17·24~25쪽. 「戰時期植民地朝鮮의 石炭增産과 配給統制」, 『大東文化硏究』 제71집, 성균관대 대동문화연구소, 437쪽 도표를 활용함(김인호, 2000, 『식민지조선경제의 종말』, 신서원, 137쪽에서 인용).

생산력확충용 물자 이외에도 1940년 6월부터 본토산 산업물자(예를 들어 물종별로는 철강, 면사, 견사 등)의 조선 이출이 제한되었고, 그 외에도 밀가루 등 생필품도 이출이 제한되었다. 특히 독소전쟁이 발발하면서 기획원은 「1941년도 생산력확충계획설정방침에 관한 건」을 통하여 기왕의 생산력확충계획을 수정하고(1940.7.1) 상공성 특별실에서 「개정 생산력확충계획안」(1940.8.5)을 책정하였고, 8월 28일 각의에서 의결하였다. 이번 계획에서는 제철업 확립을 위해서 건설 중인 설비 완성에 주안점을 두며, 반면 신설확충은 극도로 제약하는 등 현재 가진[現有] 설비 내에서 최대한 증산을 구현한다는 입장을 분명히 하였다.

조선에서 생산력확충계획이 진행되면서 생필품뿐만 아니라 산업물자, 원자재의 대일 의존도도 높아졌다. 1939년 본토제품의 이입량은 1938년에 비해 시멘트 127%, 석탄 38%, 기계 65%, 목재 82%가 증가하였다.[357] 특히 시멘트는 앞서 「중요산업통제법」(1937. 3), 「시멘트제조통제법」 등으로 조업을 단축해야 할 정도였으나 1939년 이미 조선 내 공급마저도 부족하여 예전의 7만 톤 외에도 7만 톤을 추가로 이입해야 하였다.[358] 그 결과 수이입 물자의 60~70%를 일본본토에 의존했던 조선에서도 심각한 물자 품귀현상이 나타나 1940년에는 1939년에 볼 수 없던 자재난, 노동력 부족, 수송난이 겹쳐 공산액이 1939년에 비해 오히려 0.2% 하락하였다.[359] 조선경제의 현실을 무시한 갑작스러운 증산이 빚은 재난이었다. 거의 모든 업종에서 경영난과 사업정리가 필요한 상황이었다.

이런 부작용에도 일본본토와 비교했을 때 1941년부터 다시 공업생산이 크게 증가하였다.

---

357 식산은행조사부, 1940.2, 『殖銀調査月報』, 127쪽.

358 『朝鮮年鑑』, 1941년판, 177쪽.

359 川合彰武, 1943, 『朝鮮工業現段階』, 東洋經濟新報社 京城支部, 265쪽. 그러나 『總督府統計年報』에 따르면 1940년도의 공산액이 18억 원에 달하여 『統計年報』가 '식민통치 선전' 의미가 강한 자료임을 보여 준다.

〈표 35〉 조선·일본본토의 공업구성 비교

부문		단위	일본본토 공장			조선 내 공장		
			1940	1942	증감률(%)	1939	1943	증감률(%)
생산재 분야	금속 공업	개소	11,527	11,011	-4	295	654	222
		천 명	450	445	-1	18	36	200
		공장당 노동자	39	40	1	61	55	-6
	기계 기구	개소	24,997	25,097	0	613	1,354	221
		천 명	1,277	1,683	32	30	43	143
		공장당 노동자	51	67	16	49	32	-16
	화학 공업	개소	9,509	8,779	-8	1,618	927	-43
		천 명	399	373	-6	72	55	-24
		공장당 노동자	42	42	0	44	59	15
	제재 목재	개소	13,836	12,982	-6	360	2,005	557
		천 명	164	159	-3	12	27	225
		공장당 노동자	12	12	0	33	13	-20
소비재 분야	요업 토석	개소	6,852	6,057	-12	342	1,818	473
		천 명	146	125	-14	15	36	240
		공장당 노동자	21	20	-1	43	22	-21
	방직 공업	개소	34,595	27,078	-22	608	2,615	430
		천 명	1,067	876	-18	52	78	150
		공장당 노동자	32	32	0	85	30	-55
	식료품	개소	22,578	21,194	-6	2,348	2,190	-7
		천 명	222	193	-13	36	31	-14
		공장당 노동자	10	9	-1	15	14	-1

출처: 일본본토는 大內力 外篇, 1958, 『日本における資本主義の發展』, 동경대사회과학출판회, 397쪽.
　　　조선은 조선은행 조사부, 1949, 『조선경제통계요람』, 135~136쪽.
비고: 조선의 1943년 통계는 그해 6월까지의 통계다. 조선의 1940년 이후 업종별 공장 수를 정확히 알 수 없어 1939년 말 통계로 대비했다.

〈표 35〉에서 중일전쟁 발발 이후 본토와 조선의 금속공업 구성을 보면 일본본토는 공장 4%, 노동자 1%가 감소했으나 생산은 2.75배로 증가하였다. 그런데 조선에서는 공장이 122%p., 노동자가 100%p. 각각 증가하였다. 공장당 노동자는 본토공장이 39명에서 1명 늘어났지만 조선 내 공장은 61명에서 6명이 줄었다. 조선 내 공장은 수적으로 늘었지만 단위 규모는 더욱 작아진 것이다.

둘째, 증산 국면에서 특별히 경금속이 크게 증산되었다. 1930년대까지 비행기 등 군 수요에도 불구하고 알루미늄은 대부분 국외에서 수입하여 사용하였다. 원광인 보크사이트도 100% 외국에 의존하였다. 그러나 중일전쟁 이후 대체품으로 조선의 명반석·반토항암이 대체 알루미늄 원자재로 주목받기 시작하였다. 명반석은 남부조선[南朝鮮] 해안지대, 특히 전남 해남의 옥매산·성산(聲山)·황산(黃山)면 그리고 진도군 가사도(加沙島), 경남 통영군 광도(光道)면, 김해군 이북(二北)면 광산에서 생산되었다. 명반석은 반토항암에 비하여 광석알루미나 함유율은 20~25% 정도로 낮으나 제조과정에서 유안 및 유산카리 등 부산물을 얻을 수 있고, 또한 내화(耐火)대용재로도 이용할 수 있었다. 반토항암은 평양 부근의 내탄층에 부존하는데 알루미나 함유율이 42%였고, 매장량은 약 4,000만 톤으로 추정되었다. 그렇지만 여전히 내화용 재료로 이출되었다.[360]

한편, 1938년까지 일본본토에서 마그네슘을 생산하는 곳은 일만마그네슘주식회사뿐이었고, 고즙(苦汁)을 원료로 금속마그네슘과 기타 부수품을 제조하는 방식이었다. 지질조사를 통해 함남 단천·길주 등에서 고

---

[360] 이러한 대체자원을 기반으로 하여 1942년까지 동양금속, 동양경금속, 조선이연금속, 닛치쓰 등 4회사에서 조선산 알루미늄을 생산하고 있었다. 『朝鮮經濟年報』, 1941·1942년 합집, 132~133쪽.

즙보다 마그네슘 함유량이 높은 마그네사이트광산을 발견했지만 금속 마그네슘을 추출하기 어려워서 고즙병용으로 생산해야 하였다.[361] 그러나 수요는 격증하고 화북·만주산 고즙의 공급이 어려워지면서 증산에 많은 지장이 생겼다. 그러자 1937년 11월 이연금속 이외 6개사가 참가하여 조선마그네사이트개발주식회사를 설립하고 자원과 자재를 독점하였다 (준공 1939.4.28). 그 결과 1938년에는 생산계획의 134.7%를, 1939년에는 181%를 달성할 수 있었다.[362] 그럼에도 조선산 경금속은 아직은 고품위 경금속의 대체품 정도로 인식되었다는 점에서 1940년대 중요재로 인식되던 것과 대조된다. 마그네슘 공업도 1930년대 말까지는 광석마그네슘을 이용하여 고급 마그네슘을 생산하는 것이 아니라 고즙과 마그네사이트를 병용해 생산하였다는 면에서 그것이 가지는 대체품 성격을 읽을 수 있다.

셋째, 제재목재업을 보면 같은 기간 본토는 공장 6%p., 노동자 3%p. 각각 감소했지만, 조선은 공장 457%p., 노동자 125%p.가 각각 증가하였으며 생산액은 4.05배 증가하였다. 공장당 노동자 수는 일본이 12명으로 변함없는데 반해, 조선은 무려 20명이나 줄었다. 당시 일본본토의 목재업체는 기업정비로 중소기업을 정리하고 이들을 목재통제회사[363]에 집중시킨 상황이었다. 반면 조선은 중소기업이 크게 증가하던 과정이었다.

넷째, 화학공업을 보면, 같은 기간 일본본토는 공장 8%p., 노동자 6%p.가 감소했으나 생산은 2.37배로 커졌다. 공장당 노동자는 변함없었다. 조선도 공장 43%p., 노동자 24%p.가 감소하였으나 공장당 노동자

---

361 「朝鮮總督府時局對策調查會諮問案參考書」 제1권, 『日帝下支配政策史資料集』 제14권, 212쪽.
362 「生產力擴充計劃產業別實績對照表」, 『日本陸海軍省文書』 제32권.
363 『殖銀調查月報』, 1941.2, 99쪽.

는 15명이 늘었고 생산액은 4배로 증가하였다. 감소현상은 일본질소를 비롯하여 큰 회사가 신설되었고, 중소공업은 오히려 급히 정리된 결과였다.[364] 1940년 이전까지 조선의 화학공업은 주로 고무제품·어박(魚粕)과 같은 '잡공업'[365]이 많았지만 1940년대 이후는 풍부한 전기를 이용한 화학공업이 증가하였다.[366]

〈그림 8〉 경성부 철공조합 중 군수하청 희망자 직공 일본연수

출처: 『동아일보』, 1938.5.5.

다섯째, 기계공업을 보면, 같은 기간 일본본토는 공장 0.4%p., 노동자 32%p.가 증가했다. 이는 일본본토에서 대규모 중소공업 정비가 단행된 것을 보여 준다. 반면, 조선은 공장 121%p., 노동자 43%p.가 증가하였다. 공장당 노동자는 일본본토에서는 16명이 증가했는데, 조선은 오히려 16명이 감소하여 대조적이다. 이는 당시 조선에서 일본본토와 달리 영세한 중소기계업이 급증한 사실을 보여 준다. 생산액도 10배 커

---

364 『年刊朝鮮』, 1942년판, 55쪽.

365 1939년 당시 중소 화학공업의 상황은 "魚肥·고무·조선지가 대부분이고 화학약품·유지·제혁·연탄 공장은 10% 정도에 불과하고 약품공장과 유지공장 및 魚肥공장의 대부분은 특별히 戰時期에 건설된 것인데 약품공장을 제외하고는 거의 魚肥처럼 원시적 채취 혹은 초보적 가공단계"라고 하였다[李基洙, 1942.8, 「朝鮮中小工業の現段階」, 『朝鮮總督府調査月報』, 5쪽, 22쪽].

366 "1943년도에 임하는 총독유시", 「總督 政務總監重要諭告訓示」, 『太平洋戰下の朝鮮』 제1호, 1943.1.4, 59쪽.

졌다. 영세기계업이 증가한 것은 대기업 진출에 따른 하청공장의 증가와 관련된다.[367] 하청이 늘어난 것은 이미 산업경제조사회 답신에도 지적되었듯이 대공장이 설립되기 위해서는 세분화된 작업공정을 하청 방식으로 중소기업에서 생산하는 전문화 과정이 필요했던 것이다.[368] 물론 대공장들이 설비확충 부담을 덜고 중소공업의 생산력을 포섭할 수 있어서 계획증산에 적응하는 능력을 높일 수 있었다.

이렇듯 중소기계업이 대기업의 하청을 통해서 증가하는 모습을 보였지만 항공기·자동차 산업과 같은 종합적인 기술을 앙양하게 하는 업종은 거의 보이지 않았다. 대부분 부분품을 보급하는 영세공장이었다. 비교적 규모가 큰 광산용 기계를 생산하는 공장은 일본인이 주도했고, 조선인 공장은 약간의 농기구를 생산하는 정도가 대부분이었다. 그렇지만 조선인업체의 자본금 비중은 높아서 1940년 당시 기계회사 공칭자본금의 42%가 조선인 소유였다.[369]

그러한 경향은 소비재 공업에서도 마찬가지였다. 먼저, 방직공업을 보면, 같은 기간 일본본토는 공장 22%p., 노동자 18%p.가 감소했으나 생산액은 1.32배로 증가하였다. 조선은 각각 330%p.와 50%p.가 증가했고 생산액도 2.57배로 커졌다. 공장당 노동자는 일본본토가 32명으로 변화가 없는 반면, 조선은 85명에서 무려 55명이 줄었다. 즉 일본본토 방직업은 전

---

[367] "기계공업의 군수공업 하청화 경향은 이미 1930년대 후반부터 급속한 것"이었다(『朝鮮工業協會會報』, 1938.2, 2쪽).

[368] 「鮮內軍需品下請工業の將來と助之が長發展策に就て」, 『朝鮮工業協會報』, 1938.2, 2쪽.

[369] 朝鮮銀行調査部, 1948, 「1940년대 민족별·공장별 공칭자본액」, 『朝鮮經濟年報』.

반적으로 정체를 면치 못한 데 반해 조선은 급속히 팽창했던 것이다.[370]

둘째, 식료품업을 보면, 일본본토는 공장과 노동자가 각각 6%p.와 13%p.감소하지만 생산액은 1.99배로 커졌다. 그런데 조선은 공장 7%p., 노동자 14%p.가 감소하였고, 생산은 1936년의 95% 수준으로 역성장하였다. 공장당 노동자는 각각 1명씩 줄었다. 조선의 식료품업은 이 시기 지속적으로 정체했음을 보여 준다. 식료품업의 침체는 자생적인 수급토대를 매개로 한 것이 아니라 전쟁의 추이에 따라 육성정책과 도태정책이 착종함으로써 재생산의 안정성이 크게 훼손된 결과였다.[371]

〈표 36〉 조선공업의 부문별 생산액 증가상황(단위: 천 원)

부문	업종	1931	1935	1937	1940	1942	1943
생산재	금속·기계·화학·전기가스	66,457	185,744	363,041	862,629	901,511	1,045,000
		24.30%	29.30%	38%	53.30%	48.40%	46.10%
소비재	식료품·방직	180,919	396,892	516,233	534,714	721,550	745,000
		66.10%	62.60%	54.10%	33%	39%	32.90%
기타	요업·인쇄·잡품	24,261	51,340	68,711	222,041	234,691	475,532
		9.60%	8.10%	7.20%	13.70%	12.60%	21%

출처: 1931~1940년은 『朝鮮總督府統計年報』; 1942~1943년은 朝鮮銀行調査部, 『朝鮮經濟統計要覽』, 1949, 70쪽.

---

[370] "京城紡織으로서는 중일전쟁의 확대로 만주시장이 폭발적으로 열려 제품이 날개 돋친 듯 팔려나가는 호경기여서 면화의 부족, 즉 면화난은 발등의 불처럼 화급한 현실이었다"(경성방직, 1989.12, 『京紡 70年史』, 112쪽).

[371] "식료품 공장의 대부분은 가내공업적인 양조업 및 정미업이었고, 최근 감소의 경향을 보이는 것도 종래 남설된 기미가 있는 것으로 중소공업에 대한 통제로 질적으로 감소한 의미는 아니다"(『朝鮮經濟年報』, 1941·1942년 합집, 286쪽).

〈표 36〉은 조선의 부문별 공업 생산액 상황이다. 먼저, 소비재는 1931년 66.1%에서 1935년 62.6%로 압도적이었다. 그리고 생산재는 1935년 29.30%였으나 1940년 53.30%로 급증하였다. 1937년경에는 소비재를 능가하였다. 그러다 1940년을 고비로 다시 소비재 생산이 증가하여 1942년에는 39%로 상승하였고, 1943년에는 약간 감소하였다. 감소 원인은 주로 식료품 공장의 감소와 기업정비, 생산액 하락 등에 의한 것이었고, 반면 방직공업은 계속해서 생산액이 증가하였다. 기타 부문은 1937년 공업생산액의 7.2%에 불과하지만 1943년에는 21%에 달하였다. 이렇듯 큰 폭의 증산은 전시체제기 이후 소비재의 생산력 향상이 두드러졌다는 점과 요업 및 기타 대체품 산업의 생산액이 크게 증가한 점 등이 복합된 것이었다.

나. 산업물자 사용제한의 단행

갑작스럽고 조선의 현실을 제대로 반영하지 않은 제1차 생산력확충계획이 추진되면서 각종 산업물자의 수요가 격증하고 이를 적절히 배분하는 것이 과제가 되었다. 그리하여 1938년부터 총독부는 「수출입등임시조치법」을 조선에 적용하면서 〈표 37〉처럼 철강 등 32품목에 달하는 산업물자에 대한 사용제한을 강제했다. 법률로 제한된 물자는 선철·백금·동·연 등 금속이나 고무·면화·피혁 등 원자재였다. 그런데 법률에 의한 것 이외에도 총독부가 자체적으로 사용제한을 가했는데, 장식용품·장신구·신변품·문방구·집기·가구 등 생활용품이 많았다.

〈표 37〉 법률 제92호에 의한 사용제한 물자(1938~1939)

품목	근거법령	시행령 및 규칙
수입품	1937년 법률 제92호 제1조	1938년 부령 제161호
금	조선산금령 제12호 가운데 금사용제한건	1938년 부령 제2호
백금	1937년 법률 제92호 제2·3조 백금사용제한건	1938년 부령 제3호
철	1937년 법률 제92호 제2조 철강공작물 건조제한 건	1937년 부령 제160·141호
	1937년 법률 제92호 제2조 철제품제조제한 건	1938년 부령 제155호
	1937년 법률 제92호 제2조 선철주물제조제한 건	1938년 부령 제161호
동	1937년 법률 제92호 제2조 동사용제한 건	1938년 부령 제161호
납·아연·동	1937년 법률 제92호 제2조 납·아연·동사용제한 건	1938년 부령 제175호
면	수출입품의 허가에 관한 규칙	1937년 10월 부령 제153호
	면제품·스프 등 혼용 건	1938년 3월 부령 22호
	면제품사용제한령(상공성령)	(1938.6.29)
면제품	면제품수출입링크제 실시	(1938.6.18)
휘발유·중유	1937년 법률 제92호 제2·3조 휘발유·중유 판매취체	1938년 부령 제27호
고무	1937년 법률 제92호 제2조 고무사용제한 건	1938년 부령 227호(11.10)
피혁	1937년 법률 제92호 제2조 피혁사용제한 건	1938년 부령 176호

출처: 「失業防止竝救濟に關する件」, 『朝鮮總督府時局對策調査會諮問案參考書』, 1938.9, 3~4쪽; 京城日報社, 『朝鮮年鑑』, 1939년판 및 1940년판(김인호, 1998, 『태평양전쟁기 조선공업연구』, 신서원 50쪽에서 인용-).

1939년에는 피혁, 고무, 미곡, 수은, 텅스텐, 시멘트, 석탄 등 생산력 확충용 통제물자의 배급이 시작되었다. 배급은 기왕의 물동계획에 기반하였다. 전년도 10월까지 기획원이 각지에서 물자수요조서나 수급대조표 등을 종합하여 개략적인 물자동원계획(개략물동)을 입안하고, 이후 각 수요에 대한 정치적·기술적 절충을 거치고 난 다음 각의에서 결정하었다. 이어서 기획원이 년도별·분기별 물동계획을 정하고 공급계획을 작성하면, 국내(생산 및 재고)·북방 엔블록·제3국(동남아와 기타) 등 지역별로 구분하고 배당계획은 군수(육군A·해군B)와 민수(C, 육해군 이외의 관수 및 비군수) 등으로 구분하였다. A와 B가 중시되지만 C라고 할지라도 C2는 '생산력확충용자재'인 이유로 중시되었다. 통제물자는 약 400여 종이었다.

이런 수급계획서(물자동원계획)가 총독부에 하달되면 기획부가 매년 4/4분기 혹은 매월 상공성 기타 관계관과 회담을 통해 배당액을 결정하고 물동계획에 입각하여 구입증을 할당받았다. 총독부는 관계부서 또는 통제회(통제조합)·협의회 등 배급통제기관과 협의하여 각 소비 부문별로 할당량을 책정한다. 그리고 이것을 토대로 각도나 배급실행기관(배급조합·배급통제회사)은 할당증명서·제조허가서 또는 배급증을 수요자 혹은 회사 등에 교부하였다. 그러면 수요자는 증명서를 가지고 일본본토의 제조업자나 조선 내 지정 도매상·특약점 등 배급실행기관에서 배급을 받았다.

1939년 1월부터 일본에서 제1차 생산력확충계획이 추진되자 조선에서도 본격적으로 추진되었다. 그런데 본토가 요구하는 중화학공업품을 완제품으로 생산한 것이 아니라 오히려 기초 소재물자는 일본본토에서 이입하고 대신, 조선은 일본에서 자급하지 못하는 물자 혹은 조선 내 공급력이 떨어지는 물자를 자원이나 기술상황에 따라 '대체품' 형식으로 증산하는 것이었다. 따라서 조선에서 중점적인 생산력확충 대상은 농산비료, 선박, 기계수리, 시멘트, 소다 등 주로 기초원자재 분야였다. 이런 계획이 진행되면서, 자연히 조선의 공업정책도 물자자급계획에 입각하기보다는 국제수지균형을 위한 대체품 공급력 측면이 강조되었다.[372] 그것은 당시 일본본토에서 생산력확충계획을 입안할 때 군수소재물자의 자급을 강조하는 육군성안보다 국제수지 균형에 중점을 두는 기획원안이 우세한 것에도 이유가 있었다.[373] 다시 말해, 조선에 할당되는 물자는 군수품제조보다는 일본본토의 국제수지 개선에 더 방점이 찍혔다는 것이다.

다. 사용제한 품목의 대체품 공업 증대

1938년부터 원자재 사용제한 조치가 시작되자, 총독부는 그것을 대체할 수 있는 대용품 산업을 육성하기로 하였다. 총독부는 이미 시국대책조사회 보고사항에서도 「물자수급 및 가격조정 건」, 「각종 시험기관의 통합과 과학 이용촉진 건」 등을 첨부하여 대체품 생산의 장려, 품목 지정 및 강습회·강연회·전람회나 보조금 교부, 시험조사기관 활용 등의 안건을 자문하기도 하였다. 시국대책조사회도 답신안에서 인조석유, 경금속의 생산, 빈철광 개발 등의 대체품 생산계획을 강조하고, 본격적인 수입대체품 공업 육성대책을 전개하였다.

당시 조선에서 필요한 대체품 공업이 무엇인지는 〈표 38〉의 1938년 12월 조선공업협회가 실시한 '조선 내 대체품 공업 현황'에 잘 나타난다.

---

372 鹽田正洪, 1942.5, 「朝鮮工業動向に就て私見若干」, 『朝鮮實業』, 12쪽.
373 山崎志郎, 1995, 「戰時工業動員體制」, 『日本の戰時經濟』, 46쪽.

<표 38> 조선에서의 대체품공업 상황(1938년 12월 현재)

대체부문	대체자원	대체처	자원상황
금속대체	高力陶器	선철·제철 등 금속자재·철제품	窯土·長石·硅砂陶石
	금속마그네슘	금속자재 대체	礬土項岩 함북 단천·길주 매장
	알루미늄	금속품 대체	25~30%의 明礬石·霞石
피혁대체	鯨皮	牛革 대체	扶香鯨어장 풍부
	鮫皮	牛革 대체	근해어장
	海豚	피혁 대체	北鮮지방 생산
석유대체	人造石油	천연석유	영안·길주·아오지
	무수알코올	천연석유 대체	목재·감자·고구마를 원료로
	大豆油	천연석유 대체	조선콩
	목탄가스	천연석유 대체	연구 중
섬유대체	人絹	면사·잠사 대체	北鮮제지 근소량 생산
	스프	면사·견사 대체	
	大麻	本麻 대체	전선에 걸쳐 생산
	苧麻	본마 대체	전남·전북산
	萩	펄프麻·마닐라麻 대체	전선도처에 산출
	참피나무·樟木	섬유펄프 대체	전선에 산출
화학관계	人造樹脂	금속셀룰로이드·에보나이트 대체	石炭尿素樹脂 이용
	인조고무	천연고무 대체	석탄카바이드 이용, 선내 풍부
대체	松津	빈광처리, 浮游選鑛이용, 탄닌	조선산 赤松 송진 다량
	합성탄닌	탄닌대체	石炭酸類
	尿素石膏肥料	유안대체	
	海藻糊	아라비아풀 대체, 직물용 풀	海藻
	魚油	윤활유 대체	魚油
	糠油	각종 식물유 대체	

출처: 殖銀調査部, 1939.1,『殖銀調査月報』, 116~118쪽(김인호, 1998,『태평양전쟁기 조선공업연구』, 신서원, 54쪽에서 인용).
비고: 1938년 12월 조선공업협회의 조사자료.

주로 선철·금속·석유·면사·잠사·견사·펄프·마·탄닌·유안·피혁·식물유·윤활유 등 외국이나 일본본토에 의존하는 물자가 많았다. 업종별로는 최종소비재보다는 석유·화학·금속 등 원자재와 관계된 것이 많았다.

이런 분위기에서 시국대책조사회 이후 대체품 산업도 함께 증가하였다. 업종별로는 화학공업 분야의 대체품 공장이 크게 늘었다. 그것은 당시 조선에 수전(水電)·자원 등 필요한 조건이 잘 갖추어졌기 때문이었다. 예를 들어 1938년 말에는 옥탄 수입이 격감하자 일본 해군이 개발한 이소옥탄합성법을 활용하여 옥탄을 생산하는 일본질소주식회사 용흥(龍興)공장이 착공되었다. 1939년 1월과 9월에 「인조석유사업법」 및 「경금속사업법」이 제정되면서 인조석유와 대용 경금속 증산을 위한 사채발행 한도가 확장되었고, 저금리자금의 융통 등 지원이 개시되었다. 또한 가네보(鐘紡)·다이닛본보(大日本紡)는 인견·스프를 생산하였고, 가네보카바이드유도화학 공장에서는 석회석을 이용하여 합성초산·아세톤·합성수지·합성고무 등을 생산하였다. 아울러 공업염 자급을 위해 조선 서해안을 중심으로 만주국·화북을 포괄한 증산대책을 수립하였다. 아오지의 석탄액화 산업은 1943년 봄부터 중지되고 대신 항공연료인 메탄올 생산으로 전환하였다.[374] 그러나 총독부가 '중점산업'이라고 불렀던 경금속·철강업은 평남의 명반석, 무산의 철광 등을 이용한 무연탄·제철 등을 통하여 증산이 추진되었고, 이외에도 노구치(野口)재벌에 의한 석탄액화 공장을 비롯하여, 조선질소주식회사(朝窒)와 조선전력(朝電)은

---

374 糟谷憲一, 「戰時經濟と朝鮮における日窒財閥の展開」, 『朝鮮史研究會論文集』, 제12호, 177쪽.

수풍댐에서 8㎞ 떨어진 압록강 연안에 청수(靑水)공장과 남산(南山)공장을 설립하여 압록강의 풍부한 수전과 카바이드를 기반으로 아세틸렌블록 등 합성연료(1943.10)와 합성고무(미완성) 등을 생산하였다. 또한 청진의 일본제철은 폐가스를 이용한 합성연료 공장을 건설하기도 하였다.

둘째, 지역별로는 평양·서울 지역에서 대체품 공업이 발전하였다. 평양에서는 반토항암을 이용한 알루미늄 제조, 정어리기름을 이용한 우지(牛脂) 및 도료유·고급 윤활유 생산, 떡갈나무·졸참나무·침엽수 및 펄프 폐액을 이용한 대용탄닌 생산, 선광도료(選鑛塗料)나 방부제 테레핀공업의 송진대용, 석면대용으로 로크월 및 수산피혁 이용, 활엽수펄프·면·목재·오동나무 껍질 등을 이용한 대체섬유 생산 등이 목격되었다.[375] 또한 생필품 대체를 위해서 평양요업조합이 철제연탄난로 및 부속을 도기제(陶器製)로 대체하였다. 평양부는 고무신이나 고무운동화 및 지카타비 신발을 모두 목제품으로 대신하였다. 맹산군(孟山郡)에서는 아동용 학습장 대신 석판을 제조했고, 진남포산업조합과 더불어 사과나무곽을 삼태기로 사용하였다.[376] 아울러 재생사를 제조·판매하기 위한 반도재생섬유주식회사(1940.5)가 설립되었고, 재제선(再製銑) 업자가 평양주물회사(1940.7)를 설립하는 등[377] 조선인을 중심으로 한 대체품 공업도 증가하였다. 경인지역에서도 1939년 이후 고무수입이 차단되자 조선고무공련 영등포공장, 조선이연(理研)고무 인천공장 등이 조업했고, 철관 부족에 대처하여 대용시멘트관 제조공장이 설립되었으며, 애국섬유재생

---

375 殖銀調査部, 1939.8,『殖銀調査月報』, 95쪽.
376 朝鮮工業協會, 1938.11,『朝鮮工業協會會報』, 20쪽.
377 殖銀調査部, 1940.10,『殖銀調査月報』, 173쪽.

(1939.12)이나 갱생공업주식회사(1940.4) 등이 폐품을 이용하여 대체품을 생산하였다.

〈표 39〉 1937~1939년간 경성지역 공장의 직물·원사의 원산지 및 매입처 변동

업 종	원산지	매입처	변동사항
생사	鮮內(경기·강원)	京城 直接	朝鮮에서 원료자급
제면	南鮮	京城·大阪 直接	원산지로 華北(천진·하남·산동)이 없어짐.
견교직	淸津·日本	鮮內 直接	1937년과 동일
면마직물	京城	京城	원산지 大阪·名古屋·臺灣→京城
면사·면포	鮮內·日本	大阪·神戶·京城 直接	원산지에 日本이 추가
인견직물	鮮內·日本(大阪)	京城 直接	1937년과 동일
평뉴제조	全北·咸南(苧麻)日本	京城 直接	1937년과 동일
자수	日本·京城·名古屋	直接	원산지에 京城이 추가
모직물	鮮內(자가산)日本·大阪	直接 鮮內	1937년과 동일
장갑	鮮內(釜山 등)	京城 直接	원산지에서 日本本土가 빠짐
셔츠	日本·京城	京城 直接	원산지에 京城이 추가
양말	鮮內(平壤·釜山·京城)	京城	1937년과 동일
염색	鮮內·大阪	京城·大阪·京都 直接	원산지 愛知→大阪, 매입지 愛知→京都

출처: 京城商工會議所, 1939, 『京城における工場調査』, 34~35쪽; 京城商工會議所, 1941, 『京城における工場調査』, 38~39쪽.

이렇게 대체품 공업이 증가하면서 조선 내에서 원자재를 매입하는 비중이 커졌다. 〈표 39〉를 보면 서울지역 직물공장에서는 1937년 주로 본토나 중국에 원자재를 의존하고 있었다. 하지만 1939년에는 조사대상인 총 13품목 중에서 6품목이 조선 내로 원산지나 매입지를 변경하였고, 1937년과 동일한 경우는 5품종에 불과하였다.

대체품 산업도 1940년부터는 각종 원료난으로 위기에 빠졌다. 특히 영국과 미국이 '대일금수(對日禁輸)'를 시작하면서 상황은 더욱 심각하였다. 총독부는 종래 외국에 의존하던 수입물자를 대체하는 공업육성은 지속하면서도 생활용품의 대체산업 설립에는 지원을 중단하였다. 예를 들어 재제선업은 대체품 공업육성 아래 호황을 누렸으나 1940년에 함석·쇠부스러기(屑鋼) 등의 원료 부족과 목탄·코크스 등의 원료 부족·물가등귀 등으로 경영난이 발생했다. 게다가 재제선이 일본본토로 역이출되면서 일본본토의 공정가격 체제를 문란하게 한다는 비판을 받게 되었다. 그리하여 「제선사업법」이 적용되어 다수의 재제선업소가 경성철물 등 4개 업소로 통폐합되었다. 착강유업(搾糠油業)도 1930년대 후반 총독부의 후원 아래 발전을 거듭했지만 원료 부족에 따라 문을 닫는 경우가 많았다.[378]

중요물자 대체산업이라고 해도 병기생산에 원자재를 다 빼앗기면서 계획적인 증산이 어려웠다. 예를 들어 용흥의 닛치쓰계 이소옥탄합성공장은 1938년 말에 공장건설이 시작되었지만 자재 부족으로 1942년 5월에야 비로소 생산을 시작하였다. 그나마도 제2기 공장건설이 끝나는 1944년 여름에는 일본해군이 로켓연료인 과산화수소와 히드라진 생산공정으로 전환하도록 명령하면서 이소옥탄 생산은 차질을 빚었다.[379] 또한 아오지의 석탄액화 산업은 1943년 봄부터 중지되고 대신 항공연료인 메탄올 생산으로 전환하였다.[380]

---

[378] 『經濟治安日報』, 1942.1.16, 6쪽.

[379] 姜在彦, 1985, 『朝鮮における日窒コンツエルン』, 不二出版, 266쪽.

[380] 糟谷憲一, 1967, 「戰時經濟と朝鮮における日窒財閥の展開」, 『朝鮮史研究會論文集』제12호, 177쪽.

라. 중소기업 육성정책의 실상

(1) 중소기업의 증가와 경영난

중일전쟁 이후 조선에서의 중소기업 대책은 종전처럼 식민통치의 안정을 유지하면서도 일본이 침략전쟁을 수행하는 데 필요한 생산력을 효과적으로 동원하려는 차원에서 전개되었다. 산업경제조사준비위원회나 산업경제조사회가 "조선의 중소공업은 아직 부진을 벗어나지 못했기 때문에 금후 일층 중소공업 진흥과 부업보급에 노력하고, 대공업과 병존하여 발전해야 한다"고 한 것은 바로 중소공업의 육성의 필요성을 말한 것이다. 당시 오사카제국대학 교수였던 나마리이치 타로(鉛市太郎)가 지적했듯이 "일·만 경제블록은 조선을 중계로 하여 조공업(粗工業)적인 중공업을 만주의 공업 전선에 놓고, 일본본토는 중공업 중 고급공업 및 정밀공업을 더욱 진흥시키며, 그 중간에 있는 조선은 중간지위를 점하는 만큼 그 처음에는 중소공업 특히 중소수공업이 가장 적당"[381]하다고 한 것도 같은 맥락이었다.

태평양전쟁의 길목에서 그러한 '육성론'은 더욱 강화되었다. 1940년 4월 23일 도지사회의에서 오노 정무총감은 '대공업과의 병진적 발전'에 연관한 중소공업의 육성을 도모할 필요성을 강조하고 있다. 즉 종래는 선내 중소공업의 건전한 발전과 국민경제의 안정 등이 목표였으나 침략전쟁이 확대되면서 대기업의 하청이나 군수하청공장으로의 전환을 통한 공업전반의 발전이 중요한 목표로 설정되었다.

---

[381] 鉛市太郎, 1935.6, 「化學工業に於ける內地滿洲及朝鮮の地位」, 『朝鮮及滿洲』, 19쪽.

조선에 있어서의 공업은 만주사변 이후 급속한 발전을 보았는데 차 등은 대개 일본대공업의 진출이고 차에 수반하는 중소공업의 진전은 비교적 늦어지고 있는 감이 있다. 도대체 대공업과 중소공업은 병진 적으로 발전해야 할 것으로 양자가 결코 대척적인 것이 아닌 것은 일 본의 실정이 명증하는 바로서, 약진 도상에 있는 조선공업도 대기업 에 병진하여 차에 관련한 중소공업의 육성을 도모하여, 피차 상사하 여 공업 전반의 발전을 기하지 않으면 안 된다. 즉 현재 각지에 산재 한 군수하청공업과 같이[如히] 대공업과의 긴밀한 관계에 의하여 양 자 공히 발전함과 같이, 금후에 깊이 유의할 필요가 있다고 사료하는 바이다. 본부에 있어서는 일찍이 공업조합령을 실시하고 본 제도의 보급운용에 의하여 중소공업의 건전한 발달을 기하고 있다. 이미 설 립된 공업조합은 38조합에 달하고 또 계속해서 설립될 형세이다.[382]

그러면서 이에 필요한 상업조합제도를 창설할 것과 군수하청 공장으로의 전업(轉業) 지원 및 상공상담소 확장 등을 도모하는가 하면, 갱생에 필요한 금융(갱생금융)이 원활하게 작동하도록 1939년 8월부터 중소상공업자금융통손실보상제도를 실시하였다. 특히 1940년 10월 연합군진영이 일본본토에 대한 금수(禁輸)를 개시하자 일본본토의 중소공업은 치명적인 영향을 받았다. 물론 조선은 그동안 엔블록 이외의 지역과 무역관계가 미약했던 까닭에 금수로 인한 영향은 없었다. 하지만 일본본토에서 물자난이 심각해지면서 점차 배급 및 수이출 규제가 강화되었고 조선도 영향을 받기 시작했다. 게다가 당시 조선에서도 생산력확충계획이 본격

---

[382] 『朝鮮總督府官報』, 1940.4.24.

적으로 실시되면서 격심한 물자부족이 나타나고 업자들의 휴폐업이 속출하였다.[383]

〈표 40〉은 1938년 6월 현재 고무, 도자기, 금속, 면포 등 중소공장의 사업 위축 상황이다.

〈표 40〉 1938년 6월 말 현재 사업 축소 공장

			부산 경남	전국
사업 축소	고무공장	공장 수	8	44
		조업 단축 이유	원료 부족	원료 부족
	금속공장	공장 수	-	22
		조업단축 이유	-	원료 부족, 직공 부족, 재료 폭등
	도자기공장	공장 수	5	6
		조업 단축 이유	수출 두절	원료 앙등
	면포제사공장	공장 수	10	14
		조업 단축 이유	원료 부족	원료 부족
	기타공장	공장 수	-	7
		조업 단축 이유	-	원료 부족
	계	공장 수	23	93
		조업 단축 이유	원료 부족, 수출 두절	원료 부족, 원료 폭등
휴업			5	19
조업 단축, 일시 휴업			9	39

---

383 전시 통제경제에 복무하게 된 조선경제는 그 수량적 수준의 저위에도 불구하고 질적으로는 일본본토중소공업보다도 철저한 타격을 받았다. 공업조합법도 본토보다 늦게 1938년 제정되었음에도 전쟁경제의 영향은 단순히 조합원의 협동만으로 막을 수 없었다. (末松玄六, 1941.3, 「中小工業問題に於ける內鮮比較」, 『總督府調査月報』, 38쪽).

축소 상황	종사자 수	전쟁 전	1,612	3,299
		현재	973	2,503
		변동	-639(-39.6%)	-796(-24.1%)

출처: 조선총독부 경무국 보안과, 비치안문서, 1938.10.15. (박영구, 2008, 「戰時期 부산제조업회사의성격변화, 1937-1945」, 『지역사회연구』 16-2, 131쪽에서 재인용.).

종래에 비해 부산은 23개소, 전국적으로는 93개소 원료 부족, 원료 폭등, 수출 두절로 인하여 어려움에 처했다. 종사자도 부산은 39.6%, 전국적으로는 24.1% 감소하였다. 1940년에는 이런 불황이 더욱 심화되었다. 1940년 10월 경성상공회의소가 실시한 서울의 실업현황을 보면 정미업·곡물업·함석업·인쇄업·진유기업 및 판매업·종이상자 제조업 등 총 325개소에서 대량 실업사태가 빚어졌다. 종업원을 포함하면 시계·안경·귀금속상·직물상·가구제조·전당포·고물상·경염포목상·금물상·신발상·피복·인장·화장품·사진재료·식료상·구두점·양품점·양복점 등 총 965명이 그러한 상태였다. 종래까지는 주로 금속·기계·인쇄·화학·장신구 등의 실업률이 높았다면, 1940년 이후는 정미·곡물·진유·지함업 등에서 실업률이 높았다.

정미업의 경우, 경성부에서 총 177店 가운데 160店이 실업(失業)이었다. 이는 지정 정미소제도의 실시에 의한 것으로 지정 15점을 제외하고 모두 실업(失業) 또는 반실업(半失業)에 빠진 결과였다. 또한 곡물중개업도 배급통제의 강화에 따라 62店이 실업위기에 빠졌고, 함석업 및 지함(紙函)제조업은 재료 입수난으로 반실업 상태에 처했으며, 인쇄업 또한 용지가 일본에서 오지 않아 주문은 쇄도하지만 생산이 불가능하여 3점이 실업위기에 빠졌다. 특히 진유(眞鍮)는 조선인이 가장 많이 사용하는 식기를 제조하는 업종으로 경성부에 40업종, 4백 명 정도의 종업원이 있었으나 전부 실업하였다. 또한 금은세공업은 8백 명 전부 실업하였다.[384]

〈표 41〉 1942년도 원산지역 중소기업 경영난 사유

사유	응답자 수	비율
매입 곤란	1,375	57
판매 곤란	100	4
금융 불원활	377	16
이윤 축소	514	21
기타	33	1
합계	2,399	100

출처: 「經濟治安週報」, 1942.6.29, 8쪽(김인호, 2015, 『태평양전쟁과 조선사회』, 신서원, 65쪽에서 인용).
비고: 비율합계가 차이 나는 것은 각 업종비율을 반올림했기 때문임.

1941년에 들어서면 휴폐업 위기가 생필품 산업으로 확장되었다. 1941년 7월의 조선상공회의소 조사에 의하면 휴업위기에 있는 업종은 금은세공·철공금속·식료품업이었고, 폐업위기에 처한 업종은 직물상·피복상·여행도구상·신발상·우구(雨具)상·조선업·구두제조수리·곡물상·고물 및 골동품상 등이었다.[385] 위기의 원인을 보면 금은세공 및

---

384 『殖銀調査月報』, 1940.12, 109쪽.
385 前川勘夫, 1943.7, 「朝鮮中小工業對策に關する若干指標の調査」 上, 『總督府調査月報』, 6쪽.

철공금속업은 「7·7금령」 이후 세공이 금지되었고, 신발·직물·식료품은 1941년 3월부터 실시된 대대적인 생필품 배급통제 때문이었다. 그러자 1941년 6월 총독부 상공과는 중소상공업자 약 7, 8만 명이 실업할 것을 우려하여 "업태에 따라 상업조합과 공업조합을 조직케 하여 전업(轉業)시키거나 물자배급으로 구제"한다는 방침을 결정하기도 했다.[386] 1942년의 원산지역에서도 〈표 41〉처럼 응답자의 57%가 원자재 매입 곤란, 21%가 이윤 축소, 16%가 금융 불원활 등을 이유로 대대적인 중소기업 위기가 조성되고 있었다고 응답하였다. 원자재 문제가 가장 중요한 경영난의 원인이었다는 것이다.

태평양전쟁 이후에도 종래의 중소기업 육성기조는 지속되었다. 카미타키(上瀧基) 식산국장은 다음과 같이 말했다.

> 조선의 중소상공업과 기타 기업이라는 것은 아직 요람시대에 있다. 이때 정리통합이라는 것은 발아하는 맹아를 궤멸시키는 것이다. 그렇기에 본토가 최근 들어 정리통합을 강화하는 이유로는 정리통합에 의해 생기는 노동력을 현재 극히 긴요한 방면에 옮긴다고 하는 노동력 동원 문제를 수반하고 있기 때문이다. 하물며 조선에서 전체 산업 가운데 적은 부분을 점하고 있는 것에 불과한 것을 정리한다고 해도 노동력 문제를 해결할 수 없다.[387]

1940년경의 중소기업육성논리가 전업이나 하청화였다면 태평양전

---

386 『매일신보』, 1941.6.25.
387 上瀧 基, 1942.7, 「朝鮮産業に就て」, 『朝鮮實業』, 15~16쪽.

쟁이 발발하면서는 정리통폐합과 관련되었다. 당시 식산국장은 중소기업의 정리는 오히려 조선경제의 발전을 저해하고 효과적인 노동력 동원도 어렵게 한다고 본 듯하다. 종래 조선은 산업물자 및 기계·각종 생필품을 대부분 일본본토에 의존하였지만 이입감소로 이들 물자를 자급해야 하는 상황에서 중소기업을 희생해서는 안 되며,[388] 일본본토와 비교하더라도 도태가 필요할 만큼 중소기업이 성장하지 못했다는 것이었다.[389]

당시 총독부 조사국 사무관이었던 이기수도 "조선의 중소상공업자는 총인구와 비교해도 적고 상공업이 미발달했기에 일본본토에 대한 의존에서 탈각해서 조선의 자급을 꾀하려고 한다면 중소상공업을 육성하지 않을 수 없다"[390]고 하였다. 총독부 조사국의 동료 마에가와도 "조선의 생산력이 동아시아 지역 가운데 상당한 수준이기에 총후(후방)를 예비할 수 있다"[391]고 할 정도였다. 따라서 총독부는 중일전쟁 이후 태평양전쟁까지도 일관되게 중소공업 육성정책을 강조하고 있었다.

이러한 '육성논리'는 당시 일본본토에서 중소기업에 대한 '정리와 압축'이 본격화되는 것과 매우 대비되는 모양새였다. 그러나 조선의 중소

---

388 李健赫과 朝川東錫 總督府 商工局 사무관과의 대담, 1942.5, 「中小企業의 今後」, 『朝光』 제80호(8권 5호), 『植民地時代資料叢書』 제6권(『經濟』 제2권), 519쪽.

389 대공장(大工場)만으로 말단의 부분품까지 모두 생산하는 것은 불가능하다. 따라서 측면 원조적인 중소공업자의 발전은 분명 필요한 것으로 또한 중소공장(中小工場)에 적당한 사업도 적지 않은 까닭에 그러한 특이성을 살려 시국의 생산확충에 협력하도록 해야 한다"(德山 新, 1940.11, 「時局下中小工業의 問題」, 『朝鮮』, 55쪽).

390 「更生金庫制度와 更生金融制度」, 『經濟月報』, 1942.10, 25쪽 및 巴山基洙(李基洙), 1942.8, 「朝鮮中小企業問題의 現段階」, 『朝鮮總督府調査月報』, 5쪽.

391 前川勘夫, 1943.7, 『朝鮮中小工業對策에 關한 若干指標的調査』 上, 『總督府調査月報』, 3쪽.

공업은 육성하고 일본본토에서는 도태하는 것이 전쟁 물자의 동원력을 높일 수 있다는 목적면에서는 동일한 것이었다. 다시 말해, 조선의 중소기업은 도태시킬 것이 아니라 적극적으로 생산력확충에 동원하자는 논리였다. 이러한 육성정책의 근저에는 1940년대 급증하는 일본본토 기업의 이주와 조선 내 일본인 중소기업의 보호라는 의미도 함께 있었다.

실제로 일본본토에서 중소공업을 정밀공업이나 병기공업으로 전환하고자 중소기업에 대한 기업정비(스크랩)을 단행한 것과는 반대로 조선에서는 중소기업을 조직화하여 군용품 보급기지(병참기지) 혹은 북방권의 물자동원기지를 만드는 데 활용하고자 하는 전략이 채택되었다. 이에 구체적으로 중소기업 조직화를 위하여 기왕의 기업체를 일원적으로 관리할 공업조합을 확대하고, 이를 국책대행기구로 전환하는 한편 난립하거나 경영난에 처한 중소기업은 기업합동, 기업전업 등으로 재편한다는 것이었다.

(2) 「공업조합령」을 통한 중소공업의 조직화 전략

1938년 9월 총독부는 「공업조합령」을 공포하였다. 본령은 겉으로 조합원 공동의 원자재 매입·보관·운반·판매 그리고 조합원에 대한 대부·채무보증 등을 통하여 기업의 자력갱생·경영합리화를 촉진하자는 내용이었다.[392] 그런데 일본본토의 (개정) 「공업조합법」의 영향으로 기업정비·배급통제 등 공업통제 및 국책수행에 필요한 물자를 증산하기 위한 포석이기도 했다. 다시 말해 '중소기업의 관제화'를 도모하려는 목적이 짙게 드리워져 있었다. 즉 본령에 따르면, "임의·동업조합의 인가를 제한하

---

[392] 「京城に於ける商工業組合の金融狀況」, 『經濟月報』, 1943.11, 8쪽.

고, 공업 관련 동업조합은 급속하게 공업조합으로 전환하며, 더불어 전 조선 단위 연합회를 설립할 것"이라 명시하였다. 이것은 공업조직의 일원화를 강력히 요구하는 조항이었다.[393] 나아가 2개 도 이상에 걸친 공업조합이나 연합회에 대해서는 총독부가 직접 관할하도록 하였다.

「공업조합령」과 더불어 각지 상공회의소 및 19개소의 관제 상공단체 이외의 임의단체도 관제화를 시작하였다. 1939년 9월 현재 임의단체로는 상공회 필두로 번영회·상무회·상우회 등 총 112개 단체, 회원은 1만 3,309명이었다.[394] 그해 11월에는 165개 단체로[395] 2개월 만에 53개 단체가 증가하였다. 이들은 대부분 출자금 500원 이하, 회원 100명 이하의 소규모 단체였다. 그런데 총독부가 직접 모든 임의단체를 관할할 수 없었다. 그래서 이들 조직을 각지 상공회의소 아래로 집중하여 이것을 통해서 계통적인 지배를 관철하고자 하였다.[396]

한편, 1940년부터 유럽과의 무역두절, 연합군 진영의 대일금수 등의 위기 앞에서 일본본토 및 조선은 생산력확충에 모든 대책을 집중하였다. 이러한 설비의 확대만 아니라 산업구조의 재편도 추진되었다. 대체적인 방향은 위로는 통제회·공업조합 등을 통하여 중요산업을 집단화하고 아래로는 기업합동 및 계열화(하청)를 통해 단위 중소기업을 조직화하여 대공장과 연결함으로써 총독부의 기업통제를 더욱 강화하고 창출된 생산력을 낭비 없이 모두 전쟁에 동원하자는 것이었다.

이런 의도는 감춘 채 총독부는 공업조합이 마치 물자부족 상태에 처

---

393 『殖銀調査月報』, 1938.10, 68쪽.
394 『殖銀調査月報』, 1939.11, 121쪽.
395 『殖銀調査月報』, 1939.12, 102~103쪽.
396 『殖銀調査月報』, 1939.11, 121쪽.

한 중소기업의 구제를 목표로 만들어지는 것처럼 위장하였다.

> 시국하 중소상공업자의 영업 곤란은 매우 큰 문제의 하나로, 당국도 그 대책에 부심하고 있는데 중소상공업자를 구제하는 방법은 … 조선 안에서는 법적 조합을 조직하는 것이 유일의 방법이라 생각합니다. 상업조합·공업조합 혹은 상업소조합·공업소조합을 조직하여서 그 조합에 중소상공업자를 포용하는 이외에는 별도리가 없다고 보는데, 업자 자신도 이윤추구만을 목적으로 하지 말고 공익우선이라는 것을 상업의 슬로건으로 삼아야 할 것입니다.[397]

1941년 3월 총독부는 「공업조합령 개정령」과 함께 「상업조합령」도 공포하였다. 이들 법령은 첫째, '전체 산업의 조직적 동원'이라는 입장에서 소규모 상공업체를 조직화할 법적 근거를 명확히 하는데 공포의 목적이 있었다. 즉 「공업조합령」(1938.9) 제정령에서는 30명 이상의 노동자를 고용하는 중소공업을 대상으로 했는데, 「개정령」(1941.3)은 자본금 2만 원 이하, 노동자 30명 이하의 영세소공업도 기업합동으로 소조합을 결성할 수 있도록 하였다.

이러한 조치에 대해서 총독부는 또 한 번 "영세 상공업에 대한 총독부의 시혜"라고 선전했지만[398] 당시 상공업이 대부분 영세하고 전업이

397　朝川東錫(한동석), 「商工業者의 活路와 低物價政策」, 『三千里』, 1941.4, 36쪽.
398　"본래 商業小組合制度는 자본금 2만 원 미만의 업자를 기업합동으로 조직화하고 전적으로 상품의 공동구입·공동보관·공동운반·공동판매 등 공동경영을 주임무로 함으로써 공동경영 내용의 확충강화 그리고 大資本에 대한 대항력을 배양함으로서 종래 소규모이기에 상업조합에도 가입할 수 없어서 아무런 혜택도 받지 못한 영세상업자로 하여금 기업합동을 통해 공동의 이익과 장래의 발전을 기하기 위한 것이다"

어려웠다는 점에서 총독부의 속셈은 이들 자본을 합동하여 기존 상공업 조합이 수행할 수 없었던 증산과 물자부족을 일거에 해결해 보려는 속셈이었다. 아울러 「공업조합령」의 세칙 39조 개정에서 정관 등 필요한 사항은 "허가를 원칙으로 한다"[399]고 하여 소조합에 대한 국가 통제도 시도하였다.

「개정령」은 또한 중소기업에 대한 관치 통제 혹은 국가 통제를 강화하자는 의도가 포함되었다. 「개정령」 제13조에서 "공업조합 가운데 새로운 공업을 운영하거나 설비를 확장하려는 자는 총독의 허가를 받아야 하고, 총독이 조합 설비 종류, 지구·기한까지도 고시할 수 있다"고 하여 본토처럼 비군수산업으로 물자가 유출되는 폐해를 막았다. 아울러 제29조에서도 "관청이 필요하다고 인정되는 때는 사업경영 제한, 이사·감사 선해임권"을 갖도록 했다. 제83조 2항에는 조합감사원 설치를 명문화하였다.

「공업조합령」 개정 이후 공업조합의 숫자가 급증하였다. 제정될 당시인 1938년에는 불과 18개소가 설립되었으나 이후 급증하여 1939년 22개소(연합회 1개소), 1940년 23개소, 1941년 55개소(연합회 4개소), 1942년 37개소(연합회 1개소), 1943년 17개소로 총 172개소(연합회 6개소)로 증가하였다. 이 중 8개소(연합회 1개소)가 해산했다. 그리하여 1943년 12월 31일 현재 총 164개소(연합회 5개소)가 운영되고 있었다. 공업조합 이외에도 1942년 말까지 상업조합은 250여 개로 증가했고, 임의조합도

[丸山兵一(부산상의 상공상담소), 「小賣商의 企業合同의 動向에 付て」, 『朝鮮經濟新報』, 1940.7.25].

399 또한 「상업조합령」에서도 商業小組合의 法人規定(제84조) 및 朝鮮商業組合中央會의 법인규정(제92조)이 명시되었다(「朝鮮商業組合令」, 『經濟月報』, 1941.3, 66~69쪽).

6,000여개에 달하였다.

지역별 공업조합 설립 상황을 보면 〈표 42〉와 같다.

〈표 42〉 공업조합 및 연합회의 지역별 일람(1944년 9월 9일)

구 분	경기	충북	충남	전북	전남	경북	경남	황해	평남	평북	강원	함남	함북	*	**	1944	1941	증감률(%)
섬유	2	1	1	1	3	3	3	-	2	1	-	1	-	3	10	31	29	7
피복	1	1	1	1	1	1	1	2	1	1	1	1	1	-	1	15	-	0
기계	1	-	1	1	1	1	3	-	3	1	-	2	-	-	5	19	23	-17
화학	-	-	-	-	-	-	-	-	-	-	-	-	-	3	7	10	11	-10
요업	4	-	-	1	-	2	1	-	2	1	-	1	1	1	3	17	11	55
목재	3	2	1	1	1	2	3	1	3	2	1	2	1	-	3	26	5	420
식료	4	2	3	4	2	1	3	2	1	-	5	2	-	-	3	35	16	119
기타	3	2	1	2	3	3	3	-	3	1	-	1	1	-	5	28	26	8
1944년 계	18	8	8	11	11	15	16	4	17	8	2	13	6	7	37	181	-	53
1941년계	45	2	6	8	4	9	16	3	14	3	1	10	2	8	36	118	118	-

출처: 朝鮮工業組合聯合會, 1942.10, 『朝鮮工業組合』, 38~40쪽; 朝鮮工業組合聯合會, 1944.9, 『朝鮮工業組合』, 4쪽(김인호, 2015, 『태평양전쟁과 조선사회』, 신서원, 77쪽에서 인용).
비고: ① 섬유 및 피복관계 조합 및 연합회 가운데 최근 해산 또는 통합이 예상되는 것도 포함. ② 1941년 섬유업조합 수는 피복업 포함. 금속업은 기타 항에 포함. ③ *: 도 이상. **: 전 조선.

먼저, 1941~1944년간 경기도 소재 공업조합은 27개소나 감소한 반면, 그 외 모든 지역에서 공업조합이 증가하였다. 이는 당시 공업화가 지방을 중심으로 진행되고 있었다는 점을 상기시켜 준다. 그리고 경기도에서만 감소한 것은 원료난으로 인해 대대적인 기업의 정리 및 통폐합이 있었던 결과로 볼 수 있다. 업종별로는 기계·화학 관련 조합이 급감했는데, 이 또한 대대적인 기업통폐합의 결과로 보이며, 목재·방직·식료업 계통 조합의 증가는 생산력확충계획에 따른 원자재 수급이나 식료 등 생필품 통제에 따른 업자들의 결집에 의한 것으로 보인다. 시기별로는 1941~1942년도에 설립된 것이 많았다. 1941년부터 배급통제가 강화되고, 총독부가 조합을 통한 배급을 실행하면서 원료난에 처한 업자들이 자구책 차원에서 조합을 결성한 것으로 볼 수 있다.

〈표 43〉 조선 내 지역별 공업조합 증가 상황(단위: 개소)

구분	1941.12	1943.12	1944.9
전선 일원	31(5)	35	37
2도 이상	8	7	7
도	42	98	137
군·읍	37	24	
총계	118	164	181

출처: 朝鮮工業組合中央會, 『朝鮮工業組合』, 1942.10, 39쪽 및 1944.9, 4쪽(김인호, 2015, 『태평양전쟁과 조선사회』, 신서원, 77쪽에서 인용).

한편, 배급통제가 강화되면서 전 조선 또는 도 단위의 공업조합이 크게 증가하였다. 즉 〈표 43〉에서 전 조선을 단위로 하는 공업조합은 1941년도 31개소(연합회 5개소), 1943년 12월에 35개소, 1944년 9월에는 37개소로 늘었고, 2개 도 이상을 걸친 것이 1941년 8개소에서 1943년 12월에는 7개소로 줄었다. 그런데 도 단위 조합은 급증하여 1941년 42개소이던 것이, 1943년에는 98개소(당시 군·읍 단위가 24개소), 1944년 9월에는 137개소(부·군 단위 포함)가 되었다. 이것은 총독부가 각종 물자에 대한 배급통제를 강화하면서 기존의 공업조합을 통제기관으로 이용하려 한 결과였다. 특히 당시 생필품의 배급이 주로 도 행정조직을 통해 진행되었던 것도 영향을 주었다.

(3) 기업합동을 통한 중소공업의 정리

일본본토에서는 기업합동이 기업정비의 일부로 이용되었지만 '도태' 의미가 강하였다. 1942년 일본본토의 기업합동은 총 410건이 조사되었는데, 합동된 자본금은 총 29억 원이었다. 1943년에는 570건에 약 78억 원으로 증가하였다.[400] 그러나 조선에서는 총독부가 중소공업의 생산력을 증강하면서도 중소기업조직화·기업정비·배급통제라는 과제를 동시에 해결하려는 입장이었기에 굳이 '도태'가 아니라는 입장이 자주 천명되었다. 이와 관련해 총독부 상공과 한동석(韓東錫)은 다음과 같이 언급하였다.

> 현 정세를 보아 약소 생산업자는 각각 독립해서 나아가기는 매우 불가능하다고 보는데 이에 기업합동 문제가 대두됩니다. 이 기업합동 운동은 중소생산자들이 재료를 배급받는 데 있어서 구제책이라고도 할 수 있다고 봅니다. 그것은 왜 그런고 하니 생산업자 개개인으로서는 배급을 받기가 매우 곤란하지만 5명이면 5명이, 10명이면 10명이 각각 합동하여 유한회사(有限會社)를 조직한다든가 혹은 공업소·조합을 조직하여 조합에 단체적 가입을 한다면 재료배급을 받기에 도모지 곤란이 없을 것입니다. 예컨대 …(중략)… 기업합리화가 무엇보다 약소생산자들에게 있어서 긴요한 일 가운데 하나일 것입니다.[401]

---

400 J.B.Cohen 저, 大內兵衛 역, 1950, 『戰時戰後日本經濟』上, 岩波書店, 148쪽.
401 朝川東錫, 1941.4, 「商工業者의 活路와 低物價政策」, 『三千里』, 36쪽.

조선의 기업합동은 경영의 합리화라든가 배급의 원활을 위해서 전개된 것이기에 소기업이 기업합동하여 법인조직으로 재편된다면 배급난 등 여러 가지 경영난을 타개할 수 있다는 것이다.

실제로 경성상공회의소가 1940년 1~6월간 실시한 제1회 전 조선기업합동조사로 총 97건의 기업합동 사례가 조사되었다.[402] 그중 식료품 관련은 30건(미곡 관계 12건, 기타 제과·제빵업), 교통·운수는 14건, 섬유품 관계는 12건, 연료 7건, 짚공품 등 잡품은 24건이었다. 식료·섬유·연료·잡품업 등에서 기업합동이 많았다. 조선상공회의소가 1940년 11월부터 1941년 1월 사이에 전국 13개 도시와 22개 상공회의소를 통하여 조사한 것에 따르면 총 47건의 기업합동 사례가 조사되었다. 그중 식료품 관계가 19건, 교통·운수 8건, 섬유품 2건, 연료 7건, 목재 3건, 금속 2건, 기타 6건이었다.[403]

이상 사례를 보면 첫째, 기업합동은 주로 배급통제에 따른 원료 부족 문제가 가장 큰 원인이었다. 특히 식료품업에서 그러하였다. 경성상공회의소 조사(1940.1~1940.6)에서 기업합동 이후 임의조합을 설립한 것은 39건, 주식회사로 전환한 것은 34건, 유한회사는 18건, 합명회사는 1건, 기타 5건으로 나온 것처럼 회사로 재편한 경우도 많았다. 그런데 조선상의의 조사(1940.11~1941.1)에서는 임의조합의 재편이 23건으로 가장 많았다. 그중 배급통제를 실행하는 공공성격 조합이 11건이었다. 그 밖에 주식회사는 15건, 공업조합 3건, 개인영업체 2건이었다. 조합으로 전환

---

402 제2회는 1941년 7월 8일부터 실시(1941.8.20 발표)했는데, 그 결과 기업합동 87건, 계획 중 9건으로 조사되었다(『朝鮮年鑑』, 1943년판, 184쪽).
403 『殖銀調査月報』, 1941.2, 72쪽.

한 것 중에서 공업조합으로 전환한 것은 3건에 불과하였다. 당시 기업합동 이후 재편된 조직으로는 법인조합보다 임의조합이 많았다는 것을 알 수 있다. 임의조합은 적극적인 총독부의 규제를 피할 수 있었을 뿐만 아니라 상당한 자율이 보장되었기 때문에 선호된 것으로 보인다.

둘째, 기업합동은 주로 타율적으로 진행되었다. 조선상의의 조사(1941.2)에 따르면 총 53건의 사례에서 자발적인 합동은 20건에 불과하였다.[404] 당시 총독부의 기업합동이 겉으로는 '자치적 중소공업 재편'과 '중소공업 육성'이라는 논리로 포장되었지만 실제로는 강제적이고 타율적인 통합임을 보여 준다.

셋째, 지역적으로는 공장이 증가한 곳에 합동사례가 빈번하였다. 조선상의의 조사(1940.11~1941.7.15)를 보면 총 51건의 기업합동 상황이 나타나는데, 회령에서 7건, 대구 6건, 인천 5건, 전주·해주 각 4건, 신의주·춘천·원산·청진 각 3건, 나진·대전 각 2건, 진남포·목포·청주 각각 1건씩이었다.[405] 지역적으로는 공업화가 급속히 진행되던 조선북부와 조선서부에서 많았고, 상대적으로 남부는 적었다. 그러나 대구·해주·인천 등 남부의 신흥 공업지대에서는 빈번하게 진행되었다.

넷째, 기업합동 이후 경영상황을 보면 초기는 양호한 성적을 내고 발전했으나 조만간에 물자부족으로 심각한 경영난에 봉착하였다. 조선상의의 조사(1941.2)에 따르면, 합동으로 경영이 좋아졌다고 한 업체는 총 39건 가운데 24건이었고, 불량하다는 응답은 2건이었다.[406] 반면 1941년

---

404 『殖銀調査月報』, 1941.4, 49쪽.
405 『殖銀調査月報』, 1941.9, 18쪽.
406 『殖銀調査月報』, 1941.2, 72쪽.

8월의 조사를 보면, 교통·운수업이나 식료품업 등은 양호한 성적을 내었으나 연료·잡품 등 중소업자가 합동한 것은 성과가 미미한 것으로 나타났다. 불황의 원인으로는 "구성원의 감정대립, 장부정리의 불량, 지도자의 열의부족"[407] 등이었지만 실제로는 기업합동이 경영난 해소나 기업합리화보다는 고립분산의 영세기업을 통합하여 효용을 극대화하려는 것이었기에 경영난이 쉽게 극복되지는 않았던 것이다.

한편, 함남제면공업조합의 합동을 보면,[408] 먼저 합동된 설비는 통제행정을 원활히 하고 물자수송을 효과적으로 수행하기 위하여 부·군·읍·면의 소재지나 철도역을 소재지로 삼았다. 합동 단위는 군 조직이 많았는데, 군내에서 지역별로 3~4개소씩 합동하여 해당 조합원을 합치는 형식이었다. 또한 조합원 상호 간 출자금 양도·인수는 인정하였으나 합동체에서는 그것을 인정하지 않았는데, 출자금의 유동 범위를 축소하여 부동자금이 되지 않도록 하였다. 정리하면, 조선의 기업합동은 민간조직을 배급실행기관으로 만들려는 총독부의 입장과 물자부족을 타개하려는 민간업자의 입장이 서로 절충된 모양새였다.

(4) 전업(轉業)을 통한 중소기업 재편성

중일전쟁이 장기화하고 산업물자의 의존이 심화되면서 생산력 확보를 위한 중소공업의 육성이 한층 강조되었다. 그러나 중소기업은 원자재 사용제한, 가격통제(「9·18정지령」) 등으로 인한 자재난으로 경영난이 심각해졌다. 이런 상황에서 총독부는 비군수산업 계통의 중소기업을 본

---

407 『殖銀調査月報』, 1941.10, 26쪽.
408 咸南 工業組合의 企業合同案. 「經濟治安週報」, 1942.12.27, 7쪽.

토의 요청에 부응하는 산업으로 재편하는 문제를 시국대책조사회에 자문하기도 했다. 자문안 중 「중소공업전환지도계획요항」에서도 총독부는 "중소공업을 조합으로 묶고 이들이 군수공장·관청용품 및 일반 공장의 하청업체로 가능한 전업하도록 하는" 문제가 제안될 정도였다. 그러면서 포탄가공, 군화와 기타 군용피혁제품, 군용·관청용 의류, 군용장갑 및 양말업 등을 대상으로 지정하기도 했다.[409] 이것에 대한 답신안에는 전업에 따른 조성금과 자금융통·기술지도·하청 알선 등 대책이나 경영이 부진한 사업에 대한 주문 배분 등 경영 구제 차원의 대책도 제안되었다.[410] 이후 조선공업협회에서도 군수산업·수출품·대체품 산업으로 전환 및 대체품 공업의 확대를 주장하고 나섰다.[411] 따라서 1930년대 후반 총독부의 중소기업 전업계획은 기존의 중소공업을 군수품·수출품·대체품 공업으로 전환하여 생산력을 확충하려는 것이었다.

그리하여 총독부는 1938년부터 휴업 위기에 처한 업자를 하청공장·대체품·수출품업 등으로 전업하도록 지원한다고 하여 50만 원, 1939년에는 30만 원의 보조금을 교부하였다.[412] 이어서 경성부도 군수하청공장 확대를 위해 1939년도 예산에 전업보조금 13만 2,000원을 책정하고, 평양 조병창의 하청에 대비하여 공장설비개선·기술원 설치 등에 사용하도록 했다.

---

409 朝鮮總督府, 「失業防止竝救濟に關する件」, 『朝鮮總督府時局對策調査會諮問案參考書』, 1938.9, 6~7쪽.

410 『時局對策調査會諮問答申書』, 123~124쪽 및 146쪽.

411 高橋 淸(大阪帝大 敎授), 1938.11, 「時局と轉業」, 『朝鮮工業協會會報』, 5쪽.

412 朝鮮總督府, 1940, 「中小商工業對策」, 『日本陸海軍省文書』 제32권, 『殖銀調査月報』, 1939.10, 67쪽.

〈표 44〉 경성부(서울)지역의 업종별 전업현황(1938~1939)

업 종	업주(명)	노동자(명)	합계(명)	전업자(명)	전업률(%)	업주당 종업원(명)
메리야스	50	454	504	124	25	9.8
제사	2	59	61	34	56	29.5
직물	27	2,660	2,687	2,660	99	98.5
피혁(화)	85	431	516	371	72	5
고무	11	490	501	200	40	44.5
철강관계	41	1,927	1,968	1,902	97	47
유기제조	48	270	318	-	-	5.6
귀금속세공	25	26	51	11	22	1
활자·인쇄용품	1	5	6	5	83	5
목형제조업	5	40	54	-	-	8
일본·서양가구	20	150	170	90	53	7.5
제유(製油)	1	2	3	-	-	2
양복	134	610	744	180	25	4.6
포목상	1	18	19	-	-	18
피혁	-	9	9	-	-	-

출처: 殖銀調査部, 1939.5, 『殖銀調査月報』, 119쪽에서 재계산(김인호, 2015, 『태평양전쟁과 조선사회』, 신서원, 85쪽에서 인용-).

〈표 44〉는 식은조사부에서 조사한 경성부의 업종별 전업사례이다. 여기서 업주는 메리야스·피혁·양복 등에서, 노동자는 주로 직물, 철강, 양복 등에서 전업이 많았다. 메리야스나 직물, 양복업의 경우, 전쟁으로 인해 배외의식이 강화되어 양복 수요가 줄었고, 직물의 경우도 몸빼나 국민복이 유행하는 상황에서 전업이 불가피했다. 철강 관계 전업이 많은 것도 이 시기 생산력확충으로 인해 더이상 철제 원료를 확보하기 어려

운 상황이어서 전업이 불가피했던 것을 보여 준다.

식산은행조사부가 조사한 1939년경 경성부의 규모별 전업 상황을 보면, 가내공업(종업원 1~5명) 규모에서는 피혁화·제유·귀금속세공·활자인쇄용품·양복 등에서, 소공장(5~30명)에는 메리야스, 일본·서양가구, 유기제조, 포목상, 목형제조, 제사업 등에서, 중공장(30~99명)은 철강·고무·직물업에서 특별히 전업이 많았다. 특히 직물업은 실업한 업체당 종업원이 98명으로 비교적 규모가 큰 공장이었다.[413]

전업 중에서도 원료난에 빠진 중소기업이 공업조합으로 전환하여 군수산업의 하청이 되는 사례도 있었다.[414] 예를 들어 1939년 군산과 광주의 철공조합원들이 조합을 만들어 군수공장의 하청화를 선언한 사례가 그것이다.

〈광주 철공업자의 하청화 사례〉 지난번 도청에서 打合會가 개최되었는데 여기서 光州府 내 철공업자의 전업과 신사업 착수에 대하여 의견의 일치를 보았고 이를 더욱 구체화하기로 하여 군수하청조합이라는 명칭하에 조속히 공장을 설치하기로 하고 늦어도 4월부터 사업에 착수하기로 하였다. 자본금은 약 10만 원 정도로 전업자금으로 6만 원 정도가 광주지역 은행(원문: 당행)에서 융통되는 외에 국고로부터 2만 원의 보조금이 지출될 예정이다.[415]

---

413 규모별 구분은 본표 가운데 업주당 평균노동자수를 산출하여 나온 것임. 내용은 殖銀調査部, 1939.5, 『殖銀調査月報』, 119쪽에서 재계산.

414 「鮮內軍需品下請工業の將來と助之が長發展策に就て」, 『朝鮮工業協會報』, 1938.2, 4쪽.

415 『殖銀調査月報』, 1939.2, 147쪽.

1938년 조선 내 발주·하청공장 현황을 보면 우선 군(軍) 발주처로는 해군의 진해요항부(鎭海要港部)공작소와 평양광업소, 육군은 평양의 병기제조소, 병기본창출장소, 항공병기지창 등이 있었다. 그밖에도 직접 군에서 발주 받는 곳으로 조선기계제작소, 조선중공업, 조선피혁, 쇼와코르크회사, 조선계기, 쇼와비행기, 국산자동차공장 등이 있었다. 중소하청공업으로는 대구의 야다니(八谷)철공소, 대구철공업조합, 부산조선철공조합, 진남포특수공업조합, 신의주특수공업조합, 쇼와부산공작소, 경성(서울)철공조합 등이 있었다.[416]

한편, 일본본토에서는 1939년 초부터 업자들의 불만과 성과 부실 등을 이유로 전업이 중지되고, 오히려 1940년부터 소매업을 시작으로 본격적인 기업 전·폐업이 착수되었다.[417] 조선에서도 1940년 이후 수출산업이 위축되면서 수입대체품 공업이나 군수하청공장으로 재편하는 전업대책이 추진되었다. 당시 총독부는 업자들의 전업을 확대하고자 자체 자금 30만 원을 전업조성금 명목으로 도에 교부(1941.7.29)하는가 하면 경영난에 처한 공장의 전업도 추진하였다.[418]

〈표 45〉는 1941년 6월 총독부가 실시한 전업예정자 상황이다.

---

[416] 『殖銀調査月報』, 1939.4, 127쪽.
[417] 鹽田咲子, 1979, 「戰時統制下の中小商工業者」, 『戰爭と國家獨占資本主義-體系·日本現代史 제4권』, 234~238쪽.
[418] 『殖銀調査月報』, 1938.12, 90~91쪽.

<표 45> 조선 내 전업예정 업주 및 노동자 조사(1941.6)

업자 업종	규모 구분	5인 미만 (가내공업) 총수	요전업 수	5~30 (소공업) 총수	요전업 수	30~100인 (중공업) 총수	요전업 수	100인 이상 총수	조선 내 총공장 수 A	요전업 공장 수 B	비율 (%) B/A
방직	업자	1,568	627	412	82	131	-	65	2,178	719	33
	직공	3,769	1,507	4,958	495	7,038	-	35,388	51,153	2,012	4
금속	업자	1,062	850	232	93	48	5	15	1,357	948	70
	직공	1,705	1,364	4,677	467	2,416	242	6,579	15,377	2,072	13
기계	업자	827	662	455	182	116	11	41	?	819	-
	직공	1,436	1,148	4,927	910	5,856	585	13,9?2	26,181	2,643	31
요업	업자	679	272	253	51	65	-	24	1,021	323	32
	직공	1,397	551	2,182	218	3,310	-	5,818	12,689	769	6
화학	업자	623	311	1,273	255	253	-	92	2,241	566	25
	직공	1,356	678	11,839	1,275	12,196	-	28,258	93,649	1,953	2
제재	업자	1,540	616	295	59	51	-	14	1,900	675	36
	직공	3,343	1,337	3,091	309	2,392	-	2,002	10,828	1,6?8	16
인쇄	업자	144	57	264	93	38	-	11	457	110	24
	직공	372	148	2,949	294	1,816	-	2,140	7,277	442	6
식료	업자	4,296	2,148	2,130	426	170	-	48	6,644	2,574	39
	직공	6,472	3,236	17,463	2,130	9,151	-	8,933	42,019	5,366	13
기타	업자	3,100	1,240	362	72	67	-	27	3,556	1,312	37
	직공	6,477	2,590	3,406	360	3,293	-	6,4?9	19,595	2,950	15
합계	업자	13,839	6,783	5,676	1,273	939	16	338	20,782	8,072	39
	직공	26,309	12,559	55,492	6,458	49,468	827	109,499	238,768	19,844	8

출처: 「要對策考究者數調」, 『日本陸海軍省文書』 제32권, 346~354쪽에서 재구성(김인호, 2015, 『태평양전쟁과 조선사회』, 신서원, 87쪽에서 인용).

비고: ① 본 조사의 업자 및 직공 수는 1939년도 말의 총수로 대신함. ② 전업이 필요한 업자 및 직공수는 1940년의 현 상황에다 금후의 정세를 비추어 추측한 것으로 1941년 6월의 要轉失業者수를 추측한 것임.

여기서는 경영난을 겪는 기업 이외에도 가내공업 상황도의 노동자 동향도 면밀히 파악하고자 했다. 그 결과, 당시 조선 내에서 전업필요 업주는 8,072명(전체업자의 39%)이었고, 노동자는 1만 9,844명(전체 노동자의 8%)이었다. 이번 조사보다 7개월 앞선 1940년 11월의 총독부 상공과 조사에서는 업주 중에서 8,141명, 노동자 중에서 2만 1,775명이 전업필요 인원이었다.[419] 구체적으로 화학공업에서 1941년 6월 조사에서는 업주 566명, 노동자 1,953명이 전업필요 인원이었지만 1940년 11월 조사에서는 업주 2,100명, 노동자 5,388명이 필요 인원으로 조사되었다. 인원수가 줄어든 것을 보면 전체적으로 1941년 이후 전업사정이 조금 완화된 것을 보여 준다.

둘째, 규모별로 5인 이하의 가내공업주는 50% 이상이 전업필요자로 조사된 반면, 5~30명 정도의 소공장주는 20~30%, 30~100인 규모의 중공장주는 10~20%에서 전업필요가 예측되었다. 역시 전업필요자는 주로 가내공업이나 소공장이었다. 이에 총독부는 가내공업·소공장을 대대적으로 생산력확충산업의 하청공장이나 부품공장으로 전업시키는 전업정책을 강행할 필요를 느꼈다. 개정 「공업조합령」(1941.3)으로 공업소조합의 결성을 법적으로 강제한 것도 전업필요 상황에 대한 대응이라 할 수 있다.

셋째, 전업필요 업종은 중요 원자재(철·목재·펄프·면사)를 이용하는 공업에서 많았다. 전업필요 금속업자는 총업주의 70% 정도였고, 방직·식료·요업·제재·기타 부문도 30% 정도였다. 그런데 인쇄·화학 업종은 20%대에 머물렀다. 구체적으로 금속공업에서는 가마솥 등 주물업,

---

419 『殖銀調査月報』, 1941.1, 112쪽.

함석제품업, 식기·금망업에서, 그리고 기계기구업에서는 가공장·야단야·조선·가구·금구에서, 요업에서는 전구·법랑철기·조선옹기·시멘트 등에서, 화학공업에서는 식물유·고무신·제지업 등에서, 목재업에서는 가구제조업 및 제재업 등에서, 식료품업에서는 정미·제분·과자·국수 등에서, 기타 공업에서는 피복·지함·신변장식품·인쇄업에서 전업 필요자가 많았다. 즉 전업필요자는 금속과 기계업에서 많았고 화학·제재업에서는 적었다. 이런 상황에서 총독부는 기존의 고립분산적인 기계·금속업 방면의 가내공업 및 소공업을 군수품·대용품·수출품 방면으로 전업하도록 독려하였다. 그런데 이러한 총독부의 의도는 제대로 구현되지 않았다. 결론적으로 말해 〈표 45〉의 '예정조사'에서 나타난 전업예상률이 실제 전업으로 이어졌는지는 불명확하다.

총독부 입장에서 전업은 군수·대용품·수출품업 등을 범위로 하는 것이지만 조선의 현상은 군수공업도 한 종류로 제한되고 일본본토와 같이 광범위한 軍需제품은 거의 없다. 때문에 전업은 더욱 곤란하다. 대용품도 가공기술이 낙후하지만 본토에 가공을 의뢰하는 것도 가능하지 않다. 또한 수출량도 적으며 회수기관의 설립도 여의치 않았기에 정부의 전체적인 대책을 기다려야 한다.[420]

경성상공회의소가 1940년 11월에서 1941년 6월까지 전업 상황을 조사하였는데, 그 결과를 보면 먼저 전업 인구가 대단히 적은 것으로 나타난다. 조사대상 13만 5,182호 가운데 상업종사자의 1.9%, 공업종사자의 0.5%만

---

[420] 「奢侈品等製造販賣制限規則に就て」, 『殖銀調査月報』, 1940.10, 25쪽.

이 전업하였다. 여기에 업주·가족·종업원 등을 고려하면 전업인구는 상업종사자의 2.6%, 공업종사자의 0.4%에 불과하였다. 그나마 전업이 많았던 것은 철공·함석·가구건구·제재·메리야스·양말업 등이었다.[421]

둘째, 유사업종으로의 전업은 미미하고 대체로 전혀 다른 업종으로 전업하였다. 예를 들어 조선인 식기제조업체는 군수품 및 광산용 기계부분품으로 전업하였고, 유기(鍮器)판매업은 목기·도기·금물상으로, 지함제조업은 채소상·음식점·잡화상으로, 양품업은 수산업으로 전환하는 등 전혀 다른 업종으로 전업하는 사례가 압도적이었다고 한다.[422] 이것은 배급통제가 심해지는 상황에서 유사업종에 전업해도 새로이 경영난에 봉착할 것이고, 물자배급 사정이 나아지리라는 보장이 없다는 공감대 때문으로 보인다.[423]

(5) 중소공업 지원금융과 재정정책의 전개

1930년대 전반기까지만 해도 조선의 중소상공업 금융은 일반적인

---

[421] 前川勘夫,「朝鮮中小工業對策に關する若干指標的調査」上,『總督府調査月報』, 1943.7, 8쪽.

[422] 〈사례1〉1940년 10월 당시 서울에서 주로 조선인 식기를 제조하던 진유제조업자 40명은 통제강화로 실업위기에 있었다. 이에 총독부가 1만 5,000원, 서울이 3,000원을 보조하고 업자가 4만 원을 염출하여 서울유기조합공작소를 설치하여 군수품 및 광산용 기계부분품을 제작함. 〈사례 2〉 서울에서 유기판매업 가운데 10점이 실업위기에 처하자 목기·도기·금물상으로 전업함. 〈사례 3〉 서울의 지함제조점 가운데 30점 정도가 실업위기에 처하자 야채상·음식점·잡화상으로 전업했고, 금은세공업은 수출품 제작이나 군수 및 대체품업으로 전업함. 〈사례 4〉 서울지역 곡분상은 쌀의 입수난으로 타격을 받아 빵·과자점으로 전업이 예상되나 신규개업에는 설탕·밀가루 배급이 정지되었기에 원료를 확보하지 않으면 전업도 불가능함.「1940년 10월의 京城商議 조사」,『殖銀調査月報』, 1940.12, 109~111쪽.

[423] 『殖銀調査月報』, 1941.2, 154쪽.

상공업 금융이 주였다. 그러나 산업경제조사회 및 시국대책조사회 답신안이 나온 이후 중소기업에 대한 금융지원 문제가 제안되었고, 총독부도 「중소상공업진흥자금대여요강」 및 대부기관의 「자금융통요강」을 공포하여 지원을 계획하였다(1938.9). 이 계획은 지방보통은행·무진회사 및 도시금융조합이 중소상공업에 대부하도록 무이자 자금 및 대장성 예금부의 저리자금을 대여한다는 것이 핵심적인 내용이었다.[424]

그런데 이렇게 하면 문제가 있었다. 먼저 대부자격에서 대도시인 부에 거주(또는 소재)하는 세대주·회사·조합으로서 중소상공업을 계속 경영할 것이 확실한 자로 제한되었다. 부는 그야말로 재조선 일본인들이 집단적으로 거주하는 지역이라는 점에서 대단히 차별적인 자격조건이었다. 또한 지방 보통은행은 5,000원 이하, 무진회사는 3,000원 이하, 도시금융조합은 1,000원 이하로 제한하였고, 상환도 무담보 대부 및 연이자 1할 이내로 제한되었다. 다만 차입자에게 유리한 1년 단위 정기상환보다 5년 이내의 월부(月賦) 또는 일부(日賦) 상환을 원칙으로 하였다. 또한 강제저축 규정에 따라 매달 차입금의 1/1,000을 차입은행에 예금하였다. 결국, 중소상공업자는 대부를 받았더라도 계속된 상환압력·강제저축 등으로 별 이득이 없었다.[425]

이러한 문제를 감안하여 총독부는 「중소상공업자금융통손실보상제실시요강」(1939.1)을 공포하였다. 총독부가 보조하거나 공공단체·전업상담기관 등이 인정하는 경우 그리고 법적으로 「임시자금조정법」에 따라 시국에 필요한 군수, 수출 혹은 대체품 군수산업 및 영업전망이 있는

---

[424] 「社會施設ノ擴充ニ關スル件」, 『朝鮮總督府時局對策調査會諮問案參考書』, 21~22쪽.
[425] 「社會施設ノ擴充ニ關スル件」, 위의 책, 21~22쪽.

것에 국한하여 자금대부를 허락하도록 하였다.[426] 그래서 대부금 중 손실이 발생할 경우 총독부가 보상한다는 내용이었다.

「보상제」에 기반한 대부는 엄격한 대출조건을 요구하였다. 즉 공업조합이나 공업조합연합회에는 대출제한이 없는 반면, 개인이나 일반회사는 1인당 1만 원 이내(무담보는 5,000원)로 했으며, 금리면에서는 연이율 6% 내외로 하고, 손실보상료를 합해 7.7%(결국 7.2%)를 넘지 못하도록 했다. 하지만 금리에 총독부에 대한 손실보상료(1.2%)가 포함되어 일반은행의 금리보다 높았다.[427] 따라서 업자가 대부를 받을 경우 많은 부담을 지는 것이었다.

〈표 46〉 보상제에 의한 자금대부 지정 범위

공업조합 관계	조선전구공업조합 이외 4조합과 그 조합원
수산조합 관계	조선통조림업수산조합, 조선정어리기름제조수산조합연합회와 조합원
산업조합 관계	전주산업조합 이외 11조합과 그 조합원
동업조합 관계	조선과물동업조합연합회 또는 그 조합원
임의조합 관계	평북의주태양부업조합 외 6조합 및 그 조합원
개인 및 회사	개성부 송고실업장 이외 34명

출처: 鈴木武雄, 『朝鮮金融論十講』, 214~215쪽; 『殖銀調査月報』, 1939.8, 106쪽(김인호, 2015, 『태평양전쟁과 조선사회』, 신서원, 93쪽에서 인용).

그럼에도 1939년 9월부터 「중소상공업융자손실보상제」가 시작되었다. 이후 〈표 46〉처럼 공업조합 관계로 조선전구공업조합 외 4조합

---

426 『殖銀調査月報』, 1939.6, 119쪽.
427 『殖銀調査月報』, 1939.2, 82~83쪽.

과 조합원이 보상제의 적용대상이 되었다. 손실보상 범위는 총손실액의 50% 이내로 하며, 1년 한도를 200만 원으로 하고, 5개년 계속 사업으로 계획하였다. 실제 대출은 제1년도 1940년 3월까지 581구, 125만 원이고 제2년도에는 연도별 제한을 철폐하고 한도를 1,000만 원으로 확장하였다. 1940년 9월 말까지 계수는 561구, 총대출은 126만 원이었다.[428]

〈표 47〉 식산은행의 공업조합 대부상황 (단위: 원)

연도	구분	할부	정기	합계	예금부자금
1939년 말	전체	101,636,323	77,817,735	179,454,058	82,768,555
	공업조합	305,630	510,500	816,130	180,000
	비율	0.30%	0.65%	0.40%	0.20%
1942년 말	전체	127,426,778	116,912,905	244,339,683	88,619,827
	공업조합	1,589,242	8,601,660	10,190,902	1,054,200
	비율	1.24%	7.36%	4.17%	1.19%

출처: 朝鮮工業組合聯合會, 1943.4, 『朝鮮工業組合』, 17쪽에 따라서 계산(김인호, 1998, 『태평양전쟁기 조선공업연구』, 신서원, 307쪽에서 인용.).

보상제가 실시되자 공업조합에 대한 대부가 급증하였다. 먼저 식산은행의 대부상황은 〈표 47〉과 같은데, 1939년은 81만 6,130원으로 총 대부액에서 차지하는 비중이 0.4%였으나 1942년 말 1,019만 1,000원으로 4.17%까지 확대되어 약 12배 증가하였다. 이 중 할부대부는 1939년 0.3%에서 1942년 1.24%로 약 4배 증대했고, 정기대부는 1939년 0.65%에서 1942년 7.36%로 약 11배 증가하였다. 그 가운데 예금부자금의 대

---

[428] 德山 新, 1940.11, 「時局下中小工業の問題」, 『朝鮮』, 53쪽.

부 비중은 1939년의 0.2%에서 1942년에는 1.19%로 증가하였다. 여기서 할부 및 예금부자금은 설비대체용이기에 장기자금이고, 정기대부는 공동구입 및 운전자금용이기에 단기자금이었다.

업종별 대부 상황을 보면, 1942년 말 73개 조합에 대해 이루어졌는데, 그것은 1942년까지 공업조합 총수의 52%에 해당한다. 이것은 공업조합의 태반이 식산은행과 금융적 연계를 가졌다는 말이다. 대부액은 기계기구업 총 18개 조합이 350만 9,000원으로 수위였고, 방직업종 13개 조합이 188만 9,000원, 화학공업 5개 조합이 136만 6,000원이었다. 한편 1940년 12월에는 식산국이 직접 대장성 예금부자금의 융자를 중개하여 자금지원을 하기도 하였다.

중소기업의 조직화라는 과제 아래 법인조합에 대한 재정적 특혜도 주어졌다. 우선 「소득세령」 개정(1940.4) 이후 '중점산업'에 대한 세금감면과 법인조합에 대한 비과세 범위가 확대되었다. 비과세 대상으로 선정된 법인(제20조, 시행규칙21조)은 산업조합·산업조합연합회·식산계·공업조합·공업조합연합회·조선공업조합중앙회·주조조합·주조조합연합회·중요물자동업조합·중요물자동업조합연합회·상공회의소 등이다. 다만 공업조합·금융조합·산업조합(연합회) 등에 대해 종래까지 부과하지 않았던 특별법인세(소득세액의 1/3 정도)를 부담하게 한 것은 세수의 결손을 보충하고, 조합에 대해서만 비과세함으로써 나타나는 일반업자의 불만을 제거하려는 의도였다.[429]

---

[429] 이는 1940년 7월 15일 세무감독국장 국장회의에서 미나미 총독이 "금후 상당한 부담이 가중될 것이기 때문에 그 운용상 반도 민심에 영향이 크다. 이에 세제의 실제 운용상에 과세의 엄정공평, 집무의 신속정확, 민중위무의 마음을 견지해야 한다"(『殖銀調査月報』, 1940.9, 85~86쪽)고 한 것에서도 나타난다.

둘째, 「소득세령」 개정령으로 법인회사에 대한 소득세 과세율이 12.5/100에서 15/100로 올랐다. 그것은 당시 군수산업이 면세 혜택을 받았던 것에 반해, 비군수산업에 대해서는 중과세를 지향한 것이었다. 그런데 법인세는 개인소득세에 비하면 극히 낮은 세율이 적용되었다. 예를 들어 1940년 3월의 「소득세령」에 따른 당기이익 150만 원인 법인회사의 소득세 납세액은 약 25만 원이었는데, 당기이익이 15만 원인 개인공업(회사의 1/10로 환산)은[430] 종래는 개인소득세가 22% 적용되어 3만 3,000원을 내면 되었지만(회사의 1/8 정도) 「개정령」으로 소득세율이 32%가 적용됨으로써 4만 8,000원을 내야 했다. 즉 소득은 회사의 10분의 1이지만 과세액은 회사의 5분의 1에 달하고 있다. 법인에 대한 중과세에도 개인경영의 부담에 비할 것은 아니었다.

셋째, 중소기업들이 공업조합으로 조직화할 경우, 조합경비 일부를 총독부 예산으로 지원하였다. 그 실적을 보면 1938년에는 18만 원, 1939년 27만 원, 1940년에는 총 13개 조합에 대해 40만 원 정도였으며 이 가운데 상업조합은 1940년도에 3만 6,000원을 보조했고, 공업조합은 1939년도에 6만 7,200원, 1940년도에 9만 1,200원을 보조하였다. 1941년도에는 상업조합 7만 2,000원, 공업조합 12만 2,400원이었다.[431] 이처럼 법인에 대한 재정적 지원은 조합에 대한 면세와 법인에 대한 우대세제라는 형태로 나타났고, 비법인은 중과세하여 법인화를 촉진하려는 방향이었다.

---

430 법인소득세의 과세액 산정방법은 「朝鮮に於ける税制改正に就て」 上, 『殖銀調査月報』 (1940.9)의 법인소득세 추계방법을 이용했고, 개인소득세는 같은 자료에 나오는 개인소득 표준별 과세율에 대입한 것이었다.

431 朝鮮總督府, 1940, 「中小商工業對策」, 『日本陸海軍省文書』 제32권, 341~342쪽.

3. 중일전쟁과 조선 북부의 공업 확장

가. 지방공업의 확대

1930년대부터 총독부가 농공병진·대륙병참기지화 등의 논리를 내세우며[432] 조선의 공업화를 추진하자 그 결과 1930년대 후반에는 〈표 48〉처럼 영남·호남·경인·삼척·관서·관북 등 6개 지역에 공업지대가 형성되었다.

〈표 48〉 조선 내 주요 공업지대의 형성

지역	공업지대	위치	산업내용	1940년 공산액(%)
남부	남선	부산·울산·대구·마산·진해 등지	경공업 중심(방직·도자기·잡화, 부산의 조선업 특화), 수출공업 및 경공업 유망	160,975(8.9)
	호남	군산·목포·전주·광주	경공업(방직·식물유), 화순 무연탄 이용, 화학공업	143,336(7.9)
중부	경인	경성·인천지역	경공업(방직·식료품), 중소기업, 중공업(금속·기계)	354,299(18.9)
북부	삼척	영월·삼척·묵호 등지	자원이용 화학·요업 적지, 경공업 불리	102,410(5.5)
	북선	흥남·성진·청진·국경	중화학(제철·금속·기계·화학)	611,641(32.7)

---

432 '조선의 대륙전진병참기지화'라는 용어는 다나카 정무총감의 기억에 의하면 "적어도 고이소 총독이 부임하기 전까지는 오히려 당시 신문·잡지들이 만든 용어였고, 일부 총독부가 가용한 것은 실제적인 내용을 담은 것이 아니라 정치적 용어로서 이용된 것에 불과한 것"이라고 하여 고이소 총독 시절에 정책 차원에서 병참기지화가 추진되었다고 하였다(田中武雄,「小磯總督時代の統治概觀」,『朝鮮近代史料硏究集成』제3권, 朝鮮史料硏究會, 215쪽).

| 서부 | 서선 | 신의주·평양·진남포·해주 등지 | 지하자원 이용공업, 경·중공업 혼재, 장래 수력발전을 이용한 공업 적지 | 353,881(18.9) |

출처: 川合彰武, 1943, 『朝鮮工業の現段階』, 84~87쪽; 朝鮮銀行調査部, 1949, 『朝鮮經濟統計要覽』, 72쪽.

조선북부에는 삼척·북선·서선 지역을 중심으로 공업시설이 증가하였고, 자원이용·화학·요업 등이 입지하는데 적격지로서 대체품 중심의 생산력확충산업이 확대되었다. 또한 제철·금속·기계·화학 등 주로 지하자원에 기초한 중화학공업도 성장하였다.[433] 조선남부와 비교했을 때 자원 활용·노동력 집약 업종 분야가 많았고, 자원 매장지와 항만, 국경 지역에 주로 위치한 특징이 있었다.[434] 또한 1930년대 말부터 조선서부에도 생산력확충계획에 수반한 대체품 공업을 비롯하여 지하자원 이용공업 등이 성장하였다. 조선남부는 일본본토와의 물자교역에 수반한 경공업품이나 본토의 조선증강 요구에 기반한 조선업 등이 특화되어 성장하였다. 이들 공업지대는 세계시장이나 엔블록 시장을 겨냥해서 형성한 것이라기보다는 일본본토에 대한 원료공급이나 일본인이 거주하는 대도시의 소비를 겨냥하였다. 그것은 6대 공업지대가 주로 조선 내 자원매장지와 일본과 연계된 항만 주변에서 건설되었던 것에서도 나타났다. 전체적으로 공산액은 조선북부와 서부가 51.5%, 조선중부 18.9%, 조선남부가 16.8% 등으로 조선북부와 서부지역에 집중되었다.

---

[433] 川合彰武, 1943, 『朝鮮工業の現段階』, 84~87쪽; 朝鮮銀行調査部, 1949, 『朝鮮經濟統計要覽』, 72쪽.

[434] 河合和男과 尹明憲은 조선의 공업지대 형성 문제를 주로 자원·전력·용수·소비시장 등의 자연지리적인 측면을 중시하며 보고 있다(河合和男과 尹明憲, 1991, 『植民地期의 朝鮮工業』, 未來社, 84~85쪽).

전쟁 국면은 이러한 공업지대의 형성에 새로운 변화를 초래하였다. 종래에는 일본본토나 조선 내 소비시장을 매개로 조성된 기존의 6대 공업지대 위에 새롭게 중국·만주국과 연결된 이른바 조선북부 공업지역(현 관북지역, 지하자원가공 및 화학공업중심) 및 조선서부 공업지역(현관서지역, 전기를 이용한 정련·제철업 중심) 그리고 조선남부 경공업지역(소비재·대체품산업 중심)이 형성되고 있었다. 이러한 현상은 조선의 지방공업이 종래와 같은 중앙과 지방 혹은 남선과 북선 간의 유기적 산업 연관보다는 <u>'9·18사변(만주사변)'-북선-만주, 중일전쟁-서선-중국, 태평양전쟁-남선-남방 등 전쟁에 따른 일본본토의 경제 재편 구상과 엔블록 차원의 수요공급망 운영이라는 경제환경의 변화로 인한 것이었다.</u> 그리고 이런 전쟁 편승 공업시설들은 자명하게도 지역별로 분절된 공업시설을 확장하는 데 거침이 없었다.

나. 북선 공업지대의 확장

(1) 북선루트의 확장

러일전쟁 이후 만주를 둘러싼 러시아-청국-일본 사이의 이권 쟁탈이 가속화되면서 일본은 대륙침략을 위해 조선북부[435]가 가진 지리적·군사적·경제적 유용성에 주목하면서 공업도시 건설을 추진하였다. 가장 먼저 주목된 지역이 개항기 당시 인구가 20~30호에 불과하던 소어촌 청진이었다. 그러다 러일전쟁 이후 일본군 수요의 군수품 운반지가 되면서

---

[435] 여기서 조선북부는 현재의 북한 지역을 지칭하며, 경제적인 측면에서 조선북부(현 관북지역)과 조선서부(현 관서지역)으로 구분한다.

대규모 항구로 성장하였다.[436] 여기에 1917년 12월에 청회철도(淸會鐵道, 청진-회령)와 회령에서 간도 국자가(局子街)까지 사설철도가 개통되어 항만에서 곧장 만주로 연결되는 수송철도가 완성되었다.

1920년대 이후 운송 거점이었던 북선은 다시 자본과 시설의 거점으로 확장되었다. 즉 세계대전 이후 장기불황과 공황으로 과잉자본에 몸살을 앓던 본토의 자본과 시설이 대거 진출한 것이다. 그러다 9·18사변(만주사변)을 거치면서 이 지역의 경제적 유용성은 더욱 주목을 받았다.

당시 조선공업화에 필요한 자본과 기술에 목말라하던 총독부는 이곳에다 병참 능력을 확장할 수 있는 각종 공업시설을 유치하고자 했다. 이를 위하여 각종 전력·철도 등 사회간접자본을 확충하고 공단조성계획을 서둘렀다. 특히 우가키와 친분이 깊었던 신흥 노구치 재벌이 총독부의 지원 아래 중화학공업 투자를 확장하고 각종 광산을 개발하였다.

이 지역에서 생산이 증가하면서 종래의 만주 연계 수송로는 더욱 확장되었다. 본래 1920년대까지 수송루트는 니이가타·쓰루가 등 일본 본토의 항구에서 동해를 횡단하여 웅기·나진·청진·성진의 소위 북선 4항을 거쳐서 청회철도를 통하여 회령에서 간도 국자가까지 연결하는 노선이 중심이었다. 그러다 1928년 길회철도(길림~회령 구간 221km)가 완공되고, 1935년 9월에 경도선(장춘~도문, 종착지 나진)이 조선철도와 연결되어 나진·웅기·청진항이 경도선의 종착항이 되면서, 이른바 북선 루트가 완비되었다. 여기에 웅기와 나진을 연결하는 웅나(웅진-나진)철도가 1935년 8월에 개통되었고, 도가선[圖佳線, 본래의 도녕선(圖寧線)]도

---

[436] "淸津府勢",「施政25週年記念 全國商工會議所發達史」, 1935,『韓國近代史資料叢書』제2권, 國學資料院, 525쪽.

1937년 7월 도문-가목사까지 확장되었다.[437] 함중철도(홍남-중강진)와 길장선(길주-장백)도 신설되었다.

중일전쟁 이후 총독부는 조선북부와 만주·일본을 이어서 동해를 '호수화'하는 이른바 북선경제지역을 구축하여 이곳을 생산재 및 원자재 공급기지로 만들려는 구상을 피력하였다.[438] 특히 철도는 종래의 산업·척식·철도의 범주를 벗어나 중요 물자 개발 및 중화학공업 등 군수산업 증대, 대륙병참기지로서 일본과 중국을 잇는 대륙루트의 핵심 시설로 여겨졌다.[439] 여기에다 조선북부에는 웅기·청진·나진·성진·원산·속초·장전·삼척 등 항만이 잘 구비되어 있었다.

> 지하자원이나 수산자원의 경우 북선(北鮮)의 부는 거의 무한대로 평가된다. 그 무한대의 자원은 종래 북선이라 칭하던 지역에서 최근 함남·북 전도와 강원도 동해안에 연이어 있는 것이 실증되고 있고 아울러 항만으로서는 기존에 이미 웅기·청진·나진·성진·원산·속초·장전·삼척 등은 장차 공업항으로 특성이 있다고 인식된다.[440]

러일전쟁 이후 총독부는 청진과 기성(基城) 등을 '북선 2항'이라고 지칭하면서 중국 진출로로 삼아 확충해 왔다. 그 위에 1930년대 만주국 성립을 기점으로 나진(羅津)이 개발되어 '북선 3항'이라 불리었다. 1940년 6월부터 북선루트인 함중철도의 종착항인 홍남항이 개발되기 시작하

---

437 『朝鮮産業年報』, 1942년판, 66쪽.
438 「新北鮮經濟圈と元山の特味」, 『殖銀調査月報』, 1940.2, 136~137쪽.
439 『朝鮮産業年報』, 1943년판, 62쪽.
440 「新北鮮經濟圈と元山の特味」, 앞의 책, 136~137쪽.

였다. 1940년 이후 총독부는 대륙의 육교로서 대륙산 물자의 중계뿐만 아니라 북방권(대륙경제지구)의 자급 및 내적인 경제연관을 강화한다고 하면서 지역 단위 교통운수망의 연결에 한층 박차를 가하였다. 1941년 5월에 본토·조선 사이의 해운통제를 위하여 조선의 6개 항을 '중요 지정항'으로 설정하였는데, '북선 4항' 중에는 청진항만이 지정되었다. 나진항은 만주철도(만철)가 경영하던 차라서 배제되었다. 따라서 총독부는 본토 기획원에 흥남항·단천항·묵호항 등 3항을 추가해 줄 것을 요구하였다.[441]

한편, 중일전쟁 이후 조선서부에서 중국본토와 연계된 공업화가 진척되면서 황해권과 동해권의 연결도 중요한 과제가 되었다. 그리하여 1941년 4월 평원선이 개통되고, 이어서 함경선이 원산을 경유하는가 하면 1944년 12월에는 북선척식철도라는 미명 아래 북선개척사업의 일환으로 착공했던 연사(延社)와 무산(茂山)을 잇는 협궤철도 백무선(白茂線)이 마침내 완전히 개통되었다. 만포선과 평원선은 조선서부 공업화에 따른 생산물을 효과적으로 원산항에 운송하여 일본본토로 이전하려고 만들어졌다.

그런데 조선북부와 일본과의 물자교류는 연합군이 조선해협에 기뢰를 설치하고, 철도 연변에서 게릴라 투쟁이 강화되면서 북선루트의 약화에 따라서 하향하더니 결국 1944년 이후 단절되었다. 북선루트[만주-북선-(해운)-일본코스]가 붕괴하면서 북선산 물자(선철·비철)는 전면 남선중계되었다.[442] 1944년도 하반기(1944.10~1945.3)의 조선 경유 대륙전가하

---

441 『殖銀調査月報』, 1941.8, 62쪽.
442 대륙전가하물은 현지에서 조달하거나 해운으로 수이출이 불가능한 긴급물자를 만주-

물을 보면, 총량에서 북선산이 약 9.0%로 주로 선철·비철·양곡 등 1차 소재물자였다.[443]

총독부에 의한 조선북부와 대륙 간의 경제연관대책은 해방 직전까지도 이어졌다. 1945년 7월 28일에는 선만관계관 50여 명이 총독관저에서 선만연락회의(鮮滿連絡會議)를 개최하였다. 여기서 간도(間島)와 강원도 산간에 관동군의 자급을 강화할 수 있는 공업지대를 건설한다는 '동북개발계획'과 원주-안성-대구선을 연결한 산간지역에 조선군의 군수보급을 위해서 공업단지를 건설한다는 이른바 '팔(八)계획'이 입안되었다.[444] 사실상 북선을 관동군 관할의 군수보급지역으로 편입하여 북선과 대륙과의 경제적 연관을 강화하고자 하였다.

(2) 유역변경식 발전력 확보와 수력개발 사업

총독부가 1922년부터 4년 간에 걸쳐서 실시한 제2회 발전수력조사에서 '유역변경식 발전을 통한 225만 kw의 발전 가능성'을 확인하였고,[445] 1925년 6월에는 부전강과 1926년 9월 장진강에서 각각 일본질소비료주식회사(닛치쓰)와 미쓰비시 계열의 장진강전력주식회사가 수리권을 허가받았다.

먼저 닛치쓰는 조선수전(朝鮮水電)주식회사를 설립하고 공사에 착수한 결과 1929년 11월부터 부전강 제1발전소가 조업을 시작하였다. 그런

조선-현해탄을 통하여 본토로 수송하는 하물을 말한다. 대체로 북선중계와 남선중계를 통하여 이뤄졌다.

443 近藤釼一, 1964, 『太平洋戰爭下の朝鮮』 제5호, 友邦協會, 147~148쪽.
444 「任文桓(전총독부 광공국 서기관)의 증언」, 『재계회고』 제4권, 한국일보사, 265~266쪽.
445 鈴木武雄, 1942, 『朝鮮の經濟』, 日本經濟新報, 90쪽.

데 장진강 수리권을 받은 미쓰비시는 당시 불황인 데다 기술미비로 투자를 머뭇거렸다. 이에 총독부는 실망하여 수리권을 회수해 1933년 닛치쓰에 양도하였다. 닛치쓰는 1933년 5월 자본금 2,000만 원을 들여서 장진강수력전기주식회사를 설립하고 공사에 착수하였다.[446] 장진강수전의 건설로 닛치쓰 계열의 발전소가 전체 수력 발전력의 94.7%를 차지하였다. 그리하여 '동해안의 한산한 일개 어촌'이었던 창리(倉里)가 '인구 4만여 명의 공업도시' 흥남(興南)으로 변모하였고, 이 지역을 토대로 거대한 군수화학공업 콘체른이 형성되었다.[447]

총독부는 1940년부터 5개년 사업으로 제4차 전력조사를 개시하여 150만 kw의 전원을 새로 발굴하였다. 그리하여 1941년부터 제2차 수전개발에 착수했는데, 생산력확충을 위한다는 목표 아래 지역적으로 편중된 전력개발 대신에 지방 분산적인 전력개발을 추진한다는 구상을 피력하였다. 이를 위하여 전 조선을 서선(西鮮)·중선(中鮮)·남조선(南朝鮮)으로 나누어 개발하고,[448] 특히 압록강의 제2차 개발 및 청천강·대동강에서의 수력개발이 추진되었다. 이어서 1942년 6월에는 자본금 1억 원(1/4 불입)의 북선수력발전회사가 설립되었다.

1941년 9월에는 수풍1호기가 송전을 시작하였다.[449] 그리고 도문강 지류의 서두수(西頭水)의 물을 역류시켜서 나북천(羅北川)을 거쳐 동해로 떨

---

446 김경림, 1999, 「식민지 시기 독점적 전기사업 체제의 형성」, 『梨大史苑』 제32호, 이화여자대학 사학회, 294쪽.

447 강정원, 2016, 「1930년대 일제의 조선공업화와 산림정책」, 『한국근현대사연구』 제79호, 210쪽.

448 『殖銀調査月報』, 1940.10, 124쪽.

449 수풍발전소 1호기는 만주로, 2~3호기는 조선으로 송전되었다(『朝鮮工業協會報』, 1940.5, 16쪽).

어지게 하는 이른바 고낙차 발전으로 40만 kw를 생산하였다. 장진강 수력발전이 확충되면서 유휴전력을 남만주로 돌렸다.[450] 이는 조선북부와 만주를 경제적으로 연결하려는 총독부의 의지를 적극 반영한 것이었다.

<표 49> 조선 내 전력 수요 예상표(단위: 전력은 천 kw/h, 전력량은 백만 kw/h)

구분		1939	1940	1941	1942	1943	1944	1945
北鮮 일반전력 수요		389.4	457.8	680.6	904.6	1,001.10	1,092.80	1,147.80
	(전력량)	2,792.70	3,169.50	4,215.60	5,309.10	6,307.70	7,008.70	7,228.20
北鮮 생산력확충용 전력		328.6	416.1	572.4	748.9	829.3	897.6	938
	(전력량)	2,391.00	2,686.10	3,598.30	4,486.80	5,311.30	5,897.70	6,042.20
생산력확충용 전력비율		84%	91%	84%	82%	83%	82%	82%
실수요전력량(38도 이북)		-	-	3,151.00	4,526.40	4,290.10	1,608.20	-
남조선 일반전력 수요		63	85.1	107.5	129.1	153.1	199.3	216.6
	(전력량)	299	380	513.9	630	748.8	982.8	1,071.00
남조선 생산력확충용 전력		27.6	39.6	53.5	70.3	84.1	123.7	134
	(전력량)	142.7	192.5	264.6	354.8	430.7	636.7	704.9
생산력확충용 전력비중		44%	46%	50%	54%	55%	62%	62%
실수요전력량(38도 이남)		-	-	295.3	349.4	361.3	181.1	-
남/북 생활수요 전력비중		8%	10%	9%	9%	10%	14%	14%
남/북 실제수요 전력비중		-	-	8.60%	7.20%	7.80%	10.10%	-

출처: 계획량-朝鮮總督府,「種類別電力需要豫想總括表」, 1940.10,『日本陸海軍省文書』제33권, 65~67쪽. 실제소비량-朝鮮銀行調査部,『經濟年鑑』Ⅳ, 1949, 208~209쪽(김인호, 1998,『태평양전쟁기 조선공업연구』, 신서원, 77쪽에서 인용)..

---

450 『殖銀調査月報』, 1942.2, 31쪽.

〈표 49〉는 1941년에 계획된 전력수요예상표이다. 북선의 생산력확충용 전력은 1939년 32만 8,600kw에서 1945년까지 93만 8,000kw로 증가할 것으로 예상되었다. 북선지역 전체 전력생산량의 80% 이상이었다. 대부분의 전력이 북선의 생산력확충산업에 집중될 것이라는 것이다. 반면, 남조선의 생활전력도 1939년 44%에서 1945년까지 62%로 증가할 것으로 예상되었다. 아직 태평양전쟁이 발발하기 전이지만 장차 남조선에서도 생산력확충이 본격화될 것이라는 예상을 하고 있음을 보여 준다.

(3) 북선개척과 남면북양

1920년대 후반부터 총독부는 북선개발을 시작했지만 본격적으로는 우가키 총독이 부임하고 1932년부터 총독부의 핵심정책으로 '북선개척(北鮮開拓)사업'이 전개되었다. 이 사업은 1932년부터 15개년계획과 2,683만여 원의 예산으로 압록강과 두만강 상류의 고원지대에 있는 국유림 지역을 개발하자는 구상이었다. 그리하여 이 일대의 화전민을 통제하고 교통 불편을 해소하기 위한 북선척식도로와 철도건설이 추진되었다. 1934년부터 노동력 수급을 위하여 시범적으로 조선남부의 노동자를 이주하는 정책도 추진하였다.[451]

남면북양 정책도 북선개발에 중요한 정책적 동인이었다. 특히 양모(羊毛)는 군수물자임에도 일본본토에서 자급률이 무척 낮아 대부분 수입에 의존하는 물품이었다. 게다가 대공황 이후 영국이 블록 경제화하여 일본에 대한 수출을 통제하다 보니 양모의 자급은 초미의 과제가 되

---

[451] 고태우, 2020, 「식민지기 '북선개발(北鮮開發)' 인식과 정책의 추이」, 『한국문화』89, 182쪽에서 정리함.

었다. 면양 사육은 북부지역 고지대에서 주로 하였다. 이곳은 사료 공급이나 생산물 운송, 고지대 농업 비료 자급 등의 장점이 있고, 당시 농촌 부업으로 면양 사육만한 것이 없다는 인식도 널리 퍼져 있어서 적지로 평가받았다. 그리하여 총독부는 섬유공업 원료를 안정적으로 확보하기 위해 천연의 조건을 갖춘 함경도와 평안북도 지역에 대규모 면양 사육지를 개발하려고 하였다. 동양척식회사도 1932년부터 "국민 생활필수품 보급에 기여하고 북선개발의 첨단에 서서 국책에 순응할 목적"으로 목양지를 개발하였다.[452]

1934년에 북선개척비 중에서 2만 2,800원이 면양증식계획 예산으로 통과되었다. 그해 3월 초「북선면양증식계획」을 위한 준비회의가 개최되었으며, 6월에는 호주산 종양 2,702두가 웅기항에 도착하여 사업이 본격화하였다. 모두 10개년 계획인「면양장려계획」은 주로 조선서부와 북부 소재 6개 도에서 추진하고자 했다. 1차 년도에는 함남·북 및 평북 등의 3개 도에서 우선 착수하였다. 초기 5개년 사업은 호주에서 매년 2,500마리 종양(種羊)을 수입해서 증식하고, 그 이후에는 조선 내에서 10만 마리를 증식한다는 것이었다. 농가 1호당 약 5마리 면양을 사육하고, 덧붙여 약간의 면양목장을 인정한다는 방침에 따라 동양척식회사 목장을 비롯하여, 마쓰이(松田) 목장, 요시다(吉田) 목장 등 본토자본도 진출하였다.

(4) 북선 공업화의 실상

제1차 생산력확충계획에서 주로 석탄액화, 경금속, 무연탄 등 대체

---

[452] 강정원, 2016,「1930년대 일제의 조선공업화와 산림정책」,『한국근현대사연구』, 제79호, 218쪽에서 참고 정리함.

품이 중요시되면서 조선북부는 생산력확충계획이 가장 치열하게 시행되던 곳이었다. 더구나 태평양전쟁을 전후해서는 이들 물자는 일본본토에서 직접 수급하는 중요물자로 취급되어서 중요도는 더욱 커졌다. 〈표 50〉은 1930년대 이후 조선북부에 설립된 주요 대공장을 정리한 것이다.

〈표 50〉 1945년경 북선지역 대규모 공장 현황

도	군	분야	기업명	조업시작	종업원수	주요생산물
함남	咸興	방직	片倉工業 함흥제사공장	1928	-	제사
함남	興南	기계·병기·조선	일본질소 흥남공작공장		2,490	관(罐: 깡통), 주물, 기계
함남	文川	화학(요업)	小野田시멘트 川內공장		-	시멘트
함북	淸津	기계·병기·조선	조선총독부 철도국 청진공장	1930	978	기관차, 객차, 화차
함남	興南	화학	일본질소 흥남비료공장		9,164	암모니아, 황산, 황산암모늄, 경화유
함남	興南	화학	일본질소 흥남油脂공장	1931	-	경화유, 글리세린, 지방산, 비누
함북	明川	화학	조선인조석유 (日窒계 영안공장)	1932	1,974	석회산수지, 합판
함북	淸津	화학	조선유지 청진공장	1933	-	경화유, 글리세린, 비누, 식용 유지
함남	興南	제련·경금속	일본질소광업개발 흥남제련소		-	니켈, 모나자이트, 납, 동
함남	興南	제련·경금속	일본질소마그네슘 흥남공장		453	마그네슘, 크린카
함남	興南	제련·경금속	일본질소 흥남카본공장	1935	-	흑연 전극, 의료용 탄소봉 등
함남	豊山등 10곳	섬유·식료품	제국섬유		2,500	아마 섬유

함남	咸興	화학	일본질소 本宮공장		6,805	암모니아, 염산, 가성소다, 카바이
함남	興南	화학	조선질소화약(日窒계) 흥남공장	1936	2,666	다이너마이트, 뇌관, 폭약
함북	慶興	화학	조선인조석유(日窒계) 아오지공장		3,000	코크스, 타르, 메탄올, 액화유
함남	元山	화학	조선석유 원산제유소		1,638	가솔린, 등유, 경유, 파라핀
함북	吉州	화학	北鮮製紙化學工業 길주공장		653	펄프
함북	富寧	화학(요업)	朝鮮小野田시멘트 古茂山공장		1,286	시멘트
함북	城津	화학(요업)	일본마그네사이트 화학공업성진공장		1,576	마그네시아
함남	咸興	화학	일본내화재료 本宮공장		480	내화벽돌
함북	城津	제철	일본고주파중공업 성진공장	1937	6,680	각종 특수강
함남	文川	제련·경금속	住友광업 조선광업소		578	동, 납
함북	鏡城	섬유·식료품	鐘淵工業朱乙공장	1938	2,000	아마 제품
함북	淸津	제철	三菱광업 청진제련소		1,402	입철(粒鐵)
함북	淸津	화학	大日本紡績 청진화학공장	1939	1,997	인견
함남	興南	제철	일본질소 흥남제철소		-	선철, 강괴
함남	文川	기계·병기·조선	北鮮製鋼所문천공장		1,259	주강품, 일반 기계,
함북	城津	제련·경금속	조선인상흑연 성진공장	1940	-	흑연
함남	咸州	제련·경금속	조선신강금속	1941	1,058	마그네슘
함북	淸津	제철	일본제철 청진제철소		2,869	선철
함북	富寧	제철	조선전기야금 부령공장		750	페로망간, 페로실리콘, 카바이드
함남	利原	제철	利原鐵山	1942	2,705	선철, 주철강
함남	元山	기계·병기·조선	조선총독부 철도국 원 산공장		360	기관차, 객차, 화차

함남	興南	화학	일본질소연료공업 용흥공장		1,399	아세트알데히드, 이소옥탄
함남	興南	화학	일본질소塩野義製藥 흥남공장		-	셉톤, 설파민
함북	城津	화학	일본탄소공업 성진공장		495	전극
함남	端川	화학	朝鮮品川白煉瓦 단천공장		288	마그네시아
함북	淸津	제철	일본원철 청진공장		1,258	원철
함남	元山	기계·병기·조선	朝鮮造船공업 원산조선소	1943	830	세미 디젤[燒玉] 기관, 목조선
함남	文川	제련·경금속	조선住友경금속 원산공장		1,140	알루미늄
함북	淸津	화학	三菱化成 청진벽돌공장		394	내화벽돌
함남	元山	제철	일본강관 원산제철소	1944	-	선철
함북	羅南	제철	理硏특수제철 라흥공장		728	원철

출처: 기무라 미쓰히코·아베 게이지(차문석·박정진 옮김), 2009, 『전쟁이 만든 나라, 북한의 군사 공업화』, 미지북스, 36~39쪽, 331~360쪽[고태우, 2020, 「식민지기 '북선개발(北鮮開發)' 인식과 정책의 추이」, 『한국문화』 제89호, 187~188쪽에서 재인용-].

비고: 광업회사 제외, 설립연도 분명한 것만 정리함. *표시는 설립연도. 음영은 30년대 설립된 업체.

먼저, 시기별로 중일전쟁 시기(1937~1941)에 오히려 일본본토 기업의 조선 이주가 우가키 시기보다 감소하였다. 이 시기는 총독부가 조선의 공업화와 병참기지화를 소리 높여서 주장하던 시기였다. 하지만 여전히 일본본토에서는 조선으로 시설 이주나 자본확충에 적극적으로 나서지 않았다는 사정을 반영한다.

둘째, 지역별로 총 43개소의 기업 중에서 흥남에 설립된 것이 10개소로 가장 많고, 청진 7개소, 원산과 문천이 각각 4개소, 함흥과 성진이 각각 3개소씩이었다. 흥남과 청진의 공업집중률이 단연 높다. 업종별로도 화학업종이 19개소(요업 3개소 포함)로 가장 많고, 제련·경금속 업종이 7개소, 기계·병기·조선 업종이 5개소였다. 방직·섬유는 3개소에 불과하였다. 화학과 제철업이 압도적으로 많았다.

주목되는 것이 제철업인데, 1930년대 후반부터 본토의 제철자본이 북선으로 대거 진출하였다. 총독부가 적극적으로 제철소 유치에 나섰기 때문인데, 본토에서도 대공황 이후 블록경제가 심화되는 상황에서 엔블록 내에서 철강자급과 증산이 절실하였다. 중일전쟁으로 '군수(軍需)'라는 의미가 부가되면서 국책 차원에서 제철업 육성이 표방되자 제철업 진출이 본격화되었다. 특히 일본고주파중공업의 성진제철소(1937년 조업)와 일본제철 청진제철소(1942년 조업)는 그러한 목적을 집약하였다. 두 제철소 모두 총독부의 적극적인 개입과 지원으로 조업할 수 있었다. 최대 규모의 선강일관(銑鋼一貫)제철소 건설을 목적으로 했던 청진제철소 건설을 위해 총독이 직접 나서서 일본본토의 정(政)·관(官)·군(軍) 인사와 조율하기도 하였다.[453] 청진제철소 건설과정에서 총독부와 본토 정부 간의 갈등도 있었다. 본토 정부는 블록경제 아래서 자원 확보가 어렵다고 하면서 제철소 건설 대신 조선의 철광산 개발에 집중할 것을 요구하였다. 결국 중일전쟁을 계기로 군부가 조선의 군수병참기지화 필요성을 제기하며 총독부의 손을 들어주자 청진제철소 건설이 현실화되었다.[454] 1937년에는 닛치쓰가 흥남의 20만 평 부지에 전기로 제철소를

---

[453] 북선의 제철업 전개에 관한 논의는 배석만, 2010, 「태평양전쟁기 조선제철주식회사의 설립과 경영(1941~1945)」, 『사학연구』 제100호, 786쪽을 정리한 것이다.

[454] 배석만, 2010, 「조선제철업 육성을 둘러싼 정책조율과정과 청진제철소건설(1935~1945)」, 『동방학지』 제151호.

〈그림 9〉 조선질소비료 흥남공장 전경

출처: 『주간경향』, 2017.7.12.

만들고자 하여 마침내 일본질소흥남제철소가 완성되었다

　재벌계 제철소가 급속히 운영을 개시한 것은 태평양전쟁 전후였는데, 제1차 생산력확충계획이 예상을 밑도는 성적을 보인데 대한 대응책이기도 했다. 제2차 생산력확충계획에서 제철산업 육성이 강력히 표방되었지만 본토의 병기 생산에 우선권이 주어진 상황에서 원자재를 제대로 공급받기 어려웠다. 건설이 제대로 이뤄지지 않으니 계획적인 증산도 어려워졌다. 오히려 무산의 빈철광 등을 이용한 무연탄제철 등의 방식으로 부족분을 임기응변으로 때우거나 대체품 방식으로 생산하는 방책으로 나아갔다. 급기야 청진에 있던 일본제철은 폐가스를 이용한 합성연료 공장을 건설하는 변형을 가하기도 했다.

다. 환황해권 건설구상과 서선 공업화

(1) 시국대책조사회의 중국 연계 전략

　1940년에 들어서면서 총독부는 '북방 엔블록의 자급'을 표방하고는 조선북부를 만주경제권과 연결하고 조선서부는 중국경제권과 연결하려는 산업구조의 개편을 추구하였다. 이른바 환동해경제권과 환황해경제권 구축이 그것이었다. 자세한 정책 입안과정은 단편적인 자료로만 드러나지만 이러한 엔블록 소경제권 구축을 통한 자급정책의 실행은 조선북부경제의 대외적 성격을 강화하고, 내적인 산업 연관을 파괴하는 중요한 역할을 하였다. 이러한 총독부의 '북방 엔블록 자급론'은 그것을 추진할 만한 내적인 조건도 있었다. 이미 중일전쟁 직후 시국대책조사회 제2분과에서 심의한 '조선과 중국과의 경제적 연관 확대 방침'이 그것이었다.

> 중국의 경제개발은 여러 해 병화와 천재로 인해 피폐가 극에 달하고 지나 특히 북중국 대중의 구제문제로 보아도 초미의 급무인 것과 함께 일·만·중 경제권 확립의 견지에서도 긴급한 것인데 그 계획의 수립 및 실시에서 극히 각 지방에 있어 개발계획을 종합 조정하여 권내에서 중요 부족물자의 충족과 더불어 각 지역 간의 모순 상극을 조정하여 상호 완전한 협력 공영을 구현하는 것이 필요하다. 그런데 다행히 조선은 중국과 특히 북중국과 경제적 상극이 덜 생기고 있을 뿐 아니라 지리적·자원적으로 극히 밀접한 관계를 가지고 있다. 이에 조선은 북중국의 경제개발에 협력하는 동시에 상호의존 관계를 일층 긴밀화함으로써 국책에 순응하고자 한다.[455]

시국대책조사회 답신안은 동북아 전역에 광역운송체계를 구축하고

---

455 朝鮮總督府, 1938.9, 『朝鮮總督府時局對策調査會諮問答申書』〈軍需工業ノ擴充ニ關スル件〉, 『일제하 지배정책사자료집』 제16권, 고려서림, 59쪽.

특히 황해루트와 기간루트를 크게 확충하는 내용이었다. 기간루트는 전통적으로 일본-부산-서울-신의주 등을 경유하여 압록강을 건너는 경부선·경의선 철도와 안봉선을 통해 봉천을 통과한 다음 그곳에서 만주 각지 및 경봉선(京奉線)에 의해서 북중국-몽강-중중국으로 이어지는 코스였다. 시국대책조사회는 또한 황해루트의 확충안도 제시했는데, 특히 해운시설 및 명령항로 확충을 요청하였다. 여기서 제시된 명령항로는 서선[인천]-천진 항로, 서선[인천]-청도-상해 항로, 북선-부산-상해 항로, 북선-부산-북중국 항로, 남선-상해 항로 등 5개였다. 모두 조선과 중국을 연결하는 것[456]이었다. 이는 육운 중심 교류를 전개하는 선·만 사이의 경제적 연관과는 다른 방식이었다.

그것은 중일전쟁 이후 국제수지 역조, 일본본토의 생산력 고갈 및 군수생산 집중에 따른 원자재 가격의 등귀 등으로 일본본토가 계속 조선에 상품 공급력을 유지할 수 없던 상황에서 비롯되었다. 이에 조선을 필두로 대륙권의 자급력을 높여서 내적으로는 생필품의 자급과 밖으로는 침략전쟁의 수행에 필요한 전략물자를 확보하자는 것이었다.

〈표 51〉 북중국산 원료 전용 품목

품목	원자재	원래 의존지
제철업	철광·석탄	만주·일본·조선
소다공업	공업염	조선(천일염·전오염)
방직공업	미면급면	조선 자급
방직공업	인면급면	일본

---

456 朝鮮總督府, 1938.9, 앞의 책, 50쪽.

양모공업	양모	조선(자가용), 일본(대판)
피혁축육	피혁·축육	조선(각도)

출처: 「朝鮮總督府時局對策調査會諮問答申書(軍需工業ノ擴充ニ關スル件)」, 1938. 9; 京城商工會議所, 1941, 『京城における工場調査』, 38~43쪽.
비고: 전오염은 전통기법으로 바닷물을 끓여서 만드는 소금

    이런 답신안을 접한 총독부는 조선서부 및 남부의 다사도·진남포·해주·인천·군산·목포 등과 중국의 대련·천진·지부·청도 등의 만주 혹은 북중국 제항과 연결하고자 명령항로를 실현하고, 일본본토 제항과 이들 중국항을 중계하는 역할을 맡도록 하였다. 그렇지만 1930년대 말까지는 화북과의 연계가 미미한 상황이었고, 조선서부의 중화학공업 발전 역시 미미한 상황이어서 명령항로조차 실현되지 못하고 있었다. 그러다 마침내 1940년 4월부터 인천-청도-상해선, 북선-상해선, 남선-상해선 등 화중과 물자교류를 위한 명령항로를 개설하였다. 총독부는 교역 확충에 필요한 기반시설을 위하여 일단 기존의 조선서부에 운용되던 철도망을 재정비하고자 하였다.

    그렇다고 조선서부의 공업시설이 북중국과 분업관계를 맺은 일이 쉽지만은 않았다. 철강업과 같은 일부 산업에서는 연계가 진행되기도 했지만 몇 개 품목만 그랬다. 그래서 대안으로 북중국산 원자재를 들여와서 중국에서 수요가 많은 제품을 개발하는 방향을 채택하게 되었다. 〈표 51〉은 1938년 이후부터 1941년까지 조선 내 주요 산업에서 소요되는 원자재의 다수가 북중국산으로 전용되는 모습을 보여 준다.

    그렇다면 당시 조선 내 민간자본의 이해는 어떠했을까.

현재 북중국의 금속-기계공업은 볼 만한 것이 없고 투자액도 각종 공업의 2% 정도에 불과한데 앞으로 지하자원 개발에 수반하여 필연적으로 광산용 기계의 수요증가가 예상되지만 원활한 공급이 안 되면 도저히 높은 효율을 기할 수 없다. 이에 지리적으로 최고위를 점하며 기업상 여러 유리한 조건을 형성한 조선에서 목하 대두기인 본 업종에 일층 적극적인 진흥방도를 강구하여 조선 내의 수요충족에 기하고 더불어 북중국에 대한 우수한 기계공급을 꾀함으로써 중국의 자원개발에 도움을 줄 것.[457]

이들은 북중국에서 추진되고 있는 기계·화학·자동차·화학비료 등을 육성하는 데 유독 관심을 내비쳤다. 그리고 이 사업에 적극 협력하여 장기적으로 조선산에 대한 광범한 수요를 확보하려고 하였다.

(2) 서선공단의 확장

1940년대에 조선에서 국토계획이 진행되고 특히 압록강 유역의 전력개발이 본격화되자 신의주·다사도 등 평북지역과 각종 자원이 풍부한 평양·진남포·승호리 등 평남지역 및 황해도 황주 등지에 각종 기반시설과 공장이 증가하였다. 조선서부의 공업지대가 정책적으로 주목받은 이유에 대해 공업협회는 다음과 같이 언급하였다.

조선의 중공업지대는 신의주·평양 등 서선(西鮮)을 중심으로 한 발달에 기초하여 재편성될 모양이다. 따라서 금후의 중공업지대는 서선에

---

457 朝鮮總督府, 1938.9, 앞의 책, 65쪽.

중점을 두는 것과 함께 동 방면의 매장자원 개발에 필요한 광산용 기계제조 공업의 발달을 꾀하고 나아가 방대한 전력을 이용하여 특히 카바이드 제조공업과 그 원료공업을 일으키며 또한 운송설비로서 대륙간선철도를 확충하기로 하였다. 여기에 반도조선이 병참기지인 중요사명 외에도 중공업의 특수사명을 가지게 된 것은 괄목할 만하다.[458]

총독부는 운송 문제의 해결을 위하여 「종합국토계획」의 일환으로 1940년 8월부터 15~20년간 계획으로 대륙루트 및 지방도로를 확충하고자 했는데 예상 비용만도 10억 원을 헤아렸다.[459] 철도운송의 경우 종래의 산업, 척식철도의 범주를 벗어나 중요물자 개발 및 중화학공업 등 군수산업의 증대, 대륙병참기지 역할 그리고 일본과 중국을 잇는 대륙루트로 수송력 극대화 등이 과제로 주어졌다.[460] 이를 위해 일본과 대륙권의 일원적 운송체계를 위한 「동아교통신체제」가 실시되었다(1941.10.1). 따라서 조선총독부 철도국을 비롯하여 대만총독부 교통국, 화북, 화중의 양철도, 우선, 상선, 일본해 기선, 대련기선, 동아해운, 만항, 중항의 관계자들이 모여 「일·만·중국 연락운수협정」(전문 112개조 하물관련 87개조 수소하물관련 116개조)을 조인하였다(1940.8.30).

1943년 이후 전세의 불리에 의한 통신 불통, 통관절차의 복잡 등 교역에 큰 장애가 생기자 선만 간의 통관간소화 조치(1943.10.1)가 발표되어 신경(新京, 현 장춘)에 대륙철도운송협의회 사무국이 설치되었다(1943.6).

---

458 朝鮮工業協會,『朝鮮工業協會會報』, 1940.5, 16쪽.
459 『殖銀調査月報』, 1940.10, 144쪽.
460 『朝鮮産業年報』, 1943년판, 62쪽.

1944년 7월부터 매월 운수통신성 기획국에서 남조선중계전가화물운송을 과제로 일·선·만·중국 수송연락회를 개최하였다. 이후 이 두 협의회가 군용 및 전가화물의 철도수송계획을 결정하고 물자의 중요도에 따라 운송을 통제하였다.[461]

1944년 4월 24일에는 일본과 대륙 간의 수송력 증강에 관하여 야마시타(山下) 내각의 행정사찰이 부산, 마산, 여수, 목포 등 남조선과 원산 등 북선의 항만에서 실시되었으며, 일본본토가 '일만 국경통관'을 원칙적으로 폐지하여 전시수송의 원활을 기하고, 일만 양국 간에는 생필품 관세의 상호면제, 교역물자에 관한 관세수속의 간소화, 외환 사무 및 무역 단속 등의 간소화를 꾀하였다(1944.5.1). 또한 조선에도 1944년 7월 1일부로 국경통관을 폐지하고 소하물 및 화물의 세관 소재역을 24개소에서 26개소로 확장하고 차급화물의 전면적인 '발착지통관주의'를 채택하였다.[462] 또한 연락화물 및 외국화물운송의 단속을 간소화하였다.[463] 이처럼 1940년대는 공단조성과 더불어 운송체계, 전력개발 등이 조선서부를 중심으로 활발하게 전개되었다.

(3) 지역별 공업단지 조성

지역별 상황을 보면, 먼저 평양부는 1930년대 이미 평양은 '전 조선 제일의 철공 소재지'[464]라는 평가를 불러온 쇼와전공(昭和電工)을 위시한

---

461 「第86回 帝國議會 答辯資料」, 『太平洋戰下ノ朝鮮』 제5호, 1964, 우방협회, 149쪽.

462 당시 일본에서는 개항통관주의를, 만주에서는 전면적인 발착지 통관주의를 채택하고 있었다(『朝鮮年鑑』, 1945년판, 155쪽).

463 『朝鮮年鑑』, 1945년판, 156쪽.

464 島元 勸, 1941.7, 「西朝鮮の槪觀」, 『朝鮮』, 6쪽.

주물·철공 산업체가 평양·순천·개천군 등지의 무연탄을 기반으로 조업하고 있었다. 또한 1937년에는 일본화학공업이 진남포에 100만 톤급 제철소 설립을 추진하였고, 1939년에는 대동제강이 평양에 전기로제철소 건설계획을 추진하여 1941년 조선제철주식회사 평양제철소가 완성되었다. 또 1940년에는 수(壽)중공업이 진남포에 제철소 건설을 추진하기도 하였다.[465] 압록강 수전에 힘입어 가네가후치화학·알루미늄 정련 등 전력 다소비 업체가 설립되었다. 승호리에는 그 지역의 석회석을 겨냥한 오노다시멘트가 설립되었고, 그밖에 쇼와비행기제작소·제국산소·일본곡산 등 대공장이 들어서면서 이 지역은 일본본토를 포함한 일본의 '5대공업지 중 하나'라고 불리기도 하였다.

공단부지 확보를 위하여 평양부는 1940년부터 3년 동안 서평양 소재 60여만 평(당시 영등포공단은 40만 평)을 공단용지로 조성하는 사업으로 본토공장을 유치하는 한편, 총 630만 원을 들여 공단용지 및 간선도로·운하 등을 건설하였다(1940.4). 또 구정리 일대에다 약 25만 평 규모의 제2공단조성사업을 진행하였다(1940.8). 특히 제8회 전선공업자대회(1941.10.25)에서 대동강 간석지를 공단으로 조성하자는 건의안이 제시되자 서선지방공업입지공동조사위원회(1942.8)와 평남공업지구대책위원회(1942.10) 등이 설립되어 공단용지 확보 대책 등을 논의하였다. 『식은조사월보』에 따르면 당시 "민간자본의 움직임이 활발하다"[466]고 했는데, 당시 총독부가 일본본토의 '현지조변'[현지자급] 방침에 순응하여 '자본

---

465 배석만, 2010, 「태평양전쟁기 조선제철주식회사의 설립과 경영(1941~1945)」, 『사학연구』 제100호, 792쪽.
466 『殖銀調査月報』, 1941.12, 24쪽.

의 직접 동원'을 강구했던 결과였다.

〈표 52〉는 1941년 이후 평양부의 공업회사 설립 상황이다.

〈표 52〉 1941년 이후 평양부의 공업회사 설립상황(단위: 원)

본지점	회사와 유형	설립 연도	공칭 자본금	불입 자본금	소재지	업종	출처
本	犬丸石鹼製造所2	1941 (14개소)	10,000	10,000	若松町	化學工業	京商
本	多田化硏5		110,000	110,000	仁興町	化學工業	追加
本	東西製藥4		6,000	6,000	上水口里	製藥業	京商
本	東洋被服工業社4		84,259	84,259	釖貫里	其他工業	京商
本	萬興鐵工所4		3,270	3,270	八千代町	金屬機械器具工業	京商
本	山本醬油釀造3		20,000	20,000	外新里	釀造業	京商
本	三盛棉業2		195,000	195,000	大馳嶺里	紡織工業	要錄
本	三英商行4		26,000	26,000	龍興里	食料品工業	京商
本	三興라이트工業社3		100,000	100,000	新里	化學工業	追加
本	壽內燃機關工作所4		45,000	45,000	新里	金屬機械器具工業	京商
本	安壤煉炭工業2			42,500	外新里	化學工業	京商
本	村井商事2		100,000	100,000	西城町	精穀製粉業	京異
本	平壤金石鹼製造所2		4,000	4,000	仁興里	化學工業	京異
本	平壤每日新聞社2		195,000	195,000	紅梅町	印刷製本出版業	追加
本	多田化硏5	1942 (13개소)	110,000	110,000	新里	化學工業	京商
本	東京타이어工業5		80,000	80,000	船橋里	化學工業	追加
本	東亞製藥3		3,000	3,000	新里	製藥業	京商
本	東洋製綿5		198,000	198,000	箕林町	紡織工業	追加
本	山金鐵工5		45,000	45,000	仁興町	金屬機械器具工業	追加

本	西鮮鑄鐵2		199,500	44,875	上興里	金屬機械器具工業	追加
本	日華物産5		190,000	190,000	慶上町	其他工業	追加
本	朝鮮鑛山機械製作所5		126,000	126,000	大察町	金屬機械器具工業	追加
本	朝鮮天然슬레이트5		40,000	40,000	泉町	窯業	追加
本	平壤洋傘製造統制5		98,000	98,000	柳町	其他工業	追加
本	平壤油脂3		300,000	300,000	外新里	化學工業	追加
本	互德商會5		88,000	88,000	港町	製材木製品工業	追加
本	興産工業所3		30,000	30,000	八千代町	金屬機械器具工業	追加
本	스코야미싱商會4	1943 (17개소)	6,000	6,000	箕林町	金屬機械器具工業	京商
本	京城製氷2		100,000	40,000	櫻町	食料品工業	官報
本	南洋海事重工業2		195,000	48,750	南門町	金屬機械器具工業	追加
本	大東亞紡織2		500,000	500,000	平川町	紡織工業	京商
本	大同製綿5		49,000	49,000	箕林町	紡織工業	京商
本	東西製藥4		6,000	6,000	上水口里	製藥業	官報
本	東亞纖維5		60,000	60,000	大新町	紡織工業	京商
本	東洋製綿5		198,000	198,000	箕林町	紡織工業	京商
本	西鮮鐵工業2		195,000	195,000	大新町	金屬機械器具工業	京商
本	日本穀産工業2		7,600,000	7,600,000	船橋里	精穀製粉業	官報
本	日之出玩具5		75,000	75,000	大新町	製材木製品工業	京商
本	조선메리야스3I		105,000	105,000	箕林里	紡織工業	京商
本	平南燃料機2		50,000	50,000	西城町	金屬機械器具工業	京異
本	평안야스리製作所4		30,000	30,000	外新里	金屬機械器具工業	京異
本	平安南道柳行李5		11,000	11,000	本町	其他工業	京異
本	平壤生鮮食料2		100,000	100,000	櫻町	食料品工業	官報
本	平壤印刷5		110,000	110,000	新陽里	印刷製本出版業	京異

本	國良醬油2			250,000	橋口町	釀造業	官報
本	宮川3		500,000	500,000	鏡齋町	食料品工業	京商
本	東亞軍手工業5		195,000	195,000	仁興町	金屬機械器具工業	官報
本	東亞纖維5		10,000	10,000	大新町	紡織工業	官報
本	東亞製油2		100,000	100,000	將進里	化學工業	官報
本	東亞皮革工業2		195,000	195,000	東大院町	化學工業	官報
本	東洋電氣工業5		30,000	30,000	水玉町	金屬機械器具工業	官報
本	藤井菓子2		180,000	90,000	水玉里	食料品工業	官報
本	三盛棉業2		195,000	195,000	大馳嶺里	紡織工業	官報
本	西鮮飲料2			20,000	壽町	釀造業	官報
本	昭和窯業2I		700,000	700,000	新里町	窯業	官報
本	昭和被服工業社4		49,500	49,500	大察町	其他工業	京商
本	辻本食品5	1944 (25개사)	50,000	50,000	山手町	食料品工業	京商
本	히노모토商工5		100,000	100,000	仁興町	其他工業	官報
本	日華物産5		110,000	110,000	慶上町	其他工業	官報
本	朝鮮防空注水器2		100,000	40,000	鷄里	金屬機械器具工業	官報
本	村松農具2		180,000	144,000	大和町	金屬機械器具工業	官報
本	平安南道木棺製造事業2		100,000	25,000	船橋町	製材木製品工業	官報
本	平壤金屬工業2		200,000	200,000	新陽町	金屬機械器具工業	官報
本	平壤木工2		250,000	250,000	山手町	製材木製品工業	官報
本	平壤生鮮食料2		300,000	300,000	櫻町	食料品工業	官報
本	平壤洋傘製造統制5		98,000	98,000	柳町	其他工業	官報
本	平壤窯業組合4		36,000	36,000	箕林里	窯業	官報
本	平壤造船5		150,000	150,000	櫻町	金屬機械器具工業	官報
本	興亞纖維工業5		49,900	49,900	栗里町	紡織工業	官報

| 本 | 朝鮮防空注水器2 | 1945
(1개사) | | 60,000 | 鷄里 | 金屬機械器具工業 | 官報 |

출처: 허수열 등, 『한국근대회사 100년사 데이터베이스』, 한국연구재단 기초학문자료센터.

먼저 시기별로 보면, 총 70개사 중에서 1944년에 25개사가 설립되어 가장 많았다. 전체적으로 금속기계기구공업이 18개사로 가장 많고, 화학(10), 방직(10), 식료품(7) 등도 비교적 설립이 빈번한 축이었다. 후술하겠지만 부산과 대구도 1944년도에 설립이 많았다. 이는 1944년 전쟁 막바지에 일본본토 기업이 각종 규제나 공습 등을 피해서 대거 조선으로 이주한 결과로 추정된다. 특히 평양부는 물론이고, 대구, 부산 모두 1944년을 전후하여 설립된 회사가 그동안 자급률이 무척 낮았던 금속·기계기구공업이라는 점에서 자급과 자력갱생이 강제되던 시점에서 총독부의 시급한 이 분야의 공업화 욕구가 반영된 것으로 보인다. 방직과 식료품이 합쳐서 17개에 달한 것도 1940년대 조선공업화의 소비재 지향적 성격을 보여 주는 단적인 사례였다.

소재지별로 보면 기림정, 대신정이 각 6개사로 가장 많았고, 신리정과 인흥정이 각 5개사, 외신리 앵정이 각 4개사 순이었다. 부산은 좌천정이나 영도에 공장이 집중했지만 평양은 지역별로 골고루 입지하였다. 상위 10위권을 보면, 일본곡산공업(1943년 설립, 불입 760만 원), 쇼와요업(1944년 설립, 70만 원), 대동아방직(1943년 설립, 50만 원), 미야가와(宮川)(1944년 설립, 50만 원), 평양유지(1942년 설립, 30만 원), 평양생선식료(1944년 설립, 30만 원), 평양목공(1944년 설립, 25만 원), 국량장유(1944년 설립, 25만 원) 등으로 한결같이 1944년을 전후하여 설립된 회사였다. 특히 곡물, 요업, 방직, 생선, 목공, 장유업 등에 대자본이 투하된 사실이 주목된다. 후술하겠지만 부산, 대구에서는 '초중점산업' 육성과 관련된 조선, 철공회사가 주로 설립된 것과 대비가 된다. 부산과 달리 소비재 산업에 많은 자본이 투자된 것은 전쟁 말기 대륙지역에 대한 소비재 보급의 필요성이 높아지던 사정과 관련이 있다고 할 수 있다.

둘째, 진남포는 1941년부터 행정구역을 $18.5km^2$서 100여 km^2로 확장하고 2,000만 평의 임항공단을 건설하기로 하였다.[467] 1941년까지 서선중앙철도와 동북부의 무연탄개발철도를 확장하고, 화력발전소를 완성하기로 하였다. 특히 수풍전력을 송전하기 위해 1941년 3월에 수풍-평양-진남포에 이르는 엔블록 최대인 22만 kw급 송전선을 가설하였다. 아울러 진남포는 해상운송에 의한 각종 제철·제강 원료의 반입이 유리하여 조선제강·조선전공·일본광업 진남포제철소 등이 설립되었고, 일산화학·이연 금속마그네슘·동해전극 등 대공장이 들어섰다. 경공업 방면에서는 기존의 제분·정미공장이 1944년까지도 존립하였다.

셋째, 신의주는 중일전쟁 이전에는 주로 압록강 유역의 목재를 원료로 한 왕자제지·제재공장·성냥공장·제유공장 등이 있었지만, 전쟁 발발 이후에는 압록강 수전은 물론이고 풍부한 수자원을 바탕으로, 특히 다사도를 중심으로 알루미늄 및 전기정련업이 입주하기 시작하였다.[468] 다사도는 1938년부터 이미 '항만확장5개년사업'이 추진되었고, 1939년 11월에 신의주와 양시·다사도에 대한 시가지계획이 시작되면서 1,019만 평에 이르는 공단용지가 조성되었다.

---

467 『殖銀調査月報』, 1941.3, 99쪽.
468 위의 책, 82쪽.

<표 53> 중일전쟁 이후 신의주부 공업회사 설립 상항

본지점	회사명 회사형태	설립연도	공칭자본금	불입자본금	소재지	업종	출처
本	豊林商會4	1937 (3개소)	120,000	120,000	櫻町	製材木製品工業	追加
本	朝鮮無水酒精2		5,000,000	250,000	敏浦洞	醸造業	京商
本	新義州電氣2		2,000,000	1,425,000	本町	電氣業	京商
本	平安木材2J	1938 (11개소)	500,000	200,000	麻田洞	製材木製品工業	京異
本	朝鮮製麻4		30,000	30,000	彌勒洞	紡織工業	要錄
本	朝鮮水産化工2J		200,000	200,000	常盤町	化學工業	京商
本	朝鮮高梁酒2		100,000	25,000	老松町	醸造業	京商
本	長澤木材4		50,000	50,000	鴨川町	製材木製品工業	京商
本	旭木材2		100,000	50,000	鴨川町	製材木製品工業	京商
本	鴨江木材2		250,000	250,000	鴨川町	製材木製品工業	京商
本	新義州製材合同2		1,500,000	1,500,000	鴨川町	製材木製品工業	京商
本	新鴨江木材2		200,000	200,000	常盤町	製材木製品工業	官報
本	昭和興業4		20,000	20,000	櫻町	其他工業	京商
本	三葉製材所4		20,000	20,000	本町	製材木製品工業	京商
本	興亞社4	1939 (6개소)	3,000	3,000	老松町	印刷製本出版業	京異
本	丸中商會製材所4		50,000	50,000	本町	製材木製品工業	京異
本	表谷木材4		50,000	50,000	本町	製材木製品工業	京異
本	浦川鐵工所4		5,000	5,000	榮町	金屬機械器具工業	京異
本	千壽堂4		6,500	6,500	常盤町	食料品工業	京異
本	龍灣精米所3		6,000	6,000	彌勒洞	精穀製粉業	追加
本	新義州酒造2J2	1940 (3개소)	125,000	125,000	老松町	醸造業	追加
本	昭和木材4J		37,500	37,500	鴨川町	製材木製品工業	京商
本	高菱機械工業2		199,000	49,750	若竹町	金屬機械器具工業	京商
本	新義州酸素2	1941	350,000	87,500	敏浦洞	化學工業	京商

本	市民藥局2	1942	80,000	20,000	老松町	製藥業	追加
本	平北造船2		500,000	500,000	鴨川町	金屬機械器具工業	京異
本	平北燃料機2		20,000	30,000	敏浦洞	金屬機械器具工業	京異
本	朝鮮糧穀加工2		195,000	97,500	鴨川町	食料品工業	追加
本	朝鮮農産工業2	1943 (7개소)	350,000	350,000	西麻田洞	化學工業	追加
本	新義州煉炭2		300,000	300,000	鴨川町	化學工業	京商
本	西鮮天然石瓦2		50,000	12,500	眞沙町	其他工業	京商
本	大東工業2		195,000	195,000	彌勒洞	紡織工業	京商
本	平安造酢4	1944	29,900	29,900	初音町	釀造業	追加
本	協同製材所3		66,000	66,000	綠町	製材木製品工業	官報
本	第二大下酒造場4	1945 (4개소)	15,000	15,000	榮町	釀造業	官報
本	長澤商事4		200,000	200,000	鴨川町	製材木製品工業	官報
本	岸井商店4		15,000	15,000	常盤町	印刷製本出版業	官報

출처: 허수열 등, 『한국근대회사 100년사 데이터베이스』, 한국연구재단 기초학문자료센터.

〈표 53〉은 중일전쟁 이후 신의주부에 설립된 37개 공업회사를 정리한 것이다. 업종별로 보면 제재목재업이 가장 많은 13개사, 금속 4개사, 화학 4개사, 양조업 5개사, 방직회사 2개사 순으로 제재목재업이 단연 많았다. 불입자본금은 신의주제재합동(주)와 신의주전기(주), 평북조선(주)이 수위를 달렸다. 타지역은 조선의 자급대책이 강화되는 1940년대 이후 본토공장의 이주로 증가하였지만 신의주부는 특이하게도 37개사 중에서 11개사가 1938년에 집중되었고, 그중 7개사가 제재목재품업에 집중되었다. 유난히 목재회사가 많다는 점에서 제1차 생확이 시작되면서 엔블록에서 토목사업이 급속히 증가하였고, 이에 따라 목재수요가 급증한 것 때문이었다. 〈표 53〉에는 없지만 1944년에는 가네보 등 대규모

섬유공장이 건설되었다.⁴⁶⁹ 이외에도 노구치 재벌의 조선질소와 조선전력은 수풍댐에서 8km 떨어진 압록강 연안에 청수(靑水) 공장과 남산 공장을 설립하여 압록강의 풍부한 수전과 카바이드를 기반으로 아세틸렌블록 등 합성연료(1943.10)와 합성고무(미완성) 등을 생산하였다.

진남포공단·신의주공단에 이어 1943년 이후는 해주·사리원에 공단 조성 사업이 진척되었다. 이 지역은 평양·진남포 등과 비교할 때 "인공적 입지조건이 빈약"⁴⁷⁰했지만 해주항의 경우, 진남포와 더불어 만주와 연결되는 종단항이자 대안인 산동성의 풍부한 원자재를 획득할 수 있는 지리적 이점이 있었다. 따라서 1943년에 해주항이 준공되었고, 1940년 12월에는 철강수급을 위해 해주-사리원 사이 78.4km의 황해선 협궤를 해주-계동 사이 80km의 광궤로 확장하였다.⁴⁷¹

1942년부터는 해주와 사리원에 업체가 증가하였다. 특히 중공업 방면에서 기존의 주변 석회석 광산을 배경으로 시멘트공업이 증가하고, 조선제철 겸이포공장에서 소요되는 원광처리는 해주에서 하도록 하여 이 공단과 해주공단을 연결하는 제철산업 일관화가 진행되었다. 또한 연백평야의 풍부한 농산자원을 기반으로 식료품·방직업체가 입주하였다. 그리고 1943년 이후 일본본토에서 경공업정리정책이 본격화되자 동양제사 등 일본본토공장이 이주하기 시작하였다.⁴⁷²

---

469 『朝鮮年鑑』, 1945년판, 145쪽.
470 島元 勸, 1941.7, 「西朝鮮の槪觀」, 『朝鮮』, 4쪽.
471 『殖銀調査月報』, 1941.3, 95쪽.
472 특히 동양제사 사리원공장의 조업이 개시되면 당시 양복지·모포·메리야스·재생양모 등 수요의 90%를 자급할 것으로 예측되었다(『殖銀調査月報』, 1943.7, 55쪽).

라. 태평양전쟁과 남선 공업지대

(1) 기반조성 사업의 실행

태평양전쟁 전후로 조선 자체를 비롯하여 점령지에 소요되는 생필품 수요에 응하고, 일본본토의 전면적인 병기공업 육성에 따라 조선산 생활필수물자 증산과 수이출의 필요성이 증대하였다. 총독부는 기존의 서선이나 북선 공단 외에도 이제는 조선남부에 경공업을 육성할 구상을 시작하였다. 남부의 공단화라는 정책 변화는 그들이 작성한 〈표 49〉의 전력수요예상표에서도 드러난다. 즉 1939년도 조선남부의 일반전력수요는 북부의 16%에 불과했으나 1945년에는 19%로 증대할 것으로 예상하였다. 그중에서도 생산력확충계획에 소요되는 전력은 1939년도 북부의 8% 정도였지만 1945년은 14% 정도로 증가할 것이 예상되었다. 이러한 총독부의 예측은 태평양전쟁 이후 남부에서 생산력확충계획에 기여할 산업생산이 진작될 것이라는 기대감을 반영한 것이었다.

실제로 1943년경 전국에 1만 4,000여 공장이 있었는데 9,000여 개의 공장은 조선남부에 위치했고 주로 방직·식료품 등 경공업이었다. 그러나 이들 업종도 중화학공업에 못지않은 전력이 필요하였고, 수요증가에 대처하여 조선북부에 치중된 발전설비를 남부에도 확충할 필요를 느끼고 있었다.[473] 따라서 총독부는 「조선제2기발송전실행계획」(1939. 7)으로 조선남부의 전력 수요에 적극 대응하고자 했고, 「국토계획」에 따라서 화력발전소의 개수·신설, 전력수요 조사 등을 실시하였다.

먼저 경인(京仁)지역은 금강산전기·장진강수전 등에서 전력을 송

---

[473] 『殖銀調査月報』, 1940.9, 113쪽.

전받았고, 당인리화력을 예비전력으로 삼았다.[474] 그래도 수요를 맞추지 못하자 1939년 2월 화천·청평발전소를 기공하였다. 계획으로 끝났지만, 1939년 7월에는 서해안에 조력발전소를 추진하기로 하였다. 동시에 영남지역 공단을 위한 금강수전 및 강릉화력발전소 건설계획(1939.7)도 추진하였다. 그러나 1940년부터 "남부의 전력사정은 최악의 상황"이었다.[475] 그것은 조선남부에 공장이 급증하면서 영월화력으로는 수요를 감당하기 어려웠기 때문이었다. 이에 총독부는 "영월화력 문제는 조선남부만의 문제가 아니라 전 조선 차원의 전력배분 문제"라고 하면서 조선북부에서 발전한 전력을 이곳으로 송전하는 방안을 검토하였다.[476] 그리하여 압록강수전 전력이 조선남부로 송전을 시작하였다(1942.11). 또한 영월화력의 제4호기가 1942년 6월부터 가동하였다.

(2) 서울과 인천지역 공단의 실상

조선남부 지역의 공단확충 상황을 보면, 시기별로 1940~1941년은 주로 부산·대구·군산 등 조선남부에, 1942년 이후는 부천·김포·시흥·수원·인천·군산 등 조선중부에 공장이 많이 증가하였다. 특히 태평양전쟁 이후에는 서울 및 인천 등지에 공장이 증가하였는데, 중국과의 연계가 강화되는 속에서 기존 용산공단이 포화상태에 이르렀기 때문이었다.[477]

먼저 경성부는 「경성시가지계획」(1934)에 입각하여 용두(청량리·왕십리·뚝섬 사이 60만 평)와 사근지역(50만 평)에 대규모 전용공단을 조성하

---

474 全國經濟調査機關聯合會 朝鮮支部 편, 『朝鮮經濟年報』, 1941·1942년 합집, 274쪽.
475 『殖銀調査月報』, 1940.10, 125쪽.
476 『殖銀調査月報』, 1940.9, 114쪽.
477 「京仁工業地帶と電力」, 『朝鮮經濟年報』, 1941·1942년 합집, 276쪽.

였다. 외곽에도 시가지계획에 입각하여 구로(시흥군 동면)의 173.6만 평을 비롯하여 소사(부천군 소사면) 94.7만 평, 시흥(동) 19만 평, 부평(부천군 부내면) 272.2만 평, 서곶(부천군 서곶면) 239.2만 평, 계양(부천군 계양면) 94.1만 평, 양천(김포군 양동면) 105.6만 평 등 총 998.4만 평의 공단용지를 확충하기로 하였다.[478] 특히 신흥 공단이 부천군에 집중되는 것으로 보아 총독부가 서울-부천-인천을 잇는 경인공단의 광역화를 계획한 것으로 보인다. 1939년 부천공단에 15만 평 규모로 조선이연금속 인천제철소가 완성되었다.

인천부도 전통적으로 가내공업·영세개인공장이 중심에서 벗어나 동인천과 북인천 지역의 용지를 개발하여 대공장을 유치하는 정책을 추진하였다.[479] 종래까지 공업용수는 각 공장이 지하수를 개발하여 이용하는 방법이었으나 1939년 9월부터 한강 수자원을 이용하려는 수도(水道)공사를 시작하여 부평공단(하루 3만 cm^3)·영등포공단(2만 cm^3)에 용수를 공급하였다. 또한 1939년부터 10개년 계속사업으로 공사비 600만 원을 들여 약 85만 평의 공단을 조성하기로 했다.[480]

중일전쟁 시기 서울 인천을 중심으로 살피면 〈표 54〉와 같다.

---

478 『朝鮮經濟年報』, 1941·1942년 합집, 283쪽.
479 「京仁工業地帶と電力」, 앞의 책, 281·293쪽.
480 『朝鮮工業協會會報』, 1939.3, 14쪽.

〈표 54〉 서울(京城)·인천의 공장공업 추이 (단위: 개소·천 원)

지역 업종내역	1936						1938						1939					
	서울(경성)			인천			서울			인천			서울			인천		
	공장	생산액	*	공장	생산액	*	공장	생산액	*	공장	생산액	*	공장	생산액	*	공장	생산액	*
방직공업	38	11,654	307	4	9,119	2,280	81	33,695	416	5	18,455	3,691	66	38,363	581	4	16,517	4,129
식료품 공업	239	33,380	140	68	40,670	598	223	51,346	230	60	58,057	968	178	61,623	346	47	194,003	4,127
기계· 금속	183	7,322	40	8	230	29	241	15,868	66	21	2,285	109	251	23,220	93	26	8,342	321
명목 공산액	-	83,430	100	-	52,293	100	-	147,384	177	-	87,630	168	-	183,952	220	-	346,544	663
불변 공산액	100	83,430	100	100	52,293	100	139	106,032	127	139	63,043	121	163	112,854	135	163	212,604	337

출처: 全國經濟調査機關聯合會, 『朝鮮經濟年報』, 1941·1942년 합집, 286~289쪽; 殖銀調査部, 『殖銀調査月報』, 1945년 1·2월호 합집 부록.
비고: ① *표시는 1공장당 생산액 ② 불변공산액 증가율은 1936년을 100으로 기준 ③ 본 통계는 김인호, 1998, 『태평양전쟁기 조선공업연구』, 신서원, 81쪽에서 인용.

    먼저 1936년부터 1939년까지 서울·인천에서는 방직공장(서울)·식료품공장(인천) 등 소비재 공장이 줄고 기계와 금속공장이 증가하였다. 소비재 공장이 감소하였다고 해서 생산액마저 감소한 것은 아니었다. 특히 기계·금속공장의 공장당 생산액은 1936년에 서울은 4만 원, 인천은 2만 9,000원이었고, 1939년에도 서울은 9만 3,000원, 인천은 32만 1,000원 정도였다. 그런데 방직공장이나 식료품 공장은 수적으로 줄었지만, 방직공장당 생산액은 1936년 서울의 경우, 30만 7,000원에서 1939년에는 58만 1,000원으로 증가했고, 인천도 226만 원에서 412만 9,000원으로 증가하였다. 이러한 경향은 식료품 공장도 마찬가지였다. 그것은 많은 중소형 방직공장이 대공장에 흡수된 사실을 보여 준다. 반대로 기계·금속공장은 증가했지만 대공장보다는 중소기업의 증가에 의한 것으로 보인다. 서울의 공산액은 같은 기간 120%p.가 증대하였고, 인천은 563%p.가 증가하였다. 하지만 물가지수를 감안한 불변액을 산출하면 서울은 35%p., 인천은 237%p. 증가하는 데 그쳤다.

〈표 55〉 서울의 개인공장 수 및 증가율(단위: 개소, %)

연 도	1937		1938		1939	
업 종	개소	비중	개소	비중	개소	비중
방 직	57	76	86	82	73	74
금 속	83	91	98	89	102	87
기계기구	125	86	252	88	324	87
요 업	43	90	57	85	60	76
화 학	79	67	103	64	100	64
제재목재	170	94	274	95	368	96
인쇄제본	98	87	90	90	118	94
식료품업	395	90	507	92	455	89
잡공업	274	92	669	96	878	95
합 계	1,324	88	2,136	90	2,478	89

출처: 京城商工會議所, 1941, 『京城の工場調査』, 37쪽; 京城商工會議所, 1939, 『京城の工場調査』, 35쪽.
비고: %는 각 업종별 개인공장 비중.

〈표 55〉를 보면, 서울지역 기계기구업·제재목재업·잡공업 등의 개인공장이 1937년에 비해 약 2배 이상 증가한 것으로 나타난다. 개인공장이 증대한 곳은 예외 없이 조선인 공장 및 생산액도 증가하였다.

〈표 56〉 1937년 말~1939년 말 서울의 민족별 공장신설 및 경영자별 생산액 증가치

일본인				조선인			
공장 수	160	증가율	20%	공장 수	685	증가율	96%
산증액(천 원)	69,913	증가율	74%	산증액(천 원)	75,461	증가율	164%

출처: 京城商工會義所, 1941, 『京城の工場調査』, 69쪽; 京城商工會義所, 1939, 『京城の工場調査』, 66쪽
비고: 증가율=(1939년 공장 수~37년 공장 수)/37년 공장 수로 계산.

〈표 56〉에서 1937년부터 1939년까지 조선인 공장은 96%, 생산액은 164% 증가하였다. 더구나 일본인 공장의 공장 수, 생산액 증가율보다 높았다. 일반적으로 전시통제 아래서 조선인 중소자본이 몰락하고 대신 일본인이 생산력확충의 주도적인 역할을 하게 된다고 생각하지만 실제로 그렇지 않았다. 서울에서는 개인공장 중심의 조선인 중소공장의 생산액이 일본인 공장보다도 높았다.

〈표 57〉 1937~1939년 말 서울지방의 경영자별 공장 및 생산액 비중의 변화

구분	조선인		일본인	
	1937년	1939년	1937년	1939년
공장 수비	47.19%	59.06%	51.68%	39.75%
생산액비	32.06%	42.46%	67.03%	57.41%

출처: 京城商工會義所, 1941, 『京城の工場調査』, 69쪽; 京城商工會義所, 1939, 『京城の工場調査』, 66쪽에 의거 작성함.

〈표 57〉처럼 일본인 공장보다 적었던 조선인 개인공장은 1939년부터 59%로 역전했고 생산액도 1937년에 32%에서 1939년에는 42%로 커졌다. 물론 일본인은 생산액비중이 줄었으나 상대적으로 큰 비중을 점하고 있었던 바, 중규모는 일본인, 소규모는 조선인 공장이 많았던 것을 보여 준다.

〈표 58〉 일제강점기 수원지역 공업회사 설립 상황

본지점	회사와 형태	설립연도	공칭자본금	불입자본금	소재지	업종	출처
本	水原精米所4A1	1917	30,000	30,000	山樓里	정곡제분업	官報
本	水原印刷2	1918	60,000	15,000	山樓里	인쇄제본출판업	官報
本	水原釀造4	1919	20,000	20,000	北水里	양조업	追加
本	大山工作所4	1926	5,000	5,000	山樓里	제재목제품공업	京商
本	水原酒造2	1927	50,000	12,500	梅山里	양조업	京商
本	京南酒造2	1928	50,000	12,500	南昌里	양조업	要錄
本	東洋印刷4	1928	5,000	5,000	南水里	인쇄제본출판업	京商
本	朝鮮麴子製造4	1928	20,000	20,000	南昌里	양조업	追加
本	水原醬油4	1931	6,000	6,000	本町	양조업	追加
本	水原精米所4A2	1934	10,000	10,000	北水里	정곡제분업	京商
本	水原燐寸2	1937	195,000	195,000	迎華町	화학공업	追加
本	京城製氷2	1940	100,000	40,000	梅山町	식료품공업	京商
本	天一製炭工場3	1940	8,000	8,000	南部町	화학공업	京異
本	水一社4	1941	10,000	10,000	新豊町	식료품공업	要錄
本	烏山酒造2	1942	80,000	80,000	烏山里	양조업	追加
本	大東製紙2	1943	250,000	250,000	本町	화학공업	京商
本	水一社4	1943	10,000	10,000	新豊町	식료품공업	京商
本	同興織物2	1944	2,000,000	1,500,000		방직공업	官報
本	鮮京織物2	1944	500,000	500,000	大坪町	방직공업	官報
本	鮮京織物2	1944	500,000	500,000	大坪町	방직공업	追加
本	大東製紙2	?	299,000	299,000	本町	화학공업	追加

출처: 허수열 등, 『한국근대회사 100년사 데이터베이스』, 한국연구재단 기초학문자료센터.

〈표 58〉은 수원지역 공업회사 설립 상황이다. 수원지역 18개 공업회사 중에서 양조업이 6개소로 가장 많았고, 화학공업이 3개소, 방직공장, 식료공업, 정곡제분업 등이 각각 2개소였다. 지역적으로 산루리가 4개소로 가장 많고, 본정, 남창리, 매산리, 북수리 등이 각 2개사로 비교적 고르게 분포하였다. 비교적 큰 회사는 조선경동철도(자본금 300만 원)나 남양광산(자본금 200만 원)이었고, 수원인촌과 수원양조(조선인 경영) 정도가 자본금 10만 원을 넘기고 있었다. 이외 대부분 자본금 2만 원 이하 혹은 1만 원 이하의 영세한 회사나 합자회사였다.

또한 수원의 직물업은 수원상공회의소가 설립된(1942.2) 이후 급증하였고, 이들 공장은 연사→제직→염색에 이르는 일관작업이 가능하였다. 또한 조선인들이 직물공장을 많이 짓고 있었다. 나아가 조선인 기업가들은 창씨명보다 조선 이름을 그대로 상호나 대표명으로 사용하는 상황을 발견할 수 있다.[481] 그것은 총독부가 전쟁수행에 절대적으로 필요한 물자동원을 위하여 조선인들이 적극적으로 공업에 참가하도록 고려한 듯하다. 당시 수원에는 대규모 본토자본이 진출하지 않았다. 이것은 본토자본의 이주가 그만큼 활발하지 않았다는 것인데, 반면 조선인 자본이 활발한 움직임을 보인 것과도 관련된다. 물론 선경직물의 전신인 선만주단이 이미 생산하고 있었고, 1937년 2월 17일에도 다이닛본보가 수원에 공장건설계획을 발표하였지만[482] 결국 영등포에 공장을 건설하였다(1938.5.3 입찰).[483]

---

[481] 『殖銀調査月報』, 1942.4, 71쪽 및 1942.7, 84쪽.

[482] 『동아일보』, 1937. 2.18.

[483] 『동아일보』, 1938. 4.28.

(3) 부산과 대구 공단의 확장

부산은 동남아로부터 고무수입이 용이하여 1923년 일영(日榮)고무공업소를 위시하여 일본인 기업인 삼화고무가 생산을 주도하였다. 또한 방직공장으로는 1937년에 아사히견직이 설립되었다. 이 공장은 당대 최고의 설비를 갖춘 인조 견직물 회사라는 평가를 받았으며, 1940년에는 생사를 원료로 한 군수용 피복과 낙하산용 천 등의 군수공장으로 가동되었다. 중일전쟁을 전후하여 좌천정, 범일정, 서면 등을 중심으로 전쟁특수와 관련된 공장이 증가하였다.

『경제연감』(1949)에 따르면 1937년 부산에는 회사가 101개사, 1940년에 118개사, 1945년에는 304개사로 급증하였다. 그중 제조회사는 1939년 51개사에서 1940년 64개사, 1943년 124개사, 1945년 146개사로 해당기간에만 2.4배 증가하였다. 특히 1940년 이후 제조회사가 매년 20개사 이상 신설되었다.[484] 조선인 회사는 1931년 15개사에서 1933년 29개사, 1935년 37개사로 증가하다 1940년 14개사로 감소한 것처럼 1930년대 전반기에 가장 회사가 많았다. 양조업에서는 조선인 자본이 일본인을 압도하고 있었다. 부산서부주조를 위시하여 부산양조, 부산진주조, 목도주조, 봉래주조 등이 일본인보다 압도적인 생산고를 보이면서 운영되고 있었다. 그럼에도 1940년 당시 자본금 100만 원 이상인 회사가 부산수산회사와 조선방직, 대선양조 등 23곳이었지만 조선인이 설립하거나 소유한 회사는 한 곳도 없었다.

---

484 조선은행조사부, 1949, 『경제연감』 IV, 142~143쪽.

〈표 59〉 중일전쟁 시기 부산지역 민족별 제조업체 수

업종유형	1937.12			1940.3			1941.3			
	조선인	일본인	계	조선인	일본인	계	조선인	일본인	불명	계
섬유	10(1)	29(11)	39(12)	13	31(12)	44(12)	11	42(19)	39(2)	92(21)
금속	4	21(4)	25(4)	3	19(3)	22(3)	4	24(5)	3(1)	31(6)
기계기구	10(1)	60(4)	70(5)	26(1)	72(8)	98(9)	31(1)	80(12)	11(1)	122(14)
요업토석	1	25(6)	26(6)	2(1)	24(9)	26(10)	2(1)	24(8)	-	26(9)
화학공업	4(2)	16(10)	20(12)	4(1)	20(10)	24(11)	2	23(8)	-	25(12)
제재 목제	3	38(7)	41(7)	4	40(8)	44(8)	5(1)	44(8)	6(1)	55(10)
인쇄	5(1)	14(2)	19(3)	5	14(2)	19(2)	6	24(3)	-	30(3)
식료품	34(7)	96(10)	130(17)	20(10)	86(12)	106(22)	22(9)	103(11)	4(2)	129(22)
기타	3(1)	15(1)	18(2)	4	12	16	7	18(2)	3	28(2)
합계	74(13)	314(55)	388(68)	81(13)	318(64)	399(77)	90(12)	382(80)	66(7)	538(99)

출처: 김대례·배석만, 「귀속산업체의 연속과 단절」, 『경제사학』 제33호, 67쪽 〈표〉 참조.
비고: 민족 구분은 대표자 명의, 5인 이상 고용 업체, ( )의 숫자는 회사기업 불명은 창씨로 인한 민족 구분 어려움 때문.

〈표 59〉는 중일전쟁 시기 부산지역 민족별 제조업체 수이다. 1937년 12월 당시 5인 이상 고용하는 제조업체(공장)는 388개소이고, 그중 조선인 소유는 74개소, 일본인은 314개소였다. 1941년 3월에는 총 538개소로 이중 회사형태 99개, 일본인 공장 382개, 조선인 90개였다. 그런데 1942년에는 584개로 늘었고, 일본인은 476개, 조선인은 108개였다. 민족별로 보면 조선인은 기계기구공업의 증가폭이 가장 높았다(10→31개). 다음은 섬유공업(10→11개)이었고, 화학공업이나 식료품공업은 감소하였다. 조선과 일본이 비슷한 분포를 보인 것은 일면 양측의 경제적 연관성이 상당했기에 나타난 현상이었다. 물론 회사의 숫자가 곧 해당 업종의 성쇠를 정확히 보여 주지 못한다.

〈표 60〉은 1942년 현재 부산지역 본점회사 동향이다. 1942년까지 설립된 총 118개 회사 중에서 부산 본점 제조회사는 1920년대 이미 설립

된 5개소에 불과하다. 설립이 활발했던 시기는 역시 30년대 이후였다. 그중 중일전쟁 이후까지 소급하면 총 94개(80%)에 달했고 태평양전쟁시기인 1940년대 설립이 압도적이어서 총 65개소(55%)에 달했다. 그만큼 태평양전쟁 시기 제조업체가 비약적으로 증가했다는 말이다. 그런데 상업회사의 경우는 다르다. 이들은 1920년대까지 총 225개소 중에서 48개소(20%)에 이르렀고, 1930년대는 총수의 반이 넘는 122개소(54%)가 설립되었다. 그리고 전쟁기간 동안 총 99개소(44%)가 설립되었는데, 중일전쟁기는 15%, 태평양전쟁기는 29% 정도 설립되었다. 이는 제조회사와 달리 1930년대에 오히려 상업회사의 설립이 많았다.

〈표 60〉 1942년 현재 설립 시기 별 부산지역 본점 회사 수

설립 시기	제조회사	%	상업회사	%
~ 1919	1	0.85	3	1.33
1920~1929	4	3.39	45	20.00
1930~1939	48	40.68	122	54.22
1940~1945	65	55.08	66	29.33
1937~1940	29	24.58	33	14.67
1937~1945	94	79.66	99	44.00
계	118	100	225	100

출처: 東亞經濟時報社, 『조선은행회사조합요록』(1942년 9월 항목, 국사편찬위원회 한국사데이터베이스 http://db.history.go.kr).
비고: ( )는 합자회사.

〈표 61〉은 1941년 이후 부산부지역 제조회사 설립 상황이다.

〈표 61〉 1941년 이후 부산부 지역 제조회사 설립 상황

본지점	회사명	설립	공칭자본금	불입자본금	소재지	업종	출처
本	서울製藥所5		20,000	20,000	幸町	제약업	京商
本	共信被服工場5		10,000	10,000	大倉町	기타공업	要錄
本	廣安被服工廠5		10,000	10,000	水晶町	기타공업	京商
本	南鮮코크스2		50,000	25,000	瀛仙町	화학공업	京商
本	南鮮興業2G2		150,000	75,000	大倉町	기타공업	京商
本	綾羽織布5		190,000	190,000	凡一町	방직공업	京商
本	大亞商事5		10,000	10,000	凡一町	요업	京商
本	東山窯業2		33,000	8,250	佐川町	요업	京商
支	東亞앰플(ampulla)工業所5		10,000	10,000	寶水町	기타공업	京商
本	東海食品4		50,000	50,000	富平町	식료품공업	京商
本	釜山粕取燒酒5		50,000	50,000	寶水町	양조업	京商
本	釜山電球工業2	1941 (45개소)	20,000	20,000	草梁町	금속기계기구공업	京商
本	釜山合同船具漁具5		195,000	195,000	南濱町	금속기계기구공업	京商
本	釜山合同電球5		15,000	15,000	草梁町	금속기계기구공업	京商
本	濱口製罐硝子工業2		180,000	72,000	南濱町	요업	京商
本	西田木履工場店4		2,000	2,000	瀛仙町	제재목제품공업	京商
本	鮮麻製綱2		195,000	195,000	大橋通	기타공업	追加
本	鮮海染網加工2		190,000	95,000	大橋通	기타공업	京商
本	昭和製靴工業所5		20,000	20,000	水晶町	기타공업	京商
本	昭和鑄造3		100,000	100,000	凡一町	금속기계기구공업	追加
本	日ノ本屋5		50,000	50,000	東大新町	기타공업	京商
本	日硬商事2		180,000	180,000	大橋通	요업	京商
本	日光硝子工業2		180,000	180,000	瀛仙町	요업	追加
本	日東被服5		43,300	43,300	昭和通	기타공업	追加

本	日本被服5		43,300	43,300	昭和通	기타공업	京商
本	藏森特殊鑄物工業2		195,000	48,750	瀛仙町	금속기계기구공업	京商
本	朝鮮잉크2		180,000	90,000	辨天町	화학공업	京商
本	朝鮮石灰工業2G		100,000	25,000	大橋通	요업	京商
本	朝鮮水産加工2G		100,000	30,000	綠町	식료품공업	京商
本	朝鮮時報4		100,000	100,000	西町	인쇄제본출판업	京商
本	朝鮮洋傘製造2		180,000	90,000	凡一町	기타공업	京商
本	朝鮮製麵2		100,000	25,000	田浦里	식료품공업	要錄
本	朝鮮合同加工豆5		15,000	15,000	大橋通	식료품공업	京商
本	朝鮮合同電球2		150,000	150,000	西大新町	금속기계기구공업	追加
本	朝鮮海苔加工販賣2		180,000	135,000	南濱町	식료품공업	京商
本	朝陽油脂4		150,000	150,000	凡一町	화학공업	京異
本	朝日電球2		150,000	150,000	大新町	금속기계기구공업	京異
本	天陽被服5		33,000	33,000	中島町	기타공업	京異
本	秋山製箱所5		30,000	30,000	大橋通	제재목제품공업	要錄
本	太陽物産4		30,000	30,000	中島町	방직공업	京異
本	向上被服5		20,000	20,000	佐川町	기타공업	京異
本	協和商機工5		10,000	10,000	大倉町	금속기계기구공업	京異
本	丸福5		10,000	10,000	本町	방직공업	追加
本	興亞水産食糧品4		15,000	15,000	昭和通	식료품공업	要錄
本	興亞化學工業5		100,000	100,000	東大新町	화학공업	京異
本	高橋合金製作所4		20,000	20,000	大橋通	금속기계기구공업	追加
本	大東酒造場4		10,000	10,000	大新町	양조업	京商
本	大一木工社5	1942 (23개소)	41,000	41,000	水晶町	제재목제품공업	追加
本	富久屋製哛所5		26,000	26,000	大廳町	식료품공업	京商
本	釜山金屬工業2		198,000	198,000	堂甘里	금속기계기구공업	追加

本	釜山合同看板3		13,800	13,800	大倉町	기타공업	京商
本	釜山合同穀産2		180,000	54,000	佐川町	정곡제분업	京商
本	三榮被服工場5		63,500	63,500	本町	기타공업	追加
本	昭南고무工業5		187,000	187,000	佐川町	화학공업	京商
本	亞細亞테이프[tape]製造所2		190,000	47,500	昭和通	기타공업	京商
本	塩山金屬工業2		198,000	198,000	堂甘里	금속기계기구공업	追加
本	日東食料2G		190,000	190,000	瀛仙町	식료품공업	京商
本	日本帆布2		190,000	190,000	瀛仙町	방직공업	追加
本	朝鮮毛織2		2,000,000	2,000,000	大廳町	방직공업	京商
本	朝鮮舶用機械鑄物2		195,000	48,750	瀛仙町	금속기계기구공업	京商
本	朝鮮肥後木材2		195,000	195,000	大倉町	제재목제품공업	京商
本	朝鮮小型電球2		100,000	25,000	草梁町	금속기계기구공업	追加
本	朝鮮松崎工廠5		100,000	100,000	瀛仙町	화학공업	京商
本	朝鮮水産新聞社2		20,000	20,000	瀛仙町	인쇄제본출판업	追加
本	朝鮮櫻商會2		200,000	200,000	西町	화학공업	京商
本	丸信被服工場5		100,000	100,000	草梁町	기타공업	追加
本	丸正硝子工業4		20,000	20,000	東大新町	요업	京異
本	丸平水産工業2		320,000	320,000	南濱町	식료품공업	京異
本	카나해屋被服5		30,000	30,000	昭和通	기타공업	京商
本	미너트豆電球製作工場4		3,000	3,000	水晶町	금속기계기구공업	官報
支	高橋商店2		600,000	600,000	長谷川町	방직공업	京商
本	共和被服工業所5		12,600	12,600	凡一町	기타공업	京商
本	東萊被服5		40,000	40,000	民樂町	기타공업	京商
本	東亞硝子工業2	1943 (31개소)	150,000	37,500	有樂町	요업	京商
本	滿穗糧菓研究所5		30,000	30,000	草梁町	식료품공업	京商
本	明治被服工業2			42,000	昭和通	기타공업	官報
本	釜山莫大小製造2		180,000	90,000	大倉町	방직공업	追加
本	釜山船具2		195,000	97,500	大橋通	금속기계기구공업	京商
本	釜山纖維加工2		180,000	180,000	辨天町	방직공업	官報
本	釜山造船工業2		600,000	300,000	瀛仙町	금속기계기구공업	京商

本	釜山合同製麵2		100,000	30,000	瀛仙町	식료품공업	官報
本	釜鐵工業2		1,000,000	1,000,000	榮町	금속기계기구공업	京商
本	三和窯業2G		60,000	45,000	釜谷里	요업	追加
本	昭和랜드셀공업2		50,000	50,000	本町	기타공업	京商
本	昭和製菓5		10,000	10,000	凡一町	식료품공업	追加
本	新興金屬2		100,000	25,000	大橋町	금속기계기구공업	京商
本	新興電球工業所4		14,000	14,000	草梁町	금속기계기구공업	京商
本	二葉武道具5		30,000	30,000	大廳町	기타공업	京商
本	朝鮮야스미紙工業2		198,000	118,800	榮町	화학공업	京商
本	朝鮮加工紙工業2		198,000	198,000	榮町	화학공업	京商
本	朝鮮輕合金工業2G		350,000	350,000	瀛仙町	금속기계기구공업	官報
本	朝鮮木製文具製造2		190,000	95,000	東大新町	제재목제품공업	京商
本	朝鮮纖維工業5		60,000	60,000	凡一町	방직공업	京商
本	朝鮮水産調味料5		88,000	88,000	昭和通	식료품공업	追加
本	朝鮮藥粧5		136,000	136,000	幸町	제약업	京商
本	朝鮮重工業2		8,000,000	2,000,000	瀛仙町	금속기계기구공업	官報
本	朝鮮出版協會4		6,800	6,800	土城町	인쇄제본출판업	京商
本	朝鮮鞄類工業2		50,000	50,000	本町	기타공업	京商
本	興亞窯業2		190,000	47,500	旭町	요업	追加
本	토모에窯業5		50,000	50,000	栽松里	요업	京商
本	慶南綿打替4		5,300	5,300	東大新町	방직공업	追加
本	慶南藥品工業2		180,000	45,000	大廳町	제약업	官報
本	慶南合同製藥2		150,000	39,000	大倉町	제약업	京商
本	今井製作所2	1944 (51개소)	180,000	180,000	瀛仙町	금속기계기구공업	官報
本	南鮮燒酒2		100,000	40,000	東大新町	양조업	官報
本	東亞被服工場5		160,000	160,000	草梁町	기타공업	追加
本	東洋石材工業2		100,000	100,000	釜田里	기타공업	官報
本	東和工業2		198,000	138,600	田浦里	식료품공업	官報
本	半島製網4		28,000	28,000	佐川町	방직공업	京商
本	寶生鐵工業2		100,000	50,000	釜田里	금속기계기구공업	官報

本	富士化學工業2	150,000	37,500	辨天町	화학공업	追加
本	부산공작소2	100,000	100,000	瀛仙町	금속기계기구공업	官報
本	釜山耐火煉瓦5G1	10,000	10,000	榮町	요업	官報
本	釜山려공업2	180,000	180,000	瀛仙町	금속기계기구공업	官報
本	釜山양산제조2	190,000	95,000	水晶町	기타공업	官報
本	釜山양조2	350,000	350,000	釜田里	양조업	官報
本	釜山연탄제조2	95,000	95,000	大橋通	화학공업	官報
本	釜山자동차정비공업2	195,000	195,000	榮町	기타공업	官報
本	釜山제본공업2		25,000	西町	인쇄제본출판업	官報
本	釜山合同莫大小2		50,000	寶水町	방직공업	追加
本	釜山합동인쇄2	190,000	95,000	大倉町	인쇄제본출판업	官報
本	釜山합성수지공업2	180,000	54,000	榮町	화학공업	官報
本	山峰코크스공업2	185,000	185,000	瀛仙町	기타공업	官報
本	松崎朝鮮工廠5	80,000	80,000	瀛仙町	화학공업	官報
本	榊精米所4	30,000	30,000	大倉町	정곡제분업	京商
本	新興工業2G2	150,000	37,500	大橋通	기타공업	追加
本	新興被服5	120,000	120,000	東大新町	기타공업	追加
本	辻酒造2	195,000	195,000	富平町	양조업	官報
本	히노테(日ノ出)造船2	1,200,000	1,200,000	瀛仙町	금속기계기구공업	官報
本	日本硬質陶器2	3,750,000	937,500	瀛仙町	요업	官報
本	日本特殊耐火工業2	300,000	300,000	瀛仙町	요업	官報
本	立石코크스工業2	185,000	185,000	瀛仙町	화학공업	官報
本	田中造船鐵工所2	48,000	48,000	瀛仙町	금속기계기구공업	官報
本	朝鮮돈게리工業2	198,000	138,600	田浦里	화학공업	追加
本	조선광공업5	50,000	50,000	大廳町	금속기계기구공업	官報
本	朝鮮蠟機紙工業5	10,000	10,000	榮町	금속기계기구공업	官報
本	朝鮮武技防具振興5	10,000	10,000	大倉町	기타공업	追加
本	조선선박공업2	2,500,000	2,500,000	瀛仙町	금속기계기구공업	官報
本	朝鮮伸鐵工業2	180,000	180,000	瀛仙町	금속기계기구공업	官報

本	朝鮮信號2		250,000	250,000	凡一町	금속기계기구공업	官報
本	조선연필2		180,000	54,000	凡田里	기타공업	官報
本	朝鮮紙器2G		180,000	180,000	凡一町	기타공업	官報
本	조선특수건재5		48,000	48,000	大倉町	기타공업	追加
本	朝鮮고무(護謨)工業2		3,000,000	1,500,000	大倉町	화학공업	官報
本	朝鮮興亞工業2		190,000	95,000	大橋通	화학공업	京異
本	中俊釀造部4		12,000	12,000	寶水町	양조업	官報
本	이케모토(池本)상사4		90,000	90,000	水晶町	금속기계기구공업	官報
本	丸大纖維5		180,000	180,000	瀛州町	방직공업	官報
本	厚生衣糧2		190,000	190,000	南富民町	기타공업	追加
本	興亞고무工業2		750,000	750,000	凡一町	화학공업	追加
本	아사히고무2	1945 (6개소)	1,500,000	1,500,000	佐川町	화학공업	官報
本	야마토(大和)絨服工業2		190,000	57,000	瀛州町	방직공업	官報
本	東亞造船2		2,000,000	2,000,000	瀛仙町	금속기계기구공업	官報
本	釜山鎭酒造2		250,000	250,000	佐川町	양조업	官報
本	朝鮮相互食品工業2		180,000	45,000	大倉町	식료품공업	官報
本	마루요시(丸吉)被服工業2		100,000	100,000	瀛仙町	기타공업	官報

출처: 허수열 등, 『한국근대회사 100년사 데이터베이스』, 한국연구재단 기초학문자료센터.

　　조사된 총 156개사 중 1944년에 51개사가 설립되어 가장 많으며, 당시 자급률이 낮았던 업종인 금속 기계기구업(34개사), 화학공업(18개사) 방면의 회사가 주로 설립되었다는 점이 주목된다. 당시 평양부나 대구부의 회사 설립 유형과 일치한다. 1941년도(43개사)에 설립된 회사도 많았다. 이것은 당시 「대동아국토계획」으로 '북방권에서 조선경제의 역할'이 강조되면서 자급정책의 여파로 식료품, 요업, 기타공업 등이 증가한 결과였다. 이후 2년간은 회사 설립이 소강상태였다. 급속한 생산력확충에 수반한 자재난, 원료난으로 제조업 설립이 쉽지 않았기 때문이다.

1940년을 전후하여 산업물자가 품귀해지면서 부산은 불황에 내몰렸다. 1938년 5월 경남지역에서 원료난으로 공장이 휴업하여 실업한 인구가 2만 명을 헤아렸다. 도내 1,165개소 공장이 휴업 상태이고, 인원으로는 2만 1,286명(남성 1만 2,338 여성 8,948)명에 달하였다. 여기에 「기업정비령」, 「기업허가령」 등 통제가 강화되면서 동남아로 진출하려는 움직임조차도 일어났다. 1942년 6월 20일에서 25일까지 부산부가 동남아로 이주할 기업자들의 신고를 받았을 때 출원한 4명의 면모를 보면 주로 통제대상 기업이었던 잡화상·과자상·섬유상 등 중소기업가들이었다.

〈표 61〉에서 자본금 상위 10개 회사를 보면, 조선선박공업(1944년 설립, 자본금 250만 원), 조선모직(1942년 설립, 자본금 200만 원), 조선중공업(1943년 설립, 자본금 800만 원), 동아조선(1945년 설립, 자본금 200만 원), 조선고무공업(1944년 설립, 자본금 300만 원), 아사히고무(1945년 설립, 자본금 150만 원), 히노테조선(1944년 설립, 자본금 120만 원), 부철공업(1943년 설립, 자본금 100만 원), 일본경질도기(1944년 설립, 자본금 375만 원), 흥아고무공업(1944년 설립, 자본금 75만 원) 등으로 한결같이 1944년도에 집중적으로 설립된 사실은 평양부나 대구부 사례와도 일치한다.

이 시점에서 본토자본이 대대적으로 부산부로 진출한 정황은 더욱 분명해진다. 소재지를 보면, 영도의 영선정이 46개사로 가장 많았고, 대창정 13개사, 대교동 12개사, 범일동 12개사였다. 주로 영도와 영도대교 인근 그리고 1930년대에 부산부에 포함된 좌천정에 회사가 크게 증가하였다. 또한 전통적인 일본인 거리(오늘날의 광복동)인 사이와이마치는 2개소, 벵텐쵸도 3개소에 불과하여, 전통 일본인 중심지는 오히려 영향력을 많이 잃은 사정을 보여 준다. 동래군 소속이었다 부산부로 편입된 좌천정 7개소, 영정 7개소, 수정정 7개소인 것으로 보아, 조선인들의 활발한 움직임이 추정된다.

업종별로 보면, 1942년 초까지 초량, 범일, 좌천 등지에 식료품·목재·어업용구제작소 등이 입주하였고, 수영 부근에는 일본인 기업이 증가하였다. 1943년 말부터 본격적으로 이 지역에 메리야스·직물 등 소비재 공장이 입주하였다. 부산부는 공단의 확장을 도모하여, 1944년까지 적기 지역에 공업용지 조성사업을 벌였는데, 1944년 말까지 방직·요업·정곡업·양조·제염·제재·조선업 등 약 400여 개의 공장이 들어섰고, 생산액도 1억 원에 달하였다.[485]

한편, 대구도 1920년대까지 양조회사가 증가하였고, 20년대 이후 중소규모의 제사업이 가장 두드러지게 발전하였다. 이들 제사업체는 누에고치를 구매해서 좌조식(坐造式)이나 족답식(足踏式)으로 생사를 만들었고 견직물공정 과정에서 자견·제직공정을 담당하는 독특한 수직적 분업구조를 형성하였다.[486] 1930년대에는 본토의 제사업이 진출하였고, 양말, 유리, 기계 등 공산품 제조회사가 증가하였다.

신설된 회사는 자본금 10~30만 원 정도의 중견 규모가 많았다. 자본금 1만 원 이상 합자회사에는 정미업이 많았다. 정미업의 설립 시기는 주로 1920년대 말에서 1930년대 초반이었다. 중일전쟁이 발발하자 고무·비누업 등과 수리 중심의 철공업 혹은 군수품제조업이나 양조업이 대두하였다. 특별히 양조업은 1938~1940년 사이에 대동주조·삼화주조

---

[485] 『朝鮮年鑑』, 1945년판, 141쪽.
[486] 김선웅, 2016, 「1930년대 조선인 중소공업의 수직적 분업구조와 식민지적 특징」, 『한일관계사연구』 제54호, 458쪽.

등 조선주를 생산하는 양조회사가 5개소나 설립되었다. 1940년경에는 대구의 중소공업이 불황을 겪으면서[487] 전업정책이 강화되어, 다수의 철공장이 야타니철공소(八谷鐵工所)나 대구철공업조합으로 결집하여 군수 하청화하였다.[488]

이에 총독부는 1940년 7월 22일 고시 765호를 통하여 대구시가지계획의 일환으로 공업용지 조성지구를 통지하고, 1941년 4월 30일에는 고시 제638호로「대구시가지계획안」을 승인하였다. 그리하여 대구부는 칠성정·금정(錦町)·침산동 등 총 638만m^2(192만 평)에 공단용지를 조성하고자,[489] 제1차계획으로 26만 평을 조성하여 1943년 12월까지 20여 공장이 입주했다. 제2차계획으로 칠성동과 침산동에 14만 3,000평을 확보하였다.

〈표 62〉는 1941년 이후 대구지역 제조회사 설립 상황이다.

〈표 62〉 1941년 이후 대구지역 제조회사 설립 상황

본지점	회사와 유형	설립연도	공칭자본금	불입자본금	소재지	업종	출처
本	角永商店4	1941 (11개소)	2,000	2,000	七星町	양조업	京商
本	慶一被服工場4		13,800	13,800	明治町	기타공업	京商
本	大邱日日新聞社2		199,000	199,000	東雲町	인쇄제본출판업	追加
本	大邱精麥製油5		195,000	195,000	元町	정곡제분업	京商
本	大邱合同被服5		100,000	100,000	元町	기타공업	京商
本	大立商工3		30,000	30,000	南城町	요업	京商

---

487 『매일신보』, 1940.12.1.
488 「鮮內軍需品下請工業의 將來와 助之가 長發展策에 就て」, 『朝鮮工業協會報』, 1938.2, 4쪽.
489 『朝鮮總督府官報』, 1940.7.22.

本	朝鮮輸出玩具工業2		180,000	45,000	大和町	제재목제품공업	京商
本	朝鮮實用草履製造2		195,000	97,500	東本町	기타공업	京商
本	朝鮮被服工業4		15,000	15,000	南町	기타공업	京商
本	朝鮮合成樹脂工業2		195,000	97,500	新岩洞	화학공업	要錄
本	八谷鐵工2		500,000	500,000	八雲町	금속기계기구공업	追加
本	慶北共同織物工場2		300,000	300,000	本町	방직공업	追加
本	慶北機業2		200,000	200,000	堅町	방직공업	官報
本	南鮮製紙工業2		300,000	300,000	東本町	화학공업	追加
本	大邱고무工業5		30,000	30,000	錦町	화학공업	追加
本	大邱繭絲工業5		100,000	100,000	東雲町	방직공업	追加
本	大邱絹織2		300,000	300,000	幸町	방직공업	追加
本	大邱木履工業5	1942 (14개소)	60,000	60,000	東門町	제재목제품공업	追加
本	大邱燐寸2		150,000	105,000	院堡洞	화학공업	追加
本	大東産業2F		350,000	350,000	南城町	정곡제분업	追加
本	文化工業4		60,000	60,000	堅町	제재목제품공업	追加
本	迎日炭鑛工業5		120,000	120,000	元町	화학공업	追加
本	朝鮮人造皮革2		300,000	300,000	上町	화학공업	追加
本	朝鮮製紙工業2		300,000	150,000	東本町	화학공업	京商
本	親和織物2		75,000	18,750	錦町	방직공업	京異
本	京染友禪工業2		180,000	90,000	砧山洞	방직공업	京商
本	光星硝子工業2		100,000	25,000	南山町	요업	官報
本	東洋絹織2	1943 (10개소)	500,000	500,000	上町	방직공업	京商
本	櫻工業社5		43,000	43,000	內唐洞	요업	京商
本	日新化學工業2		160,000	160,000	上町	화학공업	京商
本	朝鮮撚絲2		400,000	400,000	八雲町	방직공업	京商

本	朝鮮染工2		180,000	180,000	砧山洞	방직공업	京商
本	朝鮮製紐工業2		120,000	120,000	橫町	방직공업	京商
本	太田電機製作所4		30,000	30,000	錦町	금속기계기구공업	京異
本	丸善窯業硏究所5		48,000	48,000	新岩洞	요업	追加
本	慶北鐵工2			25,000	錦町	금속기계기구공업	官報
本	大邱重工業2		500,000	500,000	八雲町	금속기계기구공업	追加
本	大邱航空工業2		120,000	120,000	元町	금속기계기구공업	官報
本	大邱和傘製造5		30,000	30,000	村上町	기타공업	追加
本	大東被服工業5		2,800	2,800	新町	기타공업	追加
本	東洋産油2		70,000	35,000	南山町	화학공업	官報
本	東和被服工業2			60,000	八雲町	기타공업	追加
本	上原防空工業3		35,000	12,000	三笠町	금속기계기구공업	官報
本	梁川織物工業5		150,000	150,000	本町	방직공업	官報
本	旭硅藻土工業2	1944 (19개소)	500,000	500,000	元町	요업	官報
本	朝鮮代用食糧工業5		140,000	140,000	達城町	식료품공업	官報
本	朝鮮算盤工業2F		150,000	37,500	砧山洞	제재목제품공업	官報
本	朝鮮履物工業2			97,500	東本町	제재목제품공업	官報
本	太洋工業2		700,000	700,000	七星町	식료품공업	官報
本	太陽紡織2		300,000	300,000	市場町	방직공업	官報
本	太平被服工業2		180,000	135,000	七星町	기타공업	官報
本	八谷飛行機工業2		500,000	500,000	八雲町	금속기계기구공업	官報
本	豊田纖維工業2		2,000,000	1,000,000	堅町	방직공업	官報
本	咸慶水産工業2		90,000	45,000	三笠町	식료품공업	官報
本	慶北莫大小工業5	1945 (9개소)	49,500	49,500	泛魚洞	방직공업	官報
本	南韓煙草製造2		30,000	17,000		기타공업	官報

本	大邱林檎酒釀造場2	180,000	180,000	山格洞	양조업	官報
本	大邱合同木材2	150,000	75,000	南山町	제재목제품공업	官報
本	大和窯業2	50,000	25,000	聖堂洞	요업	官報
本	東邦纖維工業2	150,000	150,000	本町	방직공업	官報
本	三南被服2	49,000	49,000	院垈洞	기타공업	官報
本	昭和特殊硝子工業2		25,000	南山町	요업	官報
本	日ノ出製菓2	50,000	30,000	北龍岡町	식료품공업	官報

출처: 허수열 등, 『한국근대회사 100년사 데이터베이스』, 한국연구재단 기초학문자료센터.

시기별로 보면, 총 63개사 중에서 1941년 11개사, 1942년 14개사, 1943년 10개사, 1944년 19개사, 1945년 9개사로 부산부와 마찬가지로 1944년도 설립이 가장 많다. 업종도 금속기계기구공업, 화학공업 등 부산부, 평양부에서도 증가했던 업종과 일치한다. 소재지별로 보면, 부산처럼 영도 인근에 설립이 집중되는 것이 아니라 지역별로 고른 분포를 보인다. 팔운정과 원정이 5개사로 가장 많고, 금정, 남산정, 동본정이 각각 4개사였다. 정작 공단이 조성되었던 침산동과 칠성동은 각 3개사에 불과하다.

자본금 상위권 회사의 면모를 보면, 도요타(豊田)섬유공업(1944년 설립, 불입금 100만 원), 태양공업(1944 설립, 불입금 70만 원), 야타니(八谷)철공(1941 설립, 불입금 50만 원), 대구중공업(1944 설립, 불입금 50만 원), 야타니비행기공업(1944 설립, 불입금 50만 원), 아사히(旭)규조토공업(1944 설립, 불입금 50만 원), 동양견직(1943 설립, 불입금 50만 원)으로 대부분 1943년과 1944년에 설립된 것도 부산과 평양과 정확히 일치한다. 팔운정에 많이 입주하였다. 부산은 조선회사가 많았지만 대구는 철공업종이 많다는 점이 다르다.

태평양전쟁 시기 대구에는 주로 직물·제사 등 기왕의 방직공업과 더불어 인조섬유나 재생용지·초리 등의 생산이 증가하였다. 이런 산업화는 일본본토 기업인들의 진출과 발맞춘 것이 많았는데, 실제로 1941년 도쿄·오사카 출신업자들이 대구에 인조피혁·연필·인쇄·잉크·모자업 등의 이주를 신청한 것이 그 예이다.[490]

　대구부는 본토회사의 진출과 발맞추어 1944년까지 총 193만 평의 공단용지를 확보하기로 하고, 기미코시 대구공장과 조선방직 대구공장(메리야스)이 이주하였고, 군시제망 등 30여 개소의 대공장과 340개소의 개인공장을 공단에 입주시켰다.[491] 일본본토에서 대마 및 메리야스 공장에 대한 스크랩을 단행하자 이전한 기업이었다. 후지가스방적 대구공장(면사)도 이주하였다.[492]

　그 밖에 군산도 북선제지 및 군산제지 이외에 1943년에는 서일본제지가 일본에서 유휴설비를 이전하는 등 제지업이 특별하게 증가하였다. 『조선연감』에 따르면 1944년까지도 정미·고무·전기·수산가공·제염·철공·조선소 등의 중소공장이 다수 등장하고 있다.[493]

〈표 63〉 1944년 말 당시 조선남부 주요 도시의 공업현황

지역	주요 공산물	비고
大田	莞草슬리퍼·메리야스	郡是製絲(1926)·朝紡·吳羽紡(1943) 등 신흥공장

490　京城日報社, 『朝鮮年鑑』, 1943년판, 189쪽.
491　『朝鮮年鑑』, 1945년판, 139쪽.
492　近藤釖一 편, 「第86回帝國議會答辯資料」, 『太平洋戰下ノ朝鮮』 제5호, 우방협회, 88~89쪽.
493　『朝鮮年鑑』, 1945년판, 136쪽.

清州	淸酒·人造眞珠·布帛加工業	중소기업 중심
全州	부채·면포·竹製品·製紙·양말·주류	중소기업 중심
光州	紡織·薄荷	鐘紡(1935) 설립
馬山	釀造業·精米	釀造業은 전 조선 1위
木浦	精米·繰綿·織布·製油	繰綿工場 수십 개(棉都로 불림)
群山	精米·고무·電氣·水産加工·製鹽·鐵工	중소공장 중심

출처: 『朝鮮年鑑』, 1945년판, 133~150쪽.

〈표 63〉에서 1944년 말, 조선남부 주요도시의 공장 상황을 보면 주로 직물·특산품·정미업 등 경공업계열의 중소형 기업이 많았다. 조사시기가 1944년 말이었다는 점에서 중소공업이 해방 직전까지도 유지되고 있다는 사실을 잘 보여 준다. 생존의 동력은 정책적으로 조선에는 여전히 태평양전쟁 단계에도 생활필수품의 자급을 위한 소비재 생산이 유지된 점과 혈연, 지연 중심의 끈끈한 조선인들의 생존노력이 더해진 결과로 볼 수 있다. 물론 통제경제의 특혜를 받은 일본인 중소기업의 잔존도 한몫을 했다고 볼 수 있다.

마. 지역별 공업 생산 추계

1930년대 후반 이후 총독부는 남부의 생산력확충을 위해 각종 설비를 확충하고 중소공업을 확대하였다. 그렇지만 결과적으로 남부의 공업력은 북부에 비해 그다지 신장되지 못하였다. 지역별 공업생산 추이를 보면 〈표 64〉와 같다.

〈표 64〉 지역별 공산액 추이(단위: 천 원, %)

연도	조선남부	비중	지수	조선북부	비중	지수	조선 전체	증가율
1927	206,003	68	100	96,942	32	100	302,945	100
1931	159,342	63	77	93,582	37	97	252,924	83
1936	380,019	52	184	350,787	48	362	730,806	241
1939	663,737	44	322	834,540	56	861	1,498,277	495
1940	705,326	47	342	789,843	53	815	1,495,169	494
1941	805,697	43	391	1,067,937	57	1,102	1,873,634	618
1943	919,388	41	446	1,346,612	59	1,389	2,266,000	748

출처: ① 1940년은 朝鮮銀行調査部(1949), 『朝鮮經濟統計要覽』 69·70·72쪽. ② 1927~1939년은 全國經濟調査機關聯合會朝鮮支部, 『朝鮮經濟年報』 1939년판, 227쪽; 동 1941·1942년 합집, 146쪽. ③ 1941년은 『朝鮮總督府統計年報』 1941년판, 114~115쪽. ④ 1943년은 『朝鮮經濟統計要覽』, 1949, 70쪽; 한림대아시아문화연구소 편, 1994, 「극비 조선인민경제의 발전에 대한 예정수」, 『북한경제통계자료집』, 155쪽.
비고: ① 1940년 지역별 공산액은 『朝鮮經濟統計要覽』, 72쪽의 〈표 8〉과 〈표 9〉와 비교할 때 강원도·황해도는 조선북부에 포함되는 것으로 추정. ② 연도별 통계는 각 연초 통계. ③ 1943년 통계는 도별 구분이 ①과 같은지 불분명함. ④ 1943년도 조선북부 공산액 통계는 전체 상품생산액에서 광업·연료·전기업을 뺀 것. ⑤ 1943년 전 조선공산액이 『조선경제통계요람』, 70쪽에서는 20억 5,000만 원임. 그러나 부문별 공산액을 합산하면 22억 6,600만 원임. 기록자의 계산 착오로 보임. 본 자료는 김인호, 1998, 『태평양전쟁기 조선공업연구』, 84쪽 통계를 수정함..

먼저, 시기별로 조선남부의 공산액은 1936년까지 84%p.가 증가하였고, 1943년까지는 346%p.가 증가하였다. 그러나 북부의 공산액은 1936년을 기점으로 남부를 앞질렀는데, 1936년까지 262%p., 1938년까지 761%p.가 증가했고, 1943년까지는 1,289%p.가 증가하였다. 흥미롭게도 1936~1940년 사이 남부와 북부의 생산 증가율에서는 오히려 남부 지역의 증가가 두드러진다. 이것은 전시조선공업화의 성격과도 밀접한 관련이 있는 내용인데, '전시(戰時)공업화=조선북부의 공업화'라는 통설과 달리 중일전쟁 시기는 남부지역에서도 두드러지게 공산액이 증가하고 있었다.

그렇지만 1940년대 이후는 다시 북부의 공산액이 급등하고, 남부는 상대적으로 하락하였다. 그것은 조선남부의 생산설비 확충에도 불구하고 물자 및 인력 부족으로 재생산의 위기와 중점주의에 입각한 기업 및 생산통제 때문에 정상적인 조업이 어려웠던 것으로 보인다. 특히 대규모 본토기업이 조선남부로 진출했지만 정작 조업하여 생산고를 진흥하는 데까지는 이르지 못한 것도 고려할 필요가 있다.

〈표 65〉는 지역별·부문별 공산액 추이이다.

〈표 65〉 조선의 지역별·부분별 공산액 추이(단위: 천 원, %)

구분	조선남부				조선북부				전체 조선				
	중공업	비중	경공업	비중	중공업	비중	경공업	비중	중공업	비중	경공업	비중	총액
1936	52,019	13	350,948	87	190,649	58	137,190	42	242,668	33	488,148	67	730,806
1940	143,180	20	562,146	80	548,888	69	240,955	31	692,068	46	803,101	54	1,495,169
1944	105,097	11	893,607	89	939,903	74	327,393	26	1,045,000	45	1,221,000	55	*2,266,000

출처: 朝鮮銀行調査部, 1949, 『朝鮮經濟統計要覽』, 72쪽; 全國經濟調査機關聯合會 朝鮮支部編, 『朝鮮經濟年報』 1939년판, 228~229쪽; 한림大亞細亞文化硏究所 編, 1994, 「極秘 朝鮮人民經濟의 發展에 대한 예정수」, 『北韓經濟統計資料集』, 155쪽.

비고: ① 중공업(화학·금속·기계)과 경공업(기타 공업·요업도 포함)을 계산한 것(전기업 제외). ② 황해도와 강원도는 조선북부로 봄. ③ 1944년 경공업생산통계는 먼저 『朝鮮經濟統計要覽』, 70쪽의 1943년도 업종별 생산액 22억 6,600만 원(전기업 제외)에서 경공업 생산액으로 12억 2,100만 원을 산출함. 여기에 한림대아시아문화연구소 편, 「극비 조선인민경제의 발전에 대한 예정수」, 『북한경제통계자료집』, 1994, 155쪽에서 제시된 북한의 1944년도 경공업 생산액(건재공업생산액 포함) 3억 2,739만 원을 공제하여 1944년도 남부의 경공업 생산액 8억 9,360만 7,000원을 산출함. ④ 1944년도 중공업생산액은 『북한경제통계자료집』, 155쪽에서 제시된 북부의 상품생산액 가운데 광업·연료광업·전기업을 제한 공업생산액 10억 1,922만 원 가운데 남부의 1943년도 중화학공업 생산액 1억 509만 7,000원을 공제하여 9억 3,990만 3,000원을 산출함. ⑤ 『北韓經濟統計資料集』, 1994의 통계는 기록자의 잘못인지 공산액이 약 134억 6,000만 원으로 기록되었지만 좀더 신빙성이 있는 『조선경제통계요람』에서는 1943년도 공산액이 22억 6,000만 원 정도로 정리되는 것으로 보아 13억 4,600만 원의 오기로 추정함. ⑥ 1944년도 조선 전체공산액 22억 6,600만 원은 1943년도 공산액임(김인호, 1998, 『태평양전쟁기 조선공업연구』, 신서원, 84쪽에서 수정)

1936년 현재, 전체적으로 중공업 생산액의 비중은 33%, 경공업이 67%였다. 그런데 조선북부의 중공업은 1940년 총 5억 4,888만 8,000원으로 1936년에 비해 2.8배로, 경공업은 2억 4,095만 5,000원으로 같은 기간 1.76배로 커졌다. 중공업 생산액 비중은 58%에서 69%로 커졌다. 그리고 조선남부의 중공업 생산액은 1940년 1억 4,316만 원으로 1936년에 비해 2.75배로 커져서 증가폭이 북부와 비슷하다. 비중도 1936년 13%에서 20%로 커졌다. 따라서 1936년 이후 조선북부든 남부든 모두 중공업 생산액 증가가 나타난다는 점이다. 중일전쟁 시기 어느 정도 남북간 균형 성장이 보인다는 점도 주목된다. 이 시점에서 조선북부에서 경공업 생산이 증가한 것은 가네가후치방직 평양공장(1937)·다이닛본보 청진공장(1937)·태양레이온 함흥공장(1940) 등 재벌계 방직공장이 대거 입주한 데도 원인이 있다.

그러나 1930년대 후반에 보였던 '남북의 균형성장 가능성'은 1940년대에 사라지고 말았다. 남부의 중공업 생산은 절대액마저도 급락했고, 비중도 20%에서 11%로 곤두박질하였다. 불변공산액(1936년 기준)을 보면 중공업은 완전한 파탄 상황이었다. 대신 경공업 비중은 89%로 증가해 중일전쟁 시기와 달리 조선남부에서는 소비재 경공업이 압도하였다.

정리하면, 공산액은 1936년 이후 조선북부가 항상 조선남부를 압도하였다. 그런데 시기별로 보면 1930년대 전반은 조선북부가 집중적으로 팽창했고, 1936~1940년에는 북부의 성장템포가 둔화되고 오히려 남부의 중공업 생산액이 증가하였다. 그러나 1940년대는 남부가 완전히 경공업지대로 획일화되고 중공업 생산은 급락하고 있었다. 1940년대 상황에서 조선남부는 공장이나 노동자 수에서는 양적인 팽창을 하였다. 그것은 당시 총독부가 증산을 위해 경공업 계열의 중소공업을 유지 육성한 결과로 볼 수 있다. 당시 일본에서 중소기업·소비재 산업을 정리하자 이를 피해 조선으로 이주한 것에도 이유가 있었다. 대신 수원·인천·해주 등은 1942년 이후 총독부가 대륙에서 필요한 소비재와 기초원자재를 확보하자는 속셈에서 유지된 것이었다. 그러나 생존하던 기업들도 재생산조건을 보면 원료난·인력난 등 생산과정에서부터 심각한 위협에 노출되고 있었다.

방직업 발전은 우선 대기업의 진출로써 동부 인천에 제국제마가 건설 중일 뿐 그밖에는 기대하기 어렵다. 특히 종전의 공장에서도 중일전쟁의 진전에 따라 상당히 강력한 제한이 가해진다. 특히 엔블록 정책에 따른 외국 면의 수입 두절은 방직업에 심대한 악영향을 가져오며 각 공장도 연료 수입난 때문에 운전을 일부 중지하거나 제한할 수밖에 없는 상황에 이르며 전력사용도 오히려 감소하였다.[494]

결국 불변생산액을 보면 방직공업은 1941년 1억 5,944만 9,000원에서 1943년에는 1억 6,021만 2,000원으로 불과 6%p. 증가한 반면, 식료품업은 2억 3,485만 8,000원에서 1억 8,596만 8,000원으로 무려 20.8%p.나 격감하였다.[495] 양적 성장은 데이터상이었고, 실제로 1940년대 공업생산은 정체하거나 퇴보 일로였다.

---

[494] 「京仁工業地帶と電力」, 『朝鮮經濟年報』, 1941·1942년 합집, 291쪽.
[495] 김인호, 1998, 『태평양전쟁기 조선공업연구』, 신서원, 99쪽 〈표 1-3-14〉 참조.

4. 소결: 전쟁과 공단

중일전쟁의 장기화는 일본본토의 물자동원 부담을 가중하였다. 그래서 일본본토에서는 「수출입등임시조치법」 및 「임시자금조정법」 등을 근거로 자금, 금리, 저물가, 국제수지 균형 등 간접적 물자통제를 통하여 물동 능력을 배가하려 하였다. 그러나 이 방식은 일시적인 물자동원을 가능케 했지만 장기지구전할 경우 조선과 같은 외지에서 일본본토로의 의존을 가중시키는 역효과를 내었다. 총독부로서도 기존 산업경제조사회에서 제안되고 실천을 천명했던 일·선·만 블록을 전제로 한 조선공업화 기획을 유지하기 어려웠다. 이제는 일본본토의 요구에 부응하면서 침략전쟁의 지속성을 담보하는 '본토본위의 증산'이 긴급해졌다.

노선의 수정이 필요해진 총독부는 시국대책조사회를 소집하고 일본본토의 요구를 대폭 수용한 자문안을 만들어 심의를 요청하였다. 시국대책조사회는 이러한 총독부의 '본토본위 공업화' 전략을 지지하고, 한발 나아가 전쟁에 따른 엔블록의 물자동원계획이나 생산력확충계획에 규제받는 공업정책으로의 전환을 요청하였다. 일본본토의 요구로 종래의 독자적 계획은 수정하였지만 나름 조선의 특수성을 담보한 「시국산업확충계획」을 기반으로 한 증산안을 작성하여 조율하기도 하였다. 아울러 답신안에는 조선공업의 현실과 민간자본의 공업화 참가를 확대하도록 특별한 조치도 요구하였다.

하지만 그런 요구는 당시 일본본토 관료와 군부의 거부로 제대로 실현되기 어려웠다. 결국 시국대책조사회안은 일본본토의 생활계획으로 흡수되지 못하였고, 본토의 요구가 전면적으로 반영된 생산력확충계획이 강제되었다. 본토본위의 조선 생산력확충계획은 조선의 현실과 동떨어졌고 실현되기도 어려웠다. 그렇다고 참작을 요구했던 총독부증산계획안이 덜 강제적인 것도 아니었다. 총독부안은 일본본토의 잦은 요구로 목표치와 수치가 변동되었을 뿐만 아니라 본토의 눈치를 너무 살피는 바람에 현실과 동떨어진 계획을 내기도 하였다. 더구나 일본본토와는 달리 수송산업이나 기계공작 산업의 확충 노력은 조선기계제작소와 조선중공업을 제외하면 미진하였고 제대로 실천되지 못했다.

본래 산업경제조사회에서 조선에서 기계류를 자급하는 정책을 견지하자고 답신했지만 자원, 설비, 노동력 등이 중점산업 일변도로 집중되는 상황이 강화되면서 기계류 자급률은 진작되기 어려웠다. 기계공업의 결여로 인해 조선으로 가야 하는 본토산 기계류는 더욱 증가하였다. 결과적으로 1940년대 일본본토는 조선으로 가는 기계류 공급 부담이 커졌고, 본토의 또 다른 부담이 되었다.

이처럼 제1차 생산력확충계획은 기계공업의 기반이 취약한 상황에서 일본본토와 직접 연계를 갖는 대용마그네슘, 저품위 철강, 인조석유, 대용 알루미늄 같은 대용재 성격의 소재물자 증산이 주를 이루었다. 생산력확충을 위해 조선에 할당되는 물자는 군수품제조보다는 일본본토의 국제수지 개선에 더 방점이 찍혔다. 생산력확충계획과 더불어 이 시기 공업정책도 중화학공업품으로서 완제품을 생산하는 전략이 아니었다. 오히려 원자재는 일본에 의존하거나 조선에서 자급하기 어려운 물자 혹은 조선 내 공급력이 떨어지는 물자를 자원이나 기술상황에 따라 '대체품'으로 증산하여 국제수지 악화를 막으려는 것이었다.

이러한 '본토본위'의 대체품 중심 생산력확충이 전개되면서 갑자기 토목공사가 늘고, 물자 수요가 증대하였다. 이것은 결과적으로 정상적인 시장질서를 붕괴시켰다. 단기적으로 조선의 생산력확충계획은 일본본토의 요구에 충실히 따르고 있었으나 장기적으로는 기계류 결핍과 원자재 대일의존을 더욱 심화하는 방향으로 나아갔다. 대체재, 원자재 중심의 생산력확충과 대용품 중심의 공업정책이 착종하면서 선별적 공업화가 진행되었고, '본토본위'라는 이념 아래 조선의 현실을 반영하지 않으면서 조선경제에도 큰 무리가 되었다.

당시 본토자본의 진출 규모는 공업화 정도를 가르는 중요한 지표였다. 시기별로 중일전쟁 시기(1937~1941)에는 오히려 일본본토 기업의 조선 이주가 우가키 총독 시기보다 감소한 것은 우연이 아니었다. 아무리 총독부가 시국산업 육성, 조선공업화 추진을 외치고 있고, 대륙전진병참기지화를 주창하고 있더라도, 여전히 본토는 조선으로 시설이주나 자본확충에 적극적으로 나서지 않았다. 회사 설립이 다시 본격화되는 것이 1942년 이후라는 사실은 조선공업화의 진로가 대단히 불안정하고 장기적인 플랜으로 지속가능한 것이 아니었다는 사실을 보여 준다.

한편, 중일전쟁 이후 총독부의 중소공업정책은 처음에는 「공업조합령」을 기반으로 한 중소공업조직화 법인화에 초점이 두어졌다. 그것은 본토에서 이주한 일본기업이나 기왕의 재조선 일본인 중소기업을 보호하자는 의미도 포함하였다. 여기서도 일본본토 대기업이 그다지 이주하지 않고, 본토자본 유치가 원활하지 않던 당시 사정을 반영한다. 그러다 1940년 이후에는 국가총동원을 위한 중소기업을 재정비(전업, 합동)하여 증산하자는 전략의 일환으로 이른바 '중소기업 하청화'가 강조되었다. 실제로 다수 공장이 해군의 진해요항부 공작소·평양광업소, 육군인 평양 병기제조소·병기본창출장소·항공병기지창 등의 하청공장으로 전업하였다. 그러나 1930년대 후반은 대체품 공업이 증가하는 과정에서 전업이 활발했으나 1940년대에는 총독부의 예상만큼 활발하지 못하였다.

전업정책의 실패는 그 목표가 물자동원의 확대에 두어진 이상, 업자의 경영난을 완화할 수 있는 실질적인 대책이 동반되지 않았기 때문이다. 그러다 보니 업자들도 전업을 경영난 타개를 위한 대안으로 선호하지 않았던 것이다. 결국 결전단계에 달하면 중소기업 대책이 전변하여 기업정비 국면으로 전환하게 되면서 사실상 중소기업 육성정책은 구호상으로만 형애화되고 말았다.

중일전쟁 이후 북선루트는 기왕의 조선서부를 가로지르는 기간루트와 함께 대륙 물동의 축을 이루었다. 이 루트를 기반으로 중국 관내와 만주국과의 경제적 연관이 확대되었고, 자원개발을 기반으로 한 철강·마그네슘·텅스텐·화학공업 등이 진작되었으며, 공업도시가 확장되었다. 특히 엔블록 내 철강 증산의 필요성이 고조되면서, 일본고주파중공업 성진제철소(1937년 조업 시작)와 일본제철의 청진제철소(1942년 조업 시작) 등이 조업하였다.

1940년을 전후하여 「국토계획」이 진행되고, 특히 압록강 유역의 전력개발이 본격화되자 신의주·다사도 등 평북지역과 각종 자원이 풍부한 평양·진남포·승호리 등 평남지역 및 황해도 황주 등지에 각종 기반시설과 공장이 증가하였다. 신의주는 1940년대보다는 1938년경 제재목재업을 중심으로 기업설립이 활발하였다. 평양은 '일본의 5대 공업지대'라는 평판을 들을 만큼 철공업체가 대거 입주하였고, 신의주는 다사도를 중심으로 공단이 확장되었다. 특히 1944년을 전후하여 가장 활발하게 설립되었는데, 평양은 식료품, 요업, 방직공업 방면의 회사가 빈번하게 설립되어 이채를 띠었다. 그것은 1944년경 전쟁 막바지에 이르러 평양 등 만주국 국경 인근 지역을 중심으로 소비재공업을 육성하여 북방권 자급에 기여하려는 시도 때문으로 여겨진다. '서선공단'의 확장과정에서 압록강수력발전이 개발되었고, 이를 기반으로 하여 알루미늄제련, 공작기계공업 등이 급속히 확대되었다. 조선서부와 조선북부 양 지역의 경제적 연계를 위하여 혜산선에 이어 만포선·평원선이 부설되었다.

1940년부터 조선남부에는 고무, 고무신, 인견, 대마 등 군수용 경공업이 육성되면서 전력수요도 폭발적으로 늘었다. 장전강 수전 송전에 더하여 당인리발전소 전력으로도 수요를 따라가지 못하여, 결국 청평·화천발전소가 새로 건설되었다. 당시 영월화력은 조선남부 소재 최대 규모의 발전소였는데, 이것만으로는 수요를 맞출 수 없었다. 결국 장거리에 있는 압록강수전에서 송전해야 할 상황이었다. 서울의 개인공장은 수적으로 조선인이 일본인을 압도하였고, 수원에서는 상대적으로 본토자본의 진출이 미미하여 조선인 자본의 활동 여지가 넓었다. 여기에는 일찍부터 일본에 유학한 민족주의 성향의 직물업자들이 창씨개명도 하지 않은 채 공장을 확장하는 대담한 모습을 보이기도 하였다.

중일전쟁 이후 제조회사가 증가하였는데, 특별히 태평양전쟁을 전후하여 조선남부에 회사가 급증하였다. 부산부나 대구부도 마찬가지였고, 특히 자본의 규모를 불문하고, 1944년에 회사 설립이 가장 많았다. 평양에 경공업계 회사가 많이 설립되었듯이, 흥미롭게도 부산부와 대구부는 초중점산업으로 지정된 선박이나 조선, 철공 회사가 많이 설립되었다. 물론 기존의 식료품이나 요업, 기타사업 등 소비재 관련 회사도 설립되었다. 그렇지만 전쟁 말기에는 금속·기계기구 등 자급력이 낮았던 분야의 업종 설립이 두드러졌다. 이는 연합군 공습이 확대되면서 기존 비군수산업이 스크랩 당할 위기에 처했기 때문이었다. 이들 본토기업들은 총독부의 이주촉진대책을 믿고 적극 진출하였는데, 부산은 영도와 그 인근 지역에, 대구는 팔운정 근처에 주로 자리잡았다.

1944년 말 조선남부(대전, 청주, 전주, 광주, 마산, 목포, 군산 등) 소재 중소기업의 동향을 보면, 주로 직물·특산품·정미업 등 경공업계열이 많았다. 그것은 조선이 전시경제로 전환한 뒤, 종전의 상품소비지 성격이 해체된 상황에서 이들을 존속시킴으로써 소비재 물자의 자급력을 유지하려 한 결과로 볼 수 있다.

제5장
태평양전쟁 전후 '대륙전진병참기지' 정책과 중점주의 공업 생산

1. 북방 엔블록의 물동기지, 조선

가. 조선경제 '홀대'

중일전쟁이 장기화되면서 군 수요가 급증하고, 동남아를 둘러싼 연합국진영과의 갈등으로 수입선이 차단되는 상황에서 일본본토는 엔블록 전체의 계획적인 증산을 가일층 강화하려고 하였다. 그런 의미에서 본토 내각은「1940년(昭和15) 이후 국가총동원계획 설정방침에 관한 건」(1939.6.16)을 결정하여 1940년 이후 국가총동원계획 연도별 실시계획과 1942, 1943년도에 작용할 기간계획(이하 제4차 총동원기간계획)을 설정하였다. 연도별 실시계획은 매년 11월 말까지 이듬해의 계획을 예정하고 2월 말까지 결정하도록 했다. 계획을 추진하는 과정에서 일본·만주·중국의 총력을 최대한 유효하게 발휘할 수 있도록 하되, 특히 만주국 및 중국과 긴밀하게 연계한다는 방침도 세웠다. 아울러「국가총동원법 등 시행의 통할에 관한 건」(1939.9.29)을 발표하여 "조선 총독이「국가총동원법」의 시행에 필요한 명령을 발동하고 또는 이를 폐지, 변경하려고 하는 때에는 총리대신에게 협의해야 한다"고 하여 조선 총독의 독자적인 총동원명령권을 삭제하였다.

나아가「기본국책요강」(1940.7.26)을 통하여 본토를 중심으로 일본, 만주, 중국의 3국 경제의 자주 건설을 기조로 국방경제의 발판을 확립하고, 이들을 하나의 원으로 포용하는 황국의 자급자족 경제정책을 추진하기로 하였다. 이를 위하여 계획경제의 수행, 특히 주요 물자의 생산, 배급, 소비를 일원적으로 통제 그리고 중화학공업과 기계공업의 획기적 발전 등을 목표로 삼았다. 이러한 일·만·중국의 견고한 결속을 도모하기 위한 「국토계획설정요강」(1940.9.29)을 발표하였고, 조선에도 이를 적용하였다.

「요강」의 취지에 따르면 "신동아 건설의 성업을 완수하기 위해 동아(東亞)의 여러 지역을 대상으로 종합적 경영계획을 수립하고, 이것을 기준으로 국력의 비약적 증강을 도모할 필요가 긴요(緊要)하다"[496]며 동아의 신질서 수립을 목적으로 국토계획을 추진하겠다는 의지를 분명히 하였다. 그런데 이러한 북방권 결속 강화를 위한 기획은 엔블록 단위 지역경제의 '내실 있는 발전'보다는 급한 대로 물자동원만을 강제하는 경향이 강했다. 「책정요령」 제4항에서 "동아 공영권에 있는 자원의 개발보전과 함양에 의한 필요물자 확보와 그 적정한 교류 분배를 도모할 것"이라 하였고, 국토계획에 제시된 8가지 책정계획도 ① 일·만·중국 경제배분계획, ② 공광업 배분계획, ③ 농림수산업 배분계획, ④ 교통계획, ⑤ 동력계획, ⑥ 치수계획, ⑦ 인구 배분계획, ⑧ 문화후생시설 배분계획 등으로 하나같이 본토경제가 각종 자재난·물자난으로 위축되는 상황에서 그 부담을 외지에 떠넘기려는 의도가 포함되었다.

이러한 본토의 요구를 접한 총독부는 조선경제의 위상이 격하될 것을 무척 우려하였다. 사실 본토의 「국토계획설정요강」은 1941년 4월부터 1950년까지 10년간의 장기계획이었고, 일·만·중국에 걸친 최고위 계획인 「일·만·중국 계획」이 모든 계획의 기준이 되었다. 그 아래 「황국(皇國)중앙계획」과 「만주국계획」·「중국계획」이 병렬하였는데 조선은 「황국중앙계획」의 하부 단위인 「외지계획」으로 분류되었다. 이는 사할린·대만과 더불어 일본본토의 9개 지방계획과 같은 서열이었다.

---

496 陸軍省內閣情報部, 1940, 「國土計劃에 對하여」, 『植民地時代資料叢書』 제4권, 764쪽.

「요강」(제5조 사무기구와 운용 중 제6항)에 따르면 조선계획은 「외지계획」으로서 소관 관청인 총독부가 국토계획을 실행하는 것으로 되어 있었다. 그러나 「중앙계획」에 기준한 사업이 아니면 조선이 독자적으로 국토계획사업을 시행하기 어려웠다. 설사 실행하더라도 그 이후는 척무성(拓務省)의 통제 아래 있어야 하였다.[497]

이러한 본토의 「국토계획설정요강」(1940)에 대해서 총독부는 독자적으로 입안한 '조선국토계획'이 전체 국토계획에서 배제되는 이른바 '조선경제홀대' 분위기에 불안해하였다. 게다가 앞서 〈표 34〉에서도 보았듯이, 1940년 이후 조선의 생산력확충계획 사업에 소요되는 강제할당량이 급감하는 것에서도 드러나듯이 본토의 조선 생산력확충사업에 대한 경시(輕視) 분위기도 확산되었고, 본토산 산업물자의 이출도 이 시점에 급속히 제한되었다. 따라서 총독부로서도 어떤 방식으로든 타개할 대책이 절실하였다.

> 사변(중일전쟁)의 진전과 공히 아국 중요공업의 확충은 日‧滿‧支를 뭉쳐 하나로 하는 종합적 계획하에 진보하고 있다. 동아 신질서의 건설도 역시 일‧만‧중국 상호간의 긴밀한 경제적 연계에 의하여 확립될 것으로써 <u>此의 일환인 朝鮮의 공업도 此見地에서 모든 각도에서 其 적지요건을 급속히 조사검토하고</u>, 풍부 且 저렴한 각종 자원과 지리적 우위성에 依한 대기업 발전의 소지를 활용하는 데 노력하지 않으면 안 된다(밑줄은 필자).[498]

---

497 『殖銀調査月報』, 1941.1, 86쪽.
498 「商工業의 振興에 對하여-朝鮮總督府 政務總督大野綠一郎 훈시」, 『朝鮮總督府官報』,

총독부는 조선을 배제한 일본본토의 '일·만·중국 블록안'의 대안으로 조선이 일·만·중국을 연결하는 허브 역할을 자임하는 내용의 「조선국토계획」을 다시 추진하려고 하였다. 또한 1940년 말을 전후하여 그동안 유명무실했던 '선만일여(鮮滿一如)' 슬로건을 다시 들먹거리면서 만주와의 관계 개선을 시도하는가 하면,[499] 강력한 관치통제(통제경제와 물자공출)를 전개하고, 국민총력운동을 발의하면서 본격적인 증산을 추진하겠다고 선전하였다.

총독부가 「조선국토개발계획」 및 '지방공업 육성대책'을 주창하자 조선 내 민간자본들도 적극 호응하였다. 이미 산업경제조사회에서도 총독부의 '독자적' 공업계획론에 적극 동의하면서 공업의 합리적 분포 및 중화학공업 증강을 위한 간접자본의 확충을 요구했던 적이 있었다. 또한 1939년 10월에 개최된 제6회 전 조선공업자대회에서도 각종 부대공업 육성, 공장의 지방 분산 등을 제안하였다. 1940년 일본본토의 국토개발계획이 본격적으로 논의되는 제7회 대회 시기에도 조선공업협회 등이 종합적인 조선 국토개발의 필요성과 방안을 담은 주장을 제시하기도 하였다. 주목되는 것은 조선남부의 공업가들이 이번 국토계획에서 조선북부 위주의 공업화 외연을 남부까지도 확장하라고 한 점이다.[500] 그동안 공업화의 이익을 상대적으로 덜 느꼈던 조선남부의 공업가들이 자신의 목소리를 낸 것이었다.

1940.4.24.

499 전상숙, 2017, 「전시 일본 국토계획과 대동아공영권 그리고 조선국토계획」, 『사회이론』 제51호, 302쪽.

500 『殖銀調査月報』, 1939.1, 138쪽.

나. 태평양전쟁 개전과 북방 엔블록 주도론

 1942년 6월의 미드웨이해전을 기점으로 일본군이 전선에서 후퇴할 조짐을 보이면서 군수물자 확보를 위한 조선경제의 재편이 시급해졌다. 이렇게 되니 태평양전쟁 직전 입안되었던 일본과 만주국 위주의 국토계획이나 개발계획이 가지는 한계가 자명해졌다. 일본본토의 생산력만으로는 버거운 상황에서 조선의 적극적인 협력과 물자동원이 필요하였다. 조선경제의 역할론이 커지는 만큼 종전의 조선 홀대 분위기는 일소되었다. 오히려 '북방권의 중핵'이라든지 '대륙병참전진기지'라는 표어가 도처에 등장하였다. 이런 상황에서 조선경제 '홀대(ignored)' 경향이 강했던 '견고한 일·만·중국 블록안'은 수정이 불가피했고, 엔블록의 경제적 분할(자급권 분할)을 통한 현지 자급력 강화와 엔블록 내에서 가장 효율적인 물자배분을 달성하는 것으로 모든 계획이 수정되었다.

 국토계획 수정 분위기는 태평양전쟁 이전부터 상공성이 "국제정세에 따라 일본 자급권을 핵심으로 하여 제1, 제2의 보급권을 외연으로 하는 동아공영권의 강인한 자급태세의 확립"[501]을 강조하고 일·만·중국을 일체화한 종합적 산업건설계획(「일·만·중국 산업개발5개년계획」)을 개시하겠다는 전략에서도 드러났다. 전쟁이 발발한 다음에는 1942년 4월 4일 종래 일·만·중국을 중심으로 한 국토계획을 '대동아' 전지역으로 확대하고자 「국토계획대강소안」을 책정하여 엔블록의 산업·문화·교통 및 인구계획·토지 등 제반에 걸친 종합적 개발계획을 재차 추진하였다.

---

501 商工省 總務局, 1941.12.29, 「所管事項に關する行政方針及施設事項」, 『日本陸海軍省文書』 제40권, 29쪽.

조선은 이제 '본토본위'의 증산에 더하여 본토에서 생산하던 각종 공업시설을 조선으로 옮겨와 명실상부 '대륙전진병참기지'로서 거듭나야 할 상황이 된 것이다. 본토는 이러한 계획을 종합화하기 위하여 대동아건설심의회(1942.5.14)를 소집하여 제4부회에서 국방자원의 확보와 증산 15개년계획을 명시한 「대동아경제건설기본방책」을 입안하였다.[502] 이어서 본토 기획원에서는 「공업규제지역 및 공업건설지역에 관한 잠정조치요강」(1942.6.2)을 발표하였다. 1942년 5월 28일에는 도조(東條) 내각이 "팔굉일우(八紘一宇) 정신을 현현하고 각 나라와 지방의 경제력을 종합적으로 발휘"하기 위하여 '공영권 확립의 3원칙'을 제창하였다. 이것도 엔블록의 소경제 분할의 필요성을 강조하고,[503] 종래 본토 중심의 '생산력확충'에서 엔블록 점령지·식민지의 블록별 자급력을 강화하여 종합적인 전력을 확충하겠다는 의지가 담긴 것이었다.

이제 일본본토의 엔블록경제전략은 크게 수정되었다. 종전의 전략은 일·만·화북 등 북방생활권을 중심으로 공업을 육성하고, 동남아는 보급권으로 삼아 종합적인 생산력확충을 추진하는 것이었다.[504] 여기서 북방생활권은 공업을 근간으로 국방경제의 완성을 사명으로 하는 것인 데 반해 남방(동남아)보급권은 농업 및 자원지로서 북방엔블록(생활권)을 보조하는 것이었다.[505] 그런데 이제는 자급 단위를 조선·대만 등 특정한

---

502 山本有造, 1995, 「'大東亞共榮圈'とその構想構造」, 『近代日本のアジア認識』, 564~565쪽.
503 『매일신보』, 1942.5.31, 1쪽.
504 商工省 總務局, 1941.12, 「所管事項に關する行政方針及施設事項」, 『日本陸海軍省文書』제40권, 29쪽.
505 『朝鮮經濟年報』, 1941·1942년 합집, 309쪽.

지역에 국한하지 않고 엔블록을 북변경제지구(일본을 중심으로 하는 해양제도)·대륙경제지구(조선·만주·화북·화중)·남방경제지구(대만·화남·프랑스령인도차이나·말레이·동인도·보르네오·미얀마)[506] 등 3개의 자급권역으로 분할하고 조선·대만을 각각의 지역을 결합하는 병참루트로 삼아 '자급체'를 건설하기로 하였다. 그리고 이들 지역을 둘러싸는 연해주·호주·뉴질랜드·인도 등을 외곽의 '배양' 지역으로 재편하려고 하였다. 종래에 황국경제권의 하부 단위에 불과했던 조선과 대만에 대륙권과 해양권의 허브적 역할이 특별히 부과된 것이 중요한 변화였다. 이러한 '분할'을 토대로 대동아건설심의회 제5·6부회는 「대동아산업건설기본방책」(광업·공업 및 전력건설)을 수립하고 다음의 북방 엔블록 경제건설 지표를 세웠다(1942.7.23).[507]

우선, 일본본토는 정밀공업·기계공업·병기공업에 중점을 두는 것과 함께 기타 중화학공업 및 광업·전력을 확충하며 조선·대만의 '본토화'를 지향하여 중화학공업을 증강하기로 했다. 특히 조선은 「광공업 및 전력에 관한 방침」을 통하여 화북·만주국의 마그네사이트광 및 반토항암·명반석 등을 연결하여 경금속(알루미늄·마그네슘)을 증산하고, 수력발전을 확충하여 금속·카바이드·소다 공업과 연계할 것을 요청하였다. 이 과정에서 대용재로 취급받던 조선산이 점차 중요재로 인식되는 계기를 열었고, 이들 산업의 증대를 위한 제2차 생산력확충계획이 시작되었다. 그리고 농업·임업·수산업·축산업에 관한 방책을 통하여 일본본토에 필요한 식량 증산과 동남아 식량을 대용하는 문제가 강조되었다.[508]

506　中村靜治, 1943, 『日本工業論』, ダイヤモンド社, 323쪽.

507　中村靜治, 1943, 위의 책, 325~326쪽.

508　「決戰體制確立と朝鮮經濟の再編成」, 『朝鮮産業年報』, 1943년판, 20쪽.

둘째, 만주국도 "광업·전력 및 제철·화학 공업을 진흥할 것"이라 하여 종래 광업·전력 및 식량·사료[509] 등 원자재 보급 정책을 넘어서 중간재 생산산업의 육성을 계획하였다. 그렇지만 부속품·부분품 중심으로 '중화학공업력의 종합적 육성과 물자자급'을 목표로 했던 「만주국산업개발5개년계획」의 의미는 퇴색하고 말았다. 중국은 생산력확충에 소요되는 원료공급지로 철·석탄 등의 공급력을 높일 것을 주문하였고, 종래 대외의존도가 높았던 소비재를 자급하기 위한 경공업을 육성하기로 하였다. 마지막으로 동남아는 "광업 및 석유 산업에 중점을 두고 각종 특산물의 가공공업을 일으키며 수력발전에 의한 알루미늄 공업을 확충하는 것"이었다. 그것은 종전까지 석탄·면화·석유·고무 등 원료개발 수준을 넘어 알루미늄 제품 등을 직접 현지에서 가공하겠다는 의도로 풀이할 수 있다.

이처럼 북방권은 조선을, 남방권은 대만을 병참루트로 삼는 것을 골자로 한 엔블록 자급권 분할 전략이 입안되자 일본본토에서도 그동안 조선의 증산 시스템은 "엔블록 전체의 생산력확충이라는 관점에서 출발했기에 전체적인 생산력의 확대는 가능해도 본토의 구체적인 전쟁수행에는 도움이 적었다."[510]고 평가하면서 추후 조선경제의 '적극적인 역할'을 요구하였다. 이런 맥락에서 동아경제조선간담회(1942.9)에서도 '대동아자주경제 건설을 위한 산업배분'[511] 차원에서 조선에서 식량·전력·철강·화학공업 등의 확충에 솔선할 것을 요구하였고, 제2회 대륙연락회의

---

509 商工省 總務局, 1941.12, 「議會に於ける問題となるべき事項」, 『日本陸海軍省文書』 제40권, 2쪽.

510 『殖銀調査月報』, 1943.1, 37쪽.

511 「東亞經濟朝鮮懇談會 聲明」, 1942.9.27, 『日帝侵略下韓國三十六年史』 제13권, 228쪽.

(1942.11)에서도 "전쟁 완수는 대일(對日) 기여의 확대에 의한다"[512]고 하여 조선의 '역할'을 주문하였다.

이처럼 태평양전쟁이 발발하여 수만 킬로미터나 되는 전선(戰線)을 안정적으로 유지해야 하는 일본은 조선에서 가용할 수 있는 모든 인적·물적 자원을 동원해야 하였다. 공업정책도 일본이 전쟁을 위해 엔블록 차원의 총력동원을 꾀한 가운데 추진되었다.[513] 이런 상황에서 조선총독부는 절박한 생산력의 부족을 보충하고자 이른바 '대륙전진병참기지'라는 명목으로 대대적인 공업생산의 증가를 도모하게 된다. 이러한 의지는 갓 부임한 고이소 총독의 도지사회의(1942.6.29) 훈시에서도 나타난다.

> 성전 완수 상 시국산업 취중 군수공업 부대의 산업 기타 중공업 일반의 발전육성에 노력하는 것은 물인데, 장래 남방 각 지역에 생산되는 과잉자원을 기초한 제산공업을 조선에서 발흥시키는 것을 도모하는 외에 미영세력의 쇠퇴 후에 <u>대동아권의 현실적인 요구에 비추어</u> 평화산업 그중 섬유공업의 유지향상을 도모하는 것 또한 긴요한 것이라고 믿고 있다(밑줄은 필자).[514]

즉 시국산업을 육성하며 거기에 대동아권의 현실적 요구에 비추어

---

512 『殖銀調査月報』, 1943.1, 37쪽.

513 총력전체제에 관해 J. B. Cohen, 大內兵衛 역, 1950, 『戰時戰後日本經濟』 上, 岩波書店; 芳井硏一, 1973, 「日本における總力戰體制の構築」, 『日本史硏究』 제131호; 歷史學硏究會편, 1972, 『太平洋戰爭』 제4권 및 제5권, 青木; 鈴木隆史, 1977, 『戰時下の植民地』, 岩波講座 日本歷史; 小林英夫, 1979, 「總力戰體制と植民地」, 『十五年戰爭と亞細亞 體系·日本現代史』 제2권 등의 연구 성과가 주목된다.

514 "고이소 총독 도지사회의 훈시", 1942.6.29, 『朝鮮總督府官報』.

섬유공업을 육성하자는 것으로 이른바 본토와의 전쟁 분업을 통하여 조선공업의 위상을 높여가겠다는 전략으로 볼 수 있다. 스즈키 다케오도 고이소 방식의 병참지지화를 '본토를 대신한 생산력 동원'이라는 틀에서 설명했다.

> 반도의 병참기지적 성격은 …(중략)… 본래 내지(본토)에서 부담해야 할 산업적 역할이 조선해협을 넘어서 반도에서 기대를 받게 되었다는 것이다. <u>대륙전진병참기지라는 것에서 「전진」이라는 의미는 본래 본토에 위치해야 할 기지가 바다를 건너 대륙의 일각인 이 조선반도까지 전진하여 위치 지워진다는 것</u>이라고 해도 다름이 없다.(밑줄은 필자)[515]

다시 말해, '전쟁 부담의 조선 전가'를 위하여 "조선에도 병참공업을 육성하겠다"는 것이었다. 실제로 태평양전쟁 시기에 들어오면서 조선공업은 종래 우가키 총독 재임 시기처럼 조선 내적인 요인에 기반하거나 미나미 총독 재임 시기처럼 본토 요구에 기대는 것을 넘어, 이제는 '대동아공영권(엔블록)'이라는 틀에서 그 향배가 결정될 상황이 되었다.

조선 내 산업계에서도 본토의 전략변화에 호응하면서 "태평양전쟁 발발 이래 본토경제는 남방 개발 및 병참 활동에 여념이 없어 종래대로 섬세하게 대륙의 상황을 살필 여유가 없었다"[516]고 하면서 앞으로 "북방 엔블록에서 전장이 되지 않은 조선이 본토의 부담을 대신하자"는 일종

---

515 鈴木武雄, 1942, 『朝鮮の經濟』, 日本評論社, 100쪽.
516 『朝鮮産業年報』, 1943년판, 29쪽.

의 자급구호를 자주 내걸었다. 또한 남방권이 들어오면서 북방권의 역할이 줄어들 것이라는 우려에 대해서도 "조선의 대륙전진병참기지 사명은 오히려 가중"될 것이라고 하여 조선이 주도적인 역할을 하게 될 것이라는 자신감을 비치기도 하였다.

> 남방권 편입에 따른 동아공영권의 확대에 의해서 대륙전진병참기지로서 조선의 사명은 종식을 고하는 것이 아니라 오히려 가중되고 있다. 공영권의 핵심이 종래 대륙에서 해양으로, 북방권에서 남방권으로 이행하는 금일에 있어서도 북방대륙권 또한 건설과정인 한에는 그 부분에 대한 조선의 경제권 관계에 대한 중요성은 종래와 하등 변화가 없다. 오히려 대동아전쟁(태평양전쟁 - 필자)하 "대륙은 조선이 인수한다"라고 하여 일본으로 하여금 후방의 우려를 벗어 버리고 그 전체의 자세를 태평양으로 향하게 하는 것이 매우 필요한 이상, 대륙전진병참기지로서 조선의 사명은 일층 강화되어야 한다.[517]

여기서 "조선이 대륙을 인수한다"는 언급은 마치 조선이 북방권의 맹주가 되겠다는 자신감을 대변한다고 할 수 있다. 이런 생각은 당시 '대륙전진병참기지론'을 주창하는 총독부 당국의 핵심 슬로건과도 일치하고 있었다. 아시아 일등국민론 등도 이런 경제적 이념의 표상이었다.

1942년 말경 작성된 『조선경제연보』에서도 종래의 북방권 역할론을 실질적으로 구현하기 위해서는 조선북부와 만주국, 중국 화북 등지와 산업 연관이 보다 강화되어야 한다는 주장을 담았다.

---

[517] 『年刊朝鮮』, 1942년판, 東洋經濟新報社, 18~19쪽.

국방산업을 포함한 대륙경제 자급자족 체제의 확립은 대륙 각지의 산업개발의 현 단계에 비춘다면 각지의 장단점을 보충하는 유기적 연계를 도모할 때 비로소 가능할 것이다. 그렇지 않고 각지가 그 정치적인 속성을 고집하고서 고립적인 자급경제를 주장하는 한 내지 의존은 의연히 지속될 것이다. 그러므로 대륙 각지의 인적·물적·산업적 구조의 성격은 과거의 물자교류에서 보는 것처럼 각지 당국자의 구상이나 시책 여하에 따라서는 일체적인 결합을 가능하게 하는 상황이 될 뿐만 아니라 각 지역의 특성 발휘도 또한 그것에 의해서 가능할 것이다. 열거한다면 <u>북선의 제철업은 점결탄인 동만의 밀산탄과 결부하고 만주의 제(諸) 공업은 조선의 화학약품에 의존하지 않으면 안 되며, 마찬가지의 현상이 북지(북중국)와 선만(조선, 만주)에도 존재한다. 따라서 대륙경제의 종합화는 그 소질을 충분히 하며 핵심은 그 추진 여하에 달려 있는 것</u>이다(밑줄은 필자).[518]

제2회 대륙연락회의(1942.11) 및 동아경제조선간담회(1942.9.26)에서 앞으로 조선은 북방권에 대한 식량보전·군수공업 확장에 필요한 원료를 완전히 공급하기 위한 철광석 및 특수광물의 증산, 수력발전의 확장, 화학공업의 발전 등을 더욱 강화하며 일본본토에 대한 과도한 물자의존을 해소할 것이라 천명한 것도[519] 같은 맥락이었다. 나아가 이런 기조에서 제4회 대륙연락회의(1943.10.5 신경)에서도 만주, 관동주, 몽강, 조선 등 대륙접양지간의 중요정책 협의와 대륙의 종합경제 발양이 강조되었다.

---

518 「北方圈の再檢討と朝鮮經濟」, 『朝鮮經濟年報』, 1941·1942년 합집, 316쪽.
519 『매일신보』, 1942.9.27.

이렇게 되자 종래까지 총독부가 가졌던 '독자적 공업화에 대한 미련'은 지속될 수 없었다. 그리고 종래 인조석유, 대용 알루미늄, 대용 마그네슘 등 대체자원 개발을 지향한 제1차 생산력확충계획도 수정되어 전쟁에 필수인 중요물자를 직접 생산한다는 제2차 생산력확충계획으로 이어졌다. 덩달아 같은 조선산 물자라도 종래는 '정품에 대한 대체재'로 인식되던 것이 이제는 '정품 중요재'로 인정되기 시작하였다. 1941년 9월부로 식산국 광무과를 광산과와 산금과로 확대하였다. 원료자원의 강력한 확보를 위한 포석이었다.

한편, 1940년 이후 일본본토와 다르게 조선에서는 군수품만 아니라 생필품의 증산도 과제였다. 그런데 여기에는 조선에서 생필품을 증산하여 일본본토나 엔블록으로 생필품을 보급하려는 계획도 포함되었다. 이것은 종래 조선의 생필품 증산계획이 주로 일본본토의 생필품 이출제한에 대응하여 전개된 것과는 성격이 다른 것이었다. 이렇게 조선에서 소비재공업을 확대하는 것은 본토당국의 견제를 받기도 하였다. 이런 분위기에 대해 총독부 상공과 한동석은 "국민생활을 보장하기 위해서 중점주의를 취하는 것이며, 중점주의란 생필품 이외의 것은 제조하지 않는 것이기 때문에 사치품 제조가 적은 조선에서는 그 타격이 적다"고 하면서 생필품 산업 육성 필요성을 강조하기도 하였다. 또한 「조선물자통제요강」(1940.5.20)에서도 "생활용품을 적극적으로 증산하여 이입대체 효과를 높일 것"이라는 조항이 명시되었다.

2. 제2차 생산력확충계획 추진과 본토기업의 조선 이주

가. 제2차 생산력확충계획 수립

태평양전쟁은 지역적으로 '홀대' 당했던 조선공업의 진로를 일거에 역전시켜서 명실상부한 공업화의 길로 나가게 하였다. 바야흐로 '조선경제의 역할론'이 비등한 상황에서 총독부의 공업정책도 일본본토에 의존하던 물자를 자급하는 정도에서 벗어나 엔블록 경제에 적극적으로 기여할 방향으로 모색되었다. 이런 분위기에서 1942년 4월 미나미 총독은 「생산력확충4대시책」을 발표하였다. 핵심은 "철광석·텅스텐·몰리브덴·아연·운모 등을 위시한 군수 광물자원의 획기적 증산, 조선 서북부의 풍부한 전력을 기반으로 한 화학공업 확충, 미곡 3,400만 석까지의 증산과 인적자원 개발 등"을 강조하고 궁극적으로 "본토경제에 적극적으로 기여하자"[520]는 것이었다.

무엇보다 중요한 변화는 종래에는 일본본토의 증산정책에 따라 조선의 지하자원이 개발되면 곧바로 본토공장으로 이전되어 완제품이 되었으나 이제는 조선산 자원으로 직접 조선에서 완제품을 생산하여 일본본토에 보급하는 방식으로 전환한다는 것이었다. 당시 총독부 기획부장 시오타(鹽田)의 언급에서도 그러한 의도가 드러난다.

조선의 산업 배분은 전력의 유리성을 기반으로 제1차 가공공업을 하는 것이고, 제2·3차 가공공업은 본토에서 해야 한다는 생각이 있었다.

---

520 『殖銀調査月報』, 1942.6, 29쪽.

> <u>조선이 엔블록의 중핵체로서 산업개발상 제1차 가공공업을 고려해야 하겠지만 대륙전진병참기지로서 가능한 한 속히 제2차 가공공업으로 이행하는 데 노력해야 한다.</u> 즉 카바이드로부터 발전된 각종 비료공업 또는 연료공업으로 이행해야 한다고 여겨지는데, 대체의 원칙으로서 제2차 생산력확충계획은 속히 제1차 가공공업의 완성을 꾀하고 제2차 가공공업의 소지를 배양하는 것(이 목적)이다(밑줄은 필자).[521]

그러면서 "조선은 엔블록의 중핵체로서 산업개발상 제1차 가공공업을 고려해야 하겠지만 대륙전진병참기지로서 가능한 한 속히 제2차 가공공업으로 이행하는 데 노력"해야 한다는 것이었다. 이것은 풍부한 전력을 기반으로 한 중화학공업을 중심으로 제2차 가공공업을 확대하고, 일면 '엔블록의 생필품 보급지'라는 미명하에 소비제품을 증산하여 본토경제의 결손을 보충하자는 것이었다. 실제로 1940년대 이후 중간재 반제품보다는 완제품·잡품·식료 완제품의 이출이 급증하였다.

이러한 제2차 가공공업의 확대를 겨냥하여 1942년 6월 상공업정책을 주도하는 식산국 상공과를 상공 제1, 2과로 나누고, 제1과에서는 ① 공업입지 ② 「중요산업단체령」 관련 ③ 공업조사 및 중요물자 현재고 조사 ④ 상업조합 및 공업조합의 지도·감독 ⑤ 중소상공업 ⑥ 기업허가 ⑦ 경금속제조사업 ⑧ 금속 및 기계공업, 화학공업, 섬유공업 관련 ⑨ 상공회의소 및 중요물산동업조합, 공업협회, 발명협회 및 조선물산협회 ⑩ 중앙시험소 및 도량형소 등을 담당하도록 하였다. 또한 제2과에서는 ① 상업

---

[521] '鹽田正洪 식산국장이 金融組合聯合會에서 한 강연', 1942.4.1, 鹽田正洪, 「朝鮮工業の動向に就て私見若干」, 『朝鮮實業』 1942.5, 14쪽.

조사, ② 보험 ③ 거래소 ④ 시장 ⑤ 유가증권업 ⑥무역 ⑦ 박람회와 공진회 등을 담당하였다.

1942년 11월 1일에는「조선총독부관제 개정」(칙령 제727호)과「총독부사무분장규정 개정」(훈령 제54호)으로 종래 상공 제1과 및 기획부 물자조정 제2과의 전부와 상공 제2과 대부분을 통합하여 상공과를 신설하였고, 거기서 ① 상업일반 ② 무역 ③ 공업일반 ④ 섬유공업, 화학공업 및 잡공업 관련 ⑤ 경금속제조사업 ⑥ 섬유, 피혁, 생고무, 공업약품, 화학성품류, 경금속 및 잡품 관련 ⑦ 중앙시험소 및 도량형소 관련 등을 담당하게 하였다.[522] 이번 개정에서 식산국에는 산금과, 전기 제1과 전기 제2과는 유지된 대신 기획부로부터 물가과가 옮겨 왔고, 기존의 광산과가 광정과 및 특수광물과를 통합하였고, 기획부 물자조정 제1과와 광정과의 철강계를 통합한 철광과가 신설되었다. 기존 연료과는 기획부 물자조정 제3과를 통합하였다. 이처럼 태평양전쟁 이후 총독부의 경제시책은 본토의 요구에 협력하여 '본토경제에 대한 기여=조선 현지자급=대륙경제로의 기여=엔블록에서의 역할 제고'라는 틀 속에서 진행되었고, 그런 의도 속에서 1943년도 조선물자동원계획(1942.5)이 수립되었다.

이러한 역할론은 고이소 총독이 부임한 지 한 달 정도 지난 1942년 6월 26일 임시도지사회의에서 한 연설에서도 드러난다.

> 산업경제에 관한 시책은 원래 대동아에 광역경제권을 건설하려는 국가의 대방침으로부터 유리 일탈해서 생각할 수 없다. 그러나 직능과 개성을 달리하는 사지(四肢) 오관(五關)이 모여서 인체의 기능을 할

---

[522] 『朝鮮總督府官報』, 1942.11.1~9 및 『매일신보』, 1942.11.1.

수 있는 것과 같이, 조선은 조선 고유의 산업 입지적 특징을 발휘하여 최선의 능력을 국가수행에 바침이 필요하다고 생각한다. 여기에 있어 아 조선의 인적 물적 자원의 소질 분포, 운반, 교통 등 백반의 요소에 걸쳐 정미한 검토를 하고 또 내지와 광역경제권의 현상 및 장래를 달관하여 조선에 적합한 산업흥륭을 꾀하지 않으면 안 된다고 생각한다(밑줄은 필자).[523]

일본본토에서는 이미 1941년부터 자재 부족과 수송력 감소 때문에 석유정제업·무수알코올·펄프·시멘트·철도차량·자동차 분야의 생산력확충이 중지되었지만, 1942년 조선의 물자동원계획(1942.5)에서는 종래 대체품적 성격에 머물던 경금속공업의 확대를 비롯하여 몰리브덴·니켈·코발트·흑연 등 특수광물, 전력 및 카바이드에 의한 합성화학, 인견·펄프·화학비료·경화유·화약·무수알코올·인견사·스테이블바이퍼 등의 화학공업, 시멘트·내화벽돌 등 요업, 밀가루 등 식료품공업, 제철·조선·공작기계·자동차·항공기공업 등의 종합적인 '육성(育成)'이 천명되었다.[524]

특별히 일본본토에서 철강·석탄·경금속·비철금속 등 이른바 '중점산업'의 육성이 강조되자 총독부 기획위원회 간사회도 이들 중요물자의 증산을 위하여 「생산력확충추진운동실시요강」(1942.10.20)을 발표하였다. 특기할 점은 본토의 생산력확충계획이 1942년 10월부터 5개년으로 단기계획으로 입안되었던 반면, 조선은 태평양전쟁이 종료되는 때까

---

523 『매일신보』, 1942.6.27.
524 『殖銀調査月報』, 1942.7, 26쪽.

지 10년이든 20년이든 계속하기로 한 점이었다.[525] 특히 「실시요령」에서 "주무부서는 해당 공장에 대하여 생산 또는 공사의 진척을 감시하고 독려할 것"(실시요령 제2·3항)이라 하고 또한 계획품목에 대해서도 주무관서가 책정되어 철저한 감시감독을 가한다고 하여 제1차 계획보다 강력한 국가 통제를 명시하였다. 생산력확충 대상 품목에 대한 주무관청을 보면 철강 부문(12개 업종)은 식산국 광정과에서, 석탄(유연탄 1개 업종)은 식산국 연료과에서, 경금속 부문(3개 업종)은 식산국 상공 제1과에서, 비철금속 부문(10개 업종)은 식산국 산금과(産金課)에서, 석유 및 대용품 부문(3개 업종)은 식산국 연료과에서, 소다 부문(5개 업종)은 식산국 상공 제1과(공업염은 전매국 염업과)에서, 철도차량 부문(4개 업종)은 철도국 수품과(收品課)에서, 전력 부문(4개 업종)은 식산국 전기 제1과에서 담당하기로 하는 등 총 8개 부문 43업종에 대한 소관업무를 정리하였다.[526]

종합실행기관으로 기획부 소관으로 기획위원회를 운용하고 사무는 기획부 기획과가 담당하도록 하였다. 이렇게 세밀한 관치통제를 도모한 것은 조선 내 전체 산업설비와 산업주체를 하나의 군사조직처럼 일원화하려는 의도를 반영한 것이었다. 지난 6월 상공과의 1, 2과 개편도 이러한 생산력확충계획의 추진을 위한 사전 정비작업이었다. 제2차 생산력확충계획이 완성되자 다시 11월에 상공과로 회귀하였다.

조선의 '생확'에 관한 구체적인 자료가 적어 세세한 계획 입안과정은 알 수 없다. 그렇지만 개략적으로 보아 조선의 현실을 감안했다고 하더

---

525 「朝鮮經濟界の動き」, 『朝鮮工業組合』 1943.1, 93쪽.
526 總督府 企劃委員會 幹事會, 「生産力擴充推進運動 實施要綱」, 『日帝侵略下韓國三十六年史』 제13권, 253~257쪽.

라도 본토의 원료·자재 수급계획의 일환을 선별적으로 감안하여 적용되었다. 아울러 제2차 생산력확충은 기왕의 종합적인 원자재 동원방식과는 달리 경금속·철강·유안·석탄과 같은 중요원자재 일변도의 증산을 획책하려는 것이었다. 또한 본토와는 달리 전쟁 이후에도 10년, 20년 계속해서 증산계획을 계속해서 실행하기로 하였다. 이것은 각종 원료와 재화가 중점물자에만 집중되는 현상을 무기한 계속하겠다는 것이었다. 이런 획일적 증산체계는 결국 다른 업종의 원료, 자원을 스크랩하거나 조선인에게 가혹한 물자공출을 불러오는 역기능을 불렀다.

흥미로운 것은 제2차 생산력확충은 기존의 중요물자 외에도 '북방권의 보급창' 역할을 자임하며 소비재 공업이나 경공업의 확충도 동반한 점이다. 이것은 북방 엔블록에서 조선경제의 영향력을 나름 높이려는 의도였다. 이런 정책의 영향 아래서 많은 조선인 자본가들이 조선 내에서는 소비재 공업에 참가하고, 중국과 만주 등지로는 자본을 투하하거나 상품시장을 확대하여 이익을 확대하고자 하였다. 그런데 제2차 생확계획은 계획부터 실현이 불가능한 목표치를 만들어 놓는 바람에, 그나마 전황(戰況)이 악화되고 원자재 부족과 노동력 부족이 겹쳐지면서 생산시스템이 안정적으로 유지되기 어려운 상황으로 이어졌다. 그래서 언제든 당국자들은 본래 목표를 수정해야 했고, 수정계획마저도 예상목표를 자주 하향 조정할 수밖에 없었다.

나. 엔블록 산업 연관의 확대

1943년에 작성된 1944년 일본본토의 중요물자에 관한 일·만·중국 물자교류계획(〈표 66〉과 〈표 67〉)은 특정 시기(1944년 2사분기)에 국한된 계획안을 소개한 것이지만, 전체적인 엔블록 내 물자교류 체계와 조선경제의 위상을 이해하는 데 도움이 된다.

〈표 66〉 1944년 2사분기 중요물자 일·만·지 교류계획안(석탄)(단위: 천 톤)

구분		일본본토	조선	대만	사할린	남양	만주·관동주	몽강 북중국	중중국	남방	계
공급력	생산	60,990	8,100	2,800	5,000	-	28,000	23,265	1,200	-	129,355
	기타	-	-	-	-	-	-	-	-	-	-
	합계	60,990	8,100	2,800	5,000	-	28,000	23,265	1,200	-	129,355
현지 소비		60,370	7,200	2,480	2,500	-	25,680	13,515	1,200	-	112,945
(자급률)		99%	89	89	50		92	58	100		87
수이출	본토	-	800	-	2,000	-	720	3,500(*100)	-	-	7,020
	조선	620	-	-	500	-	1,600	950	-	-	3,770
	대만	-	-	-	-	-	-	-	-	-	-
	사할린	-	-	-	-	-	-	-	-	-	-
	남양	-	-	-	-	-	-	-	-	-	-
	만주관동주	-	100	-	-	-	-	3,200	-	-	3,300
	몽강	-	-	-	-	-	-	-	-	-	-
	북중국	-	-	-	-	-	-	-	-	-	-
	중중국	-	-	-	-	-	-	-	-	-	-
	남중국	-	-	-	-	-	-	1,940	-	-	1,940
	남방	-	-	200	-	-	-	60	-	-	260
	예비	-	-	120	-	-	-	-	-	-	120
	계	620	900	320	2,500	-	2,320	9,650	-	-	16,410

출처: 軍需省 總動員局, 1944.6.12,「(極秘) 昭和 19年度 主要物資日滿支交流計劃(案)及2四分期 實施計劃(案)」; 田中申一, 1975, 『日本戰爭經濟秘史』(資料 87), コンピュータ·エージ社, 501쪽.

비고: 몽강 및 북중국탄 조선 배분량(*100)은 조선 내 수급상 절대로 필요한 기대량을 반영함(운송은 기범선 예상).

〈표 66〉은 석탄 사례로, 엔블록 총생산 1억 2,935만 5,000톤 중에서 현지 소비는 1억 1,294만 5,000톤, 나머지 1,641만 5,000톤은 블록 내부의 교류로 비중은 12.7% 정도였다. 일본본토는 총 6,099만 톤 중에서 6,037만 톤을 본토에서 소비하고, 조선으로 62만 톤을 이출하기로 하였다. 특히 조선은 생산 810만 톤 중 자급용이 720만 톤(비중 89%)이었고, 나머지 90만 톤(11%)은 일본(80만 톤)과 만주-관동주(10만 톤)에 배분하도록 하였다. 그런데 조선의 부족분 해결이 문제였다. 그래서 일본 규슈 및 만주, 북중국 등에서 377만 톤을 수입하는 계획을 세웠다. 그중 만주와 북중국 비중이 높아 수입량은 255만 톤에 달하였다.

이처럼 석탄 교류계획은 현지 자급을 우선하고 그 위에 잉여 부분을 블록 내에서 교류하는 방식을 택하였다. 현지 소비 비중(자급 비중)에서 보듯이, 일본본토는 99%, 만주-관동주는 92%, 조선과 대만은 각각 89%, 중중국은 100%였다. 물론 사할린이나 만주-관동주산을 제외하고는 '현지생산, 현지조달'이라는 자급논리가 강조된 것을 알 수 있다. 일본본토에 80만 톤을 주고, 82만 톤을 받는 것은 일본본토에 필요한 역청탄과 조선에 필요한 무연탄을 교환한 것이었다.

〈표 67〉 중요물자 일·만·지 교류계획안(철광석) (단위: 천 톤)

구분		일본본토	조선	대만	사할린	남양	만주·관동주	몽강	북중국	중중국	남중국	계
공급력											
생산		사철 800	-	-	-	-	-	-	-	-	-	-
		4,280	4,100	-	-	-	3,366	1,500	1,108	2,198	2,200	19,552
		*1,299	*50									
기타		저광 276	1,285	-	-	-	-	270	150	250	-	3,580

합계	사철 800	-	-	-	-	-	-	-	-	-	-
	*1,299	*50	-	-	-	-	-	-	-	-	-
	4,556	5,385	-	-	-	3,366	1,770	1,258	2,448	2,200	23,132
현지 소비 (자급률)	사철 800(100)	*50 (100)	-	-	-	-	-	-	-	-	-
	*1,299(100)	-	-	-	-	-	-	-	-	-	-
	4,556(100)	2,957 (55)	-	-	-	3,336 (99)	240 (14)	642 (51)	198 (8)	0	14,078 (61)

수이출

본토	-	1,710	-	-	-	-	-	105	2,150	1,453	5,418
조선	-	-	-	-	-	30	-	-	-	-	30
대만	-	-	-	-	-	-	-	-	-	60	60
사할린	-	-	-	-	-	-	-	-	-	-	-
남양	-	-	-	-	-	-	-	-	-	-	-
만주관동주	-	300	-	-	-	700	200	-	-	-	1,200
몽강	-	-	-	-	-	-	-	-	-	-	-
북중국	-	-	-	-	-	429	-	50	-	479
중중국	-	-	-	-	-	-	-	-	-	-	-
남중국	-	-	-	-	-	-	-	-	-	-	-
남방	-	-	-	-	-	-	-	-	-	-	-
예비	-	418	-	-	-	-	401	311	50	687	1,867
계	-	2,428	-	-	-	30	1,530	616	2,250	2,200	9,054

출처: 軍需省 總動員局, 「(極秘) 昭和 19年度 主要物資日滿支交流計劃(案)及2四分期 實施計劃(案)」, 1944.6.12; 田中申一, 1975, 『日本戰爭經濟秘史』(資料 87), コンピュータ・エージ社, 503쪽.

비고: (1) *표 내역은 다음과 같다. 유산재(일/조) 554/50, 염료재35/0, 동재 510/0, 타타라재 200/0(단위: 천 톤) (2) ( )는 지역별 생산에 대한 현지 소비 비율.

〈표 67〉은 철광석 사례로, 엔블록 총생산은 2,313만 2,000톤을 예상했고, 그중 1,407만 8,000톤을 현지 소비하고, 나머지 905만 4,000톤(39.1%)을 블록 내에서 교류하려는 계획이었다. 석탄에 비해서 현지자급보다 교류 비중이 높았다. 일본본토는 사철 80만 톤 등 총 455만 6,000톤 전량을 일본에서 소비하고, 조선은 생산 538만 5,000톤 중에서 295만 7,000톤은 현지 소비하는 대신 일본본토로 171만 톤 그리고 만주-관동주에 30만 톤을 공급하도록 하였다. 대신 만주·관동주에서 3만 톤을 공급받기로 하였다.

석탄과 달리 철광석은 전적으로 원료지(몽강·북중국·중중국·남중국)에서 생산하여 일본과 기타 생산력확충계획 실시 지역(만주·조선)으로 이동하는 경향이 강하였다. 생산에 대한 현지 소비 수준(=자급률)은 일본 100%, 만주·관동주 99%, 조선 55%, 몽강 14%, 북중국 51%, 중중국 8%, 남중국 0%이었다. 석탄과는 달리 철광석은 원산지와 생산지가 철저히 분리되어 현지자급보다는 블록 내 교류활성화를 통하여 생산력확충 지역으로 이동하는 비중이 상대적으로 높았다.

아울러 석탄의 경우 블록 내 교류를 위한 예비용은 없지만, 철광석은 예비용의 규모가 186만 7,000톤에 달한다. 석탄과는 달리 철광석은 긴급한 블록 내 수요와 특수한 상황에 즉시 적응하여 공급할 수 있게 한 조치로 해석된다. 특히 조선의 경우 생산량의 태반을 예비용으로 남겨 두어 블록 내에서도 가장 많았다. 그것은 '조선의 철광석이 주로 빈철광'[527]이었다는 점에서 현실적으로 고급 철강 생산에 동원되지 않지만 조선의 빈철광마저도 긴급한 상황에서는 활용하겠다는 의지를 보여 주

---

[527] 『朝鮮經濟年報』, 1941·1942년 합집, 134쪽.

는 증표였다.

정리하면 석탄은 일본본토와 조선을 주요한 수요지로 파악하고 조선·사할린·몽강·만주·북중국산 석탄을 본토와 조선에서 주로 수입하는 방식이었다. 그 중 본토행 석탄은 중중국이나 남중국과는 전혀 연관 관계가 없는 것으로 나타난다. 석탄과 반대로 본토행 철광석은 조선·중중국·남중국산을, 만주에는 조선·몽강·북중국산을 그리고 조선에는 약간의 만주산 철광석을 연계하려는 시도가 보인다. 본토는 중남중국과 남방 그리고 조선은 북중국·만주산의 공급을 강조한 계획이었다. 그만큼 당시 본토 정부는 조선의 제철사업을 북방권의 자원과 긴밀히 연결하려는 의지가 강했다고 할 수 있다.

이러한 물자교류체계 아래서 엔블록 내 조선공업의 위상을 보면 〈표 68〉과 같다.

〈표 68〉 엔블록 내 조선의 생산력 비중(단위: 천 톤)

물자명	엔블록				조선				조선 비중		
	1941	1944	증감액	증감률	1941	1944	증감액	증감률	1941	1944	증감률(%p)
알코올	73,000	133,100	50,100	82%	1,500	2,000	500	33%	2%	1.50%	-0.50
동	75.5	121.7	46.2	61	3.5	1.2	-2.3	-67	4.6	1	-3.6
연	24	55.4	31.4	131	9	6	3	50	37.5	1.1	-36.5
보통강강재	4,700	4,550	-150	-3	80	119	39	49	1.7	2.6	0.9
보통강하강	190	234	44	23	6	4	-2	-33	3.2	1.7	-1.5
보통강주강	247	339	92	37	10	15	5	50	4	4.4	0.4
가성소다	258.5	255	-3.5	-1	12	19	7	58	4.6	7.5	2.9
소다회	141	336.6	195.6	139	3.3	7.2	3.9	118	1	2.1	1.1
보통선	4,700	5,751	1,051	22	250	822	572	229	5.3	14.3	9

알루미늄	74	196.9	122.9	166	3	32.3	29.3	977	4.1	16.5	12.4
아 연	61.5	82	20.5	33	6.5	11	4.5	69	1	13.4	12.4
텅스텐광	6	7	1	17	5.4	6	0.6	11	90	65.7	-24.3
시멘트	7,100	5,239	-1,861	-26	1,240	1,200	-40	-3	17.5	23	5.5
유 안	1,835	1,403	-432	-24	505	468	-37	-7	27.5	33.3	2.8
철광석	3,700	11,000	7,300	197	2,100	4,100	2,000	95	56.8	35	-21.8
마그네슘	3.9	11	7.1	182	0.38	3.9	3.52	926	9.8	35.5	25.7
석 면	2.5	15.4	12.9	516	2	5.5	3.5	175	80	35.5	-44.5
운 모	0.16	0.46	0.3	188	0.16	0.16	0	0	100	34.8	-65.2
형 석	42.8	120.2	77.6	181	42	61	19	45	98.1	50.7	-47.4
인상흑연	20	57.3	37.3	186	20	30.5	10.5	53	100	53.3	-46.7
토상흑연	73	136.2	63.2	87	73	73	0	0	100	53.6	-46.4

출처: ① 1944년은 近藤釰一 편, 『太平洋戰下ノ朝鮮』 제5호, 1964.11, 3~5쪽. ② 1941년은 『大野綠一郞 關係文書』제5권, 81~83쪽(김인호, 2000, 『식민지 조선경제의 종말』, 신서원, 357쪽에서 인용).
비고: 알코올 단위는 kl

    먼저, 1941~1944년에 엔블록에서 조선의 생산 비중이 하락한 업종은 총 21개 중에서 알코올·동·연·보통강하강·텅스텐광·철광석·석면·운모·형석·토상흑연·인상흑연 등 지하자원을 가공한 원자재 부류인 11개 업종이다. 종전까지 조선에서 중점 생산하였으나 만주국이나 다른 엔블록권에 의해 대체된 모습을 보여 준다. 반대로 철강·알루미늄·마그네슘·유안·아연 등 5개 가공물자의 비중은 높아졌다. 1940년 이후 종래 자원개발 중심에서 벗어나 적어도 자원을 이용한 가공공업이 증가하였다. 이처럼 제2차 생산력확충에서 엔블록 내 조선경제의 위상이 달라진 것은 사실이었다. 종래에는 원자재 지하자원 비중이 높았으나 점차 제2차 가공공업이 확장되는 국면이 뚜렷하였다.

다. 본토자본과 공업시설의 이주

(1) 중일전쟁 전후 자본과 공업시설 이주

1930년대 중반 이후 조선으로 본토자본이 대거 진출하였다. 당시 본토에서「중요산업통제법」이 실시되면서 각종 조업단축과 통제강화로 경영난에 몰린 기업이 산업통제가 미약하고 저렴한 노동력이 존재하는 조선을 겨냥하여 '러시'를 이룬 것이다. 1927년경까지 10억 원 정도였던 본토자본의 투자액은 1938년에 36억 원에 달하였다.[528]

그런데 태평양전쟁 이후 일본본토에 대한 연합군의 폭격 위험과「금속회수령」,「기업정비령」등 극렬한 통제가 진행되면서 또 한 번 크게 진출하였는데, 이때의 이주는 진출이라는 의미보다 피난이라는 의미가 컸다. 조사기관별로 다르지만 유입액이 1941년경에는 72~75억 원에 달하였으며 8·15해방까지 조선으로 70~80억 원에 달했다는 계산도 있다.[529]

당시 일본인 개인 투자액을 추정하면, 1931년까지 조선에 투하된 본토자본은 총 21억 2,879만 원이었고, 그중 개인투자는 1억 4,500만 원으로 6.8%에 불과하였다. 그러나 1941년에는 72억 2,440만 원 중 9억

---

[528] 「조선투하 내지자본과 그것에 의한 사업」,『殖銀調査月報』, 1940.6, 42쪽.

[529] 8·15까지는 近藤釖一, 1962,「太平洋戰下の朝鮮」,『太平洋戰下の朝鮮』제1호, 8쪽; 1941년 통계는 山本有造, 1983,「일본의 식민지 투자」,『近代 東아시아와 日本帝國主義』, 한밭, 80쪽; 김한주,「농정사」, 1947[전석담 등 저, 1989,『朝鮮近代社會經濟史』(부록), 자작아카데미], 456~457쪽. 물론 이 통계는 유입액만을 계산한 것이었다. 또한 코헨은 1946년 8월 3일 자「Oriental economist」기록을 인용하여 1942년 말까지 조선에 투자된 본토자금을 약 73억 3,000만 원으로 추정하였다(J.B.Cohen, 大內兵衛 역, 1950,『戰時戰後日本經濟』上, 岩波書店, 51쪽).

7,310만 원에 달하여 비중이 13.5%로 상승하였고, 개인투자 중 공업투자액은 1억 원 정도였다.[530] 1938년 말 조선인 회사의 불입자본금 총계가 1억 2,266만 원인 점을 생각할 때, 일본인 개인공업 투자규모도 무척 커졌다.

종래 본토와 조선 간의 상품유통 구조는 이랬다. 예를 들어 견직물처럼 소비는 증가하는데 조선에서 직접 견직물을 공급할 능력이 안 되면 조선산 생사를 일본본토로 이출하여 견직물을 만들어 조선으로 역수출하는 구조였다. 그러나 중일전쟁 이후 본토에서 생산할 여건이 나빠졌다. 그러자 이제는 총독부가 직접 나서서 본토공장 유치에 나서면서 조선에서 생산할 수 있는 길을 모색했고, 본토 소재 공장도 각종 비군수산업에 대한 통제가 강화되고, 전력 부족이 노골화한 상황에서 조선의 자원과 총독부의 '육성정책'에 고무되어 이주하려는 의욕이 커지던 상황이었다.

이 시기 이주기업은 업종별로는 방직 등 비군수업체가 많았고, 지역적으로는 조선남부에 많이 위치하였다. 예를 들어 1939년 11월의 한 달 동안, 총 부지 40만 평에 달하는 영등포공단으로 이주한 건수는 총 169건이었고, 면적으로는 20만 평 규모였다. 부지의 절반이 한 달 만에 채워진 것이었다. 당시 조선 내에서 이주 신청한 기업은 서울 82건, 비서울권 30건이었고, 일본본토에서 이주 신청한 공장은 고베 12건, 오사카 25건, 도쿄 9건, 지바 1건, 후쿠오카 7건, 나고야 3건 등이었다. 여기서 서울에서 이주를 신청한 82건을 제외하면 조선 내 이주 신청은 30건에

---

530 김한주, 1989, 「농정사」, 456쪽(전석담 등 저, 1989, 『朝鮮近代社會經濟史』-부록-, 자작아카데미).

불과하다. 반대로 일본본토에서의 이주 신청은 57건에 달하였다.[531] 또한 1939년 1월부터 1942년 8월까지 대략 320개의 경공업체가 조선으로 이주했는데, 견직물·대마방적·메리야스·포백 제품 등 섬유업, 양조·장유·수산통조림 등 식료품업 그리고 문방구·치약·주류·도자기·화장품 등 잡품업이 많았다.[532] 이렇듯 태평양전쟁기 조선 내 공단으로 피난 온 본토 이주기업은 전체 조선 내 입주기업의 1/3 정도로 추정된다.

(2) 태평양전쟁 전후 본토자본과 시설의 이주

오랫동안 총독부가 추진해 왔던 '본토기업자본 유치대책'은 1941년 9월에 한때 중지되었다. 물자부족에 따른 중소공업자의 반발과 수출입 두절이 주된 원인이었다.[533] 그러나 1942년 다시 유치운동이 가속화되었는데, 그것을 촉진한 원인은 역시 조선의 풍부한 자원이었다. 신흥화학(동경에 본점)이 강원도에 자생하는 단풍잎을 이용하고자 춘천에 염료공장을 세운 경우[534] 그리고 오노다시멘트가 규슈의 도쿠라(德浦)시멘트공장을 경북 문경으로 이전한 경우를 들 수 있다.

또한 본토의 비군수산업에 대한 정비를 피해서 유휴설비를 조선으로 이전하려 한 경우도 있었다. 1939년 9월에 닛세이(日淸)제분이 유휴설비를 해주로 이전하여 기존 조선제분에 신공장을 건설한 것이나, 1939년 11월 가네보 실업이 평양 가네보 스테이블바이프(스프, 인조섬유) 공장에서 대량의 유산이 필요하자 유휴설비를 이전하여 유산공장을 건설

---

531 『殖銀調査月報』, 1940.1, 121쪽.
532 『殖銀調査月報』, 1942.12, 35쪽.
533 『殖銀調査月報』, 1941.11, 26쪽.
534 『殖銀調査月報』, 1939.10, 136~137쪽.

<그림 10> 육군대신 소유 재산인 인천조병창

출처: 부평역사박물관

한 경우이다. 1941년도에 삼성회구(繪具)제작소가 서울에 공장을 신설한 것을 비롯하여 도쿄·오사카 출신업자들이 대구에 인조피혁·연필·인쇄·잉크·모자업 등의 이주 신청을 하였다.[535] 또한 일본본토에서 「금속회수령」(1942.3)으로 인조섬유 계열 방적공장 20%를 공출하는 상황이 되면서 방직공장이 대대적으로 이주하였다. 1942년 8월에는 후쿠이나 이시가와 등지의 30개 공장이 직기 2,000여 대를 가지고 이주하여 견직물 및 대마제사를 생산하기 시작하였다.[536] 아울러 기미코시·구레아방적·다이닛본보·가네보·야마토보·제국제마 산하의 공장들이 조선남부로 이주하거나 이주계획을 세우고 있었다.

1940년 이후 조선에 정착한 일본인 업자에 닥친 문제는 조선인 중소공업이 바야흐로 성장하여 경쟁 관계가 된 것이었다. 총독부 경제경찰과에서도 "현저하게 호전된 조선인 상인의 진출로 쇠퇴일로에 있는 일본인 중소상공업자의 유지육성에 특별한 고려를 할 것"[537]이라 하여 조선인 업자로부터 상권을 상실할 위기에 처한 일본인 업자를 구제할 필요성을 언급하였다. 식산국장 카미타키는 "내선일체(內鮮一體)의 완성 차

---

535 京城日報社, 『朝鮮年鑑』, 1943년판, 189쪽.
536 『朝鮮産業年報』, 1943년판, 27쪽.
537 『經濟治安日報』, 1941.12.30, 4쪽.

원에서 상당수 일본인이 조선에 정착하는 것은 절대 필요한데, 정리·통합이라는 것으로 일본인을 조선에서 축출하고서는 그 근본에 반하는 것"[538]이라 하여 중소기업의 육성은 곧 일본인 업자에 대한 보호조치이며, 일본인 업자의 축출로 발생할지 모르는 식민지 통치의 불안을 해소하기 위한 것이라는 점을 분명히 하였다.

1944년 말까지 조선에 본토의 대기업이 대거 이전하였다. 먼저 이주가 완료된 기업은 동면섬유 신의주공장(대마방직), 기미코시 대구공장(대마방직), 조선야마토방적 창동공장(면범포·중포), 조선모직 밀양공장(수방직), 동양제사방직 사리원공장(수방직), 제국(帝國)섬유 인천공장(아마방직), 조선방직 대구공장(메리야스), 조선어망 부산공장(어업용 면연사·면어망), 북선(北鮮)제지 군산공장(양지) 등이었다. 그리고 이주중인 기업은 조선구레아방적 대전공장(면방직), 가네가후치공업 춘천공장(대마방직), 조선마방직 전주공장(대마방직), 조선제지 순천공장(시멘트부대지), 왕자제지 신의주공장(신문지), 조선판지공업 경성공장(판지) 등이었고 이주예정 기업은 조선야마토방적 서울공장(면사방직), 다이닛본 서울공장(면방직), 후지가스방적 대구공장(면사), 동면섬유 서울공장(대마방직), 기미코시 대전공장 등이었다.[539]

한편 1944년경 기왕의 방직공업 이외에도 제철공업 등 5개의 중화학공장의 이주가 결정되었다. 그중에는 본토 소재 이치공장의 제강설비도 이주하였고, 고오베강관의 알루미늄 강관·추출기계 등도 포함되어 있

---

538 上瀧基,「朝鮮産業に就て」,『朝鮮實業』1942.7, 15~16쪽.

539 近藤釖一 편, 1964.11,「第86回帝國議會答辯資料」,『太平洋戰下ノ朝鮮』제5호, 88~89쪽.

었다. 그렇다고 이러한 이주대책이 원활하게 수행된 것은 아니었다. 즉 이들 기업을 이주하기 위하여 일본에서 조선으로 출항한 배 6척 가운데 조선의 항구에 안착한 것은 3척뿐이었고, 2척은 연합군의 폭격으로 침몰했으며 1척은 좌초되고 말았다. 이런 경우에는 조선에 들어온 설비도 본연의 역할을 할 수 없었다.[540]

라. 본토자본에 의한 조선 본점 증가

본토에서 유입된 금융자본은 조선의 금융기관을 통하기보다는 일본 본토의 금융기관과 직접 연결되었기에 비록 자금이 유입되었다고 하더라도 조선 내에서 축적되기는 어려웠다.[541] 또한 당시 조선 내 지점회사는 160여 개사, 불입액은 20억 원에 달하였지만 본토 소재 본점의 자본금을 합산한 것이기 때문에 실제 유입액은 확인할 수 없다.[542]

1940년 이후, 일본본토의 자금 및 물자이입이 감소하였다. 그러자 총독부는 조선 내 자원과 자본으로 조선에서 직접 생필품 및 잡공업을 확대하고자 하였고, 조선인 회사를 비롯하여 조선 내 본점 회사가 급속히 증대하였다.

540　任文桓(총독부 광공국 서기관), 『재계회고』 4, 264쪽.
541　「朝鮮資金問題の新段階」, 『殖銀調査月報』, 1941.6, 26쪽.
542　『産業經濟年報』, 1943년판.

〈표 69〉 조선 내 공업회사(본점)의 자본 구성표 (단위: 천 원)

구분 연도	총회사 수 (A)	공업회사 (B)	B/A (%)	총회사 불입자본금(C)	공업회사 불입자본금(D)	D/C (%)	공업회사당 불입자본금(D/B)
1937.6	5,124	1,164	22.7	745,769	145,832	19.6	125
1940.12	5,893	1,541	26.0	1,579,070	384,972	24.4	250
1941.12	6,262	1,725	27.5	1,815,225	486,775	26.8	282
1944.1	7,044	2,304	32.7	3,017,917	858,786	28.4	373

출처: 殖銀調査部, 『殖銀調査月報』, 1945.1~1945.2, 부록 3쪽.
비고: 원자료에는 본·지점별 구분이 없으나 총회사 수나 자본규모를 볼 때 본점이 분명하다고 여겨진다.

〈표 70〉 조선 내 주요 광공업회사의 설립시기(1943)

구분 업종	회사 수	지점 수	본점 수	1937.7.7. 이전 설립		이후 설립	
				지점	본점	지점	본점
광업	27	6	21	6	14	1	7
제철·금속·기계	26	10	16	7	6	3	10
화학	25	2	23	2	14	0	9
방직	18	6	12	6	9	0	6
총계	96	24	72	20	42	4	32
비율	100	100	100	83	58	17	42

출처: 「朝鮮の決戰下企業態勢」, 『朝鮮産業年報』, 1943년판, 67~138쪽.

〈표 69〉에서 공업회사 본점은 1937년 1,164개사에서 1941년에 1,725개사로 늘었다. 총회사에 대한 공업회사 비율도 1937년 22%에서 1944년 33%로 육박하였지만 불입금 비율은 1940년대 이후 별로 증가하지 않았다. 〈표 70〉에서 본지점 설립 동향을 보면, 1937년까지는 지점

과 본점 비율이 20:42였으나 1939년에는 4:32로 본점이 압도적으로 많았다. 특히 제철, 금속, 기계업종은 뚜렷해서 1937년까지 지점과 본점 비율이 7:6이지만 1939년에는 3:10이 되었다. 1943년 일본재벌 및 본토자본의 조선본점합병 사례(1943)를 보면, 홍중상공 부평공장이 미쓰비시제강으로 합병된 것을 비롯하여, 조선화학공업 순천공장은 미쓰비시 일본화성으로 합병되는 등 본점병합이 확산되는 조짐이었다. 이런 조선본점병합에 대해 총독부는 조선본점의 '기술낙후를 해결하기 위한 수단'[543]이라고 평가하지만 실제로는 일본본토가 조선에서 직접 공장을 신설하는 것이 번거로운 상황에서 기존 기업을 흡수·합병하여 용이하게 진출하려는 편의주의도 영향을 미친 것으로 보인다.

〈표 71〉 주요 조선본점제조회사의 지배주주 상황

구분	1941년							
	업체 수	지배주주						
업종	개소	재벌	일본본점	조선본점	개인	동척	미상	
화학	18	2	6	4	5	-	-	
방직	14	1	6	1	4	1	1	
기계	11	-	2	2	5	1	1	
금속	6	-	1	1	3	-	1	
목재	3	-	-	-	-	1	2	
식료	4	-	2	-	2	-	-	
잡공업	4	-	2	1	1	-	-	
총계	60	3	19	9	20	3	5	

543 『殖銀調査月報』, 1943.7, 53쪽.

구분	1943년							
	회사형태			지배주주				
업종	회사 수	본점	지점	재벌	일본본점	개인	동척	조선본점
제철금속기계	26	16	10	2	3	4	2	5
화학	25	23	2	3	9	3	2	6
방직	18	12	6	1	9	1	-	1
목재	2	2	-	-	1	-	1	-
정미제분	4	4	-	-	2	2	-	-
총 계	75	57	18	6	24	10	5	12

출처:『年刊朝鮮』, 1942년판, 27쪽. 東亞經濟時報社 編, 1941년판,『朝鮮銀行會社組合要錄』, 123~207쪽 ;「朝鮮の決戰下企業態勢」,『朝鮮産業年報』, 1943년판, 67~138쪽.

비고: 주주 분석 기준 ① 일본재벌: 三井·三菱·住友·郡是·鐘淵·日窒·安田·日産 등. ② 일본본점: 大東(광업·제강)·中外·日立(기계)·昭和電工(理硏)·東洋경금속·東洋방직·다이닛본보·大川系·大橋系·왕자제지계·조선석유·親和·淺野·片倉·宇部興産·橫山·帝國纖維·壽重工·일본 차량·森系·日綿系·大日本맥주·岩井系·日糖·三興·東方電力系. ③ 특수회사: 日本製鐵·日電 등 본토의 관업이나 국책회사 등을 포함. ④ 東拓. ⑤ 조선 현지 산업자본: 殖銀·鮮銀·조선마그네 등 특수회사 및 조선 본점회사(小倉小林·岩村·弘中·立石·田川·賀田·일본고주파·북선제지·조질 등).

주식 등을 통하여 경영권을 간접 지배하는 사례도 늘었다. 〈표 71〉에서 조선본점의 지배주주를 보면, 1941년도 조사대상 60개사 가운데 재벌은 3개사, 본토본점 19개사 등으로 22개사이고, 지배율은 37%였다. 그런데 1943년에는 조사대상 57개사 가운데 재벌이 6개사, 본토본점 24개사 등 총 30개사로 지배율이 52.6%가 되었다. 이는 재벌의 본점지배가 급속히 강화되었다는 것을 보여 준다. 반면, 조선 내 개인이나 산업자본가가 지배주주인 것은 1941년 29개사(동척 포함 시 32개사)로 총수의 53%였으나 1943년에는 22개사(동척을 포함해도 27개사)로 38% 정도로 감소하였다.

마. 소비재 생필품의 증산

(1) 방직공업의 확대

1929년 대공황 이후 제사업에 대한 과잉투자 문제가 불거지고, 제사업의 위기 속에서 총독부는 1935년 8월과 10월에 「조선제사업령」과 「조선제사업령 시행세칙」을 공포하고, 같은 해 11월 1일에 시행하였다. 제사업자에 대한 인가를 핵심으로 하는 「조선제사업령」은 조선의 제사업에 대한 본격적인 통제를 의미하였다. 하지만 제사업 통제는 다른 산업과 달리 신디케이트를 형성하는 것이 아니라 과도하게 증가한 제사업자와 생사 생산량의 통제에 초점이 맞춰졌다. 그런데 수출을 위해 기계제사로 재편한 일본본토의 중소제사업과 달리 조선의 중소제사업은 좌조(坐造)·족답제사(足踏製絲)[544] 방식으로 생사를 생산함으로써[545] 일본인 업자와의 경쟁에서 뒤처질 수밖에 없었고, 극도의 저가 원자재 생산체제로 전환하게 되었다.

이처럼 1920년대 각광을 받던 생사업은 쇠퇴한 대신 1930년대부터는 조선에서 인견 산업이 크게 증가하였다. 1930년대 후반에는 인도나 네델란드령 동인도(인도네시아)를 누르고 일본산 인견의 최대 수이출지가 되었다. 조선도 1930년대 후반에는 인견이 수이입에서 면포를 능가할 정도였다. 조선에서 인견의 수요가 증가한 것은 가격은 면포 수준이었지만 광택은 본견을 능가할 정도로 좋아서 조선인의 기호에 맞았기

---

[544] 족답기는 발의 운동으로 종광, 바디, 북을 조작하는 직기로, 수직기(手織機)와 역직기(力織機) 사이 과도기에 사용하던 직기이다.

[545] 김선웅, 2016, 「1930년대 조선인 중소공업의 수직적 분업구조와 식민지적 특징」, 『한일관계사연구』 제54호, 449쪽.

때문이었다.[546] 이에 1932년 조선직물 안양공장을 필두로 하여 본토자본에 의한 공장 설립이 늘어났다. 특히 가네보 평양공장과 다이닛본보 청진공장에서 인견사 생산을 시작하면서 생산량이 급증하였고, 또한 북선제지화학공업 길주공장에서도 인견펄프를 생산하였다.

1920년대 후반부터 일본본토에서 조선시장의 비중이 낮아졌고, 상대적으로 조선 내 면포 생산에 대한 반감도 줄었다. 1922년 조선방직 부산공장이 조업한 이후 1934년 동양방직 인천공장이 조업하였고, 중일전쟁 이후 동양방적 서울공장, 가네가후치방적 전남공장 및 서울공장 등 대규모 공장이 속속 설립되었다. 이들 공장 중에는 일본본토에서 중소기업이나 소비재 산업 분야를 대대적으로 정리하는 정책을 전개하자 이를 피해 조선으로 이주한 경우가 많았다. 1942년 이후 총독부는 대륙에서 필요한 소비재를 보급하고자 수원·인천·해주 등지에 대규모 공장 건설을 허가하였다. 조선북부에도 가네가후치방직 평양공장(1937), 다이닛본보 청진공장(1937), 동양레이온 함흥공장(1940) 등 재벌 공장이 입주하였다.

〈표 72〉 1930년대 조선 방직 가내공업 추세(단위: 천 원, %)

연도	방직액	총공산액 대비
1932	20,557	15.9
1933	22,000	14.9
1934	25,825	15.5
1935	25,812	12.9
1939	44,860	13.7

출처: 김인호(1998) 『태평양전쟁기 조선공업연구』, 신서원, 334쪽.

---

546 堀和生, 1989, 「1930년대 조선공업화의 재생산조건」, 『近代朝鮮의 經濟構造』, 비봉출판사, 336쪽.

〈표 72〉는 조선의 방직계통 가내공업 생산의 추세인데, 전체 공산액 대비 13~16% 수준으로 나름의 비중을 차지하고 있었다. 제조품은 주로 백목면포가 대부분이고, 종사 호수는 1928년 98만 8,000호에서 1935년 78만 9,000호 정도로 감소하였다. 그럼에도 1930년대 후반 면직물 가내공업 종사 호수는 전 농가의 1/3에 달했고, 방직액도 1939년의 경우 1932년의 2배 이상 증가하였다. 다만, 호당 생산은 연간 5~6반(反) 정도로 극히 영세했다.[547]

〈표 73〉 조선 내 방직공업 총생산액(단위: 천 원, %)

연 도	공산액	총공산액 대비
1932	30,798	10.5
1937	122,742	12.9
1941	285,578	13.5
1943	345,000	16.8

출처: 朝鮮銀行調査部, 1948, 『朝鮮經濟年報』 I, 111쪽.

〈표 73〉은 1930년대 이후 조선 내 방직공업 공산액인데 1932년에 비해 1943년경에는 11배 정도 증가하였고, 전체공산액 비중도 10.5%에서 16.8%로 높아졌다. 1937년에는 조선 내 생산이 이입을 상회하였고, 만주·화북 등지에 1억 평방마나 되는 면포를 수출하기도 하였다. 하지만 조선 내 공장은 태사(太絲)로 조포(粗布), 세포(細布)를 생산하는 게 중심

---

547 堀和生, 1989, 「1930년대 조선공업화의 재생산조건」, 『近代朝鮮의 經濟構造』, 비봉출판사, 328, 329쪽. 호리 가즈오는 전시체제 이후 면직물 생산이 급감하였다고 추론(328쪽)했지만 실제로 1939년에도 여전히 생산액이 증가하고 있었다.

이었고, 표백이나 가공의 고급 직포는 여전히 일본본토에서 이입하였다. 1938년부터 순면포 생산이 규제되었기 때문에 인견스프와의 교직을 통해서 생산을 유지하고 있다.[548]

〈표 74〉 조선 내 방직공업의 자산분석(단위: 천 원, %)

구분	고정자산	유동자산	고정비율	유동비율	구성비율		회전율		
					고정자산	유동자산	총자본	불입자본	고정자산
일본본토	656,156	620,097	80	2.5	51	49	0.72	2.19	1.4
조 선	8,537	33,945	37	2.2	20	80	0.85	2.91	4.23

출처: 「朝鮮紡織業の現狀」, 『殖銀調査月報』, 1942.2, 21쪽.
비고: 1941년도 하반기 자료로 추정됨. 조선 본점 방직공장 5개소와 三菱경제연구소 조사 본토 방직회사 11사의 비교임.

〈표 74〉는 조선 내 방직공업의 자산분석 내용인데, 조선 내 방직공장의 고정자산 비율은 20%로, 본토에 비해 절반도 되지 않지만 자본회전율은 일본본토보다 높고, 특히 고정자산 회전율은 본토의 3배에 달하였다. 그만큼 고정자산 투자가 적은 데도 기존의 설비로 최대한의 노동력 활용을 통하여 회전율을 올림으로써 이윤을 극대화 모습을 보여 준다.

〈표 75〉는 자본금 1만 원 이상의 방직공업회사 252개소의 설립시기이다. 각 9년 단위로 구분할 때, 1930년대 이후 설립이 가장 활발하였다. 시기별로 보면 1910~1918년 구간은 11개소이다. 「회사령」과 같은 회사조직을 통제하는 법령 아래서 조선인 회사는 물론 본토회사자본의 진출

---

[548] 堀和生, 1989, 「1930년대 조선공업화의 재생산조건」, 『近代朝鮮の 經濟構造』, 비봉출판사, 330쪽.

도 어려운 사정을 보여 준다. 「회사령」이 완화되는 1918년부터 증가 속도가 빨라졌다. 제1차 세계대전 이후 채권국화한 본토자본이 유휴·과잉 자본을 활용하여 적극 이주한 결과였다. 그러다 1920년대 이후 1935년까지는 매년 4개사 정도의 설립에 그쳤다. 이것은 총독부의 방직공업 육성책이 미미하고 적극적인 설립의 유인이 적었다는 것이다. 다만, 1929년에 특이하게 10개사가 설립되었는데, 본토자본이 공황 위기를 직감하고 한반도로 이주한 결과로 추정한다. 그런데 1935년부터 상황이 달라졌다. 1935년 13개사, 1936년 11개사가 설립되었는데, 다른 해에 비해 이례적으로 많다. 이것은 그간 벌인 총독부의 본토방직자본 유치운동이 결실을 맺은 것으로 보인다.

〈표 75〉 방직공업회사 설립 상황(자본금 1만 원 이상)

침략전쟁 시기		공황 및 농촌진흥운동 시기		문화정치 시기		무단정치 시기	
연도	신설	연도	신설	연도	신설	연도	신설
1945	6	1936	11	1927	3	1918	7
1944	28	1935	13	1926	4	1917	1
1943	46	1934	3	1925	3	1916	0
1942	20	1933	2	1924	6	1915	0
1941	11	1932	3	1923	4	1914	1
1940	20	1931	3	1922	1	1913	1
1939	15	1930	1	1921	1	1912	0
1938	2	1929	10	1920	7	1911	1
1937	6	1928	4	1919	8	1910	0
계	154	계	50	계	37	계	11

출처: 허수열 등, 『한국근대회사 100년사 데이터베이스』, 한국연구재단 기초학문자료센터.

이렇게 본토 방직자본이 대대적으로 진출하고 조선 내에서도 시설과 투자가 증가하면서 직물 분야의 조선 내 공급력은 1930년대 전반기까지 지속적으로 상승하였다. 그만큼 직물 분야 공산품시장 규모도 확장되었고, 수입의존도도 낮아졌다. 이런 현상이 제대로 지속된다면 개발론에서 말하는 '공업화를 유인하는 수요기반'으로 충분히 작동할 만했다.[549] 그러나 1934년을 기점으로 면제품 수입은 급증하기 시작했으며, 불변가격에 기반한 조선 내 면직물 소비도 하향곡선으로 돌아섰다. 중일전쟁 이후에는 공급액조차 하향곡선을 그었다.[550] 물론 1930년대 이후 수입대체가 급속히 시작되었으나 국내 민간소비의 감소에 따른 것이고, 시간이 지날수록 생산력확충과 같은 정책수요에 기반한 증산의 결과라서 정상적인 시장기구에 작동하는 수요기반으로 보기 어려운 것이다.

한편, 중일전쟁으로 잠시 방적회사 설립이 지체되었으나 1939년부터 설립 빈도가 높아져서 1940년 20개사, 1942년 20개사가 설립되었다. 특히 본토에서 방직공업 정리가 본격화된 1943년에는 조선에 46개사나 설립되었다. 조선에서 기업정리가 본격화되는 1944년에도 30개사가 설립되었는데, 이는 두 가지 원인이 중첩된 것이다. 하나는 1943년은 일본본토에서 기업정비로 스크랩이 단행되자 조선으로 이주한 결과이자, 또 하나는 1944년은 조선에서 중소기업정비로 중소공장의 통폐합에 따른 법인화와 관련된다. 여기서 주목되는 것은 일본의 정비는 스크랩으로 귀결되고, 조선의 정비는 통폐합에 이은 회사화(조직화)로 귀결된다는 점이다.

---

549 김낙년, 「식민지기 공업화의 전개」, 『새로운 한국경제발전사』, 나남, 2008, 301쪽.
550 김낙년, 2008, 위의 책, 300쪽 〈표 9-5〉와 302쪽 〈표 9-6〉 참조.

1930년 이후 조선에 설립된 190개 방직회사 상황은 〈표 76〉과 같다.

〈표 76〉 1930년대 이후 설립된 자본금 1만 원 이상 190개 방직공업회사 현황(단위: 원)

회사명	연도별 설립	공칭자본금	불입자본금	소재지	국적
山丸製絲所2	1930(1개소)	30,000	7,500	平壤府	J
大元商會4I	1931(3개소)	18,000	18,000	平壤府	K
朝鮮메리야스3G		30,000	30,000	釜山府	K
關本織布工場4		28,000	28,000	光州郡	J
共盛蠶絲3	1932(3개소)	30,000	30,000	義州郡	J
朝鮮織物2		1,000,000	1,000,000	始興郡	J
大邱製絲2		200,000	50,000	大邱府	J
木浦織物2	1933(2개소)	200,000	50,000	木浦府	K
漢城製綿2		100,000	100,000	京城府	K
朝鮮纖維工業2D	1934(3개소)	200,000	200,000	益山郡	J
馬山繰棉工場2		500,000	500,000	馬山府	J
時實商店2		300,000	300,000	京城府	J
統營撚絲3	1935 (13개소)	15,000	15,000	統營郡	J
清水4		600,000	600,000	晋州府	J
日鮮染工2		98,000	98,000	仁川府	J
本田繰綿工場2		500,000	250,000	麗水郡	J
朝日織物工業社3		50,000	50,000	麗水郡	K
丸和工業2		600,000	600,000	釜山府	J
大石綿行3		13,500	13,500	東萊郡	J
丸新絹布工場4		70,000	70,000	東萊郡	K

開進製絲2		20,000	20,000	大田郡	J
北鮮蠶絲4		50,000	50,000	吉州郡	J
泰昌織物2		1,000,000	750,000	高陽郡	K
東光生絲2		150,000	37,500	京城府	K
昭和製絲2		500,000	125,000	京城府	J
咸南製絲場4		30,000	30,000	咸興府	J
新光織物2		300,000	300,000	鎭南浦府	K
昭和製綿2		50,000	12,500	木浦府	J
無等洋襪工場4		15,000	15,000	光州府	K
京畿染織2	1936 (11개소)	3,000,000	3,000,000	京城府	J
三光와이셔츠칼라製造所4		20,000	20,000	京城府	K
小松安井商店2		500,000	500,000	京城府	J
朝鮮生絲2		250,000	187,500	京城府	J
朝鮮蠶絲2		250,000	250,000	京城府	J
鐘淵紡績2		60,000,000	39,063,825	京城府	J
朝陽紡織2		500,000	125,000	江華郡	K
咸南工業2		150,000	75,000	元山府	K
朝鮮레이온2		10,000,000	7,500,000	梁山郡	J
朝鮮紡織2	1937 (6개소)	5,000,000	1,250,000	釜山府	J
旭絹織2		1,000,000	600,000	東萊郡	J
西鮮人絹織物2		200,000	200,000	大同郡	K
東洋工業社4		500,000	500,000	開城府	K
協同製綿3	1938 (2개소)	120,000	120,000	平壤府	K
九新絹布工場4		70,000	70,000	東萊郡	K

회사명	연도	자본금	납입자본금	소재지	구분
朝鮮纖維工業2A	1939 (15개소)	250,000	125,000	仁川府	J
富屋纖維工業2		180,000	180,000	始興郡	K
愛國纖維2		180,000	180,000	始興郡	
森林産業2		750,000	495,000	釜山府	J
朝鮮타올工業2		180,000	90,000	釜山府	J
朝鮮輸出編物2		198,000	198,000	釜山府	J
密陽織物4		38,000	38,000	密陽郡	J
忠南産業2		180,000	180,000	大田府	J
南鮮타올工業2		180,000	90,000	大邱府	J
京城타올2		180,000	63,000	京城府	J
久和商店4		204,800	204,800	京城府	J
東和織物2		180,000	90,000	京城府	K
滿蒙毛織布2		40,000	40,000	京城府	J
朝鮮纖維再生工業2		195,000	147,500	京城府	
朝鮮纖維再製工業2		100,000	40,000	京城府	J
北鮮絹織4	1940 (20개소)	55,000	55,000	咸興府	K
大里製綿2		150,000	150,000	平壤府	J
半島纖維工業2		180,000	112,320	平壤府	
半島再生纖維2		180,000	45,000	平壤府	J
金剛緞通2		100,000	100,000	春川郡	J
朝鮮新興紡織2		270,000	135,000	昌原郡	J
全州製絲2		50,000	50,000	全州府	J
朝鮮製麻4		30,000	30,000	新義州府	J
綾羽織布5		190,000	190,000	釜山府	J
大田再生綿絲2		180,000	45,000	大田府	J

大田織物2		180,000	90,000	大田府	K
日出製絲2		180,000	90,000	大邱府	J
三和絹織2		190,000	190,000	高陽郡	J
藤野製綿2		500,000	500,000	京城府	J
松宮友仙染工場2		50,000	50,000	京城府	
愛國纖維再生工業2		180,000	180,000	京城府	J
日本棉花2A		12,750,000	6,882,000	京城府	J
朝鮮玉繭工業2		150,000	127,500	京城府	J
朝鮮製絲2		850,000	850,000	京城府	K
朝鮮布帛製品5		195,000	195,000	京城府	J
丸山纖維5	1941 (11개소)	30,000	30,000	麗水郡	
大井製絲2		120,000	60,000	安東郡	J
太陽物産4		30,000	30,000	釜山府	J
丸福5		30,000	30,000	釜山府	J
報國纖維工業2		100,000	25,000	木浦府	J
慶南合同製絲2		180,000	180,000	東萊郡	
光州産業2		800,000	400,000	光州府	J
日本貿易5		18,000	18,000	京城府	K
日本疊絲5		145,000	145,000	京城府	J
全北製絲2		160,000	160,000	京城府	J
東洋絨氈工業2		180,000	72,000	開城府	J
東洋製綿5	1942 (20개소)	198,000	198,000	平壤府	J
全北織物5		180,000	180,000	全州府	J
日本帆布2		190,000	190,000	釜山府	J
朝鮮興業2G		800,000	800,000	東萊郡	J

	慶北共同織物工場2		300,000	300,000	大邱府	J
	慶北機業2		200,000	200,000	大邱府	J
	大邱繭絲工業5		50,000	50,000	大邱府	J
	大邱絹織2		300,000	300,000	大邱府	J
	群山織物2		180,000	135,000	群山府	J
	菊井織布2		480,000	480,000	京城府	J
	北鮮纖維5		30,000	30,000	京城府	
	鮮京織物2		500,000	500,000	京城府	J
	鮮一絹織2		500,000	500,000	京城府	J
	松居織工場2		500,000	500,000	京城府	J
	朝鮮加工織布2		150,000	150,000	京城府	J
	朝鮮大和紡績2		5,000,000	1,250,000	京城府	J
	朝鮮벨트(belt)2		180,000	90,000	京城府	J
	朝鮮荒川商店2		195,000	195,000	京城府	J
	朝鮮厚織工業2		180,000	90,000	京城府	J
	中谷商店2		470,000	470,000	京城府	J
	日本纖維加工5		195,000	195,000	咸興府	J
	大東亞紡織2		500,000	500,000	平壤府	J
	大同製綿5		49,000	49,000	平壤府	J
	東亞纖維5	1943 (46개소)	60,000	60,000	平壤府	J
	朝鮮메리야스3I		105,000	105,000	平壤府	K
	北鮮洗染工業4		12,900	12,900	淸津府	J
	新義州纖維工業2		900,000	900,000	義州郡	J
	大東工業2		195,000	195,000	新義州府	J
	山淸織物工場5		54,400	54,400	山淸郡	J

高橋商店2		600,000	600,000	釜山府	J
釜山莫大小製造2		180,000	90,000	釜山府	J
釜山纖維加工2		180,000	72,000	釜山府	J
釜山合同莫大小2		100,000	50,000	釜山府	J
朝鮮纖維工業5		60,000	60,000	釜山府	J
南鮮織物2		180,000	180,000	密陽郡	J
朝鮮펠트(felt)5		180,000	180,000	密陽郡	J
大田莫大小製造2		120,000	30,000	大田府	J
東洋메리야스工場5		160,000	160,000	大田府	J
京染友禪工業2		180,000	90,000	大邱府	J
東洋絹織2		500,000	500,000	大邱府	J
朝鮮撚絲2		400,000	400,000	大邱府	J
朝鮮染工2		180,000	180,000	大邱府	J
朝鮮製紐工業2		120,000	120,000	大邱府	J
湖南紡織2		16,000	16,000	光州府	J
京都絞リ工業2		195,000	195,000	京城府	J
古莊商店2		1,000,000	1,000,000	京城府	J
金剛製織5		190,000	190,000	京城府	J
大和有職織物2		200,000	200,000	京城府	J
大丸纖維工業2		180,000	135,000	京城府	J
東洋染工場3		200,000	200,000	京城府	J
福井商店2N		198,000	198,000	京城府	J
福井纖維工業所2		100,000	100,000	京城府	J
不二纖維工業所5		20,000	20,000	京城府	J
旭石綿工業2		120,000	120,000	京城府	J

회사명		공칭자본금	납입자본금	소재지	
朝鮮파일pile織物工業5		180,000	180,000	京城府	J
朝鮮메리야스2		600,000	600,000	京城府	J
朝鮮메리야스工業2		2,000,000	1,000,000	京城府	J
朝鮮레이스2		150,000	150,000	京城府	J
朝鮮絹絲工業2		120,000	120,000	京城府	J
朝鮮捺染工業2		300,000	300,000	京城府	J
朝鮮吳羽紡績2		5,000,000	1,250,000	京城府	J
朝鮮編織2		2,000,000	1,000,000	京城府	
中谷産業2		470,000	470,000	京城府	J
振興染織2		100,000	100,000	京城府	
昌和工業2		300,000	300,000	京城府	J
興亞紡績2		5,000,000	1,250,000	京城府	J
東亞軍手工業5	1944 (28개소)	195,000	195,000	平壤府	
三盛棉業2		195,000	195,000	平壤府	
興亞纖維工業5		49,900	49,900	平壤府	
黃海織物2		180,000	108,000	平山郡	
朝鮮特殊纖維2		180,000	90,000	晋州府	
晋州織物工業5		25,000	25,000	晋州府	J
朝鮮纖維機具工業2		100,000	50,000	仁川府	
同興織物2		2,000,000	1,500,000	水原郡	
慶南織物工業5		100,000	100,000	泗川郡	
半島製網4		28,000	28,000	釜山府	J
朝鮮毛織2		3,000,000	3,000,000	釜山府	J
丸大纖維5		180,000	180,000	釜山府	
木浦製綿2		150,000	150,000	務安郡	

梁川織物工業5		150,000	150,000	大邱府	
太陽紡織2		300,000	300,000	大邱府	
豊田纖維工業2		2,000,000	1,000,000	大邱府	
生駒工業2		180,000	99,000	高陽郡	
渡邊製絲5		150,000	150,000	京城府	J
東光製絲2		2,000,000	2,000,000	京城府	K
東洋紡績2		87,526,000	87,526,000	京城府	J
東洋製絲紡織2		6,300,000	6,300,000	京城府	J
藤野衛材工業2		500,000	500,000	京城府	J
昭興衣料2		100,000	25,000	京城府	
市原染工5		50,000	50,000	京城府	
帝國纖維2		1,400,000	700,000	京城府	J
朝鮮薴麻纖維工業2		180,000	180,000	京城府	
中央商工2		1,000,000	1,000,000	京城府	K
開城織物2		100,000	100,000	開城府	
晋州絹織2	1945 (6개소)	400,000	400,000	晋州府	
大和絨服工業2		190,000	57,000	釜山府	
慶北莫大小工業5		49,500	49,500	大邱府	
東邦纖維工業2		150,000	150,000	大邱府	
京畿手紡絲織物工業5		100,000	100,000	京城府	
開城纖維工業2		95,000	95,000	開城府	

출처: 허수열 등, 『한국근대회사 100년사 데이터베이스』, 한국연구재단 기초학문자료센터.

공칭자본금이 많은 상위 10개사를 보면 동양방적(1944년 설립), 가네가후치방적(1936), 일본면화(1940), 조선레이온(1937), 동양제사방직

(1944), 조선야마토방적(1942), 홍아방적(1943), 조선구레아방적(1943), 경기염직(1936), 조선모직(1944) 등으로 조선인 회사는 한 곳도 없고 모두 본토의 재벌자본이다. 중일전쟁 이후 설립되거나 일본본토에서 이주한 회사가 대부분인데, 특히 1944년에 이주한 회사가 많았다.

소재지별로 보면 전체 190개사 가운데 70개사가 서울에 소재하였고, 1920년대까지는 평양이 다음이었으나 대구가 17개사로 2위였다. 평양 14개사, 부산 9개사, 대전 6개사, 동래군 6개사 등으로 대구와 부산에 많이 설립되었다. 국적별로 보면 중일전쟁 이전에는 조선인 회사 설립이 상대적으로 빈번했으나 전시체제기에 들면서는 희박해졌다. 본격적인 공업화 단계에서 조선인의 비약적 성장은 드러나지 않았다는 말이다. 물론 창씨개명 영향도 있겠지만 조선인 자본의 결집이 오히려 어려워진 사정을 보여 준다.

(2) 방직공업 육성정책의 의미

중일전쟁 이후 회사와 공장 설립이 많아졌으나 실제 운영은 원료난·인력난 등으로 녹록치 않았다. 특히 제1차 생산력확충계획이 진행되던 1940년 전후의 불황은 경영에 큰 위기감을 주었다.

방직업 발전은 우선 대기업의 진출로써 동부 인천에 제국제마가 건설 중일 뿐 그밖에는 기대하기 어렵다. 특히 종전의 공장에서도 중일전쟁의 진전에 따라 상당히 강력한 제한이 가해진다. 특히 엔블록 정책에 따른 외국 면의 수입 두절은 방직업에 심대한 악영향을 가져오며 각 공장도 연료 수입난 때문에 운전을 일부 중지하거나 제한할 수

밖에 없는 상황에 이르며 전력사용도 오히려 감소하였다.[551]

상시적인 물자난이 그 원인이었는데, 남방경제간담회(1941.9.25. 발족)에서도 조선 내 가공 설비가 있는 방직업과 동남아 방직원료의 수입을 통한 연계를 기획했다. 이것은 동남아 원료를 통해서라도 물자난을 해결하고 싶은 염원 때문이었다.[552] 이처럼 1940년의 물자난은 일본이 동남아 자원에 대한 갈구를 더욱 조장하였고, 결과적으로 태평양전쟁으로 나아가는 또다른 원인이기도 하였다. 일본본토의 물자난과 경기 불황으로 소비재, 특히 직물 증산이 순조롭지 못하자 생필품 이출을 제한하는 한편, 방직공업을 정비하는 상황으로 나아갔다.

1942년부터 본격화된 일본본토의 섬유업 정비는 형식적으로는 '민간자치'에 입각했지만[553] 실제로는 국가가 적극 개입하여 대부분의 섬유설비를 파철화하여 철강 생산이나 군수공업으로 집중하는 방식으로 이뤄졌다. 이런 정비로 인해 일본본토의 방직공업은 괴멸에 가까운 타격을 받는 상황이었다. 섬유설비의 공출상황을 보면 1942년 3월 제1차공출이 있은 이후 1944년까지 정방기 845만 5,000추, 직기 3만 4,000대가 공출되었다. 이는 1941년 말 당시 전체 방적기의 64%와 36%에 해당하였다. 공장은 1941년 말 269개소였지만 1944년에는 190개소가 전·폐업하였고, 8·15 패망 당시는 38개소에 불과하였다.[554]

그러나 조선에서는 사정이 달랐다. 고이소 총독은 「산업시책」(1942.6)

---

551 「京仁工業地帶と電力」, 『朝鮮經濟年報』, 1941·1942년 합집, 291쪽.
552 「北方圈の再檢討と朝鮮經濟」, 『朝鮮經濟年報』, 1941·1942년 합집, 320~325쪽 참조.
553 「北方圈の再檢討と朝鮮經濟」, 『朝鮮經濟年報』, 1941·1942년 합집, 320~325쪽 참조.
554 『昭和經濟史』上, 312쪽.

에서 "단순히 일본본토에 대한 의존에서 탈피하는 것에 머무르지 않고 태평양전쟁 이후 엔블록에서 긴급하게 요구할지 모르는 소비재수요를 준비할 것"이라고 한 것처럼 조선의 방직공업은 정비보다는 오히려 '육성대상'으로 이해되었다. 실제로 1944년 이후 '중점산업'에 대한 지원이 강화되는 속에서도 섬유업 생산액은 늘었다.

> 유지공업 및 양곡 가공업 같은 것은 정비 압축되기에 이르렀다. 그러나 본토에서는 정비의 제1진이었던 섬유공업이 조선에서는 입지 조건이나 또 의료의 일정량이 생필품으로 중시되는 것으로 보아도 과도한 정비를 행하지 않고 오히려 섬유자재의 증산과 함께 고율의 생산을 기도하였다.555

1943년 이후 '초중점' 정책이 추진되었을 때도 이 정책은 계속되었다. 조선의 중소공업 가운데 어유비업은 가솔린공업으로, 방직공업은 군수피복으로 전환하는 것이 물자동원에 유리하였다. 따라서 1944년까지도 조선에서는 방직공업 등 소비재 공업은 군수피복산업으로 전환하여 정리를 면할 수 있었다. 물론 업종별로 시기별로 차이는 있었다. 예를 들어 1942년 공업조합의 생산을 보면 직물·타월 업계는 격감한 반면, 메리야스업은 증가하였다.

한편, 일본본토에서 1942년 3월부터 「금속회수령」에 입각하여 면·스프계 방적공장 가운데 20%를 공출하라는 결정이 내려지면서 방직공장의 대대적인 이주 움직임이 촉발되었다. 이에 1942년 8월에 후쿠이나 이

---

555 『殖銀調査月報』, 1944.6, 43쪽.

시가와 등지의 30개 공장이 직기 2,000여 대를 이주하여 견직물 및 대마 제사를 개시하였다.[556] 기미코시·구레아·다이닛본보·가네가후치보·야마토보·제국제마 산하의 공장들도 조선남부로 이주하거나 이주계획을 하고 있었다. 본토공장의 이주는 연합군의 본토 공습에도 원인이 있지만 1942년까지 일본에서 중소공업에 대한 정비정책이 강화된 반면, 조선에서는 생필품 공업을 육성하는 정책이 전개된 것에 일차적인 원인이 있었다.

〈표 77〉 방직업종 요전업자 및 노동자 수(1941.6)

업자	규모	5인 미만 (가내공업)		5~30 (소공업)		30~100인 (중공업)		100인 이상	조선 내 총공장 수	요전업 공장 수	비율 (%)
업종	구분	총수	요전업수	총수	요전업수	총수	요전업수	총수	A	B	B/A
방직	업자	1,568	627	412	82	131	-	65	2,178	719	33
	직공	3,769	1,507	4,958	495	7,038	-	35,388	51,153	2,012	4
합계	업자	13,839	6,783	5,676	1,273	939	16	338	20,782	8,072	39
	직공	26,309	12,559	55,492	6,458	49,468	827	109,499	238,768	19,844	8

출처: 「要對策考究者數調」, 『日本陸海軍省文書』 제32권, 346~354쪽.
비고: ① 본 조사의 업자 및 직공 수는 1939년도 말의 총수로 대신함. ② 전업이 필요한 업자 및 직공 수는 1940년의 현 상황에 금후의 정세를 비추어 추측한 것으로 1941년 6월의 요전·실업자 수를 추측한 것임.

태평양전쟁을 전후하여 조선에서도 수출이 위축되면서 수입대체품 공업이나 군수하청 공장으로 재편하는 전업이 추진되었다. 1941년 6월 당시 방직업종 중에서 요전업자 수는 〈표 77〉과 같은데, 총 2,178개 공장 중에서 719개로 33%가 전업 요망 공장이었다. 직공 3만 5,388명 중에서

---
[556] 『朝鮮産業年報』, 1943년판, 27쪽.

4%인 2,012명이 해당되었다. 업주는 33%인데, 직공은 4%라는 점에서 요전업자 대부분이 영세직물업자로 유추할 수 있다.

〈표 78〉 1942년도 방직계 공업조합의 증가 지수

업종 세목	조합원 수	조합원 생산액	1인당 생산액
메리야스	99	125	126
직물	153	83	54
수건	100	87	87
연사어망	100	93	93
면범포	99	108	109
피복	135	170	118

출처: 前川勘夫, 「朝鮮中小工業對策に關する若干指標の調査」上, 『總督府調査月報』, 1943.7, 13~14쪽.
비고: 1941년도 조합원 수, 조합 생산액, 1인당 생산액 등을 100으로 하여 1942년의 지수를 구한 것.

〈표 78〉은 1941년 대비 1942년 조합당 생산증감 상황인데, 메리야스, 면범포, 피복은 커졌고, 직물, 수건, 연사어망 등은 감소하여 업종별 등락이 있었다. 그만큼 방직업 생산은 일률적으로 성장이냐 도태냐로 설명할 수 없었다.

조선에서 방직산업 정비는 생산력 유실을 저지하는 기업합동 방식이 주로 채용되었다. 예를 들어 제1차 메리야스업 정비(1943.3.19)에서 조선 내 722개 업자가 174개 업자로 압축되었는데, 정리 결과 "유한회사·소조합의 건설이 활발하였다"[557]고 한데서도 나타난다.

---

[557] 『殖銀調査月報』, 1943.8, 41~42쪽.

〈표 79〉처럼 직물업의 기업정비는 1944년 초부터 본격화되었다. 물론 부산에서는 이미 1942년부터 시작되었고, 평양은 1943년 6월에 시작되었지만 주요 도시에서는 1944년 상반기와 하반기에 걸쳐서 본격적으로 이뤄졌다.

〈표 79〉 직물업 기업정비 상황

지역	일자	정비 내용	정비 방식
釜山	1942.8	면사 배급 50玉 이하 업자 42명 정리	정리압축
平壤	1943.6	메리야스업 자치정비, 평양 메리야스 공업조합원 172명 중 직기 5대 이하 70명 통합	정리압축
忠州	1944.2	업자들 서로 합동하여 충주염색가공공업조합(1944.2.28) 신설	법인화
釜山	1944.4	동력 미싱 30대를 정비 단위로 한다는 도 방침에 입각, 피복공업 자치적 통합	자치통합
宣川	1944.7	大東양말공장 및 동흥(東興)양말공장은 금번 모두 군하청공장으로 지정	군수하청화
群山	1944.8	전북 피복생산자 제1회 기업정비, 群山被服合資會社 설립	회사화
大邱	1944.9	대구섬유조합(경북메리야스공조·경북직물공조·경북피복공조) 해산, 경북지부 설립	지부로 재편
仁川	1944.9	종래 인천복장조합을 임의조합에서 인천복장잡화소매상업조합으로 개조	법인화
淸州	1944.9	기업정비로 자본금 100만 원의 忠北피복공업조합 설립	법인화
淸州	1944.1	충북 피복공업조합 해산, 조선 피복공업조합 충북 지부 발족	지부로 재편
全州	1944.1	전북 모자 제조업정비요강 결정, 모자 제조업자 190명 중 79%를 정비계획	정리압축
대도시	1944.12	조선직물공업조합에서 대전·광주·대구·부산·평양에 각각 6개 지부를 설치	지부로 재편

출처:『殖銀調査月報』, 각 연월판(김인호, 1998,『태평양전쟁기 조선공업연구』, 신서원, 386쪽에서 인용).
비고: 1943년 6월부터 1945년 2월까지의 사례.

직물업 정비는 타업종에 비해 다양한 방식으로 이뤄졌다. 예를 들어 평양 메리야스공업조합은 조합원 가운데 직기 수 5대 이하인 영세 가내공업이나 개인 영업체를 대상으로 정비하였다. 군산은 기업합동으로 주식회사가 발족되었고, 청주는 기업합동으로 조합이 결성된 후 다시 조선피복(주) 충북지부로 재편되었다. 대구·부산·광주·평양의 직물조합도 조선직물공업조합 지부로 재편되었다. 정리압축된 경우는 전북의 모자업, 평양 메리야스업, 부산의 면포업 등이었다. 대개는 공업조합으로 재편하거나 조선피복주식회사·조선직물공업조합의 지부로 재편되었다. 또한 선천의 양말공장은 군수하청공장으로 재편되었다. 지역적으로 보면 중부·남부의 정비사례가 북부보다 많았다. 요컨대 직물업 정비는 기업합동에 의해 기존업자를 조합 및 회사로 적극적으로 포섭하는 것이었고, 정비 대상은 주로 영세한 개인영업체나 가내공업이었다.

(3) 경성방직 경영과 운명

1919년 10월 경성부 남대문통 1정목 115에서 설립된 조선인 회사인 경성방직은 자본금 100만 원으로 시작하였으나 삼품(三品)투기사건 등으로 영업난을 겪었고, 1923년 영등포공장이 설립되어 본격적으로 광목 조포(粗布)인 태극성(太極星), 불로초(不老草), 산삼(山蔘), 삼신산(三神山), 천도(天桃) 등을, 세포(細布)인 쌍연(双燕), 보희조(報喜鳥), 해타(海駝) 등을 생산하였다. 당시 총독부는 본토 이주자본이나 재조일본인의 요구에 부응하는 입장이었으므로 이입세를 철폐하라는 요구에도 불구하고 면직물만큼은 예외를 두어 관세를 부과하였다.

이때 경성방직은 면직물의 관세 유지를 위해 『동아일보』 등에 지속적으로 이입세 존치를 요구하였다. 총독부로서도 직물과 주류 관련 이입세가 주요 세입이었으므로 이입세 철폐에 미온적이었다. 경성방직은 설립 초기부터 운영난에 봉착했다. 그런데 동일 제품을 생산하는 조선방직이 거액의 보조금을 받고 있다는 사실을 알고는 총독부에 동등하게 취급해 줄 것을 요청하였다. 그래서 2만 8,000원의 보조금을 받게 되어 경영 위기를 넘기기도 하였다.[558]

1930년대 경성방직은 본토산 면직물 가격의 하락과 조선으로의 유입 그리고 본토 내 경쟁과 규제를 회피하고자 하는 대규모 면방직 자본의 진출 때문에 어려움을 겪었다. 그럼에도 만주에서 제2차 잠정관세 개정 등으로 진출의 기회가 열리고, 불로초표 광목이 만주에서 각광을 받으면서, 한때 조선 내 수요의 35%에 달하는 면포를 수출할 수 있었다. 이에 일약 재무가 개선되어 1934년 매출액 44만 9,000원, 순이익 약 4만 7,000원에 불과했으나 1935년에는 매출액 53만 7,000원, 순이익 13만 2,000원으로 한순간에 3배에 달하는 당기순이익을 챙겼다. 1934년 봉천 사무소 개설과 1935년 방적 부문 신설 및 직포 부문 확장도 이 같은 면사포 시장의 재편에 따른 수출시장 확대라는 낙관적인 전망을 전제로 한 것이었다.[559]

그런 상황에서 중일전쟁은 새로운 활로를 여는 중요한 계기였다. 당시 경성방직 사장 김연수의 회고문에도 드러나고 있다.

일본군이 파죽지세로 상해와 남경 등지를 점령하자 그곳의 중국

---

[558] 서문석, 2007, 「일제의 산업정책과 조선인 자본의 형성」, 『동양학』 제41호, 단국대학교 동양학연구원, 267쪽.

[559] 서문석, 2007, 위의 글.

인 경영의 방직공장들이 거의 폐문 상태여서 직포난은 날로 격심해 갔다. 이 무렵부터 만주에서 인기를 끌고 있던 불로초표 광목이 이번에는 화북 일대로 그 세력을 뻗쳐 경성방직은 크게 신장하게 되었다. 그것은 중국인들이 적대 국가인 일본제품을 기피하는 데서 생긴 현상이다. 이 뜻하지 않은 국제무대에서 각광을 받으면서부터 경성방직은 생산에 박차를 가하여 즐거운 비명을 올리고 있었다. <u>이대로 전진만 한다면 경성방직은 이제 한국의 경성방직이 아니라 동양의 경성방직이 되는 날도 그리 멀지 않을 것 같았다</u>(밑줄은 필자).[560]

중일전쟁 이후 경성방직은 대규모 차입을 통한 기업확장과 해외진출을 통해서 활로를 찾았다. 당시 경성방직의 공칭 자본금은 1931년까지 100만 원이었으나 1935년 증자하여 300만 원, 1938년 해동은행 합병으로 500만 원, 1942년에는 남만방적 출자금 확보를 위한 2배 증자를 실시하여 1,000만 원에 달하였다. 1944년에는 중앙상공과 동광제사를 합병하여 자본금은 일약 1,300만 원이 되었다.[561] 처음에는 화북지방에 공장을 건설할 계획이었으나 이후 입장이 바뀌어 만주국 소가둔에 남만방적(南滿紡績)을 세우기로 하고, 1939년 12월 16일 서울에서 창립총회(자본금 1,000만 원)를 가졌다. 1940년 27만여 평에 공장을 착공하고, 1942년에 준공하여 1943년부터 조업하였다. 이 회사는 방기(紡機) 3만 5,000추, 직기 1,000대, 노동자 2,000명을 보유하였다.[562]

---

560 한국일보사편, 1981, 『財界回顧』제1권 「원로기업인편1」, 94쪽.
561 정안기, 2005, 「식민지기 경성방직의 전시경영과 만주투자-제국의 첨병 조선방직과 비교경영의 관점에서-」, 『경제사학』 제38호, 164쪽.
562 京城紡織株式會社, 1989.12, 『京紡 70年史』, 107~101쪽.

전시경영을 하면서 차입금도 급증하였다. 전시통제기에 증가한 장기 고정부채는 1937년 하반기 150만 원을 시작으로 1943년 후반에는 217만 원이었고, 이후 증가하여 반기별 평균 700만 원 수준을 유지하였다. 그 결과 1944년 후반에는 납입자본금의 약 2배를 넘는 2,069만 원을 기록하였다.[563] 반면, 당기순이익도 크게 증가하였다. 1936년 6~7만 원이었지만 1939년에는 63만 6,873원, 1945년에는 무려 100만 3,000여 원이었다.[564] 고정자산(토지·건물·시설)은 1934년 불과 30만 원이었지만 1945년에는 43배에 달하는 1,173만 원이었다. 자본금도 창립 당시 25만 원이었으나 1942년에는 1,000만 원, 1945년에는 1,300만 원이었다.

『경성방직70년사』(1989.12)를 보면, 당시 여공들의 철야작업을 통해 직물을 생산하여 고스란히 군수로 동원하거나 비행기 생산에 필요한 섬유제품을 생산하였다는 내용이 있다. 적극적으로 군수물자 생산에 참가하면서 이룬 이윤이었다. 하지만 대부분의 조선인 자본이 몰락해 가는 시절에 총독부의 정책에 편승해 이룬 경성방직의 성장은 정책의 몰락과 함께 '실패할 수밖에 없는 성공'이었다는 평가도 있다.[565]

(4) 도정업의 기형적 확장과 기업정비

조선에서의 기계제 정미업은 산미증식계획에 따른 미곡이출 증가와 함께 빠르게 성장하였다. 정미공장은 1911년 총공장 252개소 중 75개소(29.8%)였는데, 1940년에는 7,142개 공장 중 1,500개(21.0%)에 달하였다.

---

563 정안기, 2005, 앞의 글, 『경제사학』 제38호, 165쪽.

564 『京紡70年史』, 120쪽.

565 서문석, 2007, 「일제의 산업정책과 조선인 자본의 형성」, 『동양학』 제41호, 단국대학교 동양학연구원, 267쪽.

지역별로는 조선남부 7개 도에서 전체 정미소의 약 80%와 정미량의 75%를 점하였다.566

특히 1939년의 조선에서는 대규모 가뭄으로 1940년부터 미곡통제가 시작되었고, 각도에 배급조합이 설치되었다. 여기에 생산력확충계획이 본격화되면서 물자난이 심각해졌다. 1940년 10월 경성상공회의소가 실시한 경성부(서울)의 실업현황에서 정미업은 총 177점 가운데 160점이 실업이라고 하였다. 지정정미소로 지정된 15점을 제외하고는 모두 실업 또는 반실업라는 말이었다. 배급통제에 따라 곡물중개업도 62점이 실업 상태였다.567

> 식료품 공장의 대부분은 가내공업적 양조업 및 정미업이었고, 최근 감소 경향을 보이는 것도 종래 남설된 기미가 있는 것으로 중소공업에 대한 통제로 질적으로 감소한 의미는 아니다.568

중소 규모의 정미업은 파탄상태였지만 대규모 정미제분회사의 이익률은 오히려 상승하였다. 1938년 하반기 풍국제분과 조선정미의 차입금은 276만 6,000원, 이익률은 8.16%, 배당률은 7.5%로 조사대상 50개 업체 7개 업종 중에서 가장 낮은 이익률을 보였다.569 그러나 1941년 두 회

---

566 정안기, 2020, 「1940년대 기업정비 3대 업종의 연구」, 『경영사연구』 제35-2호(통권 94호), 125쪽.
567 『殖銀調査月報』, 1940.12, 109쪽.
568 『殖銀調査月報』, 1941·1942년 합집, 286쪽.
569 『殖銀調査月報』, 1940.6, 38~39쪽.

사의 이익률은 36.2%, 배당률은 9.5%로[570] 양조업과 더불어 높은 이익률과 배당률을 구가하고 있었다.

1943년에 다시 중소정미공장의 불황이 다가와 전국적으로 약 260개소에 달하는 정미공장이 유휴화하였다. 총독부는 자체적인 매수합동을 유도하거나 공동으로 설비전용을 추진하였으나 여의치 않아서[571] 결국 기업정비를 통한 통폐합으로 나아갔다. 1944년 2월 2일 정무총감의 담화 형식으로 정미업에 대한 정비 방침이 발표되었다. 당시 조선 내 정미, 정맥소 및 지방의 임도소(賃搗所)는 약 1만 5,400개였는데, 이 중에서 본토로 이출과 조선 내 배급을 담당하는 정미·정맥소는 1,400개 정도로 감축하고, 농민이 이용하는 지방 임도소 1만 4,000개소는 정비통합을 실시하지 않는다는 방침이었다. 정미업 통폐합으로 정미소의 매수가액은 약 1억 5,000만 원으로 추정되었다. 이들 시설은 최소한 필요능력의 약 3배 정도 되는 과잉시설로 평가되었고, 전동기와 정미기 그리고 기타 부속시설은 중요산업 방면으로 전활용(轉活用)하도록 하였다.[572]

제1차 정비 시점인 1944년 3월 총독부는 장래 유휴설비의 발생이 예상되는 23개 업종 중에서 정미정맥 등 양곡도정업을 「금속회수령」에 의하여 '회수물건(回收物件)'으로 지정하고, 수집된 시설, 물자는 경금속·철강 산업으로 전용하기로 결정하였다. 그리하여 양곡도정업 기업정비는 물자, 금속류는 물론 시설회수까지 대상이 되었다.[573] 이 법령에 따라

---

570 朝鮮事業勞動調查所, 1946, 『鮮勞動時報』 1~2호.
571 정안기, 2020, 「1940년대 기업정비 3대 업종의 연구」, 『경영사연구』 제35-2호(통권 94호), 127쪽.
572 殖銀調查部, 1944.4, 『殖銀調查月報』, 36쪽.
573 『經濟月報』, 1944.4, 9쪽.

총독부는 3월부로 정리대상 정미소를 모두 조선식량영단에 통합하기로 하고 접수를 시작하였다.[574] 4월부터 총독부 양정과는 1,400개의 정미소 가운데 약 400개를 조선식량영단이 직영하도록 하고, 나머지 1,000개소를 정비하였다. 정비 대상이 된 정미소의 기계와 설비는 조선중요물자영단에서 일괄 매수해서 중요산업으로 전용하도록 하였다.[575] 이후 전국 1만 5,400여 개의 정미소는 1,400개로 통합하고 임도소 1만 4,000개는 존치하였다.[576]

그런데 1944년 12월이 되었는데도 정비는 지지부진하였다. 예를 들어 12월까지 1,163개소를 정비하기로 했지만(제1차 정비), 당시까지도 구체적인 「기업정비실시요강」은 결정하지 못한 상황이었다. 그리하여 총독부는 업자들이 신고·제출한 자산가액의 약 60%를 먼저 12월 안에 지불하도록 조선중요물자영단출장소, 대리소, 업자들에게 통지하였다.[577]

(5) 고무공장의 추이

서울, 평양, 부산의 고무신제조업은 1930년대에는 없어서 못 팔 정도로 호황이었다. 이는 특별하게 일본산 이입품에 심각한 약점이 있었기 때문이었다. 하나는 투매로 이출한 조악품이 많이 섞여 있어서, 본토산에 대한 신뢰가 하락한 점, 본토의 고무업자들이 해외시장에 비해 조선 내 시장을 등한시한 점 등이었다.[578] 반면, 조선의 고무업자들은 서울

---

574 「精米業營團直營」, 『매일신보』, 1944. 3.29.
575 정안기, 2020, 앞의 책, 128쪽.
576 殖銀調査部, 1944.4, 『殖銀調査月報』, 36쪽.
577 정안기, 2020, 앞의 책, 128쪽.
578 이승렬, 1990, 「일제하 조선인 고무공업」, 『역사와 현실』 제3호, 237쪽.

의 대륙고무처럼 유럽에 견학한 기사를 고빙하거나 미국 대학에서 화학을 전공한 숭실전문교수 김호연을 고빙했기도 했으며, 중앙상공은 담당자에게 자기 제품의 빛깔 모양 내구성에 관한 품평을 모아서 제품에 반영하기도 하였다. 이런 노력은 조선인 소비자의 기호에 맞아떨어졌다. 가격에서도 1925년경 본토제품이 조선산보다 10% 정도 비쌌다. 이러한 노력으로 조선산 고무신은 경쟁력을 갖추었고, 고무공업자들도 높은 수익을 올렸다. 서울의 중앙상공은 자본금 대비 46%, 대륙고무는 1928년 25%의 이익률을 보였다. 평양대동고무는 1927년 상반기 연 48%를 배당하였다. 이처럼 20년대의 고무공업은 황금기였다.[579]

대공황이 엄습하자 1931년을 기점으로 고무신 수요가 하락하였는데, 소비자의 기호도 통고무화에서 면포화로 옮겨갔다. 이 시점에 6,000만 켤레의 생산능력을 확보했지만 정작 생산은 1/3선으로 하락하였다. 1931년에서 1936년까지 고무원료 가격이 400%나 상승했지만 고무신 가격은 25% 오르는데 그치면서 채산성이 떨어진 공장들은 경영난에 빠졌다. 조선인 공장들은 해외시장 개척이나 통고무신 이외 신발류 제조, 임금인하, 생산 및 판매 통제 등 다양한 모색을 시도했지만 불황을 이기는 데는 한계가 있었다. 부산의 삼화고무는 1936년 6월경 광주, 강경, 서울 등 공장 네 곳을 폐쇄하고, 목포와 이리 공장은 휴업하였다.[580] 수년간 불황으로 군소업체들은 기업합동이나 폐업하였고, 시장기구를 통하여 부산의 삼화고무나 천일고무 등 중규모 이상 업체는 몸집을 키웠다. 업계의 양극화가 심화된 것이다.

---

579 주익종, 1997, 「식민지조선에서의 고무공업의 전개」, 『경제사학』 제22호, 100쪽.
580 주익종, 1997, 앞의 책, 110쪽.

중일전쟁으로 동남아에서 고무원료 수급이 어려워지자 1938년부터 고무는 사용제한 대상이 되었다. 1938년 9월에 나온 조선총독부시국대책조사회자문안참고서에는 1938년 상반기 조선 내 고무공장 62개소, 종업원 8,157명, 생산액 1,273만 9,000원의 차질이 발생했다는 보고가 있을 정도였다.[581] 이후 1938년 11월 「고무사용제한령」이 공포되어 일부 품목에만 고무 사용이 허가되었다. 이후 고무는 미쓰이물산 등 6개 회사가 설립한 고무수입협회(1939.2.10)가 물자할당 및 조정을 담당하였다. 또한 1939년 3월 20일부터 고무원료에 대한 배급통제가 실시되었다.[582] 「고무사용제한령」으로 일본본토에서는 비군수 용도의 고무제품을 만들 수 없었고, 군이나 수출 주문 등 특별한 사정이 있을 경우에만 상공대신의 허가를 받아 사용할 수 있었다.[583]

하지만 조선에서는 고무신 등이 대중의 생활에 밀접한 관계가 있다는 이유로 제조를 금하지는 않았다. 총독부는 조선의 현실을 고려하여 종래처럼 통고무신 제조는 허가하되, 제조량 만큼은 일일이 허가받도록 하였다. 총독부는 3개월 단위로 제조허가를 내렸는데, 총독부는 업체별로 제출한 신청서와 과거의 실적자료, 제조 필요사유 등을 심사하여 허가하였다. 이러한 완화 방침에도 불구하고 원료할당이 수요의 50%밖에 되지 않았고, 총수요 3,500만 켤레에 대해 2,000 만켤레에 해당하는 원료밖에 공급할 수 없는 상황이었다. 그러다 보니 급기야 각 공장이 '기간제'로 휴업하기에 이르렀다. 위기에 처하자 전 조선 57개소의 고무신 공

---

581 朝鮮總督府, 1938.9,「失業防止竝救濟に關する件」,『朝鮮總督府時局對策調査會諮問案參考書』, 2~3쪽.
582 김인호, 1998,『태평양전쟁기 조선공업연구』, 신서원, 51쪽.
583 「穗積 殖産局長談, 1938.11.10」,『殖銀調査月報』, 1938.12, 68~69쪽.

장이 결집하여 총독부에 긴급한 구제책을 요망하기도 하였다.[584]

고무 수입이 차단되자 총독부는 합성고무, 재생고무사업을 육성하기로 하여, 1939년부터 조선고무공업연합회 영등포공장, 조선이연(理硏)고무 인천공장 등지에서 재생고무 생산에 착수하였다. 조선질소와 조선전력은 수풍댐에서 8km 떨어진 압록강 연안에 청수(靑水)공장과 남산(南山)공장을 설립하여 합성고무 등을 생산하려고 했으나 결국 미완성에 그쳤다.[585] 총독부는 폐품회수를 단행하여 1939년 중에만 고무류 218만 8,120관에 132만 3,299원을 회수하였다.[586]

1939년 1/4분기의 경우 남부의 업자들은 통고무신 127만 900켤레를, 평양은 74만 5,000켤레를 허가받았는데,[587] 1940년 2월에는 원료는 물론이고 제품조차도 소비를 통제하는「고무제품사용제한령」이 시행되었다. 그 결과 7월에는 잠정적으로 '고무신배급제'가 개시되었는데, 본래 배급기구는 소매상까지만 운영하고 개별소비자는 제한이 없었으나 1941년 6월부터는 소매상이 연고자에게만 판매하는 등 배급부정이 발생하여 새롭게 구입증 제도를 도입하였다. 같은 달 모든 고무원료에 대한 배급제도 시작되었다.[588]

총독부는 기획부 상공과를 고무신에 대한 주무통제기관으로 삼고 각 과정을 감독하였다. 통제실행기구인 조선고무공업조합연합회가 각 생산 공장에 대한 고무원료 배급과 생산할당을 주도하였는데, 할당을 받은 제

---

584 殖銀調査部, 1938.12, 『殖銀調査月報』, 70쪽.
585 殖銀調査部, 1939.8, 『殖銀調査月報』, 95쪽.
586 殖銀調査部, 1940.8, 『殖銀調査月報』, 94쪽.
587 주익종, 1997, 「식민지조선에서의 고무공업의 전개」, 『경제사학』 제22호, 113쪽.
588 김인호, 1998, 『태평양전쟁기 조선공업연구』, 신서원, 135쪽.

조공장은 생산한 다음, 조선고무공업연합회에 양도하면 조선고무화판매통제주식회사가 연합회로부터 양도한 물자를 각 판매업자에게 할당하였다. 각도에서는 각 수요자 및 소비자에 대하여 배급증 제도를 통하여 배급하기로 하고, 각 판매업자는 배급증을 받고 팔았다.[589]

고무신 통제가 강화되면서 부정 배급, 이중 배급, 대가 요구 등 각종 범죄가 급증했는데, 1942년 3월에는 생필품 배급부정 위반 사례 3,016건 중에서 고무신 통제위반이 725건이었고, 총 검거 건수 12건 중의 1건, 총 유시 155건 중 37건이었다.[590] 생필품 통제위반 건수 중에서 고무신 배급 부정이 가장 많았고, 부정의 주체는 대부분 총력연맹 관련자였다.

- 반장 - 영등포 북부 정회(町會) 제9구 제1반 반장 오궁재룡(吳宮在龍)은 면포·타월·고무신 등을 각 반원의 추첨에 의해 배급하지 않고 일부를 자가 소비함(『경제경찰주보』, 1942.1.16).
- 면장 - 전북 금과(金果)면장 양원(楊原) 및 면서기 옥천종수(玉川宗洙)는 1941년 5월부터 1942년 1월까지 순창(淳昌)군수로부터 고무신 6회, 광폭면직물 4회, 등유와 경유 2회 배급을 받았지만 공문을 변조하여 면포 구입증 116매(572마)·고무신 구입증 208매(208족)·석유 구입증 5매(5다루)를 면직원·구장·연맹이사장에 부정 배급함(『경제경찰주보』, 1942.5.30).
- 면장 - 경남 밀양군 산내면장 황성주(黃性周)와 광촌영일(廣村榮一)은 1941년 9월부터 1942년 3월까지 고무신 1,094켤레 가운데

---

589 京城商工會議所, 1942, 『朝鮮における物資配給統制機構』, 45~70쪽.
590 總督府 經濟警察課, 1942.6.30, 『經濟治安週報』, 6쪽.

82켤레, 면포류 65반(反)중 5반을 천인[天引](강제공출) - 필자]하고는 서류상으로는 모두 배급한 것으로 하고 면직원·가족에 부정배급함(『경제경찰주보』, 1942.8.24).
- 구장-평북 자성군 중강면 중평동 구장 대산창청(大山昌淸)은 애국반에 면장으로부터 수령한 옷·면포·고무신·양말 등을 만주국에 밀수함(『경제경찰주보』, 1942.9.5).
- 부락연맹 이사장-경기도 양평군 사종면 송원창기(松原昌基)는 부락연맹 이사장으로 있으면서 1941년 6월부터 12월 말까지 지카타비·고무신·면포를 부민에게 배급하지 않고 자기가 수령함(『경제경찰주보』, 1942.11.21).

이런 통제 과정에서 고무공업조합연합회는 적극적으로 국방헌납에 나서면서 총독부의 환심을 사고자 하였다.

1년에 2,500만 켤레의 고무신·운동화 등을 생산하여 전선각도에 배급하고 있는 「조선고무공업조합연합회」에서는 군용비행기 5대를 헌납하기로 결정하고 지금 준비 중이다. 이 같이 뜻깊은 계획은 지난 15일 경성상공회의소에서 열린 제2회 통상총회서 결정된 것인데, 전선각도에 배급되는 고무신·운동화 등을 1년에 2,500만 켤레나 생산하는 경성, 평양, 부산 등 세 곳의 생산업자 60여 명이 결속하여 가지고 <u>고무신 한 켤레를 생산할 때마다 그 이익금 중에서, 1전식 떼어 25만 원을 모아 가지고 비행기를 헌납하기로 된 것이다.</u> 그 후 준비위원들이 조선군 당국과 협의한 결과 대체로 방침이 결정되었음으로 우선 연합회 자금 중에서 25만 원을 융통하여 가지고 비행기를 헌납한 다음 이 돈은 금년 중에 각 생산자들이 모하 내기로 되었다. 이렇게 헌납 계획이 순조로 진행되는 터임으로 감격에 넘치는 군용기 5대의 헌납식은 6월 초생에는 거행될 터인데 이에 대하여 연합회 이사장 이하영길(李下榮吉)씨는 다음과 같이 말했다. "물자가 모자라는 이때에 고무신을 생산하게 되는 것은 전혀 국가의 은택임으로 생산업자들이 이 은혜를 갚으려는 데 불과한 것이다."(밑줄은 필자)[591]

그런데 여기서 묘한 고무공업조합 헌납자들의 속내가 읽힌다. 1년에 고무신, 운동화를 약 2,500만 켤레를 생산하는 평양, 부산의 60여 명의 생산업자들이 모여서 전국에 고무신 운동화 2,500만 켤레를 판다고 가정하고 1켤레당 이익금 중 1전씩 떼어 25만 원을 만들어 비행기 5대를 헌납하겠다고 결의하였다. 고무신 운동화를 팔 수 있다면 25만 원을 헌납하겠다는 것인데, 그냥 보면 철저한 애국과 충성의 결의처럼 보이지만 "2,500만 켤레를 팔 수 있다면" 하는 강렬한 염원도 담긴 것이다. 여기서 조선인 고무신업자들이 보인 '헌납의 자발성'이 무슨 의미인지 적잖이 엿볼 수 있게 한다.

헌납의 결과인지도 모르겠지만 통제경제 와중에도 조선 고무공업은 이윤증대와 경영안정화로 오히려 성장하였다. 원료가 부족해서 생산이 적어지고 공급력이 저하되는 위기에 몰렸으나 거꾸로, 수요는 불변이고 가격도 협정되어 있었다. 따라서 어떤 기업에는 자본이익이 좋아지고 기업안전성이 높아졌다.[592] 예를 들어 삼화고무는 1938년 6월 결산에서

---

591 「軍用機 5臺를 獻納 朝鮮고무 工業組合聯合會決議」, 『三千里』 제13권, 1941.7.
592 『조선일보』, 1939.8.30.

41%, 12월 62%, 1939년 35%, 1940년 39%, 1941년 14%, 1942년 20%의 이익률을 내었다. 중앙상공도 1938년 4월에서 9월까지 67%, 1939년 10월에서 1940년 3월까지 40%의 이익률을 내었다. 평양제일고무는 1937년 25%, 서울고무공사는 1938년 18%의 이익률을 보였다.[593]

이런 상황이 1940년대에도 계속되었는지는 의문이다. 왜냐하면 태평양전쟁을 전후하여 생고무 수입이 여의치 않자 불황이 엄습한 결과 1940년 11월 서울지역 고무신 상업이 매우 심각한 상황으로 나타났기 때문이다.[594] 그러자 총독부는 고무 자본의 동남아 진출도 고려하기 시작하였다. 1941년 9월 25일 설립된 남방경제간담회에서는 고무 등 동남아 자원을 수입해 이용하는 데 그치는 것이 아니라 조선에 있는 고무가공업 등이 직접 동남아로 진출하거나 조선에 동남아 자원과 결합한 산업설비를 확충하자는 주장이 나왔다. 그리고 1942년 5월 5일 시작된 대동아건설심의회에서 "현지에 기업을 설립해 동남아 자원을 활용하자"[595]는 답신안이 제출되자 조선에서도 동남아에 대한 관심이 크게 증대하였다.

1944년 3월 총독부는 「금속회수령」에 따라 장래 유휴설비의 발생이 예상되는 23개 업종 중에 고무제품제조업을 포함하여 회수물건으로 지정되어 기업정비 후 남은 자재를 경금속·철강 산업으로 전용하고자 하였다.[596] 사업 부문에서 고무제품제조업이 시설정비 대상이 되면서 설비 자체가 공출 대상이 되었다.

---

593 주익종, 1997, 「식민지조선에서의 고무공업의 전개」, 『경제사학』 제22호, 118쪽.
594 前川勘夫, 『朝鮮中小工業對策に關する若干指標的調査』上, 『總督府調査月報』, 1943.7, 6쪽.
595 「北方圈の再檢討と朝鮮經濟」, 『朝鮮經濟年報』, 1942년판, 320~325쪽.
596 『經濟月報』, 1944.4, 9쪽.

(6) 수직분업으로 수탈당한 온유비사업

온유비(鰮油肥)사업은 이미 1910년대 은사수산사업으로 진행되었는데, 당시 경남 일원의 온·착박 제조전습 활동은 울산군 서생면에 소재하는 모리타니(守谷)제조소에서 위탁 교육을 하도록 하였다. 당시 전습인원은 5명, 전습기간은 5~7월의 3개월로 하였고, 위탁료는 1인당 1개월에 1원 50전 이내였다. 전습생 보호를 위해 식비는 1일 20전 이내로 급여하였고, 1916년에는 1일 15전이 지급되었다. 수료자는 제조용 기구를 급여 받을 수 있었다.[597]

은사수산에 기반한 전습활동이 주는 효과가 어느 정도인지는 확인되지 않지만 1920년대 초 동해에 정어리가 회귀하면서 조선인이 중심이 된 어유비업이 본격적으로 전개되었다. 온유비업은 구식의 수착공장과 최신예 기계공장으로 양분되었다. 기계제 자숙(煮熟)법은 태양열 건조가 아닌 열기와 증기로 건조하였다. 또한 압착설비도 조선식 목동(木胴)압착식이 아닌 철동(鐵胴)압착을 활용했으며, 탈수와 탈지작업도 보다 효율성이 높은 수압식으로 활용하였다. 공정과정은 자숙·압착·건조·분쇄로 이어졌다. 가공설비는 당시 미국으로부터 도입한 최신예 설비였고, 일본본토의 온유비업을 압도하는 가공능력을 보여 주었다. 온유비업은 착유, 착박, 어분으로 구분되었는데, 1930년대 전반 급격한 증가세를 기록하면서 1940년 말 생산액이 1억 1,504만 원을 기록하였다. 온유비 공장은 동해 연안을 따라 건설된 주요 어항에 입지하였고, 약 2,000개소를 헤아렸다. 대부분은 가족노동을 활용한 영세공장이었다.[598]

---

597 朝鮮總督府內務部, 1916,『大正五年臨時恩賜金豫算及事業槪要』, 27쪽.
598 정안기, 2020,「1940년대 기업정비 3대 업종의 연구」,『경영사연구』제35-2호(통권

이렇게 기선업으로 잡힌 정어리는 온유비 제조의 원자재로서 여기서 짜낸 온유는 경화유 산업의 원료가 되었고, 나머지 온비(鰮肥)는 동물질 비료로 활용되었다. 조선인 어민이 정어리를 어획하는 어업을 담당하였고, 중소제조업자들이 재래식 생산방법으로 중간생산물인 온유비 제조를 담당하였다. 최종단계는 경화유 제조과정인데, 온유에서 지방산과 글리세린이 나오는데, 전자는 비누 원료가 되고 후자는 폭약 원료가 되었다. 즉 온유비산업은 기선 어업-온유비 제조-경화유 제조 등 3단계가 수직적 분업체계를 이루고 있었다.

　온유업에도 조선유지, 일본질소비료, 협동유지 등 본토 재벌자본이 진출하기 시작하였다. 이외에도 지점회사로서 교쿠덴(旭電)화학공업, 대일본유지, 제일공업제약, 니카(日華)화학, 오사카(大阪)산수질(酸水窒), 사카이(酒井)상사, 일본경화유동업회, 어유배합 등이 진출하였다. 이들 재벌자본이 설립한 경화유회사 아래로 수많은 조선인 온유비제조공장이 분업체계를 이루며 포진하고 있었다.

　총독부는 대공황 이후 폐업에 직면한 온유비 제조업을 정리하기 위해 신디케이트 형성에 나섰다. 물론 온유비 제조업자들도 자구책으로 스스로 조합을 형성하려고 하였으나 결국 총독부의 통제 아래 관제 조합이 되었다. 총독부는 1930년 함경북도 수산조합 설립을 시작으로, 각도에 수산조합(강원도, 경상북도는 어업조합)을 설립하고 공동판매제를 실시하였다. 또한 조선식산은행은 수산조합을 통해 폐업에 직면한 온유비 제조업자에게 대부를 시작하였다.

　이러한 통제·관리구조에서 가장 큰 과제는 온유비의 일수(日收) 판

94호), 116~118쪽.

매 문제였다. 일반적으로 조합은 생산자들이 공동판매하여 가격통일과 그에 따른 이익을 보장받지만 조선의 온유비수산조합은 판매권과 온유 가격결정권이 없었다. 또한 1930년 7월에 총독부와 일본 경화유업자들이 간담회를 통하여 '온유비의 일수 판매 초안'이 제안되었다. 이 초안은 논란 끝에 "거래업자를 중심으로 판매조합을 만들고, 당국에서 매수인 결정 및 온유 가격 책정을 일임"하는 것으로 결정하였다. 이후 총독부는 조합을 내세우면서도 판매권과 가격결정권은 쥐고 생산자들을 통제하였다. 1936년에는 조선온유비제조수산조합이라는 전국 조직을 만들어 온유비 제조업에 대한 통제를 대행하도록 하였다.

〈표 80〉 1930년대 온유비 제조공장 상황

구분 연도	1930	1932	1934	1936
공장 총수	4,249	4,626	5,126	*5,917
화학공업 총수	515	750	902	*1,415
온유비 관련 총수	255	524	602	1,073

출처: 김선웅, 2016, 「1930년대 조선인 중소공업의 수직적 분업구조와 식민지적 특징」, 『한일관계사연구』 제54호, 468쪽.
비고: 『朝鮮工場名簿』 각 해당 연도판. *표시는 원문에 나오는 수이다. 실제로 공장 총수는 5,927개이고, 화학공업은 1,425개이다.

이런 '관치' 구조하에도 조선인 온유비 제조업은 1930년대 폭발적으로 증가했다. 〈표 80〉처럼 1930년에 이미 4,249개소였고, 곧바로 5,000개소를 넘었다. 1943년 말 온유비 제조업은 기계공장 33개소, 수착공장 1,285개소 등 총 1,318개소가 운영되었다. 투자총액도 2억 원을 넘어섰다.[599] 이는 최

---

[599] 정안기, 2020, 「1940년대 기업정비 3대 업종의 연구」, 『경영사연구』 제35-2호(통권

종 공정인 경화유공업이 크게 확충되었다는 점과 대공황 이후 하락했던 온유 가격이 1935년 말부터 급등했다는 점이 촉매가 되었다. 게다가 중간 생산층인 조선인 중소온유비 제조업자들은 어민과 노동자를 착취하여 그들에게 손실을 전가하면서 고수익을 올렸다.[600]

1942년부터 정어리 어획량이 급격히 감소하자, 조선북부를 중심으로 한 동해안 일대의 정어리 관련 공업이 큰 타격을 받게 되었다. 그러자 총독부는 1944년 3월 기업정비위원회 온유비 제조업부회를 개최하여 기업정비를 추진했다. 이에 정비 대상이 된 설비는 보일러, 어양기, 저유탱크, 건조기, 착유기, 기타 제기계, 건물 등이었다.[601] 이들 물자와 시설은「금속회수령」에 따라 회수물건으로 지정되어 중점산업으로 옮겨졌다. 부회(府會)는 전체 온유비 공장 1,293개소 중에서 75%에 상당하는 883개 공장을 정비하고, 나머지 410개 공장은 존속시키기로 하였다.

1944년 5월 총독부는 제2차 정비를 단행하여, 지난 3월 정비 때는 유지했던 410개 공장 중에서 149개를 정리하였다. 그리하여 1944년 말까지 1,293개 공장(함북 478개, 강원 383개, 함남 284개, 경북 111개, 경남 37개) 중에서 1,014개 공장(함북 409개, 강원 345개, 함남 142개, 경북 89개, 경남 29개)이 정비되었다. 이제 남은 것은 불과 286개 공장(함남 142개, 함북 69개, 강원 38개, 경북 29개, 경남 8개)으로 전체 온유비업체의 22%였다.[602]

94호), 119쪽.

600 김선웅, 2016,「1930년대 조선인 중소공업의 수직적 분업구조와 식민지적 특징」,『한일관계사연구』제54호, 474쪽.

601 고태우, 2020,「식민지기 '북선개발(北鮮開發)' 인식과 정책의 추이」,『한국문화』제89호, 188쪽.

602 정안기, 2020,「1940년대 기업정비 3대 업종의 연구」,『경영사연구』제35-2호(통권 94호), 120쪽.

이 중에서 기계공장 27개소(자산평가액 1,653만 원), 수착공장 894개소(자산평가액 1,106만 원) 등 총 921개 공장(자산평가액 2,759만 원)은 조선중요물자영단에서 매수하기로 했으나 1944년 말까지 대금 결제를 완료한 기계공장은 18개소(8,194만 원), 수착공장은 504개소(301만 원)였다. 매수대금 결제액으로 환산한 기업정비율은 기계공장 약 50%, 수착공장 약 27%였다.[603] 조선인들이 주도하던 온유비공장의 78%가 사라지는 상황에서 그나마 청진의 정어리 공업을 대표하던 조선유지 청진공장도 1945년 1월 조선전공(朝鮮電工) 진남포 공장에 양도되면서 경화유 산업은 사실상 종언을 맞이하였다.[604]

(7) 끈질긴 조선인 양조업의 선방

1916년 「주세령」이 공포된 이후 주조업은 양조장의 집약화, 기존 양조장의 정비·확장, 급속한 시장 확대, 신흥 주류의 등장으로 대규모 양조장이 증가한 반면, 기존 자가 주조장이나 영세 양조영업장은 크게 감소하였다.

〈표 81〉 1916~1942년 각종 주류 생산량 비율

	청주	소주	맥주	탁주	약주	재제주	기타	합계
1916	5.33	14.08	-	75.74	4.48	0.11	10.24	100
1928	3.62	16.35	-	74.52	5.26	0.03	0.2	100

---

603 정안기, 2020, 「1940년대 기업정비 3대 업종의 연구」, 『경영사연구』 제35-2호(통권 94호), 121쪽.

604 고태우, 2020, 「식민지기 '북선개발(北鮮開發)' 인식과 정책의 추이」, 『한국문화』 제89호, 188쪽.

1933	3.13	17.81	0.76	72.51	5.56	0.11	0.09	100
1939	5.11	29.81	-	60.92	4.13	-	-	100
1942	-	8.25	-	84.3	7.38	-	-	100

출처: 김승, 「소주의 본고장, 부산의 주류문화」, 『인문한국 시민강좌』(2016.11.16), 한국해양대학교, 12쪽.

　〈표 81〉에서 보듯이 조선주 제조업은 1920~30년대 전 주류 생산고의 70% 이상을 지속적으로 생산하였고, 큰 흉년이었던 1939년에 잠시 비중이 줄었으나 1941년에도 탁주 생산고가 232만 213석에 달해서 같은 해 소주 생산고 28만 1,095석에 비해 9배 이상 많았다. 1942년에는 전체 주류의 84.3%를 차지하는 등 부동의 생산고 1위였다. 소주 양조업도 1930년대 급속히 생산고가 상승하여 1938년에는 전체 주류 생산의 29.81%을 차지하기도 했다. 양조업이 증가하면서 점차 일본본토와 마찬가지로 「중요산업통제법」의 적용 여부가 관심이 되었다. 총독부는 법 지정이 예상되는 양조업에 대해서 우선 자치통제를 진행하였다.[605]

　1931년 시중에서 유통되고 있었던 소주는 크게 보면 주정을 이용한 신식소주, 흑국(黑麴)으로 만든 흑국소주, 보리를 원료로 누룩으로 빚은 맥국(黑麴)소주 등이었다. 이들 세 종류 소주를 합하면 1931년 총생산량은 대략 37만 석이었다. 이 중에서 신식소주는 전체 생산의 20%(7만 4,000석), 흑국소주는 50%(18만 5,000석), 맥국소주는 30%(11만 2,000석) 등이었다. 알코올 도수 35도를 기준으로 했을 때, 1석당 생산비는 맥국소주는 52원 50전, 흑국소주는 42원이었다. 흑국소주의 경우 42원의 생

---

605 朝鮮總督府, 「朝鮮産業經濟調査會に提出すべき議案參考書」, 1936.9.15, 429~431쪽.

산비에 이윤을 붙여 판매했을 때 대략 30원의 수익을 남겼다. 따라서 값싼 대만산 당밀을 주로 사용하는 신식소주가 가격경쟁 면에서 흑국소주, 맥국소주 등을 앞섰다고 한다.[606]

이처럼 1930년대 전반부터 주정식 소주시장이 확대되면서 재래식 소주업자도 생산설비와 양조기술을 개선하여 품질향상을 꾀하는 한편, 신식소주업으로 전환하는 사례가 증가하였다. 1937년 소주 양조장은 신식 10개소, 구식 332개소였다. 신식소주는 1932년 업계의 과당경쟁을 지양하고, 업계 질서를 확립하고자 회원 6개사를 규합하여 '신식소주연맹회'을 결성하였다. 이후 평양부 소재의 대동양조(주)와 평안발효(주)가 신규 회원으로 가입하면서 8개사로 늘었고, 1942년까지 추가로 4개사가 증가하면서 12개사가 되었다.[607]

〈표 82〉는 1941년 8월 현재 자본금 1만 원 이하의 회사를 유형별로 정리한 것이다. 전체적으로 합자회사가 압도적으로 많아서 비중이 73.5%였는데, 양조업은 합자회사 비중이 44개소로 50%, 합명회사가 38개소로 43%로서 다른 분야에 비해서는 합명회사 비율이 높다. 이는 양조업 자체가 주로 지역사회의 수요에 기반을 두면서, 주로 가족이나 연고자, 동향인이 결합한 회사가 많았던 것을 대변한다.

---

606 김승, 「소주의 본고장, 부산의 주류문화」, 『인문한국 시민강좌』, 2016.11.16, 한국해양대학교, 14~15쪽.

607 정안기, 2020, 「1940년대 기업정비 3대 업종의 연구」, 『경영사연구』, 제35-2호(통권 94호), 134쪽.

〈표 82〉 자본금 1만 원 이하의 합자회사의 업종별 비율

구 분	조사업체 수	합자회사	합명회사	주식회사	합자회사 비율
제조업	84	72	7	5	86%
양조업	88	44	38	6	50%
정미업	52	44	7	1	85%
인쇄업	52	43	7	2	83%
총 계	276	203	59	14	73.50%

출처: 東亞經濟時報社 편, 『朝鮮銀行會社組合要錄』 1941년판에서 계산함.
비고: 1941년 8월 현재 조선에 본점을 둔 자본금 1만 원 이하의 업소를 대상으로 함.

한편, 조합이나 법인조직으로 흡수되지 못한 소기업이나 개인업체는 「개정공업조합령」(1941) 및 「상업조합령」의 규제를 고스란히 받아야 했다. 예를 들어 주조업에서 밀주나 개인 양조업은 대대적으로 정비했지만 훗날 삼성그룹 회장 이병철이 설립한 조선양조주식회사(1939년 창립, 자본금 10만 원)처럼 양조회사로 조직된 경우에는 총독부의 '육성대책'에 힘입어 생산이 확장되기도 하였다.

1941년 태평양전쟁 발발로 알코올이 중요 군수품으로 부상하였다. '전조선신식소주연맹회'에서는 국책에 협력한다는 미명하에 무수(無水)알코올을 집중적으로 생산하기로 하였다. 1944년 8월 육군연료본부는 무수알코올의 생산증강을 위해 서울출장소를 개설하면서 전 조선신식소주연맹회를 알코올 생산의 군수기구로 지정하였다. 1944년 9월 연맹회 산하 11개 소주공장은 육군연료본부 감독공장으로 지정되었고, 신식소주연맹회 회장은 육군 촉탁으로 무수알코올 생산을 담당하는 생산책임자로 지정되었다.[608]

---

608 정안기, 2020, 「1940년대 기업정비 3대 업종의 연구」, 『경영사연구』 제35-2호(통권

태평양전쟁이 발발하자 자유 판매가 크게 줄어 생산액의 95%가 군납으로 강제 공출되었고, 겨우 5% 정도만 자유 판매가 가능하였다.[609] 이처럼 전쟁 이후 급속한 중점주의 공업화로 인해 상대적으로 양조업의 성장은 멈칫하였다.

〈표 83〉 중일전쟁 이후 조선 내 양조회사 설립현황(불입금 5만 원 이상)

본지점	회사명	설립연도	공칭자본금	불입자본금	소재지	국적	출처
本	春川酒造2		160,000	80,000	春川郡	K	追加
本	鐵原酒造2		100,000	100,000	鐵原郡	J	追加
本	天安酒造2		130,000	130,000	天安郡	K	官報
本	鎭川酒造2		400,000	1,000,000	鎭川郡	K	京異
本	中央酒造2		480,000	480,000	京城府	K	要錄
本	朱乙酒造4		80,000	80,000	鏡城郡	K	官報
本	鳥致院酒造2		500,000	125,000	燕岐郡	K	追加
本	朝鮮無水酒精2		5,000,000	5,000,000	新義州府	J	追加
本	日本酒造2	1937 (27개사)	100,000	50,000	群山府	J	追加
本	牙山酒造2		52,000	52,000	牙山郡	K	追加
本	成歡酒造2		70,000	70,000	天安郡	K	京商
本	三和釀造2A		150,000	150,000	京城府	K	追加
本	三鶴酒造4		50,000	50,000	洪原郡	K	京商
本	三光商事3		60,000	60,000	木浦府	K	追加
本	泗川麴子製造2		100,000	250,000	泗川郡	K	京商
本	北鮮酒造2		1,000,000	250,000	元山府	K	京商
本	富川釀造2		350,000	87,500	富川郡	K	京商

94호), 135쪽.
609 『第一製糖四十年史』, 1993, 112쪽.

本	保田酒造2		20,000	50,000	甲山郡	J	京商
本	報恩酒造2		150,000	60,000	報恩郡	K	追加
本	馬山藥酒2		20,000	50,000	馬山府	K	京商
本	東海釀酒2		700,000	175,000	咸州郡	K	京商
本	大洋社3		80,000	80,000	城津郡	K	追加
本	大東酒造2		100,000	65,000	大邱府	?	要錄
本	羅津釀酒所4		50,000	50,000	慶興郡	K	京商
本	國境釀造2		100,000	350,000	鍾城郡	J	京商
本	關北商會4		50,000	50,000	鏡城郡	K	京商
本	京仁合同飲料2		500,000	200,000	京城府	J	京商
本	興業釀造4		75,000	75,000	京城府	K	要錄
本	豊角酒造2		100,000	50,000	淸道郡	K	追加
本	忠州酒造2		120,000	60,000	忠州郡	J	京異
本	朝鮮醬業2		250,000	62,500	京城府	K	追加
本	堤川酒造2		280,000	70,000	堤川郡	K	追加
本	長院酒造2		320,000	80,000	利川郡	K	追加
本	利川酒造2		480,000	120,000	利川郡	K	京商
本	陰城酒造2		200,000	50,000	陰城郡	K	追加
本	溫陽酒造2	1938 (25개사)	75,000	75,000	牙山郡	K	京商
本	寧越酒造2		175,000	87,500	寧越郡	K	京商
本	嚴政酒造2		220,000	66,000	忠州郡	K	要錄
本	楊平酒造2		280,000	70,000	楊平郡	K	京商
本	新東酒造2		100,000	50,000	始興郡	K	要錄
本	北滿産業2		1,000,000	250,000	群山府	J	京商
本	釜山鎭酒造2		250,000	250,000	釜山府	K	京商
本	釜山西部酒造2		300,000	300,000	釜山府	K	要錄
本	蓬萊酒造2		250,000	250,000	釜山府	K	京商
本	東亞釀造2F		150,000	120,000	大邱府	K	京商

本	東明酒造3		77,000	77,000	京城府	K	要錄
本	大和酒造2		300,000	75,000	仁川府	K	京商
本	大川酒造2		200,000	50,000	保寧郡	K	京商
本	大陸醬油2		250,000	62,500	京城府	K	要錄
本	南川燒酒4		60,000	60,000	平山郡	K	要錄
本	廣川酒造2		200,000	50,000	洪城郡	J	京商
本	ヤマツル釀造2		200,000	50,000	京城府	J	京商
本	興南酒造3		50,000	50,000	咸州郡	K	追加
本	咸山酒造場4		50,000	50,000	咸興府	?	要錄
本	巴屋酒造4		89,000	89,000	元山府	J	京異
本	全興釀造2		198,000	99,000	元山府	K	追加
本	城山酒造3		60,000	60,000	濟州島	K	要錄
本	三和酒造2F		180,000	90,000	大邱府	J	京商
本	福泉釀造工業2	1939 (14개사)	180,000	135,000	京城府	J	官報
本	白頭鶴釀造4		50,000	50,000	咸興府	J	京商
本	文明酒造2		150,000	105,000	迎日郡	?	要錄
本	金化酒造2		150,000	75,000	金化郡	K	京商
本	國際醬油商會3		105,000	105,500	清津府	J	京商
本	共和酒造2		99,000	67,320	清津府	K	要錄
本	高城釀造2		150,000	120,000	大邱府	J	京商
本	江口酒造4		55,000	55,000	盈德郡	K	京商
本	泰盛酒造2		150,000	105,000	咸州郡	K	要錄
本	朝日醬油5	1940 (5개사)	150,000	150,000	仁川府	J	京異
本	朝鮮釀造原料2		180,000	90,000	京城府	J	京商
本	朝鮮釀造2F		180,000	90,000	大邱府	J	京商
本	龍源酒造3		60,000	60,000	端川郡	K	京商
本	春川醬油釀造所5		50,000	50,000	春川郡	J	京異
本	朝鮮醬油2A1		150,000	75,000	京城府	J	追加

本	朝鮮釀造資材2	1941 (12개사)	190,000	95,000	仁川府	J	京商
本	長尾醬油釀造2		195,000	64,350	晋州府	J	京商
本	仁川釀造2		195,000	97,500	仁川府	J	京商
本	月峰釀造場3		150,000	150,000	黃州郡	J	京商
本	延安燒酒釀造4		90,000	90,000	延白郡	K	追加
本	西鮮醬油2		150,000	75,000	鳳山郡	K	追加
本	三和酒造2K		80,000	60,000	平康郡	J	京商
本	釜山粕取燒酒5		50,000	50,000	釜山府	J	京商
本	大成釀造2		190,000	95,000	北靑郡	K	京商
本	大北酒造2		195,000	195,000	淸津府	J	要錄
本	眞泉釀酒商會4	1942 (12개사)	50,000	50,000	龍岡郡	K	追加
本	朝鮮丸金醬油2		1,000,000	1,000,000	馬山府	J	追加
本	日本果酒釀造2		180,000	90,000	京城府	J	京商
本	理工蔘成4		170,000	57,500	京城府	J	追加
本	烏山酒造2		80,000	80,000	水原郡	J	京商
本	永平酒造2		150,000	75,000	抱川郡	J	京商
本	昭和酒造5		50,000	50,000	城津府	J	京商
本	北一酒造2		100,000	50,000	北靑郡	J	京商
本	扶安釀造2		120,000	90,000	扶安郡	J	官報
本	東洋酒造2		180,000	90,000	京城府	J	京商
本	東萊酒造2		120,000	60,000	東萊郡	J	京商
本	論工釀殖5		90,000	90,000	達城郡	?	官報
本	黃海酒造3	1943 (10개사)	150,000	150,000	鳳山郡	J	追加
本	咸昌酒造2		50,000	50,000	尙州郡	K	京異
本	倭館酒造2		180,000	72,000	漆谷郡	J	京商
本	櫻麥酒2		5,000,000	5,000,000	京城府	J	追加
本	安東醬油釀造5		50,000	50,000	安東郡	J	追加
本	西井酒造2		70,000	70,000	平澤郡	J	京商

本	西鮮麴子2		150,000	60,000	海州府	J	京商
本	美堂酒造4		50,000	50,000	靑陽郡	J	京商
本	東洋果酒釀造3		195,000	195,000	黃州郡	J	京商
本	論山釀造5		90,000	90,000	達城郡	J	京商
本	荒卷醬油釀造所4		80,000	80,000	論山郡	J	官報
本	咸北醬油釀造所3		60,000	60,000	淸津府	J	官報
本	濟州戊亥酒造2		150,000	75,000	濟州島		追加
本	濟州東酒造2	1944 (8개사)	150,000	150,000	濟州島		官報
本	辻酒造2		195,000	195,000	釜山府	J	官報
本	密陽酒造2			90,000	密陽郡	J	官報
本	京城釀造2		75,000	75,000	京城府	K	官報
本	江原果實酒製造5		255,000	255,000	春川郡	J	官報
本	黃州果酒釀造2		180,000	90,000	黃州郡		官報
本	濟州南酒造2	1945 (4개사)	50,000	50,000	濟州島		官報
本	定州酒造2		190,000	190,000	定州郡		官報
本	大邱林檎酒釀造場2		180,000	180,000	大邱府		官報

출처: 허수열 등, 『한국근대회사 100년사 데이터베이스』, 한국연구재단 기초학문자료센터.

〈표 83〉은 중일전쟁 이후 설립된 117개사의 현황(불입금 5만 원 이상)이다. 시기별로 보면 1937년 27개사, 1938년 25개사로 중일전쟁 전후에 많이 설립되고 있었다. 본토자본의 진출이 큰 영향을 주는 업종은 대부분 1930년대 이후 광복 때까지 증감증(V) 형태를 보이면서 설립되었지만 양조업과 같은 조선 내 동인이 강한 경우는 중일전쟁이라는 계기를 무시할 수 없다. 이에 증증감(ㄱ) 형태를 보였다. 1940년 5개사만 설립되었는데, 이는 당시 양조업계에 닥친 불황과 관련된다. 불황은 1939년 한반도를 휩쓴 대가뭄으로 곡류 소비가 어려워진 점이 컸다. 총독부도 "식

료품 공장의 대부분은 가내공업적 양조업 및 정미업이었고, 최근 감소의 경향을 보이는 것도 종래 남설된 기미가 있는 것으로 중소공업에 대한 통제로 질적으로 감소한 의미는 아니다"[610]라고 하면서 대대적으로 양조 가내공업 정리를 단행하였다.

이후 1941년은 12개사, 1942년은 12개사, 1943년 10개사, 1944년 8개사로 매년 양조회사가 10개사 남짓 증가하였다. 그리고 1938년과 1941년의 이윤율을 비교하면, 1938년 양조업 20개사의 이익률은 20.74%이고, 사내 유보율은 39.76%, 배당률은 평균 8%였다.[611] 1940년대 초반에도 양조회사의 이익률이 나쁘지 않았다는 점에서 양조회사로의 자본유입은 자연스러운 것이고, 기업설립이 증가한 것에도 영향을 주었다. 그리하여 1941년에는 양조업(조선맥주·쇼와기린맥주) 2개사의 이익률은 46%에 육박하고 배당률도 9%였다.[612] 이렇게 업체가 증가한 것은 일본본토에서 양조업에 대한 통제가 강화되면서 대거 조선으로 이주한 결과이기도 하였다. 1939년 1월부터 1942년 8월까지 양조업을 포함하여 320개의 업체가 조선으로 이주하였다.[613] 활황을 보이다 1943년 이후 설립이 적어지는 것은 이제 본격적으로 '초중점' 생산증강 정책이 진행되면서 상대적으로 양조회사의 이윤동기가 사라졌던 것과도 관련된다.

한편, 〈표 83〉에 따르면 조사대상 117개사 중 지역별로 보면 서울 14개소, 대구 6개소, 부산 5개소, 인천 4개소로 주요 도시별로 포진하였고, 조선인 회사는 55개사였다. 조선인 회사가 일본인 회사와 맞먹는 정

---

610 『朝鮮經濟年報』, 1941·1942년 합집, 286쪽.
611 『殖銀調査月報』, 1940. 6, 38~39쪽에서 작성.
612 朝鮮事業勞動調査所, 1946, 『朝鮮勞動時報』 1권 제2호.
613 『殖銀調査月報』, 1942.12, 35쪽.

도로 많았다. 특히 불입금 5만 원 이상 회사만을 대상으로 했다는 점에서 조선인 중견회사의 '존재감'이 느껴진다. 조선인 회사 55개사 중에서 38개사가 군 단위였다. 같은 시점에서 일본인 회사는 62개사 중에서 32개소가 부 단위였다. 물론 일본인 집단 거주지가 부였다는 점도 이유가 되지만 조선인 회사가 부 단위로 진출하는 것은 여전히 어려웠음을 보여 준다. 또한 군 단위 소재지가 117개사 중에서 68개사에 달하여 20년대까지 부에 집중되었던 것에서 이 시점에는 군별로 확장되었다는 것도 드러난다. 지역을 거점으로 하는 조선인 업자의 역할이 그만큼 커졌다는 것이다.

불입자본금 상위 12개사를 보면, 진천주조(진천), 중앙주조(서울), 부산서부주조(부산), 사천국자제조(사천), 부산진주조(부산) 봉래주조(부산), 북선주조(원산) 등 7개사가 조선인 회사였다. 그중에서 부산부 소재 회사가 3개사에 달하였다. 부산지역 소재 조선인 양조회사의 위상이 대단히 인상적이다. 1944년 2월 전 조선신식소주연맹회는 내부적으로 원료 입수난과 조업부진 그리고 기술자 응소에 따른 감원 등으로 평양지역 4사를, 남선지역 3사를 합동하는 방안을 추진하였다.

1944년 12월 총독부는 기업정비위원회 소주양조업 부회를 개최해서 소주양조의 「기업정비요강」과 자산평가기준을 결정하였다. 당시 조선중요물자영단을 통하여 신식과 구식 소주양조장 총 262개소 가운데 신식 1개소와 구식 163개소를 정비하여 매수한다는 방침이었다. 하지만 실제로 소주양조업의 기업정비가 추진되었던 사례는 평양부에 소재하는 칠성양조(주)가 유일하였다.[614] 1943년 말 당시 본토의 대장성(오늘날

---

[614] 정안기, 2020, 「1940년대 기업정비 3대 업종의 연구」, 『경영사연구』 제35-2호(통권

재무부)은 소주를 연료용, 공업용, 음료용으로 구분해서 소주양조업 통제를 위한 「전매제」 시행을 결정하였다. 총독부에 대해서 「소주전매제」 실시를 요청하였지만 조선에서 시행되지 않았다.

바. 가내공업의 생산 동향

(1) 1930년대 가내 공산액의 추이

가내공업은 본래 공장공업의 발흥에 따라 붕괴하는 것도 있지만 산업화 속에서 공장공업의 하부라든가 최종 소비재 영역에서 끊임없이 재생산되기도 한다. 〈표 84〉를 보면 가내공업 생산액이 1932년 1억 2,912만 원에서 1940년 3억 8,321만 원으로 3배 가까이 상승하였다. 그렇지만 공산액에 대한 비중은 1932년의 28.7%에서 1940년에는 17%로 하락하였다.

〈표 84〉 1930년대 조선 가내공업 생산액 추세(단위: 천 원)

연도	총공산액	공장생산액	가내 공산액	총공산액대비(%)	공장생산액대비(%)
1932	449,986	320,869	129,117	28.69	40.23
1933	514,898	367,236	147,662	28.68	40.2
1934	605,531	438,402	167,129	27.6	38.12
1935	807,613	607,477	200,136	23.78	32.94
1936	958,614	730,807	227,807	23.76	31.17
1937	1,219,521	959,308	260,212	21.34	27.13

94호), 135~136쪽.

1938	1,424,257	1,142,597	281,660	19.78	24.65
1939	1,826,837	1,498,277	328,560	17.98	21.93
1940	2,256,844	1,873,634	383,210	16.98	20.45

출처: ① 1932년 통계는 李如星·金世鎔, 1935, 『數字朝鮮硏究』제5권, 2쪽 및 9~15쪽.
　　② 목공업의 1935년과 1939년 통계는 『朝鮮年鑑』 1937년판 및 1940판.
　　③ 기타 통계는 『朝鮮經濟年報』 1939~1942년판에서 종합(김인호, 1998, 『태평양전쟁기 조선공업연구』, 신서원, 334쪽에서 수정).
비고: ① 연도는 각 년말을 말함. ② 總工産額은 家內工産額과 工産額을 합친 것.

〈표 85〉에서 부문별 추이를 보면 식료품업이 1932년 48.9%로 큰 비중을 보였고, 이어서 화학공업은 9.5% 수준이었다. 그런데 1939년까지 방직공업(13.7%), 금속(1.3), 기계(1.4), 식료품(45.8) 등은 비중이 낮아졌고, 요업, 화학, 목공업 등은 오히려 커졌다. 당시 공장공업에서는 방직공업 생산액은 늘고, 식료품공업은 급락하는 상황과 비교하면 방직공업과 식료품공업 생산액이 높은 비중을 차지하였다.

〈표 85〉 가내공업 생산의 부문별 추이

연도	방직		금속		기계		요업		화학		목공업		식료품		기타		합계	
1932	20,557	15.9	3,309	2.5	1,950	1.5	2,142	1.6	12,290	9.5	3,113	2.4	63,259	48.9	22,496	17.4	129,117	100
1933	22,000	14.9	3,756	2.5	3,258	2.2	2,169	1.5	16,852	11.4	3,868	2.6	72,286	49	24,470	16.6	147,662	100
1934	25,825	15.5	3,811	2.3	2,792	1.7	2,399	1.4	21,456	12.8	4,583	2.7	76,747	45.9	29,568	17.7	167,129	100
1935	25,812	12.9	5,449	2.7	3,180	1.6	2,385	1.2	28,444	14.2	4,973	2.4	92,913	46.4	36,975	18.5	200,136	100
1939	44,860	13.7	4,376	1.3	4,613	1.4	7,080	2.2	39,791	12.1	10,290	3.1	150,546	45.8	67,001	20.4	328,560	100

출처: 〈표 84〉와 같음.

(2) 1940년대 가내공업의 추이

1940년대에 들어서면서 가내공업계는 심각한 위협을 받았는데, 직접적인 이유는 원자재 부족이었고, 정책적으로 배급통제 강화, 「7·7금령」, 각종 물자의 「사용제한령」 등 전반적인 통제여파에 따른 것이었다. 1941년 4월 경성상의가 조사한 『경성부 가내공업상황조사서』를 보면[615] 우선 시멘트블록업에 대한 원료배급이 평균 50%가 감소하면서 가내공업자들이 조직한 시멘트블록조합의 생산도 기존의 80%에 미달했고, 평균조업률도 40%에 불과했다. 그나마 원료 가격 및 공임의 앙등에도 불구하고 제품은 공정·협정·정지가격 등으로 억제되면서 이윤이 급감했다. 그밖에 주조조합만 중일전쟁 이전보다 매출이 증가한 반면, 나머지 대부분의 업종은 70%에서 30%까지 매출액이 감소했고 인쇄·건축청부·과자조합 등을 제외한 대부분의 가내공업도 금융적으로 어려움을 겪고 있었다. 그럼에도 1940년대 가내공업자의 숫자 자체는 크게 감소하지 않았다.

〈표 86〉 전시체제기 조선인의 공업인구와 가내공업자(추계)

연도	조선인 공업자		주업자		가내공업자	
	인원(명)	지수	인원(명)	지수	인원(명)	지수
1936	594,739	100	183,990	100	178,063	100
1937	658,724	111	210,521	115	204,223	115
1938	585,589	98	172,187	93	165,563	93
1939	611,958	103	176,361	95	169,407	85

---

615 『殖銀調査月報』, 1941.6, 93~94쪽.

1940	702,868	118	193,358	105	186,216	104
1941	928,617	156	249,448	136	238,779	134
1942	1,203,875	202	323,389	176	310,719	174
1943	1,418,951	239	381,162	207	367,869	207

출처: ① 공장주·노동자 수는 朝鮮銀行調査部, 1949, 『朝鮮經濟統計要覽』, 70쪽. ② 공업 인구는 朝鮮銀行調査部, 1948, 『朝鮮經濟年報』 Ⅲ, 19쪽; 全國經濟調査機關聯合會朝鮮支部編, 『朝鮮經濟年報』 1939년판, 134쪽; 大藏省 管理局, 『日本人の海外活動に關する歷史的調査』 통第7卷 朝鮮編 第6分冊, 32쪽.

비고: ① 비공장 인구는 공업 인구에서 공장 인구를 제외한 것. ② 조선인 가내공업 인구는 주업자 중에서 공장 수를 공제한 것. 여기서 공장주는 공장 수로 대신함. 노동자는 주업자에 포함되지 않기에 그 수를 주업자에서 공제하지 않음. ③ 1942년 이후 조선인 공업 인구는 같은 시기 비공장 인구 증가율을 전년도 인구에 대입한 결과임. 그것의 계산방법을 예로 들면 1942년도 조선인 공업 인구는 1942년 비공장 인구(93만 8,150명)에 1941년 조선인 공업 인구(92만 8,617명)를 곱하여 합계를 내고, 이것을 1941년도 비공장 인구(75만 8,359명)로 나눈 값(120만 3,875명)이다. 1942년 이후 주업자수 계산은 조선인 공업 인구 증가율을 대입한 결과임. ④ 1942년 이후 가내공업자의 통계는 기업정비 등의 요인을 감안하지 않는 산술 증가 수임을 주의할 것(김인호, 1998, 『태평양전쟁기 조선공업연구』, 신서원, 338쪽에서 인용).

〈표 86〉은 침략전쟁 이후 가내공업의 추계이다. 전체 공업 인구에서 공장 인구를 제외한 비공장 인구를 산출하고, 비공장 인구에서 주업만을 검출한 뒤 여기서 다시 공장공업주 수를 제함으로써 가내공업자 숫자를 추계한 것이다. 물론 추계이기 때문에 기업정비와 같은 돌출적인 요인에 의해서 기업이 감소한 경우는 고려하지 않았다.

가내공업은 1936년 이후 약 2배 정도 증가하였다. 증가율을 보면 1930년대에는 공장주나 노동자 증가율보다 낮다. 특히 조선인 가내공업자가 1940년까지도 1937년보다 적은 것으로 볼 때 다수의 가내공업이 중일전쟁 시기에 도태되었다고 할 수 있다. 그러나 1940년 이후 가내공업자 증가율은 공장공업 증가율보다는 낮지만 공장노동자 증가율보다는 높다. 특히 1940년대 이후 조선인 가내공업자 증가율은 1930년대와 뚜렷이 대비되면서 높아졌다.

1940년대에 오히려 가내공업자가 증가한 이유는 1940년 당시 조선 인구 전체에서 74%가량이 농업인구였고, 농민의 30% 이상이 보유농지가 3단보 이하인 영세농이었던 상황에서 이들이 본격적인 산업노동자로 전환할 수 있는 여건이 미진했기 때문이었다.

조선 내 가내공업 증가는 일본인 가내공업 증가와도 관련 있다. 즉 『殖銀調査月報』에 따르면 "전력 부족으로 경영난에 처한 일본 간사이 지역의 중소기업·직물업·메리야스업·잡화업 등과 더불어 가내공업 노동력이 부족해지면서 조선에 진출한 기업이 10여 건 보고되고, '평화산업'이나 수출산업이라도 조선으로 진출을 꾀하거나 조선 주재 공장을 확충하는 것도 있었다"[616]고 하여 당시 본토의 가내공업이 진출한 사실을 보여 주고 있다.

---

616 『殖銀調査月報』, 1939.11, 137쪽.

3. 중요산업의 일원적 통제와 시장가격의 파괴

가. 조선경제통제협력회의 구성

1940년 이후 각종 산업물자 및 생필품통제가 강화되면서 총독부는 물가통제와 물자수급의 원활을 기하고 이에 민간측의 적극적인 협력을 견인한다는 명목으로 지방 각지 상공회의소 지구내에 '경제통제협력회'를 발족하도록 하고 중앙기구로 경제통제협력연락회를 설치하는 방침을 세우면서 설립지원비로 3,200원을 배여하였다.[617] 이에 조선경제통제협력회 규약을 보면 다음과 같다.

제1조 경제통제협력회는 행정관청과 협력하야 경제통제의 확보를 도모함을 목적으로 한다.
제2조 경제통제협력회는 상공회의소(또는 상공회)의 지구 내에 사무소를 가진 해당 업자로서 조직한다.
제7조 경제통제협력회는 다음과 같은 사업을 한다.
1. 경제통제의 역행 및 그 상황과 효과의 조사 및 통보
2. 경제통제 법령 및 시설의 개선에 대한 논의
3. 당 업자 및 그 단체의 지도
4. 기타 경제통제의 확보를 도모함에 필요한 사업

---

[617] 「經濟統制協力會의 連絡 中央機關도 設置, 規約等 內容一般을 決定」, 『동아일보』, 1940. 5. 11.

그리고 이들 경제통제협력회간의 연락 조정을 위하여 경제통제협력 연락회규약을 제정하였다.

이런 총독부의 '관치우선적' 경제통제협력회 설립 방침에 대하여 조선상공회의소는 「경제회의소설립안」과 같은 민간중심의 통제 방안을 역제안하고 나섰다. 이에 1940년 10월 조선상공회의소는 "기존의 상공회의소 및 경제통제협력회를 해소하고 경제회의소를 상공업의 중추기관으로 삼아 물자의 생산·배급·소비 및 물가조정 그리고 상공 단체의 정비를 추진하자"[618]는 건의안을 총독부에 제출하였다. 공업조합중앙회도 배급통제권과 조합 미가입 업종에 대한 배급독점권을 중앙회에 부여하자는 안을 건의하였다.[619] 이렇게 민간단체 중심의 '중앙자치기구확충안'이 앞다투어 제시된 것은 삼국동맹(1940.9)과 일본의 북베트남 침공(1940.9) 등 급변하는 국제정세와 조선에서도 국민총력운동이 고창되고 '공익 우선의 국가 통제'가 강조되는 등 민간자본의 불안이 가중되었기 때문이었다. 따라서 이런 민간자본의 요구는 '불안한 국면'에 대처하여 중앙기구를 강화하는 방식으로 자신의 기득권을 보전하고 배급에서 우선권을 획득하려는 것이었다.

총독부도 이러한 건의에 대해 긍정적이었다. 「기업허가령운용방침」(1941.12.26)에서도 "경제통제협력회·상공회의소·상공상담소·공업조합·상업조합 등 경제단체에서 해당 산업의 적부에 관한 의견을 개진할 때 가능한 한 존중할 것"[620]이라 하여 민간단체가 제출한 '자치통제안'을 일

---

[618] 『殖銀調査月報』, 1940.12, 76쪽.

[619] 위의 책, 102쪽.

[620] 위의 책, 26쪽.

정하게 수렴하도록 하였다. 또한 관민타합회(官民打合會)·간담회 등을 이용하여 중앙기구 설립에 민간의 협조를 얻고자 한 것 등이 그것이다. 실제로 1940년 1월 31일에는 경성상의·경기도·경성부 등 관민일체로 설탕통제회의를 개최했으며, 10월 28일 기획부와 민간업자들이 서양종이(洋紙) 이입과 배급조정을 위해 관민타합회를 열어서 이입품통제회사의 설립을 결정하였다. 1940년 12월 23일에는 선내섬유잡화통제실시타합회를 개최하여 통제기관으로 섬유잡화원어회사를 결성하였다. 또한 1941년 1월 10일의 관민간담회에서는 조선산 생약통제를 위하여 조선제약통제주식회사를 창립했다. 1월 16일의 간담회에서는 당국의 원목통제시안(원목생산업 및 제재사업통제)을 협의하였다.

한편 총독부 관계관과 각계 민간자본이 연석한 관민타합회는 처음에는 부정기적으로 추진되었지만 미나미 총독이 정례화를 지시한 이후 1월 24일의 간담회부터 매주 금요일 오후 6시부터 9시까지 경성상의에서 정례적으로 개최되었다.[621] 이렇게 집단간담회를 지속한 것은 총독부가 조선상의·공업조합중앙회 등 민간단체의 자치 요구는 봉쇄하는 한편, 민간자본가의 기득권 요구는 최대한 수용하자는 의도 때문이었다.

1941년부터 총독부는 국민총력운동 조직과 상공단체를 유기적으로 연결한 통제망을 구축하고자 했는데, 1941년 4월 23일 도지사회의에서 행한 오노 정무총감의 훈시를 보면 그런 의도가 잘 드러난다.

> 조선의 공업은 시국의 영향에 의하여 일부에 중단 또는 부득이 중지하지 않으면 아니 되게 되었으나 현하의 정세에 감하여 경제통제의

---

621 『殖銀調査月報』, 1942.3, 67쪽.

원활한 운영은 상공업자의 이해와 협력에 의하지 않으면 소기의 효과를 일으키기 어려우므로 현존 상공회의소 소재지 및 도청소재지의 상공회의 산하에 설치된 경제통제협력회를 강화하는 동시에 다시 군·도협력회 및 도(道)협력회를 조직시키어 조선경제통제협력연락회는 이들 도(道)협력회 및 전 조선을 지구로 하는 경제단체로서 조직하기로 고치어 전선 상공업자를 전부 일환으로 하는 조직으로 하고 국민총력연맹하에 일체가 되어 국책 수행에 협력하기를 기하고 있는 바이다.[622]

표면적으로는 역시 상공업자의 이해와 협력에 따른 경제통제를 천명하고 있었지만 총독부의 속내는 전혀 달랐다. 〈표 87〉과 같이 식산국의 「상공업지도조직요강」(1941.1.14)을 보면 행정조직과 국민운동조직, 상공업지도조직을 일원적으로 지도 및 통제할 수 있는 국가 중심의 통제조직망을 구현하는 것이 중요한 목표였다. 최고기관으로는 조선경제통제협력연락회를 배치하고, 회의는 도협력회의대표자·부읍협력회장·군도협력회장·전 조선지구경제단체대표자로 구성하여 국민총력조선연맹·총독부 식산국과 횡적으로 연결되도록 하였다. 예하에는 도협력회를 설치하여 도행정조직·연맹과 연결하였다. 도협력회는 부·군·도협력회 및 도지구경제단체로 구성했는데 부·군·도행정조직 및 부·군·도연맹과 연결하였다.[623] 다만 '통제의 주도권' 문제에서 "행정조직의 우위를 결정하지는

---

622 「전 조선 각도지사 회의 대야(大野)정무총감 훈시」, 『매일신보』, 1941.4.24.
623 그 예하의 부·읍협력회는 상공회의소 소재지에 설치하고 부·읍의 각종 상공업자 조합 및 단체(특수회사 포함)로 구성원을 삼았다. 군·읍 협력회는 각각 읍·면상공회 및 군·도 지구 경제단체로 구성하였다.

않는다"[624]고 하여 '자치' 원칙을 일정하게 수용하였다.

<표 87> 조선의 상공업 단체 통제조직

행정조직	국민총력운동조직	상공업지도조직

- 총독 ─ 조선연맹사무총장 (식산국장) ───── 경제통제협력연락회
- 도지사 ─ 도연맹 ─ 도협력회 ─ 전선지구경제단체
- 府尹郡守島司 ─ 부·군·도연맹 ─ 부읍협력회 ─ 군도협력회 ─ 소속단체, 단체원
  - 대공장 소속지구
  - 대회사 경제단체
- 읍장 ─ 읍면연맹 ─ 소속지 상공업조합 ─ 소속지상공회 기타경제단체
- 구장 ─ 정동리부락연맹 ─ 특수회사 특수공장 ─ 특수회사 특수공장
- 애국반 ─ 단체원 ─ 단체원 ─ 단체원 ─ 단체원

출처: 『殖銀調査月報』, 1941.3, 65쪽.

나. 조선공업통제회 설립

　1930년대 후반까지 총독부의 상공업 통제는 「중요산업통제법」에 입각한 판매, 가격협정이나 「공업조합령」에 따른 중소기업조직화가 중심이었다. 그러나 1941년 3월 엔블록의 총체적인 동원능력을 확보하고자 조선에서 그동안 부분적으로 적용되던 「국가총동원법」을 전면적으로 실

---

[624] 『殖銀調査月報』, 1941.3, 65쪽.

시하였다(1941.3.20). 핵심은 제18조에서 본토 정부는 "국가총동원법상 필요한 때에 동종 또는 이종 사업의 사업주 또는 그 단체에 대하여 해당 사업의 통제 또는 통제를 위한 경영을 목적으로 하는 단체 또는 회사의 설립을 명령할 수 있다"는 것과 "정부가 통제협정의 설정과 통제협정 가맹자에 대한 통제협정의 준수를 강제할 수 있다"는 내용이었다. 이러한 통제 강화를 합법화하는 근거를 가지고「중요산업단체령」(1941.8.20)이 공포되었다. 이는 부문별(산업별)로 재벌 및 군부의 이해를 구현할 수 있는 통제회를 설립하여 그동안 민간자치에 위임된 산업별 생산조직과 배급기구를 일원적으로 통제하겠다는 것이었다. 그리하여 본토에서는 1940년 이후 업종별 통제회(통제위원회)가 설립되어 배급통제 등을 수행하고 있었다.

조선의 경우도「중요산업단체령」이 공포되었지만 총독부는 ① 아직 조선에는 "국가가 관리를 해야 할 만큼 대기업이 없어서 기존의 총독부 통제만으로도 충분하기에 생산력확충도 굳이 통제회를 경유하여 실시할 필요가 없다는 점, ② 재벌 독점이 강고한 상황에서 별다른 통제기구가 불필요하며 오히려 통제회는 기구의 이중화나 중복통제의 위험을 초래할 수 있다는 점,[625] ③ 조선에 이미 업자에 대한 통제가 강력하여 본토가 지목하는 합리적 생산배급계획은 이미 실행되고 있다는 점, ④ 아직 조선은 광공업의 수가 적고 단순하다는 점, ⑤ 조선 내 정치경제의 특수사정이 있다는 점"[626] 등을 들어 "곧바로 조선에 실시할 수 없다"는 입장이었다(1941.5).

당시 일본본토는 재벌의 통제권 강화와 맞물려 관청 관할의 통제사

---

625 中村文計, 1942.5,「統制會を繞る朝鮮の諸問題」,『朝鮮實業』, 18쪽.
626 『殖銀調査月報』, 1941.7, 36쪽.

항이 대폭 통제회로 이양되고 통제회장은 신설되는 통제회사의 중역 임명권을 비롯하여 다양한 결정권을 행사할 수 있었다. 그러나 조선은 대부분이 중소기업인 상황에서 상공성이 직접 조선공업에 대한 통제권을 가지는 경우 총독부의 위상에 타격을 줄 수 있었다.[627] 그렇다고 본토의 요구를 전면적으로 부정할 수도 없었다. 총독부는 1941년 11월에 상공성과 협의한 결과 "조선에서는 통제회를 만들지 않고 필요에 따라 조선은 조선, 본토는 본토에서 만든다"는 협정을 맺고 다만 상호연관이 큰 업종에 국한하여 예외적으로 조선 내 기업이 본토의 통제회에 들어갈 수 있도록 하며,[628] 통제권도 총독부가 가진다는 원칙도 확인받았다.[629]

태평양전쟁 이후 노동력 및 원자재 부족, 기계기구 수입단절 문제가 겹치면서 조선의 특수상황을 기반으로 한 생산력확충계획은 유지될 수 없었다.[630] 그 결과 1942년 11월에는 일본본토의 통제회에 조선의 산업체를 포함하는 조치가 공포되었다.[631] 철강[서울에 지부(1942.4.1)]과 조선[부산의 1개 회사]·화학[특히 유지업(1942.7.15)]·경금속·차량공업 등이 일

---

627 "계획증산의 명령권은 일본본토의 상공성 또는 기획원에서 가질 것이 분명하다. 그러면 조선총독의 행정권은 어떻게 되는 것인가. 총독의 행정권이 경제적으로 말살되는 것은 반도의 전 산업육성상 중대한 장애가 될 것은 자명한 이치이다"(『殖銀調査月報』, 1941. 2, 71쪽).

628 中村文計, 1942.5,「統制會を繞る朝鮮の諸問題」,『朝鮮實業』, 18쪽.

629 上瀧基, 1942.7,「朝鮮産業に 就て」,『朝鮮實業』, 13쪽.

630 "감찰과 조사에서 중요 사업장·공장 및 광산의 가동 실태를 보면 노동력 관리와 유지배양의 불충분, 생산계획과 제품수량과의 괴리, 동일 기업 간 연결의 불충분 등이 증산상 최대 애로였다. 그중 생산계획과 제품수량과의 괴리는 중점주의 강화와 수송계획을 적정화하면 시정될 것이지만 동일 기업체 사이의 연결은 기업가 측의 소승적 관념에서 탈각되어야 한다"(『殖銀調査月報』, 1943.11, 29쪽).

631 東洋經濟新報社編,『朝鮮産業年報』, 1943년판, 25쪽.

본 통제회의 조선지부가 되었다. 이렇게 본토통제회에 가입하면, 통제회 지부장이 되어서 "본토의 통제회와 의견절충을 통하여 공업화에 필요한 물자공급을 강화하겠다는 실용적인 의미"[632]도 있었다. 따라서 일본통제회 조선지부는 자연히 일본본토에서 물자의 확보가 긴요한 업종에서 적극적일 수 있었다. 그러나 물자난에 시달린 본토가 적극적으로 조선지부의 역할에 호응하지 않았고, 조선지부의 활동도 진척될 수 없었다. 이처럼 조선에서는 산업별 통제회 지부가 효과적인 활동을 하지 못하고, 단위 물종·업종별 통제회를 중심으로 활동할 수밖에 없었다. 결국 총독부는 본토에서 무성의하게 대우하는 통제회 지부에 의존하기보다 조선의 특수성을 빙자하여 보다 많은 물자를 확보할 수 있는 길을 모색하는 쪽으로 나아갔다.

한편, 종래까지 공업화에 필요한 원자재·자금을 대부분 일본본토에 의존하였던 총독부의 공업정책이 1943년을 기점으로 조선에서 부족 물자를 보급한다는 '자력갱생'으로 전환하면서 조선에서도 일본과 같은 형태로 산업별·부문별 일원적 생산통제와 배급통제를 실행하고자 하였다. 특히 1944년 이후 공업화에 필요한 자재를 더이상 일본에 의존하거나 공급받기 어려운 상황에서 조선에서도 일본처럼 통제회를 설립하여 종합적인 생산 및 배급통제를 전개할 필요성이 커졌다.

그 결과 1944년부터 「조선공업통제령」(1944.8.16)이 공포되어 조선 내에서도 산업(부문)별 통제회가 설립되기에 이르렀고, 제1착으로 기계공업통제회가 결성되었다. 이에 1945년 2월 「중요산업단체령 시행규칙」과 「중요산업 지정규칙」이 차례로 공포되었다. 아이러니하게도 일본에

---

[632] 中村文計, 1942.5, 「統制會を繞る朝鮮の諸問題」, 『朝鮮實業』, 18쪽.

서는 통제회의 역할이 사실상 와해된 시기에 조선에서는 통제회가 새로 설립된 것이다.

다. 조선상공경제회의 발족

본토에서는 「중요산업단체령」에 입각하여 산업별 통제회가 조직되어 생산·배급·소비를 통제했는데, 중소기업도 「상공조합법」(1943.2)에 의해서 통제되면서, 전체 산업을 일괄해서 통제할 중앙기관이 필요하였다. 이에 상공성은 「경제회의소설립안」을 제국의회에 제기하였다 (1943.2). 「경제회의소설립안」은 생산·배급·소비에 걸쳐 모든 산업을 종적으로 일관된 통제를 가하고, 말단 상공업마저도 국가 통제 아래로 흡수하겠다는 것이었다.[633]

1943년 2월 일본본토에서 「상공경제회설립안」[634]이 제기되고 통과에 이르자, 조선공업조합연합회 등도 "종래의 상공업 지도조직망으로는 상공업자들의 물자동원을 유지하는 데 한계가 있다"고 하여 종래의 연락기관·배급기관 수준에 머무르던 상공회의소를 전 조선 단위의 상공경제회로 전환할 것을 요구하였다.[635] 그러나 조선상공경제회의 발족은 매우 지체되었다. "본토처럼 짧은 기간 안에 산업 전반에 걸친 통일조직

---

633 「岸信介 商相 衆議員法案委 答辯」, 1943.2.18, 「商工經濟會法案提出理由要旨」(『經濟情報』 8, 朝鮮總督府 法務局, 1943.6, 17쪽).
634 상공경제회의 중요한 사업은 각종 통제법규의 주지, 물자배급의 공작, 실행원조, 자원회수, 대용품 생산증강, 공장신설에 따른 각종 공작 등이었다[「神田 商工省總務局長, 衆議員法案委 答辯」, 1943.2.18, 「商工經濟會法案提出理由要旨」(『經濟情報』 8, 1943.6, 17쪽)].
635 小林行昌, 1943.7, 「戰時下商工業組合の變貌」, 『朝鮮工業組合』, 34쪽.

을 만들어야 할 만큼 조선의 상공업이 복잡하지 않다는 것"이었고, "아직 본토의 통제회에 가입한 업종이 적고, 조선에는 아직「상공조합법」도 적용되지 않았기 때문"이라는 것이다.[636]

마침내 1944년 11월에 조선상공경제회가 설립되었고, 각지의 상공회의소가 경제회의소 지부로 재편되었다. 설립 취지를 보면, 그동안 '조선의 특수사정'을 핑계로 미루었던 법령을 공포함으로써 일본본토와 식민지의 법제적 불일치를 해소하고, 통제회지부, 특수회사, 도단위 이상의 상공조합(연합회)과 공업조합 등 전체 조선기업을 통일적으로 연결하여 생산력의 파탄을 막자는 것이었다.[637]

그런데 조선상공경제회는 산업통제를 직접 수행할 수 있는 실권을 가진 것은 아니고 실질적 활동도 보장된 것이 아니었다. 그것은 기시 노부스케(岸信介) 상공대신이 "상공경제회로 권한이양이라는 문제는 법문으로 직접 나타나지 않으며, 관청 권한의 주된 이양처는 통제회이고 지방에는 지방장관이 행정의 중추가 된다"[638]고 한 데서도 알 수 있다. 이처럼 조선상공경제회는 종전과 같은 자문이나 건의 정도가 아니라 "상

---

[636] 『殖銀調査月報』, 1944년 10·11월호 합집, 33쪽.

[637] 중앙상공경제회 구성원을 보면, 제1호 회원으로 13도 상공경제회, 제2호 회원으로 2도 이상 걸친 상공업조합연합회(중앙회) 그리고 제3호 회원으로 차량(車輛)·철강·화학·경금속·유지 등 통제회 조선지부와 선박운영회 조선지부·조선섬유산업회·조선금융단·조선병기공업협회·동아경제조선간담회위원회·조선공업협회·조선물산협회·조선재무간담회·제국발명협회조선본부·조선하조포장(荷造包裝)협회·조선철도협회·조선자동차교통협회·조선해운협회·조선공예통제협회·조선전기협회·조선금융조합연합회·일본원가계산조선본부·조선주조조합연합회·생명보험조선협회·조선손해보험협회·조선실업보국회·조선기계공업통제회 등이었다(『殖銀調査月報』, 1944년 10·11월호 합집, 33쪽).

[638] 「岸信介 商相 衆議員法案委答辯」, 1943.2.18, 「商工經濟會法案提出理由要旨」(『經濟情報』 제8호, 1943.6, 17쪽).

공경제회를 지방행정기구와 표리일체를 이루어" 종래보다 좀 더 관권에 밀착한 상공 조직을 창설하겠다는 것이었다. 그러므로 통제회보다 상위의 중앙조직을 만들겠다는 것은 더더욱 아니었다.

라. 행정력에 의한 시장가격의 파괴

(1) 법치적 시장가격통제에서 행정력에 기반한 시장가격 강제

중일전쟁 이후 물자부족에 따라 물가가 앙등하자 총독부는 「9·18조치」라고 하여 물가가 1939년 9월 18일 수준을 넘지 않도록 하는 조치를 취했다. 이 조치에는 물가 이외에도 운송비·보관료·손해보험료·임대료·가공임 등도 적용되었다.[639] 그렇지만 생선·채소·과일·가축 등 생필품을 비롯하여 수출품을 원료로 이용하는 면사·생사·미곡 매매 등에는 적용되지 않았다.[640] 따라서 당시 물가통제는 여전히 주요한 산업물자에만 적용된 것을 알 수 있다. 그러나 「9·18조치」가 발동되면서 종래까지 「물품가격취체규칙」(1938.10)에 의해 물품별 판매가격이 지정되던 것에서 「가격통제령」 제7조에 따라 가격이 지정되기 시작하였다. 또 종래에는 없던 도지사의 판매가격지정권도 합법화되었다.

1940년에는 「9·18조치」가 1년 더 연장되었고, 종래 제외된 거래소 및 조선미곡시장주식회사가 취급하는 품목도 적용대상이 되었다. 그밖에 시의성·지리성으로 가격변동이 큰 생선·채소 등 식료품과 사치품으

---

[639] 『殖銀調査月報』, 1939.11, 116쪽.
[640] 위의 책, 117쪽.

로 가격 설정이 곤란한 서화·골동품 등도 범위에 넣었다.[641] 특히 종래 특수물자나 특수선박의 경우, 개별성이 강하여 가격 설정에서 당사자 사이의 흥정도 인정했으나 새롭게 총독의 인가를 얻도록 하였다. 단지 대외무역 관계상 가격변동이 커서 실시가 어려운 물종(견·생사·면화·면포)만 제외되었다.[642]

1940년 이후에는 총독부가 시장가격 책정에 직접 개입하는 물자위원회 주도의 관제적 가격통제가 시작되었다. 일단 총독부는 그 준비를 위하여 식산국과 경기·경상·평남 등에도 물가조정과를 신설하고(1940.2), 총독부의 물가위원회에는 특별히 전문위원회와 총무위원회를 두었다. 이어서 종래는 법치로 시장가격을 통제했지만 이제는 행정력(권력의 힘으로)으로 직접 시장가격을 통제하겠다는 의도를 담아 「조선물가통제요강」(1940.5.20)을 공포하였다. 여기에는 공정가격의 확대, 중점주의 가격공정, 적정가격 유지, 적정이윤의 확보, 가격평준기구 설립, 가격등귀 억제, 경제사범 단속, 물가위원회의 확충, 일본본토와 물가통제 긴밀화, 지방관청 상호연결, 민간협력기관 설치 등을 명시하였다.[643] 이는 가격책정 단계별로 국가권력을 개입시키겠다는 의도를 분명히 하였다. 다시 말해, 이른바 '가격의 국가화=시장의 국가화=수급의 관제화' 조치를 확립하자는 것이었다.

1941년에는 「8·11정지령」이라고 하여 수선료·청부료 등의 재산적 급부도 통제하기 시작하였다. 더불어 계기류와 전화의 증설 유지비 그

---

641 『殖銀調査月報』, 1940.11, 84쪽.
642 『殖銀調査月報』, 1940.12, 105쪽.
643 「朝鮮於物價統制要綱」, 1940.5.20 총독부발표, 『朝鮮經濟統制問答』 1941.9, 附錄 二, 207~211쪽.

리고 임금 중에서 벽돌인부·옷장제조·표구상·할부금·수급운반비·용달료·온돌축조와 스토브의 공임 그리고 광업용 기구 및 부분품 수선료 등도 추가되었다.644 이것을 바탕으로 1940년 말까지 「9·18조치」 가격을 공정가격으로 이행하고, 아울러 1942년 2월에는 「8·11정지」를 더욱 확장하여 10여 종목의 가격을 추가함으로써 대부분의 재화에 공정가격이 지정되었다. 그 결과 1941년 2월까지 공정가격 지정 건수는 총 5만 7,640점으로 1940년 1월 말에 비해 9,434점 증가했으며645 1941년 10월에는 10만 934점에 달했다.646

「9·18조치」, 「9·24조치」, 「8·18조치」에도 불구하고 각종 산업물자·생필품의 암거래와 암가격이 촉발되었는데, 특히 식료품은 그 특유의 계절성·부패성으로 인해 암거래가 성행하고, 공정가격의 설정도 어려웠을 뿐만 아니라 배급증 제도도 실시할 수 없었다. 그 결과 1943년 4월경 채소류의 약 10%가 암거래되는 상황이었고, 가격도 공정가격의 3~4배에 달하였다.647 공정가격 자체를 재조정하지 않을 수 없는 상황에서 1942년부터 기획부는 각도의 실정에 따라 공정가격을 조정했는데, 1943년에는 섬유류 총 107개 품목 중에서 27개 그리고 식료품 96개 품목 중에서 50개의 공정가격을 개정하였다.648

1943년 이후 중요산업육성·군사비 확대·만주국폐 유입 등으로 물가관리가 위험한 상태였다. 총독부 농산과 조사에 의하면 당시 물가앙등

---

644 『經濟月報』, 1942.1, 17쪽; 『殖銀調査月報』, 1941.11, 27쪽.
645 『朝鮮年鑑』, 1943년판, 경제일지; 『殖銀調査月報』, 1941.5, 206쪽.
646 『殖銀調査月報』, 1941. 12, 25쪽; 『殖銀調査月報』, 1942.1, 42쪽.
647 『殖銀調査月報』, 1943.6, 49쪽.
648 『殖銀調査月報』, 1944.1; 「朝鮮に於ける公定價格の官報索引」, 1943.12.

원인은 "① 광물증산 및 중요공장의 설치, ② 생산책임제 및 생필품 자급대책 등에 의한 생산비 앙등, ③ 임금·운반비 등귀, ④ 만주·북중국의 고물가 상황, ⑤ 1944년 이후 일만관세장벽철폐에 따라 조선이 북방엔블록의 인플레 완충지대화한 것" 등이었다.[649]

1944년 이후는 더욱 물자동원계획이 파탄 나고 물자부족과 저물가정책 사이의 모순이 심화되었다. 그러다 보니 증산대책은 더욱 곤경에 처했다. 그러자 1944년 4월 도지사회의에서 정무총감은 "증산하는 데 부득이한 것에 대해 가격 인상을 인정"하며 대신 "불급품은 제조가 곤란할 정도로 가격을 인하하거나 제조 및 판매를 제한한다"[650]고 함으로써 불급품 제조업(=비군수산업)의 희생을 통한 중점산업 지원 의지를 더욱 확고히 하였다.

(2) 대기업 중심의 시장가격 지정 및 단일단가제도 운영

원가계산제도가 없는 상황에서 각종 생산원가의 인상에도 불구하고 산업물자 가격이 공정가격에 묶여 중요산업체의 이윤율이 하락하는 등 증산 노선에 차질이 생겼다. 〈표 88〉과 〈표 89〉를 통해서 1938년과 1941년의 주요 회사 이윤율 동향을 비교하면, 먼저 양조업·정미제분·요업·전기업에서는 이익률이 크게 상승했고, 화학·철공업·섬유공업은 하락하였다. 그런데 배당률은 양조업·정미제분업·요업·섬유업 등에서

---

649 『朝鮮年鑑』, 1945년판, 99쪽 및 「第86回 帝國議會 答辯資料」, 『太平洋戰下ノ朝鮮』 제5호, 143~144쪽. 즉 물가통제의 파탄은 '물자의 품귀로 저물가를 통한 생산력 증강', '엔블록 자금 유지를 위한 일본본토를 대신한 조선의 항시적인 물자 유출 구조' 등 물동체제 자체의 모순에 의한 것이었다.

650 「田中武雄 政務總監 道知事會議 訓示」, 1944.4, 『日帝侵略下 韓國三十六年史』 제13권, 653쪽.

상승했고, 철공업·전기업 등은 하락하였다. 전체적으로 볼 때 화학·철공업·섬유공업의 이익율이 종전보다 하락한 반면, 양조업·정미업 등 경공업은 오히려 상승하였다. 중점산업의 이윤율은 상대적으로 경공업이나 비군수산업보다 취약했고 또한 만성적이었다. 이에 중점산업을 수행하는 업체에 이익을 부여할 '단일단가제도'의 실시와 중요물자 생산자 가격 인상이 예고되었다.

〈표 88〉 1938년 조선 내 주요공업회사 자산구성

업 종	회사 수	차입금(천 원)	이익률(%)	사내 유보율(%)	배당률(%)
양조업	20	2,586	20.74	39.76	8
정미제분	2	2,766	8.16	7.61	7.5
요업	6	5,550	8.27	24.12	6.9
화학공업	4	66,921	28.02	99.8	-
철공업	4	44,598	28.63	59.49	8.5
섬유공업	6	11,642	41.26	51.58	9.3
전기업	8	58,350	11.15	14.45	8

출처: 『殖銀調査月報』, 1940.6, 38~39쪽(김인호, 1998, 『태평양전쟁기 조선공업연구』, 195쪽에서 인용).

〈표 89〉 1941년도 조선 내 주요 공업회사의 자산구성

업 종	회사 수	이익률(%)	배당률(%)
양조업	2	46	9
철공업	4	20.4	8
섬유공업	5	33.9	9.6
화학공업	5	22.6	7.8
정미제분	2	36.2	8.5

| 요업 | 1 | 26.3 | 8 |
| 전기업 | 3 | 13.1 | 7.7 |

출처: 朝鮮事業勞動調査所(1948), 『朝鮮勞動時報』 제1-2호에서 계산(김인호, 1998, 『태평양전쟁기 조선공업연구』, 195쪽에서 인용).

비고: ① 조사대상: 정비제분업(풍국제분·조선정미), 양조업(조선맥주·쇼와기린맥주), 요업(조선시멘트), 화학공업(조선일산화학·조질·조선화약총포·조선석유), 철공업(일본고주파·용산공작·조선기계·조선중공업), 섬유공업(조선방직·경성방직·조선직물·남북면업·전남도시제사), 전기업(경성전기·조선수력·압록강수전). ② 각 비율은 각 사의 비율을 산술평균한 것임.

일본본토에서는 이미 1940년 7월부터 군수공장에 대한 '단일단가제도'가 강제되었다. 그렇지만 '단일단가제도'에 묶이자 "생산이 계획대로 될 수 없고 시장의 물건마저 자취를 감추어 생필품이 시장에서 추방"되는 문제가 발생하였다.[651] 이에 일본본토에서도 '단일단가제도'는 증산에 장애가 되고 공정가격체제를 해체한다고 하여 군수공장 이외는 실시하지 않았다.

이러한 상황에서 총독부는 「조선물가통제요강」(1940.5)을 통하여 대기업에 대한 적정이윤 보장을 위한 가격 책정 방법을 모색하기로 하였다. 그 방식은 기존 「단일단가제도」에 따르는 것은 그대로 하고, 그 적용이 어려운 경우에만 종전의 '단일단가'에다 실적을 감안한 적정이윤을 부가하도록 하였다. 그렇지만 적정이윤은 무조건 실적에만 의하지 않았다. 이것을 위하여 산업별·물자별 한도를 정한 '적정이윤 기준'을 먼저 작성하도록 하였다.[652] 그나마 구체적인 업종별 「원가계산준칙」이 조

---

651 大阪日報·東京日日新聞社 편, 1940, 『戰時統制經濟新講』, 一元社, 71쪽.

652 東洋經濟新報社 京城支局, 1941.9, 「朝鮮於物價統制要綱」, 『朝鮮經濟統制問答』, 附錄 二, 209쪽.

선에서 아직 실시되지 않아서 중요물자에 대한 단일단가제도를 본격적으로 실시할 수 없었다.

그럼에도 총독부는 저물가 기조의 가격통제를 위하여 「폭리취체령」 (1940.7.20)을 개정하여 모든 물자에 대해서 원문자로 된 공·정·협 표시를 달도록 함으로써 물가통일 및 암거래·매점매석을 저지하고, 공정가격 위반 시 부과하던 벌금을 종래 최고 5,000원에서 5만 원으로 10배 인상하는 한편, 범칙금은 종전의 3배까지 추징하고 처벌대상도 종래 폭리를 목적으로 하는 자에서 '이유 없이 폭리를 탐한 자'로 확대하는 등 단속규정을 강화했다.[653]

이 시점에서 물가대책은 여전히 물가위원회가 일률적으로 검토하여 공정가격을 책정하는 방식이었다. 물론 조선에서도 「원가계산제」 수용이 검토되고 있었지만 지지부진하였다. 그 이유는 "기존의 공정가격은 원가와 공정가격 간의 균형을 고려하지 않았기에 채산이나 거래상의 문제가 발생하는 한편, 지역별 물자상황을 상세하게 고려할 수 없고, 물자의 편재와 출하두절의 문제를 일으킨다"는 것 때문이었다.[654] 특히 1941년 「8·11조치」로 가격통제의 범위가 확대되었는데, 새로 편입된 물품도 용달료·도량형기 등 일률적으로 최고가격을 지정할 수 없는 것이 많았다. 이제는 공정가격제가 생필품에까지 미치면서 배급통제나 소비규제만으로는 물가 문제를 해결할 수 없었다. 그리하여 일부 품목은 당분간 협정가격을 인정하는 방침을 유지하는 것과 함께 업체의 원가계

---

653 『殖銀調査月報』, 1940.11, 84쪽.

654 그 밖에도 도·소매 단계별 이윤가산액이 부적정한 점, 가격의 단순화로 규격 및 품질이 저하한 점 등이 문제로 지적되었다(『殖銀調査月報』, 1941.12, 25쪽).

산 방식에 대한 총독부의 철저한 통제가 예고되었다.[655] 그러나 구체적인 '원가계산제도'가 없는 상황에서는 생산비 산정이 곤란하고 공정가격의 고저가 심했을 뿐 아니라 가격구성에 중요한 요소인 공정마진을 설정하기도 무척 어려웠다.

그런데 일본본토는 가중되는 물자부족과 장기전 국면에서 증산에 장애가 되고, 계산방식이 복잡하다는 이유로 중소기업에 다소 유리한 '개별원가제도'를 실시하지 않았다. 그러던 중 1942년 4월부터「긴급물가대책에 관한 건」,「긴급물가대책요강요지」,「가격장려제도요강」 등을 결정하여 대자본의 수중에 있는 철·석탄·동·연·아연 등 기초물자에 대한 '단일단가제도'를 복원하였다. 이후 1943년까지 철강·조선·항공기·자동차·알루미늄 제련·펄프지·석면슬레이트·마(麻)방직·면·스프방직·고무·포·기계·염색·장유양조·제과업 등 10여종에 걸쳐 '업종별 원가계산준칙'이 공포되었다.[656]

본토의 이런 움직임에 따라 조선에서도 「긴급물가대책」(1942.4)이 공포되었다. 핵심은 가격보장을 위한 쌀·보리 등의 가격조정기관 설립, 기업정비에 따른 산업물자영단의 가격조정[657] 그리고 적정이윤을 보장하기 위한 원가계산제의 시행 등이었다. 그러나 원가계산제도에 입각한 '단일단가제도'는 일단 유예되었다. 표면적인 이유는 조선의 공업사정이 원가계산제가 없어도 될 만큼 복잡하지 않다는 것이었다. 그리하여 총독부는 중앙 및 지방에 가격사정위원회를 설치하여 공정가격의 적정화, 규

---

655 『殖銀調査月報』, 1941.11, 27쪽.
656 植木總, 1944.4,「原價計算への認識」,『朝鮮工業組合』, 33쪽.
657 『殖銀調査月報』, 1943.10, 37쪽.

격의 단일화를 꾀하기도 하고 업종별로 15%씩 생산이윤을 인하하거나
협정가격을 체결할 경우 원가계산 방식을 총독부에서 통제하기도 하였다(1942.6). 왜냐하면 새로 편입된 물목이 용달료·도량형기 등 일률적으로 최고가격을 지정할 수 없는 것이 많았기 때문이었다.[659] 일단 직물가격사정위원회가 먼저 발족하였다(1942.12.26).

총독부는 1942년 10월 15일 「원가계산규칙」 및 「업종별 원가계산준칙」을 차례로 공포하였다. 이후 업주는 본 규칙에 입각하여 제조원가(재료비·노동자임금·경비)와 일반관리비와 판매비(임원보수·사무자급료·퇴직금·후생비·감가상각비·지대와 가임·수선비·조명비·난방비·조세과금·통신비 등)별로 원가계산을 실시하여 총독부에 제출하여 공정가격을 설정할 때 기준이 되도록 하였다. 그런데 특정한 물품이나 종류나 규격이 다른 물품을 제조할 경우 '개별단가제도'가 적용되었고, 같은 제품을 반복 생산하는 경우에는 주로 '단일단가제도'가 적용되었다.

조선의 경우는 같은 규격물자의 대량생산을 위해 '단일단가제도'가 우선적으로 실시되었다. 여기서 '단일단가제도'란 동종의 물품에 대해 동일한 원가계산법을 적용하는 것으로 중소기업 제품에 대한 대기업 제품의 우위를 보장하려는 것이었다. 다시 말해 중소기업의 희생을 통해 재벌자본에 대한 초과이윤을 보장하는 수단이라는 것이다. 이는 당시 구리하시(栗橋) 육군성 관리국장이 「중의원예산위 답변」(1943.2.3)에서 한 말에서도 알 수 있다.

---

658 『殖銀調査月報』, 1942.7, 28쪽.
659 『殖銀調査月報』, 1941.11, 27쪽.

중일전쟁 이전까지는 단일단가제도를 사용했으나 이후 각종 기업이 발흥하자 상품마다 질적인 차별이 커졌고 이에 단일단가제도는 조악한 제품 및 대량 생산업자의 부당이득이 발생하여 개별단가제도로 바뀌었다. 이제 독점기구의 형성 그리고 기업정비의 달성으로 본격적으로 대기업 독점이윤을 위한 단일단가제도의 도입이 추진되기에 이르렀다"고 하여 노골적으로 독점자본의 이익을 위한 단일단가제도의 실시를 공언하고 있었다.[660]

이에 구체적인 원가산출을 위하여 일본원가계산협회 조선지부가 설치되었다(1943.4.17).

한편 총독부는 '단일단가제도'와 함께 군수용 물자의 공정가격 인상을 추진하였다. 1943년 4월에 다나카 다케오 정무총감은 도지사회의에서 종래 저물가정책을 유지한다는 원칙을 재확인하고, 물가대책으로 "군수충족 및 생산 자재 등의 현재 가격을 재검토하여" 생산자 가격의 인상을 추진하였다.[661] 그것은 생산자 가격의 인상을 통하여 중요산업을 운영하는 기업의 이익을 대변하겠다는 것이었다.

---

660 『經濟情報』 제8호, 1943.6, 60쪽.
661 「田中武雄 政務總監 道知事會議 訓示」, 1943.3, 『日帝侵略下 韓國三十六年史』 제13권, 462쪽.

4. 소결: 시장의 확대와 파괴

　1940년 일본본토의 「국토계획설정요강」은 조선을 「황국중앙계획」 아래 외지계획으로 편성하여 본토의 허가 없이는 독자적인 국토계획을 실행하기 어렵게 했다. 그야말로 엔블록 개발 정책에서 '조선경제 홀대' 분위기가 감돌았다. 만주와 중국 위주의 계획에 우려한 총독부는 일본본토가 공표한 '일·만·중국 블록안'을 넘어서 조선이 일·만·중국 연결하고, 그 허브 역할을 담당하는 「조선국토계획」을 추진하였고, 이를 위하여 1941년부터는 '선만일여(鮮滿一如)' 슬로건을 다시 꺼내 들고 만주국과 적극적으로 관계 개선을 시도하였다.

　그러다 태평양전쟁 국면으로 '조선경제 홀대' 분위기가 일소되고, 오히려 총독부가 그동안 주장해 온 '북방권의 중핵론'이나 '대륙전진병참기지론'이 실천적으로 조명을 받았다. 특히 1942년 4월 4일에는 종래 '일·만·중국 국토계획'을 대동아 전 지역으로 확대하고자 「국토계획대강소안」이 책정되었다. 이것은 엔블록의 전체 국토계획에서 종래처럼 일·만·지를 중심에 놓는 것이 아니라, 자급 단위를 특정한 지역에 국한하지 않고 엔블록을 북변경제지구(일본 등)·대륙경제지구(조선·만주·화북·화중)·남방경제지구(대만 등) 등 3개의 자급권역으로 분할하고 여기에 조선·대만을 '각각 지역을 결합하는 병참루트'로 삼아 '경제적 자급체'로 만들어 간다는 전략이었다.

　일본본토의 엔블록 소경제권 분할 구상에 대해 총독부는 반색하며 북방 엔블록에서의 역할을 더욱 자임한다고 하면서 대륙전진병참기지 구호를 더욱 고양하려고 하였다. 본토 당국이 엔블록 경제권별 자립이니 현지조변이니 하는 수사를 동원한 것은 사실 지역별로 물자동원 경쟁을 부추기는 의미도 있었다. 이후 '병참루트' 사명을 감당해야 할 조선에서 총독부가 주도한 보다 강력한 동원정책이 강요되었다.

'조선경제역할론'이 확대되면서 종래까지 총독부가 가졌던 '독자적 공업화'에 대한 미련은 지속될 수 없었다. 그리고 새롭게 종래 인조석유, 대용 마그네슘, 대용 알루미늄 등 '대체품' 중심으로 생산하던 제1차 생산력확충계획 대신에, 철강·석탄·경금속·비철금속 등 전쟁 필수의 중요물자를 직접 생산하는 제2차 생산력확충계획이 입안되었다. 조선산 물자가 대체재에서 중요재로 인식이 변환되던 시점도 바로 이때였다. 1942년 이후 스크랩을 피해 일본본토로부터 대규모 시설, 자본의 이주가 시작되어 생산력확충에 역할을 시작하였다. 이렇게 일본본토가 역내 경제단위의 자급력 강화를 제창했지만 증산계획은 제대로 구현되지 못했다. 이주 기업도 준비가 덜 된 탓에 제대로 조업하는 경우가 드물었다.

제2차 생산력확충으로 일부 물자는 조선 내 수요를 증진시키는 순기능도 하였다. 그러나 일본본토의 부담을 덜기 위해 추진된 증산정책에서 발생한 하청이나 수요에 대응한 데 불과하였다. 물론 엔블록에 대한 조선경제의 역할이 크게 달라진 점도 있었다. 종래에는 원자재 지하자원 비중이 높았으나 점차 제2차 가공공업이 확장되는 국면이 뚜렷하였다. 이렇게 '조선공업의 역할론'이 실제적으로 실천이 되자 이 과정에서 조선인 자본은 블록경제의 빈틈과 방만한 통제경제의 물량투입과정에 파고들면서 나름대로 시국을 해석하고 대응하였다. 그 과정에서 김연수처럼 실패하거나 백낙승처럼 성공하는 사업가도 나타났다.

태평양전쟁 전후 대륙전진병참기지화 정책 아래서 소비재산업이 육성되었다. 특히 방직공업은 일본본토와는 달리 호황이었다. 조선 내 방직공장은 고정자산 비율이 낮아 20% 정도였지만 자본회전율은 일본본토보다 높고, 특히 고정자산 회전율은 일본본토의 3배에 달하였다. 고정자산 투자가 적어도 회전율이 높은 그야말로 기존 설비로 최대한의 노동력을 짜내는 생산을 이어가고 있었다. 정미제분 회사의 이익률도 오히려 상승하였고, 양조업도 20개소의 이익률은 1938~1941년 사이 무척 커졌다. 다만 고무공업만이 원자재 부족으로 인해 이익률이 하락하는 경향이었다. 태평양전쟁을 전후하여 전반적으로 소비재산업의 이익률은 상승하였다.

회사 설립을 보면, 대부분의 업종에서 1943년과 1944년에 다수의 회사가 설립되었다. 방직회사만 보더라도 1943~1944년 사이에 무려 76개 사가 증가하였고, 자본금 10위권 회사가 대부분 이 시기에 설립되었다. 그것은 일본본토의 기업정비에 따른 조선 이주와 조선 내 기업정비에 따른 회사화가 중첩해서 드러났다. 이처럼 조선에서의 기업정비와 일본에서의 정비는 외형적으로 중소기업의 정리라는 점에서 같지만 결과적으로 일본은 스크랩, 조선은 통폐합이라는 다른 방식의 정리가 진행되었다. 그런데 본토자본의 진출이 큰 영향을 주는 업종은 대부분 업체수 동향이 증감증(V) 유형이었지만 양조업과 같은 조선 내 동인이 강한 경우는 전고후저(\) 유형을 보였다.

1930년대 공장공업과의 비경쟁적 영역에서 증가했던 가내공업은 1940년 이후 각종 원자재난에 공장공업 중심의 정책이 더해져 재생산에 위협을 받고 있었다. 그러나 1940년대에도 가내공업은 최종소비재 영역에서 계속해서 수적으로 증가하여 강인한 생명력을 보여 주었다. 결국 총독부는 1944년 이후 가내공업자들을 정리하여 생산력확충에 필요한 물자와 시설을 염출하는 기업정비를 단행했다. 이때 전기수용자 변화를 보고 절반가량의 가내공업이 정리된 것으로 추산된다.

1940년 이후 배급통제와 물자사용제한이 강화되면서 총독부는 민간의 자발적인 통제 협력을 종용하기 위하여 상공회의소 구역에 경제통제협력회를 설립하도록 하였다. 그러나 각종 통제로 물자난에 처한 상공업자들은 민간 중심의 경제회의소를 만들어 자치적인 중앙통제를 건의하였다. 이에 총독부는 기존의 상공업 조직을 이끌던 상공회의소 체제를 활용하여 조선상공경제회를 구축하여 외형상 민간 중심의 물자통제와 수급을 실현하겠다고 하였다. 그러면서 통제에 협조하는 상공업조직을 경제통제협력연락회·도협력회·부군도협력회·단체원 등으로 계통화하고 아울러 총력운동조직 및 행정기구와 횡적으로 연결하였다. 그런데 조선상공경제회는 산업통제를 수행할 수 있는 실권이 없었다. 오히려 민간이 자치통제하는 듯 보이면서도 총독부가 직접 전 조선의 상공업 단체를 일원적으로 통제할 수 있도록 만든 관제조직망이었다.

　「조선물자통제요강」(1940.5) 이후 시장가격 통제는 종래의 폭리단속이나 「9·18조치」에 따라 지정가격을 강제하는 이른바 법치적 가격통제였지만 이제는 총독부가 시장가격 책정에 직접 개입하는 물자위원회 주도의 관제적 가격통제로 전환하였다. 즉 종래는 법치로 시장가격을 인위적으로 통제했지만 이제는 아예 행정력(권력의 힘으로)으로 직접 시장가격을 강제하겠다는 것이었다. 그리고 태평양전쟁 이후에는 「긴급물가대책」(1942.4)을 통하여 중요산업물자의 생산가격 인상과 더불어 원가계산제에 기반한 단일단가제도를 수용하였다. 이런 조치는 비군수산업과 중소기업의 희생을 초래하고, '중점산업' 분야에 대한 원가부담을 축소하는 한편, 중요산업을 운영하는 업체에 보다 많은 이윤을 보장하는 기능을 하였다.

　요컨대, 법치적인 가격통제를 넘어서 행정력을 앞세운 무소불위의 시장가격 개입 조치가 계속되면서 정상적인 시장가격은 붕괴되었고, 물가위원회가 임의로 책정한 지정, 공정, 최고가격이 공산품 시장의 수급을 불안하게 하였다. 이런 가격 정책으로 대기업은 '실현한 것 이상의 초과이윤을 보장' 받았지만, 대기업에 주어진 초과이윤만큼 시장에서 보전해야 하는 상황에서 총독부는 '저물가' 유지를 위하여 저위에서 시장가격을 운영하려고 하였고,, 그 결과 중소공업을 비롯한 비중요산업 계열 공산품의 시장가격은 정상적인 대접을 받기 어려웠다. 명백히 정책과 권력이 시장을 압도하던 상황이었다.

제6장
'결전' 시기
'초중점' 증산 정책과
공업 파탄

1. '초중점' 증산 정책의 추진

가. '생산증강' 노선의 채택

1943년 2월 과달카날섬에서 철퇴한 후 연이은 패퇴로 인해 수세에 처한 일본은 제해권·제공권 회복을 위한 결전(決戰) 단계에 돌입하였다. 그러자 본토 각의는 2월 19일 「쇼와18년(1943년도) 국가총동원계획 등의 편성에 관한 건」을 발표하고, 수송계획에 부합하는 공급계획을 요구하였다. 그리고 부족한 물자의 경우 ① 국내 증산, ② 회수(특히 비상회수)의 강화, ③ 만주와 중국(특히 만주)로부터의 조달 증량, ④ 갑을(甲乙)지역 및 추축국으로부터의 취득, ⑤ 특별한 생산방식의 개척 등을 통해 조달하도록 했다. 아울러 철강, 경금속, 석탄, 항공기 등 초중점 물자와 최저 식량 확보에 전력을 기울이기로 했다.

1943년 물동계획(1943.6)에서도 "재고(在庫)물자와 유휴(遊休) 원자재를 적극적으로 이용한 생산력 앙양과 철·석탄·경금속 등 산업물자의 급속한 증산에 경제적 제 요소를 집중할 것"이 강조되었고, 내각에서 결정된 「1944년도 국가총동원계획 책정에 관한 건」(1943.8.3)에서도 '항공전력의 비약적 증강을 최우선으로 하고, 이를 수행하는 데 필요한 관련 기업정비 및 기본물자의 수송과 생산을 확보하기 위해 특단의 조치를 취하기로 했다. 또한 생산능률을 획기적으로 향상시키고 민수용품은 처음부터 군수품으로 대용하여 절약하고 간소화하기로 했다. 전체적으로 경금속, 철강, 석탄, 항공기 산업으로 모든 물자와 재화를 몰아주자는 전략이며, 특히 항공기 증산이 초미의 과제였다. 하지만 이러한 계획에도 불구하고 1944년부터는 원자재 부족을 비롯하여 기계입수의 지연, 기술자·숙련공 부족, 노동자 이동과 질적인 저하, 소운송 및 해상운송 부족 문제가 크게 불거졌다. 동남아 자원을 이용하려는 계획은 전세가 역전되면서 수포로 돌아갔다.

조선도 이런 본토의 결정에 조응해야 하였다. 종래까지는 미미했지만 대외무역(동남아, 중국, 만주)으로 석유, 인광석, 생고무 등 중요물자를 공급받았으나 무역로가 두절되면서는 물자난을 비롯하여 기술자, 숙련공 부족, 운송력 하락, 석탄 감산, 설비 결함 및 설비 지연 등으로 심각한 증산 차질이 빚어졌다.

그러자 1943년 1월 4일 도지사회의에서 고이소 총독은 '결전 단계'에서 "조선에서는 단순한 경제력 향상에 앞서 적과 자웅을 겨룰 수 있는 생산력의 급속한 증강이 필요하다"[662]고 하면서 무연탄제철, 소형 용광로 보급, 중요광물 증산, 염전 확장 등을 강조하였다. 또한 "동남아 물자를 이용할 수 없는 상황에서 이것을 일·만·중을 단위로 확보할 것"[663]과 제2차 생산력확충은 기존 투하된 설비 내에서 추진하고, 그래도 부족한 물자는 '국민의 내핍'에서 염출하고자 하였다. 그러면서 「전력증강 8대 시책」을 제시하고 당국에 통첩하였다.[664] 그 내용은 ① 5가지 '초중점 산업'(철, 석탄, 경금속, 선박, 비행기공업)을 중심으로 한 전략물자 증산, ② 자원 회수 및 절약, ③ 노동력 대책, ④ 국민저축 증강, ⑤ 수송력 강화, ⑥ 치안유지, ⑦ 방공(防空), ⑧ 제1선 지방행정의 쇄신 등으로 궁극적인 목표

---

662 「1943년도에 임하는 유시」, 1943.1.4, 「總督·政務總監重要諭告·訓示」, 『太平洋戰下の朝鮮』 제1호, 59쪽.

663 國史編纂委員會 編, 1978, 『日帝侵略下 韓國三十六年史』 제13권, 447쪽.

664 水田直昌, 「昭和18年度朝鮮總督府豫算について」, 『太平洋戰下の朝鮮』 제2권, 國學資料院, 16쪽.

는 중점산업 일방을 위하여 모든 생산 요소를 집중한다는 이른바 '설비 한도 내의 단기 증산'을 지향하겠다는 것이었다.

<u>생산증강이란 현유 생산설비·원료자원·노동력 등을 가장 적절히 이용함으로써 가능한 다량의 생산물을 낸다는 것이었다.</u> 바꿔 말해 공장을 확장해서 증산하는 것이 아니라 현유 공장설비로 일층 증산을 꾀하는 것이다. 따라서 장래 생산증대를 가져오기 위해 현재의 생산설비를 신설·증설·확장하는 의미의 '생산력확충'과는 반드시 의미가 같다고 할 수 없다."(밑줄은 필자)[665]

이후 총독부는 이러한 단기적 생산증강 노선을 뒷받침하고자 기구개편과 행정간소화를 추진하였다. 먼저, 1943년 11월 30일 칙령 890호로 조선총독부관제를 개정하여 기존의 8국 중에 총무국과 식산국 등을 폐지하여 6국으로 축소하고 기존의 식산국과 농림국을 각각 광공국(鑛工局)과 농상국(農商局)으로 개편하였다.[666] 12월 8일부로 에구치(江口親憲) 초대 광공국장으로 취임하였다. 12월 1일에는 「조선총독부훈령」제88호(조선총독부사무분장규정 개정) 제3조를 통하여 광공국에는 종래 총무국과 식산국 소속이었던 기획과, 광산과, 철강과, 경금속화학과, 연료과, 전기과, 임산과, 토목과, 노무과, 연료선광연구소, 착암공양성소, 임업기술원양성소 및 토목시험소 등을 배치하였다.[667] 이번 사무분장 개정에서 특

---

665 「朝鮮産業の決戰再編成」, 『朝鮮産業年報』, 1943년판, 18쪽.

666 『朝鮮總督府官報』, 1943.12.8.

667 여기서 기획과는 ① 국가총동원계획 설정 및 수행 종합 ② 철강, 비철금속, 중요기계, 시멘트 및 목재의 배급 ③ 기계공업, 기타 중요공업 관련 ④ 국토계획 ⑤ 자원조사 등

이한 것은 공업발전에 중요한 역할을 해왔던 중앙시험소가 경금속화학과 소속으로 되었고, 대신 자원개발이나 염출 혹은 노동력 동원을 주무하는 착암공양성소, 연료선광연구소, 임업기술원양성소, 토목시험소 등은 별도 기구로서 독립적인 역할을 하도록 한 점이다. 과학 기술의 개발에 따른 공업발전보다는 자원, 노동력 징발을 우선하겠다는 총독부의 의지라고 할 수 있다. 또한 종래 총동원업무를 기획하던 기획부가 광공국 소속으로 전환하였다. 초중점산업에 필요한 자원의 신속한 염출을 위하여 기획과 실행기능을 일체화하려는 것으로, '신중한' 의사결정보다는 '신속한' 의사결정을 우선하겠다는 의지라 할 수 있다.

1944년 1월 25일 훈시에서 고이소 총독은 「전력증강 8대 시책」을 넘어 광공업자원과 식량증산을 승리를 위한 전력증강의 2대 목표라고 하면서, 특히 철과 경금속 등 중요 군수물자의 수급에 만전을 요구하였다.

을 주무하도록 했고, 광산과에서는 ① 광업일반 ② 광산물 ③ 광업 및 제련업 정비 ④ 조선광업진흥 및 조선마그네사이트개발회사 관련 ⑤ 지질조사소 등을 주무하였다. 철강과에서는 ① 철강 ② 철광, 기타 제철용 원광 관련을, 경금속화학과에서는 ① 경금속 ② 화학공업품 ③ 요업품 ④ 중앙시험소 등의 업무를, 연료과에서는 ① 연료 ② 가스 및 코크스 ③ 석유 전매 등의 업무를, 전기과에서는 ① 전기 ② 발전수력 ③ 국유송전시설 그리고 임산과에서는 ① 국유임야 ② 임업 ③ 임산물 ④ 사방공사 ⑤ 화전의 정리 ⑥ 임업시험장을 주무하였다. 토목과에서는 ① 도로, 하천, 운하, 사방용지, 수리, 상수, 하수, 광장, 공원 등 ② 공유수면의 매립 및 사용 ③ 시가지계획 ④ 토지수용 ⑤ 지형도의 조정 등을 주무하였다. 마지막으로 가장 늦게 설치된 노무과(1945.1.26)에서는 ① 노무의 수급 ② 노무관리 ③ 임금, 기타 노무의 조건 ④ 기술자 할당 ⑤ 국민직업능력의 등록 및 국민징용 등의 사무를 맡았다. 또한 연료선광연구소에서는 ① 선광제련시험 ② 연료 조사 및 연구 ③ 광물의 분석시험 및 감정 등을 주무했고, 그 밖에 착암공양성소, 임업기술원양성소, 토목시험소 등이 부속되었다(朝鮮總督府訓令 제88호. 관보 호외, 「朝鮮總督府事務分掌規程 中 改正」, 『朝鮮總督府官報』, 1943.12.1).

물적 생산의 증강에 국민의 필사적인 총 노력의 결집이 절대적인 요건이며 …(중략)… (전쟁승리)를 위해 반도의 철, 경금속 등 중요 군수물자의 유력한 수급지라는 입지상 광공업에 비약적인 발전증산을 기도하고 시정의 중점을 급거 광공업으로 이전하도록 하는 것이 긴요하다는 것은 두말할 것도 없다. 또한 광공업의 비약적인 발전과 각종 산업 분야에 대한 식량의 확보에 기반한다면 …(중략)… 승리도 기대할 수 있는 까닭에 식량과 기타 농작물의 증산과 광공자원의 개발이라는 것은 공히 전력증강의 2대 목표라고 할 수 있는 바.[668]

이처럼 시간이 갈수록 중점에서 중점을 낳았고, 필요한 모든 물자가 특정한 물자 생산에 집중되는 기형적인 '몰아주기식'의 증산정책이 강요되었다. '몰아주기'의 확대는 궁극적으로 모든 조선 내 산업균형을 파괴하고, 시장질서의 와해를 촉발하였다.

초중점산업으로 자원집중이라는 과제를 맡게 된 광공국은 1944년 3월부터 '신병기 제조에 필요한 희유원소광물의 개발방침'을 결정하여 강력한 전쟁 물자 획득을 기도하였다. 그 방침을 정리하면 다음과 같다.[669]

- 큰 광산은 기술자재자금 등의 면에서 급속한 개발 능력이 있는 회사에게 개발하게 한다.
- 중소광산은 증산에 열의가 있는 광업권자가 조선광업진흥과 제휴

---

668 「총독훈시」, 『부산일보』, 1944.1.25.
669 『매일신보』, 1944.3.6.

하여 기술자금을 지원받아 개발하도록 한다.
- 제련회사 중에서 직접 광산경영을 희망하면 경영능력에 따라 개발하게 한다.
- 광업권자가 직영하는 경우를 제외하고 다른 업자에게 양도나 사용권 설정하여 개발하게 하는 경우는 그 정당한 광업권자의 권리를 존중한다.

말하자면 신병기를 만드는데 필요한 자원이라면 누가 어떤 위치에 있건 간에 자본이 있고, 설비와 자재가 있으면 무조건 광산 개발에 참여할 수 있게 하고, 거기에 국가가 온갖 지원을 다할 것이며, 광업권 양도나 사용권 대차를 통한 개발 등도 허용하겠다는 파격적인 자원 개발 방안이었다.

1945년 4월 5일 신임 아베 총독은 훈시(「증산과 수송대책에 관하여」)를 통하여 전력증강의 내용을 더욱 구체화하였다.

전국(戰局)의 여하한 변화에 처해서도 조선에 부하된 제 전력물자 증산의 책무를 각 부문에 걸쳐서 수행하기 위하여 더더욱 중점적인 노력을 경주해야 하는 것은 두말할 것도 없다. 특히 본 년에는 식량, 석탄, 금속, 목재 등의 계획증산에 책임달성을 기하는 외에 송탄유, 송근유 제류의 군수물자의 증산계획을 추가함에 대하여 국민의 총 노력을 경주해야 한다. 그런데 이러한 중요물자의 계획증산은 자재, 노동력, 운송 등 3개 측면에서 더더욱 '궁굴(窮屈)'한 제약을 받고 있는데 이르러, 일반적이거나 구닥다리 구상과 수단으로서는 장애를 타

개하기 쉽지 않다.[670]

총독 스스로 '궁굴(窮屈)한 제약'이라고 말했듯이 패전가능성에 대한 인식이 분명히 드러나고 있었다. 계획생산을 말했는데, 결국 생산책임제 관련 식량, 석탄, 금속, 목재 분야와 송탄유, 송근유 등과 같은 내핍과 염출에 기반한 물자도 중점적인 중요물자로 설정하고 계획증산을 독려하였다.

아베 총독이 부임하자 광공국 조직과 업무도 새롭게 재편되었다. 1945년 4월 17일 총독부는 「조선총독부훈령」 제18조(조선총독부사무분장규정 개정)의 제3조에서 종래 기획과, 광산과, 철강과, 경금속화학과, 연료과, 전기과, 임산과, 토목과, 노무과를 새롭게 동원과, 생산 제1과, 생산 제2과, 생산 제3과, 생산 제4과로 재편하였다.[671] 새로 설치된 동원과는 종래 총무국 기획과가 하던 ① 국가총동원계획, 철강과에서 하던 ② 철강, 비철금속, ③ 중요기계, 시멘트 및 목재의 배급, 연료과에서 하던 ④ 연료, 석유 전매 그리고 새롭게 추가된 ⑤ 생산방공, ⑥ 군수회사법 관련, ⑦ 공무관(工務官) 및 공무관보(工務官補) 관련 및 ⑧ 중요공장, 광산에서의 토목건축공사, 토목과에서 하던 ⑨ 토목 그리고 기획과에서 하던 ⑩ 자원조사 등을 주무하였다. 이렇듯 동원과는 1944년 4월 1일부터 군수생산책임제(군수회사법)가 실시되는 상황에서 군수책임회사나 군수회사를 일원적으로 국가가 관리하는 목적으로 구성되었다.

생산 제1과에서는 종래 경금속화학과에서 하던 ① 경금속, ② 화학공

---

670 「총독훈시」, 『朝鮮總督府官報』, 1945.4.5.
671 朝鮮總督府訓令 제18호, 관보 호외, 「朝鮮總督府事務分掌規程 中 改正」, 『朝鮮總督府官報』, 1944.4.17.

업품, ③ 요업품, ④ 중앙시험소 관련, 종래 전기과에서 하던 ⑤ 전기 및 발전수력, ⑥ 국유송전시설 등의 업무를 계승하였다. 생산 제2과에서는 ① 제철(합금철 포함), ② 기계, ③ 항공기 및 산업차량, ④ 주조품 및 단조품, ⑤ 기타 철강제품 및 금속제품 등 종래 철강과 업무와 항공기, 기계 등 초중점산업에 필요한 물자증산 업무가 추가되었다. 생산 제3과에서는 종래 광업과에서 하던 ① 광업행정, ② 석탄광업, ③ 철광석, ④ 일반광물, ⑤ 지질조사소 관련 업무를 계승하였다.

생산 제4과에서는 종래 임업과가 하던 ① 국유임야, ② 임업, ③ 임산물, ④ 송탄유(松炭油) 및 송근유(松根油), ⑤ 사방(砂防) 및 화전(火田) 정리, ⑥ 임업시험장 등의 업무를 계승하였다. 그밖에 연료선광연구소, 임업기술원양성소, 토목시험소는 그대로 유지되었다. 대신 광공국 노동과가 근로부로 확대되더니 이번 개정에서는 근로부에 근로 제1과와 제2과를 두었다.

이처럼 1944년 4월의 사무분장 개정은 1943년 11월의 개정에서 볼 수 없었던 항공기, 산업차량, 중요기계 등의 수급 관련 사항이 추가되었고, 「군수회사법」실시에 따른 국가관리 체계의 안정성을 꾀하려는 시도가 포함되었다.

나. 공업의 병영화

(1) 계획조선의 개시

태평양전쟁의 승리를 위해서는 해상운송력 확충이 무엇보다 중요하였다. 이에 개전과 동시에 대대적인 선박양산을 추진하는 '전시계획조선(戰時計劃造船)'을 개시하였는데, 이는 국가가 1년 단위로 필요한 선박량을 예측하여 각 조선소에 건조 명령을 내리면 거기서 선박을 건조하여 국가가 정하는 곳에 양도하는 방식이었다.[672]

'전시계획조선'은 강선(鋼船) 건조를 주로 하는 갑조선 계획과 목선(木船) 건조가 중심인 을조선 계획으로 구성되었다. 갑조선은 해군성, 을조선은 통신성이 담당하였다. 하지만 조선에서는 을조선이 중심이었고 체신국이 담당하였다. 1942년 7월에 체신국은 '전시표준선형'을 결정하고, 8월부터 조선소에 '건조할당(建造割當)'을 개시하였다. 이 중 조선형 150톤급 기·범선 화물선과 130톤급 순범선 화물선이 총독부가 독자적으로 만든 선형이었다.[673] 물론 조선에도 조선중공업주식회사라는 강선조선소가 있었다. 이 회사는 본토의 갑조선 계획에 직접 편입되었고 일원적 통제기관인 조선통제회에도 가입되어 계획조선을 실행하고 있었다. 체신국은 계획 수행을 위해 기존 목조선소들을 통합 정비하는 한편, 계획조선만을 전문으로 하는 대형조선소를 신설하고자 하였다.[674]

본토에서는 산업설비영단이 실무를 담당했지만 조선에서는 민간해운회사 혹은 해운통제회사가 총독의 건조 명령을 받아 발주하는 방식이었다. 물론 1944년 10월부터 조선중요물자영단에서 실무를 담당하게 되었다.

---

672 배석만, 2006, 「태평양전쟁기 조선총독부의 목선양산계획 추진과 조선공업 정비」, 『경제사학』, 제41호, 35쪽.

673 배석만, 2006, 앞의 책, 45쪽.

674 배석만, 2006, 앞의 책, 40~41쪽.

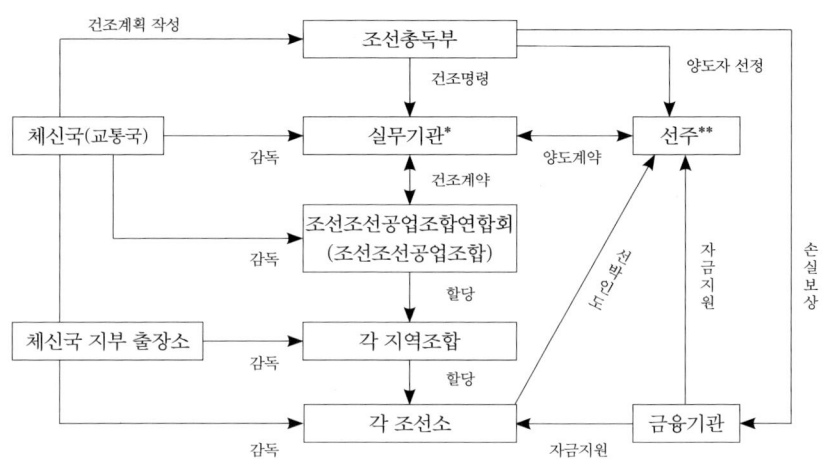

<표 90> 조선의 계획조선(목선) 흐름도

출처: 배석만, 2006, 「태평양전쟁기 조선총독부의 목선양산계획 추진과 조선공업 정비」, 『경제사학』 제41호, 40쪽.
비고: ( )는 1943년 11월 행정기구 개편에 의한 담당기관임.
 *매년 변경. **1943년부터 선주는 실무기관과 동일해짐.

〈표 90〉은 조선에서 목조선 계획을 실행하는 흐름도이다. 일단 1942년 9월경에 시달된 을조선계획을 보면, 당시 국책해운회사인 조선우선주식회사가 100톤급 목조화물선 65척을 건조하라는 총독의 명령을 받고, 조선조선공업조합연합회와 건조계약을 체결하였다. 65척은 각기 지역 조선공업조합에 할당되었는데, 남선조선공업조합 10척, 북선조선공업조합 17척, 중선조선공업조합 22척, 동선조선공업조합 11척, 서선조선공업조합 5척이었다. 1943년 3월 조선우선이 1942년 계획조선에 입각하여 건조된 선박을 놓고 선정된 선주들과 양도계약을 체결하였다. 양도자는 서일본기선 등 연안 주요 해운회사를 포함한 11곳이

제6장 '결전' 시기 '초중점' 증산 정책과 공업 파탄 457

었다.[675]

　1943년과 1944년 계획에서는 화물선, 바지선인 부선(艀船), 유조선의 건조계획이 수립되었고, 발주를 위해 조선우선 대신 「전시해운관리령」에 따라 일원적 운영을 위해 신설된 조선선박운항통제회(1943.2 설립)가 담당하였다. 선박 소유권은 운항통제회의 구성원인 주요 해운회사가 가졌지만 전부를 조선선박운항통제회가 용선하여 운항하였다. 유조선은 조선 내 일원적인 운영을 위해 설립된 조선유조선주식회사(1943.3)가 일괄 발주하였고, 무동력선은 조선선박운항통제회 산하의 순범선 해운 부분을 분리시킨 조선근해운수(1943.8)가, 바지선인 부선은 대륙연계물자 수송의 원활화를 위한 항만하역 강화를 목적으로 만든 항만운송통제회사(1943.12)가 일괄 발주하였다.

　1944년부터 중요물자영단이 계획조선의 실무를 담당했는데, 조선선박운항통제회가 담당하던 동력화물선에 국한된 듯하다.[676] 아울러 중요물자영단은 계획조선을 일괄 발주하고 건조된 선박의 소유권을 가졌다. 건조된 선박도 주요 해운회사로부터 일괄 매수하였다. 중요물자영단이 소유한 계획조선 선박은 조선선박운행통제(주)가 용선을 받아 운항하였다. 8·15 당시 조선선박운항통제(주)는 영단소유 선박의 용선 135척, 기타 용선 125척, 위탁선 146척으로 총 416척, 4만 6,825톤의 운영을 담당하였다.

　중요물자영단이 계획조선에 참여하면서 을조선계획으로 건조된 선박의 소유권까지도 국가가 보유하게 되었다. 조선업이 완전히 국영화된

675　배석만, 2006, 「태평양전쟁기 조선총독부의 목선양산계획 추진과 조선공업 정비」, 『경제사학』 제41호, 41쪽.

676　배석만, 2006, 앞의 책, 42쪽.

것이다. 계획조선의 선박 건조가격, 양도가격은 모두 총독부가 결정하였고, 가격 차이는 국가보조금으로 충당하였다. 금융지원은 식산은행이 맡았고, 전시금융금고나 일반은행도 대출하였다. 이에 총독부는 1943년부터 발생하는 계획조선의 대출금 중에서 2,000만 원 한도 내에서 손실보전을 보증하였다.[677] 계획조선을 수행하는 조선소에도 통합정비자금, 설비자금, 운전자금 명목으로 식산은행의 대출이 이어졌다.

계획조선에 적응하는 조선소를 만들기 위해서는 군소조선소를 통폐합해야 하였다. 일단 조선공업에 대해서는 1942년 2월 조선조선공업조합연합회를 각 조선공업조합의 통제기관으로 삼으면서 시작되었다. 본토에서는 체신성이 중심이 되어 1942년까지 전국 소조선소를 600개 정도로 정비하였고, 이들을 토대로 대형조선소 약 20여 개소를 새로이 건설했다.[678] 본토의 정비 국면에 따라 체신국도 1942년 봄부터「소형선정비요강」을 공포하여 '1항 1사주의'에 따라 소조선소를 통합하였다. 정비 후에는 총독부가 나서서 기존 설비를 현물 출자하도록 하고 각종 금융지원 또는 민간의 출자를 유도하여 시설을 확장하도록 하였다.

1942년 8월에는「조선업정비요강」을 결정하였다. 방침에 따르면 본토는 전함건조와 동남아 물자운송 등을 위해 대형조선소를 정비하는 것이 중시된 반면, 조선에서는 목조선을 증강하여 자원 운송력을 강화하도록 하였다. 그러다 보니 조선에서는 중소조선소의 통합과 확충이 견지되었다. 따라서 조선에서는 본토처럼 재벌계 조선사를 동원한 정비를 추진한 것이 아니라 조선 내 업자를 합동하는 방식으로 진행되었고, 톤수

---

677 배석만, 2006, 앞의 책, 43쪽.
678 「寺島 遞相 衆議員法案委 답변」, 1943.2.18, 『經濟情報』 제8호, 1943.6, 53쪽.

500톤 미만의 소형선박을 제조하는 규모로 재편하는 경우가 많았다. 특히 선박제조 (수선)설비의 소유자는 지역별로 1개사로 합동하고, 다만 지방 실정에 따라 유력한 조선소에 흡수할 것[679]이라 하여 '지역별 합동' 및 '능률 기준의 합동' 원칙을 채택하였다.

한편, 1943년 3월에 「조선업정비요강」을 수정하여 기업을 정리할 때 지역별 실정과 입지조건을 충분히 고려하도록 하였다. 그 결과 1943년 7월 이후 지역별로 정비를 본격화하고 다양한 방식의 통합도 진행되었다.[680] 먼저 부산은 새로 모회사를 설립하여 기존 업체를 흡수했고, 그 밖에 대부분 항은 기존 업체를 모태로 정비하였다. 청진·인천 등은 기존 모회사를 중심으로 정비한 반면, 신의주·진남포·목포·군산·성진 등은 기존 군소회사가 합동하였다. 아울러 청진·진남포·인천 등은 당분간 1도 2사로 하고, 이들 지역의 통합은 소규모 업자 통합으로 1개 회사를 구성하고 나머지 1개 회사는 기존의 대규모 조선소와 철공소가 합병하거나 새로이 대회사가 신설되는 경우에 설립하도록 했다.

그밖에 마산항(조선주식회사)·여수항·어대진항(조선철공주식회사)에서도 이 시점에서 '1항 1사' 방침이 적용되었다. 그 결과 1943년 10월까지 웅기(웅나조선철공)·청진(조선철공소)·성진(성진조선철공소)·목포(목포조선철공소)·인천(대인조선철공소와 인천조선소)·진남포(진남포조선철공유한회사)·신의주(평북조선철공소)·포항(포항조선주식회사) 등 총 8항 9개사로 통합이 이뤄졌다. 그리고 1943년 말까지 주요 항의 조선소 통합률이

---

[679] 『殖銀調査月報』, 1942.10, 30쪽.

[680] 『殖銀調査月報』, 1943.5, 32~33쪽, 10월호, 40~41쪽 및 「經濟治安週報」, 1942.10.10, 13~14쪽.

80%에 달하였고, 업자도 131업자에서 26업자로 축소되었다.[681]

1943년 11월에는 통제기관인 조선조선공업조합이 결성되었다. 이 조합은 부산, 원산, 인천, 진남포, 신의주, 포항, 장전, 청진 등 10곳에 조합지부를 성진, 통영, 여수에 출장소를 두었다. 총독부는 동 조합의 임원 선임에 체신국장이 사전에 면접을 실시하였다. 또한 조합에게 계획조선 할당 및 식산은행을 통한 금융지원에 대한 전권을 부여하여 산하 조합원에 보다 강력한 통제를 할 수 있도록 했다.

1943년 12월에는 원산에서 조선조선공업주식회사가 설립되었다. 이 회사는 동양척식회사가 매립한 울산의 매립지 15만 평을 불하받아 1,000만 원을 투자하여 설립하려고 했다. 그런데 과정이 여의치 않아서 결국 500만 원(조선우선 50%, 동척 20%, 식산은행 10%, 기타 20%)으로 원산의 개인 소유지 2만 평을 구입하여 1차로 6,000톤의 조선 능력을 가진 제1공장을 1944년 3월까지 건설하기로 했다. 나머지 9,000톤은 상황을 봐 가며 추진하려고 했다. 해방 때까지 제1공장이 가까스로 완공되었다.[682] 1944년 5월에는 「중요공장사업장관리령」이 을조선에 적용되면서 총독부가 감리관을 파견하여 통제하게 되었다.[683]

(2) 군수생산책임제의 전개

1939년 6월 30일 칙령 제427호로 「총동원업무사업설비령」이 공포되어, 「국가총동원법」 제16조에 따라 '주무대신은 총동원 업무인 사업에 속

---

681 『殖銀調査月報』, 1943.12, 44쪽; 『朝鮮年鑑』, 1945년판, 162쪽.
682 배석만, 2006, 「태평양전쟁기 조선총독부의 목선양산계획 추진과 조선공업 정비」, 『경제사학』 제41호, 52쪽.
683 배석만, 2006, 앞의 책, 47쪽.

하는 설비의 신설, 확장 또는 개량을 명령'할 수 있게 되었다. 이미 중일전쟁 단계에서도 법에 따른 민간기업에 대한 국가 통제가 진행되고 있었다. 그런데 이 경우는 총동원 업무와 관련된 기업에 한정되는 것이었다. 또한 「중요공장사업장관리령」도 국가 통제를 명시하고 있었지만 아무리 총독부가 군수물자 증산을 독려해도 현실적으로 '민유·민영' 형태로 운영되는 군수민간기업과 군지정공장, 본령의 적용이 제외된 일반 사기업에 대한 통제는 어려웠다.[684] 그래서 「군수회사법」을 입안하는 과정에서 재벌의 저항을 고려해 외형상 '민유·민영'으로 한다는 제스처를 쓰기도 하였다.

본토의 「군수회사법」은 기업운영과 생산주체와 생산기구 그리고 생산방식에 대해서 철저한 국가성의 확립에 목표를 두었다. 이 법으로 지정된 회사에는 회사를 대표하는 생산책임자와 각 공장 단위로 생산담당자가 배치되어 정부 명령에 따라 중요물자를 증산하는 것이 원칙이었다. 그리하여 1944년 1월 17일 군수성 담화를 통하여 제1차로 미쓰비시 중공업회사, 나카지마(中島)비행기회사 등 150개사를 군수회사로 지정하고 생산책임자에 대하여 지정영서가 교부되었다. 군수지정회사의 총 공칭자본금은 약 95억 원, 불입자본금은 76억 원에 달했으며 지정대상업체 중에는 항공기 관련 사업체가 압도적이었다.[685] 1944년 4월 제2차 지정에서는 아이치(愛知)화학공업 등 422개사가, 제3차 지정(1944. 12)에는 아키키(秋木)기계 등 109개사가 지정되었다. 따라서 1945년까지 688개사가 군수회사로 지정되었다. 이와 함께 이들 군수회사로 집중적인 자금지원을 위하여 이른바 '지정금융제도'를 강화하였다.

---

684 中村隆英, 1974, 『日本の經濟統制 −戰時·戰後の經驗と敎訓』, 日本經濟新聞社, 133쪽.
685 東洋經濟新報社, 『大陸東洋經濟』, 1944.3.5.

조선의 경우는 곧바로 「군수회사법」을 시행할 수 없었다. 그 이유는 자본이나 생산규모에서 압도적인 조선 지점회사에 대한 통제권과 관할 문제가 매끄럽게 결정되지 못하였기 때문이었다. 조선의 특수사정, 특히 총독에 의한 일원적 통제를 강조하는 총독부와 본토의 통제명령에 종속될 것을 요구하는 상공성의 요구가 서로 갈등을 빚었다.[686] 또한 조선이 조선·항공기 산업을 직접 운영하기는 어려웠다는 점도 이유가 되었다. 제2차 생산력확충계획에서도 조선은 비행기가 아니라 비행기를 만드는 경금속을, 철강 부문에서는 특수강이나 주강보다는 선철이나 철광석을 그리고 대형조선보다는 목선을 증산하는 것이 우선 과제였다.

따라서 조선에서는 곧바로 「군수회사법」을 실시할 수 없었고, 잠정 초치로서 「군수생산책임제」(1944.4.1)가 실시되었다. 이는 본토의 「군수회사법」에서 요구하는 급속한 생산증강을 꾀하면서도 조선 내 지점회사를 둘러싼 군수성과 총독부 사이의 통제권 향방을 조정할 시간을 벌고자 한 결과였다. 일종의 탈법적 조치였던 것이다. 이에 「군수생산책임제실시요강」(1944. 3.13)이 먼저 공포되었고, 3월 31일에는 전매 분야의 「생산책임제요강」(소금·간수·연초·아편·인삼)을 필두로, 4월 11일에는 「조선군수생산책임제도요강」 외에 「조선목재생산책임제도실시요강」, 「조선총독부군수행정책임제도요강」이 차례로 발표되었다. 본법의 실시로 기왕에는 「중요공장사업장관리령」(1938. 5)에 따라 총독부가 지정한 군수업체만 국가가 통제할 수 있었으나 이제는 대부분의 민간 군수산업이 국가 통제 아래에 놓이게 되었다.

「군수생산책임제」지정 대상은 ① 병기, 항공기, 함정, 선박, 차량(부

---

686 東洋經濟新報社, 『大陸東洋經濟』, 1944.4.1 및 1945.2.1.

품), ② 철강, 경금속, 비철금속, 희귀금속 기타 중요광산물, ③ 액체연료, 윤활유, 석탄, 가스, 코크스, 전력, ④ 중요화학공업품, ⑤ 중요기계기구(부품), ⑥ 기타 총독이 지정하는 군수물자를 생산하는 사업으로 일본본토와 유사하였다. 그런데 조선에서는 본토에서 지정대상이 아니었던 차량이나 특수금속, 전력, 목재 등도 지정되었다. 특히 ① 병기·항공기 생산은 사실상 조선에서 실현이 어려워서 ②~⑥과 같은 기초원자재 생산 부문에 치중되었다.

지정 사업자는 회사 또는 개인이었고, 총독이 지정서를 교부하였다. 그러나 그것의 '탈법성'을 은폐하고자 형식적으로 사업자로부터 해당 군수업체의 명칭·소재지·업종을 기재한 신청서를 받았다. 1944년 3월 30일에 총독부는 경금속 관계 10명 철강 및 제철 13명, 특수광물 및 비철금속 82명, 석탄 16명, 액체연료 3명, 화학공업 12명, 전기 관계 2명 등 7개 부문 합계 138명(=138개사)에 대해서 지정영서를 주었다.[687]

「실행요강」에 따르면 지정사업자에 대해서는 '전력증강 및 발휘에 대한 책임'이 강조되었다. 운영 방식은 먼저 지정업자가 생산책임자로 선임되면, 생산책임자가 생산담당자를 임명하고, 본점(공장 혹은 사업장)에 배속시켰다. 이어서 총독은 사업장의 설비능력, 자재 및 노동력 상황, 수송 상황, 기타 생산조건 등을 감안하여 지정사업자에게 군수물자 생산을 명령하였다. 이때 물자동원계획에 입각하여 해당 계획·목표·수량·기타 물자에 관한 모든 내용을 포함하여 같은 사업 전체를 한 단위로 삼아 결정하였다. 그것을 토대로 기한·규격·수량 기타 조건을 지정하고 사업자에 할당하여 생산을 명령하였다. 그러면 생산책임자는 회사를 대

---

687 殖産銀行調査部, 『殖銀調査月報』, 1944.5, 40쪽.

표하여 목표달성을 해야 하는 책임을 졌다.

생산책임자는 '급료를 받지 않는 관리'로서 생산담당자를 지휘하고 업무를 분담하여 총독을 대신하여 책임을 졌다. 생산명령이 지정한 조건대로 이뤄졌는지에 따라 생산책임자와 담당자의 책무수행 능력이 평가되었다. 「군수회사법」 혹은 「군수생산책임제」 적용 대상인 회사는 총독이 지정하는 업무 이외에 다른 일을 할 수 없었다. 아울러 각 사업장에 대한 소관 행정부서의 행정책임자를 명확히 하여 사업장에 대한 지도 및 감독권을 주었다. 이로서 총독부·생산책임자·생산담당자·노동자에 이르는 일원적 지휘·감독체계가 확립되었고, 계통별로 명령·종속 관계가 분명해졌다. 본토의 「군수회사법」 운영원리를 그대로 적용한 모양새였다. 「군수생산책임제」 대상의 상당수 업자는 「군수회사법」이 시행되면서 곧장 제1차 지정대상이 되었다.[688]

(3) 「군수회사법」의 적용

본토보다 약 1년 늦게 조선에서도 「군수회사법의 조선 및 대만 실시건」(1944.10.28)이 공포되었다. 조선에서는 이미 「군수생산책임제」가 실시되고 있었지만(1944.4.1) 명확한 법적 근거가 없다는 점 그리고 지정대상이 군수물자를 제조하는 업자였고, 회사 자체를 '군수회사화'한 것은 아니었다는 점에서 차이가 있었다.

기왕의 「중요공장사업장관리령」은 본시 일본에서는 1938년 5월에 공포되었지만 조선에서의 적용이 지연되다가 1944년 3월 1일에야 비로소 「시행규칙」이 제정되었다. 하지만 지정대상도 을종 조선업뿐이

---

688 東洋經濟新報社, 『大陸東洋經濟』, 1945.5.1, 23쪽.

었다. 「중요공장사업장관리령」의 적용이 지체된 것도 그만큼 당시 조선 내 군수공업으로 지정해야 할 만한 군수회사가 적었다는 총독부의 '조선의 특수성' 주장이 먹혀들었기 때문이었다. 「군수회사법시행규칙」(1944.10.28)에 따라 "총독은 「중요공장사업장관리령」으로 지정된 관리공장·사업장을 운영하는 회사(업자)는 「군수회사법」 제2조에 따라 지정영서를 교부받는 날로부터 「중요공장사업장관리령」에 기초한 관리는 폐지되는 것으로 간주"되었다. 아울러 기존의 「군수생산책임제」는 「군수회사법」 공포 이후에도 생산증강을 위하여 그대로 병행되었다.

「군수회사법」이 시행되면서 1944년 12월 8일부로 제1차로 철강, 경금속, 군용광물 등 55개 회사가 지정되었다. 조선에 본사와 공장을 둔 것이 36개 회사, 19개사는 지점 형태였다. 본점의 자본금은 총 13억 6,655만 원으로, 1944년 4월 당시 전체 본점 주식회사 자본금(27억 5,499만 원)의 49.6%였다.[689] 당시 조선 본점 총수는 3,182개사였는데, 불과 36개사에 50%의 자본이 집중된 것이다. 제1차 지정은 55개사로 「군수생산책임제」로 지정된 138개사보다 적었다. 「군수회사법」 실시와 더불어 「여자정신대근무령」, 「국민징용령」, 「현원징용」 등으로 노동력 동원이 강화되었다. 이는 「군수생산책임제」 실시로 불거진 노동력 부족을 해결하기 위한 극한적인 조치였다. 갑자기 활기를 띤 「기업정비」도 이러한 군수회사 운영과 무관하지 않았다.

군수산업체로 징용된 노동자 규모는 정확히 알려지지 않는다. 다만 당시 중요공장의 노동자 규모와 1944년 현원 징용 규모를 비교하면 대체적인 윤곽을 추정할 수 있다. 일단 1944년 조선 내 공장 수는 전년에 비해

---

[689] 김인호, 1998, 『태평양전쟁기 조선공업연구』, 신서원, 379쪽.

약 1,100여 개 감소했지만, 공장당 노동자는 128명에서 201명으로 급증하였다.[690] 중요공장 노동자도 1944년 6월 당시 16만 2,668명이었는데, 1944년 10월에는 25만 4,074명으로[691] 4개월 만에 9만 명 정도 증가하였다.

1944년 후반기 「군수회사법」(군수생산책임제) 실시에 따른 현원징용 상황은 〈표 91〉과 같다.

〈표 91〉 조선의 현원 징용 상황(단위: 개소, 명)

구분 일시	징용 사업체				징용 인원			**공장당 징용 인원		
	공장	광산	기타	계	계	공장 징용 인원 추계	광산 징용 인원 추계	평균 징용 인원 추계	공장당 최대 인원 추계	광산당 평균 인원 추계
1944.8	73	56	-	129	147,480	83,439~124,688	22,792~64,008	1,143	1,732	407
1944.11	72	71	1	144	153,580	76,752~124,683	28,897~75,686	1,066	1,708	407

출처: ① 1944년 8월 통계는 「第85回 帝國議會答辯資料」, 『朝鮮近代史料研究集成』 제4권, 147쪽. ② 1944년 11월 통계는 「第86回 帝國議會答辯資料」, 近藤釰一 編, 1964, 『太平洋戰下ノ朝鮮』 제5호, 173쪽.
비고: **징용 인원 항목은 1944년 8~11월간 징용 광산 수에 징용 인원 증가분을 나누어서 얻은 인원을 기준으로 계산한다. 그것은 1944년 8월부터 11월까지는 현원 징용된 공장이 없고 광산업체의 징용만 실시되었다고 보기 때문이다.

1944년 8월까지 최소 8만 3,439명에서 최대 12만 4,688명이 현원 징용되었는데, 1944년 10월 당시 조선 내 중요공장 노동자 25만 4,074명[692]의 33~50%에 해당한다. 1944년 11월에는 최소 7만 6,752명에서 최대 12만 4,683명으로 추산된다. 징용업체당으로 산술평균하면 1944년 8월에는 1,143명, 11월에는 1,066명이다. 여기에 8월에서 11월 사이 인원증

---

690 김인호, 1998.1, 「태평양전쟁기 일제의 조선 기업정비 정책」, 『한국근현대사회연구』 제1호, 87쪽 〈표 10〉 참조.
691 김인호, 1998.1, 앞의 책, 86쪽 〈표 9〉 참조.
692 「第85回 帝國議會答辯資料」, 『朝鮮近代史料研究集成』 4, 151쪽.

가분을 광산증가분으로 나눈 광산당 징용 인원(추계)는 407명이다. 이를 기준으로 공장당 징용 인원을 추계하면 1944년 8월은 1,732명, 11월은 1,708명에 달한다.

문제는 공장당 현원 징용자가 적게는 1,066명, 많게는 1,732명에 달한다는 것인데, 공장당 많은 인원수가 현원 징용되었다는 것은 현실적이지 않다. 왜냐하면 1944년 말까지 조선 내에서 노동자를 200명 정도 고용할 수 있는 자본금 100만 원 이상의 산업회사는 통틀어도 212개사였다.[693] 1938년에 조선 내에서 노동자 200인 이상을 고용한 공장은 107개소[694]에 불과하였다.

정리하면, 공장은 1944년 11월까지 72개소가 징용됐던 것이고, 공장 및 광산 등으로 현원 징용된 15만 3,580명은 144개소 이외의 공장이나 광산에서 현원 징용된 인원을 합친 것으로 봐야 한다. 그러면 자연스럽게 의문이 풀린다. 공장의 현원 징용자 12만 4,648명을 동원하려면 노동자 100인 정도의 공장 1,247개소를 정리하거나 15인 정도의 영세공장 8,309개소를 정리해야 한다는 말과도 같다. 그것은 1943년 당시 조선 내 공장 수 1만 4,000여 개소의 각각 9%와 59%에 해당한다. 이 정도 수치는 당시 진행된 기업정비의 규모와 엇비슷하다고 할 수 있다.

이처럼 태평양전쟁 시기는 '제2차 생확(중점산업 육성)=군수회사법(중요산업관리)=현원 징용(노동력집중)=기업정비(시설, 자원 집중)'라는 일련의 통제 프로세스가 유기적으로 작동하면서 증산이 추진되었다고 할 수 있다. 각 정책은 서로 별개의 정책으로 등장한 듯했지만 근원은 영세한

---

693 朝鮮銀行調査部, 『朝鮮經濟統計要覽』, 1949, 73쪽.
694 印貞植, 「朝鮮人企業의 現勢」, 『三千里』, 1940.10, 74~75쪽.

중소공업을 통폐합하여 군수회사(중요산업)로 자원과 시설과 인원을 몰아주는 방식으로 전개되었다는 점이다.

1945년 1월 「군수회사법」에 입각하여 본토와 연관성이 있는 업종은 이미 1차 지정(55개사)으로 완료되었기에 2차에서는 조선 내에 연관업체 45개사가 지정되었다.[695] 나머지 10개사는 제1회 지정업체 중에서 기존업체 소속의 별개 사업장, 공장이 추가로 지정된 것이기에 신규 지정은 아니었다.[696] 새로 추가된 45개사의 구성은 조선본점 31개소, 지점 14개소이고, 본점 자본금이 총 1억 3,750만 원, 1회사당 자본금은 458만 원이었다.

〈표 92〉 조선 내 군수회사법 적용 업체

구 분		제1차 지정 (A)	제2차 지정 (B)	B/A (%)
회사 수 (개사)	총수	55	45	-
	본점	37	31	-
	지점	18	14	-
자본금 (만 원)	총액	426,921	152,370	35.69
	본점	136,655	13,750	10.06
	지점	290,266	138,620	47.76
1회사당 자본금 (만 원)	전체	7,762	3,463	44.61
	본점	3,796	458	12.06
	지점	15,403	9,901	64.28

출처: 東洋經濟新報社, 『大陸東洋經濟』, 1945.5.1(김인호, 2000, 『식민지 조선경제의 종말』, 신서원, 157쪽에서 인용)
비고: ① 지점 자본금은 일본본토 본사의 것이므로 실제 투자금은 아님. ② 제1차 지정은 일본본토 1944년 1월, 조선 1944년 12월. 제2차 지정은 일본본토 1944년 4월, 조선 1945년 1월.

---

[695] 『殖銀調査月報』, 1945년 1·2월호 합집, 19쪽.

[696] 東洋經濟新報社, 『大陸東洋經濟』, 1945. 5.1, 23쪽.

〈표 92〉를 보면, 제1차 지정에 비해 제2차 지정 회사의 규모가 작아졌다. 제2차 지정의 본점회사의 평균 자본금은 458만 원으로 제1차 때의 12%에 불과하다. 그만큼 「군수회사법」 적용 범위가 확대되었다는 말이다. 제1차 지정은 경금속·철강·제철업 등이었지만, 제2차 지정은 기계, 석탄광업을 포함하는 광업·소형로 제철과 전기제강을 포함하는 제철업이 주였다. 그 외에도 화학공업·내화물공업이 새로 지정되었다.

당시 아베 노부유키(阿部信行) 총독(1944.7.24~1945.8.15)은 이번 지정이 조선에서 그동안 저급한 위치에 있던 기계·금속공업의 성장을 추동할 것이라고 하였다.

> 조선의 기계, 금속공업의 현재 사명은 중차대한 것이다. 그러나 현실에서 이들 산업의 실제 생산수준은 그다지 만족스럽지 못하다. 따라서 금번에 지정을 통하여 적극적으로 이들 사업의 내실 있는 결실을 맺도록 일단의 열성을 경주해야 할 것이다.[697]

본토에서는 외형상 민유·민영 방식에서 생길지 모르는 국가 통제의 누수를 막고자 군수관리부를 설치했는데, 조선에서는 이러한 특별한 기구 대신 총독부 공무관이 군수관리관에 상당하는 임무를 맡도록 하였다.[698] 그만큼 조선에서 공업은 철저하게 총독부의 지배 아래 놓여 있었다.

「군수회사법」이 실시되면서 조선의 공업정책은 이제 '시장'과 '개발'

---

697 東洋經濟新報社, 『大陸東洋經濟』, 1945.5.1, 24쪽.
698 『殖銀調査月報』, 1945년 1·2월호 합집, 19쪽.

의 가면이 완전히 벗겨지고, 극소의 초중점 업종에 모든 물자와 인력을 몰입하는 선별적 증산정책이 더욱 심화되었다. 물자와 인력의 확보를 위한 물자통제와 기업정비가 동시에 추진되었다.

(3) 「군수충족회사령」과 「중요공장사업장관리령」

본토에서는 「군수회사법」을 보충하기 위하여 「군수충족회사령」(1945.1)을 공포했는데, 이로써 운수, 창고, 건설, 배전회사 등 보조적 군수기업도 「군수회사법」의 적용을 받게 되었고, 이에는 1945년 4월까지 49개사가 지정되었다.[699] 따라서 본토에서는 730여 개사가 군수회사 혹은 충족회사가 되었다. 조선도 비슷한 시기에 「군수회사징용규칙」(1944.12.27), 「군수충족회사령」(1945.1)이 제정 공포되었다. 일본본토와 관계있는 업종은 이미 1차에서 지정되었기에 2차에서는 조선에만 관계한 업체가 지정되었다. 1945년 8월 9일에는 1944년 3월 1일부로 시행규칙이 발효된 조선의 「중요공장사업장관리령」을 기반으로 하여 '총독부 관리 공장'을 확대하였다. 이에 종전에 지정대상은 '을종 조선업(목조선)' 뿐이었지만 이제는 기계공업, 금속공업으로 확대하여 약 80개소의 공장이 추가로 지정되었다.[700]

---

699 歷史學硏究會編, 1954.3.30, 『太平洋戰爭史』 제5권, 東洋經濟新報社, 89쪽 및 中村隆英, 1974, 『日本の經濟統制』, 日本經濟新聞社, 136쪽.
700 『매일신보』, 1945.8.9.

2. 공업생산의 파국

가. 생산규모의 추락

1944년 7월, 마리아나 군도에서 일본군이 패퇴하면서 동남아 자원의 보급은 단절되었고, 본토경제는 위기에 몰렸다. 1944년 본토의 원료수급 상황을 보면 1940년을 지수 100으로 할 때 철광석은 32.5, 석유 7.5, 석탄 34.5, 보크사이트 123.8, 코크스 43.3에 불과하였다.[701] 그 결과 물자결핍은 인플레를 초래하고, 통제에도 불구하고 물가는 치솟아 국민의 생활불안은 증대하고 공습으로 수송조차 어려웠다. "거의 모든 기업이 폐쇄되어 버렸고 섬유산업 등의 설비는 대부분 스크랩되어 철강 생산에 사용되었으며, 노동자는 군수산업을 위해 징용"[702]되는 상황이었다. 그러자 도조(東條) 내각은 15항목의 「결전비상조치요강」(1944.2.25)을 발동하여 '국민의 내핍'에 의한 전쟁 물자 조달에 철저를 기하고자 하였다.

조선의 제2차 생산력확충은 '재화 몰아주기'가 효과를 발휘하여 일시적으로 호전되었다. 예를 들어 실적은 1941년 84%, 1942년 75% 수준에 머물렀지만 1943년에는 반등하여 90%에 달했고, 1944년 상반기에는 109%에 달하였다.[703] 그러나 1944년부터 일본본토와 같이 원자재 부족을 비롯하여 기계 입수의 지연, 기술자·숙련공 부족, 노동자 이동과 질

---

701 大內力 外篇, 1958, 『日本における資本主義の發展』, 동경대사회과학출판회, 396쪽.
702 中村隆英, 1986, 『昭和經濟史』, 岩波書店, 140쪽; 이정식, 1992, 「일제 말기 병참기지화정책의 유산」, 『수촌 朴永錫 교수 회갑기념논문집』, 탐구당, 463쪽.
703 總督府 企劃課, 「生産力擴充」, 「第86回 帝國議會說明資料」 『太平洋戰下の朝鮮』 제5호, 우방협회, 5쪽.

적인 저하, 소운송 및 해상운송 부족 등으로 차질이 생겼다. 당시의 상황에서 제2차 생확계획은 목표대로 이뤄지지 않았다. 이러한 절박한 사정은 아베 노부유키 총독이 임시도지사회의(1944.8.28)에서 한 훈시에서도 잘 드러난다.

> 철강, 철광석 기타 중요물자의 계획생산의 경우 1/4분기에는 대체로 가량(佳良, 우수한)한 성적이 나올 것으로 보이지만 2/4분기 이후에 대한 예상은 원자료, 자재, 노동력 등 각 방면에 걸쳐 공부하여 해결할 필요가 있는 사항이 누적될 것으로 예상된다. 관민(官民) 공히 노력을 떨치지 않으면 계획생산량을 도저히 달성 혹은 능가하기 곤란할 것으로 우려하고 있다.[704]

〈표 93〉에서 공산액 추이를 보면 1932년 이후 1944년까지 무려 2.73배로 증가하였다. 그러나 불변생산액 증가율은 28%에 불과했다. 그나마도 1937년에 가장 높았고, 1940년 이후의 증감률은 -6~4%선이었다. 1944년은 추정이지만 불변공산액은 전년도보다 6%나 감소하였다.

〈표 93〉 조선의 연도별 공산액 및 불변공산액(단위: 천 원)

연도	공산액	지수	불변지수	불변공산액	증가율(%)
1936	730,860	100	100	730,860	-
1937	955,119	131	115	840,489	15

---

704 「臨時道知事會議總督訓示要旨」,『朝鮮總督府官報』, 1944.8.29.

1938	1,174,016	161	118	862,414	3
1939	1,466,188	200	126	920,884	8
1940	1,647,133	225	129	942,809	3
1941	1,722,225	236	130	950,118	1
1942	1,863,912	255	134	979,352	4
1943	2,050,000	281	134	979,352	0
1944	2,000,000	273	128	935,501	-6

출처: 朝鮮銀行調査部, 1948, 『朝鮮經濟年報』 I, 99·101쪽; 鈴木武雄, 1942, 『朝鮮ノ經濟』, 232쪽; 朝鮮銀行調査部, 1949, 『朝鮮經濟統計要覽』, 69쪽.
비고: 불변공산액 및 불변지수는 명목공산액을 물가지수로 수정한 것, 1943년 공산액은 조선은행의 추정액(김인호, 1998, 『태평양전쟁기 조선공업연구』, 신서원, 215쪽에서 수정 후 인용-).

〈표 94〉에서 1941~1943년 업종별 불변생산액을 보면, 생산력확충으로 아우성치던 2년간 공산액은 4%p. 증가하는 데 그쳤다. 방직공업, 화학공업은 성장이 답보였고, 기계공업, 목재공업, 인쇄제본, 식료품공업 등은 불변생산액이 감소하였다. 그만큼 태평양전쟁 이후 증산대책은 특정한 부문의 희생을 바탕으로 한 제 살 깎기 방식으로 진행되고 있었다. 긴급한 5대 중점산업에 필요한 자재를 공급하는 금속공업과 요업, 가스전기업은 증가했다.

〈표 94〉 업종별 불변생산액 상황(단위: 천 원)

종	1941	1943	지수
방직공업	159,449	160,212	100
금속공업	73,880	139,476	189
기계공업	59,227	53,465	90

요업	35,524	41,842	118
화학공업	269,466	278,952	104
목재공업	58,639	55,790	95
인쇄제본	13,393	11,158	83
식료품공업	234,858	185,968	79
가스전기업	12284	13,947	113
합계	922,802	935,089	101

출처: 大藏省 管理局, 1985, 『日本人の海外活動に關する歷史的調查』通卷 第7卷 朝鮮編 第6分冊, 서울 高麗書林, 23쪽에서 계산.
비고: 계산은 업종별 명목생산액에 물가상승률을 감안하여 불변액을 내고, 1943년에서 1941년 공산액을 공제한 액수를 1941년 불변액과 나누어 계산함.

이처럼 제2차 생산력확충에도 불구하고 총독부가 지정한 주요 물동 물자 가운데 조선 내 수요조차 감당할 수 없는 것이 많았다. '부족'을 만회하고자 총독부 기획과는 제86회 제국의회에 제출한 보고서에서 새로운 증산안을 제시하였다. 요점은 '중점산업'으로 물자·노동력·운송력을 집중하도록 행정력을 총동원하며, 기계공업 및 수리공장의 확충과 미가동 물자의 전용을 강화하겠다는 것이었다.[705] 종전보다 더 초중점산업 방면에 '몰아주기'를 하겠다는 논리였다. 아울러 수송력 확보를 위해서 선박·철도·자동차·우마차 등 운송력 확충과 항만설비의 정비도 강조하였다. 이런 상황에서 총독부는 종래까지 선전해 오던 '내선일체'라는 수사마저 '일거에 실현하기 힘든 이상'이라고 하면서 '조선의 특수사정

---

[705] 總督府 企劃課, "生産力擴充"「第86回 帝國議會說明資料」, 『太平洋戰下ノ朝鮮』 제5호, 1964.11, 6~7쪽.

을 용인하는 것은 오히려 본토경제의 발전에 짐이 될 뿐'이라며 가일층 염출과 동원에 매진할 것을 강요하였다..

> 조선통치의 방향은 '내선일체(內鮮一體)의 실현'이고 외지(外地)조선의 內地(본토)로의 편입을 가장 이상(理想)으로 하는 것이다. 그러나 그것을 일거에 실현하는 것은 그에 수반하는 효과가 적으며 <u>조선의 후진성을 본토 수준으로 인상하는 것은 … 호송선단에 속도가 늦은 선박을 끼워 넣는 것처럼 오히려 본토의 전진을 방해할 우려가 있다.</u>[706]

또한 '적과의 무한한 출혈전'[707]을 선언하면서 「결전비상조치요강」(1945.1.25)을 발표하여 항공기 및 특수병기 생산을 강화하기로 했고, 기존의 식량·석탄·금속·목재 이외에도 새로이 송탄유·송근유·사탕수수 등의 증산계획을 추진하였다.[708] 아울러 「총독부전시산업추진본부규정(總督府戰時産業推進本部規定)」(1945.2.24)을 공포하여 중요산업의 재배치 및 비군수산업의 정비, 전력증강에 필요한 시설의 확보 등을 꾀하였다.[709]

총독부 광공국 서기관 임문환의 증언에 의하면 1945년 7월 28일에는 선만의 관계관 50여 명이 총독관저에서 선만연락회의를 개최하였다

---

[706] 『朝鮮産業年報』, 1943년판, 24쪽.
[707] 『매일신보』, 1945.6.4.
[708] 「阿部總督 道知事會議 訓示」, 1945.4.1, 『日帝侵略下韓國三十六年史』 제13권, 국사편찬위원회 편, 635쪽.
[709] 『매일신보』, 1945.4.25.

고 한다. 여기서는 먼저 간도(間島)와 강원도 산간지역에 관동군이 자급할 수 있는 공업지대를 건설한다는 '동북개발계획(東北開發計劃)'을 입안하였고, 아울러 원주-안성-대구선을 연결한 산간지역에 조선군의 군수보급을 위한 공업단지를 건설한다는 이른바 '팔(八)계획'을 세웠다고 한다.[710] 그러나 이 계획은 패전 막바지에 이른 일제의 단말마적인 물동계획일 뿐 실행은 불가능하였다. 본심은 원주, 안성, 대구 등 조선남부의 경공업 공단과 조선북부 중화학공업 공단을 관동군 관할의 군수보급지역으로 편입하려는 의도였다. 이 계획은 오히려 연합국 정보당국에 유출되어 3·8선을 획정하는 중요자료로 활용될 뿐이었다.

나. 업종별 생산파탄

(1) 중요 물동물자의 부족 심화

1943년 2월 솔로몬군도에서 일본군이 철퇴하면서 본토경제가 위기에 처하자 총독부의 공업정책도 종래 '설비확장에 의한 생산력확충'에서 각종 정비정책에 기반한 몰아주기식의 증산책인 '기존 설비 내의 생산증강'으로 변화하였다. 특히 1944년 6월 마리아나 군도에서 일본군이 패퇴한 이후 '설비 내 증산'도 어려워지는 상황에서 이제는 배급통제·기업정비 등을 내세우면서 '전 국민의 내핍'에 의한 약탈적 동원을 획책하였다.

---

[710] 「任文桓의 증언」, 『재계회고』 제4권, 『한국일보사』, 265~266쪽.

<표 95> 중요 공산품 부족량 추이(1944.10)

물자명	단위	조선 생산	조선 수요	부족량	부족률(%)
석탄	천 톤	20,000	11,230	8,770	78
공업염	톤	25,000	60,000	35,000	59
식용염	〃	320,000	458,024	138,024	31
소다회	〃	7,200	12,300	5,100	42
유산	〃	782,680	786,300	3,720	1
알코올	〃	2,000	4,100	2,100	52
인광석·인회석	〃	45,000	78,000	33,000	4
쌀	천 석	16,606	17,261	655	4
보리	〃	4,599	6,819	2,220	33
밀	〃	1,909	1,990	81	5
옥수수	천 톤	165	173	8	5
콩	톤	389,000	434,601	45,601	11
보통강강재	톤	119,000	220,000	2,000	9
보통강하강	〃	4,000	5,000	1,000	20
내화벽돌	〃	120,000	150,000	30,000	20
전기동	〃	1,200	2,000	800	40
수정석	〃	3,700	5,000	1,300	26
비치코크스	〃	2,000	5,500	3,500	64
인견사	천봉도	7,200	9,000	1,200	20
스프	〃	8,880	10,380	1,500	15
양지	〃	21,700	33,372	11,672	35
항공기용재	톤	70	200	130	65

침목	〃		1,143	1,600	457	29
갱목	〃		2,124	2,400	276	12
전주	〃		224	234	10	5

출처: 近藤鈞一編, 1964, 「제86회 帝國議會說明資料」, 『太平洋戰下ノ朝鮮』 제5호, 7~10쪽(김인호, 2006, 『근대한국 지방사의 이해』, 신서원, 316쪽에서 인용).
비고: ① 제시된 품목은 「제86회 제국의회보고자료」에 제시된 조선산 물동물자 가운데 자급률 100% 이하인 것. ② 1944년 물동계획은 설정되지 않았기 때문에 조선 수요는 1943년의 것으로 대신함. ③ 자급률은 양적인 것만 고려한 것으로 질적인 면이나 규격 면에 따른 차이가 있음. ④ 부족량은 조선 내 생산에서 수요를 공제한 것. 부족률은 수요량에 대한 부족량의 비율을 말함.

조선도 제2차 생확에도 불구하고 총독부가 지정한 주요 물동물자 가운데 조선 내 수요조차도 감당할 수 없는 것이 여전히 많았다. 〈표 95〉와 같이 주요 물동물자 66품목에서 조선 내 수요에도 못 미치는 품목이 25개에 달했다. 수요의 40%밖에 공급하지 못하는 품목이 비치코크스·소다회·공업염·석탄·항공기용재·전기동 등이었고, 쌀·보리 등 식량 또한 전부 조선 내 수요를 감당하지 못하였다. 부족 물자는 본토에서 공급받아야 할 처지였으나 당시 조선의 공산품 수이입액은 1940년 9억 8,000만 원에서 1941년에는 4억 3,000만 원으로, 1944년에는 2억 9,000만 원 수준(1940년 대비 70%)으로 하락하였다.[711] 이렇게 이입액의 급감과 조선 내 부족량의 확대가 맞물리면서 물자난은 더욱 심화되었고, 물자의 편중과 부족에 따른 몰아주기 물자정책으로 인해 각 부문 간의 산업 연관도 급속히 이완되고 있었다. 1940년대에 들면 더이상 시장제도와 기능에 기초한 공업의 확대 재생산은 어려워지고 있었다.

---

711 朝鮮銀行調査部, 1948, 『朝鮮經濟年報』 Ⅲ, 49쪽.

(2) 산업현장에서 사라지는 석탄

1942년부터 종래 산금(產金) 중심의 광업정책이 '중요광물증산정책'으로 전환하고 '중점산업'에 석탄이 포함되자 조선에서도 증산이 추진되었다.[712] 이에 1943년 1월에는 총독이 무연탄제철과 소형 용광로의 확충방침을 제시하면서 증산기구로 조선무연탄이용강화위원회(1943.1.19)가 설치되었고, 4월에도 「전력증강 8대 시책」을 통해서 증산을 위한 채광 장려·선탄 설비·운반 설비·가격차 보조금 등의 조치가 예고 되었다.[713]

그런데 실적은 여의치 않았다. 증산상황은 〈표 96〉과 같다. 유연탄은 1942년 계획의 91%를 생산했으나 1943년에는 81%로 하락했다. 1944년에도 85%(1943년 수정계획의 83.7%)에 그쳤다. 또한 조선산 유연탄은 저품위 갈탄이 중심이어서 점결탄이 필요한 제철업이나 가스·코크스 생산에 사용되지 못했다. 또한 고칼로리를 요구하는 군수·병기 산업이나 철도용으로도 될 수 없어, 수요의 50%를 외국에 의존해야 했다. 그나마 제1차 생산력확충계획으로 유연탄 수입의존율은 1942년에 17% 수준으로 하락했으나 1944년에는 반전하여 310여만 톤을 수입해도(수입 총량의 58%) "수요를 따라갈 수 없는 상황"이었다.[714] 수입 증가는 주로

---

712 1943년도 총독부 일반회계예산에서는 중요광물 증산비로 약 2,800만 원이 계산되었는데, 그 가운데 석탄 관련 예산이 1,600만 원 이상으로 약 57%에 달하였다(『殖銀調査月報』, 1943.3, 29쪽).

713 예를 들어 유연탄은 중요산업용으로, 무연탄은 가정용으로 전용하는가(大熊良一, 「半島經濟의 決戰的段階」, 『朝鮮工業組合』1944.9, 28쪽) 하면 철강 제조는 종래의 유연탄 대신 조선에 풍부한 무연탄으로 대체하여 소형 용광로 사업을 하는 것(『朝鮮における日本人의 活動に關する調査』, 胡北社, 1977, 45쪽) 그리고 벽돌 생산용 유연탄과 대체, 연초 건조용으로 무연탄을 이용하는 것 등이다(『經濟治安週報』, 1942.9.14), 11쪽).

714 近藤釰一 編, 1964, 『太平洋戰下ノ 朝鮮』 제5권, 38쪽.

생산비 앙등·노동력 부족·운송력 감소가 원인이 되어 1942년 이후 지속적으로 생산이 감소한 결과였다. 이는 수정계획이 1943년 이후 예정계획과 큰 격차를 보이는 데서도 나타난다.

〈표 96〉 조선 석탄의 제2차 생산력확충계획과 실적(단위: 천 톤)

구분 연도	유연탄				무연탄				합계		
	예정계획	수정계획	실적	수입비중	예정계획	수정계획	실적	수입비중	예정계획	수정계획	실적
1942	3,000	-	2,730	17.4	4,100	-	3,931	-	7,100	-	6,661
1943	3,000	2,900	2,430	26.5	4,500	4,200	4,132	0.2	7,700	7,100	6,589
1944	3,000	2,600	2,519	55.6	5,100	4,500	4,530	24.3	8,100	7,100	7,049
1945	4,530	3,460	-	-	6,100	5,890	-	-	10,630	9,350	-
1946	4,730	-	-	-	6,710	-	-	-	11,440	-	-

출처: 近藤釰一編, 1964, 『太平洋戰下ノ朝鮮』 제5권, 36~37쪽; 朝鮮史料硏究會, 「總督統治終末期の 實態」 제3호, 『朝鮮近代史料硏究集成』 제3권, 310쪽; 大韓商工會議所, 『商工經濟』 1949년 4월호, 21쪽(김인호, 2015, 『태평양전쟁과 조선사회』, 신서원, 35쪽에서 인용).

무연탄은 1942년에 예정량의 96%, 1943년에 92%를 달성했지만 수정계획에 대해서는 1943년 98.5%, 1944년 101%를 달성하였다. 조선산 무연탄은 연소시간이 길고, 고정탄소가 풍부하여 화학공업에 유리했다. 또한 유황 함량이 적어 목탄 대용이나 가정용 연료로도 좋았다. 반면 휘발성이 적어 유연탄 대용이 되기 어려웠고 착화온도가 높아서 제철·제강용으로도 사용하기 어려웠다. 따라서 무연탄은 생산력확충용 대신 일반 사업용·가정용으로 이용되었고, 외국탄 수입도 상대적으로 적었다. 그 결과 1938년 3.3%였던 외탄의존율은 1943년에는 0.2%까지 하락하였다.

그러다 갑자기 1944년에는 외탄의존율이 24%로 급증하였다. 그것은 총독부의 '무연탄 사용 장려 조치'[715]에 따라 「군수생산책임제」에 필요한 석탄을 화북이나 만주국에서 대량으로 수입했기 때문이었다. 그러나 1944년 이후 화북전선(華北戰線)이 와해되어 수입이 어려워지자 겸이포제철소 등은 원료 부족으로 여러 차례 조업 중단을 겪었다. 사할린산 무연탄 또한 수송로의 두절로 활용이 어려웠고 그나마 조선산 무연탄도 수급에 차질이 생겼다.

(3) 대용 석유마저 품귀

1943년 이후 동남아산 자원의 수입선이 단절되면서 전력을 제외하고 석유 공급력은 크게 악화되었다. 예를 들어 본토는 태평양전쟁 이후 자급을 위해 2년분의 수급계획을 작성하고 군수 및 중요산업에 대한 공급을 자신했으나,[716] 기대했던 동남아산 원유의 수입 및 인조석유 증산은 계획대로 되지 않았다. 그래서 1945년에는 연료가 없어서 함선이 움직일 수조차 없는 지경이었다. 그나마 1944년 조선에 대한 석유할당량은 5만 9,000kl로 1939년 대비 16%에 불과하였다.[717] 그중 휘발유 할당량은 1944년 6월 960kl를 정점으로 11월에는 557.2kl로 감소하였다. 1944년 10월부터 대용연료로서 벤졸이 휘발유 총량에 포함되었으나 할

---

[715] 「제85회 帝國議會說明資料」, 『朝鮮近代史料研究集成』-總督統治終末期의 實態- 제3권, 朝鮮史料研究會, 311쪽.

[716] 기시노부스케(岸信介) 商相은 「衆議員法案委 答辯」(1943.2.6)에서 "군수는 물론, 산업상 혹은 국민생활의 확보에 필요한 석유는 완전히 확보할 수 있다는 예상이다"라고 하여 자급에 자신감을 피력했으나 실적은 여의치 않았다(「石油專賣法案提出理由要旨」, 『經濟情報』 제8호, 1943.6, 26쪽).

[717] 朝鮮史料研究會, 「總督統治終末期의 實態」, 『朝鮮近代史料研究集成』 제3권, 313쪽.

당량 감소를 막을 수 없었다. 용도별로 보면 광물 수송용·곡물 수송용·교통국 공사용 등 운송 분야에 집중되었고, 일반산업에 대한 할당은 오히려 감소하였다.[718] 경유도 마찬가지였다.[719]

(4) 화약생산을 위해 비료 감산

흥남의 비료공업은 설비가 노후화해서 매년 보수가 필요했으나 자재 부족으로 여의치 못했다. 유화광석(硫化鑛石)의 품질 저하 및 이입 곤란 등으로 유산 생산이 감퇴하였다. 그래서 일본본토의 유휴설비를 이주해서 해결하려 했으나 여의치 않았다. 1943년 7월에 「유안배급통제규칙」을 개정하여 유효기간을 5년 연장하고 1948년까지 제조설비의 신설 및 증설과 유안제조업의 보호책을 입안하였다.[720] 그러나 1944년 이후 유산암모니아 설비가 폭약 및 셀룰로이드를 위한 초산(硝酸)생산에 전용되면서 생산이 급락하였다. 석회질소도 카바이드 부족으로 조업률은 30%에 머물렀다. 과린산석회도 동남아산 인광(燐鑛)석의 수입두절로 감산이 불가피하였다.[721] 이에 총독부는 일본본토의 유산(硫酸) 설비를 활용하는 방안을 제시하면서(1944.8.12)[722] 이후 이주한 유산 설비는 진남포 일본질소제철소·인천화학에서 유치하도록 하였다.

---

718 近藤釰一 編, 1964, 『太平洋戰下ノ朝鮮』 제5호, 43~44쪽.
719 공업용 경유는 1944년 4월에 41kl가 할당되었으나 9월 이후 25kl로 감소했고, 선박용도 54kl에서 30kl로 감소되었다. 다만 광업용으로는 28kl에서 25kl 정도로 그나마 할당은 유지되었다(近藤釰一 編, 1964, 『太平洋戰下ノ朝鮮』 제5권, 46~47쪽).
720 朝鮮總督府 法務局, 1943.6, 『經濟情報』 제8호, 32쪽.
721 朝鮮史料研究會, 『朝鮮近代史料研究集成』 -總督統治終末期의 實態- 제3권, 318쪽.
722 『殖銀調査月報』, 1944.9, 65쪽.

(5) 경금속 품귀

1930년대 후반까지 조선산 경금속은 '고급재'라기보다는 '대용품' 정도로 취급되었다. 고급 경금속은 주로 동남아산 보크사이트를 수입하여 일본본토에서 생산했다. 그러나 1940년부터 대일금수로 동남아 자원을 이용할 수 없게 되자 1941년 생산력확충계획부터 '자급'이 강조되었다. 특히 태평양전쟁 이후 일본본토가 항공기·조선력의 확충을 강화하기 시작하자 조선산 경금속은 종래의 대용재 성격을 탈피하고 '중요재'로 인정받기 시작하였다. 그러한 이유로 대동아건설심의회의 「중요산업건설요강」(1942.7)에서도 조선산 경금속의 급속한 증산을 촉구하였다.[723]

알루미늄 경우는 1943년부터 쇼와전공이 원산에, 스미토모알루미가 진남포 및 원산에 공장을 건설하였다. 두 회사의 생산설비만도 기존의 동양금속·동양경금속·조선이연금속·닛치쓰 등 4회사를 합친 것보다 많았다.[724] 생산방식은 동남아 점령지에서 일본본토로 보크사이트를 운반하여 알루미나를 생산하면, 조선에서는 전력과 결합하여 완제품을 만드는 방식이었다.[725] 그러나 1944년경 보크사이트의 공급이 두절되자 화북산 반토항암으로 대용하려 했는데, 운송력 감소과 원료 부족으로 어려워졌다.[726] 그러자 총독부는 알루미늄 원료를 조선산 반암과 반토항암·명반석으로 전환한다고 선언하였다(1944.8.12).[727] 아울러 광산·유지 공업

---

723 『朝鮮産業年報』, 1943년판, 20쪽.
724 『殖銀調査月報』, 1943.8, 38쪽.
725 朝鮮總督府 情報課, 1944, 「朝鮮の重工業」, 『朝鮮事情資料』 제11권, 3~4쪽.
726 近藤釼一 편, 1964, 『太平洋戰下ノ 朝鮮』 제5권, 30쪽.
727 『殖銀調査月報』, 1944.9, 65쪽.

에서 나온 유휴설비를 알루미늄 공업으로 전용하기로 했다.

마그네슘공장으로는 일본경금속·일본마그네·아사히덴(旭電)화학 등 3개사가 공동출자한 조일경금속(朝日輕金屬, 1943.11)이 대표적이었다. 그런데 동남아로부터 마그네시아 수입이 어려워지자 원료의 부족을 벗어나기 위해 드로마이드는 관동주·중국 산동성에서 수입하였고, 고즙은 조선 내 및 관동주에서 공급하기로 하였다.[728] 아울러 이연금속마그네슘공장·미쓰비시마그네·동양금속신의주공장 등은 관동주산 고즙을 원료로 한 고즙광석겸용법(苦汁鑛石兼用法)을 그리고 조일경금속(평남 기양) 및 미쓰이유지화학(강원도)은 1944년부터 마그네시아의 염소가스 처리를 통한 광석법을 채용하는 등 특수연법에 의한 증산이 추진되었다.

고즙이나 알루미나·소다회 등 원자재난이 심각해지자 총독부는 「경금속설(屑)배급통제규칙」(1943.9.10)을 공포하여 알루미늄·마그네슘·알루미늄합금·마그네슘합금의 설(屑, 분말이나 잔재)이나 고(故, 폐자재) 및 재생품을 통제기관이 수이입하고 사용을 규제하도록 하였다. 특히 1944년부터 시멘트·철강 등의 물자결핍으로 설비확충에 애로가 생기면서 설비확충에 의한 생산력확충이 '설비한도 내의 단기 증산'으로 전환하였다. 그러자 일본본토에서는 1944년 1~2분기를 '경금속증산강조기간'으로 설정하고 경금속 회사에 대해 「군수회사법」을 적용하였다. 조선에서도 생산책임제와 더불어 '경금속결전증산기간'을 정해 알루미나·알루미늄·마그네슘·불화물 및 전극의 증산을 꾀하였다. 당시 총독부는 1945년까지 엔블록 내 총생산에서 조선산 알루미늄이 45%, 마그네슘이

---

[728] 『殖銀調査月報』, 1942.8, 25~26쪽.

55%를 차지할 것이라고 공언하였다.[729]

'경금속결전증산기간'이 설정되는 등 증산이 독려되었지만 생산고는 오히려 하락하였다. 1944년도 마그네슘 생산에 필요한 고형고즙(固形苦汁) 수요는 약 7만 톤이었지만 생산능력은 관영공장에서 5,700톤, 민영 제염공장에서 약 1,000톤 정도였다. 그나마 생산량은 5,000톤 정도였다.[730] 따라서 고즙은 화북 및 관동주에 의존할 수밖에 없었다. 또한 조선산 고즙의 증산을 위하여 전체 관영염전 및 대일본염의 청천염전에 고즙공장을 설립하기로 했지만 자재난으로 어려웠다. 그나마 일부 지역에 처리공장을 세우고 생고즙을 생산하기로 했지만 자재난으로 성공하지 못하였다. 이에「경금속사용판매제한규칙」(1945.3.10)을 공포하여 항공기 및 부속품을 제외하고는 모두 조선중요물자영단에서 매입하도록 하였다.[731] 이후 일반 업계나 민간은 사실상 경금속 제품을 구입할 수 없었다.

(6) 저품위 철강, 빈철광의 활용

1935년부터 미쓰비시 광업이 무산철광의 빈철을 겨냥하여 일관제철소 설치를 도모했지만 당시로서 무산 철광석은 그다지 효율성이 낮았다. 그러다 태평양전쟁 직후부터 항공기·선박 등의 증산이 강행되자 철강 수요는 폭발하였지만 연합군의 해상봉쇄로 동남아산 철광석 수입은 두절되었다. 그러자 자연스럽게 조선의 철광석과 철강 제품이 주목을 받기 시작하였다. 철광석은 종래 주로 말레이시아, 중국에 의존했는데, 급속히 조선

729　近藤釼一 편, 1964,『太平洋戰下ノ朝鮮』제5권, 27쪽.
730　朝鮮史料硏究會,『朝鮮近代史料硏究集成』-總督統治終末期의 實態- 제3권, 323쪽.
731　『매일신보』, 1945.3.11.

〈그림 11〉 1914년경 겸이포제철소 전경

출처: 한국학중앙연구원

산으로 대체하고자 일본본토에서는 군수성 산하에 조선철증산추진협의회(1944)를 발족하였다. 그리고 동남아산 철광석을 대체하여 총 180만 톤의 조선산 철광석을 동원하기로 했고, 만주국도 조선산 철광석 57만 톤을 요구하였다.[732] 따라서 총독부는 일본본토의 요구에 따라 증산 목표로 무산 207%, 이원 152%, 단천 250%, 양양 235%, 삼화 382%, 개천 190%, 하성 308%, 재령철산 260%로 각각 지정했다. 그러면서 계획이 완수되면 '북방권 수요의 60%를 조선이 보급할 것'처럼 선전하였다.[733]

하지만 원료인 만주 밀산탄은 회분도가 높고 코크스 품위가 떨어지는 등 생산에 지장을 주었다. 철광석 운송도 과제였다. 총독부는 1943년

732　朝鮮史料研究會, 앞의 책, 305쪽.
733　朝鮮史料研究會, 앞의 책, 306쪽.

부터 황해도 은율·하성·재령철산의 운송난은 황해선을 광궤화해서 해결하고자 했고, 물자난을 겪는 겸이포제철소를 위해서는 청룡강·삼강 등지에 부적장을 건설하기로 하였다. 또한 진남포·부산·해주의 철강 및 철광석 수송을 위하여 다롄에서 설비를 이주하는 등[734] 운송력 증강을 꾀했다. 그러나 계획된 공사마저도 물자부족으로 성과를 거두지 못하였다. 제2차 생확계획에서 철광석 생산은 일본본토의 생산액을 능가하였지만 1944년 상반기 실적은 목표의 87%에 불과하였다. 1944년 하반기에는 처음 책임량의 달성이 어려워서 약 36만 톤을 감한 수정계획을 실행했지만 목표의 81.5%를 달성하는 데 그쳤다.[735]

한편, 종전까지 조선산 철강은 일본본토에서 선철을 수입하여 생산하는 구조였다. 그런데 1940년대 이후 미국이 철분말[屑鐵]을 금수(禁輸)하면서 만주국의 석탄과 조선의 철광석을 결합하여 현지에서 선철을 생산하고, 일본본토에서 철강을 제조하는 것으로 전환하였다. 이를 위하여 일본제철은 겸이포제철과 청진제철을 합동하고 미쓰비시와 공동출자로 무산철광을 개발하였다. 또한 일본제철은 제철용 점결탄을 위해 만주국 만탄산하의 밀산탄광을 흡수하였다(1941.7). 우여곡절 끝에 또한 1941년에는 미쓰비시 청진제강소가 조업을 개시하였고, 1942년부터는 무산에 매장된 10억 톤 이상의 철광석을 겨냥하여 일본산 대형 고로(500톤급) 2기를 설치하여 일본제철 청진공장이 조업하였다. 이어서 1943년에는 선강일관 작업을 하는 일본제철 겸이포공장(종전 미쓰비시 겸이포제철소)이 완성되었다. 이 공장에서 나오는 선철은 규소 성분이 많고 인분도

---

734 『殖銀調査月報』, 1943.8, 43쪽.
735 「제86회 帝國議會說明資料」, 『太平洋戰下ノ 朝鮮』 제5권, 17~18쪽.

다소 많아서 제강 원료로는 별로 우수하지 않았지만 주물용으로는 우수하였다.[736] 원래 미쓰비시 겸이포제철소는 조선경제와 연관이 없이 일본본토의 철강시장과 연결된 전형적인 '비지적(飛地的)' 성격의 제철소였다.[737] 그런데 1934년 일본제철에 합병되면서 점차 조선 내 산업과의 연관을 강화하기 시작하였다. 특히 경부, 경의선 복선화를 비롯하여 동해선, 중부선, 혜산선, 백무선, 전라선 등 철도 부설이 확대되면서 수요가 급증한 것과 송전선망이 전국적으로 확대되면서 각종 특수금속이나 도금판 등 강재재료 수요도 급증하였다.[738] 그러자 일본제철은 겸이포공장을 선강일관생산체제로 전환하였고, 철강 생산에 박차를 가하였다.

철강 증산을 위하여 크루프(Krupp)식 연법에 의해서 루프를 생산하는 미쓰비시 청진공장과 풍부한 전력을 이용하여 전기제철을 하는 성진의 일본고주파제철, 닛치쓰 흥남공장, 가네가후치 조선제철 인천공장[전(前)이연금속], 미쓰비시제강 등이 조업하였다. 또한 태평양전쟁 이후 평양·진남포 등지에 조선제철 및 미쓰비시 제강에 의해 전기제강 공장이 세워졌고, 일본제철 제1·2공장, 일본강관, 일본무연탄제철, 시천제철, 이원제철 등이 신설되었다. 이에 1944년 생산계획에서 전년 대비 선철은 50%, 특수강은 300%, 합금철 300%를 증산하기로 하였다.[739]

태평양전쟁 직후 각지에 소형 용광로 제철 사업이 추진되었다. 그것

---

736 堀和生, 1989, 「1930년대 조선공업화의 재생산조건」, 『近代朝鮮의 經濟構造』, 비봉출판사, 315쪽.
737 배석만, 2010, 「태평양전쟁기 조선제철주식회사의 설립과 경영(1941~1945)」, 『사학연구』 제100호, 789쪽.
738 堀和生, 1989, 위의 책, 비봉출판사, 318~319쪽.
739 『朝鮮年鑑』, 1945년판, 76쪽.

은 쇼와(昭和)제철소가 소형 용광로에서 빈광처리 실험을 성공하는 등 '무연탄제철법'이 개발된 것에 힘입었다. 이미 식산국은 무연탄제철을 위하여 조선와타나베(渡邊)주공을 실험공장으로 선정하였다. 또한 삼지 광산에 사업허가권을 내주는 등 당시 공장 건설을 신청한 조선제철·일본제철·조선강관 등 18업자 75기의 건설계획도 인가하였다(1942.12). 당시 시오타(塩田) 식산과장은 엔도 데츠오(遠藤鐵夫)와 함께 조선산 무연탄과 철광석을 원료로 하는 선철 생산의 가능성을 모색하였다. 시오타는 당시 삼화철산(三和鐵山)의 사장인 고레카와 긴죠(是川銀藏)로부터 오사카 소재 동양스틸주식회사가 무연탄과 코크스의 등량혼용(等量混用) 방식으로 선철생산에 성공하였다는 사실을 접하였다. 무연탄을 연료로 하는 재생철의 경우는 고철을 단지 용해(鎔解)하는 방법이었기 때문에 주야로 조업하면 20톤의 출선(出銑)이 가능했다. 하지만 당시 선철을 생산할 경우는 철광석의 환원용해(還元鎔解) 방식을 채택하였기 때문에 출선 능력이 크게 감소하여 주야로 조업해도 10톤 정도도 생산하기 힘들었다.[740] 이러한 소식을 접한 총독부는 '소형 용광로에 의한 무연탄제철 계획'을 구체화하여 1943년 4월 고이소 총독이 도지사에 통첩하였다. 그러나 소형 용광로 제철은 선철 생산량은 적은 반면, 노동력은 많이 들고, 용광로 수명도 짧다는 단점이 있었다. 그래서 1943년 12월까지도 계획한 생산량을 내지 못하였다.[741]

---

[740] 정안기, 2014, 「일제의 군수동원과 조선인 자본가의 전시협력」, 『동북아역사논총』 제46호, 229쪽.

[741] 朝鮮總督府 情報課, 1944, 「朝鮮の重工業」, 『朝鮮事情資料』 제11권, 2쪽.

〈표 97〉 조선제철 소형 용광로 가동실태

용광로	가동 일시	가동 중단	중단 원인	비고
제1호기	1943.11.12	1943.11.19	가스 폭발	1944.2.15 재가동
제2호기	1943.12.8	1944.3	원료 부족	-
-	-	1944.7		-
-	-	1944.12.17	수도관파	
제3호기	1944.1.20	1944.3	원료 부족	
-	-	1944.7	-	-
-	-	-	-	-
제4호기	1944.3.28	1944.7	-	-
제5호기	1944.5.17			
제6호기	1944.7.30	1944.10.14		
제7호기	-	-	-	-
제8호기	-	-	-	-
제9호기	-	-	-	-
제10호기				

출처: 배석만, 2010, 「태평양쟁기 조선제철주식회사의 설립과 경영(1941~1945)」, 『사학연구』 제100호, 819쪽.

〈표 97〉처럼 조선제철의 소형 용광로 가동 상황을 보면, 그야말로 난관의 연속이었다. 용광로 가동이 불안했던 원인은 원료 및 자재, 인력 등의 부족도 있었지만 무연탄을 원료로 한 제철법의 기술적 결함을 극복하지 못한 것도 이유였다. 코크스를 무연탄으로 대체하는 것은 소형 용광로 제철을 활용하는 가장 큰 이유였지만 사업 시작부터 2년이 다 된 1944년 말에도 용광로 제작과 무연탄 연료사용에서 기술적 시행착오가

계속되었다. 무연탄을 연료로 하는 용광로는 설계와 제작상의 기술적 문제로 제작이 지연되거나 제작된 용광로도 제대로 작동하지 못하였다.

코크스 조달이 어려운 상황에서 무연탄 사용 비율을 높일 수밖에 없었는데, 무연탄을 사용하면 용광로 온도가 저하되거나 심할 경우 가동이 정지되기도 하였다.[742] 우여곡절에도 불구하고 철강 수입이 완전히 단절된 1944년에는 다시 활기를 띠어 1944년 4월까지 설비계획의 70%를 완성하였고,[743] 1944년 말까지는 총 61개 제철소가 완성되어 그중 38개소가 조업하고 있었다. 그 결과 조선의 선철 생산량은 총 6만 1,000톤에 달하였는데, 무연탄 제철이 활성화된 덕분이었다.

한편, 기존 철강의 증산 방식도 바뀌었다. 종전까지는 '설비확장을 통한 것'이 주축이었지만 기존설비를 확충할 자금 및 자재가 부족한 상황에서 먼저 기업정비로 유휴설비를 발생시키고 그것을 이용하거나[744] 설비의 신설을 불허하고 생산책임제에 입각하여 주어진 설비 내에서 단기간에 최대로 증산하는 방식이었다. 「철강군수생산책임제」(1944.4)의 핵심은 보통강(압연용 강괴·후판·기타 강재)을 중심으로 책임생산량을 정하여 증산을 강제하고, 업자의 손실은 보상금으로 해결한다는 점이었다.[745] 책임생산량은 물자동원계획에 적시된 수량보다 상회하였다. 예를 들어 1944년도 상반기 선철책임생산량은 10만 5,000톤이었는데, 물동계획량은 6만 4,000톤으로 책임량이 약 1.6배 정도 많았다.[746] 그만큼 「철강군

---

742 배석만, 2010, 「태평양전쟁기 조선제철주식회사의 설립과 경영(1941~1945)」, 『사학연구』 제100호, 819쪽.
743 『朝鮮年鑑』, 1945년판, 127쪽.
744 「岸信介 商相 衆議員法案委答辯」, 1943.2.8, 『經濟情報』 제8호, 1943.6, 40쪽.
745 『殖銀調査月報』, 1944.6, 44쪽.
746 『朝鮮年鑑』, 1945년판, 127쪽.

수생산책임제」는 설비 내적·단기적 증산 논리가 철저히 반영된 능력 밖의 과도한 증산전략이었다.

그런데 설비확장이 없는 물동계획은 단기적인 증산목표는 달성할 수 있어도 가혹한 노동력 수탈, 원료 수급의 불균형을 초래함으로써 장기적으로는 철강업의 재생산을 저해하였다. 1944년 하반기부터 실적이 급감한 것은 그것의 역기능이었다.[747] 예를 들어 조선제철은 당초 조선의 풍부한 수력전기를 바탕으로 동양 최대의 전기로 제철소 건설을 목표로 하고 일관생산체제를 구축하여 고급 합금철을 생산하고자 설립되었다. 그러나 건설 과정에서 소형 전기로를 통한 선철 생산이나 이를 통한 철강 생산용으로 변경되었다. 전황이 불리해지면서는 다시 육군 군납용의 탄환강과 소형 용광로 제철설비 건설로 생산의 주력이 옮겨가고 말았다. 이처럼 애초 계획의 빈번한 수정은 가뜩이나 부족한 자원의 분산을 초래해서 제철소의 건설공사 진행 및 가동을 저해하였다. 조선제철은 미완성인 상태로서 경제성 없는 소형전기로제철소로 남아서 해방을 맞이하였다.[748]

〈표 98〉 1944년도 철강 생산계획과 실적(단위: 톤, %)

생산품목	상반기	실적	하반기	실적	총계획	총실적	실적비
보통선	377,800	310,062	392,200	374,980	770,000	685,042	89
보통강강괴	59,100	57,216	60,900	59,100	120,000	116,316	97
보통강강재	50,600	44,927	50,400	43,100	101,000	88,027	87
저인선	12,400	17,181	12,600	12,600	25,000	19,781	79

---

747 近藤釖一 編, 1964, 『太平洋戰下ノ朝鮮』 제5권, 23쪽 수록 〈표〉 참조.
748 배석만, 2010, 「태평양전쟁기 조선제철주식회사의 설립과 경영(1941~1945)」, 『사학연구』 제100호, 820쪽.

제강원철	35,900	29,979	45,100	36,700	81,000	66,621	82
특수강강재	10,000	10,619	15,000	15,000	25,000	25,619	102
합금철	5,193	5,442	7,507	5,595	12,700	11,037	87
보통강단강	835	1,415	3,165	1,830	4,000	3,245	81
보통강주강	7,030	7,581	7,970	7,890	15,000	15,471	103

출처: 近藤釰一 編, 1964,『太平洋戰下ノ朝鮮』제5권, 23쪽.

〈표 98〉처럼 철강 생산도 격감하여 1944년 4월 중의 생산은 목표의 90%에 불과했고, 그나마 실적을 채운 것은 특수강강재·보통강주강 정도였다.[749] 이 같은 생산 감소는 당시 조선이 일본본토의 선철 및 보통강 강재의 주요 보급지라는 점에서 일본본토의 물동계획을 위협하였다.

1945년부터는 연합군의 공습에 대비하여 기업소개[750]가 시작되면서 생산구조가 전면적으로 와해될 위기에 빠졌다. 따라서 총독부는 1945년 3월부터 3개월간 '철강증산비상조치기간'으로 정하는 한편 「결전철강증산비상조치요강」도 발표하여 다시 한번 단기간 급격한 철강 증산을 꾀하였다.

(7) 계획조선의 파탄

계획조선의 수행으로 조선공업의 외형은 급속히 확대되었다. 연

---

[749] 近藤釰一 編, 1964,『太平洋戰下ノ朝鮮』제5권, 17~18쪽;『殖銀調査月報』, 1944.7, 21쪽.

[750] 1945년 4월 19일에는 소개지역으로 경성·부산·인천·평양 등 4곳이 지정되었고 4월 20일에는 국민총력조선연맹에서 「重要都市 疏開協力運動 要綱」이 공포되었다(『매일신보』, 1945.4.19). 그 가운데 경성부의 疏開예산은 8,541만 1,000원이었다(『日帝侵略下韓國三十六年史』제13권, 846쪽).

간 5만 톤의 생산능력과 2만 톤의 건조실적을 달성했고, 1942년 시작된 목선양산계획으로 1944년까지 총 450척, 3만 6,800톤이 건조되었다. 1944년 노동자는 1940년 대비 2배 이상 증가하였다. 그런데 계획조선은 1943년부터 흔들리기 시작하였다. 1943년 계획분이 공사 지연으로 대량 이월되면서 1944년은 555척 건조계획이 세워졌다.

하지만 1944년 물자동원계획상에서 자재 확보가 충분하지 않아서 이 계획은 390척으로 수정되어 승인되었다. 그러자 총독부는 390척 중 우선 1차로 288척의 건조명령을 내렸다.[751] 하지만 자재난이 심화되는 상황에서 1차 계획이 오히려 1944년 목표가 되어 버렸고, 그것마저도 여의치 않아 1944년 말까지 진수된 선박은 목표의 30%인 101척에 불과하였다. 나머지는 다시 1945년으로 이월되었다.[752] 여기에 가혹한 목재 공출이나 노동력 동원 등도 계획조선을 어렵게 하였다. 특히 기관생산 부진이 이어졌다. 여기에 더하여 필요 자본의 대부분을 차입금에 의존하였던 터라 경영은 더욱 부실해졌다.[753]

다. 생산구조의 파행

(1) 불균등 성장과 산업구조의 파행

전체적인 증산은 답보상태였어도 일부 중요물자는 확연히 증산되었다. 〈표 99〉는 조선의 공산품 수요공급 상황이다.

---

751 배석만, 2006, 「태평양전쟁기 조선총독부의 목선양산계획 추진과 조선공업 정비」, 『경제사학』 제41호, 63쪽.
752 배석만, 2006, 앞의 책, 63쪽.
753 배석만, 2006, 앞의 책, 71쪽.

〈표 99〉 조선의 공산품 수요·공급(단위: 천 원, %)

연도	공급력				할당력				총계		
	공산액(A)		수이입액(B)		조선 자체 수요(C)		수이출액(D)		C+D	조선 자체 공급률	조선명목 자급률
1939	1,466,188	53.2	1,291,732	46.8	2,046,349	74.2	711,571	25.8	2,757,920	36.9	72.6
1941	1,722,225	54.6	1,434,144	45.4	2,454,969	77.8	701,400	22.2	3,156,369	41.6	70.1
1943	2,050,000	64.1	1,146,764	35.9	2,470,414	77.3	726,350	22.7	3,196,764	53.6	83

출처: 朝鮮貿易協會,『朝鮮內地貿易月表』(각 연판); 朝鮮銀行調査部, 1949,『朝鮮經濟統計要覽』, 69쪽; 수이출입액은 金甫瑛, 1995.6,『解放後 南北韓 交易에 관한 硏究』, 고려대 경제학과 박사학위논문, 67쪽(김인호, 2015,『태평양전쟁과 조선사회』, 신서원, 46쪽에서 인용).
비고: ① 純朝鮮內供給率=(A-D)/C, ② 朝鮮內需要=(A+B)-D, ③ 名目自給率=A/C.

먼저, 수량적인 측면에서 공산품 자급률이 계속 상승하였다. 조선자체공급률(자급률)은 1939년 36.9%에서 1943년에는 53.6%로 증대하였고, 조선수요에 공산액을 산술평균한 명목자급률도 1941년 이후 70.1%에서 1943년에는 83.0%로 증대하였다. 1941년에 잠시 명목자급률이 하락하였는데, 원자재·기초설비 등을 대부분 일본본토에 의존하는 상황에서 갑자기 생산력확충이 도모되었던 결과였다.

둘째, 명목자급률과 실제 조선 내 공급률 간의 격차가 갈수록 커졌다. 1941년 이후 조선 내 공급률과 더불어 명목자급률도 같이 높아졌던 것은 사실이다. 1942년 중요물자 150개 종류에 대한 조선 내 자급률을 보면 25%였으나[754] 1943년에는 평균 30% 이상으로 증가했고,[755] 1944년에는 물동물자 97개 품목 가운데 조선에서 자급할 수 있는 것이 57개 품

---

754 『殖銀調査月報』, 1942.10, 26쪽.
755 『殖銀調査月報』, 1942.12, 35쪽.

목으로 자급률은 58%로 나타난다.[756] 그러나 외형적인 자급률 증가에도 불구하고 여전히 순조선 내 공급률은 1943년에도 53%로 명목자급률 80%와 격차가 여전하였다.

〈표 100〉 금속 및 금속제품의 수급 상황(단위: 천 원, %)

연도	공급력		할당력		총계	
	공산액(A)	수이입액(B)	조선 내 수요(C)	수출입액(D)	순조선 내공급률(E)	명목자급률(F)
1941	137,883	212,608	184,148	166,343	-15.4	75
1942	207,547	175,441	219,558	163,430	20	95
1943	280,000	147,668	233,210	194,458	36.7	120
1944	350,000	168,425	270,503	247,922	47.1	129

출처: 朝鮮銀行調査部, 1949, 『朝鮮經濟統計要覽』, 87쪽의 〈표 30〉에서 재작성(김인호, 2015, 『태평양전쟁과 조선사회』, 신서원, 47쪽에서 수정).
비고: ① 純朝鮮內供給率(E)=(A-D)/C, ② 朝鮮內需要(C)=(A+B)-D, ③ 自給率(F)=A/C.

아울러 〈표 100〉에서 금속 및 금속제품의 명목자급률은 1944년 당시 129%에 달하지만 실질적인 공급력은 47.1%에 불과하였다. 이처럼 조선 내 공급률과 명목자급률 간의 격차는 조선산 금속제품이 본토나 엔블록 수요에 집중되어 조선수요에 탄력 있게 대응하지 못한 결과로 볼 수 있다.

셋째, 명목자급률이 증가하였다 하더라도 업종별로 등락이 심하고 정밀공업 분야의 자급력 상승 동반하지 못했다. 〈표 101〉에서 1940년 조선의 기계제품 자급률은 평균 24.7%였다. 그중 일반기기는 41.2%로 비교적

---

[756] 近藤釰一編, 1962, 「太平洋戰下の朝鮮」, 『太平洋戰下の朝鮮』 제1권, 朝鮮史料編纂會, 8쪽.

높지만 정밀기기는 14.2%에 불과하다. 업종별로 선박·도량형기는 60% 정도 자급률을 보이지만 전신·전화기, 자동차 부속품 등은 0.3%였다.

〈표 101〉 기계제품의 수급상황(단위: 천 원)

분야	종목	생산액	이입	수입	이출	수출	조선 내 소비액	조선 내 공급률
정밀 기기	기관 및 부속품	97	2,765	37	0	320	2,579	3.7
	원동기	1,609	21,975	69	0	888	22,765	7.1
	제조가공용기계	24,936	94,559	9,764	10,895	2,305	116,059	19.6
	…	…	…	…	…	…	…	…
	소계	26,642	163,811	12,165	10,895	4,099	187,624	14.2
일반 기기	도량형기	1,153	840	0		35	1,958	60
	의료기	51	1,661	2		250	1,464	3.5
	전신·전화기	15	5,249	2		87	5,179	0.3
	자동차 부속품	15	5,744	0		1,061	4,698	0.3
	선박	5,575	5,907	7	497	26	10,966	50.8
	…	…	…	…	…	…	…	…
	소계	49,057	79,874	2,142	2,792	9,297	118,984	41.2
총계		75,699	243,685	14,307	13,687	13,396	306,608	24.7

출처: 朝鮮銀行調査部, 1949, 『朝鮮經濟統計要覽』, 89쪽, 〈표 38〉 참조 그리고 朝鮮銀行調査部, 1948, 『朝鮮經濟年報』 I, 105쪽.

비고: ① 각 품목은 부분품인 경우와 부속품을 포함함. ② 원문에는 정밀도에 따라 A·B·C군으로 분류했으나 본표에서는 A는 정밀기기, B·C는 일반기기로 표기함. ③ 조사시점은 1940년.

넷째, 조선 내 수요에 기반한 생산이 취약하였다. 총독부가 제86회 제국의회에 제출한 자료(「물동물자의 수급계획안」, 1944.12.24)를 정리하면 〈표 102〉와 같다. 조선산 물자 중에서 주강, 철광석, 일반용재 등은 조선 내 수요에 적극 충당되고 있지만 대부분의 물자가 유출력 100%를 넘거나 많으면 2,800% 이상으로 조선 내 수요와 상관이 없이 생산되었다. 자유무역구조였다면 이런 유출력이 큰 문제는 아니겠지만 통제경제 아래서는 얼마나 철저하게 조선의 증산대책이 조선 내적인 산업 연관에서 벗어난 것인지 보여 주는 것이다. 유출력이 컸던 품목을 보면, 중점산업에 필요한 철강·화학·알루미늄 제품 등이 많았다. 면화·양모·유안·시멘트 등도 생산력확충에 필요한 자재로서 유출이 많았다. 특히 아세톤·메탄올·알루미늄·보통선 등은 조선 내 수요는 없고 모두 몽땅 유출되었다.

〈표 102〉 중요공산품의 대외 유출 추정량(1944.10)

물자명	단위	조선생산	조선수요	재고율	유출력(%)
보통강주강	톤	15,000	12,000	300	25
보통선	〃	822,000	46,000	776,000	1,686
철광석	천 톤	4,100	3,584	516	14
연	톤	6,000	1,800	4,200	233
아연	〃	11,000	2,100	8,900	423
알루미늄	〃	32,300	3,700	28,600	772
방적용 면화	千擔	489	276	213	77
제면용 면화	〃	68	35	33	94
양모	俵	781	245	536	218
탄닌재료	톤	1,800	600	1,200	200
차량·선박	천 톤	468	239	229	95
일반용재	〃	5,454	4,871	583	11
농초산(98%)	톤	12,000	4,500	7,500	166
가성 소다	천 톤	19	15	4	24
희초산(90%)	톤	20,000	11,230	8,770	78

시멘트	천 톤	1,200	952	248	26
순벤졸	톤	810	300	510	170
트루올	〃	150	50	100	200
카바이드	〃	110,000	55,305	54,295	98
아세톤	〃	770	26	744	2,861
메탄올	〃	11,470	682	10,788	1,581
유안	천 톤	468	385	83	21
회질소	톤	24,500	14,400	10,100	70

출처: 近藤釰一 編, 1964.11,『太平洋戰下ノ朝鮮』제5호, 7~10쪽(김인호, 2015,『태평양전쟁과 조선사회』, 신서원, 48쪽에서 인용).

비고: ① 표의 품목은「제86회 제국의회보고자료」에서 제시된 조선산 물동물자 가운데 자급률이 100% 이상인 것. ② 1944년도 물동계획은 설정되지 않았기 때문에 조선 수요는 1943년 것으로 대신함. ③ 자급률은 양적인 것만 고려한 것으로 질적인 면이나 규격적인 면에 따라 차이가 있음. ④ 물동물자 가운데 철광석 및 면화를 제외한 중요광물과 농작물은 제외. ⑤ 대외 유출물자는 자급률(생산/수요) 100% 이상을 말함. ⑥ 재고율은 조선 내 생산-조선 내 수요를 말함.

다섯째, 산업별·민족별 불균형도 심화되었다. 1939년 당시 공장당 생산액은 15만 7,000원이었고 1인당 표준 생산액은 6,520원이었지만 실제로는 평균에 미달하는 소공장이 다수였다.[757] 이런 소공장은 1930년에는 99%에서 1939년에도 95.3%로 비중이 약간 줄었지만 여전히 절대다수였다. 그런데 생산액 비중은 30%에 불과하였다. 또한 1934~1939년 사이 50명 이상 공장은 일본인이 많이 소유했고, 50명 이하 공장은 조선인이 다수였다. 1944년 자본금 100만 원 이상 불입금을 가진 조선인 회사는 불과 2.8%였다.[758]

---

[757] 『朝鮮經濟年報』, 1939년판, 공업항.
[758] 朝鮮銀行調査部, 1949,『朝鮮經濟統計要覽』, 73쪽.

정리하면, 이러한 유출 목적의 생산력확충, 저급한 자급력, 산업별, 민족별 불균형으로 인한 모순은 통제경제의 안정성을 파괴하였다. 일부 등장하였던 1930년대 산업간 분업과 연관성은 전시체제기에 들어와 처절하게 무너져 갔다. 내적 연관이 빈약한데 해외 수요도 자율적으로 조절할 수 없고, 재화가 일방적으로 중점산업에만 '몰아주기' 하는 상황에서 유기적으로 돌아가야 할 산업은 대단히 불규칙하게 운영되었다. 중점주의가 강조되는 제2차 생확계획부터 이미 그러한 불안은 가중되었다. 중요물자 또한 원하는 대로 나오지 않게 되면서 부족물자는 조선인의 생활을 극한으로 내모는 '내핍(물자통제)'를 통하여 염출할 수밖에 없었다.

라. 물자의 극단적인 부족

이러한 생산구조의 파탄과 생산력의 한계로 인해 만성적인 물자부족에 봉착한 총독부는 증산정책만으로 적절한 대응이 어려웠다. 그리하여 기존 조선인 중심의 영세업체나 중소기업을 정비하고 배급통제를 강화하여 부족한 산업물자를 보충하고, 일반 생활물자는 공출하는 '내핍적 물자동원 노선'을 기도하였다. 특히 배급의 경우 종래는 주로 지역별·업종별 배급편중, 물자부족의 해소 차원에서 통제가 진행되었지만 이제는 물자동원의 최후수단이 되었다.

먼저 일본본토에서는 강재·목재·시멘트 등 산업물자의 경우, 1943년 물동계획(1943.6)에 입각하여 공장별·광무소별로 일률적인 방식의 종합배급제가 실시되었다.[759] 적용 대상은 그때까지는 의료품(衣料品)

---

[759] 『殖銀調査月報』, 1943.4, 23쪽.

만이었으나 이제는 전체 일용품으로 확대되었다.[760] 이런 상황에서 일본 본토에서 시행 중인 종합배급표제 및 능률 중심의 할당제, 통장제 배급이 조선에서도 실시되었다.

당시로서는 조선에서 의료품 및 식료품 배급표제도를 실시하는 데는 상당한 애로가 있었다. 카미타키 식산국장은 "본토의 배급표식·통장식 방법을 조선에 실시한다는 것은 의문이다. 예를 들어 의료배급표제를 조선에 실시하지 않는 이유는 일본본토와 조선 사이, 도시와 농촌 사이의 생활방식 차이, 종합배급표제도 운영상에서의 상식, 교육 정도 등 여러 가지와 관련하기에 실행 시에는 효과가 있을지 몰라도 특별한 폐해를 수반하지 않을까 (우려)한다"[761]고 할 정도였다. 따라서 조선에서는 1943년 말까지도 일부 물자는 '실적' 기준, 즉 ① 1940~1942년까지 조합의 견 및 견교직물류의 취급 실적 또는 영업세 과세 실적, ② 조합원의 영업 년도 등을 고려하여 조합에 의해 자치적으로 배급하였다.[762]

1944년 이후 '전 조선인의 내핍에 의한 동원전략'이 구체화되면서 조선인이 최소한도의 생활을 위해 저장해 두었던 생필품 산업마저도 정리하여 중요산업에 필요한 자재와 시설에 동원하려고 하였다. 이런 조치는 스스로 고도국방국가로서 전시(戰時)국민생활을 유지한다는 목표를 저버리는 행위였다. 그리고 생존이 극한에 몰리자 배급기구에 대한 불신을 가중되었고 기구 해체도 불가피한 상황이 되었다. 실제로 당시 배급통제 구조에 심각한 균열이 생기고 있음은 다음 글에서 짐작할 수 있다.

---

760 「岸信介 商相 衆議員豫算委答辯」, 1943.2.4, 『經濟情報』 제8호, 1943.6, 75쪽.
761 上瀧 基, 「朝鮮の決戰生産增强對策」, 『朝鮮産業年報』, 1943년판, 168쪽.
762 『殖銀調査月報』, 1944.2, 40쪽.

기호(嗜好) 생활의 차이에 따라 일본인·조선인별 배급이 어려워졌고, 물자 획득욕에 매여 통제에 대한 협력적 태도가 약화되는 경향이며, 상조적 관념이 박약해지고, 배급사무 담당 이료(吏僚)의 수배자(受配者)와 충돌이 증가하며, 배급축소에 따른 노동의욕 축소, 물자가 풍부한 지방으로 이동 및 직역전환(職役轉換:轉業) 등이 나타났다.[763]

섬유·공작기계를 둘러싼 브로커들이 활개를 치고, 공장·광산에서 원자재 횡령 및 종업원의 원자재 절도가 속출하였다. 또한 만주국 및 중국과의 물가격차를 이용한 밀수범 및 식량배급 부정과 밀도살 등이 격증하였다. 특히 경제범죄 가운데서도 곡물·어패류·청과물·육류 등 식품과 관련한 범죄가 전체의 30%에 달하였다.[764]

이러한 배급통제의 모순에 대하여 총독부는 '부드러운 통제', '불편을 감안한 통제', '순차적 통제', '원활한 배급'[765] 등을 선전하며 차별적 배급에서 빚어지는 조선인의 불만을 희석화하는 한편, 그러면서도 경제사범은 철저히 단속하였다.

경제사범이 상당수에 이르는 것은 유감이다. 제76회 회의에서 벌칙을 크게 높여 중형을 주게 했는데 경제법규가 여러 가지임으로 해서 통제법을 통일하여 특수한 형체의 경제유지법을 만드는 것을 고려하지 않으면 안 된다. 경제사범에 대해 악질인 것과 경미한 것을 각각

---

763 "제85회 帝國議會說明資料", 『朝鮮近代史料硏究集成』 제1권, 「總督統治終末期의 實態」, 109쪽.
764 "제85회 帝國議會說明資料", 앞의 책, 105~106쪽.
765 重政 總務局長, 「衆議員法案委答辯」, 1943.2.3, 『經濟情報』 제8호, 1943.6, 76쪽.

으로 하여 일벌백계할 필요가 있다.[766]

이런 대책에도 불구하고 1944년 말에는 전반적인 통제체제의 와해와 배급기구 해체가 촉발되었다. 그것은 1944년 말 서울·경기 지방의 섬유제품 배급 상황을 보면 드러난다.

백화점의 단골판매 및 소매상의 연고판매를 시정하기 위해 부내에 소매업자 가운데 가장 신용력 있는 포백(布帛)이나 메리야스·화장품상 139개 점포(백화점 5개), 견봉사(絹縫絲) 및 편모사상(編毛絲商) 22점포, 양말상 134점포(백화점 5개), 일반 직물상(織物商; 製綿 포함) 61점포, 일본식 생활자 대상 섬유상 47점포, 조선산 족대상(足臺商) 35점포를 선발하여 그것을 직접 정회(町會)와 연결하여 단발구입표로 배급하기로 하였다. 그리고 특별히 일본식 생활자에 대해서는 섬유품 구입장을 배포하고, 원칙적으로 일반을 대상으로 한 직물제품의 배급은 정지하기로 하였다.[767]

정회(町會)에서 할당받은 단발구입표에 의한 배급이나 일부 일본식 생활자에 대한 배급 이외의 직물배급은 일체 정지하겠다는 것이었다. 이러한 '배급정지' 조치는 기업정비와 연결되면서 양복상·수선공 등 도시의 영세상인, 소규모 공업자 등이 대대적으로 몰락하였다. 아울러 배급

---

[766] 「岩村 法相 衆議員豫算委答辯」, 1943.2.3, 「議會に於ける重要經濟施策等に關する政府側說明」, 『經濟情報』 제8호, 1943.6, 37쪽.

[767] 『殖銀調査月報』, 1945년 1·2월호 합집, 20쪽.

통제가 어려워질수록 조선인의 생활고는 가중되고 노골적인 민족 차별적 배급도 증가하였다.

당시 사정을 소련 영사관 부인 샤브쉬나는 이렇게 증언하고 있다.

태평양전쟁 전에 한 사람당 쌀 수요량이 본토의 5분의 1 정도였다면 전쟁이 진행되던 그때 조선에는 허기를 채울 수 없을 정도의 음식물이 배급되었다. 말을 막 배우는 아이의 첫마디와 죽어가는 노인의 마지막 말, 그것이 '하이규(배급)'라는 말을 우리는 조선인에게서 수없이 들었다. 배급표로 지급되는 쌀, 정확히 말해서 대체물(옥수수·수수)은 아무리 길어도 2주일을 넘기지 못하였다. 생선·달걀, 그 밖의 다른 식료품은 일본인에게만 지급되었다. 채소도 조선인들에게 부정기적으로 배급되었다. …(중략)… 서울에서 대부분의 가게와 수리점이 문을 닫았다. 배급소 근처에는 헤아릴 수 없을 만큼 많은 사람들이 줄을 서 있었다. 사람들은 굶주림뿐만 아니라 추위에도 고통을 당하였다. 1944~1945년 겨울에 거의 모든 집이 불을 때지 못하였다.[768]

당시 물자부족은 단순한 가격폭등·암거래 등 통제기구의 파탄에 그치는 것이 아니라 조선인의 생존마저도 심각하게 위협하였다. 특히 조선인 영세상공업자나 개인업체 그리고 배급을 받아야 하는 도시민에게 더욱 가혹하였다. 급기야 1945년 5월에는 경성부에 종합배급표제가 실시될 정도로 악화되었다.

이러한 결핍에도 불구하고 8·15 해방의 그날까지 상당량의 산업물자

---

[768] 파냐이사악꼬브나 샤브쉬나 저, 김명호 역, 1996, 『식민지 조선에서』, 한울, 179~181쪽.

가 내뿜하는 조선인을 외면하면서 비축되었다. 예를 들어 8·15 직전 조선남부에 남아 있던 재고품을 보면 선철 12만 톤, 납 900톤, 강재류 5만 톤, 알루미늄원괴 1,400톤, 전기동 5,000톤, 알루미늄 폐품 및 비행기 폐기체 1,200톤, 동전 및 유기회수품 7,000톤, 합금철 1,800톤, 아연 1,100톤 등이었다.[769] 먼저 유기회수품·동전·알루미늄 폐품 등은 조선인들로부터 강제 공출한 것임을 알 수 있다. 특히 주목할 것은 재고량이 생산량에 비해서 막대했다는 점이다. 1944년도 조선의 공업생산예정량을 이 재고량과 비교하면, 1944년 전기동 생산예정량은 1,200톤이었는데, 8·15직전 재고량만 해도 5,000톤에 달했다. 아연 재고량 역시 1,100톤으로 1944년 조선 전체의 생산예정량과 맞먹었다. 강재도 1944년 3만 9,000톤을 생산할 예정이었는데, 재고량이 5만 톤에 달하였다.

    이처럼 1944년 이후 조선경제는 겉에서만 보면 공정가격이 안정되는 등 지표상으로 안정을 구가하는 듯하였다. 한때 총독부 정무총감을 지낸 다나카는 "우리들은 우선 당시 조선의 상태를 보아 민생을 제일로 생각하였다. 물론 전시상황 아래서 힘껏 협력해야만 할 상황이었지만 거기에는 자체로 한계가 있었다. 조선의 민심을 기반으로 해서 항상 일을 생각하여 강경하게 중앙당국과 절충했다"[770]고 회고하였다. 그러나 실제 식민지 조선인의 생활은 철저한 결핍과 생활고가 짓누르고 있었음에도 총독부는 전쟁 물자 조달을 위하여 강제공출을 통해 중요물자를 과도할 정도로 비축하는 중이었다.

---

769 朝鮮銀行調査部, 1948, 『朝鮮經濟年報』 I, 103쪽.
770 田中武雄(政務總監), 1959, 「小磯總督時代の統治槪觀」, 『朝鮮近代史料硏究集成』 제3권, (朝鮮史料硏究會, 219쪽.

3. 공업시설의 붕괴

가. 기업정비의 단행

(1) 본토는 도태, 조선의 육성

태평양전쟁 이후 일본본토에서는 「중요산업단체령」에 입각하여 산업별로 통제회가 설립되고 중소기업의 정비도 개시되었다. 이에 상업조합의 공판기준이 입안되고, 임의조합 공인(1941.7.29), 「기업허가령」(1941.12) 등에 이어 1942년부터 기업정비를 단행하여 석유판매업·석탄판매업·자전거판매업·귀금속상·시계점·도자기상·유리상·금물상·포목상·양품잡화점·양복점 등 상업 분야를 정리하였다.[771] 또한 중소공업에서도 화학·기계·방직업 방면의 정리가 예상되었고, 일부는 경영난을 이유로 전업이나 기업합동이 진척되었다.

그러나 아직 조선에서는 기존 중소기업·비군수산업에 대한 '육성'이 계속 선전되었다. 이런 육성정책의 여파로 기업정비가 진행되었다고 해도, 주로 중소기업을 합동하여 조합·회사 등 법인화하는 방식이 주였다. 당시 일본본토는 주로 제2종 공업(군수·중화학공업 방면)을 정리하였지만 조선은 아직 소운송업·제면업·상업·제1종(비군수산업)과 제3종(잡공업) 공업 또는 배급 부문에 머물렀다. 목적도 본토는 노동력 동원이나 설비 회수와 관련되었지만 조선은 '경영합리화' 혹은 '생산력확충'이 우선적으로 표방되었다.

물론 조선에서도 「전력증강기업정비요강」(1943.6)이 발표되기 전까지

---

[771] 「岸信介 商相 衆議員豫算委 答辯」, 1943.2.9, 『經濟情報』 제8호, 1943.6, 56쪽.

기업정비를 위한 몇 가지 예비적 조치가 있었다. 예를 들어 「산업설비영단법」을 조선에도 시행한 것[조선의 경우는 중요물자영단(1942.1)]이나 갱생금융제도의 실시에 따라 「구업무자산 평가절차」가 발표된 것을 들 수 있다. 갱생금융 운영방침에서 명시한 구업무자산의 평가절차는 다음과 같다.

평가액은 본부 조선중소상공업자금융통심사위원회에서 결정한 평가기준을 토대로 각도에서 개개의 구체적 자산평가액을 결정한다. 둘째로 도(道)에서 결정할 때 전업자자산평가위원회의 자문을 경유하며 결정된 자산평가액은 금융기관 또는 동업자 단체가 임의로 증감할 수 없도록 한다. 셋째로 자산은 해당업자가 업무를 하는데 필요한 것 혹은 업무상 취득한 것, 처분 시 분리할 수 없는 것에 한(限)한다. 넷째로 자산평가는 영업을 계속하는 것으로 보아 적정한 액수를 산정하며 영업권 또는 상호권 등도 덧붙이도록 하였다. 다섯째로 동업자단체 등에 있어 공조방법(共助方法)에 따라 영업권의 대가로써 급부하는 경우 상당한 금액을 참작하고 자산평가액에서 공제한다.[772]

더불어 금속류에 대한 「강제양도명령제」(1942.9)를 실시하여 공장·사업장·점포·사무소 등 지정설비에 대한 강제회수를 시작한 것[773]이나 「전력증강기업정비요강」이 공포되자마자 「유휴설비조치요강」(1943.7)을 공포하여 유휴설비에 대한 '파철화' 방침을 세운 것도 예비적 조치의 하나였다.

물론 1943년 초까지 일본본토에서의 '정비'도 산업구조 재편을 위해

---

[772] 「更生金庫制度と更生金融制度」, 『經濟月報』, 1942.10, 21~23쪽.
[773] 「1942년 9월 8일 자 기록」, 『日帝侵略下韓國三十六年史』 제13권, 국사편찬위원회, 225쪽.

급격히 실행된 것은 아니었다. 즉 도조 수상의 언급처럼 "현재로서는 현재의 경영형태로 유지하는 것이 좋으며 생산에 전념할 방침이기에 큰 영향을 주는 기업방식의 변경은 적당하지 않다"[774]고 하여 기업정비와 같은 급격한 경영형태의 변동을 추진하지 않기로 하였다. 이에 대출회수방지·노동자급여준비·부도연기[775] 등 비군수산업의 정비에서 발생할 수 있는 업자의 불만을 완화하려는 조치도 있었다. 왜냐하면 1943년 초까지도 전쟁에서 일본군이 우세한 상황이었다. 따라서 물자난이 있었지만 부문별로 대단위 기업정비를 추진할 정도는 아니라는 판단이 우세하였다.

(2) 「전력증강기업정비요강」의 공포

그러나 1943년 이후 일본군에게 극히 불리한 전쟁 상황이 되자 기업정비가 본격화될 조짐이 나타났다. 특히 제81회 제국의회(1943.1) 이후 '결전태세의 확립', '필승 전력 증강', '중점주의 통제' 등으로 표현되는 생산력확충 및 물자동원계획이 전개되면서 기업정비도 '결전'이라는 명목하에 전체 산업에 걸쳐 실행될 상황이었다.[776] 종래와 같은 단순한 업종별 통폐합, 경영난 완화, 중소기업 중심의 정비뿐만이 아니라 전쟁수행을 위한 물자동원이나 엔블록 내 생산력 배치와 연결되면서 이른바 산업구조의 재편수단으로 기업정비가 추진된 것이다. 이와 관련하여 당시 총독부 상공과 구리야(粟屋幸衛) 사무관은 이렇게 언급하였다.

---

774 「東條英紀 首相 衆議員法案委答辯」, 1943.2.8, 『經濟情報』 제8호, 1943.6, 38쪽.

775 「岸信介 商相 衆議員豫算分科會 答辯」, 1943.2.12, 「交易營團法案提出理由要旨」, 『經濟情報』 제8호, 1943.6, 39쪽.

776 粟屋幸衛, 「中小企業整備問題について」, 『朝鮮工業組合』, 1943.10, 8쪽.

승리의 열쇠는, 첫째도 둘째도 전략물자의 생산증강이다. 그러나 자재·자금·노동력에 한하고 있는 현상에서 생산·배급 등에 대한 적극적인 중점주의(重點主義)는 현하 전시경제(戰時經濟)의 절대적 요청이다. 이에 전체 산업 부문에 걸친 산업 재편성과 그것을 위한 기업의 정비 및 통합이 요청되었다.[777]

마침내 일본본토에서 「전력증강기업정비요강」(1943.6.1)이 공포되었다. 먼저, 여기에 제시된 정비방법은 종전과 사뭇 달랐다. 종래에는 업종마다 정비명령을 발동하여 개별기업을 정비하는 것이었지만 본 「요강」 이후는 정비 대상을 업종별로 구분하는 대신, 산업·부문별로 전쟁에 대한 공헌(貢獻) 정도를 따져서 제1종(비군수 부문)[778]·제2종(군수 부문)·제3종(잡공업 부문) 및 배급 부문 등 4부문으로 나누고, 단위공장은 조업·전용·보유·폐휴 등 4종류로 나누어 공장마다 비율을 정하여 정비하도록 하였다.

정비 범위도 달랐다. 중소기업만 정비하는 것이 아니라 대공업이라 하더라도 전쟁에 간접적으로 공헌하지 못하는 것은 정비하기로 한 것이다. 정비 대상도 전체 산업으로 확장하였다. 따라서 군수 부문도 계열화가 되지 않았으면 모공장·자공장 등으로 정비하여 '중점산업'으로 통합되도록 하였다. 또한 '중점산업'은 다른 산업보다 우선적으로 기업정

---

[777] 粟屋幸衛, 1943.10, 앞의 책, 3쪽.
[778] 제1공업 부문이라는 것은 노동력 및 설비의 전활용과 금속회수를 크게 기대할 수 있는 산업으로서 조업공장·전용공장·보유공장·휴폐공장 등 4부류로 세분되었다. 조업공장은 전쟁수행에 필요한 국민의 최저생활을 유지하기 위한 것이고, 전용공장은 군수공업 등으로 전활용 하는 것이며, 보유공장은 국방상 혹은 재해 등을 대비하여 보유하는 것이었다. 휴·폐업공장은 금속 회수를 위한 것이다.

비를 통하여 수집한 자재·설비·노동력을 할당받도록 하였다. 이처럼 「전력증강기업정비요강」 이후 일본본토의 기업정비는 종전처럼 규모에 따라서 결정되는 것이 아니라 전체 산업을 대상으로 하여 전용 가능한 금속량·설비·노동력 등을 고려하여 결정되었고, 업종별로 구체적인 상황을 감안한 것이라기보다는 일률적으로 비율을 정해서 정비하는 것이었다.[779] 이에 1943년 말, 일본본토의 기업정비 상황을 개략적으로 살펴보면 다음과 같다.

> 섬유공업에서는 면사방적업·스프사방적업·직물제조업·메리야스제조업 등 20여 종의 정비가 완료된 상황이고, 특히 방적업 분야는 제2·3차 정비가 진행 중이다. 화학공업에서는 고무·피혁·도자기·유리·비누 등 15종의 정비가 완료된 상황이고, 도료·염료 등 10여 종이 진행 중이다. 금속공업에서는 함석·삽류·기계·칼[刃物] 등 소위 철강 부문의 제2차 제품공업의 정비가 진행 중이다. 기계공업은 「기계철강제품공업정비요강」에 기초하여 현재 전반에 걸쳐서 정비 중이고, 현재까지 정비가 완료된 것은 20개 업종, 정비중인 것이 20개 업종이다.[780]

일본본토에서 본격적으로 기업정비가 추진됨에 따라 조선에서도 일본본토보다 5개월 가까이 늦은 1943년 10월 26일 기업정비위원회 제1회 위원회가 개최되고 「기업정비기본요강」이 발표되었다. 서두에는 「기업정비기본방책」이 자리하고, 다음에 「배급부문정비요강」과 「중소

779　川端巖, 「中小企業整備問題」, 『朝鮮工業組合』, 1943.10, 14쪽.
780　粟屋幸衞, 『朝鮮工業組合』, 1943.10, 7쪽.

공업정비요강」 등 정비방법이 명기되어 있었다. 특별조치로 기업정비에 수반한 「공조시설·종업원·재정금융조치요강」이 부속하였다.

정비방침으로는 "전쟁 수행에 필요한 부문은 확장하여 생산력을 높이고 비군수산업, 공리적 또는 투기적으로 성장한 사업, 경영난에 처한 기업 등은 각종 「요강」으로 강력히 통폐합한다는 것"이었다.[781] 따라서 조선의 「기업정비요강」은 일본본토의 「전력증강기업정비요강」의 목적을 그대로 반영한 것이었다. 그렇지만 조선의 「기업정비요강」을 일본의 그것과 비교하면 몇 가지 차이가 있었다.

우선, 정비의 주체문제였다. 일본본토는 통제회가 중심인 반면,[782] 조선은 통제회가 없었고 「상공조합법」이 공포되지 않았기 때문에 총독부 기업정리위원회가 주도하였다. 따라서 일본본토보다 더욱 '관주도'의 정비가 예고되었고, 정리절차도 국가지도 원칙이 철저히 적용되었다. 아울러 "조선에서 기업정비 계획은 반드시 국가 또는 전업 상담소 등의 지도를 받아 공업조합 등 동업자 단체가 세우도록 했다".[783] 그 이유는 "조선에서 정리사업을 감당할 역량이 없는 조합이 많고, 관청이나 전업 상담소 등의 알선기관이 있어도 이용 방법을 모르는 경우가 많기 때문"이라는 것이었다. 하지만 보다 본질적인 이유는 기업정비 주체를 민간조직으로 할 경우, 총독부에 의한 일원적인 통제가 어려워진다는 점이었다. 또한 정비기준도 일본본토는 설비·기계 대수·생산 실적 등을 참작하여

---

781 山地靖之,「中小企業整備問題について」,『朝鮮實業』, 1943.8, 3~5쪽.

782 통제회가 계획하고 상공업조합이 조합법에 근거하여 실행하는 것이었다.[鹽田咲子, 1979,「戰時統制下の中小商工業者」,『戰爭と國家獨占資本主義』(體系 日本現代史 제4권), 250쪽].

783 「구업무자산의 평가절차」,「更生金庫制度と更生金融制度」,『經濟月報』, 1942.10, 5쪽.

표준을 정하고 그에 따라 정비하는 것이었지만, 조선은 국가적 필요를 전제로 하여 기업의 생산성(경제성 및 기술성)에서 구하는 이른바 '능률기준'에 입각한 정비가 특별히 강조되었다.

둘째, 조선의 경우는 "제1종과 제3종 공업의 엄밀한 구분이 곤란하고 제1종에 속하는 것이 유난히 적었기 때문에 정리계획도 제2종 공업 부문의 확충과 중소상공업자의 정리"[784]로 귀결되었다. 결과적으로 볼 때 중소상공업자는 대부분 소공장이나 개인영업체였다. 특히 조선에서는 배급기구의 정비는 일단 용이했으나 공업 분야의 부문별 정리요강이 공포되기까지는 상당한 시일이 지체되었다. 내외에서 정비한다고 해도 제대로 생산력확충에 도움이 될 것인지 의구심을 가지던 실정이었다. 당대의 경제이론가 이기수도 공업계의 기업정비가 조선의 생산력확충에 구체적으로 기여할 수 있을지 우려하였다.

> 상업은 비교적 간단한 방침으로 결정될 수 있어도 공업은 여러 연구 사항이 남아 있다. 상업 신체제는 결국 상업의 수수료주의화와 배급기구의 계통 정비 차원에서 대개 이루어졌기 때문에 이론적 논의는 별반 없다. 그러나 공업은 산업의 배치 계획, 조선에서 발전할 만한 공업 분야 선정 등이 우선 결정되어야 한다. 따라서 산업 재편 문제는 매우 복잡하다.[785]

마침내 1944년 2월 18일 일본본토에서「제2종 부문 기업정비에 관

784　山地靖之,「中小企業整備問題について」,『朝鮮實業』, 1943.8, 3~5쪽.
785　「朝鮮中小工業問題の現段階」,『總督府調査月報』, 1942.8, 32쪽.

한 건」이 공포되어 군수공업 특히 항공기 산업이 정비되자, 총독부도 「제2종 공업부문의 기업정비 조치」, 「기계공업정비요강」을 공포하여 항공기의 증산을 위한 기업정비를 시작하였다.

총독부로서는 생산력확충을 위해 공업을 육성해야 하고 더불어 일본 본토의 본격적인 기업정비 대책에도 어느 정도 부응해야 한다는 점에서 내부적 '갈등'이 있었다. 이에 일본본토처럼 정비하되 생산력확충에 도움을 주는 방향에서 추진하기로 원칙을 정하였다. 1943년에는 주로 통폐합 중심으로 보존과 촉진의 의미가 있었던 기업정비였다면, 1944년은 기업정리나 폐업을 통하여 시설과 설비, 노동력의 회수에 중점을 두는 그야말로 스크랩 방식의 정비가 된 것이다. 2월 18일 총독부 기업정비위원회 간사회는 자산평가 기준 등 8개 항목을 결정한 다음, 곧바로 36개 업종에 대한 「정비요강」을 발표하였다. 제1차 정비기간은 1944년 2월 21일부터 6월 말까지였다. 그러나 지방은 시일이 지체되어 1944년 3월 이후에야 비로소 실행되었다. 경성부는 1944년 7월에 제1차 정비를 시작하였고, 경북 김천에서는 1944년 10월에 제1차 정비업종을 발표하였다.

(3) 본격적인 기업정비 단행

1944년 2월 18일에 결정된 제1차 기업정비 지정업종은 총독부 소관 업종으로 제3종 공업 가운데 제약업·어유비제조업·유리제품제조업·제사업·진면제조업·양곡가공업·소주제조업·아미노산공업·인쇄업 등 10개 업종이고, 총독부·도 공동소관으로는 제3종 공업 중에서 견·인견직물업·메리야스업·피복제조업·가구제조업·왜나막신제조업·과자제조업·제면업 등 7개 업종 등 총 17개 업종이었다. 지정업종에는 본토와 달리 주로 잡공업·섬유업 등 비군수산업이 포함된 반면, 금속·기계공업은 포함되지 않았다.⁷⁸⁶ 상업체는 주로 도 소관이고, 공업체는 주로 총독부 소관(총독부·도 공동소관 포함)이 많았다. 그것은 당시 배급통제가 주로 도 행정조직을 따라 이루어진 반면, 공업은 총독부가 직접 엔블록에 대한 물자유출을 위하여 중요산업 및 생필품 공업의 재편대책을 추진하고 있었기 때문이었다.

제1차 정비가 부분적으로 실행되었다고 하여, 제2차 기업정비를 계획하였다. 제2차 정비안은 제1차 정비 기간이 끝나는 1944년 6월에 정리위원회의 답신안 형식으로 결정되었고, 8월부터 실행되었다. 제2차 기업정비에서 총독부 소관은 식육가공업(통조림과 식료품제조업 제외), 경화유·지방산·글리세린제조업이었고, 총독부·도 공동소관은 제3종 공업 중에서 제면업 및 피모가공업 등 6개 업종이었다. 제2차 정비안에서 특기할 것은 경화유·지방산·글리세린제조업 등 화학공업 방면의 정비 대상이 늘어난 반면, 식육을 이용한 식료품제조업은 제외되었다. 화학공업의 지정이 늘어난 것은 조선질소처럼 화학공장이 대거 병기제조업체로 전환되던 상황과 맞물린다. 반면 식육업이 배제된 것은 통조림·햄과 같은 전시보급품 증산의 여파로 볼 수 있다.⁷⁸⁷

제2차 정비업종이 발표되면서 지방에서도 급속히 기업정비가 진행되었다. 『식은조사월보』에 의하면 1944년 7월 부산에서는 제1차로 총 14개 업종을 정비했고, 이어서 제2차로 전체 업체 가운데 60%를 정리하였다. 정비 규모는 전·폐업자 약 1만 명, 재고품 및 설비 매상액은 1,900만 원 정도였다. 충북 청주는 1944년 9월 19일 도기업정비위원회

---

786 末松玄六, 「中小企業問題に於ける內鮮比較」, 『總督府調査月報』, 1941.3, 1쪽.
787 「總督統治終末期の實態」 제3호, 『朝鮮近代史料研究集成』 제3권, 318쪽.

에서 제1차 정비안을 결정하여 정비한 결과 총 14개 업종 1,570점포 가운데 58%인 918개 점포만 남겼다. 그리고 10월에는 제2차 정비를 단행하여 식료품 이외에도 15개 업종을 정리하였다. 강원도에서도 1944년 9월에 제1차 정비로 관내 원주군 내 기업의 49%, 횡성군 내 45% 평창군 내 35%, 영월군 내 70%를 정리하였다.[788]

제2차 정비로 지방산업은 큰 타격을 받았고,[789] 중소상공업자들의 식민지 통치에 대한 불만을 자극하기에 충분하였다. 총독부도 그것을 우려하여 「기업정비기본요강」에 각종 공조시설 조항을 두었다.

> 기업정비에서 해당업자 또는 잔존업자의 단체 혹은 통합체가 전·폐업자에게 잔존업자의 능력 한도 내에서 실적보상 및 생활원호 공조금을 교부하게 하고 생활원호 공조는 필요에 따라 국가가 보상한다. 전·폐업자의 영업자산은 그 신청에 따라 별도로 정하는 영업권적 가치를 가미시킨 평가기준에 의해서 조선산업물자영단이 매수하고, 이 경우 실적보상공조금과의 관계를 참작한다(부록 「기업정비기본요강」 제2조, 요령 제5항).

공조 조치는 「기업정비기본요강」에 부속된 「공조시설조치요강」에 제시되었다. 공조시설은 전·폐업자에 대한 공조금과 전·폐업자의 자산설비 매수 항목으로 구성하였다. 공조 주체는 어디까지나 잔존업자(단체)로 하였고, 이들이 공조자금(실적보상공조금 및 생활원호공조금) 전부를

---

788 『殖銀調査月報』, 1944년 10·11월호 합집, 64쪽.
789 『殖銀調査月報』, 1944.8, 59쪽.

폐업자에게 주는 방식이었다. 전·폐업자 설비 및 자산의 매수는 조선산업물자영단에서 주로 맡았다. 잔존업자는 필요한 경우만 영단이 알선하여 폐업자의 설비를 이용하게 했다. 그것은 잔존업자가 자의적으로 물자를 이동하거나 설비를 장치할 수 없도록 하려는 것이었다.

제82회 제국의회(1943.6.15~18)는 조선에서 기업정비에 수반한 각종 시설, 물자의 회수기관으로 '조선산업물자영단'을 설립하기로 하고, 군수(제1종 공업) 부문 유휴설비 및 휴업 중인 공장의 인수, 잔존업자에 대한 보상·공조금 대부, 폐업자 자산인수·금속회수, 중요물자 매입·보유·매각, 산업물자 가격조정 등을 담당하도록 하였다. 그리고 활동에 수반하는 정부출자·채권원리보증·손실보상 문제 등도 함께 결정하였다. 이러한 본토의 움직임에 대해 총독부는 처음에는 "조선은 독자 입장에서 (신)기관의 설치를 고려하고 있는 바 우선 광업진흥, 산업진흥 등 기설기관을 활용할 방침"[790]이라고 했으나, 제국의회 결정으로 총독부는 기존의 조선회수자원통제주식회사를 해산하고 모든 사업을 조선산업물자영단에 귀속하는 방향으로 개편을 추진하였다. 영단설립위원장은 다나카 정무총감이 맡았고, 위원으로 전직 총독부 인사나 관변 인사들이 참여하였다.[791]

-설립목적-
전시에 임하여 산업설비(그것에 충용해야 할 기계 및 기구를 포함함, 이하 동일)의 활용을 도모하고 기업정비에 관하여 전업 또는 폐업을 한 상

---

[790] 「金屬回收를 强化 기획부 구체안 考究」, 『매일신보』, 1942.9.26, 4면.
[791] 「朝鮮總督府告示 第48號」, 『朝鮮總督府官報』, 1944.1.15.

공업자 등의 자금 및 부채의 정리를 도모하고, 전시생활 필수물자 기타 긴요물자(이하 중요물자라고 칭함)의 저장을 확보하여 저장중요물자 활용을 유효하고 적절하게 하며, 금속류의 회수를 도모하고, 더불어 중요물자 가격조정을 행하기 위하여 다음과 같은 업무를 행한다.

- 사업내역 -
1. 미완성 또는 유휴상태에 있는 산업설비의 매수, 매도 및 보유 및 그 활용에 관한 알선
2. 기업정비에 관하여 전업 또는 폐업을 한 상공업자등의 자산매수, 매도 및 보유 그 활용에 관한 알선
3. 전호에 게재한 것의 공조금 자금 융통,
4. 조선총독이 지정하는 중요물자의 매수, 매도 및 보유
5. 금속류 회수 및 회수한 금속류의 매도,
6. 전 각호에 부대한 사업
7. 조선총독의 허가를 받은 전항의 사무 이외의 업무[792]

이사회에는 민간 주도를 표방하여 민간인이 압도했으나 감리관에는 총독부 관료를 집중 배치하여 국가 통제를 유지하도록 했다. 1944년 2월 16일에는 평의원을 임명하였는데, 영단설립위원으로 활동했던 재무국장, 광공국장, 농상국장, 경무국장, 교통국장 등이 모두 포함되었다. 물론 한상룡(韓相龍), 박흥식(朴興植) 등 조선인도 참여하였다.[793] 1944년 2월

---

792 『朝鮮總督府官報』, 1944.2.24.
793 『朝鮮總督府官報』, 1944.2.25.

24일 자로 설립등기가 완료되었다(자본금 1,000만 원 전액 불입). 종래 주로 자원회수를 담당하던 조선회수자원통제주식회사가 해체되면서 각도의 도자원회수상업조합도 해체되었다. 대신 우량 도매업자를 지정상으로 설정하여 활용하기로 했다. "특별한 경우 이외에는 발생자 판매가격과 수집업자의 판매가격 지정을 폐지하고, 중앙지정상(통제기관)의 판매가격만을 설정한다"고 함으로써 [794]개별성이 강한 고물수집의 특성을 반영하고 회수의 효율성을 높이려 하였다.

(4) 기업정비 결과

기업정비로 인한 공장 및 노동자 동향을 추계하면 〈표 103〉과 같다.

〈표 103〉 공장 및 노동자수의 남북 비교

지역 연도	조선남부				조선북부				전체 조선			
	업체 수	%	노동자 수	%	업체 수	%	노동자 수	%	업체 수	%	노동자 수	%
1943. 6	10,176	69.0	257,780	49.7	4,566	31.0	230,968	44.5	14,742	100	519,124	100
1944. 6	9,323	69.0	300,520	50.8	*4,183	31.0	290,974	49.2	*13,506	91.6	591,494	114

출처: 조선은행조사부, 1949, 『朝鮮經濟統計要覽』, 134·150~151쪽.
비고: ① 1944년 6월의 노동자 수는 1945년 1월 총독부 지도과에서 조사한 것.
*표시는 1944년 6월 조선북부의 업체 수는 조선남부의 감소율을 감안한 수치이고, 전체 조선의 업체 수도 그것을 참고하여 작성함.

조선남부의 경우 1943년 6월 공장 수는 총 1만 176개소였는데, 1944년 6월에는 9,323개로 약 853개소, 즉 8% 정도 감소하였다. 감소

---
794 「개정금속회수령 1일 실시, 새로 57종 추가, 회수기관도 개혁」, 『매일신보』, 1943.9.1.

율을 그대로 조선북부에 적용하면 383개소 정도 감소한 것으로 추계된다. 반면, 공장당 노동자는 14% 증가하였다. 이는 단위공장 규모가 커졌다는 말이다. 당시 기업정비가 주로 기업 통폐합이었다는 사실을 보여준다.

물론 이 자료는 조사대상에 문제가 있고 시기가 제1차 정비기간에 해당하는 시점이라서 정확성이 떨어진다. 좀 더 근접한 수치를 얻기 위해 〈표 104〉의 1944년도 업종별 전력수용호 동향을 볼 필요가 있다. 극히 영세한 업종을 제외하면 전력수용을 하지 않고 공업생산을 하기 불가능하다고 보면, 전력수용호의 추이는 기업정비에 따른 사업체 변화를 상당부분 반영한다고 할 수 있다.

〈표 104〉 업종별 전력수용호 동향(단위: 호)

연도 업종	1943년			1944년			증감 상황		
	조선북부	조선남부	합계	북부	남부	합계	북부	남부	합계
금속공업	773	883	1,656	543	890	1,433	-230	7	-223
기계기구	269	355	624	366	434	800	97	79	176
요업	100	135	235	121	183	304	21	48	69
화학공업	177	330	507	233	382	615	56	52	108
제재목재	800	909	1,709	917	975	1,892	117	66	183
중공업	2,119	2,612	4,731	2,180	2,864	5,044	61	252	313
방직공업	552	632	1,184	522	635	1,157	-30	3	-27
인쇄제본	187	242	429	187	244	431	0	2	2
식료품	2,966	4,927	7,893	3,106	5,078	8,184	140	151	291
잡공업	1,245	518	1,763	1,051	570	1,621	-194	62	-132
경공업계	4,950	6,319	11,269	4,866	6,527	11,393	-84	218	134

*기타업체	28,760	47,578	76,338	3,855	23,953	27,808	-23,953	-23,625	-47,578
광업	250	209	459	190	110	300	-60	-99	-159
농수산업	76	245	321	95	278	373	19	52	71
(자료 총계)	36,160	56,963	93,123	11,183	33,782	44,965	-24,997	-23,181	-48,178
	100	100	100	31	59	48	69	41	52
(수정 총계)	43,224	65,894	109,118	18,232	43,123	61,355	-24,040	-22,732	-46,772
총지수	100	100	100	42	65	56	58	35	44

출처: 朝鮮銀行調査部, 1949, 『經濟年鑑』, 208~209쪽; 朝鮮銀行調査部, 1948, 『朝鮮經濟年報』 III, 174~175쪽(김인호, 2000, 식민지 조선경제의 종말, 신서원, 197쪽에서 인용).
비고: ① 지수는 1943년을 100으로 한 것.
② 수정통계와 원통계의 합이 다른 이유는 확인할 수 없으나 당시 조선경제연보 통계당국자의 계산상 오류로 보인다.

　원통계의 오류를 일부 제거한 수정통계를 기준으로 전체 전력수용호를 보면, 1943년 말 10만 9,118호(원통계 9만 3,123호)였던 것이 1944년 말은 6만 1,355호(원통계 4만 4,965호)가 남아서 같은 기간 약 44%(원통계 52%) 정도 감소하였다. 그중 조선북부는 1944년에는 2만 4,040호(원통계 2만 4,997호)로 58%(원통계 69%)가 감소했고, 조선남부는 22,732호(원통계 2만 3,181호)로 35%(원통계 41%)가 감소하였다. 지역적으로도 남부보다는 북부에서 정리 비율이 높다. 요컨대, 조선 전체에서 1943년 전력수용호의 44%(원통계로는 52%)에 달하는 기업체가 1944년의 기업정비로 감소했다고 추정할 수 있다.

　업종별로 보면 조선북부는 금속·방직·인쇄·잡공업·광업·기타공업에서 감소했고, 조선남부는 방직·금속·기계·요업·화학·제재·식료품·잡공업이 오히려 증가하였다. 대신 광업·기타 업체에서 크게 감소하였다. 그럼에도 감소나 증가폭은 그다지 크지 않았다는 점인데, 그것은 당시 조선의 기업정비가 일정한 규모 이상의 업체에서는 그다지 영향을 주지 못한 것을 보여 준다.

주목할 것은 전력수용호의 감소 현상은 주로 '기타업체'에 집중되었다는 점이다. 1943년에 7만 6,338호에 달했던 기타업체가 1944년에는 2만 7,808호로 감소하였다. 4만 8,530호, 즉 전체의 64%가 감소하였다. 여기에 나오는 '기타업체'가 구체적으로 무엇인지는 알 수 없다. 하지만 '기타업체'에 기존의 일정 규모가 있는 농수·축산·광공업은 제외한 것이 분명하다. 그렇다면 남는 것은 아주 영세한 중소상공업체와 개인영업체로 볼 수 있다.

그것은 당시 소련 영사 부인 샤브쉬나가 "1944년 봄부터 기업정비로 인해 중소기업·기술자·가내공업·소상인·공장주, 구체적으로는 옷수선소·구둣방·시계점·상점 등이 급격히 몰락하였다"고 증언한 것과도 일치한다.[795] 또한 식산은행 당국자가 "조선의 메리야스업은 평양을 중심으로 발전했고, 대부분은 개인영업체이며 제1차 정비(1943년3월 완료)로 잔존한 것도 거의 개인영업체라서 이에 제2차 정비의 목표는 개인영업체를 억제하여 통합·합병·매수로 회사조직으로 대체하는 것"이라고

---

[795] 증언 내용을 보면 다음과 같다. "이미 1943년에 당국에 의해 채택되었던 '공업과 상업의 재조직에 대한 기본안'(「전력증강기업정비요강」을 말하는 것으로 보임-필자)은 '전쟁에 필요한 것들을 생산하라'는 무거운 공출의무를 기업들에게 부과하였다. 중소기업들은 그 안을 이행할 수 있을 만큼 잘 돌아가지 않았기 때문에 대기업에 먹혀 계속 도산해 나갔다. 전쟁 시기의 도시중산층, 즉 기술자와 가내 수공업자·소상인·공장주들의 생활은 급격히 악화되었다. 당국이 그들에게 부과했던 어려운 과제들은 흔히 그들을 파산으로 내몰았다. 이러한 과정은 특히 1944년 봄부터(기업정비가 개시된 시기로 보임-필자) 갑자기 두드러졌다. 거의 모든 거리마다 닫히는 옷수선소·구둣방·시계점·상점들을 날마다 볼 수 있었다"(파냐이사악꼬브나 샤브쉬나 저 김명호 역, 1996, 『식민지 조선에서』, 한울, 201쪽; 동, 『1945년 남한에서』, 한울, 30쪽).

말한 것과도 일치한다.[796] 따라서 1944년 이후 본격화된 기업정비는 공장공업보다는 가내공업·개인영업체가 주대상이라 할 수 있다.

〈표 105〉 일본본토의 기업정비 상황(제1종·제3종)(1944.2.29)(단위: 개소)

업종	총업체	잔존업체	정리업체	정리비율(%)
섬유관계	177,728	72,968	104,760	59
금속관계	1,828	475	1,353	74
화학관계	3,512	1,658	1,854	53
연료관계	144	48	96	67
식료품관계	60,366	40,072	20,294	33
합계	243,578	115,221	***128,357	53
1942년말 공장 수	126,392	*1942년 말 개인업체	117,140	**91

출처: ① 업종별 상황은 鹽田咲子, 1979, 「戰時統制下の中小商工業者」, 『戰爭と國家獨占資本主義』, 體系日本現代史 제4권, 253쪽. ② 공장 수는 大內力 外篇, 1958, 『日本における資本主義の發展』, 동경대사회과학출판회, 397쪽.
비고: *1942년도 개인업체 추정은 〈정리 전 총업체〉에서 〈1942년 말 공장 수〉를 공제한 것.
  **개인영업체 정리비율은 개인업체 추정수/정리업체 총수.
  ***정리업체 총수는 〈총업체〉에서 〈잔존업체〉를 공제한 것.

기업정리 과정에서 민족별로 어느 정도 차별이 있었는지는 알 수 없지만 조선인의 경우 1943년 조선인 가내공업자 추계인 총 36만 7,869명에서 52.2%인 19만 2,028명이 정리된 것으로 추정된다. 이런 기업정비에서 재조 일본인 영세업자도 당연히 피해 갈 수는 없었을 것이다. 이러한 현상은 일본본토의 정비 상황에서도 나타난다. 〈표 105〉를 보면, 일

---
796 『殖銀調査月報』, 1944.7, 24쪽.

본본토는 기업정비 결과(1944.2.29. 조사) 잔존공장이 11만 5,221개소이고, 정리된 수는 12만 8,357개소로 정비 이전의 47%에 불과하다. 그리고 1942년 말까지 업체 수는 24만 3,578개소이고, 그중 11만 7,140개소가 개인영업체로 추정된다. 이렇게 보면 1944년 2월 현재 감소된 12만 8,357개소와 1942년 말 개인영업체 11만 7,140개소는 수적으로 비슷하다. 다시 말해, 일본본토에서도 업체의 53%가 정리되었고, 그 내용은 공장보다는 개인사업체가 많았다는 것이다.

정리하면, ① 조선과 일본의 기업정비는 대상이 주로 개인영업체였다는 점에서 동일하며, 기업정비에도 기존 공장의 변동은 크지 않았다는 점, ② 일본본토의 정비율이 53%로 조선의 52%(수정통계 44%)와 서로 대동소이한 점, ③ 재조 일본인 업자만큼 조선인 업자도 비슷한 규모로 정리되었다는 점 등이다. 따라서 1944년 이후 조선의 기업정비는 1943년 일본본토의 정비와 내용상 거의 일치한다고 보아도 무방하다.

〈표 106〉 조선 내 중요공장 등 추계(1944.6) (단위: 개소, 명)

조선 내 총공장	전체 공장 노동자 수(규모별)				중요공장		비중요공장		
					노동자 수	공장 수	노동자 수	공장 수	비중
(A)	30인 이상	30인 이하	계(B)	평균	계(C)	(추계)	B-C	(추계)	(%)
13,293	382,497	130,410	512,907	38.6	162,668	*4,214	350,239	*9,079	68.3

출처: ① 중요공장 노동자 수(1943.12)는 『朝鮮近代史料研究集成』제4호, 152쪽. ② 전체 공장 및 노동자수(1943.6)는 朝鮮銀行調査部, 1949, 「朝鮮經濟統計要覽」, 133·138쪽.
비고: (비)군수공장 수는 공장당 평균노동자 38.6명을 1개 공장으로 보고 (비)군수노동자 수를 공장당 평균노동자 수로 나눈 수치임.

〈표 107〉 조선 내 중요공장 등 추계(1944.10) (단위: 개소, 명)

조선 전체			중요 공장		비중요공장		
공장 수 (A)	노동자수 (B)	공장당 노동자평균 (B/A=)D	노동자수 (C)	공장 수(추계) A-F=G	노동자수 B-C=E	*공장 수(추계) E/D=F	비중 (%)
12,187	591,494	48.53	254,074	5,235	337,420	6,952	57.0

출처: ① 전체 공장 수는 1943년 6월로 계산(『朝鮮經濟統計要覽』, 149쪽). ② 노동자 수는 1945년 1월 총독부 지도과 조사(『朝鮮經濟統計要覽』, 134쪽). ③ 중요공장의 노동자 수는 1944년 10월(「제85회 帝國議會說明資料」,『朝鮮近代史料研究集成』제4호, 151쪽).
비고: 여기서 중요공장은 生産力 擴充産業이나 軍需産業을 포함.
*비군수공장 수는 공장당 평균노동자 수인 48.53명을 1개 공장으로 보고, (비)중요노동자 수를 공장당 평균노동자 수로 나눈 수치임.

한편, 기업정비에도 불구하고 8·15까지 비중요공장(=비군수공장)이 많이 잔존하고 있었다. 〈표 106〉에서 1944년 6월경 전체 1만 3,293개 공장 가운데 9,079개소(68.3%)가 비중요공장이다. 〈표 107〉에서 1944년 10월경에는 전체 공장의 57%인 6,952개소가 비중요공장이다. 물론 추계이기에 정확성이 문제지만, 적어도 일제의 패망 직전까지 외형상 비군수(비중요)공장은 전 업체의 57~68% 정도를 차지하는 것으로 추정된다.

〈표 108〉 1940년대 조선 현지공장 추이

구분 연도	공장 수 (개소)	지수	노동자 수 (명)	지수	공장당 노동자 수(명)	지수
1940	7,142	100	294,971	100	41.3	100
1941	10,889	152	301,752	102	28.3	69
1942	12,699	177	331,181	112	26.1	63

1943	13,293	186	362,953	123	27.3	66
1944	12,187	171	591,494	201	48.6	118

출처: ① 1943년 수치는 朝鮮銀行調査部, 1948, 『朝鮮經濟年報』, 공업항. ② 1940~1943년은 『朝鮮經濟統計要覽』, 1949, 69~70쪽 및 133쪽.
비고: 1943년 1944년은 6월의 통계. 1944년도 공장 수는 추정치임. 추정방법은 남조선의 공장 수 감소분 (10,176-9,323=853개소)을 백분율(8.32%)로 하여 1943년 공장 수에 대입하여 1944년도 통계를 냄.

기업정비 결과 공장당 노동자가 커진 단위기업이 많아졌다. 〈표 108〉에서 공장당 노동자 수를 보면, 1940~1942년에 41.3명에서 26.1명으로 감소했다. 그러다 1943년 이후 27.3명에서 48.6명으로 오히려 늘었다.

나. 파국의 기업소개

태평양전쟁 말기 연합군에 의한 공습이 격화되자 총독부는 1945년 4월 1일부터 2개월간 부산·서울·평양·인천 등 주요 도시에 소재하는 각종 기업 및 건물·인원에 대한 '소개'를 단행했다. '소개'란 전재나 재난으로부터 주민의 생명과 재산 그리고 중요물자 및 시설을 안전한 곳으로 피하게 해 피해를 최소화하고자 실행되는 정책이다. 당시 서울에서는 소개공지대 19개 처, 소개공지 15개소, 소개공지구 7구역 30개 처 등 총 64개 처의 소개가 진행되었다. 부산에서도 6개소의 소개공지대 및 14개 처의 소개공지가 지정되었다.

1945년 6월 14일에는 '관보'를 통하여 대전·마산·목포·여수·대구·진남포·신의주·함흥·원산·청진·성진·나진 등의 소개공지지구가 지정되었다. 이들 지역은 중요공장 및 군수시설이 있는 지역으로 건물·인원·의료품 소개와 함께 군이 지정한 대공장 중에서 도심에 위치한 것을 산악지역으로 이전하는 '이전(移轉)소개'도 시행되었다.[797] 물론 지정업체가 다른 곳으로 이전할 때는 기업허가를 계속 유지하였다.

기업소개의 경우 1944년 7월부터 시작된 기업정비의 연장선에서 활용되었다. 이에 1945년 4월 1일 총독부는 기업 자체를 아예 철거하는 「도시소개에 따른 기업정비 요령」도 공포하였다.[798] 그리고 5월부터 기업소개가 본격적으로 시작되었다.

<도시소개에 따른 기업정비 요령>
1. 방침
가. 도시소개로 건물이 헐리는 구역에서 기업정비 대상이면서 아직 남아 있거나 전·폐업이 결정되지 않은 자는 이 기회에 가능한 폐업할 것.
나. 현재 진행 중인(전·폐업자로 결정되었지만 수속이 끝나지 않은 것) 기업정비 대상자의 토지와 가옥 그 밖의 재산을 매입하는 것은 종래와 같이 「기업정비취급규정」에 의해 처리하며, 이후 착수할 기업정비 대상은 토지·가옥·영업에 대해 소개규정에 따른 손실보상을 해 주고, 그 외의 자산매입은 기업정비취급규정대로 할 것.
2. 실시요령
가. 기업정비에 의하여 이미 전·폐업자로 결정된 자에 대한 조치
   1) 토지·건물·설비(기구·기계·장치)는 원칙으로 중요물자영단에서 사들이고 소개로 인한 영업보상금(상인에 한하여 2년분 순이

---

797 現代日本·朝鮮關係史資料集(5), 1976, 『日本人の海外活動に關する調査』, 胡北社, 74쪽.
798 『매일신보』, 1945.5.19.

익금을 주는 것)은 주지 않음.
     2) 지금까지 중요물자영단에 매각을 신청하지 않은 업자(주로 소매업자)의 토지·건물은 소개사업규정대로 취급함.
 나. 소개를 계기로 전·폐업하려는 자에 대한 조치.
     1) 토지·건물의 매입 또는 영업보상금의 급부는 소개사업 규정대로 함.
     2) 토지·건물 이외의 영업용 설비는 조선중요물자영단에서 살 수 있지만 영업권리금을 더 주는 것은 소개로 인해 주는 영업보상금 수준을 참작하여 구제함.
     3) 소매업자의 일반 집기평가액에 의하여 진열장 등을 사들이는 데는 적용하지 않음.
        주의: 그런데 이 항목은 소개를 기화로 전·폐업을 하려는 사람은 물론 기업정비 이후 잔존업자로 결정된 사람이 본 소개를 기회로 전·폐업을 하려는 경우도 적용된다.

　기업소개의 주요대상은 기업정비에 불응하거나 지연하려는 태도를 보인 잔존업체였다. 따라서 소개는 이전 기업정비보다 강도 높게 잔존업자의 전·폐업을 유도하였다. 「요강」에 따르면 소개에 따른 기업정비 방식은 종전의 「기업정비요강」과 대체로 일치하지만 제1조에서 "토지건물설비(기구·기계장치)는 원칙적으로 조선중요물자영단에서 사들이되 소개에 의한 영업보상금은 주지 않는다"고 하여 소개로 발생한 손해에 대한 보상 규정이 없었다. 이에 민심 이반을 우려하여 경무국에서도 「경찰영업허가기준」을 마련하여 이전지에서 영업을 할 수 있게 한다는 방안도 제시하였으나 제대로 실현되었는지는 알 수 없다.

소개에 의한 기업정비 규모는 정확히 알 수 없다. 다만 제1차로 조선인들이 가장 많고 영업소나 공장이 많았던 서울 종로지역 소개 공사를 진행한 결과 "종전의 외형은 다 사라지고 남는 것은 목재와 뒷치닥거리뿐"이라는 언급에서 보듯이 많은 조선인 중소영업체가 명맥을 잃었던 것을 알 수 있다. 특히 일본본토에서처럼 도시 지역 인원소개로 인해 군수공장소개도 불가피하였다는 점[799]을 염두에 둔다면 조선에서도 공장지대에 기업정비와 기업소개가 집중되면서 주요도시 지역의 사업장 및 노동자 수가 급감하였다.

〈표 109〉 남조선 지역 주요 사업장 및 노동자 수

지역 구분	1944년 6월		1946년 11월		잔존율	
	사업장 수	노동자 수	사업장 수	노동자 수	사업장	노동자
서울	2,337	66,898	1,123	35,763	48	53
경기도	1,159	63,625	698	19,753	60	31
인천	442	31,345	143	7,858	32	25
개성	100	2,570	92	1,885	92	73
기타	608	29,710	463	10,010	76	34
충청북도	222	6,583	137	3,970	62	60
청주	79	1,976	52	1,219	66	62
기타	143	4,607	85	2,751	59	60
충청남도	441	14,219	209	5,550	47	39
대전	153	4,809	38	2,106	25	44

---

799 中村隆英, 1976, 『昭和經濟史』, 日本經濟新聞社, 237쪽.

기타	288	9,410	171	3,444	59	37
전라북도	679	18,389	437	7,299	64	40
군산	105	3,854	129	2,628	123	68
전주	81	2,163	59	1,888	73	87
기타	493	12,372	249	2,783	51	22
전라남도	1,040	24,843	581	10,138	56	41
목포	101	3,091	76	1,393	75	45
광주	184	6,586	116	3,925	63	60
기타	755	15,166	389	4,820	52	32
경상북도	1,424	29,085	788	12,314	55	42
대구	446	12,694	293	7,071	66	56
기타	978	16,391	495	5,243	51	32
경상남도	1,618	61,565	1,032	20,378	64	33
부산	749	33,467	375	12,325	50	37
마산	91	3,038	65	1,242	71	41
진주	88	1,129	91	776	103	69
기타	690	23,931	501	6,035	73	25
강원도	331	13,480	212	6,391	64	47
춘천	60	1,908	41	1,429	68	75
기타	271	11,572	171	4,962	63	43
제주도	72	1,833	32	603	44	33
총계	9,323	300,520	5,249	122,159	56	41
대도시 소계	2,679	180,630	1,570	45,745	59	25
서울+대도시	5,016	175,528	2,693	81,508	54	46

출처: 조선은행조사부, 1948, 『朝鮮經濟年報』 III, 174~175쪽.
비고: 대도시(府) 소계는 각도의 주요 도시로서, 기타를 제외한 수치

〈표 109〉를 통해서 지역별 소개 수준을 추정할 수 있다.[800] 먼저, 남조선 전체 사업체는 1944년 9,323개소에서 1946년 11월 현재 66%였고, 노동자는 41%였다. 도 단위로 사업체 잔존율이 50% 이하인 곳은 충남에 불과하고, 부(府) 단위로는 서울, 인천, 대전, 부산, 제주 등 5곳이었다. 부 단위, 즉 대도시의 사업체 잔존율이 낮다는 것을 말한다. 반면, 도 단위 노동자 잔존율이 50% 이하인 곳은 경기, 충남, 경북, 전북, 경남, 강원, 제주 등 7개소, 부 단위로는 서울, 인천, 대전, 마산, 부산 등 5개소, 그밖에 군 단위로는 강원 기타, 전북 기타, 경북 기타, 경남 기타, 충남 기타 등 5개소였다.

정리하면, 사업체는 주로 부 단위에서 서울, 인천, 부산, 제주, 대전 지역 등 5개소에서 감소율이 높았고, 노동자도 서울, 인천, 대전, 마산, 부산 등 5개소로 주로 도시소개 대상의 대도시에서 감소율이 높았다. 그리고 최후 결전을 위해 전비가 강화되던 제주 그리고 대전 지역이 평균 50% 이하의 낮은 잔존율을 보였다.

도 지역 사업체의 경우 충남 이외 모두 잔존율이 높았던 반면, 노동자 수는 경기, 충남, 전북, 경남, 강원, 제주 등 전체적으로 7개도에서 감소폭이 컸다. 사업체보다 노동자 감소폭이 큰 것은 남조선 각지에서 확연히 드러났다. 그만큼 해방 전후 조선공업계는 노동자 부족이 심각한 상황이었음을 보여 준다. 실제로 대도시 사업장은 59% 잔존하여 남조선 평균 56%보다 높았지만, 노동자는 남조선 평균보다 낮은 25%에 불과하였다.

---

800 일단 서울은 기업정비가 1944년 7월부터 시작되었으므로 1944년 6월 통계는 기업정비 이전의 숫자이다. 또한 본 통계에 나오는 기업감소율은 기업정비와 기업소개 그리고 해방 직후 엔블록 이탈에서 오는 각종 원료난, 경영난으로 인해 감소한 것을 모두 포함하는 것으로 보아도 무방하다.

특별히 서울은 1941년 2,774개소에서[801] 1944년 6월 23일에는 2,337개소로 499개소가 감소하였다. 노동자는 1940년 4만 9,958명에서 1944년에 6만 6,898명으로 늘었다. 그런데 1946년 11월 사업장은 1,123개소로 1944년 대비 잔존율이 48%였는데, 남조선 전체의 잔존율(56%)보다 8%나 낮다. 반면 노동자 잔존율은 전체(41%)보다 12% 높은 53%였다. 즉 서울의 경우 사업체는 급감했으나 노동자는 그다지 많이 감소하지 않았다는 것이다. 대도시라고 해서 기업정비 혹은 소개로 기업체가 크게 사라진 것은 아니었다. 섬유공장이 집중된 대구나 개성, 청주 지역은 그다지 큰 변화가 보이지 않았다.

〈표 110〉 조선 내 제재업의 동향

시기별 특징	연도별	공장 수	증감	노동자 수	증감 상황
기업정비 직전	1943.4~1944.3	1,359	0	14,598	0
기업정비 기간	1944.4~1945.3	1,074	-285	8,985	-5,640
기업소개 기간	1945.4~1946.3	576	-498	5,886	-3,072
해방 후 기간	1946.4~1947.3	542	-34	11,315	5,429

출처: 조선은행조사부, 1948, 『朝鮮經濟年報』Ⅲ, 174~175쪽(김인호, 2000, 『식민지 조선경제의 종말』, 신서원, 244쪽에서 인용-).

기업소개와 기업정비를 통해 어느 정도 기업체가 정리되었는지는 〈표 110〉의 조선 내 제재업 동향을 통해서 유추할 수 있다. 기업정비 직전 1944년 3월까지 조선남부의 제재업체는 1,359개소, 노동자는 1만

---

801 京城商工會義所, 『京城工場調査』, 1943년판.

4,598명이었다. 그런데 기업정비 기간에는 285개소가 감소하였고, 노동자도 5,640명 감소하였다. 기업소개 기간에는 다시 498개소가 감소하였고, 노동자도 3,072명 감소하였다. 그러나 해방 이후에는 공장 수는 급감했지만 노동자는 급증하는 대조를 보인다. 해방 후 광범한 실업난으로 인해 제재업으로 노동력이 쏟아졌다는 것이다. 따라서 조선 내 제재업은 기업정비와 기업소개 그리고 해방 후까지 시종일관 감소하였다. 그중 가장 크게 정리된 시기는 기업소개 기간이었다.

1946년 11월 15일에 실시한 서울시 실업원인조사에서 조선은행조사부 담당자가 실업자 3만 9,233명의 실업원인은 "기업도태나 기업단축에 의한 것"이라고 언급하였던 것처럼[802] 기업정리 등의 여파로 해방 후 많은 기업이 어려움을 겪고 있었다.

---

802 조선은행조사부, 1948, 『朝鮮經濟年報』 I, 203쪽.

5. 소결: 파탄과 내핍

일본본토가 '결전' 단계에 돌입하면서 조선·항공기·철강·석탄·경금속 등 이른바 '초중점산업'의 증산에 전력을 다할 것을 결정하였다 (1943. 3). 그러자 총독부도 본토의 결정에 조응하면서 무연탄제철, 소형 용광로 보급, 중요광물 증산, 염전 확장 등을 강조하고, 「전력증강 8대 시책」(1943.3)을 통하여 5가지 '초중점산업'(철, 석탄, 경금속, 선박, 비행기 공업)을 중심으로 한 전략물자 증산과 자원 회수 및 절약 등을 추진하기로 하였다. 게다가 1944년에는 '전략증강 2대 목표'라고 하여 자원과 식량 확보를 위한 결집된 국민필사의 총 노력을 요구하였다. 이처럼 갈수록 중점주의는 그 속에서 중점을 낳았고, 필요한 모든 물자가 특정한 물자의 생산에 '몰아주기' 하는 상황이 되면서 기형적인 생산증강이 현실화되었다.

「군수생산책임제」(1944.4.1)와 「군수회사법」(1944.10.28)도 조선에 적용되었다. 이 법은 어느 정도 규모 이상인 100개 사업체만 적용되었기에 기준에 미치지 못하는 업체는 「군수충족회사령」과 「중요공장사업장관리령」 등으로 흡수하였다. 이리하여 조선 내 중요사업체 대부분은 군수회사→군수충족회사→총독부관리공장으로 일원화되어 '국책회사화' 하였다. 이렇게 소수의 '중요물자'를 생산하는 군수회사에 모든 물자와 인력을 '몰아주기' 하려니 기존 설비와 물자는 공출과 정비 등을 통해 확보하게 되었다.

이러한 '몰아주기=초중점주의' 공업화 전략으로 조선에서의 제2차 생산력확충은 일시 호전되었다. 1942년 성적은 계획을 밑돌았으나 1944년 상반기에는 계획 이상을 달성하였다. 특정한 물품을 중심으로 증산율이 높아진 결과 전체적인 자급률도 높아졌다. 공산품의 조선 내 공급률은 1939년 36.9%에서 1943년 53.6%로 높아졌고, 명목자급률도 1943년 83.0%까지 증대하였다. 1942년은 중요물자 150개 종에 대한 자급률은 25%였으나 1943년에는 30% 이상으로 증가했고, 1944년도는 물동물자 97개 중에서 자급 가능이 57개 품목, 자급률 58%까지 나아갔다.

하지만 몇 가지 분야의 자급력 증진에도 공업화에서 필수적인 정밀공업의 자급력은 여전히 답보였다. 1940년 기계제품 자급률은 평균 24.7%이고, 그중 일반기기는 높았으나 정밀기기는 평균 이하였다. 선박·도량형기 등은 60% 내외의 자급률을 보이지만 전신·전화기, 자동차 부속품 등은 0.3%에 불과하였다. 제2차 생산력확충에도 불구하고 1944년 당시 주요 물동물자 중에서 조선 내 수요조차 감당할 수 없는 것이 66개 품목 중에서 25개에 달했다. 수요를 40%밖에 공급하지 못하는 물자도 6개 업종, 그나마 쌀·보리 등은 아예 수요를 감당하지 못하였다. 1944년도 생산목표에 미달했고, 실적을 채운 것은 특수강강재·보통강 주강 정도였다.

1944년부터 조선에도 일본본토처럼 원자재 부족이 심화되고 기계 입수 지연, 기술자·숙련공 부족, 노동자 이동과 질적인 저하, 소운송 및 해상운송 부족 등으로 증산에 차질이 생겼다. 1944년의 공산액 20억 원을 1936년도 불변가격으로 환산하면, 1943년보다 14%나 격감된 수치였다. 다급한 총독부는 기업정비, 배급통제에 더하여 '적과의 무한한 출혈전'을 선언하면서 「결전비상조치요강」(1945.1.25)을 발표하여 기존의 식량·석탄·금속·목재 증산 이외에도 송탄유·송근유·사탕수수 등을 증산하려 하였다.

업종별 생산현황을 보면, 무연탄 증산은 계획을 초과했지만 제철·제강용으로 사용하기 어려웠다. 그나마 무연탄제철이 확대되면서 외부에서 오히려 수입하는 상황이었다. 유연탄도 저품위 갈탄이 중심이라 군수산업에는 직접 사용할 수 없었고, 석유는 1944년 이후 거의 고갈상태였다. 흥남의 비료공업은 설비가 노후해서 매년 보수가 필요했으나 자재 부족으로 여의치 못했고 유화광석의 품질 저하 및 이입곤란 등으로 유산암모니아 생산이 감퇴하였다. 또한 태평양전쟁 이후 조선산 경금속은 종래의 '대용재'적 성격에서 '중요재'로 인식되었다. 하지만 고즙이나 알루미나·소다회 등 원자재난이 심각해졌다. 각종 원료품을 통제기관이 나서서 수이입하고 새로운 생산설비를 증강하려고 해도, 1944년부터 시멘트·철강 등의 물자 결핍으로 인해 설비확충이 어려웠다. 철강 생산이 격감하였는데, 이것이 수급의 적정을 기하는 시장의 활성화로 작동한 것이 아니었기에 자급력의 내용은 불안정하였다.

　이러한 생산구조의 파행과 생산력의 한계로 만성적인 물자부족에 봉착한 총독부는 증산정책과 더불어 배급통제를 강화하거나 영세한 개인업체를 정리하여 산업물자를 보충하고자 하였다. 먼저 1944년 2월 18일부터는 기업정비도 본격화되었다. 총독부 기업정비위원회간사회는 자산평가 기준 등을 결정한 다음, 36개 업종에 대한 「기업정비요강」을 발표하였다. 제1차 정비는 시일이 지체되어 1944년 3월 이후 시작되었고, 중소기업을 중심으로 약 50% 정도의 기업체가 사라졌다. 조선과 일본본토의 기업정비를 비교하면, ① 두 지역 모두 주대상이 개인영업체여서 기업정비에도 대규모 공장 수는 그다지 변동하지 않았다는 점, ② 일본본토 정비율이 53%로 조선과 대동소이하였다는 점 등에서 일치하였다.

　전쟁 말기 공습이 격화되자 총독부는 1945년 4월 1일부터 2개월간 부산·서울·평양·인천 등 주요 도시에 소재하는 각종 기업·건물·인원에 대한 소개를 단행하였다. 서울에서는 64개 처에서 소개가 이뤄졌고, 1945년 6월에는 대전·마산·목포·여수·대구·진남포·신의주·함흥·원산·청진·성진·나진 등에 소개공지지구가 지정되었다. 이들 지역은 중요공장 및 군수시설이 있는 지역이었다. 이에 중요도시의 소개와 마찬가지로 건물·인원·의료 소개와 더불어 군이 지정한 대공장 중에서 도심에 위치한 것을 산악지역으로 이전하는 '이전소개'도 함께 시행되었다.

　이처럼 기업정비와 기업소개는 겉으로만 보면 기업을 통폐합하고 정리하는 정책으로 보이지만 그 내용은 생산력의 극대화를 겨냥하여 영세업체를 대대적으로 폐쇄하고 그 설비와 시설을 스크랩하여 중요산업에 집중하는 '몰아주기' 과정이었다. 여기에 국민의 내핍을 강요하는 배급 통제가 이어졌다. 이 시기 종래의 배급증 제도는 배급전표나 구입장을 넘어 정회(町會)에서 할당받은 단발구입증 제도까지 나아갔다. 그러나 극심한 물자부족으로 1944년 말이 되면 일부 일본식 생활자에 대한 배급 이외에는 생필품조차 배급이 정지되는 상황이었다. 가혹한 결핍에도 불구하고 8·15까지 상당량의 재고물자가 중요산업으로 집중하기 위해 비축되었고, 수집한 고철이 항구에 가득 산적되어 있었다.

결론
'파탄과 왜곡과 차별과 희생' 위에 선 전쟁편승의 비극적 공업화

본 저작은 일방적으로 '공업정책=야만적인 정책=조선경제 전면피폐'라는 '정책 결정론'적 사고를 지양하면서도 전쟁 물자의 긴급한 요구라는 제국의 기대 앞에서 땅 짚고 헤엄치려던 시장과 자본의 교활한 요구에 반응하는 한편, 제국의 욕망에 절대 충성하였던 총독부의 공업 정책에 대하여 분석하고자 하였다. 이에 일본이 자행한 만행과 수탈의 기억과 같은 필요한 것만 보고 싶었던 자세에서 빚어진 문제점을 보완하면서도, 자유주의적이고 자본주의적 시장질서로의 성장을 구가했다는 개발론의 지적도 참고하면서 논의를 전개하였다.

그러면서도 본 저작은 공업정책 연구야말로 일제강점기 조선공업의 실상을 이해하는 1차적인 고려대상임을 명확히 하였다. 개발론에서 말하듯이 당시 식민지 조선에도 오늘날 같은 수요처=시장이 발생하고, 효율적 시장질서를 작동하게 하는 거대자본이 투하되었고 다양한 소비 패턴이 형성되면서 공급을 촉진하는 자본주의 제도가 확산되었다. 그럼에도 이런 움직임이 일어났던 것은 우가키 총독 시기 이외 무척 짧은 시기였다. 총독부는 오로지 일본의 국제적인 고립을 피하거나 공황을 타개하기 위해, 나아가 대륙침략의 정책적 수단으로 조선경제를 활용하는 데 주저하지 않았다.

1930년대 이후 공업화는 사실 총독부의 상대적 자율이니 타율이니 논하기 이전에 급변하는 대외적 변수가 어느 때보다 심각한 상황에서 비롯되었다. 본토의 입장에서도 현지 식민지, 점령지 권력이 경쟁적으로 나서서 본토의 요구에 순응해 주길 크게 기대하는 상황이었다. 그러므로 시장질서의 정착을 모색하는 시기마다 제국의 정치 군사적 욕망에 편승한 왜곡된 경제정책들이 얕은 수준으로나마 겨우 성장하던 시장질서를 심하게 교란하였다. 따라서 시장제도 변천을 통한 자본주의적 변화상을 그리는 것보다 자연스러운 수요와 공급의 공산품 시장을 왜곡하거나 제약하면서 제국의 필요에 그때그때 반응하면서 최선을 다해서 일본 본토의 이해에 복무하려고 했던 총독부의 공업정책의 추이를 제대로 보는 것이 당시 조선공업의 실상을 이해하는 첩경이라고 할 수 있다.

이런 입장에서 총독부 공업정책을 분석하였고, 분석한 결과 총독부의 공업정책은 ① 조선 독자 공업화 가능성을 배제한 일본본토 위주의 공업화, ② 민족별 우열이 분명히 드러나는 차별적 공업화, ③ 분절적이고 지역 할거적인 전쟁 편승의 공업화, ④ 산업 연관이 결여된 대체재 생산과 조악한 대용품 생산 중심의 공업화, ⑤ 투자와 노동의 주체여야 할 조선인의 능력 신장보다 노동력의 희생과 시장제도와 질서의 희생 위에 군림하는 '내핍과 복종'의 공업화라는 사실을 분명히 드러낼 수 있었다.

첫 번째 문제(조선 독자의 공업화 가능성을 배제한 일본본토 위주의 공업화)와 관련하여, 본 저작에서 총독부의 공업정책은 늘 독자적인 경제발전의 가능성을 배제하고 일본본토의 요구에 한결같이 복무했다는 사실을 확인하였다. 물론 우가키 총독 시대처럼 조선의 '독자적' 공업화의 기운을 촉진하고, 조선경제의 분업과 내재적 연관에 기반한 자유주의적 베이스의 공업화를 추진하려는 의지가 전혀 없었다고 말할 수는 없다. 그러나 실제에서는 자본력, 시설능력, 노동력 모든 면에서 총독부는 제대로 준비하기 힘들었다. 더구나 공업화의 단초였던 생산력확충계획은 독자적으로 운영된 것이 아니라 본토에서 추진하는 물자동원계획의 하부 단위로서 총독부의 자율성이나 주장이 반영될 여지가 별로 없었다. 물론, 본토의 요로에서 총독부가 개입하려는 사례는 종종 있었으나 '충성경쟁' 때문인지 과도한 계획안을 상정하였다가 본토에서조차 지나치다는 평가를 받을 정도로 어눌하였다.

미나미 총독 재임 시기 일본본토는 국토개발계획에서 조선경제를 '과소평가'하거나 '따돌림' 하려는 태도가 농후하였고, 애써 작성한 총독부의 기획조차도 무시하기 일수였다. 총독부는 이에 대한 반감에 더하여 '북방 엔블록의 중핵', '대륙전진병참기지' 등의 담론을 쏟아 내고, 활로를 모색하기도 했다. 자주 총독부는 '조선의 특수성론'을 꺼내 들면서 조선경제의 중요성과 경제 현실을 논의하면서 특유한 총독부의 존재감을 보여 주려고 했다. 그런데 그런 움직임은 본토에서 필요한 고품위 전략 물자를 조선에서 생산할 수 있는 능력을 키우자는 내실을 주장한 것도 아니었고, '조선만의 배타적 이익'을 지향한 것도 아니었다. 오로지 조선인에게 번드르르한 '역할'을 부여하여 필요한 생산요소를 본토가 요구하는 중요산업에 신속하게 동원하려는 데 활용하기 위한 수사였다.

두 번째(민족 차별의 공업화)와 관련하여, 본 저작은 공업화 과정에서 고부가가치 창출에 필요한 영역이나 공업화 기획에서 조선인은 전적으로 배제되고 각종 재화를 철저히 일본인 대자본 위주로 공급한 일본인 중심의 공업화였다는 점을 확인하였다.

개발론에서 일제강점기 조선인들이 적극적으로 자본주의적 시장질서를 습득하고 개발 국면에 능동적으로 대응했다는 '흡수능력론'이 틀린 말은 아니다. 어깨너머로 배운 기술 이상의 것도 많았다. 하지만 일본인들에게는 개방되었던 경제적 부가가치와 개발기획 참여가 조선인에게는 극히 제한적으로 개방되었다. 그렇기에 조선인의 '흡수'는 저급한 기술이나 어깨너머의 기능에 주로 머물고 있었다. 그것이 약이 될지 독이 될지는 해방 후 한국인의 역할과 노력 여하에 달린 것이었지 당시 조선인의 미래를 위해 준비된 것들은 아니었다. 또한 국토개발계획을 설정하거나 도시계획, 시가지계획을 수립하는 회의에 조선인은 거의 찾아볼 수 없었다. 친일 자본가조차 그저 침략전쟁 수요에 노출된 일부 품목에 참가하여 제한적인 축재를 할 수 있었다. 기업운영에 절대 필요한 자금을 대는 은행도 총독부 지정 대상에만 국한하였다. 일본인 기업에 비해 조선인에 대한 지원은 늘 열악하였다. 차별은 법제적인 것 이상으로 구체적인 사안이나 일상에서 일반화되어 있었다.

이렇게 본토의 경제적 요구에 부응하고 헌신하는 총독부의 공업정책 아래에서도 은사수산산업이나 궁민구제사업 등 조선인의 지지기반을 확보하기 위한 사업도 추진되었다. 총독부의 정책은 세계경제 혹은 지역경제의 여러 변수에 의해서 자주 변형되었고, 본토의 가혹한 요구에 대해 총독부는 독자적 산업 개발 등을 주장하면서 '자체 개발의 환상'을 심어 주기도 했다. 실제로 훗날 식민지 관료들이 조선인을 대변하고 싶었다고 말했듯이, 당시에도 조선인을 위한 '책임 있는' 공업화 추진과 공산품 수급을 부르짖었고, 시장경제의 안정을 장담했다. 본토와 「중요산업통제법」 시행 문제와 같은 정책적인 마찰을 빚거나 스스로 자가당착에 방황한 것도 사실이었다. 그것은 일본본토와의 수직적 관계에 불만을 품고 이탈하려는 조선경제 담당자들의 의지를 제지하면서 안정적인 체제 유지와 경제적 재생산을 획책하려는 목적도 포함되었다.

그러나 제1차 생산력확충계획을 추진하는 과정에서 보듯이 총독부는 본토 정부에 대해서 조선인 항간의 생각을 제대로 어필하는 데 성공하지 못했다. 반면, 모든 증산의 수단들을 본토의 독점자본 손아귀에 몰아넣어 주는 데는 기민하였다. 여기에 조선인의 고혈을 담은 천문학적인 자금과 물자가 동원되었다. 본토 정부에서 염출해서 들여온 자본도 실상

영도다리 건설(1934)에서 보듯이 재조일본인을 위한 기반시설을 만드는 데 쓰는 경우가 허다했고, 8·15패망 때까지도 일본인을 위한 배급만은 계속되었다.

세 번째(지역 할거적인 전쟁편승형 공업화)와 관련하여, 본 저작에서 총독부의 공업정책은 1930년대까지 일본인, 조선인을 막론하고 공동으로 축적한 사회적 분업과 시장질서를 종국적으로 파괴하였으며, 궁극적으로 전쟁과 연관된 지역적 배타적인 공업시설이 할거하는 전쟁편승형 공업정책이었다는 점을 확인하였다.

개발론에서 말하듯이 1930년대 초반까지 본토자본이 크게 진출하고 조선 내에서도 시설과 투자가 증가하면서 조선 내 공급력은 이 시기까지 상승하였다. 그만큼 공산품시장 규모도 확장되었고, 수입의존도도 낮아졌다. 일부 남·북간 경제연관이나 산업간 경제연관이 높아진 것도 사실이었다. 의류, 식료품, 철강 등 모든 면에서 자급률과 조선 내 수요가 급증하였다. 개발론의 연구축적은 이 방면에서만큼은 충분히 의미가 있었다. 이런 현상이 지속된다면 개발론에서 말하는 '공업화를 유인하는 수요기반'으로 충분히 작동할 만했다. 그러나 1930년대 중반 이후 본토 제품의 수입은 급증했으며, 불변가격에 기반한 조선 내 소비도 하향곡선이었다. 중일전쟁 이후에는 공급액조차 하향곡선을 그었다. 물론 1930년대 이후 수입대체가 급속히 시작되었으나 국내 민간소비의 감소에 따른 것이고, 시간이 지날수록 생산력확충과 같은 정책 수요에 기반한 결과라서 엄밀한 정상적 시장수요로 평가하기 어려운 것이었다. 더구나 전쟁 국면에 들면서 산업구조는 완전히 전쟁 목적에 부합하는 것으로 전환되었다. 본토가 필요하면 확대 재생산 되었다가 불요불급(不要不急)하면 1944년처럼 순식간에 도태되는 '통제와 염출의 시간'이 내내 지속되었다. 이는 생산구조와 생산체계가 더이상 시장메커니즘으로 작동하지 않았다는 점을 말한다.

우가키 총독의 구상이 이어진 산업경제조사회준비위원회의 자문안처럼 독자적 공업화를 향한 적극성이 실재하였더라도 자본이 없어서, 시설이나 기술이 없어서 이룰 수 없었다. 그 이후 시기인 중일전쟁 이후에는 일본본토의 정책적인 위압이 가공할 만한 상태에서 자유주의적 시장경제의 작동은 요원하였다. 시장질서를 파괴한 무모한 정책들은 전쟁국면의 변화에 따라 변화에 변화를 거듭하면서 지속되었다. 북선공단은 '9·18사변(만주사변)'과 연관되면서 개시하였고, 서선공단은 중일전쟁과 연관을, 남선공단은 태평양전쟁의 전황과 관련된 영역에서 확장되었다. 이 과정에서도 조선 내 수요가 증가하고, 자급률이 상승하였다. 공산품의 조선 내 순공급률이나 명목자급률이 높아졌다. 물동물자 자급률도 높아지고, 1943년까지 경제성장률도 좋아졌다.

하지만 이것은 시장제도와 질서가 철저히 뒷받침되어 작동한 것이 아니라 특정한 물품을 뽑아내기 위하여 사회적 재화를 특정한 영역에 '몰아주기' 하면서 생긴 특수한 경향이었다. 그것은 숫자상으로 시장의 확장처럼 보일지라도 사회적 분업이 아니라 정책적 획일화의 산물이었다. 바로 이 점이 조선공업화가 결국은 시장 파괴적인 정책의 결정체임을 웅변한다.

실제로 태평양전쟁 전후로 해서 본토에서 상상 밖으로 많은 시설과 자본이 건너왔다. 하지만 이들 기업들도 조선에서의 통제 강화로 인해 곧바로 어려움에 봉착하였고 증산 현장에서 실질적인 역할을 수행할 수 없었다. 1940년대 이후 일부의 조선산 물자가 대체품에서 중요재로 발전하기도 했다. 하지만 여전히 기술 능력은 중일전쟁 시기 이전과 달라진 것이 없었다. 정밀공업의 자급력은 답보였고, 공업화 핵심인 기계공작산업의 자급도 밑바닥이었다. 어느 사회라도 있지만 산업별·민족별 업체 간 불균형이 이 시점에도 심화되었고, 불균형은 시장적 요소보다 정책적 몰아주기에 의해서 극단화되었다.

네 번째(산업 연관이 결여된 대체재 생산과 대용품 중심 공업화)와 관련하여, 본 저작은 1930년대 후반 공업이 성장한 것이 사실이지만 수요 지속성이 불안한 대체재업종 중심이었다는 점, 다른 부문의 파괴를 동반하면서 특정 물동물자의 선별적 생산이 지속되었다는 점 그리고 전쟁 후 통제를 벗어나 시장경제로 복귀했을 때 능동적으로 수요에 적응할 준비는 오히려 취약해졌다는 점 등을 확인하였다.

사실 1940년을 전후하여 20억 원이 넘는 공업생산을 기록하고 조립에서 완제품까지 생산하는 공장이 늘어났다. 그런데 규모의 화려함과는 어울리지 않게 청진제철소처럼 갖가지 욕구들, 예를 들어 국가적 요구와 민간자본의 욕망이 착종(錯綜)하면서 본래 목적에서 이탈하여 원자재만 낭비하면서 제국의 수요와는 거리가 먼 '묻지 마 생산'으로 전락하는 일이 허다하였다. 물론 일부에서는 고도한 기술이나 생산시설이 들어왔다. 탱크도 만들었고, 비행기가 조립되기도 했다. 그런데 이것은 1942년 이후 급속한 일본본토의 스크랩으로 이주한 일본본토 자산들이기 때문에 피난처 역할을 할 뿐 본격적으로 가동되었는지는 의문이다. 그나마 1944년 본토 공습을 피해 들어온 기업은 여장도 풀기 전에 패망을 맞았다.

다만, 주의할 것은 태평양전쟁 직후 1942년을 기점으로 '조선경제 따돌리기'분위기가 일소되고, 대륙경제에서 조선경제의 역할이 강조되기 시작했다는 점이다. 종래 대용품 공업이나 대체재 중심의 생산력확충을 대신하여 조선산을 중요재로 보려는 중점산업이 증가하였다. 또한, 1943년 이후 방직, 양조, 고무, 정미 등 중점산업이 아니라도 본토에서 스크랩되거나 대륙과의 경제적 연관이 강화된 소비재 분야는 생산이 크게 진작되었고, 1944년의 회사 설립은 대단히 경이적이었다.

그러나 1943년 이후 소비재와 관련된 정미, 양조, 방직업 등은 전면 후퇴하는 국면이었다. 이는 모든 재화가 강제적 조치로 일부 '초중점=몰아주기' 산업에 집중되면서 발생한 것이었다. 희생된 영역은 조선인들이 저변에서 모진 목숨을 유지하던 기층 영역이었다. 그런 영역마저 추락한 만큼 삶의 고통은 한계를 넘는 것이 당연했고, "1944년 겨울에는 땔나무조차 구할 수 없는 지경이었다"는 증언은 너무나 정확한 기억이었다. 일본본토 수요 위주의 생산과 엔블록 유출 목적의 생산력확충, 저급한 자급력, 산업별·민족별 불균형이 삼박자를 이루면서 통제경제의 안정성은 파괴되었고, 시장을 지탱할 산업 연관과 분업은 뒤틀리고 왜곡되었다. 내적 연관이 빈약한데, 해외 수요도 자율적으로 조절할 수 없었다. 재화가 일방적으로 중점산업에만 과잉으로 몰리는 상황에서 유기적으로 굴러가야 할 산업 연관을 유지하기란 힘겨운 상황이었다. 시장이 비능률을 제거하지 못하는 상황에서 제2차 생확계획에 참가한 자본가는 쏟아지는 특혜에도 불구하고 효율적 지도력을 구현할 수 없었다.

민간과 관청의 '밀당' 속에서 중요물자 증산 또한 원하는 대로 되지 않았다. 통제경제 아래서 자원과 인력 배분에서 배제된 자본가들은 경영난에 처했다. 반면, 경성방직 같은 일부 자본은 전쟁에 일익을 장담하면서 방만한 총독부의 자금 지원, 물자 지원을 갈구하였고, 받은 재화로 방만한 '과잉경영' 상태로 나아갔다. 무책임 경영이 난무하였다. 총독부와 국책(國策)에 의존하면 망하지 않으니 자연히 흥아보국단, 임전보국단 등을 만들어 전쟁에 협력하였고, 이윤 일부를 전투기를 만드는 데 헌납할 수밖에 없었다. 식민지인이라는 열등의식이 교차하면서, 더욱 광적인 '제2의 일본인화'를 주장한 것도 사실이지만 1켤레 팔면 1전 헌납하겠다는 '전쟁 비즈니스'도 함께 하였다.

다섯 번째(조선인과 시장의 희생을 바탕으로 한 공업화)와 관련하여, 본 저작에서 총독부의 공업정책은 자력갱생, 자급주의 아래서 본토 노선과 타협했고, 본토의 요구에 조응한 충성경쟁에 적극적이었으며, 또한 강제적인 방식으로 재화를 특정한 '중점산업'에 집중하려는 각종의 공출과 회수를 강행함으로써 심각하게 조선인의 희생과 시장의 왜곡을 초래했다는 사실을 확인하였다.

물자부족과 조선인의 내핍과는 상관없이 제2차 생산력확충을 비롯하여 각종 공출, 저축, 동원 계획 등이 온갖 기획과 논의를 통하여 치밀하게 작성되었다고 하지만 거기에는 근본적인 맹목이 도사리고 있었다. 무한소모전에 조응하는 물자확보라는 맹목이었다. 그러다 보니 전쟁에 필요한 특정산업에 각종 재화가 몰리면서 시장질서의 균형은 여지없이 교란되었다. 시장은 수요와 공급의 공간이었지만, 수요와 공급이 시장의 요구가 아니라 정책으로 통제되었다. 그것의 결정체인 시장가격도 결국 단일단가제, 공정가격제, 최고가격제 등 통제가격으로 강제되었다. 정상적인 시장제도와 시장요소가 작동하지 못한 채 본토의 스크랩을 피해 온 거대한 시설이 조선공업화의 외형을 구성하였다. 일부 국내 시장 수요가 있어도 공급은 정책적으로 통제되었고, 자유롭게 구할 수 없었다.

돈이 있어도 구할 수 없는 물건이 늘었다. 정책이 수요와 공급을 선순환시키는 것이 아니라, 정책이 앞장서서 수요가 없는 공급을 만들고, 정책을 핑계 대는 공급이 가수요를 일으켰다. 항간의 조선인은 고무신 한 짝 구하기 힘든데, 생산력확충 현장에는 창고에 쌓아 둔 지카다비가 수두룩했다. 전시체제기 정책이 만든 시장질서의 파괴는 그동안 개발론에서 그토록 다져온 모든 시장경제 발전에 대한 통계와 기대치를 한순간에 조작과 거짓으로 되돌려 놓기에 충분하다. 해방 후 일본인에게서 배운 많은 조선인 기업이 수요는 시장의 요구가 아니라 정치적 결단이 만드는 줄 알았던 것은 결코 우연이 아니었다. 그래서 해방 후 많은 기업이 반공(反共)전선에 나섰고, 이승만 정권의 뒷배에 기대하는 행동을 주저하지 않았던 것이다.

침략전쟁 초반에는 전통적인 상품시장을 기반으로 운영된 조선인 회사나 개인공장이 다수 있었다. 1939년경 총 5억 원 규모의 약 4,000개 공장이 조선인 소유였던 것으로 추정된다. 여기에 조선인 가내공업자는 1943년까지도 약 36만 명이나 있었다. 이들은 잔존하더라도 본토의 규제를 피해 '굴러 들어온 바위'인 일본인 대공장의 부속품 공장이나 원자재 납품의 하청공업으로 전락할 수 밖에 없었다. 그나마 살아남으려면 총독부 시책에 협력하는 제스처라도 해야 했다. 더구나 일본이 과달카날섬에서 패한 1943년 이후 항공기, 선박 등 '초중점산업'만을 일방적으로 육성하는 상황이 되자 하청으로도 이용가치가 사라진 개인영업체의 50% 정도가 1944년의 여름과 겨울에 정리되었고, 해당 시설과 물자와 인력이 공출되었다. 실제 기업정비는 지지부진했으나 그렇다고 뭉개진 공장을 다시 살릴 상황도 아니었다. 기업정비 이후 고철, 자재, 설비를 항만이나 정거장에 잔뜩 모아 놓고는 결국 본토로 가져가지도 못한 채 녹슬고 말았다.

　전쟁 국면이 변하면 언제든 생산력확충계획도 수정되어서 이 분야를 연구할 때 도대체 어느 판본이 생산력확충에 관한 진짜 통계인지 확인하기 무척 곤혹스러울 때가 많았다. 불안한 증산 시스템을 대신하여 부족한 물자는 배급통제, 소비제한, 공정가격, 공출, 시설징용, 금속회수 등과 같은 통제로 염출하였다. 말이 통제이지 조선인의 먹을 것, 입을 것을 제한하여 전쟁에 내모는 '내핍'의 또 다른 표현이었다. 이런 상황에서 조선인들은 생존선 이하의 고달픈 일상을 감내해야 했고, 1930년대 초반까지 그나마 확장되던 시장 능력이나 공산품의 자체 소화 능력은 완전히 망실되고 말았다. 전쟁 막바지 필리핀 레이테만에서 몰살한 일본인 경찰을 대신하여 총독부는 '뻥'이나 뜯던 건달을 모아 돈까지 주며 주먹질로 시장을 통제하고, 조선인 경제인을 단속하였다. 시장은 더이상 사회분업의 연결고리가 될 수 없었다.

　개발론에서는 그동안 시장경제의 확충과 사회적 분업의 확장이 조선 공업화의 중요한 준거라고 했지만 실제로 침략전쟁에 접어든 조선의 공산품 시장은 외적 팽창에도 불구하고 국가적 혹은 정책적 요구에 종속되거나 철저한 통제로 수요와 공급망이 만들어지는 기형성을 재생산하고 있었다. 더불어 시장의 지렛대인 가격형성에도 본토 출신 대기업이나 중요산업 위주의 강제적이고 반(反)시장적인 지정가격 체계가 지배하였다. 따라서 이 시기 시장에서 수요와 공급의 합리성에 기반한 자율적 시장구조를 형성하기란 여전히 요원했다. 정책적 동기에 깊이 침윤된 상황에서 총독부는 시장의 자율적 운영을 배제하고 국가적 수급목표를 확인하기 위하여 자본, 물자, 인력, 가격 등에서 강력한 명령과 통제경제를 운영하였고, 물샐틈없이 통제기구를 증치하였다. 이런 경향들은 개발론에서 말하는 수미일관한 내적 연관의 확장에 따른 조선 공산품 시장 확대 주장을 형해화 하는 증거들이었다.

마지막으로 해방 이후 남한 공업의 변화에 남긴 영향과 관련하여, 8·15 이후 남한에 남겨진 생산시설이나 자산 등 물적 유산은 잘만 정비하면 경제 재건에 필요한 재화로 활용 가능성이 있었다. 그러나 이를 감당할 공업화 기획능력이나 자본력 그리고 고난도의 기술력은 여전히 부족하였다. 도가 넘는 생산설비에 대한 운영자금과 숙련 인력, 기술 인력의 부족은 그러한 '가능성'을 더욱 취약하게 했다. 빈약한 생산 요소의 상시적인 부족은 훗날 제2차 경제개발계획의 주체조차도 좀처럼 해결하기 힘든 숙제로 남았다.

당시 조선의 공업화가 해방 이후에도 실질적인 의미를 가지려면 농업 일변도 사회를 해체할 만큼 그 영향력이 강력해야 했다. 하지만 외형적으로 비대한 조선공업화 현상은 사회분업의 탈구성 위에 정책적으로 강요된 특정 분야의 비대한 성장과 파행적인 산업구조를 확산하면서 농촌사회를 완전히 해체할 만한 힘은 발휘할 수 없었다. SK 사례처럼 남겨진 자산을 재활용하는 데 정상적인 시장메커니즘을 기대하기 힘들었다. 그러니 그저 반공청년대 활동을 통해서 위정자의 눈에 띄면서 아름아름 확보할 수밖에 없었다. '경제의 정치화' 아래 친일파라 할지라도 능력 있는 테크노크라시에 공장이나 시설을 넘겨서 재건하는 일도 이승만 정부의 반공주의 아래서는 쉽지 않았다. 비능률과 정치적 요행에 기댄 반공(反共)정치꾼이 불하받은 시설과 재화는 자연히 정치적 목적에 종속되었다. 더불어 기본적인 공작 기술이나 도해(圖解)의 이해력조차 되지 않았다는 수많은 증언이 알려 주는 것처럼, 총독 정치 아래서 공업화 기획이나 생산성 증진에 필요한 기술 교육은 물론이고 자율적 투자능력을 배양하는 자본주의 훈련도 대단히 부족하였다. 그런 능력이 애당초 배제된 자본의 불모지에서 유독 강제노동, 강제저축과 같은 공출만이 적절한 수단으로 작동한 것은 우연이 아니었다.

요컨대, 당대 조선공업화를 한마디로 하면 '조선인과는 철저히 타자화 된 본토와 일본인 중심의 공업화'였다. 모든 재화의 주체였던 일본인만이 필요한 성과를 축적할 수 있었다. 결과적으로 산업구조 파탄과 민족 차별의 일상화 그리고 국책에 따른 시장왜곡과 내핍 중심의 조선인 희생에 기반한 '국민 파괴적이며, 시장 파괴적인 전쟁 연관의 특별한 업종만의 공업화'였다. 그런데 식민지 통치의 미덕을 선양해야만 했던 막중한 사명의 당대 통계들은 그런 조선공업 파탄에 관한 진실의 기록은 제대로 담지 못했다. 통계의 죄는 아닐 것이다. 그런데 거기에 편승하여 개발론은 오히려 파탄을 성장으로 둔갑하고, 특권과 차별을 시장과 자유경쟁으로 위장하며, 공출과 연행을 근대 만들기로 미화하고, 거지 콩나물 빼먹던 제국의 착취 도구를 마치 근대적 생산수단의 축적인양 왜곡한 것이 문제의 근원이었다. 학문을 경주함에 어떤 이론이 불쑥 색다른 환상을 만들 수도 있고, 그것이 즐거움을 더할 때도 있다. 하지만 변할 수 없는 진실은 해방 당시 좌우 진영이나 일반 민초를 막론하고 식민지 공업화의 성과에 고무되어, 이것을 '건국의 씨앗'으로 삼는 데 기꺼워했던 사람은 그다지 없었다는 사실이다.

부록

<부록 1> 「임시은사금 관리규칙」(1910.10.8. 조선총독부령 제26호)

제1조 1910년(明治 43) 8월 29일 칙령 제329호에 의해 조선 각 부군에 하부하기로 한 임시은사금은 지방장관이 관리한다.

제2조 임시은사금의 원본을 기금으로 하여 소비(費消)할 수 있다.

제3조 임시은사금은 대장(臺帳)을 갖추어 부군(府郡)별로 그 종류 수량을 기재한다. 국채증권은 총독이 지정하는 은행에 보호 예치하도록 한다.

공채 상환, 기금 편입에 쓸 현금은 국채증권으로 대체하여 보관하도록 한다. 다만 국채증권으로 대체할 때까지는 현금으로 보관할 필요가 있을 경우 우편저금·예금 또는 전항에서 언급한 은행에 그 이자를 예치하도록 한다.

제4조 임시은사금의 이자는 부군의 수산(授産) 교육 및 흉겸구제에 사용하도록 한다.

제5조 지방장관은 부윤, 군수의 의견을 들어서 착수할 사업종류 및 경리방법 또는 보조해야 할 사업을 선정하고 총독의 허가를 받도록 한다.

제6조 지방장관이 필요하다고 인정할 때는 2개 부군 이상이 공동사업을 하며, 전조에서 언급한 허가절차(총독의 허가)를 밟도록 한다.

제7조 지방장관은 매년 부군별로 임시은사금에 대한 수입지출 예산을 정하여 총독의 허가를 받도록 한다.

제8조 각 부군의 임시은사금 이자에 잉여가 생길 때는 기금에 편입한다.

제9조 전조에 따라 잉여금으로 편입된 금액은 필요한 경우 총독의 허가를 받아서 사용할 수 있다.

제10조 지방장관은 해당 연도 경과 후 3개월 내 결산서를 준비[調製]하고 사업경과상황서를 첨부하여 총독에게 보고해야 한다.

제11조 임시은사금의 수지에 관한 규정은 별도로 그것을 정한다.

〈부록 2〉 일제강점기 조선에서 설립된 은사수산전습소 현황

지역	전습소 세부 사항					개수
	이름	업종	郡주소	정원 및 전습 기간	
경기도	朝鮮總督府工業傳習所	工業	京城府	金工科, 木工科, 織物科, 陶器科, 化學製品科 = 朝鮮人과 內地人을 합하여 100명	14
	京城恩賜授産場	養蠶業	京城府		
	坡州機業傳習所	綿織業	坡州郡		
	京城工業專門學校附屬 工業傳習所	-	京城府		
	交河機業傳習所	-	-		
	竹山機業傳習所	-	-		
	農事講(傳)習所(3개소)	農業	-		
	朝鮮總督府無線電信講習所	-	楊州郡		
	女子稻扱傳習所(4개소)	-	水原郡		
충청북도	忠淸北道恩賜授産機業傳習所	機織	淸州郡	20명, 11개월(4월-翌年 3월)	8
	忠淸北道機業傳習所	機業染色業	淸州郡		
	深川蠶業傳習所	蠶業	-		
	深川女子蠶業傳習所	蠶業	-		
	農事講(傳)習所(4개소)	農業	-		

충청남도	公州産業傳習所	農蠶業	公州郡	40명 이내, 8개월(4월-11월)	12
	鴻山産業傳習所	農蠶業	鴻山郡	40명 이내, 8개월(4월-11월)	
	洪州産業傳習所	農蠶業	洪州郡	40명 이내, 8개월(4월-11월)	
	天安産業傳習所	農蠶業	天安郡	40명 이내, 8개월(4월-11월)	
	大田産業傳習所	農蠶業	大田郡	42명, 1개년	
	忠淸南道工藝傳習所 (1940.8.15)	工藝業	大田府		
	忠淸南道水産傳習所	水産業	-	어로과 및 양식제조과 1년 이내	
	農事講(傳)習所(5개소)	農業	-		
전라북도	全州女子蠶業傳習所	蠶業	全州郡	10명 이상, 3개월 이상	9
	農事講(傳)習所(7개소)	農業	-		
	製紙傳習所	製紙業	全州郡		
전라남도	全羅南道恩賜授産養蠶傳習所(21개소)	養蠶業	-		32
	私立潭陽工業傳習所	機業	潭陽郡		
	羅州工藝品製作所	木工業	羅州郡		
	羅州機業傳習所	機業	羅州郡		
	長城製紙傳習所	製紙業	長城郡		
	恩賜授産木浦府漁具製造傳習所	水産業	木浦府		
	農事講(傳)習所(6개소)	農業	-		
경상북도	慶尙北道製炭技術傳習所	製炭業	靑松郡	10명, 1개월	14
	義城郡養蠶傳習所	養蠶業	義城郡		
	義城郡機業傳習所	機業	義城	최초 여자기업전습생 13명 모집 (1912년 08월)	
	恩賜授産尙州養蠶傳習所	養蠶業	尙州郡		
	恩賜授産慶尙北道機業所	染織業	大邱府		
	臨時恩賜授産慶州郡製紙傳習所	製紙業	慶州郡		

	農事講(傳)習所(4개소)	農業	-	
	玉○製絲傳習所	製絲業	大邱府	
	永川郡養蠶傳習所	養蠶業	永川郡	
	大邱染織傳習所	染織業	大邱府	
	女子蠶業傳習所	蠶業	醴泉郡	
경상남도	慶尙南道水産傳習所	水産業	統營郡	漁撈전습(25명, 4개월), 수산제조전습(10명, 3개월)
	慶尙南道機業傳習所 (1931.4)	직물제조업	居昌郡	20명, 11개월(4월-翌年 3월)
	固城郡農契立蠶業傳習所	養蠶業	固城郡	
	居昌郡蠶業傳習所	養蠶業	居昌郡	
	密陽郡蠶業傳習所	養蠶業	密陽郡	
	陜川實業傳習所	製紙業	熊川郡	
	東萊機業傳習所	機業	東萊郡	
	東萊染織傳習所	染織業	東萊郡	
	草梁機業傳習所	機業	釜山府	25
	馬山機業傳習所	機業	馬山府	
	宜春機業傳習所	機業	宜寧郡	
	晋州機業傳習所	機業	晋州郡	
	統營機業傳習所	機業	統營郡	
	三嘉製紙傳習所	製紙業	熊川郡	
	統營郡立工業傳習所	金及木工業	統營郡	
	晋州郡水谷面私立女子蠶業傳習所	蠶業	晋州郡	
	三浪津私立蠶業傳習所	蠶業	密陽郡	
	密陽私立女子蠶業傳習所	蠶業	密陽郡	
	梁山私立蠶業傳習所	蠶業	密陽郡	
	東萊私立蠶業傳習所	蠶業	東萊郡	
	統營郡勸業契立蠶業傳習所	蠶業	統營郡	

	河東私立蠶業傳習所	蠶業	河東郡	
	山淸郡農會立蠶業傳習所	蠶業	山淸郡	
	安義私立女子蠶業傳習所	蠶業	咸陽郡	
	三嘉私立女子蠶業傳習所	蠶業	熊川郡	
황해도	黃海道養蠶傳習所	農蠶業	海州郡	40명 이내, 8개월	5
	農事講(傳)習所(4개소)	農業	-	
강원도	江原道蠶業講習所	蠶業	春川郡	30명, 10개월	10
	江原道製炭傳習所	製炭業	春川郡	15명, 60일
	春川蠶業講習所	蠶業	春川郡	
	鐵原蠶業講習所	蠶業	鐵原郡	
	江陵蠶業講習所	蠶業	江陵郡	
	原州蠶業講習所	蠶業	原州郡	
	江原道機業傳習所	-	-	
	春川機業傳習所	染織業	春川郡	
	農事講(傳)習所(2개소)	農業	-	
평안남도	平安南道恩賜蠶業講習所	蠶業	平壤府		10
	龍岡機業傳習所	機業	-	15명, 135일
	蠶業機會傳習所	機業	鎭南浦府	
	愛國婦人會鎭南浦委員部機業傳習所	機業	-	
	農事講(傳)習所(2개소)	農業	-	
	機織傳習所	機織業	江西郡	
	平安南道立機業講習所	機業	-	
	道立女子養蠶機業傳習所	養蠶業	平壤府	
	江西郡養蠶恩賜養蠶傳習所	養蠶業	江西郡	
평안북도	寧邊機業傳習所	機業	寧邊郡		19
	新義州木工傳習所	木工業	新義州府	
	農事講(傳)習所	農業	-	

	平安北道産業講習所	-	-	30명, 6개월 이내,	
	道立蠶業講習所	蠶業	義州郡		
	蠶蚕傳習所(12개소)	蠶業	-		
	私立養蠶傳習所	養蠶業	宜川郡		
	私立新義州婦人會女子養蠶傳習所	養蠶業	新義州府		
함경남도	咸鏡南道蠶業講習所	蠶業	咸興郡	20명(남자), 4개월(5월-8월)	15
	咸興女子養蠶傳習所	蠶業	咸興郡	15명, 3개월(5월-7월)	
	永興女子養蠶傳習所	蠶業	永興郡	15명, 3개월(5월-7월)	
	北靑女子養蠶傳習所	蠶業	北靑郡	15명, 3개월(5월-7월)	
	咸鏡南道水産傳習所	水産業	咸興郡	15명, 10개월(2개월 연장 가능)	
	咸鏡南道製絲機業傳習所	製絲機業	永興郡	15명(여자), 5개월(8월-12월)	
	農事講(傳)習所(9개소)	農業	-		
함경북도	咸鏡北道機業傳習所	製絲機業	-	예산 범위 내 정원 조정, 1개년(4월-翌年 3월)	21
	永興機業傳習	機業	永興郡		
	農事講(傳)習所(19개소)	農業	-		

〈부록 3〉 시국대책조사회 제2분과 참여 위원 명단

성명	직위 및 특이사항
伊藤松之助	松坂屋社長
伊藤文吉	貴族院議員 日本鑛業株式會社長男爵
一宮銀生	大日本塩業株式會社長
岩住良治	東京帝国大学名誉教授農学博士稲畑勝太郎貴族院議員
小浜八弥	農林省農務局長井野碩哉(農林次官)代理
今井頼次郎	西鮮合同電気株式會社長

今井五介	貴族院議員 倉製糸紡績株式会社長
広瀬豊作	大蔵省預金部資金局長石渡荘太郎(大蔵次官)代理
石田礼助	三井物産株式会社専務取締役
井嶋重保	日濠協会理事
林繁蔵	朝鮮農会長 朝鮮殖産銀行頭取
穂積真六郎	朝鮮総督府殖産局長
朴興植	株式会社和信社長
朴栄喆	中枢院参議 朝鮮商業銀行頭取
大河内正	敏理化学研究所長
大蔵公望	貴族院議員男爵
小倉武之助	南鮮合同電気株式会社長
河上弘一	日本興業銀行副総裁
山下元美	三菱鉱業株式会社常務取締役
河手捨二	三菱鉱業株式会社取締役社長代理
賀田直治	朝鮮商工会議所会頭
香椎源太郎	南鮮合同電気株式会社会長
韓相龍	中枢院参議 朝鮮生命保険株式会社長
谷多喜磨	朝鮮信託株式会社長
田川常治郎	龍山工作株式会社長
竹内可吉	商工省臨時物資調整局次長
津田信吾	鐘淵紡績株式会社長
中井励作	日本製鉄株式会社長
中谷竹三郎	朝鮮水産会長
木憲吉日本	水産株式会社長
野口遵	朝鮮窒素肥料株式会社長
山本信夫	株式会社住友本社理事
矢島杉造	朝鮮林業開発株式会社長
安川雄之助	東洋拓殖株式会社総裁

松原純一	朝鮮銀行総裁
松本誠	朝鮮金融組合聯合長
松本健次郎	石炭鉱業連合会長
玄俊鎬	中枢院参議 湖南銀行頭取
船田一雄	三菱商事株式会社取締役会長
小林采男	小林鉱業株式会社長
権野健三	東洋棉花株式会社長
榎本中衛	京都帝国大学教授農学博士
鮎川義介	満洲重工業株式会社長
阿部梧一	朝鮮重工業株式会社専務取締役
有賀光豊	貴族院議員 日本高周波重工業株式会社長
横山勇	企画院総務部長青木一男(企画院次長)代理
安宅弥吉	大阪商工会議所会頭
斉藤久太郎	豊国製粉株式会社長 朝鮮穀物協会幹事長
湯村辰二郎	朝鮮総督府農林局長
遊佐幸平	農林省馬政調査会委員陸軍少将
三井栄長	不二興業株式会社長
水田直昌	朝鮮総督府財務局長
鈴川寿男	朝鮮総督府専売局長
鈴木梅太郎	満洲国大陸科学院長
(八田嘉明)	貴族院議員 東北興業株式会社総裁
(萩原彦三)	拓務次官,朝鮮部部長
(田倉八郎)	逓信省文書課課長小野猛(逓信次官)代理
(片倉衷)	関東軍参謀陸軍歩兵中佐
(多田栄吉)	国境毎日新聞社長
(工藤義男)	朝鮮総督府鉄道局長
(山田忠次)	朝鮮総督府逓信局長
(松沢龍雄)	朝鮮総督府外務部長

(北野憲造)	朝鮮軍参謀長陸軍少将
(岸信介)	満洲国国務院産業部次長
橋本圭三郎	貴族院議員 日本石油株式会社長 欠席
村瀬直養	商工次官 欠席
藤原銀次郎	貴族院議員 王子製紙株式会社長 欠席
金秊洙	朝鮮紡績同業会連合会長 京城紡績株式会社長 결석
森矗昶	日本電気工業株式会社長 欠席

〈부록 4〉「군수회사법」(법률 제 108호, 1943.10.28)

제1조 본 법은 병기·항공기·함선 등 중요군수품, 기타 군수물자의 생산·가공·수리를 위한 사업이나 여타 군수충족 상 필요한 사업에 대해서 그 경영의 본 뜻을 명확하게 하고 그 운용을 강력하게 함으로써 전력증강을 도모하는 데 목적을 둔다.

제2조 본 법에서 군수회사라는 것은 병기 항공기 함선 등 중요군수품 기타 군수물자의 생산·가공·수리를 하는 사업(이하 군수회사라 칭한다)을 운영하는 회사로서 정부가 지정한 것을 말한다.

제3조 군수회사는 전력증강의 국가요청에 응하여 전력을 발휘하고 책임지고 군수사업을 수행하도록 해야 한다.

제4조

(1) 군수회사는 명령이 정하는 바에 따라 생산책임자를 선정해야 한다.

(2) 군수회사가 생산책임자를 선임하지 않을 때는 정부의 명령에 따라 생산책임자를 임명한다.

(3) 생산책임자는 정부에 대해서 군수회사의 책무수행 시 회사를 대표하며 책임을 진다.

(4) 생산책임자가 회사를 대표하는 것이나 업무집행 그리고 그것에 수반된 사항에 관해서 필요한 사항은 칙령으로 정한다.

(5) 군수회사가 선임 또는 임명된 생산책임자를 해임할 경우 정부의 인가를 받지 않으면 효력이 없다.

(6) 정부가 생산책임자를 부적격하다고 인정할 때는 해임할 수 있다.

제5조

(1) 생산책임자는 본점 혹은 군수산업을 운영하는 공장 또는 사업장에서 업무와 관련한 생산담당자를 임명할 수 있다.

(2) 생산담당자는 정부에 대하여 생산책임자가 지휘한 데 따라 담당 업무의 수행에 책임을 진다.

(3) 정부는 생산책임자에게 생산담당자의 배치나 해임에 관해서 명령할 수 있다.

(4) 생산담당자의 직무권한에 관해서 필요한 사항은 명령으로 정한다.

제6조

(1) 명령에 따라 생산책임자 및 생산담당자 등 군수회사가 운영하는 군수사업에 종사하는 자는 「국가총동원법」에 의해 징용된 것으로 간주한다.

(2) 전항에 규정된 자의 업무종사와 관련한 필요한 사항은 명령으로 정한다.

제7조 군수회사의 직원 기타 종업원은 담당업무에 종사할 때 생산책

임자 및 생산담당자의 지휘에 따라야 한다.

제8조 정부는 군수회사에 대하여 기한·규격·수량·기타 필요한 사항을 지정하고 군수물자의 생산·가공 수리를 명령할 수 있다.

제9조 정부는 군수회사에 대해서 수주·발주, 설비신설·확장·개량, 원료·재료의 취득·사용·보관·이동, 기술개량·공개, 시험 연구, 기타 사업운영에 관해서 명령 혹은 처분을 내리며, 정부가 지정한 사업 이외 사업의 운영에 대해 제한·금지 할 수 있다.

제10조 정부는 칙령에 따라 군수회사에 대해서 근로관리 및 자금조정·경리에 관한 필요한 사항을 명령할 수 있다.

제11조 정부는 군수회사 또는 군수사업의 수행과 관련이 있는 자에 대하여 그들 사이의 군수사업 수행상 필요한 협력관계를 설정하도록 명령할 수 있다.

제12조 정부는 칙령에 따라 군수회사에 대하여 정관 변경, 사업의 위탁·수탁·양도·양수·폐지·휴지·합병·해산, 사업에 종속하는 설비·권리양도·기타 처분에 관해서 필요한 명령을 할 수 있다.

제13조 정부는 제8조, 제9조, 제11조 및 제12조의 규정에 의한 명령·처분을 할 경우, 필요하다고 인식될 때는 칙령에 따라 군수회사(제11조의 군수사업 수행에 관계있는 자 포함)에 보조금 교부, 손실보상, 이익보증을 할 수 있다.

제14조 군수회사의 업무 집행, 주주총회, 사원총회, 사채권자 집회의 소집 및 결의, 기타 군수회사의 운영에 관해서는 다른 법률의 규정에 구속되지 않고 칙령에 의하여 별단에서 정한 것을 할 수 있다.

제15조 정부는 필요하다고 인정할 때 칙령에 따라 통제, 단속 등에 관한 법률규정의 적용을 배제 혹은 특례를 만들 수 있다.

제16조 정부는 군수회사에 대해서 감독상 필요한 명령을 하거나 처분할 수 있다.

제17조

    (1) 정부는 군수회사의 사업운영에 관하여 고사(考査)를 할 수 있다.

    (2) 전항의 고사에 관하여 필요한 사항은 명령으로 정한다.

제18조

    (1) 정부는 군수회사의 업무·재산 상황에 관하여 보고받거나 해당 관리로서 사무소, 공장, 사업장, 기타 장소에 임검하여 업무상황 혹은 장부·서류·설비·기타 물건을 검사할 수 있다.

    (2) 전항의 규정에 따라 해당 관리가 임검검사를 할 경우 신분을 증명하는 증표를 휴대해야 한다.

제19조 정부는 본법 혹은 본법에 기초해서 한 명령이나 그것을 기반으로 한 명령 혹은 처분의 효과의 확보상 지장이 있다고 인정될 때 군수회사의 취체역 혹은 감사역을 해임하거나 업무를 집행할 사원의 업무집행권을 박탈할 수 있다.

제20조

    (1) 생산책임자 또는 생산담당자가 직무를 게을리하고 책임을 수행하지 않은 때는 다음의 징계를 할 수 있다.

        1. 해임

        2. 견책

(2) 징계는 정부의 군수생산책임심사회의 의결에 의해서 정한다.

(3) 군수회사는 명령에 따라 징계 해임처분을 받은 생산책임자 또는 생산담당자, 취체역, 기타 법인의 업무를 집행하는 자가 중역인 때는 해임 또는 업무집행권을 박탈하고 기타는 해고한다.

(4) 군수회사는 정부 지시에 따라 전 항의 규정에 해당하는 자에 대하여 퇴직금 전부 혹은 일부를 지급하지 않는다.

(5) 군수회사는 정부의 지시에 따라 견책처분을 받고 그 정황이 심각한 자의 급여를 일정하게 삭감할 수 있다.

(6) 징계 처분은 공시하도록 한다.

(7) 군수생산책임심사회에 관한 규정은 칙령으로 정한다.

(8) 군수사업을 운영하는 회사·기타 법인·군수사업과 관련한 통제회 혹은 통제회사는 명령에 따라 징계·해임처분을 받은 중역에 대하여 취체역 기타 법인의 업무를 집행하는 사람은 해임하거나 업무집행권을 박탈한다. 다만 정부의 허가를 받은 경우에는 그렇지 않다.

(9) 군수사업을 운영하는 회사, 기타 법인 또는 군수사업과 관련한 통제회 혹은 통제회사는 징계·해임처분을 받은 자를 처분이 있는 날로부터 2년간 이사, 취체역 기타의 법인업무를 집행할 중역으로 일할 수 없도록 한다. 다만 정부의 허가를 받은 경우에는 그렇지 않다.

제21조

(1) 군수회사 직원·종업자가 이유 없이 생산책임자 또는 생산

담당자의 지휘를 따르지 않을 때는 다음과 같은 징계를 할 수 있다.

    1. 견책

    2. 훈고

(2) 징계는 정부가 생산책임자 혹은 생산담당자의 보고에 따라 행한다.

(3) 군수회사는 정부의 지시에 따라 견책의 처분을 받고 그 내용이 심할 때 일정 급여를 삭감하며 일정기간 승급을 정지한다.

제22조 본법 중 필요한 규정은 칙령에 따라 군수사업을 운영하는 자로서 회사 이외의 것이나 군수충족상 필요한 군수사업 이외의 사업을 운영하는 회사나 사람에게도 준용할 수 있다.

제23조 다음 각 호 중 하나에 해당하는 자는 2년 이하의 징역 또는 3,000원 이하의 벌금에 처하고, 사정에 따라서는 징역이나 벌금을 같이 부과할 수 있다.

    1. 제9조 규정(전 조의 규정에 의해서 준용되는 경우도 포함한다)에 기초하여 나온 명령이나 같은 조항의 규정에서 처분·제한·금지한 것을 위반한 자.

    2. 제10조 규정(전 조의 규정에 의해서 준용되는 경우도 포함한다)에 의한 명령을 위반한 자

    3. 제11조 규정(전 조의 규정에 의해서 준용되는 경우도 포함한다)에 의한 명령을 위반한 자

    4. 제12조 규정(전 조의 규정에 의해서 준용되는 경우도 포함한다)에 의한 명령을 위반한 자

제24조 다음 각호 중 하나라도 해당되는 자는 1,000원 이하의 벌금에 처한다.

    1. 제16조의 규정(제22조의 규정에 의해 준용하는 경우도 포함한다)에 기초하여 나온 명령이나 같은 조항의 규정으로 처분한 것을 위반한 자

    2. 제18조 중 제1항의 규정(제22조 규정에 의해 준용하는 경우도 포함한다)에 의한 보고를 하지 않거나 허위보고를 한 자

제25조 제18조 제1항의 규정(제22조의 규정에 의해 준용하는 경우도 포함한다)에 의하여 해당 관리의 임검검사를 거부하거나 방해 혹은 기피하는 자는 6개월 이하의 징역이나 500원 이하의 벌금에 처한다.

제26조 법인 대표자 혹은 법인 혹은 대리인, 사용인 기타 종업자가 그 법인 또는 그 사람의 업무에 대해서 제23조·제24조를 위반하는 행위를 하는 때, 행위자를 처벌하는 외에도 그 법인 또는 사람에 대하여 각 조에서 규정한 벌금을 부과한다.

부칙

본법의 실시일은 칙령으로 정한다.

〈부록 5〉「군수회사법 시행규칙」(부령 제357호, 1944. 10. 28)

제1조

    (1) 조선총독이 「군수회사법」 제2조 제1항 규정에 의해 군수회사를 지정할 때 군수사업을 운영하는 회사에 대해서 다음 사

항을 기재한 지정영서를 교부한다.

  1. 회사 명칭 및 소재지

  2. 군수사업의 종류 및 해당 군수사업을 하는 공장·사업장의 명칭 및 소재지

  3. 기타 필요 사항

 (2) 전항의 규정은 조선총독의 동항 제2호 혹은 제3호에 제시된 사항을 변경하거나 군수회사 지정을 취소할 때 준용한다.

 (3) 조선총독이 제1항에 따라 지정영서를 교부할 때 해당 회사명을 공시하고 해당 회사명이 변경된 경우나 해당 회사에 관한 군수회사 지정을 취소하는 경우도 마찬가지다.

제2조

 (1) 군수회사는 전조 제1항에 따른 지정영서를 교부 받을 때부터 2주 이내에 생산책임자를 선임하고 조선총독에 신고해야 한다.

 (2) 전항에서 정하는 바, 주어진 기간 내 생산책임자를 선임하지 못했을 때는 조선총독이 생산책임자를 임명할 수 있다.

제3조 전조의 규정은 생산책임자가 결원이거나 군수회사「군수회사법」제4조 제5항 규정에 의해서 생산책임자를 해임할 경우도 준용한다.

제4조 생산책임자는 해임 또는 조선총독의 인가에 의한 사직을 제외하고 그 직위를 그만 둘 수 없다.

제5조

 (1) 조선총독은「군수회사법」제4조 제6항에 따라 생산책임자를 해임할 때 해당 군수회사에 그 취지를 통지한다.

(2) 제2조 규정은 전항 규정에 의한 생산책임자의 해임 통지가 있을 때도 준용한다.

제6조

(1) 생산책임자·생산담당자를 임명할 때는 지체없이 조선총독에게 신고해야 한다.

(2) 생산책임자·생산담당자의 직무권한을 정할 때는 지체없이 조선총독에 신고하고 그것을 변경하는 경우도 마찬가지다.

(3) 조선총독은 전항의 규정에 의해 신고 받고 생신담당자의 직무권한 중 필요한 것에 대해 변경을 명령할 수 있다.

제7조 「군수회사법」 제13조에 따라서 보조금을 청구하는 군수회사는 「군수회사법」 제8조, 제9조, 제11조, 제12조 규정에 의한 명령 혹은 처분을 받은 후 3개월 내 청구해야 한다. 다만 특별한 사유가 있어 조선총독의 승인을 받을 때는 해당 명령사항의 이행 후 혹은 해당 군수회사의 영업연도가 마친 후 3개월 내 청구할 수 있다.

제8조 「군수회사법」 제13조에 따라서 손실보상을 청구할 때 군수회사는 「군수회사법」 제8조, 제9조, 제11조 또는 제12조의 규정에 의한 명령 혹은 처분을 받은 사항의 이행을 종료한 다음 3개월 내 청구해야 한다. 다만 특별한 사유가 있어 조선총독의 승인을 받을 때는 손실이 발생할 때마다 또는 해당 군수회사의 영업연도가 마친 후 3개월 내 청구할 수 있다.

제9조 「군수회사법」 제13조에 따라서 이익보증을 위한 계약을 청구하는 군수회사는 「군수회사법」 제8조, 제9조, 제11조 또는 제12조의 규정에 의한 명령 혹은 처분을 받은 후 3개월 내 청구

해야 한다.

제10조 군수회사 「군수회사법」 제13조의 규정에 의해서 보조금 교부, 손실 보상 혹은 이익 보증을 청구할 때는 다음 사항을 기재한 청구서를 조선총독에 제출해야 한다.

    1. 군수회사의 명칭 및 소재지
    2. 청구의 기초가 되는 명령의 요지
    3. 청구의 이유
    4. 청구 금액에 관한 사항
    5. 기타 필요하다고 인정되는 사항

제11조 군수회사 운영상 다음에 제시된 법령 중 적용을 배제하거나 특례를 만들어야 할 사항은 별표에서 나타나는 대로 해야 한다.

    1. 「군수회사법」 시행령 제25조에서 제시된 법률 및 그 시행과 관련한 칙령, 조선총독부령 또는 조선총독부 고시
    2. 「군수회사법」 시행령 제26조에 제시된 칙령 및 그 시행과 관련한 조선총독부령 또는 조선총독부 고시
    3. 1944년(昭和 19) 제령 제32호 제2항에 의한 통제, 단속 등에 관한 제령 및 그 시행과 관련한 조선총독부령 또는 조선총독부 고시
    4. 전 각호에 제시된 이외의 조선총독부령 및 그 시행에 관련한 조선총독부 고시

제12조 일본본토 및 조선에 걸친 본점, 군수사업을 운영하는 공장, 사업장을 가진 군수회사의 생산책임자가 조선에서 사업과 관련한 「군수회사법」 또는 그 시행과 관련한 명령에 의해서 주

무대신에게 보고 혹은 신고해야 하는 것은 동시에 그 사본을 조선총독에 제출해야 한다.

제13조 「군수회사법」 제18조 제2항의 증표는 별기 양식에 의한다.

제14조 「군수회사법」 시행령 제29조 제1항 규정은 회사는 25만 원 이상, 조합은 조합원 10인 이상인 것으로 한다.

제15조 전 각조의 규정은 군수사업을 운영하는 자로서 회사 이외의 것에도 그것을 준용한다.

부칙

본령은 발포한 날부터 시행한다.

조선총독은 「중요공장사업장관리령」에 의한 관리공장, 사업장을 운영하는 회사 기타 사람에 대하여 「군수회사법」 제2조(「군수회사법」 시행령 제30조 제1항에서 준용할 경우를 포함)의 규정에 따라서 (군수회사로: 필자) 이를 지정할 때에는 제1조 제1항 또는 제2항(제15조에서 준용하는 경우를 포함)의 지정영서에 기재된 공장사업장에 대해서는 지정영서를 교부한 날로부터 「중요공장사업장관리령」에 기초한 관리는 폐지하는 것으로 간주한다.

참고문헌

大藏省 理財課, 『在外財産等報告書』(1945~1946) 총 134권.

『在外財産等報告書』는 1945년 8월 일본이 패전한 직후 대장성령 제95호「在外財産等ノ報告ニ關スル大藏省令」로 일본정부가 정한 양식에 따라 3개월 동안 일본의 국가기관 및 회사, 법인, 공공단체, 개인이 소유한 모든 해외 자산을 16개 항목으로 양식화하여 조사한 결과이다. 이 자료는 몇 차례의 수정과 재조사를 거쳐서 1945년 12월 경 일본 대장성 이재과에 모였고, 최종적으로 연합군최고사령부(GHQ)에 보고되었다. 현재 국립공문서관 '連合国財産戰後賠償在外財産等 関係' 문서고에 소재하며, 2013~2014년 수집하였다.

『日本陸海軍省文書』: 본토 각성에서 육해군성에 이첩하거나 송부한 자료집.

『大野錄一郎文書』: 침략전쟁기 정무총감이었던 오노 소장 문서.

『戰時體制資料叢書』

近藤釖一 編,『太平洋戰下の朝鮮』제1~5호, 朝鮮史料編纂會.

SCAP, 1945, 『Japanese External Assets as of August』

허수열, 2005,『해방직후 한국소재 일본인자산 관련 자료』, 한국학중앙연구원편, 선인.

허수열, 김인호, 배석만,『한국근대회사100년사데이터베이스』, 지식산업사
    2013년부터 3년간 한국회사100년사연구회에서 국내외 회사 관련 자료를 총 망라하여 11만 건에 달하는 회사 자료와 14만 건의 중역관련 및 기타 자료를 DB화함.

終戰事務處理整理部, 1945.8.21,『在朝鮮企業現狀槪要調書』

『동아일보』,『大阪每日新聞 朝鮮版』,『東洋經濟新聞』,『東洋經濟時報』,『매일신보』

朝鮮總督府,『朝鮮總督府時局對策調査會諮問案參考書』, 1938.9;『帝國會議說明資料』제79~86회분;『施政30年史』, 1940;『朝鮮における工場數及職工數調』, 1942;『朝鮮』,『朝鮮總督府官報』;『朝鮮産業經濟調査會議綴』, 1936;『朝鮮總督府時局對策調査會諮問答申書』, 1938;『朝鮮總督府時局對策調査會議綴』, 1938;『朝鮮法令集覽』제7집 산업, 1940;『總督府調査月報』;『朝鮮總督府統計年報』;『施政30年史』, 1940;『朝鮮電氣

事業要覽』,『朝鮮金融事項參考書』,『朝鮮鑛業의 趨勢』등.

朝鮮總督府 警務局,『朝鮮の治安狀況』, 1933,『經濟治安日報』, 1941;『經濟治安週報』, 1942.

朝鮮總督府 企劃委員會 幹事會,「生産力擴充推進運動 實施要綱」, 1942.10.

朝鮮總督府 企劃課,「生産力擴充」(「第86回 帝國議會說明資料」『太平洋戰下の朝鮮』5).

朝鮮總督府 中央試驗所,『朝鮮の機業』, 1931.

朝鮮總督府,『帝國議會 衆議員議事速記錄』8券 [1937.12~1945.12, 太山출판(영인1991)].

京城商工會議所,『京城における工場調査』(1939·1941·1943년판);『統計年報』, 1942;『朝鮮における物資配給統制機構』, 1942.6;『經濟月報』(1940년대분);『朝鮮經濟雜誌』[선인문화사(영인), 1938~1942],『朝鮮主要會社表』, 1944년 8월.

朝鮮經濟統制協力連絡會, 朝鮮商工會議所,『朝鮮に於ける經濟統制への協力指針』, 1943.

『朝鮮銀行會社組合要錄』(國史編纂委員會 DB)

京城府,『産業要覽』, 1930년대~;『家庭工業に關する調査』, 1937; 新義州商工會議所,『月報』, 1942년분;『京城府會社變動表』, 1938~1944.

朝鮮銀行 調査部,『最近朝鮮に於ける大工業の躍進と基の資本統計』, 1935;『經濟年鑑』, 1949;『朝鮮經濟年報』, 1948년판;『朝鮮經濟月報』, 1941·1942년 합집, 1943년판, 1944년판;『朝鮮經濟統計要覽』, 1949.

朝鮮殖産銀行 調査部,『朝鮮事業成績』,『殖産銀行調査月報』, 1936~1945,『朝鮮における工業會社資本構成調査』, 1935;『殖銀調査月報』(각 연도판).

朝鮮工業協會,『朝鮮工業協會會報』, 1936~1940년분.

朝鮮工業組合聯合會,『朝鮮工業組合』(각 연도판).

朝鮮經濟研究所,『京城府內 中小商工業實態調査報告』제1분책, 1942.8.

朝鮮金融組合聯合會,『第4~6次 時局下中小商工業者實情調査書』, 1941.12~1943.

鈴木武雄,「朝鮮統治の性格と實績:反省と反批判」, 日本外務調査局, 1946.3;『朝鮮の經濟』, 日本評論社, 1942;『朝鮮金融論十講』, 朝鮮行政學會, 1940;『朝鮮經濟の新構想』, 東洋經濟新聞社, 1943.

全國經濟調査機關聯合會 朝鮮支部 編,『朝鮮經濟年報』1939년판.

大阪每日 東京日日新聞社 經濟部,『戰時體制讀本』, 一元社, 1937;『戰時統制經濟新講』, ダイヤモンド社, 1940.5.

近藤釰一 編, 『太平洋戰下の朝鮮』 1~5, 1962; 『太平洋戰下の朝鮮と臺灣』 1; 『太平洋戰下 終末期朝鮮の治情』 2, 1961; 『朝鮮統治とその終末』 3, 1962.

『光化』, 中國 上海, 光化社, 1941년판.

日本大藏省管理局, 『日本人の海外活動に關する歷史的調查』, 朝鮮編.

京城日報社, 『朝鮮年鑑』, 1940~1945.

鈴木正文, 『朝鮮經濟の現段階』, 帝國地方行政學會 朝鮮本部, 1939.

朝倉 昇, 『朝鮮工業經濟讀本』, 朝倉經濟硏究所, 1937.

川合彰武, 『朝鮮工業の現段階』, 東洋經濟新報社, 1943.

高橋龜吉, 『現代朝鮮經濟論』, 千倉書房, 1935.

朝鮮實業俱樂部, 『朝鮮實業』 (각 연도판).

中村資良編, 『朝鮮銀行會社組合要錄』, 1932~1942년판.

東洋經濟新報社, 『朝鮮産業年報』, 1943년 및 『年刊朝鮮』, 1942년.

翰林大亞細亞文化硏究所編, 1994, 「極秘 朝鮮人民經濟의 發展에 대한 예정수」, 『北韓經濟統計資料集』.

「施政25週年 記念 全國商工會議所發達史」, 『韓國近代史資料叢書』 제2권, 1935, 國學資料院.

宇垣一成, 1988, 『宇垣一成日記』, みすず書房.

賀田直治, 1938.10. 「事變下に於ける朝鮮中小商工業の實狀と生活改善に就て」, 『朝鮮』.

小出保治, 1942, 『中小工業將來性』有斐閣.

大韓商議, 1948, 『大韓商工會議所 3年史』.

國史編纂委員會, 1978, 『日帝侵略下 韓國三十六年史』 12-13.

李如星・金世鎔, 1932~1935, 『數字朝鮮硏究』.

『植民地時代資料叢書』, 계명문화사, 1988.

찾아보기

7·7금령 242
8·11정지령 433
8·18조치 434
9·18사변 18, 269, 270, 545
9·18정지령 253
9·18조치 432, 434, 445
9·24조치 434
NIEs 29

ㄱ

가격사정위원회 439, 440
가격장려제도요강 439
가격통제령 432
가네가후치방직 71, 325, 369
가변자본율 105, 106, 127, 128
가야 오키노리(賀屋興宣) 201
가지무라 히데키 54, 61
간도(間島) 270, 273, 477
감리관 461, 518
갑조선 계획 456
갑종 사업 216
강릉화력발전소 299
강선(鋼船) 456
강제양도명령제 508
강제저축 262, 552

개별원가제도 439
개정 생산력확충계획안 221
갱생공업주식회사 235
갱생금융 238, 508
결전비상조치요강 472, 476, 535
결전철강증산비상조치요강 494
겸이포제철소 34, 82, 487, 488
경금속결전증산기간 485, 486
경금속사업법 233
경금속사용·판매제한규칙 486
경금속설(屑)배급통제규칙 485
경금속화학과 450, 451, 454
경무국 240, 528
경봉선(京奉線) 284
경상남도 은사금세출 누년표 97
경성고등공업학교 64, 89
경성방직 30, 65, 66, 68, 132, 140, 144, 187, 388, 389, 390, 437, 547
경성부 가내공업상황조사서 419
경성상공회의소 240, 251, 260, 392, 399
경성시가지계획 299
경성염직소 130
경오구락부 75
경제경찰과 207, 362

경제통제협력회 422, 423, 425
경제화(經濟靴) 61, 146, 147
경제회의소설립안 423, 430
경찰영업허가기준 528
경편화(輕便靴) 146
경화유공업 405
계획조선 455, 456~459, 461, 494, 495
고노에 후미마로(近衛文麿) 201
고도국방국가 208, 502
고무제품사용제한령 397
고바야시 히데오 40, 51
고이소 구니아키 42, 51, 198, 342, 343, 349, 383, 449, 451, 490
고정자산 회전율 371, 444
고즙광석겸용법(苦汁鑛石兼用法) 485
고형고즙(固形苦汁) 486
공동사업분담금 87
공동은사수산장 89, 92, 94
공업소유권보호법 78
공업조합령 179, 184, 193, 238, 244~247, 259, 624
공업조합중앙회 265, 423
공업협회 166, 231, 232, 254, 286, 337, 348
공영권 확립의 3원칙 339
공장법 48, 174, 196
공정가격 236, 433~435, 438, 439, 440, 441, 506, 548, 550
공채기금이자 98
과잉성장론 63

관동군 175, 201, 273, 477
관민타합회(官民打合會) 424
관방자원과 206-208
관세철폐 39, 111, 132, 162, 163
광공업 및 전력에 관한 방침 340
광석법 485
광정과 349, 351
구관세제도 37
국가총동원법 50, 202, 203, 206, 211, 212, 334, 426, 427, 462, 563
국가총동원실시계획
국민총력연맹 425
국민총력운동 50, 337, 423, 424, 426
국방헌납 399
국산자동차공장 257
국책기준 200
국책대강 202
국책회사 66, 367, 534
국토계획대강소안 338, 442
국토계획설정요강 335, 336, 442
군부대신현역임용제 200
군수(軍需)비즈니스 66
군수공업동원법 202
군수공업 확충에 관한 건 47
군수관리부 470
군수생산책임제 454, 461, 463~467, 482, 492, 534
군수생산책임제실시요강 463
군수충족회사 534
군수충족회사령 471, 534

군수하청공장 237, 254, 388
군수회사징용규칙 471
궁민구제사업 170 196 543
금광업조장에 관한 건 171
금본위제 40
금사용제한건 229
금속회수령 362, 384, 393, 401, 405
금수(禁輸) 238, 488
금탐광장려금제도 172
기간루트 284, 330
기본국책요강 48, 334
기성(基城) 271
기업(機業) 35
기업소개 22, 53, 56, 494, 526~529, 532, 533, 537
기업정리위원회 512
기업정비(企業整備) 52, 55~57, 60, 179, 224, 228, 250, 373, 387, 391, 393, 401, 405, 416, 420, 441, 444, 448, 466, 468, 469, 471, 477, 492~504, 507~529, 532, 533, 535, 536, 549
기업정비기본방책 511
기업정비령 179, 194, 359
기업정비요강 416, 512, 528, 536
기업정비위원회 405, 416, 511, 514
기업정비취급규정 527
기업합동 56, 179, 244~246, 250, 252, 253, 386, 388, 395, 507
기업허가령운용방침 423
기영회 75

기획부(企劃部) 207, 211, 212, 230, 347, 349, 351, 397, 424, 434, 451
기획원 49, 203, 208, 212, 214, 215, 229~231, 272, 339
길회철도 270
김한주 26

ㄴ

나카노 세이고(中野正剛) 80
남만방적(南滿紡績) 65, 390
남면북양(南綿北羊) 168, 171, 175, 180, 196, 276
남방경제지구 340, 442
남선조선공업조합 457
남조선중계 288
내무과장 87
내선일체(內鮮一體) 50, 68, 211, 362, 475, 476
노구치 시타가우(野口遵) 175
농가갱생10개년계획 170
농공병진(農工竝進) 21, 45, 46, 115, 267
농림수산업 배분계획 335
농사시험장 169
농상공부 88, 89
농업보조금 43
농촌부업품공진회 117
농촌진흥운동 168, 196, 372
농촌진흥위원회 170
능지(綾地) 132
닛치쓰(日窒) 172, 175, 236, 273, 274,

281, 484, 489

ㄷ

다나카 다케오(田中武雄) 51, 441, 506
단발구입증 537
단일단가제도 435 441, 445
당인리 299, 331
대공황 21, 41, 44, 134, 144, 173, 276, 281, 368, 395, 403, 405
대동아건설심의회 340, 484
대동아경제건설기본방책 339
대동아국토계획 314
대동아산업건설기본방책 340
대동아전쟁 344
대동제강 289
대륙경제지구 272, 340, 442
대륙고무 61, 146, 395
대륙루트 271, 287
대륙전가하물 272
대륙전진기지 45
대륙철도운송협의회 288
대용품공업 47, 52
대일금수(對日禁輸) 236, 245, 484
대흥무역 68
도가선(圖佳線) 270
도량형소 207, 348, 349
도시소개에 따른 기업정비 요령 527
독점자본 26, 29, 41, 42, 44, 54, 56, 59~61, 175, 184, 187, 190, 196, 441, 543

동(銅)사용제한 건 229
동북개발계획(東北開發計劃) 273, 477
동아경제간담회조선위원회
동아경제조선간담회 341, 345
동아공영권 338, 344
동아교통신체제 287
동양척식회사 68, 277, 461
동원과 454

ㅁ

마츠무라 마츠모리(松村松盛) 166
마포연와제조소 78
만주국산업개발5개년계획 341
만주붐 62
만주사변 18, 40, 62, 238, 269, 545
만철(滿鐵)조사부 201
만포선 272, 331
맥국(黑麴)소주 407, 408
면양장려계획 171, 277
면제품사용제한령 229
면제품수출입링크제 229
면화증식10개년계획 171
명령항로 284, 285
목조선소 456
몰아주기 452, 472, 475, 477, 479, 501, 534, 537, 545, 546
무산철광 486, 488
무연탄개발철도 294
무연탄사용장려조치 482
무연탄제철 282, 449, 490, 534

무진업 83
물가위원회 433, 438
물자동원계획 203, 207, 211, 229, 230, 327, 350, 435, 464, 492, 495, 509, 541
물자수급 및 가격조정 건 231
물품가격취체규칙 432
미드웨이해전 338
미쓰비시 청진공장 489
미화학연구소(米化學硏究所) 170
민족경제론 25, 26, 54
민족자본 24, 25, 54, 55
민족해방운동 26, 44
밀산탄광 488

ㅂ

박흥식(朴興植) 518
반도재생섬유주식회사 234
발명협회 348
발착지통관주의 288
배급부문정비요강 511
배급통제 202, 240, 242, 244, 249~251, 261, 392, 396, 419, 423, 427, 429, 438, 445, 477, 501, 503, 515, 535, 536, 550
배급통제기관 230
백금사용제한건 229
백낙승 66, 74, 443
백목면(白木棉) 132, 370
백무선(白茂線) 171, 272, 489

번영회 245
병참루트 340, 341, 442, 443
보크사이트 223, 472, 484
부가가치 31, 542
부군공동사업 94
부산조선철공조합 257
부전강 제1발전소 273
부평공단 300
북방권의 중핵 63, 338, 442
북방엔블록 339, 435
북변경제지구 340, 442
북선 3항 271
북선 4항 272
북선개척(北鮮開拓)사업 272
북선개척15개년계획 171
북선개척비 277
북선경제지역 271
북선루트 269, 271, 272, 330
북선면양증식계획 277
북선수력발전회사 274
북선조선공업조합 457
북선척식도로 276
불로초(不老草) 388, 389, 390
불변생산액 326, 473, 474
블록경제 166, 281, 443
비군수산업 28, 209, 247, 253, 266, 361, 435, 436, 445, 476, 507, 509, 512, 514
비상회수 448
비지론(飛地論) 24, 25

ㅅ

사내 유보율 415, 436
산견(産繭)100만석증식계획 134
산금(産金)장려 168, 171, 180
산미증식계획 21, 36, 37, 39, 42, 115, 148, 162, 192, 391
산업5개년계획 200
산업개발 4대 요항 115
산업경제조사회 21, 49, 182, 188, 197, 226, 262
산업설비영단법 508
산업조합 138, 169, 234, 263, 265
삼화(三和)고무주식회사 175, 176, 306, 395, 400
삼화철산(三和鐵山) 490
상공 제1과 348, 349, 351
상공경제회설립안 430
상공국 88
상공상담소 238, 423
상공업지도조직요강, 425
상공장려관, 169
상공조합법 430, 431, 512
상무회 245
상업조합 242, 246, 247, 266, 348, 423
상업조합령 246, 409
상우회 245
상품가치율 105, 106, 128
생사(生絲) 공황 44
생산 제2과 454, 455
생산 제3과 454, 455
생산 제4과 454, 455
생산담당자 464, 465, 563~567, 570
생산력확충4개년계획 203
생산력확충4대시책 347
생산력확충5개년계획 200
생산력확충계획 22, 32, 48, 50, 190, 200, 201, 203, 204, 207, 210~212, 214, 215, 218, 221, 230, 231, 238, 249, 268, 277, 278, 282, 298, 327, 328, 336, 340, 346, 347, 348, 350, 351, 356, 382, 392, 428, 443, 463, 480, 481, 484, 541, 543, 550
생산력확충추진운동실시요강 350
생산책임자 409, 462, 464, 465, 562, 563, 565~569, 570, 571
생산책임제요강
생필품 배급통제 242
생활원호공조금 516
서선조선공업조합 457
서선지방공업입지공동조사위원회 289
서일본제지 321
석탄배급통제령 70
선·만연락회의(鮮滿連絡會議) 273, 476
선강일관(銑鋼一貫)제철소 281
선강일관생산체제 489
선경직물 305
선내섬유잡화통제실시타합회 424
선만일여(鮮滿一如) 337, 442
선박운영회 조선지부
선창호염직소 130

선철주물제조제한 건 229
설탕통제회의 424
섬유잡화원어회사 424
소개공지 526
소개공지구 526
소개공지대 526
소개공지지구 526, 537
소득세령 265, 266
소작조정령 192
소주전매제 417
소창(小創) 132
소형선정비요강 459
소형 용광로 449, 480, 489, 490, 491, 493, 534
쇼와부산공작소 257
쇼와비행기 257
쇼와비행기제작소 289
쇼와전공(昭和電工) 289, 484
쇼와코르크회사 257
수(壽)중공업 289
수산비(授産費) 69, 85, 90, 92, 94, 96~99, 107, 108
수원상공회의소 305
수직분업론 58
수출검사소 135
수출입등임시조치법 228, 327
수풍전력 294
순고무경제화 146
순회교사(巡廻敎師) 84, 94, 97, 98, 133
스미토모알루미 484

스즈키 다케오(鈴木武雄) 36, 40, 45, 50, 114, 115, 168, 188, 343
스크랩(SCRAP) 55, 244, 321, 331, 352, 373, 443, 444, 472, 514, 537, 546~548
시국대책조사회 22, 48, 49, 50, 198, 203, 204, 208, 209~212, 231, 233, 254, 262, 282~284, 327, 559
시국대책조사회준비위원회 47
시국산업 204, 209, 329, 342
시국산업확충계획 49, 203, 208, 215
시멘트블록조합 419
시멘트제조통제법 221
시설회수 56, 393
시장가격 128, 422, 432, 433, 435, 445, 446, 548
시장확장론 45
식산계 265
식산국 48, 88, 116, 169, 206, 207, 265, 346, 348, 349, 351, 425, 433, 450, 489
식산은행 68, 265, 459, 461, 522
식산은행조사부 49, 256
식은조사월보 515
신의주제재합동(주) 296
신의주특수공업조합 257
실적보상공조금 516

ㅇ

아베 노부유키(阿部信行) 470, 473

아사히견직 306
아시아 일등국민론 344
안봉선(安奉線) 284
압록강수력발전 190, 331
야다니(八谷)철공소 257
야마지(山十)제사 134
양조시험소 78, 89
어로전습비 97, 98
어유비(魚油肥) 57
엔블록 22, 38, 41, 47, 49, 51~53, 167, 187, 191, 196, 202, 208, 211, 220, 230, 238, , 268, 269, 282, 283, 294, 296, 326, 327, 330, 334, 335, 338~343, 346~349, 352~354, 356~358, 382, 384, 426, 435, 442, 443, 485, 497, 509, 515, 542, 547
여자정신대근무령 466
연료과 207, 349, 351, 450, 454
연료선광연구소 116, 450, 451, 455
염직시험 89
영단설립위원장 517
영등포공단 289, 300, 360
영림서 171
영월화력 299, 331
예금부자금 264, 265
오노(大野)문서 52, 214
오노다시멘트 34, 82, 190, 289, 361
오노 료쿠이치로(大野綠一郎) 205
온유비수산조합 404
왕자제지 173, 294, 363, 367

외지(外地)계획 335, 336, 442
용산(龍山)인쇄국 78
우가키 가즈시게(宇垣一成) 40
우량잠종 96
웅나(웅진-나진)철도 270
워싱턴회의 83
원가계산준칙 437, 439
원가계산준칙 437, 439, 440
유안(硫安)배급통제규칙 483
유역변경식 발전 273
유화광석(硫化鑛石) 483, 536
유휴설비조치요강 508
육군연료본부 409
육군특별제철계획 71
육해군성문서 52
은사수산사업 21, 35, 37, 84, 86, 99, 104, 107, 111, 119, 120, 131, 133, 162, 402
은사수산장(恩賜授産場) 89~94, 96, 99, 118, 121
을조선계획 456~458
을종조선업 466, 471
응용화학부 89
이병철(李秉喆) 409
이소옥탄 236, 280
이소옥탄합성법 233
이연금속마그네슘 485
이입세 110, 116, 388, 389
이전(移轉)소개 537
이중구조론(二重構造論) 27, 58

인구 배분계획 335
인조석유사업법 233
일·만 군수공업확충계획 201
일·만 재정경제위원회 201
일·만·중국 경제배분계획 335
일·만·중국 계획 335
일·만·중국 산업개발 5개년계획 338
일·만·중국 연락운수협정 287
일·선·만(日·鮮·滿) 블록 41, 167
일·선·만·중국 수송연락회 288
일본고주파중공업 성진제철소 281, 330
일본광업 진남포제철소 294
일본무연탄제철 66, 489
일본원가계산조선본부
일본원가계산협회 조선지부 441
일본제철 겸이포공장 488, 489
일본제철 청진공장 488
일본제철 청진제철소 279, 281, 330
일본질소 흥남제철소 279
일본질소주식회사 233
임시물자조정과 207, 211
임시은사금 35, 84~86, 89, 91, 93, 97, 119, 554, 555
임시자금조정법 204, 217, 262, 327
임시조선상업회의소연합회 115
임시조선인산업대회 111
임업기술원양성소 450, 451

ㅈ

자금융통손실보상제 181, 182, 193, 238, 262
자금융통요강 262
자력갱생 244, 293, 429, 548
자원과 200, 211, 224, 336, 357, 360, 364, 401, 469, 534, 547
자원회수상업조합 519
자작농지창설사업 170
자작농창정계획 192
잠업전습비 98
잠업전습소 96~98
장진강수력전기주식회사 274
재외재산등보고서 69
재정경체3원칙 201
전라선 489
전력증강 2대 목표 451, 452
전력증강 8대 시책 449, 451, 480, 534
전력증강기업정비요강 507, 509~512
전력증강중소기업정비요강 73
전석담 26
전선실업자간담회 114
전시계획조선(戰時計劃造船) 455, 456
전시금융금고 459
전시표준선형 456
전시해운관리령 458
전업(轉業) 56, 238, 242~253, 256, 259, 260, 262, 329, 386, 512, 517, 518
전업조성금 257
전원(電源)개발 38
전쟁특수 71

점결탄 345, 480, 488
정경유착(政經癒着) 66
정무총감 51, 112, 116, 118, 205, 208, 237, 393, 424, 435, 441, 506, 517
정제당산업(精製糖産業) 70
정회(町會) 398, 504, 537
제1종(비군수 부문) 510
제1차 가공공업 347, 348
제1차 메리야스 정비 386
제1차 부군공동사업 94
제1차 생산력확충계획 50, 200, 204, 212, 214, 218, 230, 277, 282, 328, 346, 382, 480, 543
제2종 (군수부문)공업 507, 510, 513, 514
제2차 기업정비 515
제2차 부군공동사업 94
제2차 생산력확충계획 22, 50, 282, 340, 346, 347, 348, 443, 463, 481
제2차 수전개발 274
제2회 대륙연락회의 341, 345
제3국 230
제3종 (잡공업부문)공업 507, 513~515, 523
제4차 전력조사 274
제82회 제국회의 517
제86회 제국회의 475, 479, 498, 500
제국군수공업확충계획 200
제선사업법 236
제조석수(製造石數) 150

조공업(粗工業) 167, 237
조사회에 제출할 의안 개요 180
조사회에 제출할 의안 참고서 180, 208
조선경동철도 305
조선경제연보 344, 521
조선경제통제협력연락회 425
조선고무공업조합연합회 397, 399
조선공업조합연합회 430
조선공업통제령 429
조선공업협회 166, 231, 232, 254, 337
조선공장명부 67
조선광업령 172
조선국토계획 336, 442
조선군수생산책임제도요강 463
조선근해운수 458
조선금융단
조선기계공업통제회
조선기계제작소 70, 71, 185, 257, 328
조선농지령 170, 192
조선마그네사이트개발주식회사 224
조선목재생산책임제도실시요강 463
조선무연탄이용강화위원회 480
조선물가통제요강 437
조선물산협회 348
조선물자통제요강 445
조선방직 대구공장 321
조선병기공업협회
조선비행기주식회사 68
조선산금령 229
조선산업간담회 180

찾아보기 585

조선산업개발에 관한 일반방침 45
조선산업경제조사회 45, 182, 184, 185, 197
조선산업박람회 180
조선산업에 관한 계획요항 114
조선산업에 관한 계획요항 참고서 110, 113
조선산업에 관한 일반방침 112
조선산업조사위원회 111, 112, 114
조선상공경제회 430, 431, 445
조선상공회의소 241, 251, 423
조선선박운항통제회 458
조선선박운행통제주식회사 458
조선섬유산업회
조선수전(朝鮮水電)주식회사 273
조선시가지계획령 171
조선식량영단 394
조선식산은행 403
조선신식소주연맹회 409, 416
조선실업보국회
조선양조주식회사 409
조선업정비요강 459, 460
조선온유비제조수산조합 404
조선우선주식회사 457, 458, 461
조선유조선주식회사 458
조선유지 청진공장 278, 406
조선은행조사부 195, 519, 530, 532
조선은행회사조합요록 61, 67, 161, 308
조선이연금속 인천제철소 300
조선인산업대회 111, 112

조선잠업
조선잠업령시행규칙 133
조선전공(朝鮮電工) 294, 406
조선전기사업령 172
조선전기협회
조선전력(朝電) 233
조선제2기발송전실행계획 298
조선제강 294
조선제사업령 368
조선제약통제주식회사 424
조선제철주식회사 평양제철소 289
조선조선공업조합 457, 461
조선조선공업조합연합회 457
조선조선공업주식회사 461
조선주조조합연합회 265
조선중공업주식회사 185, 456
조선중요물자영단 57, 456, 486, 528
조선질소비료공장 115
조선철공주식회사 460
조선철도협회
조선철증산추진협의회 487
조선총독부공업전습소특별과규정 89
조선총독부군수행정책임제도요강 463
조선총독부통계연보 67, 86, 104
조선총동부소속관서관제 88
조선피혁 34, 82, 257
조선해협 272, 343
조선회수자원통제주식회사 517, 519
조일경금속(朝日輕金屬) 485
족답기(足踏機) 91, 130

종계(種鷄) 98
종묘장 94
종연방직 (가네가후치방직)
종합국토계획 287
주세령(酒稅令) 150, 151, 157, 158, 406
주조조합연합회
준전시체제 40
준특수회사
중곡염직공소 130
중국계획 335
중선조선공업조합 457
중소공업전환지도계획요항 254
중소상공업자금융통손실보상제도 238
중소상공업자금융통손실보상제실시요강 262
중소상공업진흥자금대여요강 262
중앙상공 390, 395, 401
중앙시험소 87~89, 107, 118, 119, 130, 169, 206, 349, 451, 455
중요공장사업장관리령 461~463, 465, 466, 471, 572
중요광물증산정책 480
중요물산동업조합 169, 348
중요물자동업조합연합회 265
중요산업 5개년계획 188
중요산업 지정규칙 429
중요산업5개년계획
중요산업건설요강 484
중요산업단체령 348, 427, 429, 430, 507

중요산업통제법 48, 173, 174, 185~187, 189, 191, 196, 197, 221, 359, 407, 426
중점산업 52, 217, 233, 265, 328, 384, 405, 435, 436, 445, 468, 474, 475, 480, 499, 501, 510, 547, 548
중점주의 324, 346, 410, 433, 501, 509, 510
지연(地緣) 63, 74, 75, 322
지점회사 68, 143, 156, 64, 403, 463
지정가격 47, 445, 550
지주자본 30, 58, 67
직물가격사정위원회 440
진남포산업조합 234
진남포특수공업조합 257
진해요항부(鎭海要港部)공작소 257, 329

ㅊ

착암공양성소 207, 450, 451
창리(倉里) 274
척무성 336
철강공작물 건조제한 건 229
철강군수생산책임제 492
철강증산비상조치기간 494
철제품제조제한 건 229
청회철도(淸會鐵道) 270
초과이윤 108, 440, 446
초중점산업 294, 331, 449, 451, 452, 455, 534, 549
총독부 공무관 471

총독부 기획위원회 350
총독부관리공장 534
총독부전시산업추진본부규정 476
총동원계획설정처리업무요강 200
총동원계획요강 206
총동원기간계획 334
총동원물자 206
최고가격 438, 440, 446, 548
치잠(稚蠶)공동사육소 96

ㅋ

크루프(Krupp)식 연법 489

ㅌ

태극성(太極星) 388
태평양전쟁 18, 49, 51, 52, 55, 237, 242, 269, 276, 278, 282, 298, 308, 321, 322, 331, 338, 342~344, 347, 349, 350, 359, 361, 383~385, 409, 410, 428, 442~445, 455, 457, 468, 474, 482, 484, 486, 489, 505, 507, 526, 536, 545, 546
토목시험소 450, 451, 455
토산품 애용론 176
토지수용법 204
통영칠기(주) 94
통제물자 229, 230
통제항 75
통제회 230, 245, 427~432, 507, 512, 566

통제회사 428, 566
특매제(特賣制) 134
특별법인세 265
특수(特需) 37, 83
특수선박 433
틈새시장론 58

ㅍ

파행성 26, 49, 51
판매가격지정권 432
팔(八)계획 273, 477
팔굉일우(八紘一宇) 339
평양 병기제조소 329
평양광업소 257, 329
평양메리야스 54, 56, 61, 65, 74, 387, 388
평양메리야스공업조합 388
평양요업조합 234
평원선 272, 331
폭리취체령 438
풍선효과 21, 36, 78
피혁사용제한건 229

ㅎ

하라 아키라(原朗) 51, 64
한국근대회사 100년사 데이터베이스 41, 42, 143, 155, 293, 296, 304, 314, 320, 372, 381, 414
한상룡(韓相龍) 112, 187, 518
한양목(漢陽木) 132

한양염직공장 130
할당증명서 230
함경선 272
함중철도 271
항공병기지창 257, 329
항만운송통제회 458
항만확장5개년사업 294
해운통제회사 456
해주항 297
현원징용 466, 467
협정가격 438, 440
혜산선 331, 489
호리 가즈오(堀和生) 26, 28, 32, 39, 43, 55, 61
호즈미 신로쿠로(穗積眞六郎) 173
홍중상공(弘中商工) 72, 366

화학공업부 207
황국(皇國)중앙계획 335, 442
황국경제권 340
황국신민화 45, 52
황해루트 284
황해선 297, 487
회사령 18, 21, 33~36, 78~83, 101, 102, 107, 108, 110, 144, 163, 371
회수물건(回收物件) 393, 401, 405
후지가스방적 대구공장 321
휘발유·중유판매취체 229
흥겸구제비 85, 86, 554
흥아원(興亞院) 62

동북아역사재단 일제침탈사 연구총서 23
조선총독부의 공업정책

초판 1쇄 인쇄 2021년 12월 20일
초판 1쇄 발행 2021년 12월 31일

지은이 김인호
펴낸이 이영호
펴낸곳 동북아역사재단

등 록 제312-2004-050호(2004년 10월 18일)
주 소 서울시 서대문구 통일로 81 NH농협생명빌딩
전 화 02-2012-6065
팩 스 02-2012-6189
홈페이지 www.nahf.or.kr
제작·인쇄 청아출판사

ISBN 978-89-6187-724-4 94910
       978-89-6187-669-8 (세트)

- 이 책은 저작권법에 의해 보호를 받는 저작물이므로 어떤 형태나 어떤 방법으로도 무단전재와 무단복제를 금합니다.
- 책값은 뒤표지에 있습니다. 잘못된 책은 바꾸어 드립니다.